New INHA KOREAN 5
Workbook

인하대학교 언어교육원
Inha University
Language Training Center

5

익힘책
새인하한국어

최권진, 남은영, 오솔샘, 정경화, 이현정 지음

인하대학교 출판부
INHA UNIVERSITY PRESS

지은이

최권진
인하대학교 국제학부 교수
인하대학교 언어교육원 부원장
소피아대학교 언어학 박사

남은영
인하대학교 국제학부 강사
인하대학교 문화경영학 박사

오솔샘
중앙대학교 한국어교육원 강사
이화여자대학교 국제대학원 한국학과 한국어교육 석사

정경화
고려대학교 국제어학원 한국어센터 강사
이화여자대학교 국어교육과 박사 수료

이현정
인하대학교 언어교육원 강사
인하대학교 한국어교육학 박사 수료

국립중앙도서관 출판예정도서목록(CIP)

새인하한국어 = New INHA Korean : 익힘책. 5 / 저자: 최권
진, 남은영, 오솔샘, 정경화, 이현정. -- 인천 : 인하대학교
출판부, 2014
p. ; cm

ISBN 978-89-7407-965-9 14700 : ₩15000
ISBN 978-89-7407-961-1 (세트) 14700

한국어 교육[韓國語教育]
한국어 교재[韓國語教材]

717.6-KDC5
495.78-DDC21 CIP2014026222

차 례

1 이야기와 삶

어휘 학습

1. 다음 중 알맞은 것을 골라 문맥에 맞게 대화를 완성하십시오.

건국	영문	중도	그렁그렁	들통 나다

① 가 : 아이의 눈에 눈물이 ________ 맺힌 것을 보면 혼내려다가도 마음이 약해져 버리니 큰일이네요.
   나 : 마음이 아프더라도 잘못한 일에 대해서는 단호하게 알려주는 것이 아이를 위한 일이에요.

② 가 : 지난주에 부탁드린 물품이 도착했습니까?
   나 : 주문한 지 일주일이 넘었는데도 감감무소식이니 어찌된 ________ 모르겠어요. 확인해 보겠습니다.

③ 가 : 단군 신화는 어떤 내용의 이야기예요?
   나 : 한국의 ________ 신화예요. 단군왕검이 최초로 고조선이라는 나라를 세웠다는 내용이에요.

④ 가 : 정인 씨는 남학생 앞에서만 여성스럽고 약한 모습을 보이는 것 같아요.
   나 : 본래 성격을 아무리 숨기려고 해도 시간이 지나면 ________ 될 거예요.

⑤ 가 : '너의 목소리'의 여자 주인공이 바뀐다는 게 무슨 말이에요?
   나 : 주인공 역을 맡은 배우가 건강이 악화되었다나 봐요. ______에 하차할 수밖에 없는 상황이래요.

2. 다음 중 밑줄 친 것과 관계있는 단어를 골라 문맥에 맞게 빈칸에 쓰십시오.

감찰하다	겸비하다	무장하다	쟁쟁하다	정중하다

① 몹시 매서운 겨울 날씨를 대비해 단단히 옷을 갖춰 입고 외출했다.
( )

② 정부는 기업의 비리를 철저하게 감시하고 조사하겠다고 계획을 밝혔다.
( )

③ 해외 지사에서 오신 손님을 공항에 마중 나가서 예의 바르게 맞이했다.
( )

④ 이 회사의 인재상은 능력과 성품을 모두 갖춘 사람이다.
( )

⑤ 각 학교에서 대표로 선발된 학생들이 모였으므로 실력이 그 누구보다 뛰어난 사람이 많았다.
( )

3. 다음 중 알맞은 것을 골라 문맥에 맞게 문장을 완성하십시오.

잔치를 벌이다	물건을 벌이다	실랑이를 벌이다

① 퇴근 후에 집에 들어와 보니 아이들이 웃이며 장난감이며 여기저기에 ____________ 놓았다.

② 접촉사고를 당한 운전자 두 사람이 길거리에서 ________________________________.

③ 국가대표 선수단의 월드컵 8강 진출로 인해 온 나라가 ________________ 분위기가 되었다.

4. 다음 빈칸에 알맞은 단어를 찾아 문맥에 맞게 써 보십시오.

모질다	아른아른	부친	하늘하늘	자락	타들어가다	하염없이

인왕산 ①_______에는 슬픈 전설을 간직한 치마바위가 있다. 조선의 11대 왕인 중종은 반정으로 왕위에 오른다. 하지만 왕비인 단경왕후의 ②_______은/는 반정을 반대하다가 피살당한다. 죄인의 딸은 왕비가 될 수 없다고 하여 단경왕후도 7일 만에 폐위된다. 서로를 사랑한 중종과 단경왕후에게는 참으로 ③_______ 시련이 아닐 수 없었다. 단경왕후가 눈앞에 ④_________하여 잊을 수 없었던 중종은 매일 경회루에 올라가 왕후의 집이 있는 인왕산 자락을 ⑤_________ 바라보았다. 그 소식을 듣고 단경왕후의 마음도 ⑥________ 듯했다. 그래서 경회루에서 마주 보이는 바위에 자신이 궁궐에서 입던 치마를 펼쳐 놓아 중종이 ⑦________ 날리는 치마를 볼 수 있기를 바랐다고 한다. 그래서 붙여진 이름이 치마바위이다.

자취	빼어나다	무르익다	분주하다	한달음

거제시에서 출발하는 배에 올라 장사도로 향했다. 배편이 하루에 네 번뿐이라는 말에 놓치지 않으려고 ⑧_________에 달려갔더니 숨이 차올랐다. 장사도는 최근 TV에서 방영된 드라마 '별에서 온 그대'의 촬영지로서 유명세를 탄 탓인지 관광객들로 더욱 ⑨_________ 보였다. 장사도에 도착하니 어디에서든 ⑩________ 자연 풍경을 감상할 수 있었다. 동화 속에 들어온 듯한 기분을 느끼며 동백나무 터널을 지나갔다. 겨울이 지나 동백꽃은 거의 ⑪__________을/를 감췄지만, 봄이 한창 ⑫_________ 무렵이 되면 이곳에서 장미 축제가 열린다고 한다. 5월쯤 방문하면 더 화려한 장사도를 만날 수 있을 것 같다.

듣고 말하기 1

V-다(가) 못해

① 방이 넓다가 못해 뛰어다녀도 될 정도이다.

② 팅팅은 참다가 못해 로빈에게 소리를 지르고 말았다.

③ 이제는 다리가 아프다가 못해 일어나지도 못하겠다.

〈더 생각해 보기〉

- 그 친구의 말투를 **참다 못해** 화를 내고 말았다.
  한국 온돌은 한겨울에도 **따뜻하다 못해** 더울 정도로 난방이 잘 된다.
- 한국 온돌은 한겨울에도 **따뜻하다 못해** 덥기**까지 하다.**
- 내가 많이 늦었더니 **기다리다 못한 친구**가 집까지 찾아 왔다.
  매일 지각하는 학생 때문에 **참다 못한 선생님**이 드디어 화를 내셨다.

※ 다음 중 알맞은 것을 골라 문장을 완성하십시오.

놀랍다	귀엽다	기쁘다

① 제가 원하는 회사에 취직을 하고 나니 ______________________ 눈물까지 납니다.

② 온돌을 보면 우리 조상들의 지혜가 ______________________ 경이롭기까지 합니다.

③ 제 조카가 말을 하기 시작했는데 ________________ 정말 깨물어 주고 싶을 정도예요.

※ 'V-다(가) 못해'를 사용하여 문장을 완성해 보십시오.

① 팔이 너무 아프다 / 끊어질 것 같다

→ ____.

② 가슴이 답답하다 / 터질 것 같다

→ ____.

③ 배가 너무 고프다 / 아프다

→ ____.

④ 동료가 가만히 앉아서 지시만 하는 것을 보고 있다 /

→ ____.

⑤ 가 : ____

나 : ____

읽고 말하기

1. N(이)면 N

① 한국에 관한 것이라면 정치면 정치, 문화면 문화, 모르는 것이 없다.

② 아이면 아이, 어른이면 어른 나름대로 고민을 갖고 살아간다.

③ 그 집은 아들이면 아들, 딸이면 딸 모두 부모님을 생각하는 마음이 깊다.

※ 'N(이)면 N'을 사용하여 문장을 완성해 보십시오.

① ______________________________, 안 해 본 일이 없다.

② ______________________________, 그 의견에 반대하는 사람이 없었다.

③ ______________________________, 모든 사람에게 친절하다.

④ ______________________________, 손님이 끊이지 않고 줄을 서 있다.

⑤ 듣기면 듣기, 읽기면 읽기, 시험에서 ______________________________.

⑥ 가 : ______________________________

나 : ______________________________

2. AV-기(가) 일쑤이다

① 시간에 쫓겨서 센 불로 급하게 요리하다 보면 음식을 태우기 일쑤이다.

② 비 오는 날에는 잦은 교통사고로 인해 길이 막히기 일쑤이니 서둘러 나갑시다.

③ 다섯 살인 내 딸은 새로운 것에 금세 흥미를 갖다가도 쉽게 싫증을 내기 일쑤였다.

④ 가 : 세연 씨는 일처리가 참 빠르네요.
나 : 제가 성격이 급해서 그래요. 대신 덤벙대다가 하나씩 실수하기 일쑤예요.

⑤ 가 : 규진 씨, 어제 잠을 잘 못 잤나 봐요.
나 : 자긴 잤는데 불을 켜 놓은 채로 잠들었더니 깊이 자지 못했어요. 요즘 퇴근하면 너무 피곤한 나머지 옷도 못 갈아입고 바로 잠들어 버리기 일쑤네요.

〈더 생각해 보기〉

- 그 사람은 늘 성실해서 칭찬받**기 일쑤였다.**(×)

※ 'AV-기(가) 일쑤이다'를 사용하여 빈칸에 들어갈 적절한 말을 써 보십시오.

① 정현 씨는 가방 없이 많은 물건을 손에 든 채로 다니다가 ______________________.

② 서민 씨는 신경이 예민해진 날에는 ______________________.

③ 나는 직설적인 편이라 여러 사람과 함께 일할 때 ______________________.

④ ______________________ 중요한 약속은 꼭 달력에 적어둔다.

⑤ ______________________

3. V-(으)오/소

① 영화 상영 중에는 휴대 전화를 끄십시오.

② 이 길이 아니란 말이오?

③ 산에 둘러싸인 마을의 경치가 참 좋으오.

④ 가 : 이곳에서 지내면서 불편한 데는 없소?
나 : 내 집처럼 편안하오.

⑤ 가 : 요즘 두통이 심하오.
나 : 병원에 가 보는 것이 어떻소?

※ 다음의 대화를 상대 높임법에 맞게 바꾸어 보십시오.

① 〈하인과 손님〉
가 : 누구세요?
나 : 민규 친구 세종이라고 해요. 문 좀 열어주세요.

→ ______________________________

② 〈60대 남성, 친구〉
가 : 요즘 떠도는 소문 들었어? → ______________________________

나 : 무슨 소문인데? 나한테도 말해줘. → ______________________________

③ 〈60대 남성, 주차 단속반과 시민〉
가 : 한 번쯤 눈 감아 주면 안 돼요? → ______________________________
나 : 다른 사람들에게 공평하지 않잖아요. 미안하지만 안 됩니다.

→ ______________________________

※ 'V-(으)오/소'를 사용하여 대화를 만들어 보십시오.

가 : ______________________________

나 : ______________________________

듣고 말하기 2

1. V-ㄹ/을 턱이 없다

① 사람들이 아무 이유 없이 그런 말을 할 턱이 없어요.

② 새로 나온 컴퓨터를 50%나 할인할 턱이 없어요.

③ 그렇게 공부를 안 했는데 시험에 합격을 했을 턱이 없어요.

〈더 생각해 보기〉

- 그렇게 사이가 안 좋은데 두 사람이 **친구일 턱이 없어요.**
  그렇게 사이가 안 좋은데 두 사람이 **친구일 리가 없어요.**
- 미리미리 대비하면 큰 피해를 **입을 턱이 없어요.**
  미리미리 대비하면 큰 피해를 **입을 턱이 있겠어요?**

※ 'V-ㄹ/을 턱이 없다'를 사용하여 빈칸에 들어갈 적절한 말을 써 보십시오.

① 나에게는 아무 말도 하지 않았는데 ______________________________.

② 운동이라고는 전혀 안 하는데 ______________________________.

③ ______________________________ 영업을 안 할 턱이 없다.

④ ______________________________ 잠을 자고 있을 턱이 있겠어요?

⑤ ______________________________

2. V-(으)리라

① 한국어를 잘 하는 걸 보니 이 사람은 한국 사람이리라.

② 이번 일은 잊지 않고 두고두고 기억하고 있으리라.

③ 저 두 사람은 분명히 친구리라.

<더 생각해 보기>

- 이번 방학에는 꼭 가족을 만나러 **가리라.**
  이번 방학에는 꼭 가족을 만나러 **가리.**
- 그 사람의 표정으로 보아 기분이 **좋으리라.**
  그 사람의 표정으로 보아 기분이 **좋으리라 싶었다.**

※ 'V-(으)리라'를 사용하여 빈칸에 들어갈 적절한 말을 써 보십시오.

① 내가 성공한다면 ______________________________.

② 올해에는 ______________________________.

③ 처음 하는 일이라서 익숙하지 않지만 ______________________________.

④ 지금까지 아무 연락도 없는 걸 보니 ______________________________.

⑤ 가 : ______________________________

나 : ______________________________

⑥ ______________________________

3. N이/가, N은/는

1) N이/가

① 옛날에 한 여자가 살고 있었습니다. 그 여자에게는 동생이 네 명 있었습니다.

② 공연을 보러 갔는데 어렸을 때 친했던 친구가 거기에 있더라고요.

③ 여행은 역시 제주도가 제일이지요.

④ 가 : 다음에는 누가 해 볼까요?
나 : 제가 해 보겠습니다.

2) N은/는

① 저는 우즈베키스탄에서 왔습니다.

② 아무리 시간이 없어도 식사는 꼭 하세요.

③ 제 친구 아멜리입니다. 아멜리는 저와 함께 한국어를 공부하고 있습니다.

④ 저는 기계공학과에 지원을 했고 제 친구는 국제 통상학과에 지원했습니다.

⑤ 진심은 어떤 사람과 이야기를 하든지에 상관없이 반드시 통하는 법이다.

※ 'N이/가' 또는 'N은/는'을 사용하여 대화를 완성하십시오.

① 가 : 그렇게까지 화를 낼 필요가 있어?

나 : 다른 사람도 아니고 내가 믿었던 사람____ 나에게 그렇게 행동했다는 사실이 너무 화가 나서 그래.

② 가 : 소민 씨는 평소에 스트레스를 어떻게 푸나요?

나 : 저____ 맛있는 음식을 먹으면서 스트레스를 푸는 편이에요.

③ 가 : 다음으로 누가 발표해 볼까요?

나 : 제____ 발표해 보겠습니다.

④ 가 : 얼른 주문합시다. 뭐 드시겠어요?

나 : 저____ 불고기 덮밥이요.

다 : 저____ 제육볶음이요.

⑤ 가 : 어제 모임에 갑자기 안 온 이유가 뭐예요?

나 : 미안해요. 집안 일이 좀 생겼었거든요.

가 : 모임에 못 오더라도 저에게 문자____ 한 통 보냈어야죠.

쓰기

1. 한국어의 문장 형식

무엇이 무엇이다(N)

: 어떤 대상을 가리키거나 정의 내린다.

• 나는		학생이다.
• 나는		학생이 아니다.
• 나는	***인하대학교의***	학생이다.

무엇이 어떠하다(DV)

: 어떤 대상을 가리키거나 정의 내린다.

•	자동차가		빠르다.
•	자동차가	***매우***	빠르다.
• ***새로 산***	자동차가	매우	빠르다.

무엇이 어찌하다(AV)

: 대상의 움직임을 나타낸다.

•	버스가				달린다.
•	버스가	***도로를***			달린다.
•	버스가	도로를		**빠르게**	달린다.
• ***사람들이 탄***	버스가	도로를		빠르게	달린다.
• 사람들이 탄	버스가	도로를	***매우***	빠르게	달린다.

1) 빈칸에 알맞은 말을 넣으십시오.

① ________ 공부한다.

② ________ ________을/를 공부한다.

③ ________ ________을/를 ________ 공부한다.

④ ________ ________ ________을/를 ________ 공부한다.

⑤ ________ ________ ________ ________을/를 ________ ________ 공부한다.

2. 문장의 구성

주어와 서술어가 하나인 문장	주어나 서술어가 두 번 이상 나타나는 문장
내 동생은 운동을 아주 잘 한다.	① 이어진 문장 [나는 친구를 만나서] [영화를 보고] [집으로 돌아갔다.] ② 문장 안에 또 다른 문장 [[나는 [편지가 오기를] 기다렸다.]]

1) 이어진 문장

※ 다음 중 알맞은 문법을 골라 문장을 연결해 보십시오.

-(으)면서	-다가 보니까	-는 김에	-고서야	-ㄹ/을 테니

① 오랜만에 만난 친구와 이야기를 나눴다. 어느덧 저녁이 되었다.

→ ______________________________

② 점심시간에는 사무실에 아무도 없다. 한 시간 후에 방문해라.

→ ______________________________

③ 친구들이 몰래 준비한 케이크를 줬다. 친구들이 생일을 축하해 줬다.

→ ______________________________

④ 책 한 권을 다 읽었다. 겨우 잠이 들었다.

→ ______________________________

⑤ 부산으로 여행을 갔다. 부산에 사는 친척집을 방문했다.

→ ______________________________

2) 문장 안에 또 다른 문장

※ 빈칸에 알맞은 말을 넣으십시오.

① V-(으)ㅁ, V-기

① 그가 ____________________을 아무도 눈치 채지 못했다.

② 나는 친구와 ____________________로 약속했다.

② V-ㄴ/은/는/을, V-던

① ____________________ 옷이 보이지 않았다.

② 이 시간이 되면 늘 ____________________ 손님이 오늘은 오지 않았다.

③ V-게, V-도록, V-아/어/해서, V-이

① 내년에 ____________________ 열심히 준비해야겠다.

② 학교가 ____________________ 교내에 학생들이 많지 않다.

③ 동생이 인기척을 내지 않고 ____________________ 집으로 들어오는 바람에 깜짝 놀랐다.

④ 한 문장에 주어가 두 개인 것처럼 보이는 문장

① 선영 씨의 언니는 키가 크다.

→ 선영 씨의 언니는 ________________. 키가 ________________.

② 이 책은 내용이 너무 어렵다.

→ 이 책은 ________________. 내용이 너무 ________________.

⑤ V-ㄴ/는다고, AV-(으)라고, V-냐고

① 주영 씨는 대학을 졸업한 후에 ____.

② 엄마가 아이에게 ____.

③ 교수님께 언제까지 ____.

3. **다음은 몇 가지 문장으로 이루어져 있습니까? 각 문장의 구성성분에 대해 생각해 보십시오.**

① 그는 고을을 돌보는 일은 뒷전이었고 잔치를 벌이기 일쑤였다.

ㄱ. ______________________________

ㄴ. ______________________________

② 어느 날 몽룡은 부친이 승진하여 서울로 올라가야 한다는 청천벽력과 같은 소식을 듣게 되었다.

ㄱ. ______________________________

ㄴ. ______________________________

③ 그 당시에는 학교에 늦을까봐 초조해하며 엄마와 실랑이를 벌였고 한사코 밥 한 술이라도 떠먹이려는 엄마의 마음이 이해되지 않았다.

ㄱ. ______________________________

ㄴ. ______________________________

ㄷ. ______________________________

④ 토끼는 눈을 뜨고 기다리면 거북이가 자존심이 상할 것 같아서 길에 누워서 잠든 척을 했다.

ㄱ. ______________________________

ㄴ. ______________________________

ㄷ. ______________________________

⑤ 거북이가 기뻐하는 모습을 보고 싶었던 토끼는 어떤 비난일지라도 묵묵히 감수할 수 있었다.

ㄱ. ______________________________

ㄴ. ______________________________

2 내가 찾는 직업

어휘 학습

1. 다음 중 알맞은 것을 골라 문맥에 맞게 대화를 완성하십시오.

기복	인맥	일체	유출	둔감하다	노출되다

① 가 : 이번에 인하 전자의 신제품 정보를 다른 회사에서 알고 있었다고 하던데요?
나 : 네, 요즘 회사마다 기밀 ____________이/가 문제라고 하던데 우리 회사에도 이런 일이 생겼네요.

② 가 : 아멜리 씨는 요즘 젊은이들 같지 않게 유행에 맞게 꾸미고 다니지 않네요.
나 : 네, 그런 감이 좀 있어요. 제가 여자치고는 좀 유행에 ______________________________.

③ 가 : 이야기 들었어요? 이번에 로빈 씨가 또 승진했다고 하더라고요.
나 : 로빈 씨는 우리 회사에 아는 사람들이 많아서 __________(으)로 승진했다는 말을 듣고 있어요.

④ 가 : 요즘 아이가 있는 부모들은 아이들의 안전에 민감하죠?
나 : 그럴 수밖에 없어요. 요즘 아이들은 예전보다 많은 위험에 ______________________ 있잖아요.

⑤ 가 : 요즘 아멜리 씨의 기분이 좋았다 안 좋았다 해서 말을 걸기가 조심스러워요.
나 : 아멜리 씨는 가을만 되면 감정의 _________________이/가 심해지더라고요. 가을을 타나 봐요.

⑥ 가 : 또 출장을 가요? 출장을 자주 다니니 힘도 들겠지만 비용도 많이 들겠어요.
나 : 힘이 들기는 하지만 출장에 드는 비용은 ____________ 회사가 부담해서 비용은 전혀 안 들어요.

2. 다음 중 밑줄 친 것과 관계있는 단어를 골라 문맥에 맞게 빈칸에 쓰십시오.

간략하다	소지하다	무관하다	취득하다	선도하다

① 내가 정말 하고 싶었던 일은 따로 있었지만 그때 내 진로는 내 의사와는 <u>전혀 상관없이</u> 결정되었다.
( )

② 그는 영어와 스페인어, 중국어, 프랑스어 자격증을 모두 <u>가지고 있다</u>.
( )

③ 그 회사의 정책은 항상 다른 회사들을 <u>앞장서서 이끌게 되는</u> 결과를 가져온다.
( )

④ 흐엉 씨, <u>짧고 간단하게</u> 이력에 대해서 말씀해 주시겠습니까?
( )

⑤ 그녀는 한국의 대학에서는 물론 외국의 대학에서도 <u>공부를 마치고 받은</u> 학위도 있다.
( )

3. 다음 중 알맞은 것을 골라 문맥에 맞게 문장을 완성하십시오.

길을 헤매다	사경을 헤매다	몇 시간을 헤매다

① 그는 문제의 핵심을 제대로 파악하지 못해 일을 해결하지 못하고 ________________고 있다.

② 갑작스러운 사고로 크게 다쳐서 며칠째 ____________________ 있다는 이야기를 들었습니다.

③ 명동 거리는 너무 복잡해서 우리는 한참 동안 ________________________ 돌아 다녔어요.

4. 다음 빈칸에 알맞은 단어를 찾아 문맥에 맞게 써 보십시오.

전형	취득하다	수습사원	필기시험	하늘의 별따기	상당하다

요즘 젊은이들은 취업을 하기 위해 여러 회사에 지원을 하는 경우가 많다. 보통 20~30 군데에서 많게는 70~80 군데 회사에 응시하는 젊은이들도 ①__________. 이렇게 많은 회사에 지원을 했어도 서류 ②__________을/를 통과해서 ③__________을/를 보거나 면접의 기회를 얻는 경우는 3~4 군데에 불과하다. 취업을 위해 여러 가지의 자격증을 ④__________ 여러 회사에서 인턴으로 일하거나 아르바이트를 할 뿐이다.

이처럼 정규직으로 취업하는 것은 나날이 어려워지고 있다. 정규직은커녕 ⑤__________(으)로 일할 수 있는 기회를 얻는 것만도 ⑥________________(이)다.

결격사유	학위	수행	거치다	능통자

행정인턴 선발 공고

우리 대학교에서 근무할 행정인턴 선발계획을 아래와 같이 공지하오니 해당 자격요건을 가진 자의 많은 지원 바랍니다.

1. 모집부문 및 지원자
   - ▶ 행정인턴 : 학사 ⑦__________ 소지자 및 졸업예정자
   - ▶ 컴퓨터 활용 능력 우수자
   - ▶ 외국어(영어) ⑧__________ 및 해외 출장 업무 ⑨__________에 ⑩__________이/가 없는 자

2. 채용절차
   - ▶ 1차 서류 전형을 ⑪__________ 후 1차 합격자에 한하여 2차 면접 전형 실시

듣고 말하기 1

하게체

① 급히 의논할 일이 있어서 연락했네.

② 새로 추진한 사업은 잘 진행되고 있는가?

③ 거기 서 있지 말고 이쪽으로 와서 편하게 앉게.

④ 아직 시간이 많이 남아있지만 지금부터 차근차근 준비해 나가는 게 좋을 것일세.

⑤ 다른 사람을 배려할 줄도 알고 이제 다 컸네!

※ 다음의 대화를 상대 높임법에 맞게 바꾸어 보십시오.

① 박 부장 : 이번 행사는 김 과장이 책임지고 준비하도록 해요.

김 과장 : 네. 최선을 다해 보겠습니다.

⇒ 박 부장 : ______________________________.

김 과장 : ______________________________.

② 50대 김 씨 : 오랜만이다. 많이 아팠다고 들었는데 괜찮아?

50대 이 씨 : 감기가 심했을 뿐이야. 역시 나를 걱정해 주는 사람은 너밖에 없구나!

⇒ 50대 김 씨 : ______________________________?

50대 이 씨 : ______________________________.

③ 오 팀장 : 다음 회의 일정은 언제로 정하는 게 좋겠습니까?

남 팀장 : 출장을 다녀와야 하니 2주 후로 정합시다.

⇒ 오 팀장 : ______________________________?

남 팀장 : ______________________________.

읽고 말하기

1. V-(으)오니

① 경기가 곧 시작되오니 입장권을 소지하시고 착석해 주시기 바랍니다.

② 건물 내 전기 공사가 양일간 진행될 예정이오니 주의하시기 바랍니다.

③ 오늘부터 8월 15일까지는 온수가 중단되오니 사용에 주의하시기 바랍니다.

※ 다음의 상황을 'V-(으)오니'를 사용하여 공식적인 요청글의 형식으로 써 보십시오.

①

시험 기간이다. 이 기간 동안에는 학교 도서관의 열람실은 항상 자리가 부족하다. 그런데 자세히 살펴보면 몇몇 학생들은 열람실의 좌석을 발권한 후에 열람실을 사용하지 않고 책상에 책과 가방만 올려 두는 경우가 허다하다. 이런 일이 더 이상 생기면 안 될 것 같다.

→ ____.

②

우리 학과에서 사용하고 있는 전용 강의실이 2군데 있다. 그런데 공강 때나 저녁시간에는 다른 학과 학생들이 우리의 전용 강의실에 들어와서 영화도 보고 동아리 모임도 하는 것 같다. 다른 학과 학생들이 우리 강의실을 사용하는 것은 나쁘지 않지만, 가끔 그들이 먹다 버린 음식물이 보이기도 하고 책상 배열도 엉망으로 해 놓고 나갈 때는 상당히 불쾌하다.

→ ____.

③

→ ____.

듣고 말하기 2

1. V-ㄴ/은 나머지

① 며칠 동안 밤을 새며 일한 나머지 건강이 나빠지고 말았다.

② 세일은 한다고 쇼핑을 너무 많이 한 나머지 용돈을 다 쓰고 말았다.

③ 아이들과 연락이 되지 않자 걱정한 나머지 어머니는 울음을 터트리고 말았다.

④ 가 : 어제 면접을 보러 갔다고 하던데 면접은 잘 보고 왔어요?
나 : 아니요. 별로 어려운 질문도 아니었는데 너무 긴장한 나머지 대답을 제대로 하지 못했어요.

〈더 생각해 보기〉

- 한국에서 공부**한 나머지** 한국어를 잘 할 수 있었다. (×)
- 한국에서 공부**한 결과** 한국어를 잘 할 수 있었다. (○)

※ 'V-ㄴ/은 나머지'를 사용하여 빈칸에 들어갈 적절한 말을 써 보십시오.

① 가 : 어제 강남역에서 가수 큰별을 봤다면서? 사진도 찍었어? 사인도 받았니?
나 : 아니. 큰별을 보고 너무 ____________________ 아무것도 하지 못했어.

② 가 : 요즘 매일 쇼핑을 하는 것 같아. 어제는 뭐 샀어?
나 : 작년보다 살이 많이 쪘거든. ____________________ 맞는 옷이 없어서 속상해.

③ 가 : 왜 책을 안 가지고 왔어?
나 : 오늘 아침에 늦게 일어났거든. ____________________ 가방을 챙길 시간이 없었어.

④ 가 : ____
나 : ____

2. V -(으)니/기(에) 망정이지

① 버스가 일찍 왔으니 망정이지 조금만 늦게 왔어도 지각할 번 했어요.

② 미리 예매를 했으니 망정이지 그냥 왔으면 영화를 못 볼 뻔했네요.

③ 해외에서 사용가능한 신용카드가 있었으니 망정이지 하마터면 밥도 못 먹을 뻔했어요.

④ 가 : 등산을 갔다가 다리를 다쳤다던데 괜찮아요?
나 : 네. 옆에 있던 친구가 제 팔을 잡아 줬으니 망정이지 하마터면 큰일 날 뻔했어요.

〈더 생각해 보기〉

• 늦는다고 미리 전화가 왔으니 망정이지 **안 그랬으면** 저녁도 못 먹고 계속 기다릴 뻔했어요.

• 늦는다고 미리 전화가 왔으니 망정이지 **하마터면** 저녁도 못 먹고 계속 기다릴 뻔했어요.

※ 'V -(으)니/기(에) 망정이지'를 사용하여 빈칸에 들어갈 적절한 말을 써 보십시오.

① 가 : 이번 여름엔 해외로 여행을 가는 사람들이 많아서 항공권을 구하기가 힘들다면서요?
나 : 네, 저도 일찍 ______________________ 하마터면 표를 못 살 뻔했어요.

② 가 : 오늘 비가 온다고 하더니 비가 오기는커녕 좋기만 하네요.
나 : 저에겐 다행이에요. 우산을 안 가지고 왔는데 ______________________ 하마터면 비를 맞고 집에 갈 뻔했어요.

③ 가 : 요즘 휴가철이라 빈집털이가 기승을 부린다고 하더라고요.
나 : 저희 옆집에도 도둑이 들었대요. ______________________ 집에 사람이 있었으면 큰일 날 뻔했어요.

④ 가 : 지난주에 기차 여행갈 때 차가 막혀서 늦을 뻔했었다면서요?
나 : 네. 기차가 ______________________ 기차를 놓칠 뻔했다니까요.

⑤ 가 : ______________________

나 : ______________________

쓰기

※ 내가 가고 싶은 회사에 대한 모집 공고를 찾아 간단히 메모해 보십시오.

□ 회사명 :

□ 모집 기간 :

□ 지원 분야 :

□ 접수 방법 :

□ 지원 자격 :

□ 제출 서류 :

□ 기타 사항 :

※ 다음 면접 예상 질문을 참고하여 내가 면접관이라면 어떤 질문을 할 것인지 써 보십시오.

1. 1분 내로 자기소개를 해 보십시오.
2. 우리 회사에 지원한 동기가 무엇입니까?
3. 대학 생활 및 학창 시절 중 학업 외에 다른 분야에 몰두했었던 경험이 있습니까?
4. 남들이 보는 자신은 어떤 모습의 사람이라고 생각합니까?
5. 이것만큼은 내가 최고라고 말할 수 있는 것은 무엇입니까?
6. 최근 화가 났던 일과 화가 난 이유는 무엇입니까?
7. 인생에서 가장 힘들었던 시기는 언제였습니까?
8. 휴일은 주로 무엇을 하면서 시간을 보냅니까?
9. 자신을 사람이 아닌 다른 것에 비유한다면 무엇에 비유할 수 있습니까?
10. 사회인과 학생의 차이는 무엇이라고 생각합니까?
11. 원하는 직업 분야의 일을 하지 못하게 된다면 어떻게 하실 것입니까?
12. 10년 후 자신의 모습은 어떤 모습일 것 같습니까?
13. 스트레스를 어떻게 푸십니까?
14. 최근 기억에 남는 뉴스나 신문 기사는 무엇입니까?
15. 마지막으로 하고 싶은 말은 무엇입니까?

1. ______________________________

2. ______________________________

3. ______________________________

4. ______________________________

5. ______________________________

※ 이력서 쓰는 방법

- 6개월 이내로
- 실물과 다르면 NO!

이 력 서

이름	리가 타르비데	(영문) Liga Tarvide	
성별	여	국적	라트비아
생년월일	1995.02.01	비자 상태	D-2
연락처	010-123-XXXX	이메일	Tarvide@inha.edu
주소	인천광역시 남구 용현동 인하빌라 512호		

- 최신순 작성
- 입사와 관련 있는 내용 위주

학력사항

기간	학위	교육기관	전공	취득 국가
2020.02~현재	석사	인하대학교 국제대학원	국제홍보학	한국
2014.09~2019.02	학사	인하대학교	문화경영학	한국
2010.03~2013.02	–	Indian Mountain School		미국

어학능력

* H=High, M=Medium, L=Low

언어	말하기	듣기	읽기	쓰기
한국어	(상 **중** 하)	(**상** 중 하)	(**상** 중 하)	(**상** 중 하)
러시아어	(**상** 중 하)	(**상** 중 하)	(**상** 중 하)	(**상** 중 하)

컴퓨터활용 능력

* H=High, M=Medium, L=Low

문서작성 (한글/MS-Word)	스프레드시트 (Excel)	프리젠테이션 (PowerPoint)	인터넷 (정보검색/outlook)
(**상** 중 하)	(**상** 중 하)	(**상** 중 하)	(**상** 중 하)

자격사항 및 수상내역

취득일	자격사항 및 수상내역	발행기관
2018. 10. 01	전자상거래관리사 2급	대한상공회의소
2014. 08. 30	한국어능력시험 5급	국립국제교육원

주요활동 및 사회경험

기간	상세내역	기관 및 장소
2015.03~2016.08	특수목적콘텐츠 R&D센터 구축 타당성 조사 및 기본계획 연구 용역	인하대학교 문화경영심리연구소
2014.07~2014.08	다문화이중언어캠프 이중언어강사	인천시교육청

※ 이력서 쓰는 방법을 참고로 여러분의 이력서를 써 보십시오.

이 력 서

		이름			
		성별		국적	
		생년월일		비자 상태	
		연락처		이메일	
		주소			

학력사항

기간	학위	교육기관	전공	취득 국가

어학능력

* H=High, M=Medium, L=Low

언어	말하기	듣기	읽기	쓰기
	(상 중 하)	(상 중 하)	(상 중 하)	(상 중 하)
	(상 중 하)	(상 중 하)	(상 중 하)	(상 중 하)

컴퓨터활용 능력

* H=High, M=Medium, L=Low

문서작성 (한글/MS-Word)	스프레드시트 (Excel)	프리젠테이션 (PowerPoint)	인터넷 (정보검색/outlook)
(상 중 하)	(상 중 하)	(상 중 하)	(상 중 하)

자격사항 및 수상내역

취득일	자격사항 및 수상내역	발행기관

주요활동 및 사회경험

기간	상세내역	기관 및 장소

3 생활 속 과학

어휘 학습

1. 다음 중 알맞은 것을 골라 문맥에 맞게 대화를 완성하십시오.

검증	촉진	남용	본능	면역력	존엄성

① 가 : 남자들은 자동차에 대한 욕심이 왜 그렇게 많은지 모르겠어요.
나 : 남자라면 어쩔 수 없는 __________인 것 같아요.

② 가 : 조류독감으로 닭고기 판매량이 크게 줄었다고 해요.
나 : 그렇지 않아도 이번 주에 마트에서 닭고기 소비 __________을/를 위해서 할인행사를 한대요.

③ 가 : 환절기만 되면 감기 몸살에 시달리는데 좋은 방법이 없을까요?
나 : 따뜻한 차를 자주 마시거나 제철 음식을 골고루 섭취해서 __________을/를 높여주도록 하세요.

④ 가 : 요즘 일반 사회인은 물론이고 신문과 방송에서조차 외래어 __________이/가 심각하네요.
나 : 부득이하게 쓰는 경우가 생기기도 하겠지만 불필요하게 사용하는 것은 좀 피해야겠어요.

⑤ 가 : 생명의 가치를 중요시하지 않는 소식이 늘고 있어 안타깝네요.
나 : 그러게요. 생명의 __________을/를 보다 귀하게 여기는 자세가 필요한 것 같아요.

⑥ 가 : 공직 후보자에 대한 __________이/가 가족 문제나 재산 문제에 너무 집중되는 것 같아요.
나 : 사생활 침해라는 문제도 있지만 공직자의 자격을 꼼꼼히 확인하는 절차는 반드시 필요하다고 봐요.

2. 다음 중 밑줄 친 것과 관계있는 단어를 골라 문맥에 맞게 빈칸에 쓰십시오.

무관하다	변형되다	비범하다	요긴하다	출시되다

① 평소에 바른 자세를 유지한다면 척추의 형태가 변하는 것을 예방할 수 있다.
( )

② 알고 보니 그 사람 역시 훌륭했던 할아버지 못지않게 능력이 뛰어난 사람이었다.
( )

③ 새로운 보안시스템은 조명이나 표정 변화와 아무런 상관없이 얼굴을 인식하는 것이다.
( )

④ 많은 기부금은 아니지만 어려운 이웃들을 위해 필요한 곳에 유용하게 사용됐으면 합니다.
( )

⑤ 더운 날씨를 웃음으로 날려줄 재미있는 모양의 아이스크림이 새롭게 나와서 눈길을 끌고 있다.
( )

3. 다음 중 알맞은 것을 골라 문맥에 맞게 문장을 완성하십시오.

이가 시리다	손발이 시리다	가슴이 시리다	눈이 시리다

① 칼바람에 ____________ 못해 감각마저 없어졌다.

② 폭풍 같은 바람과 들판 가득 쏟아지는 가을 햇살에 ____________.

③ 나이가 드니 양치질을 할 때는 물론 찬물만 마셔도 ____________.

④ 불의의 사고로 갑자기 가족을 잃은 사람들을 생각하면 ____________.

4. 다음 빈칸에 알맞은 단어를 찾아 문맥에 맞게 써 보십시오.

지장	심지어	함유되다	눅눅하다	민감하다

찜통 같은 무더위가 계속 이어지고 있습니다. ①____________ 장마철이 다가오다 보니 ②____________ 이불 속에서 이리저리 뒤척이다 밤을 새우기 일쑤입니다. 이렇게 잠을 설치는 날이 이어지다 보면 피로가 쌓여 일상생활에 큰 영향을 미치게 되고 여성들은 피부도 ③____________.

한 연구 결과에서 하루에 최소 5시간 정도는 수면을 취해야 다음날에도 힘들지 않고 일상생활을 하는 데 ④____________이/가 없다고 합니다. 또한 한여름 더위에도 깊은 잠을 자려면 평소 커피와 콜라와 같은 카페인이 ⑤____________ 음료는 피하고 우유나 물을 마시는 것이 도움이 된다고 합니다.

훼손	원료	우려	유발	흥청망청	희생되다

오늘날 생활에서 손쉽게 접하는 책, 신문, 종이컵, 화장지와 같은 종이 제품을 만들기 위해 사용되는 ⑥____________은/는 바로 나무이다. 종이를 만들기 위해서 엄청난 양의 나무가 사용되는데 환경문제는 물론이거니와 자원문제까지 ⑦____________시킨다. 우리가 ⑧____________ 사용하고 버리는 종이 때문에 수많은 나무가 ⑨____________ 있다는 사실을 알고 있는가? 이러다가는 숲이 사라지는 것은 아닐까하고 ⑩____________이/가 된다. 종이를 재활용하면 숲의 ⑪____________을/를 줄여나갈 수 있으니 지금부터라도 재활용을 실천하는 습관을 가져보도록 하자.

듣고 말하기 1

AV-기 십상이다

① 에어컨을 켜 놓고 자면 감기에 걸리기 십상이다.

② 무리해서 일을 하다가는 병이 나기 십상이다.

③ 시험기간에 공부를 안 하면 성적이 떨어지기 십상이에요.

〈더 생각해 보기〉

- 사람은 누구나 나이를 먹**기(게) 마련이다**.
- 사람이 병에 걸리면 마음이 약해지**기 마련이다**.
- 현대인들은 출근 준비로 바빠서 아침을 거르**기 일쑤이다**.

※ 'AV-기 십상이다'를 사용하여 빈칸에 들어갈 적절한 말을 써 보십시오.

① 젊었을 때에 건강관리를 소홀히 하면 ______________________________.

② 식후에 바로 찬 음료를 마시면 ______________________________.

③ 계획성 없이 생활비를 지출하다가는 ______________________________.

④ 지도 없이 낯선 지역을 여행하다가는 ______________________________.

⑤ 주차 구역이 아닌 지역에 주차를 하면 ______________________________.

⑥ 가 : ______________________________

나 : ______________________________

⑦ ______________________________

하기

은/는데도 불구하고

일 열심히 공부하는데도 불구하고 성적이 오르지 않아 걱정이에요.

장난감이 많이 있는데도 불구하고 아이가 새로운 장난감을 사 달라고 졸라요.

③ 그 사람이 좋은데도 불구하고 아직 결혼은 망설여지네요.

④ 대학교를 졸업했는데도 불구하고 취직을 하지 못한 사람들이 많습니다.

〈더 생각해 보기〉

• 두 사람은 가족들이 **반대하는데도 불구하고** 결혼하기로 했다.
= 두 사람은 가족들이 **반대하는데도** 결혼하기로 했다.
= 두 사람은 가족들이 **반대함에도 불구하고** 결혼하기로 했다.

• 충분히 **잤는데** 피곤하네요. 〈 충분히 **잤는데도** 피곤하네요. 〈 충분히 **잤는데도 불구하고** 피곤하네요.

※ 'V-ㄴ/은/는데도 불구하고'를 사용하여 문장을 완성해 보십시오.

① 가 : 로빈 씨, 과제는 모두 끝냈어요?

나 : 아니요, ______________________ 아직 끝내지 못했어요. 오늘은 꼭 끝내려고요.

② 가 : 지난 몇 년 동안 대학원에 진학하는 학생들이 늘었다고 하던데요.

나 : 네, 그렇습니다. 지난 몇 년 동안 ______________________ 취직을 하지 못해서 대학원으로 진학하는 학생들이 늘었습니다.

③ 지난주에 컴퓨터를 ______________________ 아직도 사용 중에 갑자기 꺼지는 문제가 해결되지 않았어요.

④ 모두에게 ______________________ 모임에 참석한다는 사람이 많지 않아서 걱정이에요.

⑤ 날씨가 추워서 ______________________ 감기에 걸려서 고생했어요.

⑥ ______________________

2. V-**게끔**

① 사람들이 쉽게 드나들게끔 문을 크게 만들기로 했습니다.

② 관광 후에는 편하게 쉬시게끔 가까운 곳에 있는 호텔을 예약해 두었습니다.

③ 돈을 낭비하지 않게끔 어렸을 때부터 경제 교육을 시키는 것이 좋습니다.

〈더 생각해 보기〉

• 감기에 걸리지 **않게끔** 옷을 따뜻하게 입으세요.
= 감기에 걸리지 **않게** 옷을 따뜻하게 입으세요.
= 감기에 걸리지 **않도록** 옷을 따뜻하게 입으세요.

• 어렸을 때부터 자기 방은 자기가 **청소하게끔 하셨습니다.**
= 어렸을 때부터 자기 방은 자기가 **청소하게 하셨습니다.**

• 오늘부터 제가 쓰레기 분리수거를 **하게끔 하겠습니다.** (×)
오늘부터 제가 쓰레기 분리수거를 **하겠습니다.** (○)

※ 'V-게끔'을 사용하여 문장을 완성해 보십시오.

① 가 : 요즘 옆집에서 밤에 음악을 너무 크게 틀어서 잠을 잘 수 없어요.

나 : 그래요? ________________________ 주의를 주는 것이 좋겠네요.

② 가 : 한국어 말하기 실력이 늘지 않아 걱정이에요. 어떻게 하는 것이 좋을까요?

나 : ________________________ 한국어로만 이야기해 보세요.

③ 가 : 아멜리 씨가 과제를 하느라 바쁜 것 같아요.

나 : 그러게요. ________________ 우리가 다른 곳으로 가는 것이 어떨까요?

④ 도서관에서는 ________________________ 조용히 해야 합니다.

⑤ 서영이는 내가 집을 구하는 동안 자신의 집에서 ____________ 허락해 주었다.

⑥ ____

듣고 말하기 2

1. V-기는 고사하고, N은/는 고사하고

① 이번 주말은 일이 많아서 쉬기는 고사하고 잠도 제대로 못 잤다.

② 가 : 룸메이트와 오래 같이 살았다고 했죠? 집안일은 좀 나눠서 하는 편인가요?
나 : 어휴, 집안일을 나눠서 하기는 고사하고 집에도 안 들어와서 걱정이에요.

③ 가 : 기말시험은 어땠어? 중간시험도 잘 봤으니 이번에도 1등은 문제없겠지?
나 : 1등은 고사하고 중간조차 안 되는 점수를 받을지도 모르겠어. 너무 어려웠거든.

④ 상대방이 일방적으로 잘못을 했는데 사과는 고사하고 오히려 나에게 화를 내서 몹시 당황스러웠다.

⑤ 가 : 근데 선생님이 무슨 일로 너를 부르셨니? 숙제 잘 했다고 칭찬해 주셨어?
나 : 칭찬은 고사하고 오히려 벌을 주셨어. 사실은 친구 숙제를 베꼈거든.

<더 생각해 보기>

- 밥은 **고사하고** 물 한 모금조차 못 마셨다.
- 밥은**커녕** 물 한 모금조차 못 마셨다.
- 밥은 **물론이고** 물 한 모금조차 못 마셨다.
- 밥은 **말할 것도 없고** 물 한 모금조차 못 마셨다.

※ 'V-기는 고사하고, N은/는 고사하고'를 사용하여 문장을 완성해 보십시오.

① 가 : 선혜 씨, 오늘은 화이트데이인데 남자친구와 데이트하러 안 나가요?
나 : 남자친구가 오늘도 바쁘대요. 사탕은 고사하고 ______________________.

② 가 : 점심 때 선배네 돌잔치 잘 다녀왔니? 돌잔치라서 배부르게 잘 먹고 왔겠네, 부럽다.
나 : 배부르게 먹기는 고사하고 ______________________.

③ 가 : 워킹홀리데이 비자를 받아서 1년이나 호주에 다녀왔다면서요? 돈은 많이 모았어요?
나 : ______________________ 있는 돈도 다 써 버리고 왔어요.

④ 가 : 아드님이 이번에 수능 봤죠? 전교 1등 한다던데 그럼 서울대학교로 가는 건가요?
나 : ______________________ 집 근처에 있는 대학교라도 합격했으면 좋겠어요.

⑤ 가 : 유정 씨도 이제 대학원을 졸업했으니 이제 본격적으로 취직 준비를 해야겠네요.
유정 씨 정도면 워낙 실력이 있으니 삼손이나 엘쥐는 누워서 떡 먹기 아닐까요?
나 : ______________________

2. V-되

① 그 사람은 일은 잘 하되 술버릇이 고약해서 주변에 사람이 없다.

② 남자와 여자의 차이는 인정하되 그로 인한 차별은 없어야 한다.

③ 가 : 선생님, 저는 하루라도 고기 반찬이 없으면 밥을 못 먹는데요.
나 : 위염이 심하니 고기를 먹기는 먹되 닭고기는 피하도록 하세요.

④ 가 : 아버지, 저는 이 사람과 꼭 결혼하고 싶으니 승낙해 주세요.
나 : 좋다. 결혼은 하되 네가 대학교 졸업은 하고 나서 하거라.

⑤ 가 : 선배, 이 책 다음 주까지 제가 더 보면 안 될까요? 아직 다 못 봐서요.
나 : 괜찮아, 그럼 천천히 보되 다음 주에는 꼭 돌려 줘라.

※ 'V-되'를 사용하여 문장을 완성해 보십시오.

① 가 : 어머니, 저도 다른 친구들처럼 애완동물을 좀 키워 보고 싶습니다.
나 : 정 키우고 싶다면 애완동물을 키우되 ______________________.

② 가 : 조교님, 공용 컴퓨터실에 생수를 가지고 들어가도 될까요?
나 : ______________________ 음료수 외 음식물은 반입 금지입니다.

③ 가 : 아버지, 오늘 저 학과 모임이 있어서 술 한잔 하고 가야 할 것 같습니다.
나 : 아들아, ______________________.

④ 가 : 이모, 저 이번 주말에 친구들과 캠핑을 가려고 하는데 차 좀 빌려주면 안 돼요?
나 : 그래, ______________________.

⑤ 가 : 한국 사람은 어떤 사람인 것 같아요?
나 : 제가 겪어보니 한국 사람은 ______________________.

⑥ 가 : ______________________

나 : ______________________

※ 토론의 내용을 잘 듣고 요약하여 써 보십시오.

논제 :		
	찬성	반대
입론	1. 논점(주장)	1. 논점(주장)
	2. 논거와 근거 자료	2. 논거와 근거 자료
반론	3. 반론	3. 반론
	4. 반론에 대한 주장	4. 반론에 대한 주장

※ 개요 작성하기

<table>
<tr><td>주제(주장)</td><td></td></tr>
<tr><td rowspan="4">서론
(문제 제기)</td><td>•</td></tr>
<tr><td>•</td></tr>
<tr><td>•</td></tr>
<tr><td></td></tr>
<tr><td rowspan="6">본론
(주장+근거)</td><td>• 주장①</td></tr>
<tr><td>근거①</td></tr>
<tr><td>• 주장②</td></tr>
<tr><td>근거②</td></tr>
<tr><td>• 주장③</td></tr>
<tr><td>근거③</td></tr>
<tr><td rowspan="3">결론
(정리)</td><td>•</td></tr>
<tr><td>•</td></tr>
<tr><td></td></tr>
</table>

쓰기

※ 다음을 읽고 글을 요약하는 방법에 대해 생각해 보십시오.

1) 문장에서 단어를 삭제할 때

① 문장에서 불필요한 말은 지운다.

예) 우주를 이룰 수 있게 하는 근원적인 힘이 또 하나 있는데, 그것은 바로 중력이다.

→ *우주를 이루는 힘은 중력이다.*

② 반복되는 표현은 한 번만 쓴다.

예) 더운 여름 시원한 얼음이 담긴 물 한 잔을 마시면 매우 시원하다.

→ *여름에 얼음물을 마시면 시원하다.*

③ 비슷한 단어는 상위 개념 하나로 줄인다.

예) 내가 우주선에서 먹은 밥과 국, 찌개, 간식은 대부분 진공 건조 동결법으로 만들어진 음식이다.

→ *내가 우주선에 먹은 음식은 대부분 진공 건조 동결법으로 만들어졌다.*

2) 단락에서 문장을 삭제할 때

① 각 단락에서 중심문장을 찾는다.

'마치, 다시 말해, 즉, 예를 들어, 가령'과 같은 말로 시작하는 부분은 뒷받침 문장이므로 빼도 된다.

② 한 단락에 두 개의 중심 문장이 있는 경우는 하나의 중심문장으로 만든다.

③ 각 단락의 중심문장에서 쓰인 어휘로 그 단락을 이해할 수 없을 경우 뒷받침 문장에서 중심어휘를 찾아본다.

2. 긴 글 요약하기

① 요지 파악 : 결론 단락 찾기

② 주제 파악 : 주장 찾기

③ 논거 파악 : 문제점 찾기, 근거 찾기, 내용 단락 나누기

④ 줄거리 파악하기

⑤ 요약하기

연습하기 1

1. 다음의 글을 읽고 각 단락의 중심 문장을 찾아보십시오.

오늘날 현대인들이 즐겨 먹는 인스턴트 커피가 오랜 시간이 지나도 커피의 독특한 맛과 향이 유지되는 이유는 무엇일까? 대표적인 인스턴트 식품인 커피를 오랫동안 보관하기 위해 커피 열매를 끓는 물에 넣어 커피 성분을 뽑아낸 후, 수분을 증발시켜 제거해야 한다. 그러나 커피의 들어있는 수분을 제거하는 과정에서 물을 기화시키면 커피의 향과 맛을 내는 성분이 파괴되어 커피의 그윽한 향과 고유의 풍미를 내기 어려웠다. – 문제 제기

그러나 이러한 문제를 단번에 해결한 것이 바로 진공 동결 건조법이다. 진공 동결 건조법은 수분을 포함한 식품을 우선 급속 냉동한 후 공기 압력을 서서히 낮춰 진공에 가깝게 만든다. 그리고 고체 상태로 존재하던 수분이 액체 과정 없이 기체로 승화시켜서 물질 속에 포함된 수분을 없애는 방법이다. 식품에 있는 수분을 가열하지 않고 저온에서 건조하므로 열에 약한 식품의 맛과 냄새, 색깔 및 영양성분 등이 거의 파괴되지 않아 식품의 본연의 맛과 향이 유지되는 것이다. – 설명

최근 주목을 받고 있는 진공 동결 건조법은 인스턴트 커피뿐만 아니라 라면에 들어 있는 야채 수프나 뜨거운 물만 부으면 국이나 찌개가 되는 인스턴트 식품도 진공 동결 건조법으로 만들어진 것이다. 라면에 들어있는 건조수프의 야채를 건조하기 위해서 뜨거운 증기를 사용하게 되면 야채의 모양과 색깔을 물론 영양소가 파괴되는 경우가 많다. 그러나 야채의 수분을 동결시킨 후 수증기로 승화시키는 방법을 이용하면 야채의 색과 향, 영양소가 파괴되는 것을 막을 수 있다. – 논거 제시 (예시)

진공 동결 건조법이 식품 가공에 도입된 것은 1990년대부터이지만 최근에는 다양한 산업과 공학에서 유용하게 활용되면서 우리 생활에서도 밀접하게 자리 잡게 되었다. 텅 비어 있어 어떤 물질도 존재하지 않는 공간은 놀라울 만큼 새로운 일들을 가능하게 한다. 우주에서 비교적 오랜 시간을 보내는 우주인 비행사들이 우주선에 먹는 밥과 국, 찌개, 후식 및 간식도 대부분 진공 동결 건조법으로 만들어진 음식이다. – 논거 제시 (예시)

이처럼 진공 동결 건조법을 활용한 식품은 원래 조직의 변형이 작고 수분만 제거된 것이기 때문에 물만 부으면 원래 상태로 복원되어 사용이 쉽고 탁월하다. 따라서 인스턴트 식품의 품질을 높이고 다양한 종류의 인스턴트 식품의 개발을 가능하게 하여 우리 생활에서 인스턴트 식품의 비중이 점점 높아질 것이다. – 결론

2. 위의 글을 읽고 개요를 작성해 보십시오.

Ⅰ. 서 론

Ⅱ. 본 론

1. 진공 동결 건조법이란?

2. 진공 동결 건조법의 예시

3. 진공 동결 건조법의 예시

Ⅲ. 결 론

3. 윗글의 내용을 100자 내외로 요약해 보십시오.

연습하기 2

1. 다음의 글을 읽고 각 단락의 중심 문장을 찾아보십시오.

'아침에 먹는 사과는 금(金)이다', '하루의 사과 하나면 의사가 필요 없다', '사과 나는 데 미인 난다.' 이는 모두 사과의 효능을 대변해 주는 말이다. 이렇게 사과를 과일의 여왕으로 만든 것은 바로 사과에 들어 있는 식이섬유인 펙틴(pectin)때문이다. 펙틴은 장운동을 원활하게 하고 콜레스테롤의 흡수를 막아주므로 성인병 예방은 물론이고 면역력을 강화하여 각종 질병 예방에도 도움이 된다. 또한, 피로 회복과 노화 방지에도 좋아 피부 미용에도 탁월한 효과가 있는 것으로 알려졌다.

사실 식이섬유는 사람의 소화 효소에 의해 소화되지 않는 식물성 물질이다. 저열량인 데다가 사람의 몸속에서 소화와 흡수가 되지 않으므로 대부분 우리 몸을 그대로 거쳐 대변으로 배출된다. 이 때문에 열량이나 영양학적으로 가치가 없는 것으로 인식되었다.

그러나 1970년에 들어 대장암을 비롯한 성인병이 식이섬유 섭취와 관계가 있다는 사실이 주목을 받으면서 식이섬유의 중요성이 부각되었다. 특히 식이섬유는 장운동을 활발하고 부드럽게 하며 사람의 몸속에서 배출될 때 노폐물을 깨끗하게 청소해 주는 역할도 한다.

펙틴은 사과 껍질을 벗기지 않았을 경우 그 효과가 더 크다. 노화의 원인이 되는 활성산소를 억제하는 성분이 사과의 빨간 껍질에 함유되어 있다. 따라서 사과는 깨끗이 씻어 껍질째 먹는 것이 좋다.

2. 위의 글을 읽고 개요를 작성해 보십시오.

Ⅰ. 서론

____

Ⅱ. 식이섬유의 특징

1. ____________________

2. ____________________

Ⅲ. 결론

____

3. 윗글의 내용을 100자 내외로 요약해 보십시오.

4 운동과 건강

어휘 학습

1. 다음 중 알맞은 것을 골라 문맥에 맞게 대화를 완성하십시오.

박진감	격려	공격력	수모	무심결	듬직하다

① 가 : 아이들에게 가장 필요한 것은 무엇이라고 생각하십니까?
　나 : 글쎄요. 칭찬과 ______________이/가 무엇보다 중요하지 않을까요?

② 가 : 친구가 내가 한 말로 크게 상처를 받은 것 같아요.
　나 : 그런 일이 있었구나. 무심코 던진 돌에 개구리가 죽는다고 ___________에 아무 말이나 하면 안 된다.

③ 가 : 그 기업의 회장님은 어린 시절에 형편이 굉장히 안 좋았다면서요?
　나 : 예, 그래서 마을에 잔치가 있을 때마다 온갖 _________을/를 겪으면서 한 끼를 얻어먹었대요.

④ 가 : 이번 지방 선거 때 후보자의 아들들이 아버지의 당선을 위해 열심히 돕는 모습을 봤어요.
　나 : 그런 일이 있었군요. 그 후보자는 정말 ______________ 아들을 두었네요.

⑤ 가 : 감독님이 보시는 기성용 선수는 어떤 선수인가요?
　나 : 한마디로 수비력과 _______________을/를 겸비한 선수라고 할 수 있죠.

⑥ 가 : 다른 사람들이 제가 발표할 때 저에게 집중하지 못하는 것 같아서 고민입니다.
　나 : 그럴 때는 청중이 다른 생각을 할 수 없을 정도로 _______ 있게 진행하는 것이 필요하지요.

2. 다음 중 밑줄 친 것과 관계있는 단어를 골라 문맥에 맞게 빈칸에 쓰십시오.

관장하다	생생하다	순조롭다	투철하다	말끔하다

① 이번 지방선거가 <u>아무 탈이나 문제없이</u> 잘 끝났다.
(　　　　)

② 나는 아직도 네가 태어난 그 날을 <u>바로 눈앞에서 보는 것처럼</u> 기억한다.
(　　　　)

③ 김 부장님은 오랫동안 대출 업무를 <u>맡아서 주관해</u> 오셨습니다.
(　　　　)

④ 소개팅에 나온 그 남자는 <u>티 없이 맑고 단정하게</u> 차려 입고 나왔다.
(　　　　)

⑤ 강한 나라를 만들기 위해서는 국민들이 <u>뚜렷하고 철저한</u> 역사의식을 가지고 있어야 한다.
(　　　　)

3. 다음 중 알맞은 것을 골라 문맥에 맞게 문장을 완성하십시오.

승리를 안기다	고양이를 안기다	큰 빚을 안기다

① 집에 놀러 온 친구에게 기르던 ______________________ 깜짝 놀라더라고요.

② 할아버지는 자식들에게 ______________________ 돌아가셨다.

③ 인천, 상대팀을 꺾고 마침내 우승을 기다리는 시민들에게 ______________________.

4. 다음 빈칸에 알맞은 단어를 찾아 문맥에 맞게 써 보십시오.

용감하다	실종되다	등원	면밀하다

한 아이가 15년 만에 부모를 만나게 되었다. 15년 전 그는 집 앞 놀이터에서 ①____________. 그 당시 그는 만 3세였고 ②____________을/를 위해서 유치원 버스를 기다리는 중이었다. 올해 그의 나이는 18세이다. 그때 그는 괴한에게 납치를 당해 다른 지역에서 살게 되었다고 한다. 배고픔과 어려운 환경에서도 꿋꿋하게 견뎌냈고 범인들이 부주의한 틈을 타 도망쳐 나와 경찰서로 향했다고 한다. 그의 ③____________ 행동으로 부모의 곁을 되찾을 수 있었다. 그는 사건을 맡은 담당자에게 범인을 반드시 찾아내 달라면서 ④____________ 조사를 부탁했다.

증명되다	귀가 아프다	욱여넣다	딴짓	은혜	일거수일투족

"아들, 계속 거기니? 2시간 전에도 10쪽이었잖니? 공부는 안 하고 자꾸 ⑤____________만 할래?"
"어휴, 엄마. 이제 잔소리 좀 그만 하세요. ⑥______________ 죽겠다고요."
엄마와 오빠는 오늘도 또 싸운다. 오빠는 아직 부모님의 ⑦______________을/를 모르는 것 같다. 고마운 줄도 모르고 자꾸만 말대꾸를 해댄다. 그리고 엄마는 오빠를 그만 포기했으면 좋겠다. 엄마가 아무리 오빠의 ⑧____________을/를 감시한다고 해도 오빠의 머리에 지식을 ⑨__________ 불가능할 것이다. 왜냐하면 얼마 전 IQ검사를 했는데 오빠가 우리 학교에서 가장 머리가 나쁜 학생으로 ⑩__________ 때문이다.

5. 다음의 설명과 관련이 있는 종목을 찾아 번호를 쓰십시오.

ㄱ. 암벽등반	ㄴ. 리듬체조	ㄷ. 봅슬레이
ㄹ. 컬링	ㅁ. 투포환	ㅂ. 양궁
ㅅ. 육상	ㅇ. 수구	ㅈ. 족구

① 활로 표적을 맞히는 운동 ________

② 썰매로 눈과 얼음으로 만든 코스를 달리는 운동 ________

③ 큰 바위를 여러 가지 장비를 이용해서 오르는 운동 ________

④ 수영장 안에서 헤엄을 치며 상대편의 골에 공을 넣는 운동 ________

⑤ 정해진 구역에서 기구를 던져 가장 멀리 나가도록 하는 운동 ________

⑥ 음악의 리듬에 맞추어 여러 가지 도구와 몸으로 표현하는 운동 ________

⑦ 달리기, 뛰기, 던지기를 기본 동작으로 하며 땅 위에서 하는 각종 운동 ________

⑧ 손은 사용할 수 없고, 발이나 어깨, 머리 등으로
공을 상대팀 쪽으로 넘기는 운동 ________

⑨ 겨울에 하는 운동으로 얼음 위에 둥글고
납작한 돌을 미끄러뜨려 표적 안에 넣는 운동 ________

읽고 말하기

1.V-ㅁ/음직하다

① 피자가 여러 사람이 먹어도 될 만큼 큼직해요.

② 다른 사람은 몰라도 그 사람은 믿음직해요.

③ 이미 10년이 지난 일이니 잊어버렸음직도 해요.

④ 골목길이 워낙 어두워서 범죄가 일어났음직도 해요.

⑤ 현실에서 일어날 수 있음직한 이야기라서 인기가 있어요.

〈더 생각해 보기〉

• 그 드라마는 현실에서 일어날 수 **있음직한** 이야기라서 인기가 있어요.
= 그 드라마는 현실에서 일어날 수 **있을 법한** 이야기라서 인기가 있어요.
= 그 드라마는 현실에서 일어날 수 **있을 것 같은** 이야기라서 인기가 있어요.

• 집들이 때 손수 준비한 음식들은 **먹음직했다.**
= 집들이 때 손수 준비한 음식들은 **먹을 만해 보여요.**

• 딸기가 아주 탐스럽게 열려서 **먹음직해요.**
= 딸기가 아주 탐스럽게 열려서 **먹음직스러워요.**

※ 'V-ㅁ/음직하다'를 사용하여 문장을 완성해 보십시오.

① 가 : 공간이 좁아서 모두 여기에 앉을 수 있을지 걱정이네요.
나 : 제가 보기엔 충분한 것 같아요. ______________________.

② 가 : 이 일을 누구에게 맡겨야 잘 해 낼 수 있을지 걱정이에요.
나 : 로빈 씨에게 맡겨 보세요. 로빈 씨는 ______________________.

③ 가 : 요즘 아멜리 씨와 조별 과제를 하고 있는데 계속 지적을 하니 스트레스를 받아요.
나 : 그러게요. 다른 사람이라면 모르는 척 ______________________ 아멜리 씨는 꼭 지적을 하더라고요. 실수하지 않는 사람이 어디 있나요?

④ 경제가 어려울수록 나보다 어려운 사람들을 돕는 일들이 점차 많아지고 있는데요, 이것은 우리 사회에 일어나고 있는 ______________________ 현상이라고 봅니다.

⑤ 가 : ______________________

나 : ______________________

2. N도 V-거니와

① 팅팅은 얼굴도 예쁘거니와 마음씨까지 착해서 인기가 최고다.
② 이번 사고로 손해 본 돈도 돈이거니와 인명 피해도 컸다.
③ 그 사람은 일도 열심히 하거니와 운도 좋아서 하는 일은 모두 잘 된다.
④ 거듭 덧붙이거니와 내일은 절대 늦으시면 안 됩니다.

〈더 생각해 보기〉

• 요즘 날씨도 **좋거니와** 시간도 많아서 자주 여행을 다니고 있어요.
= 요즘 날씨도 **좋을뿐더러** 시간도 많아서 자주 여행을 다니고 있어요.
= 요즘 날씨도 **좋은 데다가** 시간도 많아서 자주 여행을 다니고 있어요.
= 요즘 날씨가 **좋은 것은 물론이고** 시간도 많아서 자주 여행을 다니고 있어요.

• 제주도는 경치가 아름답거니와 먹을거리도 풍성해요. (○)
• 제주도는 경치도 좋거니와 거리가 멀어요. (×)

※ 'N도 V-거니와'를 사용하여 문장을 완성해 보십시오.

① 제주도는 자연 경관이 아름답다 • • 전화로 안부를 물을 겨를조차 없었다
② 어른은 어린이를 보호할 의무가 있다 • • 먹을거리도 풍부하다
③ 나는 친구들을 만날 시간이 없었다 • • 말도 함부로 한다
④ 그는 다른 사람의 이야기를 잘 듣지 않는다 • • 올바르게 가르칠 책임도 있다

① ____.

② ____.

③ ____.

④ ____.

※ 다음 중 알맞은 것을 골라 문장을 완성하십시오.

해롭다	늘어나다	탁월하다

⑤ 로빈 씨는 업무 처리 능력도 ______________ 외국어 실력도 좋으니까 어느 회사를 가도 일을 할 거예요.
⑥ 과거에 비해 노년층의 인구가 ______________ 최근에는 출산율도 낮아졌는데 이것이 바로 고령화 현상입니다.
⑦ 흡연은 흡연자의 건강에 ______________ 주변의 비흡연자에게도 피해를 줍니다.

듣고 말하기 2

1. DV-기(가) 그지없다

① 국가 대표 선발 조건을 살펴보니 까다롭기가 그지없다.

② 10년이 안 되는 짧은 기간 동안 눈부신 성장을 이룬 것을 보니 감격스럽기가 그지없다.

③ 처음 보는 사람이 아파트 단지 내를 돌아다니는 모습이 수상하기가 그지없었다.

④ 가 : 지난 번 결혼기념일도 잊어버렸다면서 이번에는 아내 생일마저 잊어버렸다고?

나 : 바쁘게 살다가 보니 중요한 것을 계속 놓치게 되네. 아내한테 미안하기가 그지없어.

⑤ 가 : 아이를 벌써 초등학교에 보내야 하다니 잘 적응할 수 있을지 걱정스럽기 그지없네요.

나 : 독립심을 기르는 과정이니 지켜보는 수밖에요.

<더 생각해 보기>

- 창 밖의 풍경이 아름답**기가 그지없다.**
- 창 밖의 풍경이 **여간 아름답지 않다.**
- 창 밖의 풍경이 **아름답기 짝이 없다.**

※ 'DV-기가 그지없다'를 사용하여 빈칸에 들어갈 적절한 말을 써 보십시오.

① 신문에 실린 전쟁 사진이 ________________________________.

② 어린이날에 부모님의 손을 잡고 놀이 공원을 뛰어다니는 아이들의 모습이 ________________.

③ 체력 훈련이 ________________________ 몸과 정신 건강에는 큰 도움이 될 것이다.

④ 가 : 네가 보던 그 드라마가 어제 종영했다면서? 결말이 어떻게 됐어?

나 : 사랑에 빠진 두 사람이 어렸을 때 헤어진 남매였다니 ________________________.

⑤ 가 : 선영 씨, 못 보던 차네요. 이제 운전해서 출근하시나 봐요.

나 : 네, 차를 새로 장만했는데 ________________________. 대중교통으로 50분이나 걸리던 회사를 이제 30분 정도면 와요.

⑥ 가 : ____

나 : ____

2. V-다고 할까? / N-(이)랄까?

① 가 : 새 학기 반 분위기가 어때?

나 : 음……. 아직 서로 친해지지 않아서 그런지 서먹서먹하다고 할까?

② 가 : 새로 출시된 상품에 대한 고객들의 반응이 어떻습니까?

나 : 글쎄요. 아직 좀 더 지켜봐야겠습니다만 광고 효과 때문이랄까요? 현재 판매율은 높은 편입니다.

※ 'V-다고 할까? / N-(이)랄까'를 사용하여 빈칸에 들어갈 적절한 말을 써 보십시오.

① 가 : 정우야, 휴학했다면서? 무슨 일 있어?

나 : 전공이 ______________________? 쉬면서 내가 정말 하고 싶은 일이 무엇인지 고민해 보려고.

② 가 : 성현 씨가 요즘 좀 달라진 것 같지 않아요? 성격이 ______________________?

나 : 글쎄요. 사람 성격이 그렇게 쉽게 변하겠어요?

③ 가 : 지성 씨, 축하해요. 교환학생으로 선발되었다면서요? 그런데 표정이 어두워 보이네요.

나 : 1년 동안 여자 친구와 떨어져 있어야 한다고 생각하니______________________? 어떻게 해야 하는 것이 좋은지 고민이에요.

④ 가 : ______________________

나 : ______________________

⑤ 가 : ______________________

나 : ______________________

쓰기

호기심을 가질 수 있게 쓴다.
명쾌하고 짧게 쓴다.
제목은 구체적이어야 한다.

신문기사의 제목 쓸 때 유의점
① 기사의 결론을 쓸 것
② 조사, 동사는 생략!!
③ 현재형으로 쓸 것

〈기사제목〉 **알제리 대표팀 "월드컵 상금, 전액 기부"**

〈부제〉 **첫 16강 진출로 상금 받아**

기사의 제목에 보충설명이 필요하다면 제목 아래에 부제를 넣는다.

〈전문〉

브라질 월드컵에서 16강에 오르며 선전한 알제리 대표팀이 자국민들의 열렬한 환영을 받으며 귀국했다. 이 기사에서 중요한 내용을 가장 먼저 쓰고, 부가적인 설명은 나중에 한다.

〈본문〉

AFP통신은 3일 "압델말렉 셀랄 알제리 **총리**가 비행기에서 내리는 알제리 대표팀을 직접 마중

존칭이나 높임말 등은 사용하지 않는다.

했다"며 "팬들은 알제리의 사상 첫 월드컵 16강을 이끈 바히드 감독에게 계속 대표팀 지휘봉을 맡기라는 내용의 구호를 연달아 외쳤다"라고 전했다. 알제리 선수들이 2층버스로 카퍼레이드를 하는 동안 수만명의 알제리 국민들이 나와 열렬히 환영했다.

→ 문장은 짧고 독자의 입장에서 쓴다.

알제리는 이번 대회 조별리그 H조에서 1승1무1패를 기록해 조 2위로 16강에 올랐으며 16강에서 '우승 후보' 독일을 상대로 연장 접전까지 벌인 끝에 1-2로 패했다.

한편 알제리 공격수 슬리마니는 "우리는 월드컵 상금을 가자지구 사람들을 위해 기부하겠다"고 밝히며 "그들이 우리보다 그 돈이 더 필요할 것이다"라고 말했다. 16강에 진출한 알제리는 국제축구연맹(FIFA)으로부터 900만 달러의 상금을 받는다.

→ 사실만 전하며 결론은 쓰지 않는다.

※ 신문 기사를 읽고 육하원칙에 따라 요약해 보십시오.

- 누가 ____________
- 언제 알제리대표팀 귀국하는 날
- 어디서 알제리에서
- 무엇을 ____________
- 어떻게 ____________
- 왜 어려운 사람들이 우리보다 돈이 더 필요하기 때문에

◈ 신문기사 쓰기

1. 어떤 기사를 쓸지 아래와 같이 메모해 보십시오.

- 누가 ____________________
- 언제 ____________________
- 어디서 ____________________
- 무엇을 ____________________
- 어떻게 ____
- 왜 ____

2. 다음과 같이 신문 기사를 써 보세요.

〈기사제목〉

〈부제〉 ____

〈전문〉

____

____

〈본문〉

____

____

____

____

____

____

____

____

____

보고서(논문)에서 알맞은 시제 쓰기

과거형	☑ 연구, 조사 결과를 나타낼 때 ☑ 앞에서 다룬 내용을 요약 및 정리할 때
현재형	☑ 인용할 때 ☑ 단어의 정의를 내리거나 일반적인 사실을 설명할 때 ☑ 연구 방법을 설명할 때
미래형	☑ 앞으로 다룰 내용을 말할 때 ☑ 연구의 가정을 설명할 때

본 연구는 걷기참여자가 많아지고 있는 현 시점에서 세대별 걷기참여자의 참여제약 요인을 심층적으로 탐구하고 세대별 제약요인의 우선순위를 **산정하다.** 이 연구를 통해 특별한 기술
산정하고자 한다.
또는 시설을 필요로 하지 않고 남녀노소 누구나 할 수 있는 걷기활동에 참여를 **늘리다.**
늘릴 수 있을 것이다.
또한, 현재 걷기참여자의 중도 탈락률을 낮추며 지속적으로 걷기 활동을 유지할 수 있도록 하여 걷기생활화 및 걷기 활성화를 **도모하다.** 연구방법으로는 통합연구방법 중에서 질적연구
도모할 것이다.
방법의 선행형으로 심층면접을 실시하여 각 요인을 추출하고 귀납적 범주분석을 통해 분석한 결정 요인을 Expert Choice 11.5를 활용해 계층화분석을 **실시하다.** 이를 통해 걷기 참여의
실시하였다.
제약의 우선순위를 **산정하다.** 세대별 걷기참여자의 참여제약 요인으로는 자연환경, 인공환경,
산정하였다.
시간적 제약이 공통적으로 나타났다. 이외 청년층과 장년층에서는 태도의 제약이 **나타나다.**
나타났다.
장년층과 노년층에서는 신체적 제약이 **나타나다.** 청년층 걷기 참여자의 참여 제약 요인은
나타났다.
자연환경 제약, 시간적 제약, 신체적 제약, 인공환경 제약, 태도의 제약 순으로 **나타나다.**
나타났다.
노년층 걷기참여자의 참여제약 요인으로는 자연환경, 시간적 제약, 신체적 제약, 인공환경 제약 순으로 **나타나다.**
나타났다.

출처 : 세대별 걷기참여자의 참여제약 요인의 통합적 연구 (윤채빈, 박수정), 한국여가레크리에이션학회

연습하기

다음 글을 읽고 밑줄 친 부분을 알맞은 시제로 고쳐 써 보십시오.

본 연구는 외국인학습자들의 신체활동이 언어교육에 긍정적인 효과를 미치는지를 검증하는 **연구이다.** ①________ 연구 결과 일주일에 3일 이상 신체활동을 한 학습자들이 언어학습에 있어서도 비신체활동 외국인학습자들에 비해 언어교육에 긍정적인 효과가 있다는 점이 **확인되다.** ②________ 이를 위해 3개월 간 국내 A기관에서 한국어를 공부하고 있는 외국인학습자 50명을 대상으로 신체활동을 **실시하다.** ③________ 본 연구방법으로는 관찰평가와 **인터뷰이다.** ④________ 외국인학습자 25명은 일주일에 3회 이상 신체활동을 **진행하다.** ⑤________ 지속적인 신체활동을 한 외국인학습자들은 95%이상 신체활동을 하기 전보다 언어능력이 **상승하다.** ⑥________ 본 연구의 의의로는 외국인학습자들이 신체활동을 통해 언어 능력의 향상에 도움을 줄 수 있었다는 점을 증명한 것이라고 **하다.** ⑦________ 그러나 연구 대상이 비신체활동 외국인학습자를 포함하여 50명으로 한정적이었고, 언어교육의 성과를 신체활동으로만 국한하여 제시하였다는 점은 이 연구의 **제한점이다.** ⑧________ 앞으로 신체활동과 언어교육의 상관 관계에 관한 보다 세밀한 연구가 **진행되어야 하다.** ⑨____________

5 세계 속의 한류

어휘 학습

1. 다음 중 알맞은 것을 골라 문맥에 맞게 대화를 완성하십시오.

곤욕	극단적	부축하다	슬쩍	주관하다

① 가 : 6시까지 주안역으로 올 수 있겠어요?
   나 : 그럼요. 부장님이 안 보실 때 ________ 빠져 나올게요.

② 가 : 비가 오니까 차를 두고 가는 게 낫겠죠?
   나 : 네. 저도 지난주에 비오는 날 차를 가져갔다가 도로가 꽉 막히는 바람에 한바탕 ______을/를 치렀어요.

③ 가 : 여름철에 유의해야 할 건강 상식으로는 무엇이 있을까요?
   나 : 문을 닫아 놓은 채로 선풍기를 오래 켜 놓으면 ________ 경우에는 사망에 이를 수도 있답니다.

④ 가 : 여권을 만들려면 어떻게 해야 돼요?
   나 : 구청에 가셔서 해당 업무를 ________ 부서로 찾아가세요.

⑤ 가 : 아이고, 무릎이 아파서 계단을 올라가기가 힘드네.
   나 : 할머니, 제가 ________ 드릴 테니 제 팔을 잡으세요.

2. 다음 중 밑줄 친 것과 관계있는 단어를 골라 문맥에 맞게 빈칸에 쓰십시오.

감수성	교차되다	대거	애처롭다	입건되다

① 오디션에 참가했던 참가자들이 <u>많은 수가 한꺼번에</u> 탈락했다.
( )

② 정 선수는 우승 소감을 밝히면서 그동안 고생했던 기억과 기쁨이 <u>동시에 엇갈린다고</u> 했다.
( )

③ 선거에 출마한 의원이 뇌물을 받아서 <u>혐의가 있음이 인정되었다</u>.
( )

④ 대부분의 예술가들은 보고 들은 것에 대해 <u>느끼고 반응하는 것</u>이 예민하다.
( )

⑤ 자식들과 연락이 되지 않아서 홀로 손녀를 키우는 할머니의 모습이 너무나도 <u>안타깝고 슬프다</u>.
( )

3. 다음 중 알맞은 것을 골라 문맥에 맞게 문장을 완성하십시오.

공연 표를 구하다	사람을 구하다	양해를 구하다

① 120번 전화는 생활의 어려움으로 인해 큰 위기에 처한 ________________ 위해 마련된 사회제도이다.

② 주문이 많이 밀려 있어서 음식을 기다리는 손님들께 ________________.

③ 연말에는 다양한 공연이 있음에도 불구하고 ________________가 어렵다.

4. 다음 빈칸에 알맞은 단어를 찾아 문맥에 맞게 써 보십시오.

무려	논란	출연하다	매정하다	삿대질	비법	부적합하다

현재 인기리에 방영되고 있는 요리 경연 프로그램에 ①________ 있는 요리사는 전 세계적으로 그 실력을 인정받고 있다. 그가 경영하는 레스토랑을 예약하려면 ②________ 두 달이나 기다려야 할 정도라고 한다. 그는 본래 술에 중독된 아버지로 인해 어려운 가정 형편에서 축구 선수의 꿈을 키우던 소년이었다. 그러나 무릎 부상으로 더 이상 선수 생활을 할 수 없게 되자 본격적으로 요리사가 되기로 결심한다. 그리고 엄격한 스승 밑에서 ③________와/과 고된 훈련을 견디며 지금의 자리에까지 오르게 되었다. 그는 프로그램을 통해서 요리 ④________을/를 전수해 경영난을 겪고 있는 음식점에 도움을 주는 한편, 출연자에게 ⑤________ 평가를 내려 눈물을 흘리게 만든다. 때로는 방송에 다소 ⑥________ 표현을 사용하여 누리꾼들 사이에서 ⑦________을/를 일으키기도 했다.

이색적	일대	광활하다	진풍경	해질녘	몽환적

주말이 되면 강원도 양양 지역 ⑧________의 캠핑장에는 지친 일상에서 벗어나 휴식을 즐기고자 찾아온 수많은 사람들의 행렬로 ⑨________을/를 이룬다. 예전에는 텐트를 설치하는 것이 일반적이었지만 이제는 캠핑카를 사용하는 ⑩________ 모습도 눈에 띄게 찾아볼 수 있다. 해변가에 위치하여 ⑪________ 바다 풍경을 볼 수 있는 곳에서부터 ⑫________이/가 되면 고요함과 ⑬________ 분위기를 느낄 수 있는 숲 속의 장소까지 매우 다양하다. 주변에는 편의 시설과 볼거리도 갖추고 있어서 캠핑을 즐기는 이들에게 호평을 받고 있다.

읽고 말하기

1. V-거들랑

① 할 말이 있거들랑 뜸 들이지 말고 어서 말 해.

② 감기 기운이 있거들랑 따뜻한 차를 자주 마시도록 하세요.

③ 일이 다 끝났거들랑 저를 좀 도와주시겠어요?

④ 그 말이 사실이거들랑 증거를 보여줘 봐.

⑤ 가 : 요즘 수미 어머님의 표정이 어두워 보이네.
　나 : 그 집 아이가 몸이 약한 모양이야. 요즘 많이 아프거들랑.

〈더 생각해 보기〉

- 대학교에 입학하거들랑 동아리 활동을 **할 거예요.**
- 대학교에 입학하거들랑 동아리 활동을 **해 보려고요.**

※ 다음 중 알맞은 상황을 찾아 연결해보고 대화를 완성하십시오.

① 첫눈이 내리다	•	• 다시 병원에 방문하다
② 새 집을 찾다	•	• 학교 앞에서 다시 만나다
③ 실내가 많이 건조하다	•	• 창문을 열어 환기를 시키다
④ 다 먹고도 나아지지 않다	•	• 계약 조건을 꼼꼼히 살펴보다

① 가 : 첫눈이 오는 날에 뭐 하고 싶어?
　나 : 우리 ________________________________.

② 가 : 겨울이라서 그런지 실내 공기가 좀 답답하네요.
　나 : 온풍기를 내내 틀어놔서 그래요.
　________________________________ 한결 나아질 거예요.

③ 가 : 이사를 하려고 하니 걱정이 이만저만이 아니네요.
　나 : 처음 이사하는 것이니 걱정되는 게 당연하지요.
　________________________________.

④ 가 : 두통이 심하고 몸살 기운이 있어요.
　나 : 우선 삼일 분의 약을 지어드릴게요.
　________________________________.

2. 한국어의 생략

※ 다음은 TV 드라마의 대본입니다. 밑줄 친 부분의 대화에서 무엇이 생략되었는지 써 보십시오.

여자 주인공은 남자 주인공이 쓴 영화 대본을 읽고 있다.

여: (대본을 접으며) 기가 막혀!

남: (여자에게 다가간다) ①왜? 재미없어? → ______________________

여: 넌 내 사생활 같은 건 존중할 마음이 없지?

남: 왜 너 이야기라고 생각해?

여: ②아니야? → ______________________

남: 그래서? ③좋아, 나빠? → ______________________

여: (시무룩하게) ④나쁘진 않아. → ______________________

남: 그렇지? 좋지? 그렇다니까, ⑤좋다니까. → ______________________

듣고 말하기 2

1. V-(으)리만큼

① 강물 속에 무엇이 있는지 훤히 보이리만큼 물이 맑다.

② 삶을 살다보면 견디기 어려우리만큼 힘든 순간들이 찾아올 때가 있다.

③ 그 사람의 말이라면 더 이상 믿을 수 없으리만큼 거짓말을 밥 먹듯이 한다.

④ 가 : 민희 씨, 어제 본 영화 어땠어요?
나 : 관객들이 모두 눈물을 흘리리만큼 감동적인 영화였어요.

⑤ 가 : 정수 씨에게 가족이란 어떤 존재인가요?
나 : 세상의 그 어떤 것과도 바꿀 수 없으리만큼 저에게 소중한 존재이지요.

〈더 생각해 보기〉

- 그 사람은 모든 사람이 칭찬**하리만큼** 훌륭한 사람이다.
- 그 사람은 모든 사람이 칭찬**할 정도로** 훌륭한 사람이다.

※ 'V-(으)리만큼'을 사용하여 대화를 완성해 보십시오.

① 밥 한 순가락도 못 먹다	• •	멋진 경기를 펼치다
② 전 세계가 깜짝 놀라다	• •	몸이 많이 아프다
③ 얼굴을 보기 민망하다	• •	연락이 통 없다
④ 서운한 마음이 들다	• •	신경이 예민하다
⑤ 말도 못 붙이다	• •	미안한 마음이 들다

① 가 : 감기는 좀 어때요?
나 : 어제까지 ________________________ 오늘은 좀 나아졌어요.

② 가 : 시험이 얼마 남지 않아서 소희 씨가 스트레스를 많이 받나 봐요.
나 : ________________________.

③ 가 : 중현 씨는 요즘 잘 지내고 있을까요?
나 : 글쎄 말이에요. ________________________.

④ 가 : 지난번 일에 대해서 사과했어요?
나 : 아직요. ________________________.

⑤ 가 : 어제 올림픽 경기 보셨죠?
나 : 그럼요. 국가대표선수들이 ________________________.

2. AV-자면

① 이 문제를 해결하자면 국민 모두가 관심을 가지고 적극적으로 참여하여야 한다.
② 고급 토픽에 합격하자면 문법 실력뿐만 아니라 어휘력도 늘려야 한다.
③ 말하기 시험 준비를 4시까지 끝내자면 점심은 간단히 먹고 서둘러서 준비하는 게 좋아.
④ 가 : 선배님, 요즘 취직 준비로 인해 많이 바쁘다면서요?
나 : 요즘 같은 불경기에 취직하자면 이 정도의 고생은 아무것도 아니지.
⑤ 가 : 수연 아빠, 오늘 저녁은 뭘 해 먹는 게 좋을까요? 수연이 남자친구도 온다는데…….
나 : 당신이 먹자면 나는 뭐든지 괜찮으니 너무 신경 쓰지 말고 하던 대로 해요.
⑥ 사실 오늘은 회식하고 싶은 마음이 없지만 부장님께서 먹자시면 당연히 함께 해야지요.

〈더 생각해 보기〉

- 담배를 **안** 피우자면 흡연자로부터 최대한 멀어져야 한다. (○)
- 담배를 **못** 피우자면 흡연자로부터 최대한 멀어져야 한다. (×)
- 조원들이 그 일을 **하지 말자면** 하고 싶어도 참는 게 맞아.(○)
- 조원들이 그 일을 **안 하자면** 하고 싶어도 참는 게 맞아. (×)

※ 'AV-자면'을 사용하여 빈칸에 들어갈 적절한 말을 써 보십시오.

① 가 : 부장님, 우리 회사가 다른 업체와의 경쟁에서 ________________ 개발 비용이 다소 들더라도 신상품 개발을 포기해서는 안 됩니다.
나 : 하지만 자네도 알다시피 현재 회사의 사정이 좋지 않으니 쉽지 않은 일인 것 같네.

② 가 : 선배님, 제가 곧 미국으로 유학을 가게 되었습니다. 미국에 다녀온 경험자로서 조언을 좀 부탁드립니다.
나 : 새로운 경험을 하게 되었군요. 제일 중요한 것은 한 가지라고 생각해요.
미국에서 ____.

③ 가 : 여보, 오늘은 뱃속의 아기가 갈비찜이 먹고 싶대요.
나 : 아, 우리 아기가 ____.
일이 끝나는 대로 곧장 퇴근할 테니 기다리고 있어요.

④ 가 : 어머님, 이번 여름휴가 때는 큰맘 먹고 온 가족이 해외여행을 가는 게 어때요?
나 : 그래 좋은 생각이다. 그런데 해외여행을 ______________________________.

쓰기

인용하기

1. 직접적으로 인용하기

: 다른 사람의 말이나 생각을 따옴표를 사용하여 그대로 가져온다.

"________" (이)라고 하다

- "웃음이 명약이다"라는 말이 있다.
- 간디는 "인생은 서두르는 것 말고도 더 많은 것이 있다"라는 명언을 남겼다.

2. 간접적으로 인용하기

: 부호를 사용하지 않고 인용하는 사람이 문법이나 표현을 적절하게 바꾸어 가져온다.

V-ㄴ/는다고, AV-(으)라고, V-냐고, AV-자고 하다

- 세익스피어는 친구라면 결점까지도 받아들일 수 있어야 한다고 말했다.
- 신은 우리에게 성공하라고 하지 않으며 다만 노력하라고 한다는 테레사 수녀의 말은 노력의 중요성을 일깨워 준다.

1. 다음에 제시된 말을 인용하여 쓸 수 있는 글의 주제가 무엇인지 생각해 보십시오.

1) 칠전팔기

주제: ____________________

2) 돌다리도 두들겨 보고 건너라.

주제: ____________________

3) 큰 희망이 큰 사람을 만든다.

주제: ____________________

2. 다음의 주제와 관련된 말을 찾아서 인용하는 문장을 써 보십시오.

1) 미래를 준비하는 자세

____

2) 환경을 보호하기 위한 방안

____

3. 안티 문화에 대한 자신의 생각을 인용하는 방법을 사용하여 간단히 써 보십시오.

6 나누는 기쁨

어휘 학습

1. 다음 중 알맞은 것을 골라 문맥에 맞게 대화를 완성하십시오.

의무적	엄두	안건	개설되다	구호품	넉넉하다

① 가 : 이번 장마에도 많은 사람들이 피해를 입었다고 하더라고요.
나 : 네, 그래서 ________을/를 보내는 일을 할 사람도 부족하다고 하더라고요.

② 가 : 이번 회의의 주제는 무엇입니까?
나 : 이번 회의에서는 아멜리 씨의 _______을/를 주제로 토의를 할 것입니다. 모두 자료를 보십시오.

③ 가 : 요즘 일이 많아서 다음 주 봉사활동에 갈까 말까 고민 중이에요.
나 : 다음 주에 하는 봉사는 1년에 1번씩 ________(으)로 참석해야 하는 봉사활동이에요.

④ 가 : 그래서 이사를 하기로 마음을 먹었어요?
나 : 아니요. 이사하고 싶기는 한데 이사할 것을 생각하면 ________이/가 안 나요.

⑤ 가 : 기차표를 미리 예매해야죠. 표가 없으면 큰일이에요.
나 : 걱정하지 마세요. 휴가철이 아니면 좌석이 ________ 기차를 못 타는 일은 없어요.

⑥ 가 : 이번 방학에 특별히 ________ 수업이 무엇일지 궁금해요.
나 : 이번엔 아마 쓰기 수업일 것 같아요. 많은 학생들이 쓰기에 어려움을 느낀다고 하더라고요.

2. 다음 중 밑줄 친 것과 관계있는 단어를 골라 문맥에 맞게 빈칸에 쓰십시오.

후원하다	열악하다	모색하다	복구하다	의존하다

① 이미 일어난 일이니 지금은 어떻게 하면 잘 해결할 수 있을지 같이 방법을 찾아봅시다.
( )

② 아이들이 시설도 좋지 않은 교육 환경 속에서도 열심히 공부하는 모습을 보니 가슴이 아팠습니다.
( )

③ 바이러스 때문에 컴퓨터에 문제가 생겨서 저장한 자료를 원래대로 되돌리는 것은 불가능합니다.
( )

④ 우리나라는 석유가 생산되지 않아 석유 소비량 전부를 수입에 의지하고 있습니다.
( )

⑤ 저는 어려운 환경에 있는 학생들을 아무도 모르게 뒤에서 도와주고 있습니다.
( )

3. 다음 중 알맞은 것을 골라 문맥에 맞게 알맞은 것을 골라 문장을 완성하십시오.

입을 모으다	힘을 모으다	의견을 모으다

① 다음 봉사활동은 언제, 어디에 가서 어떤 일을 하면 좋을지 ____________________.

② 그 사람은 모두가 ______________ 칭찬을 하더라고요. 정말 좋은 사람이라는 생각이 들어요.

③ 이번 장마에 피해를 입은 농가가 많다고 합니다. 복구를 위해 우리도 ________________.

4. 다음 빈칸에 알맞은 단어를 찾아 문맥에 맞게 써 보십시오.

거리감	동참하다	상부상조	좁히다	취지

재능 기부란 기부의 새로운 형태로 자신의 재능을 사회에 기부하는 것을 말한다. 보통 기부라고 하면, 물질적이고 금전적인 도움을 주는 것을 떠올리게 되는데, 재능 기부란 개인이 갖고 있는 재능을 개인의 이익이나 기술개발에만 사용하지 않고 사회에 기여하는 새로운 기부 형태이다. 개인이 가진 재능을 사회에 공헌한다는 ①__________(으)로 최근 이러한 재능 기부에 ②__________ 사람들이 늘어나 사회 곳곳에서 활발하게 이루어지고 있다. 이러한 재능 기부를 실천하는 사람들은 자신이 가진 재능을 다른 사람들과 서로 나누며 ③__________하기도 한다. 또한 예술가들은 일반인들에게는 생소한 예술의 세계를 경험할 수 있게 하여 예술을 어렵게 생각하는 일반인들과 예술과의 ④______________을/를 ⑤__________(으)려는 의도로 재능 기부를 실천하기도 한다.

자립	육성	성과	개발도상국	공정하다

공정무역이란 국가와 국가 사이에 동등한 위치에서 이루어지는 무역을 말한다. 주로 ⑥________에서 생산해서 선진국으로 수출하는 상품으로 농산물이 주를 이루고 있다. 공정무역은 가난한 제3세계의 생산자가 만든 제품을 정당한 가격을 주고 구입하여 생산국의 산업을 ⑦________하고 그것을 바탕으로 가난 극복을 위한 경제적 독립을 할 수 있도록 돕는 데 그 목적이 있다. 또한 공정무역은 생산자와 소비자 간의 직거래를 통해 ⑧__________ 가격을 지불하여 생산자의 건강한 노동 보장과 경제적 ⑨______을/를 이루게 하며, 친환경적인 상품의 재배를 통해 환경을 보호하는 데 그 의의가 있다. 이러한 공정무역은 농산물이 주를 이루고 있었으나 최근 공산품으로까지 확대되는 ⑩__________을/를 보이고 있다.

읽고 말하기

1. N이자 N

① 언어공부는 반복이 최선이자 최고의 학습이다.

② 최 선생님은 제 평생의 스승이시자 은인이십니다.

③ 융통성이 없는 점은 제 단점이자 장점이라고 생각합니다.

④ 학생들을 올바르게 인도하는 것은 교사의 책임이자 의무이다.

⑤ 이번 무대는 자살로 삶을 마감한 그의 첫 공연이자 마지막 공연이 되어 버렸다.

〈더 생각해 보기〉

- 나는 대학교의 교수이자 학생이다. (○)
  나는 대학교의 교수자 학생이다. (×)
- 그 분은 한 가정의 가장이자 회사를 이끌고 있는 사장이다.
  그 분은 한 가정의 가장이요 회사를 이끌고 있는 사람이다.
- 나는 요리사요, 한 아이의 아빠요, 학교의 선생이다.

※ 'N(이)자 N'을 사용하여 같은 의미가 되도록 문장을 완성하십시오.

① 그는 나의 학생이면서 동시에 친구이기도 하다.

⇒ ______________________________

② 그동안 내가 찍은 사진은 나의 추억이면서 기록이라고도 할 수 있다.

⇒ ______________________________

③ 숲은 사람들의 휴식터전이기도 하고 동물들의 삶의 터전이기도 합니다.

⇒ ______________________________

※ 나는 어떤 사람인지 'N(이)자 N'을 사용하여 문장을 만들어 보십시오.

④ ______________________________

⑤ ______________________________

⑥ ______________________________

2. V-건마는

① 요즘 경제가 좋아졌다고 하건마는 체감할 수 없다.

② 매일 열심히 공부했건마는 성적이 오르지 않아 걱정이다.

③ 상처를 보면 많이 아프겠건마는 괜찮다고만 한다.

④ 한국 사람이 아니건마는 한국어를 한국 사람만큼 잘 한다.

※ 'V-건마는'을 사용하여 문장을 완성해 보십시오.

① 1년 동안 열심히 일했다 •	• 하는 일마다 잘 되지 않는다
② 그 사람은 성실한 사람이다 •	• 무엇인지 알 수가 없다
③ 분명히 무엇인가 달라졌다 •	• 회사에서 해고를 당했다

① ______________________________.

② ______________________________.

③ ______________________________.

※ 다음 중 알맞은 것을 골라 문장을 완성하십시오.

피곤하다	달려가다	일하다

④ 일주일째 밤을 새서 ______________ 아직도 끝내려면 멀었어요.

⑤ 한국에서 생활하다보면 가족이 그리워 당장 ______________ 현실은 그럴 수가 없죠.

⑥ 로빈 씨가 시험을 앞두고 있어서 그런가, 요즘 많이 ______________ 괜찮다고만 하네요.

3. V-으/느냐에 달려 있다

① 시험 성적은 문법을 얼마나 잘 이해하느냐에 달려 있다.

② 상대방 마음을 움직이는 방법은 어떻게 말하느냐에 달려 있다.

③ 경제 회복은 정부가 얼마나 적극적으로 일자리를 창출하느냐에 달려 있다.

④ 즐거운 여행은 얼마나 잘 준비하느냐에 달렸다.

〈더 생각해 보기〉

• 김치의 맛은 **얼마나** 정성스럽게 만드느냐에 달려 있어요.
  찬반 의견은 **어떻게** 생각하느냐에 달려 있어요.

• 찬반 의견은 어떻게 **생각하느냐에 달려 있다.**
= 찬반 의견은 **생각하기에 달려 있다.**

※ 다음 중 알맞은 것을 골라 문장을 완성하십시오.

회복되다	여행을 가다	반영하다

① 가 : 1박 2일로 여행을 가려고 하는데요, 비용이 얼마나 들까요?
   나 : 비용은 언제 어디로 ______________ 따라 달라지니까 먼저 장소와 기간을 정하는 게 좋을 것 같습니다.

② 이번 상품 판매의 성공 여부는 이 상품이 고객의 요구를 얼마나 잘 ______________.

③ 이번 한국 팀의 우승은 한국 팀의 주장이 부상에서 ______________.

※ 'V-으/느냐에 달려 있다'를 사용하여 문장을 만들어 보십시오.

① ______________________________

② ______________________________

③ ______________________________

듣고 말하기 2

1. V-ㄴ/는다손 치더라도

① 오랜 세월이 흐른다손 치더라도 자연이 가지고 있는 가치는 변하지 않을 것이다.

② 국가의 지원을 받는다손 치더라도 이미 불어 닥친 경영난을 극복하기란 쉬운 일이 아니다.

③ 이 제품이 해외에서 큰 수익을 거두었다손 치더라도 국내에서도 반드시 성공적으로 판매될 것이라는 법은 없다.

④ 가 : 옷이 마음에 들지 않으면 환불하는 것이 어때요?
나 : 인터넷으로 옷을 구매한 것이라서 환불을 요청한다손 치더라도 배송료를 손해 볼 수밖에 없어요.

⑤ 가 : 선택한 것에 대해 후회하지 않을 자신이 있습니까?
나 : 다시 그 시간으로 돌아간다손 치더라도 똑같은 결정을 내렸을 것입니다.

〈더 생각해 보기〉

• 전화를 **해도** 받지 않는다.
전화를 **한다고 해도** 받지 않는다. (×)
전화를 **할지라도** 받지 않는다. (×)
전화를 **하더라도** 받지 않는다. (×)
전화를 **한다손 치더라도** 받지 않는다. (×)

※ 'V-ㄴ/는다손 치더라도'를 사용하여 빈칸에 들어갈 적절한 말을 써 보십시오.

① 가능성이 희박하다는 말이 사실이라손 치더라도 ______________________.

② 다른 사람의 단점을 알게 되었다손 치더라도 ______________________.

③ 이미 앞선 시합에서 3승을 거두었기 때문에 이번 시합에서 상대를 이기지 못한다손 치더라도
______________________.

④ 가 : 근래에 심각하게 제기되고 있는 환경 문제에 대해 어떻게 대처해야 한다고 생각하십니까?
나 : ______________________.

⑤ ______________________

◈ 토의하기

1. 토의의 정의

토의란 어떤 공통 문제의 해결 방안을 찾기 위해 둘 이상의 사람들이 모여서 정보, 의견, 생각 등을 나누는 협동적인 의사소통 방법이다.

2. 토의의 주제

① 여러 사람이 함께 생각해 보아야 할 것 : 문제 해결 방안에 따라 많은 사람들의 의견이 엇갈리거나 서로의 생각을 교환할 필요가 있는 문제

② 공통의 관심을 갖는 것 : 토의 참여자들과 직접 관련되어 있고, 관심을 끌 수 있는 문제

③ 해결 가능성이 있는 것 : 토의 목적이 문제를 해결하고 실천하기 위한 것으로, 해결 방안이 실천 가능한 것

3. 토의의 절차

① 토의 주제와 안건 제시 및 참여자 소개

② 토의자의 의견 제시

③ 토의자 간의 의견 조정

④ 토의 내용 정리

⑤ 청중과의 질의응답

4. 토의 참가자의 역할

① 사회자: 토의 내용이 다른 방향으로 흐르지 않도록 하고, 토의 참가자들이 적극적으로 참여할 수 있도록 기회를 마련한다.

② 토의 참가자: 토의 발언자는 정해진 규칙에 따라 말하고, 다른 발표자의 이야기를 경청해야 한다. 청중이나 다른 토의자의 질문에 성실히 답변하는 열린 마음을 가져야 한다.

③ 청중: 토의 참가자들의 발언 내용을 잘 듣고 궁금한 내용은 메모해 두었다가 발언이 끝난 후에 질문을 한다. 토의에 적극적으로 참여하는 태도를 가진다.

◈ 효과적인 말하기 표현

1. 주장하기

- 저는 ~라는 입장입니다.
- ~라고 생각합니다. 왜냐하면~
- 제 생각은 ~와 다른데 ~이기 때문입니다.

2. 의견 제시

- 저는 ~의 의견에 대해 ~라고 생각합니다.
- 저는 ~의 의견에 동의합니다.
- 저는 ~의 의견과는 조금 다른 의견을 갖고 있습니다.

3. 부연 설명

- 좀 더 자세히 설명하자면~
- 부연 설명을 하면~
- 하나 더 덧붙여 말하면~

4. 주제와 관련 없는 내용 지적

- 방금 말씀하신 것은 주제에서 벗어나는 것 같습니다
- 그 문제는 주제와 상관이 없습니다.

5. 화제 전환

- 그러면 이번에는 ~에 대해서 이야기해 볼까요?
- 다음은 ~씨께서 발언해 주시기 바랍니다.

6. 요약 및 정리

- 지금까지의 내용을 정리하면~
- 의견을 종합하면~

◈ 토의 내용

토의 주제	
토의 안건	
토의 내용	
토의 결과	

쓰기

정의: 어떤 말이나 사물의 뜻을 명백히 밝혀 규정하는 것 또는 그 뜻.

- 보통 정의는 'A는 B이다.' 식으로 표현된다.

예) 공정무역이란 열악한 환경에서 생산자가 만든 제품을 직거래를 통해 정당한 대가를 지불하고 소비하는 것이다.

예시: 알기 쉽게 설명하기 위하여 어떤 것을 구체적으로 예를 들어 이야기하는 것으로 다양한 글에서 사용하여 독자가 이해하기 쉽도록 도와준다.

예) 표의문자의 대표적인 것은 중국의 한자이고, 표음문자의 대표적인 것은 한국의 한글과 영어의 알파벳이다.

※ 다음은 '정의'와 '예시'의 방법을 사용하여 쓴 글입니다. 잘 읽고 정의와 예시의 쓰임에 대하여 알아봅시다.

인류 최초의 문자는 기원전 3000년경 또는 그보다 약간 앞선 시기부터 사용되었다고 한다. 처음에는 음성 언어만을 사용하였는데 음성언어는 정보의 전달이 어렵다는 점을 깨닫고 기록할 수 있는 문자를 만들게 되었다. 언어를 기록하는 문자는 크게 표음문자와 표의문자로 구분할 수 있다.

표의문자는 글자 하나하나가 의미를 나타내는 문자이다. 대표적인 표의문자는 한자이다.

정의 예시

한자는 그 한자를 나타내는 소리가 바뀌더라도 그 의미는 바뀌지 않는다. 실제로 한자를 사용하는 나라들 사이에서 각 글자를 표현하는 소리는 각각 다르지만 그 의미는 같다.

예시

이것이 표의문자가 표음문자와 구별되는 가장 큰 특징이다.

이처럼 글자 하나하나가 의미를 가지는 표의문자와는 다르게 **표음문자는 글자 하나하나가 소리를 나타내는 문자이다.**

정의

대표적인 표음문자는 한글과 영어의 알파벳이다. 한글의 자음과 모음은 각각의 소리를 가지고

예시

있고 그 각각의 소리를 결합하여 새로운 단어를 만들어 낸다.

※ 정의와 예시의 방법으로 〈나눔과 실천〉에 대한 여러분의 생각을 정의 및 예시의 방법을 사용하여 자유롭게 써 보십시오.

7 한국의 맛과 멋

어휘 학습

1. 다음 중 알맞은 것을 골라 문맥에 맞게 대화를 완성하십시오.

현명하다	훌쩍	매콤하다	출출하다	절이다	오묘하다

① 가 : 아직 무슨 학과에 갈지 정하지도 못했는데 벌써 내일이 입학 원서 마감일이라니…….
나 : 너무 어렵게 생각하지 말고 네 적성을 고려해서 ___________ 선택해.

② 가 : 딱히 한 일도 없는 것 같은데 벌써 한 달이 ___________ 지나가버렸네.
나 : 그러게. 요즘에는 정말 눈 깜짝할 사이에 시간이 빨리 가는 것 같아요.

③ 가 : 여름하면 역시 냉면이야.
나 : 맞아. 국물이 정말 ___________ 시원하니 맛있다.

④ 가 : 물김치를 맛있게 담가 먹는 비법을 좀 알려 주세요.
나 : 특별한 건 없고 배추와 무를 살짝 ___________ 국물만 부어 냉장고에 넣고 이틀 정도 숙성시키면 돼요.

⑤ 가 : 이 떡은 빛깔이 ___________ 예뻐서 아이들도 좋아하겠어요.
나 : 그렇죠? 먹기도 아까울 정도로 색이 참 곱지요.

⑥ 가 : ___________ 새벽에 라면 하나 끓여 먹었더니 눈이 퉁퉁 부었네.
나 : 배가 고프면 잠을 쉽게 못 이루긴 하지. 그런데 야식을 먹게 되면 비만이 되기 십상이야.

2. 다음 중 밑줄 친 것과 관계있는 단어를 골라 문맥에 맞게 빈칸에 쓰십시오.

추진되다	훑어보다	반영하다	궁색하다	생소하다

① 유행어는 시대를 <u>보여주고 나타나는</u> 것이다.
( )

② 이번 프로젝트는 순조롭게 <u>계획대로 진행되고</u> 있다.
( )

③ 이 도시는 신혼여행지로는 아직 <u>익숙하지 않고 낯선</u> 도시이다.
( )

④ 그 사람은 표절논란에 휩싸이자 <u>이유라고 하기엔 너무나 부족한</u> 변명을 늘어놓았다
( )

⑤ 나는 서점에서 책을 살 때 대강 <u>처음부터 끝까지 보고</u> 인터넷 서점에서 책을 구매한다.
( )

3. 다음 중 알맞은 것을 골라 문맥에 맞게 문장을 완성하십시오.

안면을 트다	말을 트다	벽을 트다

① 동갑이라는 사실을 알고 서로 ______________ 지내기로 했다.

② 거실이 너무 좁아 보이는 탓에 거실과 연결된 ______________ 시야가 탁 트이도록 했다.

③ 그 사람과 오래전부터 ______________ 지내온 사이지만 자주 만나지 못해 부담스럽고 어렵다.

4. 다음 빈칸에 알맞은 단어를 찾아 문맥에 맞게 써 보십시오.

곁들이다	고되다	무치다	본연	일품	안주	명맥	인근	원조

이곳은 골뱅이 튀김과 달래무침으로 30년이라는 오랜 세월 동안 ①__________을/를 이어오고 있는 맛집이다. 특히 직장인들이 퇴근 후 회사 ②__________에서 술 한 잔 마시기에 좋은 곳이다. 30년 동안 맛을 꾸준히 유지해 온 ③__________ 골뱅이 튀김과 달래 무침은 보기만 해도 군침이 흐른다. 골뱅이를 튀겨 달래 무침과 ④__________ 이 음식은 ⑤__________ 하루를 마무리하는 직장인들에게 맥주 한 잔의 ⑥________(으)로 이만한 것이 없다. 갖은 양념으로 ⑦________ 달래는 그 맛이 ⑧__________이다. 더구나 은은한 달래의 ⑨__________의 맛은 물론이고 먹을수록 향긋한 달래향이 솔솔 나기 때문에 입이 짧은 사람에게도 그만이다.

보전되다	정취	풍경	피어나다	행여나

최근 한가롭게 도심의 구석구석 숨겨진 골목길을 돌며 소박한 멋과 ⑩__________을/를 담으려는 사람들이 늘고 있다. 특히 서울의 600년 과거와 현재의 ⑪__________이/가 잘 간직되어 있는 북촌은 서울시의 적극적인 지원으로 한옥의 경관이 잘 ⑫__________있다. 남녀노소 부담없이 여유롭게 걷기에 좋아 젊은 사람들은 아름다운 전통의 멋을 느끼고 어른들은 추억이 새록새록 ⑬__________ 옛 생각에 잠기게 된다. 엄마와 아빠를 따라 골목길 구경에 나선 아이는 ⑭__________ 길을 잃을세라 부모의 손을 꼭 잡고 골목길을 구경한다. 이번 주말에는 골목길을 천천히 걸으며 시간 여행을 떠나보는 것도 좋을 듯하다.

듣고 말하기 1

1. V-다마다(요)

① 가 : 오늘 공원에 가시겠어요?

나 : 가다마다요.

② 가 : 이 일이 내일까지 가능할까요?

나 : 가능하다마다요. 내일까지 해드릴게요.

③ 가 : 문화수업이 그렇게 좋았어요?

나 : 좋다마다요.

④ 가 : 이번에도 왕루가 일등을 하겠지?

나 : 일등이다마다.

※ 'V-다마다(요)'를 사용하여 상황에 맞는 적절한 대화를 만들어 보십시오.

① 졸업한 선배와 후배가 다 같이 모이는 동아리 행사가 1년에 한 번씩 열린다. 선배에게 전화를 걸어서 행사에 참석이 가능한지 알아본다.

가 : ______________________

나 : ______________________

② 학교 대표로 교외 말하기 대회에 나간 친구가 상을 받게 되었는지 알고 싶다.

가 : ______________________

나 : ______________________

③ 친구가 제주도 여행을 가서 한라산 정상까지 다녀왔다고 하길래 어땠는지 물어본다.

가 : ______________________

나 : ______________________

④ 상황: ______________________

____

가 : ______________________

나 : ______________________

2. V-(으)ㄹ세라

① 아이들이 감기에 걸릴세라 장갑에 목도리까지 하게 했다.

② 하얀색 옷에 음식이 묻을세라 아주 조심하면서 먹었다.

③ 교수님의 강의를 한마디라도 놓칠세라 부지런히 메모를 했다.

④ 대학생들은 다른 사람과의 경쟁에서 뒤쳐질세라 열심히 자기 계발을 한다.

⑤ 화장실에 두고 온 휴대폰을 누가 가져갔을세라 급하게 달려갔다.

〈더 생각해 보기〉

• 통화 내용을 다른 사람이 **들을세라** 소곤소곤 이야기했다.

= 통화 내용을 다른 사람이 **듣기라도 할세라** 소곤소곤 이야기했다.

※ 다음 중 알맞은 것을 골라 'V-(으)ㄹ세라'를 사용하여 빈칸에 들어갈 적절한 말을 써 보십시오.

지하철을 놓치다	고장이 나다	기차표가 매진되다
1등을 놓치다	유행에 뒤쳐지다	

① 명절이 다가오자 귀성길에 오르려는 많은 사람들이 ______________ 새벽부터 서울역으로 몰려들었다.

② 새로 산 휴대전화가 ______________ 애지중지 다뤘다.

③ 밤 12시가 넘어서 ______________ 헐레벌떡 뛰어갔다.

④ ______________ 온 힘을 다해 결승점을 향해서 뛰었다.

⑤ ______________ 텔레비전에서 나오는 연예인들이 입는 옷을 바로 구매했다.

⑥ ______________

읽고 말하기

V-ㄴ/은/는지라

① 그 사람이 고집을 굽히지 않는지라 어쩔 수 없었어요.

② 곧 출발해야 하는지라 길게 이야기할 수 없었어요.

③ 날씨가 쌀쌀한지라 바다에서 수영을 하기에는 무리가 있어요.

※ 다음 중 알맞은 것을 골라 문장을 완성하십시오.

경험하다	멀다	먹다

① 집에서 나설 때 간단히 밥을 ____________________ 입맛이 없네요.

② 처음으로 한국의 전통 문화를 ____________________ 저에겐 소중한 추억이 되었습니다.

③ 서울에서 버스를 타고 가기에는 너무 ____________________ KTX를 타고 가기로 했습니다.

※ 'V-ㄴ/은/는지라'를 사용하여 문장을 완성해 보십시오.

④ 며칠 동안 눈이 많이 오다	•	•	뭐든 먹을 수 있을 것 같다
⑤ 다음 주부터 장마철이다	•	•	운전을 조심해야 하다
⑥ 하루 종일 굶었다	•	•	바다에서 수영은 못 할 것 같다

④ ____.

⑤ ____.

⑥ ____.

듣고 말하기 2

V-ㄹ/을 여지가 없다

① 일을 대충 하는 데 대해서는 변명의 여지가 없다.

② 우리 팀이 다시 좋은 결과를 낼 것이란 데에 의심할 여지가 없다.

③ 두 사람 사이가 나쁜 편이 아니므로 지금이라도 터놓고 대화를 나눈다면 좋아질 여지가 충분하다.

〈더 생각해 보기〉

• 우리는 실수를 저질렀고 그것에 대해서는 변명**할 여지가 없다.**

= 우리는 실수를 저질렀고 그것에 대해서는 변명**할 리가 없다.**

※ 다음 중 알맞은 것을 골라 문장을 완성하십시오.

좋아지다	의심하다	변명하다

① 뭐라고 해도 이번 일의 실패에 대해서는 ______________________.

② 지난 4개월 동안의 상황을 보면 경제가 ______________________.

③ 우리 팀이 좋은 결과를 낼 것이란 데에 ______________________.

※ 'V -ㄹ/을 여지가 없다'를 사용하여 완성해 보십시오.

④ 가 : 이번 일은 굉장히 어려운 일이라고 하던데 성공할 수 있을까요?

나 : 걱정 마세요. 이번 일은 ______________________.

⑤ 가 : 그 상품은 품절되어 더 이상 판매할 수 없는 상품입니다. 남아있는 거라고는 전시용뿐입니다.

나 : 너무 마음에 드는 거라 ______________________.

⑥ 가 : 낙후된 놀이터 환경을 바꿔준다고 이야기 나온 지가 언제인데 아직도 그대로네요.

나 : 그러게요. 전혀 ______________________.

⑦ 가 : ______________________

나 : ______________________

쓰기

본론 쓰기

설명: 어떤 사실이나 이치에 대하여 쉬운 문장으로 자세히 풀어 전달하는 방법

- 있는 그대로의 사실이나 지식을 쓴다.
- 정확한 내용을 쓴다.
- 서론에는 설명하고자 하는 대상을 소개하고 본론은 대상을 자세히 설명한다.
- 결론 앞에 설명한 내용을 요약하고 정리한다.

※ 다음은 〈석가탑〉에 대한 설명문입니다. 잘 읽고 설명문의 특징에 대해 알아보십시오.

석가탑은 다보탑과 함께 한국의 석탑 중에서 백미로 꼽히고 있으며 목탑을 본떠서 기둥과 지붕 모양을 갖추고 있다. 또한, 수십 개의 석재들이 정교하게 하나의 구조물로 짜 맞추어져 있어 각 부분의 비례가 더욱 아름답다. 그리하여 석가탑은 구조적인 면에서 우리나라 석탑의 전형적인 양식으로 인정받아 이후 세워진 석탑들의 본보기가 되고 있다.

–서론 (석가탑의 예술적인 아름다움)

모든 탑의 구조가 그러하듯 석가탑도 기단부, 탑신부, 상륜부의 세 부분으로 구성되어 있다. 기단부는 탑을 세우고 지지해주는 기초 역할을 한다. 상층은 다소 좁지만 높게 구성되어 낮은 단층과 함께 균형이 알맞아 안정감을 준다.

탑신부는 탑의 가장 중심이 되는 3층의 탑신과 지붕에 해당되는 옥개로 구성되어 있다. 탑신과 옥개는 상층으로 올라가면서 폭과 높이가 줄어들게 설계되어서 전체적으로 간결하면서도 장중하다.

상륜부는 탑의 가장 윗부분으로 탑의 장엄함을 보여 주는 곳이다. 그러나 원래의 것이 파손되어 동시대에 제작된 다른 석탑의 머리 장식을 본떠 현재의 모습으로 복원하였다. 탑 주위에는 연꽃이 장식된 석재들을 쌓아 올려 경쾌한 상승감을 강조하였다.

–본론 (석가탑의 조형적인 특징과 미적 표현 기법 및 효과–설명)

석가탑은 그 시대의 다른 탑들과 달리 화려함은 절제하고 담백함과 세련미가 돋보여 당대의 대표적 작품으로 손꼽힌다. 석가탑이 가지는 이러한 조형의 아름다움을 통해 옛사람들의 소박한 삶의 지혜는 물론이고 세련된 기교와 고고함을 느낄 수 있다.

–결론 (석가탑의 예술적 가치)

※ 〈자국의 의식주 문화〉 중 하나를 선택하여 그 가치에 대한 설명문을 300자 내외로 써 보십시오.

8 언어와 문자

어휘 학습

1. 다음 중 알맞은 것을 골라 문맥에 맞게 대화를 완성하십시오.

악담	낑낑대다	본뜨다	배치	꼬집다	멸망하다

① 가 : 세상이 살기 점점 어려워지는 것 같아. 환경오염, 이상기후, 방사능, 전쟁위협까지…….
나 : 맞아. 이러다가 지구가 ______________________ 정말 걱정되네.

② 가 : 어제 무슨 일 있었냐? 왜 이렇게 피곤해 보이냐?
나 : 새벽에 옆집 강아지가 ______________ 짖어 대서 잠을 잘 수가 있어야지.

③ 가 : 이 빵은 마치 귀여운 아기 고양이가 재롱을 부리는 모양이네요.
나 : 네, 고양이 모양을 _________________ 만들어 봤어요.

④ 가 : 아까 철수가 영희한테 좀 심한 것 같았어.
나 : 맞아. 그렇게 남의 약점을 _________________ 말하는 것도 썩 좋아보이진 않더라고.

⑤ 가 : 그만 좀 먹어. 그렇게 돼지처럼 먹기만 하면 애인도 못 사귈걸.
나 : 너는 그런 _______을/를 하니. 아침부터 기분 나쁘게 말이야.

⑥ 가 : 교수님, 오늘 강연회 준비는 어떻게 진행할까요?
나 : 김 군은 남학생들을 불러다가 우선 좌석 _____부터 하게. 그리고 강연 자료는 내가 준비하겠네.

2. 다음 중 밑줄 친 것과 관계있는 단어를 골라 문맥에 맞게 빈칸에 쓰십시오.

제보하다	건승하다	함구하다	언급하다	표기하다

① 용의자는 어제 사건에 대해 <u>입을 다물고</u> 있다.
( )

② 그분은 강의 중에 한국 역사에 대해서 <u>이야기를 꺼냈다</u>.
( )

③ 선배는 이력서에 자신을 대졸이라고 <u>적어 놓았다</u>.
( )

④ 늘 <u>아무 탈 없이 건강하시기를</u> 바라며 다시 연락드리겠습니다.
( )

⑤ 그 사람은 현장에서 목격한 일을 경찰서에 <u>알고 있는 대로 알렸다</u>.
( )

3. 다음 중 알맞은 것을 골라 문맥에 맞게 문장을 완성하십시오.

친구로 삼다	며느리로 삼다	신조로 삼다

① 어머니는 내가 사귀고 있는 여자 친구보다 선 본 여자를 ________________ 싫어 하시는 것 같다.

② 우리 학과 김 선배는 정직을 __________________________ 있어서 절대로 거짓말을 하지 않는다.

③ 그녀는 딸을 __________________________ 함께 쇼핑도 즐기고 자신의 고민을 털어 놓기도 한다.

4. 다음 빈칸에 알맞은 단어를 찾아 문맥에 맞게 써 보십시오.

바야흐로	단언하다	선견지명	식은땀	청문회	직언하다

① ____________ 1인당 국민소득이 2만 4천 달러가 넘는 시대가 되었다. 하지만 그에 상응하는 시민의식을 지녔다고 ② ____________? 얼마 전 정부 관리자의 인사 ③____________이/가 있었다. 논문표절, 연구비 의혹에 대해 ④____________ ⑤____________을/를 흘리는 장관을 보고 있으니 가슴이 답답하다. 좋은 나라를 만들기 위해서는 바른 지도자가 있어야 한다. 또한, 국민도 100년을 내다 볼 수 있는 ⑥____________이/가 필요하므로 끊임없이 생각하고 배우도록 하자.

방심하다	망신	나무라다	불쑥	달콤하다

〈오늘의 운세〉

92년생 처음 하는 일일수록 자신감이 중요하다.
93년생 ⑦____________믿었던 사람에게 뒤통수를 맞는다.
94년생 다른 사람의 실수를 함부로 ⑧____________ 말라.
95년생 오늘은 사소한 일로 크게 ⑨____________을/를 당할 수 있다.
96년생 ⑩____________ 찾아오는 친구를 조심하라. 금전적인 문제가 생길 수 있다.
97년생 ⑪____________ 문자에 행복한 하루를 보내게 된다.

듣고 말하기 1

AV-는 한이 있더라도

① 비가 많이 오는 한이 있더라도 꼭 여행을 갈 겁니다.

② 만나지 못하는 한이 있더라도 계속 기다려 보겠습니다.

③ 선생님께 혼이 나는 한이 있더라도 오늘은 집에서 쉬고 싶어요.

④ 몇 년이 걸리는 한이 있더라도 부모님의 결혼 승낙을 받고야 말겠습니다.

<더 생각해 보기>

• 선생님께 **혼이 나는 한이 있더라도** 오늘은 집에서 쉬겠어요.

= 선생님께 **혼이 날지언정** 오늘은 집에서 쉬겠어요.

※ 'AV-는 한이 있더라도'를 사용하여 문장을 완성해 보십시오.

① 오랜 시간이 걸리다 •	• 이 음식은 먹지 않겠다
② 차라리 밥을 굶다 •	• 오늘은 꼭 만나고야 말겠다
③ 하루 종일 기다리다 •	• 그래도 끝까지 해 내겠다

① ______________________________.

② ______________________________.

③ ______________________________.

④ ______________________________.

읽고 말하기

1. AV-아/어/해 주십사 하다

① 이번 회의를 통해 결정된 안건을 고려해 주십사 합니다.

② 가족 여행 일정이 있어서 휴가를 내 주십사 하고 말씀을 드립니다.

③ 해외 홍보에 적합한 인재를 추천해 주십사 하고 이메일을 드립니다.

④ 3월로 예정되었던 행사가 두 달 연기된 것을 양해해 주십사 하고 연락을 드렸습니다.

⑤ 수도관 수리로 인해 오늘 오후 1시부터 7시까지 단수될 예정이오니 협조해 주십사 합니다.

※ 'AV-아/어/해 주십사 하다'를 사용하여 빈칸에 들어갈 적절한 말을 써 보십시오.

가지다	판단하다	참석하다	축하하다

① 우리 가게의 개업 1주년을 ______________________ 연락을 드렸습니다.

② 신제품의 정확성과 안정성을 ______________________.

③ 제가 출연하게 될 다음 작품에도 많은 관심을 ______________ 앞으로 최선을 다해 활동하겠습니다.

④ 주변 지역의 환경 개선 방안을 논의하는 회의에 ______________ 전화를 드렸습니다.

2. AV-(으)ㄴ/는/(으)ㄹ 바

① 지난번에 말한 바와 같이 다음 주에 기말 시험이 있을 예정입니다.

② 선생님도 아시는 바와 같이 대학교에 합격했잖아요.

③ 들리는 바(것, 사실)에 의하면, 외국인 유학생이 많아지고 있다고 합니다.

④ 그 남자는 어찌할 바를 모르고 발만 동동 구르고 있다.

〈더 생각해 보기〉

- 네가 **상관할 바**가 아니야.
  너희들이 **알 바** 아니야.
  어찌할 바를 모르겠어요.
  내가 **알 바** 아니에요.

- 들**던 바**에 의하면 그는 친절한 사람이다.
  들**은 바**에 의하면 그는 친절한 사람이다.

※ 다음 중 문맥에 맞는 것을 고르십시오.

① 가 : 민수 씨를 좀 도와줍시다.
　나 : 벌써 몇 번이나 도와주었는데요. 이제 더 이상 제가 (안 바, 아는 바, 알 바)가 아니에요.

② 가 : 내일 왜 갑자기 회의를 한대요? 회의 안건에 대해서 들은 거 있어요?
　나 : 아니오. 전혀 (들은 바, 듣는 바, 들을 바)가 없는데요.

③ 가 : 좋은 의견이 있다면 누구든지 자신이 (생각하는 바, 생각할 바)를 말씀해 주시길 바랍니다.
　나 : 그러면 제가 먼저 말씀드리겠습니다.

④ 가 : 여보, 텔레비전을 수리하는 데 20만원이나 든다는데 어떻게 할까요? 수리 센터에 맡길까요?
　나 : 그만둬요. 20만원을 주고 (수리한 바, 수리하는 바, 수리할 바)에야 새로 사는 게 낫겠어요.

⑤ 가 : 이번 세미나 결과는 어땠습니까?
　나 : 저희 회사로서는 (얻은 바, 얻는 바, 얻을 바)가 많았습니다.

※ 'AV-(으)ㄴ/는/(으)ㄹ 바'를 사용하여 문장을 완성해 보십시오.

⑥ 내가 직접 경험했다	•	•	그 음식점은 분위기가 좋고 음식이 맛있는 곳이다
⑦ 전에 친구에게 들었다	•	•	앞으로 돈이 많이 들지 않는 사업이 유망하다
⑧ 잡지에 소개되다	•	•	그 사람은 친절하고 성실한 사람이다

⑥ ____.

⑦ ____.

⑧ ____.

3. AV-건대

① 우리가 보건대 그것보다 좋은 방법은 없을 것 같다.

② 내가 생각하건대 이번 일은 모두가 함께 하는 것이 좋을 것 같다.

③ 바라건대 토픽시험에 꼭 합격하게 하여 주시옵소서.

<더 생각해 보기>

- 제가 **생각하건대/짐작하건대/확신하건대** 서로 조금씩 양보하면 문제는 해결됩니다.

- **바라건대** 우리 후손들이 깨끗한 환경에서 살았으면 합니다.
  부탁하건대 행사 1시간 전에 **와 주시기 바랍니다.**

- 제가 **생각하건대** 서로 조금씩 양보하면 문제는 해결됩니다.
= 제가 **생각건대** 서로 조금씩 양보하면 문제는 해결됩니다.

- 제가 **장담하건대** 이번 일에는 로빈 씨가 적임자입니다.
= 제가 **장담컨대** 이번 일에는 로빈 씨가 적임자입니다.

※ 다음 중 알맞은 것을 골라 문장을 완성하십시오.

추측하다	바라다	확신하다

① 제가 ____________________ 이번 문제가 해결되는 것은 시간문제입니다.

② ____________________ 국민 모두가 한 마음으로 이 위기를 극복했으면 합니다.

③ ____________________ 앞으로도 젊은이들의 초혼 연령은 계속해서 늦어질 것입니다.

※ 'AV-건대'를 사용하여 문장을 완성해 보십시오.

④ 가 : 요즘 출산율이 계속해서 하락하고 있는데요, 이 현상에 대해 어떻게 생각하십니까?
나 : ____.

⑤ 가 : 선생님, 이번에 우리 아이의 대학 입학은 어떻게 될 것 같으세요?
나 : 음, ____.

⑥ 가 : 요즘 미세 먼지 때문에 여러 가지 문제점이 발생하고 있는데요, 이에 대해 어떻게 보십니까?
나 : 그렇습니다. ____.

듣고 말하기 2

N(으)로 말미암아

① 인기 가수의 초빙으로 말미암아 축제 기간인 교내가 더욱 떠들썩해졌다.

② 도시 철도의 민영화로 말미암아 요금의 변화가 예상된다.

③ 도시 내의 공원 조성으로 말미암아 열대야로 뜨거워졌던 기온이 서서히 내려가기 시작했다.

④ 청년들의 취업 시기가 늦어짐으로 말미암아 평균 결혼 연령 또한 높아지는 추세이다.

⑤ 이달 초부터 시외버스의 입석 금지 조치가 내려졌다. 이로 말미암아 버스를 이용하던 승객들이 출·퇴근 시간에 큰 혼란을 겪게 되었다.

※ 'N(으)로 말미암아'를 사용하여 빈칸에 들어갈 적절한 말을 써 보십시오.

① 유가 상승으로 말미암아 ______________________________.

② 교통이 혼잡해짐으로 말미암아 ______________________________.

③ 아파트 전셋값의 상승으로 말미암아 ______________________________.

④ 현대인의 스마트폰 사용이 늘어남으로 말미암아 ______________________________.

⑤ 국내 외국인 관광객 수의 증가로 말미암아 ______________________________.

⑥ ______________________________

쓰기

____

안녕하십니까?

저는 _______________

2000년 00월 00일

_______________ 올림

결론 쓰기

본론 요약	→	연구 성과 및 한계	→	후속 연구 과제 및 전망
· N에 대해 살펴보았다 · 이상의 내용을 정리해 보면 다음과 같다		· 조사/분석 결과 · 이 연구에서는 · ~결론을 내릴 수 있었다 · ~에서 그 의의가 있다 · ~에 그쳤다는 점은 본 연구의 한계로 지적할 수 있다		· 앞으로 · ~에 대한 연구가 이루어져야 할 것이다. · ~ 후속 연구가 마련되어야 할 것이다.

지금까지 국어의 태도 교육 가능성을 전제로 청소년들의 비속어 사용 실태**에 대하여 살펴보았다. 이상의 내용을 정리해 보면 다음과 같다. 조사결과** 심각할 것이라고 예상했던 청소년들의 비속어 사용 실태는 예상보다도 훨씬 심각했고, 사용하는 비속어들도 성인의 비속어에 못지않게 거칠고 폭력적인 것들이 많았다. 지금까지 공교육에서 비속어 사용에 대한 교육이나 제재가 이루어지지 않았음을 알 수 있었으며, 학생들의 비속어에 대한 태도 교육 등이 교육적으로 의미가 있었다는 **결론을 내릴 수 있었다.** 또한, 학생들의 필요에 근거한 실질적인 교육의 가능성을 살필 수 있었던 점**에서도 그 의의가 있다.** 또한 비속어를 사용하지 않는 이유에 대해서 조사해 본 결과 청소년들이 비속어에 대한 인식이 학년이 올라감에 따라 성숙해지는 것을 볼 수 있다는 데**에 그쳤다는 점은 본 연구의 한계로 지적할 수 있다. 앞으로** 비속어에 사용에 대한 교육 방안을 학교 급별로 구체적으로 제시할 수 있는 **후속 연구가 마련되어야 할 것이다.**

출처 : 한국어와 문화, 중 · 고등학교 학생들의 비속어 사용 실태에 관한 연구(이지연, 이지수), 일부 발췌 및 수정

연습하기

1. 다음을 읽고 글의 결론을 형식에 맞게 써 보십시오.

본론요약	→	연구 성과 및 한계	→	후속 연구 과제 및 전망
· 사이버 언어폭력의 원인의 분석결과 익명성과 군중심리가 큰 영향을 미침 · 언어폭력 방지 대책으로는 공익광고 등 대중매체를 활용한 윤리 교육 방법을 제안		· 사이버 언어폭력이 사람의 심리를 반영하였음을 확인함 · 구체적이고 바람직한 윤리교육은 제시하지 못함		· 올바른 사이버 언어사용을 위한 교육 프로그램 개발 필요

오늘날 현대인들이 즐겨 먹는 인스턴트 커피가 오랜 시간이 지나도 커피의 독특한 맛과 향이 유지되는 이유는 무엇일까? 대표적인 인스턴트 식품인 커피를 오랫동안 보관하기 위해 커피 열매를 끓는 물에 넣어 커피 성분을 뽑아낸 후, 수분을 증발시켜 제거해야 한다. 그러나 커피의 들어있는 수분을 제거하는 과정에서 물을 기화시키면 커피의 향과 맛을 내는 성분이 파괴되어 커피의 그윽한 향과 고유의 풍미를 내기 어려웠다. – 문제 제기

그러나 이러한 문제를 단번에 해결한 것이 바로 진공 동결 건조법이다. *진공 동결 건조법은 수분을 포함한 식품을 우선 급속 냉동한 후 공기 압력을 서서히 낮춰 진공에 가깝게 만든다. 그리고 고체 상태로 존재하던 수분이 액체 과정 없이 기체로 승화시켜서 물질 속에 포함된 수분을 없애는 방법이다.* 식품에 있는 수분을 가열하지 않고 저온에서 건조하므로 열에 약한 식품의 맛과 냄새, 색깔 및 영양성분 등이 거의 파괴되지 않아 식품의 본연의 맛과 향이 유지되는 것이다. – 설명

최근 주목을 받고 있는 진공 동결 건조법은 인스턴트 커피뿐만 아니라 라면에 들어 있는 야채 수프나 뜨거운 물만 부으면 국이나 찌개가 되는 인스턴트 식품도 진공 동결 건조법으로 만들어진 것이다. 라면에 들어있는 건조수프의 야채를 건조하기 위해서 뜨거운 증기를 사용하게 되면 야채의 모양과 색깔을 물론 영양소가 파괴되는 경우가 많다. 그러나 야채의 수분을 동결시킨 후 수증기로 승화시키는 방법을 이용하면 야채의 색과 향, 영양소가 파괴되는 것을 막을 수 있다. –논거 제시 (예시)

진공 동결 건조법이 식품 가공에 도입된 것은 1990년대부터이지만 최근에는 다양한 산업과 공학에서 유용하게 활용되면서 우리 생활에서도 밀접하게 자리 잡게 되었다. 텅 비어 있어 어떤 물질도 존재하지 않는 공간은 놀라울 만큼 새로운 일들을 가능하게 한다. 우주에서 비교적 오랜 시간을 보내는 우주인 비행사들이 우주선에 먹는 밥과 국, 찌개, 후식 및 간식도 대부분 진공 동결 건조법으로 만들어진 음식이다. –논거 제시 (예시)

이처럼 진공 동결 건조법을 활용한 식품은 원래 조직의 변형이 작고 수분만 제거된 것이기 때문에 물만 부으면 원래 상태로 복원되어 사용이 쉽고 탁월하다. 따라서 *인스턴트 식품의 품질을 높이고 다양한 종류의 인스턴트 식품의 개발을 가능하게 하여 우리 생활에서 인스턴트 식품의 비중이 점점 높아질 것이다.* –결론

1 이야기와 삶

어휘 학습 p.5

1.
① 그렁그렁
② 영문인지
③ 건국
④ 들통 나게
⑤ 중도

2.
① 무장하고
② 감찰하겠다고
③ 정중하게
④ 겸비한
⑤ 쟁쟁한

3.
① 물건을 벌여
② 실랑이를 벌이고 있다
③ 잔치를 벌이는

4.
① 자락
② 부친
③ 모진
④ 아른아른
⑤ 하염없이
⑥ 타들어가는
⑦ 하늘하늘
⑧ 한달음
⑨ 분주해
⑩ 빼어난
⑪ 자취
⑫ 무르익을

문법 및 표현

듣고 말하기1 p.7

V-다가 못해
① 기쁘다가 못해
② 놀랍다가 못해
③ 귀엽다가 못해

① 팔이 너무 아프다가 못해 끊어질 것 같다.
② 가슴이 답답하다 못해 터질 것 같다.
③ 배가 너무 고프다가 못해 아프다.
④ 동료가 가만히 앉아서 지시만 하는 것을 보고 있다가 못해 한마디 했다.
⑤ 자유 대답

읽고 말하기 p.9

1. N(이)면 N
① 사무직이면 사무직, 영업직이면 영업직
② 학생이면 학생, 교사면 교사
③ 어른이면 어른, 아이면 아이
④ 낮이면 낮, 저녁이면 저녁
⑤ 쉽게 출제된 과목이 없었다
⑥ 자유 대답

2. AV-기 일쑤이다
① 잃어버리기 일쑤였다
② 작은 일로도 신경질을 내기 일쑤이다
③ 의견 충돌이 일어나기 일쑤이다
④ 머리로만 기억하면 잊어버리기 일쑤여서
⑤ 자유 대답

3. V-(으)오/소
① 민규 친구 세종이라고 하오. 문 좀 열어주시오.
② 요즘 떠도는 소문 들었소?
무슨 소문이오? 나한테도 말해주오.
③ 한 번쯤 눈감아주면 안 되오?
다른 사람에게 공평하지 않잖소. 미안하지만 안 되오.

듣고 말하기2 p.12

1. V-ㄹ/을 턱이 없다
① 그 사람이 고향으로 돌아갔을 턱이 없다
② 살이 빠질 턱이 없다
③ 연중무휴라고 써있는데
④ 아직 이른 시간인데
⑤ 자유대답

2. V-(으)리라
① 부모님께 꼭 보답하리라.
② 무슨 일이 있어도 결혼하리라.
③ 곧 적응하리라고 생각했다.
④ 모임에 참여하지 않으리라.

⑤ 자유대답
⑥ 자유대답

3. N이/가, N은/는
① 이
② 는
③ 가
④ 는, 는
⑤ 는

쓰기 p.15

1.
① 나는 공부한다.
② 나는 한국어를 공부한다.
③ 나는 한국어를 매일 공부한다.
④ 튀르키예에서 온 나는 한국어를 매일 공부한다.
⑤ 튀르키예에서 온 나는 한국어를 매일 열심히 공부한다.

2. 1)
① 오랜만에 만난 친구와 이야기를 나누다가 보니까 어느덧 저녁이 되었다.
② 점심시간에는 사무실에 아무도 없을 테니 한 시간 후에 방문하세요.
③ 친구들이 몰래 준비한 케이크를 주면서 생일을 축하해 줬다.
④ 책 한 권을 다 읽고서야 겨우 잠이 들었다.
⑤ 부산으로 여행을 가는 김에 부산에 사는 친척집에 방문했다.

2. 2)
① 왔다 갔음을
함께 공연을 보러 가기로
② 어제 새로 산
찾아오던
③ 대학에 합격할 수 있도록
방학을 해서
소리없이
④ 크다
어렵다
⑤ 곧바로 취직할거라고 한다.
식사를 하라고 했다.
과제를 제출하느냐고 여쭤봤다.

3.
① 그는 고을을 돌보는 일은 뒷전이었다.
그는 잔치를 벌이기 일쑤였다.
② 어느 날 몽룡은 청천벽력과 같은 소식을 듣게 되었다.
부친이 승진하여 서울로 올라가야 한다.
③ 그 당시에는 학교에 늦을까봐 초조했다.
엄마와 실랑이를 벌였다.
한사코 밥 한 술이라도 떠먹이려는 엄마의 마음이 이해되지 않았다.
④ 토끼는 눈을 뜨고 기다렸다.
거북이가 자존심이 상할 것 같았다.
토끼는 길에 누워서 잠든 척을 했다.
⑤ 거북이가 기뻐하는 모습을 보고 싶었다.
토끼는 어떤 비난일지라도 묵묵히 감수할 수 있었다.

2 내가 찾는 직업

어휘 학습 p.19

1.
① 유출
② 둔감해요
③ 인맥
④ 노출되어
⑤ 기복
⑥ 일체

2.
① 무관하게
② 소지하고 있다
③ 선도하는
④ 간략하게
⑤ 취득한

3.
① 몇 시간을 헤매고
② 사경을 헤매고
③ 길을 헤매고

4.
① 상당하다
② 전형
③ 필기시험
④ 취득하고
⑤ 수습사원
⑥ 하늘의 별따기
⑦ 학위
⑧ 능통자

⑨ 수행
⑩ 결격사유
⑪ 거친

문법 및 표현

듣고 말하기1 p.21

하게체

① 박 부장: 이번 행사는 김 과장이 책임지고 준비하도록 하게.
김 과장: 네, 최선을 다해 보겠습니다.
② 50대 김 씨: 오랜만이네. 많이 아팠다고 들었는데 괜찮은가?
50대 이 씨: 감기가 심했을 뿐이네. 역시 나를 걱정해 주는 사람은 자네밖에 없구먼!
③ 오 팀장: 다음 회의 일정은 언제로 정하는 게 좋겠는가?
남 팀장: 출장을 다녀와야 하니 2주 후로 정하세.

읽고 말하기 p.22

V-(으)오니

① 시험기간에는 자리가 부족하오니 도서관 좌석 발권을 신중하게 해 주세요.
② 이곳은 학과 전용강의실이오니 외부 학생들은 사용을 자제해 주시기 바랍니다.
③ 자유대답

듣고 말하기2 p.23

1. V-ㄴ/은 나머지

① 당황한 나머지
② 살이 너무 찐 나머지
③ 너무 늦은 나머지
④ 자유대답

2. V -(으)니, V -기(에) 망정이지

① 표를 예매했으니 망정이지
② 비가 안 왔으니 망정이지
③ 집에 사람이 없었으니 망정이지
④ 연착됐으니 망정이지
⑤ 자유대답

3 생활 속 과학

어휘 학습 p.29

1.
① 본능
② 촉진
③ 면역력
④ 남용
⑤ 존엄성
⑥ 검증

2.
① 변형되는 것을
② 비범한
③ 무관하게
④ 요긴하게
⑤ 출시되어서

3.
① 손발이 시리다.
② 눈이 시릴 지경이었다.
③ 이가 시리다.
④ 가슴이 시리다.

4.
① 심지어
② 눅눅한
③ 민감해집니다
④ 지장
⑤ 함유된
⑥ 원료
⑦ 유발
⑧ 횡설수설
⑨ 희생되고
⑩ 우려
⑪ 훼손

문법 및 표현

듣고 말하기1 p.31

AV-기 십상이다

① 나이가 들어 큰 병에 걸리기 십상이다
② 배탈이 나기 십상이다

③ 돈이 바닥나기 십상이다
④ 길을 잃어버리기 십상이다
⑤ 벌금을 내기 십상이다
⑥ 자유대답
⑦ 자유대답

읽고 말하기 p.32

1. V-ㄴ/은/는데도 불구하고
① 지난주부터 시작했는데도 불구하고
② 대학을 졸업했는데도 불구하고
③ 수리했는데도 불구하고
④ 연락을 했는데도 불구하고
⑤ 옷을 따뜻하게 입었는데도 불구하고
⑥ 자유대답

2. V-게끔
① 음악 소리가 들리지 않게끔
② 말하기 실력이 늘게끔
③ 아멜리 씨가 집중할 수 있게끔
④ 방해가 되지 않게끔
⑤ 살게끔
⑥ 자유대답

듣고 말하기2 p.34

1. V-기는 고사하고, N은/는 고사하고
① 전화 한 통도 없었어요.
② 선배 얼굴도 못 봤어요.
③ 돈을 모으기는 고사하고
④ 서울대학교는 고사하고
⑤ 그런 대기업은 고사하고 아르바이트라도 했으면 좋겠어요.

2. V-되
① 청소는 반드시 네가 해야 된다.
② 생수는 가지고 들어가되
③ 술은 마시되 적당히 마시거라.
④ 차는 빌려쓰되 주유비는 네가 내야한다.
⑤ 무뚝뚝하되 알고 보면 정이 많은 것 같아요.
⑥ 자유대답

쓰기 p.38

문제1. 부록 참조
문제2. 자유대답
문제3.
진공 동결 건조법은 식품을 급속 냉동한 후 진공 상태로 만들어 기체로 승화시켜 건조하는 방법이다. 최근 커피뿐만 아니라 다른 인스턴트 식품에서 널리 활용되고 있다. 진공 동결 건조법은 인스턴트 식품의 품질을 높이고 다양한 종류의 인스턴트 식품의 개발을 가능하게 하여 우리 생활에서 인스턴트 식품의 비중이 점점 높아질 것이다.

4 운동과 건강

어휘 학습 p.43

1.
① 격려
② 무심결
③ 수모
④ 듬직한
⑤ 공격력
⑥ 박진감

2.
① 순조롭게
② 생생하게
③ 관장해
④ 말끔하게
⑤ 투철한

3.
① 고양이를 안겼더니
② 큰 빚을 안기고
③ 승리를 안겼다

4.
① 실종되었다
② 등원
③ 용감한
④ 면밀한
⑤ 딴짓
⑥ 귀가 아파
⑦ 은혜
⑧ 일거수일투족
⑨ 욱여넣기는
⑩ 증명되었기

5.
① ㅂ
② ㄷ
③ ㄱ
④ ㅇ
⑤ ㅁ
⑥ ㄴ
⑦ ㅅ
⑧ ㅈ
⑨ ㄹ

문법 및 표현

읽고 말하기 p.46

1.V-ㅁ/음직하다
① 넓음직하지는 않지만 친구들은 모두 앉을 수 있을 거예요.
② 믿음직한 사람이니까 잘 해 낼 거예요.
③ 넘어감직도 할 텐데
④ 바람직한
⑤ 자유대답

2. N도 V-거니와
① 제주도는 자연 경관이 아름답거니와 먹을거리도 풍부합니다.
② 어른은 어린이를 보호할 의무가 있거니와 올바르게 가르칠 책임도 있어요.
③ 나는 친구들을 만날 시간이 없거니와 전화로 안부를 물을 겨를조차 없어요.
④ 그는 다른 사람의 이야기를 잘 듣지 않거니와 말도 함부로 해서 친구가 없어요.
⑤ 탁월하거니와
⑥ 늘어났거니와
⑦ 해롭거니와

듣고 말하기2 p.48

1. DV-기(가) 그지없다
① 끔찍하기가 그지없네요
② 천진난만하기가 그지없네요
③ 힘들기가 그지없지만
④ 충격적이기 그지없더라고요
⑤ 편하기가 그지없네요
⑥ 자유대답

2. V-다고 할까? / N-(이)랄까?
① 내 적성에 안 맞는다고 할까?
② 좀 조용해졌다고 할까?
③ 서운하다고 할까?
④ 자유대답
⑤ 자유대답

쓰기 - 신문기사 p.50

누가 : 알제리 국가대표축구팀
무엇을 : 월드컵 우승 상금을
어떻게 : 우승 상금을 가자지구 사람들에게 전액 기부하기로

쓰기 - 보고서

① 연구이다
② 확인되었다
③ 실시하였다
④ 인터뷰이다
⑤ 진행하였다
⑥ 상승하였다
⑦ 하겠다
⑧ 제한점이다
⑨ 진행되어야 할 것이다

5 세계 속의 한류

어휘 학습 p.54

1.
① 슬쩍
② 곤욕
③ 극단적인
④ 주관하는
⑤ 부축해

2.
① 대거
② 교차된다고
③ 입건되었다
④ 감수성
⑤ 애처롭다

3.
① 사람을 구하기
② 양해를 구했다
③ 공연표를 구하기

4.
① 출연하고
② 무려
③ 삿대질
④ 비법
⑤ 매정한
⑥ 부적합한
⑦ 논란
⑧ 일대
⑨ 진풍경
⑩ 이색적인
⑪ 광활한
⑫ 해질녘
⑬ 몽환적인

문법 및 표현

읽고 말하기 p.56

1. V-거들랑
① 첫눈이 내리거들랑 학교 앞에서 다시 만나자.
② 실내가 많이 건조하거들랑 창문을 열어 환기를 시키면
③ 새 집을 찾거들랑 계약 조건을 꼼꼼히 살펴봐야 해요.
④ 다 먹고도 나아지지 않으면 병원에 방문하세요.

2. 한국어의 생략
① 너 왜 그래? 대본이 재미없어?
② 내 이야기가 아니야?
③ 너는 대본이 좋아, 나빠?
④ 내용이 나쁘지는 않아.
⑤ 대본이 좋다니까.

듣고 말하기2 p.58

1. V-(으)리만큼
① 밥 한 숟가락도 못 먹으리만큼 몸이 많이 아팠는데
② 소희 씨가 말도 못 붙일 정도로 신경이 예민해요.
③ 서운할 정도로 연락이 통 없네요.
④ 얼굴을 보기 민망할 정도로 미안한 마음이 들어요.
⑤ 전 세계가 깜짝 놀라리만큼 멋진 경기를 펼쳤어요.

2. AV-자면
① 이기자면
② 잘 적응하자면 우선 영어부터 열심히 공부해야 돼요.
③ 먹자면 당연히 먹어야지요.
④ 가자면 여권을 만들어야겠구나.

6 나누는 기쁨

어휘 학습 p.62

① 구호품
② 안건
③ 의무적
④ 엄두
⑤ 넉넉해서
⑥ 개설되는

2.
① 모색해 봅시다
② 열악한
③ 복구하는 것
④ 의존하고
⑤ 후원하고

3.
① 의견을 모아 봅시다
② 입을 모아
③ 힘을 모읍시다

4.
① 취지
② 동참하는
③ 상부상조
④ 거리감
⑤ 좁히려는
⑥ 개발도상국
⑦ 육성
⑧ 공정한
⑨ 자립
⑩ 성과

읽고 말하기 p.64

1. N이자 N

① 그는 나의 학생이자 친구이기도 하다.
② 그동안 내가 찍은 사진은 나의 추억이자 기록이라고 할 수 있다.
③ 숲은 사람들의 휴식 터전이자 동물들의 삶의 터전이기도 합니다.

2. V-건마는

① 1년 동안 열심히 일했건마는 회사에서 해고를 당했다.
② 그 사람은 성실한 사람이건마는 하는 일마다 잘 되지 않는다.
③ 분명히 무엇인가 달라졌건마는 무엇인지 알 수 없다.
④ 일하건마는
⑤ 달려가고 싶건마는
⑥ 피곤하겠건마는

3. V-으/느냐에 달려 있다

① 여행을 가느냐에
② 반영하느냐에
③ 회복되느냐에
④ 자유대답
⑤ 자유대답
⑥ 자유대답

듣고 말하기2 p.67

1. V-다손 치더라도

① 노력해 보고 싶어요./도전해 보고 싶어요.
② 단점보다는 그 사람의 장점을 보려고 노력하겠어요.
③ 우승에는 큰 영향이 없을 거예요.
④ 삶이 조금 불편해 진다손 치더라도 환경보호를 위해 노력해야 합니다.
⑤ 자유대답

7 한국의 맛과 멋

어휘 학습 p.74

1.
① 현명하게
② 훌쩍
③ 매콤하고
④ 절여서
⑤ 오묘하고
⑥ 출출해서

2.
① 반영한
② 추진되고
③ 생소한
④ 궁색한
⑤ 훑어보고

3.
① 말을 트고
② 벽을 터서
③ 안면을 트고

4.
① 명맥
② 인근
③ 원조
④ 곁들인
⑤ 고된
⑥ 안주
⑦ 무친
⑧ 일품
⑨ 본연
⑩ 정취
⑪ 풍경
⑫ 보전되어
⑬ 피어나
⑭ 행여나

문법 및 표현

듣고 말하기1 p.76

1. V-다마다(요)
① 가 : 선배님, 이번 주에 동아리 행사가 있는데요. 참석하실 수 있으세요?
나 : 참석하다마다.
② 가 : 어제 말하기 대회에서 상 받았어?
나 : 받았다마다.
③ 가 : 한라산 어땠어요? 아름답죠?
나 : 아름답다마다요.
④ 자유대답

2. V-(으)ㄹ세라
① 기차표가 매진될세라
② 고장이 날세라
③ 지하철을 놓칠세라
④ 1등을 놓칠세라
⑤ 유행에 뒤쳐질세라
⑥ 자유대답

읽고 말하기 p.78

V-ㄴ/은/는지라
① 먹은지라
② 경험한지라
③ 먼지라
④ 며칠 동안 눈이 많이 온지라 운전을 조심해야 한다.
⑤ 다음 주부터 장마철인지라 바다에서 수영은 못 할 것 같다.
⑥ 하루 종일 굶은지라 뭐든 먹을 수 있을 것 같다.
④ 자유대답

듣고 말하기2 p.79

V -ㄹ/을 여지가 없다
① 의심할 여지가 없다
② 좋아질 여지가 없다
③ 변명할 여지가 없다
④ 실패할 여지가 없어요
⑤ 선택의 여지가 없네요
⑥ 개선될 여지가 없네요
⑦ 자유대답

8 언어와 문자

어휘 학습 p.82

1.
① 멸망할 것 같아서
② 낑낑대며
③ 본떠서
④ 꼬집어서
⑤ 악담
⑥ 배치

2.
① 함구하고
② 언급했다
③ 표기했다
④ 건승하시기를
⑤ 제보했다

3.
① 며느리로 삼고
② 신조로 삼고
③ 친구로 삼아

4.
① 바야흐로
② 단언할 수 있는가
③ 청문회
④ 직언하자
⑤ 식은땀
⑥ 선견지명
⑦ 방심하면
⑧ 나무라지
⑨ 망신
⑩ 불쑥
⑪ 달콤한

문법 및 표현

듣고 말하기1 p.84

AV-는 한이 있더라도
① 오랜 시간이 걸리는 한이 있더라도 끝까지 해내겠습니다.
② 차라리 밥을 굶는 한이 있더라도 이 음식은 먹

지 않겠어요.
③ 하루 종일 기다리는 한이 있더라고 오늘은 꼭 만나고야 말겠습니다.
④ 자유대답

읽고 말하기 p.85

1. AV-아/어/해 주십사 하다

① 축하해 주십사 하여
② 판단해 주십사 합니다
③ 가져 주십사하며
④ 참석해 주십사 하여

2. AV-(으)ㄴ/는/(으)ㄹ 바

① 알 바
② 들은 바
③ 생각하는 바
④ 수리할 바
⑤ 얻은 바
⑥ 내가 직접 경험한 바로는 분위기가 좋고 맛있는 곳이었습니다.
⑦ 전에 친구에게 들은 바로는 친절하고 성실한 사람입니다.
⑧ 잡지에 소개된 바로는 앞으로 돈이 많이 들지 않는 사업이 유망하다고 합니다.

3. AV-건대

① 확신하건대
② 바라건대
③ 추측하건대
④ 예상하건대 국가의 경제활동이 좋아지지 않는 이상 이 현상은 지속될 것으로 보입니다.
⑤ 확신컨대 그 아이는 인하대학교에 합격할 것 같습니다.
⑥ 짐작하건대 앞으로 미세먼지로 인한 질병이 다양해 질 것이라 생각합니다.

듣고 말하기2 p.89

N(으)로 말미암아

① 대중교통비의 인상은 미룰 수 없게 되었다
② 이 지역은 운전을 하기가 여간 어렵지 않다
③ 서민들의 가계대출 부담이 점차 가중되고 있다
④ 손목이 아픈 환자들이 늘어나고 있다
⑤ 올해 관광수입이 흑자를 기록했다
⑥ 자유대답

새인하한국어5

2014년 09월 10일 초판 발행
2022년 11월 04일 4쇄 발행
저 자 : 최권진, 남은영, 오솔샘, 정경화, 이현정
발행처 : 인하대학교 출판부
주 소 : 인천광역시 미추홀구 인하로 100
전 화 : 032) 860-8301
등 록 : 1979년 5월 23일 남구 제13호

인쇄·편집 : 진원디자인프린텍
032) 467-4544~5

ISBN 978-89-7407-965-9 14700
978-89-7407-961-1(세트) 14700

정가 : 15,000원

New INHA KOREAN 4
Workbook

인하대학교 언어교육원
Inha University
Language Training Center

익힘책 새인하한국어 4

최권진, 유지숙, 장정숙, 이경복 지음

인하대학교 출판부
INHA UNIVERSITY PRESS

지은이

최권진
인하대학교 언어교육원 주임교수
소피아대학교 언어학 박사

유지숙
인하대학교 언어교육원 강사
인하대학교 교육대학원 한국어교육 석사

장정숙
인하대학교 언어교육원 강사
동덕여자대학교 대학원 한국어교육 석사

이경복
인하대학교 언어교육원 강사
가톨릭대학교 교육대학원 한국어교육 석사

국립중앙도서관 출판예정도서목록(CIP)

(새) 인하한국어 = New INHA Korean : 익힘책. 4 / 최권진,
유지숙, 장정숙, 이경복 지음. -- 인천 : 인하대학교 출판부
, 2014
p. ; cm

ISBN 978-89-7407-964-2 14700 : ₩15000
ISBN 978-89-7407-961-1 (세트) 14700

한국어 교육[韓國語敎育]
한국어 교재[韓國語敎材]

717.6-KDC5
495.78-DDC21 CIP2014026221

차 례

1 유학

어휘

1. 다음 중 알맞은 것을 골라 문장을 완성하십시오.

공고문	박람회	구석구석	이왕이면	하늘의 별 따기

① 박지성은 해외여행을 좋아해서 전 세계 ________________을/를 자주 돌아다닌다.

② 게시판에 다음 주에 유학생을 위한 파티를 한다는 ________________이/가 붙어서 모든 유학생들이 기대하고 있다.

③ 다음 달 1일부터 학교에서 대학생들을 대상으로 하는 취업 ________________이/가 개최된다고 한다.

④ 나는 인하대에서 한국어를 공부하고 있으니까 ________________ 인하대에 지원하고 싶다.

⑤ 외국에서 학업으로 장학금을 받으면서 일까지 하는 것은 ________________이다.

2. 다음 중 알맞은 것을 골라 대화를 완성하십시오.

고민스럽다	다행스럽다	당황스럽다	의심스럽다	자랑스럽다

① 가: 대학교 원서는 접수했어?
나: 부모님과 나의 의견이 달라서 어떤 학과를 지원해야 할지 ____________.
그래서 아직 못 했어.

② 가: 너 요즘 무슨 일 있어? 안색이 별로 좋지 않네.
나: 지금까지는 열심히 했는데 내가 잘 하고 있는 건지 ____________ 머리가 복잡해.
가: 잘 하고 있으니까 힘내.

③ 가: 이번에 장학금을 받으셨다면서요? 축하해요. 부모님께서 ____________ 생각하시겠네요.
나: 뭘요. 아직도 부족한 게 많아서 더 열심히 해야겠다는 생각뿐이에요.

④ 가: 학교에 오는 길에 낯선 사람이 나에게 인사를 하는데 나는 기억이 안 나서 __________.
나: 그래서 어떻게 했어?
가: 그냥 아는 사람인 척하면서 인사했지 뭐.

⑤ 가: 이번에 한국어능력시험에 합격했어?
나: 응. 읽고 쓰기 때문에 걱정했는데 ____________ 붙었어.

3. 다음 대화를 완성하십시오.

박지성: 요즘 ________을 가고 싶은데 무엇부터 준비해야 할지 잘 모르겠어요.
① 외국에 머물면서 공부함

메 이: 유학이라니요? ____________ 그런 마음이 없었잖아요. 갑자기 왜요?
② 일정한 기간 동안

박지성: 아멜리 씨를 ____에서 지켜보니까 많이 발전하는 게 보여서요.
③ 어떤 대상의 옆

한국어 실력도 ________________ 한국에 대한 이해도 깊어지더라고요.
④ 실력이나 수준, 기술 등이 좋아지고

그리고 좋은 회사에 취직하려면 __________도 넓혀야겠다는 생각이 들어서요.
⑤ 사물을 보고 분별하는 능력

문법

1. AV-(으)ㄴ/는 김에

1. 다음 중 알맞은 것을 골라 문장을 완성하십시오.

보다	알리다	익히다	접하다	방문하다

① 외국어를 ________________ 그 나라로 유학도 고려하고 있다.

② 시험 날짜를 게시판에 ________________ 문화 수업 날짜도 함께 알리기로 했다.

③ 고향에 ________________ 고향 기업에 투자하기로 마음을 먹었다.

④ 아멜리 씨는 한국 문화를 ________________ 한국어를 배우기로 결심했다.

⑤ 떡 ________________ 제사 지낸다는 말은 우연히 좋은 기회에 하려던 일을 한다는 말이다.

2. 다음 대화를 완성하십시오.

① 가: 방청소를 언제 할까 고민만 하다가 이렇게 시작하니까 기분이 좋아요.
나: 그래요? ________________________________.
(이왕 청소하다 / 오늘 끝까지 다하다)

② 가: 우리 집에 오랜만에 오셨네요.
나: ________________________________.
(이 동네에 놀러오다 / 인사나 하고 가려고 들르다)

③ 가: 무슨 음식을 이렇게 만들었어요?
나: ________________________________.
(저녁 식사를 준비하다 / 내일 아침도 만들다)

④ 가: ________________________________.
(자리에서 일어나다 / 창문 좀 닫아 주다)
나: 알겠어요.

⑤ 가: 엄마, 오늘 제가 할 일이 많은데 저 좀 도와주실래요?
나: 그래. 무엇을 도와줄까?
가: 그럼 ________________________________.
(집안일을 하다 / 제 옷도 빨아 주다)

2. AV-아/어/여 버리다

1. 다음 중 알맞은 것을 골라 문장을 완성하십시오.

사다	숨다	기절하다	예매하다	포기하다

① 친구에게 어떤 영화가 좋은지 물었는데 답이 없어서 아무거나 ______________________.

② 한 달 동안 아르바이트를 해서 원하는 사진기를 ______________________.

③ 파하드 씨는 그동안 수많은 도전에 실패하더니 결국 그 일을 ______________________.

④ 도망가던 토끼가 굴 속에 ______________________.

⑤ 아내는 아들의 사고 소식을 듣고 ______________________.

2. 다음 대화를 완성하십시오.

① 가: 아멜리 씨, 요즘에는 왜 아침에 테니스 치러 안 나와요?

나: 아침에 일어나기가 힘들어서 ______________________.

② 가: 그 영화를 봤다면서 왜 내용을 몰라요?

나: 전날 밤을 샜더니 너무 피곤해서 ______________________.

③ 가: 비행기 표는 구했어요?

나: 아니요, 연휴여서 ______________________.

④ 가: 무슨 일로 치과에 가요?

나: 단 음식을 많이 먹는 바람에 ______________________.

⑤ 가: 이번 시험이 어땠어요?

나: 평소에 공부를 열심히 해서 그런지 시험이 쉽더라고요.

그래서 ______________________.

3. V-고도

1. 다음 중 알맞은 것을 골라 문장을 완성하십시오.

다치다	다녀오다	독특하다	연주하다	재미있다

① 유학을 ________________ 외국어 실력이 의심스러운 사람도 있다.

② 이번 해외 봉사활동은 ________________ 보람되는 일이었다.

③ 피아노를 ________________ 기타를 또 치는 것을 보니 악기를 참 좋아하는 사람인 것 같다.

④ 그 영화는 ________________ 재미있어서 사람들이 많이 보는 것 같다.

⑤ 나는 파하드 씨가 그렇게 심하게 ________________ 다시 축구하는 것을 이해할 수가 없었다.

2. 다음 대화를 완성하십시오.

① 가: 우리 언제부터 시험을 보지?

나: 게시판에 붙어 있잖아. 설마 ________________________________?
(게시판에서 확인하다 / 또 물어보다)

② 가: 그 사람은 참 욕심이 많은가 봐요.

나: 그런 것 같아요. ________________________________.
(대기업에 취업하다 / 자신의 직업이 만족스럽지 않아서 다른 일을 찾고 있다고 하다)

③ 가: 요리의 세계는 참 신비로운 것 같아요.

나: 그렇죠? 정말 ________________________________.
(넓다 / 깊어서 아무리 연구를 해도 그 끝을 알 수가 없다)

④ 가: 공부를 안 해서 그런지 성적 때문에 유급을 할 것 같아.

나: 지난 학기에 그렇게 ________________________________.
(혼이 나다 / 아직 정신을 못 차리다)

⑤ 가: 이 소설처럼 ________________________________.
(감동적이다 / 아름다운 이야기는 처음이다)

나: 그래요? 저도 한 번 읽어봐야겠네요.

4. AV-(으)ㄴ 끝에, N 끝에

1. 다음 중 알맞은 것을 골라 문장을 완성하십시오.

도전	우여곡절	헤매다	알아보다	이야기하다

① 도서관을 몇 시간 동안 ________________ 잃어버린 우산을 찾을 수 있었다.

② 친구와 밤새 ________________ 그동안의 오해를 풀고 다시 친해지게 되었다.

③ 여기저기 ________________ 여행 장소로 좋은 곳을 알게 되었다.

④ ________________ 인터넷으로 주문한 물건을 받을 수 있었다.

⑤ 수많은 ________________ 그는 챔피언이 될 수 있었다.

2. 다음 대화를 완성하십시오.

① 가: 불치병으로 고생하는 환자들에게 희소식이 있다고 들었습니다.

나: 네, ________________________________.
(10년 동안 연구하다 / 드디어 신약을 개발하다)

② 가: 부모님께서 두 사람의 결혼을 승낙하셨다면서요. 축하해요.

나: 감사합니다. ________________________________.
(부모님을 오랜 시간 설득하다 / 허락을 받아서 너무 기쁘다)

③ 가: 자르갈 씨, 파하드 씨하고 싸웠다면서요. 왜 싸웠어요?

나: 사실 별일도 아니었어요. ________________________________.
(농담 / 파하드 씨가 먼저 화를 내다)

④ 가: ________________________________.
(수많은 사람들과 경쟁하다 / 챔피언이 되다)
소감 한 말씀 부탁드립니다.

나: 앞으로도 저를 믿어주시는 분들을 위해서 더 노력하는 모습 보여드리겠습니다.

⑤ 가: ________________________________.
(고민 / 제가 그동안 모은 전 재산을 사회에 기부하기로 하다)

나: 대단한 결심을 하셨군요. 멋지십니다.

듣기

1. 다음을 듣고 빈칸에 알맞은 단어를 쓰십시오.

진행자: 오늘은 이세종 교수님을 모시고 초등학생들의 _____ 에 대한 이야기를 나눠 보도록 하겠습니다. 교수님, 안녕하세요?

교수님: 네, 안녕하세요.

진행자: 바쁘신데 이렇게 시간을 내 주셔서 감사합니다. 요즘 서울을 _____ 대도시에서 초등학생을 대상으로 하는 조기 유학 바람이 갈수록 _____ 있는데요, 교수님께서는 이러한 원인이 무엇이라고 생각하십니까?

교수님: 글쎄요. 제 생각에 가장 큰 이유는 _____ 수준의 외국어를 습득할 수 있기 때문이라고 봅니다. 조기 유학을 한 학생들은 그렇지 않은 학생들에 비해 외국어를 훨씬 _____ 구사합니다. 유학을 하면 그 나라에서 사용되는 언어를 쉽게 익힐 수 있는 장점이 있지요. 뇌를 연구하는 학자들에 따르면 어학과 관련된 뇌의 능력은 10세를 _____ 하여 90%가 결정된다고 합니다. 따라서 초등학교 시절에 어학 교육이 이루어지면 외국어도 _____ 받아들일 수 있고 _____ 들과 어울리면서 외국 문화도 쉽게 _____ 수 있다고 부모들은 생각하는 것 같습니다.

진행자: 네, 그렇다면 이러한 조기 유학에 대해서 교수님은 어떻게 생각하십니까?

교수님: 조기 유학을 통하여 언어를 어느 정도 배울 수 있다는 점은 저도 _____. 하지만 부모님의 희생이 _____ 많은 비용과 시간을 투자해야 하기 때문에 심각하게 고민해서 결정해야 합니다. 외국어가 _____ 중요하다고 해도 아이들의 정서적인 부분과 부모의 사랑을 포기해야 할 정도로 대단한 것은 아니기 때문입니다. 또한 조기 유학을 하고도 실력이 _____ 사람이 있습니다. 외국어 실력을 향상시키기 위해서는 오히려 학교나 가정에서 아이의 성장과정에 맞게 가르치는 것이 좋습니다. 유학은 _____ 이 분명하고 독립적으로 의사를 결정할 수 있는 성인이 되었을 때 가는 것이 좋다고 봅니다.

읽고 쓰기

1. 다음은 한국 생활 적응 방법입니다. 다음을 읽고 글을 완성하십시오.

은행 이용 방법:

- **통장 개설**
  - 신분증 가져가기
  - 직불 카드 신청 가능

- **현금지급기 이용**
  - 창구 영업시간 이후에도 사용 가능
  - 자신의 언어로 바꾼 후 순서에 따라 사용

휴대전화 개통 방법

- 신분증 가져가기
- 보증금 정보 미리 확인
- 외국인 전용 상담 직원 유무 확인

한국 생활 적응 방법

누구든지 새로운 환경에 적응하는 것은 쉬운 일이 아니다. 그래서 한국에서 적응할 때 필요한 기본적인 것을 알아보려고 한다.

먼저 은행 이용 방법이다. ______________________________

____

____

____

____

____

다음으로 휴대전화 개통 방법이다. 외국인이 한국에서 휴대전화를 개통할 때 필요한 것은 한국인과 마찬가지로 신분증이다. 그러므로 여권이나 외국인 등록증을 꼭 가지고 가야 한다. 휴대전화를 개통할 때 통신 회사에 따라서 보증금이 필요한 경우도 있다. 그 때 당황하지 않도록 미리 정보를 알고 가는 것이 좋다. 혹시 한국어를 못하더라도 걱정할 필요는 없다. 요즘에는 외국인을 위한 상담 직원이 있는 매장이 있다. 그래서 이런 곳을 찾아가면 된다.

위의 방법은 한국에서 살 때 가장 필요한 두 가지이다. 다른 것들은 한국에서 살면서 천천히 익혀 가면 될 것이다. 한국에서 모두가 잘 적응해서 한국 유학생활에 성공하면 좋겠다.

2 대인관계

어휘

1. 다음 중 알맞은 것을 골라 문장을 완성하십시오.

사교성	핑계	개인주의	호감	경청

① 몸이 아프다는 ________________을/를 대고 일찍 퇴근했다.

② 조금만 이야기를 나눠보면 누구나 그 사람에게 ________________을/를 가질 것이다.

③ 내 동생은 ________________이/가 있어서 처음 보는 사람과도 금새 친하게 지내는 편이다.

④ 다른 사람이 말할 때 ________________을/를 안 하면 인간관계가 나빠질 수 있다.

⑤ 요즘은 공동체보다 나를 더 중요하게 생각하는 ________________이/가 심해지고 있다.

2. 다음 중 알맞은 것을 골라 대화를 완성하십시오.

맺다	발 벗고 나서다	눈치를 보다	유쾌하다	간섭하다

① 가: 요즘도 룸메이트의 ________________ 살아요?

나: 룸메이트가 좀 예민한 편이라서 어쩔 수가 없어요.

② 가: 저 친구는 항상 주변에 사람이 정말 많은 것 같아요.

나: 언제나 ________________ 웃으며 말해서 함께 있으면 즐겁잖아요.

③ 가: 계약서도 없이 그 사람에게 일을 맡기는 거예요?

나: 저 사람은 믿어도 돼요. 오래전부터 우리와 관계를 ________________ 왔거든요.

④ 가: 다른 사람의 일에 너무 ________________ 거 아니에요?

나: 가족과 같은 친구라서 그런 거예요.

⑤ 가: 남을 돕는 것은 좋은 일이지만 너무 무리하는 거 아닐까요?

나: 옳다고 생각된다면 ________________ 게 좋아요.

3. 다음 문장을 완성하십시오.

일반적으로 대인관계가 좋은 사람들은 대화의 ______이 있습니다. 우선 그들은 상대방
① 잘 사용할 수 있는 방법이나 능력

의 눈을 보고 항상 웃으면서 말합니다. "웃는 ___에 침 못 뱉는다"는 속담처럼 대화할 때
② 얼굴

친근한 미소를 짓는다면 상대방도 나를 ________ 대할 수가 없을 것입니다.
③ 조심하거나 깊이 생각하지 않고

또한 '눈은 마음의 창'이라는 말이 있듯이 눈빛을 통해 진심 어린 마음을 __________
④ 전하여 알게 하고

상대방에게 ______ 있다는 것을 보여 준다면 상대방으로부터 호감을 얻을 수 있을 것입니다.
⑤ 한 가지 일에 모든 힘을 쓰고

문법

1. AV-고 말다

1. 다음 중 알맞은 것을 골라 문장을 완성하십시오.

넘어지다	잃어버리다	타다	싸우다	포기하다

① 이 정도의 일은 금방 할 수 있을 거라고 생각했는데 너무 어려워서 ____________.

② 뛰어가다가 마주 오는 사람과 부딪쳐서 ____________.

③ 방 청소를 서로 미루다가 결국 룸메이트와 ____________.

④ 오늘 하루 종일 정신없이 왔다 갔다 하다가 휴대폰을 ____________.

⑤ 누구보다 열심히 공부해서 이번에는 꼭 장학금을 ____________.

2. 다음 대화를 완성하십시오.

① 가: 그 두 사람은 어떻게 됐어요?

나: 서로 사랑했지만 ____________.

② 가: 어제 집에 가는 길에 교통사고가 났다면서요?

나: 네, 서두르다가 ____________.

③ 가: 팔에 그 상처는 뭐예요?

나: 지나가는 개한테 장난치다가 ____________.

④ 가: 발표 자료는 모두 준비했죠?

나: 다 했는데 컴퓨터에 저장해 두었던 발표 자료 파일을 실수로 ____________.

⑤ 가: 왜 이렇게 눈이 퉁퉁 부었어요?

나: 영화를 보다가 ____________.

2. V_1-(으)나 V_2-(으)나

1. 다음 중 알맞은 것을 골라 문장을 완성하십시오.

설득하다	둘러보다	부탁하다	힘들다	세차하다

① 메이 씨는 요즘 일이 너무 많아서 이 일을 ______________ 할 수가 없을 것이다.

② 그 사람은 자신의 고집을 잘 꺾지 않는 사람이므로 우리가 ______________.

③ 사회생활을 할 때 ______________ 자신이 맡은 일은 끝까지 다 해야 한다.

④ 이곳은 워낙 아름다운 풍경으로 유명하기 때문에 ______________ 사람이 많을 것이다.

⑤ 일기예보를 보더니 남편은 ______________라며 그냥 집에서 쉬자고 했다.

2. 다음 대화를 완성하십시오.

① 가: 요즘에는 남자 친구랑 만나는 것이 힘들어요. 만나도 특별히 할 일도 없고…….

나: 권태기인가 보네요. 그래도 ______________.

(사랑하다 / 미워하다 / 옆에 있는 것이 든든하다)

② 가: 그 소문 들었어? 오랫동안 남자친구가 없던 이 선생님이 드디어 연애를 하신대.

나: 옆 반 친구에게 이미 들었어. ______________.

(오다 / 가다 / 모두 그 이야기만 하다)

③ 가: 이번에 제가 별로 좋아하지 않는 사람과 같은 반이 되었는데 어떻게 하죠?

나: ______________ 친하게 지내려고 노력해 보세요.

(좋다 / 싫다 / 한 학기동안 같이 공부하다)

④ 가: 저 사람은 결혼을 안 해서 그런지 또래에 비해 생각의 폭이 좁은 것 같아요.

나: 나이가 ______________.

(많다 / 적다 / 결혼하기 전에는 다 애라고 하다 / 먼저 결혼한 우리가 이해하다)

⑤ 가: 너는 어떤 사람이 이상형이야?

나: 나는 키가 ______________.

(크다 / 작다 / 다른 사람을 잘 배려하는 사람이다 / 괜찮다)

3. V-(으)ㄹ 테니(까)

1. 다음 중 알맞은 것을 골라 문장을 완성하십시오.

정리하다	쑥스럽다	외롭다	선호하다	궁금하다

① 흐엉 씨가 한국에 처음 와서 ______________________ 많이 도와주세요.

② 모두들 시험 점수가 ______________________ 내일 늦지 말고 오시기 바랍니다.

③ 계속 칭찬만 하면 좀 ______________________ 이제 다른 이야기를 합시다.

④ 메이 씨는 빨간색을 더 ______________________ 빨간색 스웨터를 선물합시다.

⑤ 저는 방을 ______________________ 아멜리 씨는 빨래를 하세요.

2. 다음 대화를 완성하십시오.

① 가: 자정이 다 되어 가는데 동생이 아직도 집에 안 들어 왔어?

나: ____.

(곧 돌아오다 / 걱정하지 말다)

② 가: 이건 좀 매워 보이는데 제가 먹어도 괜찮을까요?

나: ____.

(이 음식은 맵지 않다 / 맛있게 들다)

③ 가: 오늘 데이트가 있는데 뭘 입어야 할지 모르겠어요.

나: ____.

(뭘 입어도 멋져 보이다 / 아무거나 입다)

④ 가: 오늘 숙제가 너무 어려운데 좀 도와줄래요?

나: ____.

(그럼 제가 숙제를 도와주다 / 아멜리 씨가 저녁을 사다)

⑤ 가: 아, 교실에 우산을 두고 왔어요.

나: ____.

(여기에서 기다리다 / 빨리 가지고 오다)

4. AV-는 한

1. 다음 중 알맞은 것을 골라 문장을 완성하십시오.

낮추다	허락하다	새우다	사과하다	갖추다

① 부모님께서 ______________________ 유학을 결정하기 힘들다.

② 밤을 ______________________ 이 많은 과제를 끝내기 어려울 것이다.

③ 그 쪽에서 먼저 ______________________ 절대 용서하지 않을 것이다.

④ 범죄율을 ______________________ 안정된 도시라는 평가를 받을 수 없다.

⑤ 여러 가지 시설을 ______________________ 일을 제대로 시작하기 힘들다.

2. 다음 대화를 완성하십시오.

① 가: 아버지, 저는 결혼하지 않고 아이만 낳아서 기르고 싶어요.

나: ____.

(내 눈에 흙이 들어가다 / 절대 그런 일은 있을 수 없다)

② 가: 이번 방학에 고향에 올 거지?

나: 엄마, ____.

(저는 시험에 합격하다 / 절대 고향에 돌아가지 않다)

③ 가: 점점 심각해지고 있는 환경 문제가 해결될까요?

나: ____.

(환경 보호에 대한 관심이 지속되다 / 언젠가는 해결할 수 있다)

④ 가: 길에서 담배 피우는 것을 법으로 금지하면 좋겠어.

나: ____.

(담배를 피우는 사람이 있다 / 흡연을 금지하는 것은 어렵다)

⑤ 가: 자신감 있게 행동하고 싶은데 자꾸 눈치가 보이네.

나: ____.

(계속해서 눈치를 보다 / 자신감 있게 행동하기는 힘들다)

듣기

1. 다음을 듣고 빈칸에 알맞은 단어를 쓰십시오.

오늘의 첫 번째 고민은 용현동에 사시는 '소심남'이라는 분께서 보내셨습니다. 사연을 들어보고 어떤 ______을 해드릴 수 있을지 한번 생각해 봤으면 좋겠습니다.

안녕하세요? 저는 ______이 너무 많은 대학교 2학년 남학생입니다. 저는 중고등학교 때부터 친구가 많지 않았습니다. 지금도 그냥 인사만 하는 친구를 ______ 친하게 지내는 친구가 없고 여자 친구도 없습니다. 친구를 어떻게 사귀어야 할지 잘 모르겠고 사람들과 어울리는 것이 마냥 ______ 힘이 듭니다.

게다가 저는 사람을 처음 만나면 남자 앞이나 여자 앞이나 할 것 없이 항상 얼굴이 ______ 그 사람의 눈도 잘 쳐다보지 못합니다. 그래서 사람들은 제가 거짓말을 하고 있다거나 사람을 ______ 등의 오해를 하고 맙니다. 처음 알게 된 낯선 사람이 제 앞에 있으면 ______이 두근거리고 손까지 떨려서 그런 것뿐이거든요.

또 "좋다, 싫다" 등의 ______을 분명히 하지 못해서 힘든 일을 경험한 적도 있습니다. 한 번은 친구들이 생선회를 먹으러 가자고 해서 같이 간 적이 있었는데, 배가 아프다는 ______를 대고 아무 것도 먹지 않고 돌아오고 말았습니다. 사실 저는 생선을 먹으면 몸이 가려운 증상이 있습니다. 친구들이 생선회를 먹고 싶어 하는데 제가 생선 알레르기가 있다고 말하면 친구들에게 ______를 주는 것 같아서 말을 할 수가 없었습니다.

이런 제 모습이 변하지 않는 한 ______가 좋아질 수 없다는 것을 압니다. 하지만 구체적으로 무엇을 어떻게 고쳐야 할지 잘 모르겠습니다. 조언을 해 주시면 고칠 수 있도록 ______을 하겠습니다.

읽고 쓰기

1. 다음은 대인관계가 좋아지는 대화법입니다. 다음을 읽고 글을 완성하십시오.

첫째, 경청	둘째, 믿음	셋째, 단어 선택
말하는 중간에 끼어들지 않기	상대방의 눈을 보며 말하기	긍정적인 단어 사용하기
고개를 끄덕이기	거짓말 하지 않기	이해하기 쉬운 단어 읽고 쓰기
끝까지 듣기	비밀 지키기	공감하는 표현하기

좋은 대인관계를 만드는 방법

관계는 서로 만드는 것이다. 나 혼자 잘한다고 좋은 대인관계가 만들어지는 것은 아니지만 나부터 잘한다면 다른 사람들이 나를 따라올 것이다. 그럼 좋은 대인관계를 만드는 방법은 무엇일까?

대인관계에서 가장 중요한 것은 바로 경청이다. ______________________________

____

____

____

____

두 번째는 믿음이다. '눈은 마음의 창'이라는 말처럼 상대에게 신뢰를 주기 위해서 상대방의 눈을 보며 말해야 한다. 또한 거짓말을 하면 안 된다. 선의의 거짓말을 할 수도 있지만 거짓말이란 것을 알게 되면 이후에도 상대방을 의심하게 될 것이다. 그리고 두 사람 사이에서 나온 말을 다른 사람에게 전달하지 말아야 한다. 서로의 비밀을 지켜주며 믿음을 더욱 굳게 만들어야 한다.

마지막 방법은 단어 선택에 있다. ______________________________

____

____

____

____

사람은 함께 살아가는 사회적 동물이다. 이상의 방법을 사용하여 대인관계 속에서 어려움을 느끼지 않고 즐겁게 생활하자.

3 봉사

어휘

1. 다음 중 알맞은 것을 골라 문장을 완성하십시오.

손길	묵묵히	기부	선행	성금

① 남들이 뭐라고 하든 상관하지 않고 __________ 남을 돕는 사람들이 있다.

② 나만을 위해 살지 말고 다른 사람을 위해 __________을/를 베푸는 것이 좋다.

③ 이번 행사의 수익금 전액을 불우 이웃 돕기 __________으로/로 사용한다고 한다.

④ 구두쇠가 학생들을 위한 장학금 __________을/를 한다니 믿을 수가 없는 일이다.

⑤ 부모가 없는 어린이들에게 사랑의 __________을/를 베풀어 주시기 바랍니다.

2. 다음 중 알맞은 것을 골라 대화를 완성하십시오.

허물다	빠듯하다	공헌하다	확산되다	환원하다

① 가: 자기가 가진 재능을 사회에 __________ 사람들이 늘고 있대요.
나: 저도 들었어요. 그런 걸 재능기부라고 한대요.

② 가: 저 사람은 돈이 많아 보이지도 않는데 항상 기부를 하네요.
나: 혼자 먹고 살기도 __________ 생활비를 나눠서 다른 사람을 도와준다고 해요.

③ 가: 기부하고 봉사하는 문화가 점점 __________ 좋겠어요.
나: 저도 그렇게 생각해요. 다른 사람이 하기를 기다리지 말고 우리부터 시작합시다.

④ 가: 저 사람은 행사 내내 계속 바쁘게 왔다 갔다 하던데 누구예요?
나: 이번 행사를 준비하는 데 가장 크게 __________ 분이에요.

⑤ 가: 예전에는 그 친구와 정말 친했었는데 오해가 생겨서 점점 멀어졌어요.
나: 마음속에 쌓아 두었던 벽을 __________ 먼저 찾아가 보세요.

3. 다음 문장을 완성하십시오.

메 이: 배우 유나영 씨가 올해도 다른 나라로 봉사활동을 하러 갔대요.

파하드: 해마다 __________으로 해외 봉사활동을 하나 보네요.
① 기간이 일정하게 정해져 있는

메 이: ________ 활동도 활발하게 해서 굉장히 바쁠 텐데 정말 대단하죠?
② 많은 사람 앞에서 음악, 무용, 쇼 등을 공연함

파하드: 맞아요. 요즘 바쁜 시간을 __________ 어려운 이웃을 돕는 연예인과 스포츠
③ 시간이나 돈을 아껴서

스타들이 점점 늘고 있다고 해요. 유명인들이 __________으로 봉사하는 모습은
④ 자기 스스로 행동하는

_______에게 더 큰 감동을 주곤 하죠.
⑤ 수많은 사람들

메 이: 이런 뉴스는 언제 들어도 참 기분이 좋아요. 연예인들의 이런 모습은 _______
⑥ 둘 이상의 사람이 함께

사는 사회를 만드는 (ㅁ ㄱ ㄹ)__________이 되는 것 같아요.
⑦ 어떤 일을 하는 데 기초가 되는 것

문법

1. AV-느니[1]

1. 다음 중 알맞은 것을 골라 문장을 완성하십시오.

수리하다	끼치다	기다리다	근무하다	밝히다

① 지방에서 ______________ 차라리 다른 직업을 찾아보겠다.

② 몇 번을 고쳐서 써도 소용이 없는 노트북을 또 ______________ 버리고 새로 사는 게 낫다.

③ 이제 와서 사실을 ______________ 끝까지 모르는 척하겠다.

④ 이렇게 폐만 ______________ 이쯤에서 고향으로 돌아가는 게 좋겠다.

⑤ 이렇게 무작정 대답을 ______________ 직접 찾아가서 알아보는 것이 낫겠다.

2. 다음 대화를 완성하십시오.

① 가: 급한 일이 있어서 메이한테 전화를 여러 번 했는데도 안 받네.

나: 그렇게 ______________________________.
(급한 일이다 / 전화하다 / 직접 찾아가다)

② 가: 집안일과 아이를 보는 것 중에 선택하라고 하면 뭘 선택할래요?

나: ______________________________.
(둘 다 하기 싫다 / 아기를 보다 / 집안일을 하다)

③ 가: 밤새 일을 하겠다고 그렇게 앉아서 ______________________________.
(졸다 / 차라리 편하게 잠을 좀 자다 / 아침에 하다)

나: 나도 그렇게 하고 싶은데 막상 자려고 누우면 일이 생각나서 잘 수가 없어.

④ 가: 내년에는 빚을 좀 내서라도 큰 집으로 이사를 가야겠어요.

나: ______________________________.
(빚을 얻다 / 좋은 집에서 살다 / 작고 안 좋다 / 내 소유의 집이 낫다)

⑤ 가: 언제까지 오해를 받으며 살아가려고 해요?

나: 이제 와서 ______________________________.
(사실을 털어놓다 / 제가 혼자 희생하다 / 여러 사람에게 이롭다)

2. V-(으)ㄴ/는가 하면, N(이)ㄴ가 하면

1. 다음 중 알맞은 것을 골라 문장을 완성하십시오.

부여하다	이용하다	활발하다	실행하다	찬성하다

① 요즘은 인터넷 뱅킹을 ______________________ 은행에 직접 가기도 한다.

② 새로운 규칙에 대해 ______________________ 반대하기도 해서 쉽게 결정할 수가 없다.

③ 어떤 이는 작은 행복에도 의미를 ______________________ 아무런 의미 없이 사는 이도 있다.

④ 그는 항상 적극적이고 ______________________ 어둡고 냉정한 면도 있다.

⑤ 어떤 사람은 말이 나오자마자 ______________________ 최대한 뒤로 미루는 사람도 있다.

2. 다음 대화를 완성하십시오.

① 가: 요즘 사람들은 정보를 어디에서 구하나요?

나: ____.

(인터넷을 이용하다 / 도서관에서 책을 찾다)

② 가: 주로 어떤 봉사를 해요?

나: 시간이 있을 때는 ______________________________________.

(제가 할 수 있는 재능을 기부하다 / 시간이 없다 / 그냥 돈만 기부하다)

③ 가: 대학교에 입학하면 모두 기숙사에서 살아야 하나요?

나: ____.

(어떤 학생은 자취 생활을 하다 / 어떤 학생은 기숙사에서 살다)

④ 가: 단어를 외우는 방법도 사람에 따라 다른 것 같아요.

나: 맞아요. ______________________________________.

(어떤 사람은 여러 번 반복해서 쓰다 / 어떤 사람은 보며 읽다)

⑤ 가: 한국인들은 취업 정보를 어떻게 구해요?

나: ____.

(구직 사이트를 뒤지다 / 취업 박람회에 가다)

3. V기는커녕, N은/는커녕

1. 다음 중 알맞은 것을 골라 문장을 완성하십시오.

만족하다	봉사활동	넉넉하다	해외여행	베풀다

① 선행을 ________________ 어려운 사람을 더 힘들게 하는 것 같다.

② 용돈이 ________________ 부족해서 친구에게 돈을 빌렸다.

③ 시험 성적에 ________________ 오히려 실망스러울 정도이다.

④ 돈이 없어서 ________________ 부산에도 못 가겠다.

⑤ 요즘은 너무 바빠서 ________________ 쉴 시간도 부족하다.

2. 다음 대화를 완성하십시오.

① 가: 신호가 바뀌었는데 뛰어갈까요?

나: 우리 한 시간 동안 걸어왔잖아요. 저는 이제 ________________________.

(다리가 아프다 / 뛰다 / 걷다)

② 가: 어젯밤에 잘 잤어요?

나: 옆집 사람들이 너무 ________________________.

(시끄럽다 / 잘 자다 / 한숨도 못 자다)

③ 가: 오늘은 날씨가 맑고 화창하겠지요?

나: ________________________.

(하늘을 보다 / 맑고 화창하다 / 곧 비가 내리다)

④ 가: 요즘도 매일 저녁에 농구를 하나요?

나: ________________________.

(시간이 없다 / 농구를 하다 / 친구도 못 만나다)

⑤ 가: 아침은 먹고 왔어요?

나: ________________________.

(늦게 일어나다 / 아침 / 물도 못 마시다)

4. V-(으)ㄹ 리가 없다, N(일) 리가 없다

1. 다음 중 알맞은 것을 골라 문장을 완성하십시오.

모르다	부족하다	편안하다	들어주다	외우다

① 용돈을 충분히 줬으니까 생활비가 ________________.

② 이렇게 긴 문장을 그렇게 쉽게 ________________.

③ 아무리 친한 사이라도 그런 힘든 부탁을 ________________.

④ 직접 표를 예매한 사람이 공연 장소를 ________________.

⑤ 처음 보는 사람과 마주보고 앉아서 함께 가는데 ________________.

2. 다음 대화를 완성하십시오.

① 가: 이 자판기가 고장이 났나 봐요. 돈을 넣고 버튼을 눌렀지만 아무 반응이 없어요.
나: ________________. 방금 전에 어떤 사람이 커피를 뽑아 갔거든요.

② 가: 교통 카드의 잔액이 부족하다고 합니다.
나: 이상하네. 일주일 전에 충전해서 ________________…….

③ 가: 집이 더럽다더니 깨끗하네요. 룸메이트가 청소를 해 놨나 봐요.
나: 게으른 제 룸메이트가 스스로 ________________.

④ 가: 그 사람이 할머니를 도와줘서 웬일인가 했더니 돈을 받더라고.
나: 그러면 그렇지. 그렇게 이기적인 사람이 남을 ________________.

⑤ 가: 어떤 학생은 한국어 공부를 시작한지 1년이 다 됐는데 아직도 초급이래요.
나: 그렇게 오랫동안 한국어를 공부했는데 ________________.

듣기

1. 다음을 듣고 빈칸에 알맞은 단어를 쓰십시오.

요즘 기부와 봉사에 대한 인식의 변화가 이루어지고 있는데요, 그 대표적인 예가 바로 ______ 입니다. 흔히 기부라고 하면 사회적 약자에게 단순히 물질적이고 금전적인 도움을 주는 것만을 떠올리는데요, 재능기부란 통역 봉사나 교육 봉사처럼 개인이 갖고 있는 재능을 활용해 사회에 ______ 새로운 기부 형태를 말합니다. 즉 개인이 가진 재능을 사회단체 또는 공공기관 등에 기부하여 사회에 ______ 하는 것이죠. 최근 이러한 재능기부가 사회 여러 곳에서 활발하게 이루어지고 있다고 합니다.

하나의 구체적인 ______ 로 어느 중학교의 학생들은 학교 교육과정 속에서 바이올린, 첼로를 배워 이것을 봉사하는 데에 활용하고 있다고 합니다. 이들은 매년 ______ 에 찾아가 상대적으로 문화적 혜택이 적은 이들을 위해 작은 음악회를 열어주고, 놀이 봉사를 하는 등 재능기부를 ______ 하고 있습니다.

재능기부는 물질이나 특별한 기술을 요하는 것이 아니기 때문에 어린이부터 청소년, 노인까지 남녀노소 누구나 할 수 있는데요, 특히 청소년기에 하는 재능기부는 ______ 을 부담 없이 ______ 할 수 있는 계기가 되고, ______ 사는 삶의 중요성을 깨닫게 합니다. 이를 통해 자연스럽게 인성 교육으로 이어질 수 있다는 장점도 있지요. 또한 재능기부는 각자가 가진 재능을 사회에 ______ 데 큰 의미가 있습니다. 일회성의 ______ 와는 달리 재능기부는 지속적이며 발전적인 봉사의 형태로 자리매김하고 있는 것입니다.

읽고 쓰기

1. 다음은 오늘 하루 있었던 일입니다. 다음을 읽고 글을 완성하십시오.

복지관 도착 - 안내 교육 - 업무 분담 - 빵 만들기 - 포장하기 - 할아버지, 할머니께 전달하기

다른 사람을 돕는다는 것은 정말 즐거운 일이다. 물질적인 방법으로 도울 수도 있고 마음으로 도울 수도 있다. 얼마 전에 재능 기부 형식으로 빵 만들기 봉사활동을 한 적이 있다. 몸이 조금 힘들기는 했지만 마음이 풍요로워지고 따뜻했다.

봉사활동을 위해 먼저 복지관으로 향했다. 그곳에서 빵을 만들고 포장까지 해서 할머니 할아버지께 전달한다고 했다. 빵을 만들기 전에 먼저 안내 교육을 받았다. 내가 할 일은 깨끗하게 용기를 닦는 일이었다. 요리는 위생이 중요하기 때문에 모자와 앞치마를 두르고 깨끗하게 용기를 닦았다. 드디어 ________________________________

____

____

____

____

____

____

____

어르신들을 위해 빵을 만들면서 많은 것을 느꼈다. 작은 정성이지만 큰 즐거움을 드릴 수 있어서 뿌듯한가 하면 너무 쉽고 간단하게 봉사를 한 것 같아 마음이 불편하기도 했다. 나누는 법은 생각보다 어렵지 않다. 많은 사람들이 봉사에 동참하기를 바란다.

4 건강

어휘

1. 다음 중 알맞은 것을 골라 문장을 완성하십시오.

증상	면역력	성인병	스르륵	틈틈이

① 몸에 기력이 없어지면 ____________________도 약해지기 마련이다.

② 백화점에 갔더니 입구에서 자동문이 ____________________ 열렸다.

③ 두통, 발열, 기침 등이 감기의 대표적인 ____________________이라고/라고 한다.

④ 요즘 공부하는 ____________________ 운동을 했더니 예전보다 몸이 더 건강해졌다.

⑤ 최근에는 어린아이들에게서도 ____________________이/가 나타나고 있어 주의가 필요하다.

2. 다음 중 알맞은 것을 골라 대화를 완성하십시오.

쐬다	극복하다	멀리하다	빠삭하다	축적되다

① 가: 장애를 ____________________ 자신의 목표를 이루어내는 사람들은 정말 존경받을 만한 사람들인 것 같아.

나: 나도 그렇게 생각해. 사실 장애가 있으면 무슨 일이든 포기하는 경우가 더 많잖아.

② 가: 너 요즘 왜 공부를 열심히 안 해?

나: 그동안 열심히 했으니까 당분간은 좀 놀고 싶어서.

가: 그것도 좋지만 하루 이틀의 시간이 ____________________ 너의 실력이 된다는 사실을 잊지 마.

③ 가: 고기를 좋아하는 네가 요즘에는 잘 안 먹더라. 무슨 일 있어?

나: 건강을 위해서 당분간 고기보다는 채소를 많이 먹으려고.

가: 물론 고기를 ____________________ 것도 좋지만 운동도 함께 해야 하는 거 알지?

④ 가: 파하드 씨는 컴퓨터에 ____________________ 제 컴퓨터에 문제가 생길 때 종종 도움을 줘요.

나: 그래요? 제 노트북도 조금 문제가 있는 것 같은데 좀 물어봐야겠네요.

⑤ 가: 주말에 어디에 다녀왔어요?

나: 바람 좀 ____________________ 강원도 바닷가에 갔다 왔어요.

3. 다음 대화를 완성하십시오.

파하드: 밥을 먹는 둥 마는 둥 했더니 ____________에 걸려서 너무 아파요.
① 위에 생기는 병

메　이: 저런, 외국에 있을수록 ________을/를 잘 챙겨야죠.
② 날마다 일정하게 먹는 밥

파하드: 네. 아파 보니까 ________________ 식습관이 필요하다는 걸 느끼네요.
③ 일정한 질서가 있는

이제 ________하거나 ________하는 습관도 고쳐야겠다고 생각했어요.
④ 많이 먹음　⑤ 정해진 음식만 골라서 먹음

메　이: 좋은 생각이네요. 결국 (ㄱ ㄱ)________은/는 우리의 노력에 달려 있어요.
⑥ 정신적으로나 육체적으로 문제가 없음

문법

1. AV-는 둥 마는 둥

1. 다음 중 알맞은 것을 골라 문장을 완성하십시오.

듣다	들다	밟다	둘러보다	눈치를 보다

① 바닷가가 너무 추워서 모래사장을 ________________ 하고 근처 카페로 들어갔다.

② 너무 배가 고파서 주위를 ________________ 하고 밥을 먹으러 갔다.

③ 그 사람이 내 얘기를 ________________ 해서 화가 났다.

④ 그 사람은 주변의 ________________ 하면서 자신이 하고 싶은 일은 다 한다.

⑤ 그 사람은 자신의 이삿짐을 ________________ 하더니 무겁다며 도와주는 사람에게 넘겨 버렸다.

2. 다음 대화를 완성하십시오.

① 가: 오늘따라 집에 빨리 왔네요.

나: ____.
(가게에 손님이 없다 / 일을 하다 / 하다가 일찍 문을 닫다)

② 가: 요즘 아침 운동은 열심히 하고 있어요?

나: 아니요, ____.
(귀찮다 / 걷다 / 하다가 근처에서 커피를 마시다)

③ 가: 아멜리 씨, 왜 자꾸 인상을 쓰고 다녀요?

나: ____.
(자꾸 잊어버리다 / 안경을 끼다 / 했더니 잘 안 보이는 것 같다)

④ 가: ____.
(유학을 오다 / 그렇게 공부를 하다 / 하다가는 아무 것도 이룰 수 없을 것이다)

나: 알겠어요. 지금부터라도 열심히 할게요.

⑤ 가: 왜 그렇게 시무룩한 표정으로 앉아 있어요?

나: ____.
(너무 힘이 들다 / 옷을 갈아입다 / 하고는 누워 있는데 엄마에게 잔소리를 듣다)

2. AV-기 십상이다, N(이)기 십상이다

1. 다음 중 알맞은 것을 골라 문장을 완성하십시오.

깨지다	무리하다	잊어버리다	망신당하다	감기에 걸리다

① 겨울에 옷을 얇게 입으면 ______________________________.

② 잘 모르는 것을 아는 척하면 ______________________________.

③ 계획을 세워서 일하지 않으면 마감 전날 ______________________________.

④ 유리로 만든 그릇은 조심해서 들지 않으면 ______________________________.

⑤ 수업 시간에 메모하지 않으면 집에 가서 ______________________________.

2. 다음 대화를 완성하십시오.

① 가: 요즘 탈모 때문에 고민이에요.
나: 너무 고민하지 마세요. 스트레스를 받으면 ______________________________.

② 가: 칼로 종이를 자르다가 손을 베었어요.
나: 날카로운 칼을 잘못 사용하면 ______________________________.

③ 가: 제가 가장 좋아하는 스웨터가 작아져서 속상해요.
나: 스웨터는 따뜻한 물에 빨면 ______________________________.

④ 가: 요즘 계속 돌아가신 부모님께 잘해 드리지 못한 게 생각나네요.
나: 살아계실 때 효도를 하지 않으면 ______________________________.

⑤ 가: 선생님께서 빙판에 넘어지셨대요.
나: 겨울이 되면 ______________________________.

3. V-길래, N(이)길래

1. 다음 중 알맞은 것을 골라 문장을 완성하십시오.

하다	담그다	그치다	겹치다	심심해하다

① 친구가 ________________ 같이 놀자고 했다.

② 비가 ________________ 마당에 빨래를 널었다.

③ 친구가 바다에 발을 ________________ 나도 같이 들어가서 첨벙거렸다.

④ 단 음식이 건강을 해친다고 ________________ 먹지 않기로 했다.

⑤ 약속이 ________________ 다 취소해 버리고 집에서 쉬기로 결정했다.

2. 다음 대화를 완성하십시오.

① 가: 퇴근 시간인데 일찍 오네요.

나: ____.

(길이 막히다 / 차를 놓고 지하철을 타고 오다)

② 가: 너 혼자서 김치를 만들었다면서? 대단하다.

나: 아니야. ____.

(어려워 보이다 / 한국 친구에게 도와달라고 하다)

③ 가: 파하드 씨, 오늘 왜 학교에 안 왔어요?

나: ____.

(눈이 오다 / 학교에 안 가다)

④ 가: ____?

(그 물건이 대체 무엇이다 / 몇 시간째 계속 찾고 있다)

나: 할머니의 유품이어서 내가 계속 가지고 다니던 거야.

⑤ 가: 오늘 아침에 늦게 일어나는 바람에 아침밥을 또 못 먹었어.

나: ____.

(그렇다 / 내가 일찍 일어나라고 하다)

4. N(이)나마

1. 다음 중 알맞은 것을 골라 문장을 완성하십시오.

고향 친구	늦게	찬밥	어머니	자전거

① 집에서 학교까지 거리가 좀 멀지만 ________________ 타고 가면 덜 힘들다.

② 배가 너무 고픈데 집에 ________________ 있어서 다행이다.

③ 오늘따라 고향이 그리웠는데 옆에 ________________ 있어서 위로가 된다.

④ 아버지께서 돌아가신 후에 ________________ 효도를 해야겠다고 생각했다.

⑤ 그동안 담당교수님께 인사를 드리지 못해서 걱정했는데 ________________ 인사를 드리게 되어 다행이라고 생각했다.

2. 다음 대화를 완성하십시오.

① 가: 여행에서 돌아오는 길에 사진기만 빼고 가방을 분실했어요.

나: 그래도 ____.

(사진 / 있어서 다행이다)

② 가 실력은 네가 더 좋았는데 운이 없었던 것 같아. 다음엔 우승이니까 걱정하지 마.

나: 고마워. ____.

(말 / 그렇게 해주니까 위안이 되다)

③ 가: 어머니, 미국에 온 지 한 달 만이죠? 그 동안 별일 없으셨어요?

나: 그래. ____.

(전화 / 목소리를 들으니까 마음이 놓이다)

④ 가: 잃어버린 지갑을 찾았는데 신분증만 남아 있더라고요.

나: ____.

(신분증 / 찾아서 다행이다)

⑤ 가: 꼭 꽃무늬 치마로 사고 싶었는데.

나: ____.

(비슷한 것 / 사게 된 것을 감사하게 생각하다)

듣기

1. 다음을 듣고 빈칸에 알맞은 단어를 쓰십시오.

사회자: 건강에 대한 관심이 ________ 단 음식을 멀리하는 사람들이 ________ 있습니다. 단맛을 좋아해서 먹고 싶지만 건강을 위해서 ________ 분들이 많은데요. 건강을 ________ 않으면서 단맛을 즐기는 법에 대하여 황현정 교수님을 모시고 이야기를 들어보겠습니다. 반갑습니다, 교수님.

전문가: 네, 안녕하세요.

사회자: 최근에는 단맛을 ________ 많은 사람들이 자신의 건강을 위하여 그 기쁨을 포기하고 있는데요. 교수님께서는 어떻게 생각하시는지 ________.

전문가: 설탕을 조금씩 ________ 것은 나쁘지 않습니다. 하지만 설탕 속에는 인공 감미료가 많아서 맛을 제대로 느끼기가 쉽지 않지요. 또한 사탕이나 빵 등에 들어 있는 ________에는 열량이 많은 ________ 영양분은 별로 없습니다. ________ 너무 빨리 소화되기 때문에 몸 안에 있는 당분의 양이 ________ 올랐다가 떨어집니다. 그러면 몸의 상태가 ________ 우리 몸은 더 많은 설탕을 찾게 됩니다.

사회자: 하지만 단 것을 먹고 싶은 ________를 만족시켜 주면서도 몸에 좋은 ________이 있다고 들었습니다.

전문가: 네, 제가 예전에 한 번 ________ 적이 있는데요, 과일을 많이 드세요. 신선한 과일은 과자를 대신할 수 있는 좋은 ________ 입니다. 과일은 단맛이 있으면서 섬유소가 ________ 장점이 있습니다. 게다가 과일을 말리면 당분이 더 증가된다고 하는데요, 그래서 ________ 과일은 영양분 ________라고 할 수 있습니다. 단, 말린 과일을 사 먹을 때는 인공 ________이 들어 있지 않은 천연 과일을 말린 것을 먹어야 합니다. 그렇지 않으면 오히려 열량 덩어리를 먹게 됩니다. 말린 과일이 싫으시다면 과일로 잼을 만들어서 먹는 방법도 있습니다. 일반적으로 잼을 만들 때는 설탕이 많이 들어가는데요, 설탕 대신 물엿이나 조청을 사용하면 ________ 단맛을 느끼실 수 있습니다. 또한 차가운 요구르트를 냉동 포도와 함께 먹는 것도 단 것을 먹고 싶은 욕구를 ________ 수 있습니다.

사회자: 좋은 정보 감사합니다.

읽고 쓰기

1. 다음은 내가 후회하는 일에 대해서 쓴 글입니다. 다음을 읽고 글을 완성하십시오.

두 달 전:	한 달 전:	현재:
열, 기침 - 조금 쉬면 나을 거야. - 평소보다 일찍 자고 따뜻한 물을 많이 마셨다.	목이 붓고 숨 쉬는 것조차 힘듦. - 약을 먹으면 나을 거야. - 약국에서 약을 샀다.	병원에 갔다. - 폐렴 진단 (그동안 참아서 더 심해짐) - 입원

나는 평소에 건강한 체질이라고 생각했다. 고향에서는 병원에 가는 일이 1년에 한 번 정도였기 때문이다. 그리고 조금 아프더라도 쉬면 금방 나아졌기 때문에 특별히 병원에 갈 일이 없기도 했다. 한국에 와서도 아플 때마다 그냥 집에서 쉬기만 했었다.

두 달 전에 갑자기 몸이 아프기 시작했다. ______________________________

____

____

____

한 달이 지나도 감기가 나아지기보다 더 심해졌다. 처음에는 기침만 조금 했었는데 지금은 기침뿐만 아니라 목이 붓고 숨 쉬는 것조차 힘들었다. 약을 먹지 않아서 심해진 것 같다고 판단했다. 그래서 나는 약국에 가서 약을 사다가 먹었지만 병세가 호전되지 않았다.

결국 나는 병원에 갔다. ______________________________

____

____

____

____

나는 결국 폐렴 증상이 심해서 입원을 하게 되었다. 검사를 받고 주사도 맞으면서 나는 건강하다고 자만하지 말고 감기에 걸렸을 때는 바로 가야겠다고 생각했다. 그리고 처음 아팠을 때 제대로 치료하지 않으면 안 된다는 사실도 알게 됐다. 앞으로는 혼자서 살고 있으니까 스스로 건강관리를 잘해야겠다.

5 여가

어휘

1. 다음 중 알맞은 것을 골라 문장을 완성하십시오.

제약	계발	투자	유연성	동호회

① 어떤 여가 활동은 시간과 장소의 ____________을/를 받는다.

② ____________을/를 키우기 위해서는 꾸준하게 운동을 해야 한다.

③ 공연과 관람에 관심이 있는 사람들이 모여서 ____________을/를 조직했다.

④ 지식과 교양을 위한 취미 활동은 미래에 대한 ____________이라고/라고 볼 수 있다.

⑤ 평소에 자기 ____________을/를 꾸준히 한 사람은 기회가 왔을 때 쉽게 잡을 수 있다.

2. 다음 중 알맞은 것을 골라 대화를 완성하십시오.

차분하다	여유롭다	해소하다	다지다	돋우다

① 가: 매일 분주하게 지내다가 오랜만에 야외에 나오니까 좋지요?
나: 그러게요. 이렇게 야외에서 한가하고 ____________ 커피를 마시니 정말 좋은데요.

② 가: 로빈 씨, 운동하는 거 싫어하는데 어쩐 일로 야구 동호회에 가입했어요?
나: 사실 운동보다는 동호회의 회원들과 친분을 ____________ 가입했어요.

③ 가: 세계 음식 축제가 인하대에서 크게 열린다면서?
나: 맞아. 축제의 흥을 ____________ 위해 다양한 공연도 펼쳐질 예정이래.

④ 가: 취미로 십자수를 하니까 어떤 점이 좋아?
나: 급한 성격이 침착하고 ____________ 성격으로 바뀌는 것 같아.

⑤ 가: 지역 간의 갈등을 ____________ 위해 어떤 노력이 필요할까요?
나: 글쎄요. 먼저 국민들의 의식이 바뀌어야 하지 않을까 싶네요.

3. 다음 대화를 완성하십시오.

자르갈: 저는 악기를 배워 두면 좋겠다 싶어서 알아 봤는데 악기 자체도 비싸고 ________도
① 강의나 강습을 받기 위해 내는 돈
비싸서 고민만 하다가 아직 ________도 못하고 있어요. 요즘 여가 활동의 종류
② 어떤 것을 이루어보려고 계획하거나 행동함
는 다양해졌는데 대학생들의 주머니 ________을 생각한다면 대학생들이 즐길 만
③ 일의 형편이나 까닭
한 여가 활동이 그렇게 많지는 않아요.

최수지: 대학생들도 학업과 ________ 준비로 많은 스트레스를 받고 있는데 대학생들이
④ 일정한 직업을 잡아 직장에 나감
여가 생활을 잘 즐길 수 있도록 제도가 ________이 되었으면 좋겠어요.
⑤ 헤아려 갖춤

문법

1. V-(ㄴ/는)다기에, N(이)라기에

1. 다음 중 알맞은 것을 골라 문장을 완성하십시오.

뜨다	길러주다	향상되다	저렴하다	내성적이다

① 댄스 스포츠가 유연성을 ________________ 배우기 시작했다.

② 성격이 ________________ 태권도와 같은 활동적인 여가 생활을 권했다.

③ 아멜리 씨가 요즘 목도리를 ________________ 나도 옆에서 배우면서 같이 해 볼까 한다.

④ 음악 감상이나 스포츠와 같은 여가 활동은 비용이 ________________ 한번 해 보려고 한다.

⑤ 찬반 토론을 하면 재미도 있고 언어 실력도 ________________ 매주 토론회에 참석하고 있다.

2. 다음 대화를 완성하십시오.

① 가: 이번 방학에 왜 고향에 다녀오려고 해요?

나: ____.

(고등학교 동창이 결혼하다 / 참석하다)

② 가: 지난 방학에 뭐 했어요?

나: ____.

(부산이 가 볼 만하다 / 친구와 같이 여행하다)

③ 가: 점심 먹으러 어디로 가요?

나: ____.

(인하대에서 세계 음식 축제가 열리다 / 거기에 점심을 먹으러 가다)

④ 가: 어디 가는 길이에요?

나: ____.

(친구가 이사하다 / 도와주러 가다)

⑤ 가: 무슨 물건을 이렇게 많이 샀어?

나: ____.

(마트에 갔는데 마침 세일이다 / 필요한 물건을 미리 사다)

2. V-다가도

1. 다음 중 알맞은 것을 골라 문장을 완성하십시오.

울다	외롭다	복잡하다	쓰러지다	연연하다

① 유학생활이 무척 ________________ 누군가 옆에 있으면 귀찮아진다.

② 아이는 아무리 ________________ 엄마 목소리만 들으면 울음을 그친다.

③ 아끼려고 한두 푼에 ________________ 갑자기 충동구매로 목돈을 쓰기도 한다.

④ 고민들로 머릿속이 ________________ 조용한 음악을 들으면 마음이 차분해진다.

⑤ 오뚝이가 ________________ 다시 일어나는 것처럼 실패해도 다시 일어나면 된다.

2. 다음 대화를 완성하십시오.

① 가: 저 가게는 항상 저렇게 손님이 많아요?

나: 아니요, ____.

(점심시간에는 바쁘다 / 두세 시만 되면 한가해지다)

② 가: 어제 영화를 봤는데 주연배우의 눈물 연기에 정말 감동받았어요.

나: ____.

(원래 배우들은 웃다 / 금방 잘 울다)

③ 가: 애인하고 헤어진 지 몇 달이 지났는데도 아직 마음이 힘들어요.

나: 은수 씨, ____.

(헤어져서 마음이 힘들다 / 다른 사람을 만나면 금방 잊기 마련이다)

④ 가: 메이 씨, 고치고 싶은 습관이 있어요?

나: 네, ____.

(평소에는 소식하다 / 스트레스를 받으면 폭식하는 습관이 있다)

⑤ 가: 최근에 어떤 증상이 나타나는지 말씀해 주세요.

나: ____.

(어떨 때는 자신감이 넘치고 기분이 좋다 / 어떨 때는 모든 것이 귀찮고 기분도 안 좋다)

3. AV-(으)ㄹ 법하다

1. 다음 중 알맞은 것을 골라 문장을 완성하십시오.

그치다	옮기다	붐비다	비우다	일어나다

① 이번 사건은 누구에게나 ________________ 사건이다.

② 하루 종일 굶었기 때문에 밥 두 그릇을 ________________.

③ 연휴 전날이니까 은행에 사람들이 ________________ 이상하게 사람들이 별로 없다.

④ 그 정도 연봉이면 직장을 ________________ 로빈 씨는 무슨 이유인지 아직도 망설이고 있다.

⑤ 아이가 그렇게 울었으면 이제는 ________________ 그치지 않는 걸 보면 어디가 아픈가 보다.

2. 다음 대화를 완성하십시오.

① 가: 머리도 아프고 온몸에 땀도 나면서 추운 걸 보니 몸살인가 봐요.

나: ____.

(어제 그 많은 이삿짐을 혼자서 다 나르다 / 몸살이 나다)

② 가: 웬만하면 화를 내지 않는 지성 씨가 정말 화가 많이 났더라고요.

나: ____.

(제일 친한 친구가 감정을 상하게 하다 / 화를 내다)

③ 가: 메이 씨가 이번 토픽시험에 떨어져서 실망이 이만저만이 아니래요.

나: ____.

(그 동안 세 번이나 시험 봤는데 모두 떨어지다 / 실망하다)

④ 가: 고등학교도 졸업하지 못하고 퇴학을 당했으니 어쩌면 좋아요.

나: ____.

(학생 신분으로 유흥업소에 드나들다 / 퇴학을 당하다)

⑤ 가: 감독님의 영화가 요즘 흥행에 성공한 비결이 뭐라고 생각하십니까?

나: ____.

(우리 주위에 어느 곳에서나 볼 수 있다 / 내용이다)

4. V-(으)ㄹ뿐더러

1. 다음 중 알맞은 것을 골라 문장을 완성하십시오.

늘다	얄밉다	빠지다	외롭다	유익하다

① 요즘 체력이 떨어져서 그런지 체중도 ________________ 기운도 없다.

② 토론 동아리를 하다 보면 언어 실력이 ________________ 지식도 쌓을 수 있다.

③ 다른 사람을 위해 봉사하는 일은 타인에게도 ________________ 자기 자신에게도 도움이 된다.

④ 자기밖에 모르는 사람의 태도는 ________________ 상대도 하기 싫다.

⑤ 배우라는 직업은 화려해 보이지만 몹시 ________________ 생활도 불규칙한 직업이다.

2. 다음 대화를 완성하십시오.

① 가: 부장님, 이번에 채용한 신입 사원들이 어때요?

나: ____.

(필기 점수도 우수하다 / 면접에서도 뛰어난 기량을 보여주다)

② 가: 그 사건의 용의자와는 어떤 관계인가요?

나: ____.

(저는 그 사람을 만난 적도 없다 / 잘 알지도 못하다)

③ 가: 올해는 유난히 사건과 사고가 많았던 것 같아요.

나: 그러게요. ____.

(금년에는 자연재해도 많다 / 인재도 많다)

④ 가: 이 스마트폰이 요즘 새로 출시된 거예요?

나: 네, 손님. ____.

(이 스마트폰은 지문인식 기능이 있다 / 방수기능도 있어서 아주 인기이다)

⑤ 가: 사전투표제도를 실시하니까 투표를 하는 사람이 더 늘어난 것 같아요.

나: 맞아요. ____.

(그 제도는 국민의 호응도 얻다 / 반응도 좋다)

듣기

1. 다음을 듣고 빈칸에 알맞은 단어를 쓰십시오.

로 빈: 요즘 더 예뻐진 것 같네요. 연애 시작했어요?

아멜리: 아니요. 학원에 ______해서 춤을 배우고 있거든요. 재미있게 춤을 추면서 살도 ______ ______ ______ 시작했는데 정말 괜찮아요. 신나는 음악에 맞춰 춤을 추고 나면 스트레스가 확 풀려요.

로 빈: 헬스클럽에서 그냥 운동만 하면 정말 재미가 없는데 재미있게 춤도 배우고 운동도 하고 ______ ______ ______ ______네요.

아멜리: ______도 기를뿐더러 몸매도 예쁘게 가꿀 수 있으니까 취미로 정말 최고예요.

로 빈: 그런데 공부하면서 댄스 스포츠를 배울 시간이 돼요?

아멜리: 학업 때문에 시간이 ______ 못하다 보니까 매일은 못 가고 일주일에 두 번만 학원에 나가요. 바쁘지만 시간을 내서 이런 프로그램들에 ______를 하는 거죠.

로 빈: 맞아요. 바쁘다는 핑계로 계속 ______ 여가 생활은 영원히 즐길 수가 없어요. 그런데 비용은 얼마나 들어요? 굉장히 비쌀 것 같아요.

아멜리: 네. 학원비는 보통 20만 원 정도 드는데 문화센터나 구청 같은 기관에서도 강좌가 ______ 되어 있어요. 그런 데서는 훨씬 싸게 배울 수 있다고 해요. 그리고 댄스 스포츠 의상은 평범한 옷은 아니니까 좀 비싼 편이고요.

로 빈: ______ 뿐만 아니라 의상에도 신경을 써야 하니까 돈이 많이 들 법도 하네요. 하지만 비싼 만큼 그 가치가 있으니까 많은 사람들이 즐기겠지요?

아멜리: 맞아요. 비용이 많이 들기는 하지만 음악과 춤으로 신나게 운동도 할 수 있고 회원들과 함께 즐기면서 ______을 다질 수도 있어서 저는 적극 추천하고 싶어요.

로 빈: 저처럼 춤에 재주가 없는 사람도 도전해 볼 수 있을까요?

아멜리: 당연하죠. 선생님께서 친절하게 잘 가르쳐 주세요. 그리고 배우다가 보면 조금씩 몸의 유연성도 기르게 되고 자신감도 생기거든요. 배울 마음이 있으면 저에게 알려 주세요. 제가 학원에 소개해 드릴게요.

로 빈: 뭔가 여가 생활을 즐기고 싶다가도 시간이나 비용 때문에 ______ 했는데 아멜리 씨 이야기를 들어보니까 관심이 생기는데요. 한번 고민해 보고 알려 드릴게요.

읽고 쓰기

1. 다음은 배드민턴 동호회에 가입하고 싶은 이유입니다. 다음을 읽고 글을 완성하십시오.

첫째, 친목을 다지기	**둘째, 실내운동**	**셋째, 전신운동**
- 혼자서 하는 운동이 아님 - 상대방이 필요한 운동 - 동호회 회원들과 어울릴 수 있음	- 날씨와 상관없이 비가 오거나 눈이 오거나 할 수 있음	- 유연성을 길러줌 - 에너지 소모량이 많음 - 다이어트에 도움이 됨

셔틀콕사랑 배드민턴 동호회에 가입하고 싶습니다.

저는 인하대 언어교육원에서 한국어를 공부하고 있는 학생입니다. 지루한 일상에서 벗어나 뭔가 새롭고 특별한 여가 활동을 찾고 있었습니다. 그러던 중 건강을 위한 여가에 관심이 있는 언어교육원 학생들이 모인 배드민턴 동호회를 알게 되었습니다. 저도 평소에 배드민턴에 관심이 많이 있어서 이렇게 회원 가입을 위해 문을 두드립니다.

제가 배드민턴 동호회에 가입하고 싶은 이유는 ______________________________

____

____

____

두 번째는 저는 동호회 활동을 하면서 친목도 다질뿐더러 꾸준한 운동도 하고 싶습니다. 배드민턴 동호회는 실내에서 하니까 비가 오나 눈이 오나 상관없이 할 수 있어서 좋을 것 같습니다.

마지막으로 제일 중요한 이유는 제가 요즘 건강을 위해 다이어트를 하고 있기 때문입니다. ______________________________

____

____

____

저는 셔틀콕사랑 배드민턴 동호회의 회원으로 여러분과 함께 여가활동을 하면서 건강도 지킬 수 있기를 바랍니다.

6 연애와 결혼

어휘

1. 다음 중 알맞은 것을 골라 문장을 완성하십시오.

청혼	황혼	이상형	천생연분	금상첨화

① 하늘이 맺어준 인연을 ________________이라고/라고 한다.

② 결혼을 일주일 앞두고 이제야 ________________을/를 받았다.

③ 그 사람은 내가 꿈꾸는 ________________와/과는 거리가 멀다.

④ 그는 인생의 ________________을/를 맞았음에도 더욱 열심히 활동하였다.

⑤ 이번 시험에 성적이 올라서 칭찬도 받고 장학금도 받았으니 ________________이다.

2. 다음 중 알맞은 것을 골라 대화를 완성하십시오.

반하다	사로잡다	감미롭다	든든하다	애틋하다

① 가: 눈에 콩깍지가 벗겨지니까 그 사람의 어디에 ________________ 결혼했는지 모르겠어.
나: 뭐라고? 가슴이 두근거리고 설렌다고 할 때는 언제고…….

② 가: 무슨 선물을 해야 그 사람이 나랑 사귀려고 할까?
나: 선물로만 이성의 마음을 ________________ 것은 어리석은 행동이야.

③ 가: 항상 널 격려하고 응원하시는 부모님이 계셔서 마음이 ________________?
나: 맞아. 부모님은 내 인생의 버팀목과 같은 분들이시지.

④ 가: 결혼을 한다면 어떤 청혼을 받고 싶어?
나: 음, ________________ 목소리로 청혼가를 불러 주면 좋겠어.

⑤ 가: 요즘 영화 '영원한 사랑'이 흥행하고 있다던데 어떤 내용이야?
나: 남녀 주인공의 이루어질 수 없는 ________________ 사랑을 다루고 있어.

3. 다음 중 알맞은 것을 골라 대화를 완성하십시오.

날을 잡다	국수를 먹다
시치미를 떼다	눈에 콩깍지가 씌었다

① 가: 이번 방학에는 어디라도 여행을 떠나고 싶어요.

나: 그럼 ______________________ 제주도에 가는 게 어때요?

② 가: 며칠 후면 설날인데 지성 씨도 고향에 가지요?

나: 네, 그런데 친척들이 언제쯤 ____________ 해 줄 거냐고 물으실까 봐 걱정이에요.

③ 가: 수지 씨는 소개팅한 지 얼마 안 되었는데 벌써 결혼을 한대요.

나: 그래요? 정말 ______________________ 보네요.

④ 가: ______________________ 누가 모를 줄 알아? 사실대로 말해.

나: 진짜 제가 한 일이 아니에요. 믿어 주세요.

4. 다음 대화를 완성하십시오.

황혼이혼이 늘고 있는 것도 통계로 (ㅇ ㅈ)________되었다. 황혼이혼이란 20년 이상 결혼생활을 한
① 어떤 증거를 내세워 증명

__________ 부부들의 이혼을 말한다. 황혼이혼은 (ㅊ ㄷ)________이나 홧김에 저지르는 것이 아니라
② 늙은이가 되어 지내는 시기 ③ 순간적으로 어떤 행동을 하고 싶은 욕구

그동안 참아온 것에 대한 (ㅂ ㄹ)________이며 늙어서라도 인간답게 살아보려는 몸짓이다.
④ 반대하여 일으킴

이러한 황혼이혼 건수는 1991년 987건에서 올해 6,062건으로 6배 이상 늘어난 것으로 조사되었다.

반면에 4년 이하 __________의 이혼건수는 같은 기간 4,604건에서 4,538건으로 __________
⑤ 갓 결혼한 부부 ⑥ 기대와 전혀 반대가 되거나 다르게

줄어들었다.

문법

1. V-(으)ㄴ/는 탓, N인 탓

1. 다음 중 알맞은 것을 골라 문장을 완성하십시오.

잃다	받다	나다	끼다	서툴다

① 감기로 입맛을 ________________ 아무것도 먹기 싫다.

② 배탈이 ________________ 면접을 보러 가지 못했다.

③ 안개가 많이 ________________ 비행기가 연착됐다.

④ 한국어가 ________________ 자주 실수를 하곤 한다.

⑤ 스트레스를 많이 ________________ 건강이 안 좋아졌다.

2. 다음 대화를 완성하십시오.

① 가: 왜 하루 종일 집에만 있어요?

나: ____.
(날씨가 춥다 / 꼼짝도 하기 싫다)

② 가: 한 달 용돈을 벌써 다 썼어요?

나: ____.
(과소비를 하다 / 이번 달은 생활비가 부족할 것 같다)

③ 가: 요즘 왜 이렇게 매출이 줄어들고 있지요?

나: ____.
(경기 침체 / 사람들의 소비가 감소했다고 하다)

④ 가: ____.
(어젯밤에 늦게 자다 / 오늘 늦게 일어나다)

나: 내일부터는 일찍 주무세요.

⑤ 가: 한국어 말하기 실력이 늘지 않는 이유가 뭘까요?

나: 한국 친구와 말하기 연습시간이 ________________________.
(부족하다)

2. N더러/보고

1. 다음 중 알맞은 것을 골라 문장을 완성하십시오.

상대방	엄마	지나가는 사람	타인	방 친구

① 아이가 칭얼거리며 ________________ 장난감을 사 달라고 조른다.

② 길에서 ________________ 누구 잘못이냐며 싸우고 있다.

③ 어떤 사람들은 자신들은 가지 않은 험난한 길을 ________________ 가라고 한다.

④ 마침 밖에 나가는 ________________ 야식 좀 사 오라고 심부름을 보냈다.

⑤ ________________ 사진 좀 찍어달라고 했더니 모두 흔들리게 찍어 놓았다.

2. 다음 대화를 완성하십시오.

① 가: 밖에 비가 오는데 우산 가지고 왔어?

나: 아니, ____.

(동생 / "우산을 가지고 와.")

② 가: 왜 이 업무까지 수진 씨가 하고 있어요?

나: 과장님께서 ________________________________ 제가 좀 돕는 거예요.

(김 대리 / "오늘까지 하세요.")

③ 가: 어제 택시를 탔는데 기사 아저씨가 어찌나 과속을 하던지 무서워서 아무 말도 못했어.

나: 다음부터는 ____고 해.

(기사 아저씨 / "좀 천천히 가 주세요.")

④ 가: 메이 씨, 무슨 기분 좋은 일이 있나 봐요.

나: 선생님께서 ________________________________ 기분이 좋아요.

(저 / "발음이 좋아졌다.")

⑤ 가: 단추가 떨어졌는데 바느질이 익숙하지 않아서 못 꿰매겠어요.

나: 그러지 말고 ________________________________ 부탁해.

(여자 친구 / "꿰매 주세요.")

3. N(이)야

1. 다음 중 알맞은 것을 골라 문장을 완성하십시오.

돈	산	이제	사람	별일

① 등산하기 좋은 ___________ 많지만 등산할 시간이 없다.

② 아침에 일찍 출발했는데 차가 막혀 ___________ 도착했다.

③ ___________ 용서할 수 있지만 죄는 용서할 수 없다.

④ 사고 소식을 듣고도 설마 ___________ 있겠나 싶었다.

⑤ ___________ 언제든지 벌 수 있지만 인생 경험은 돈으로 살 수 없는 것이다.

2. 다음 대화를 완성하십시오.

① 가: 오늘 저와 같이 김치를 만들어 볼래요?

나: ______________________________________.
(저)

② 가: 우리 반에서 누가 제일 한국어를 잘해요?

나: ______________________________________.
(한국어)

③ 가: 지금 나가면 밥은 언제 먹어요?

나: ______________________________________.
(밥)

④ 가: 오빠는 항상 1등 하는데 너는 성적이 왜 이러니?

나: ______________________________________.
(오빠)

⑤ 가: 지난번 약속도 못 지켰으면서 무슨 약속을 또 해요?

나: ______________________________________.
(지난번)

4. 여간 V-지 않다 , 여간 N이/가 아니다

1. 다음 중 알맞은 것을 골라 문장을 완성하십시오.

감미롭다	든든하다	끈질기다	챙기다	다정다감하다

① 그 가수의 목소리는 ______________________.

② 룸메이트의 부탁이 ______________________ 결국은 들어주고 말았다.

③ 유학 생활을 하는 동안 네가 옆에 있어서 ______________________.

④ 우리 반 반장은 친구들을 ______________________.

⑤ 파하드 씨가 여자친구를 대하는 걸 보면 성격이 ______________________.

2. 다음 대화를 완성하십시오.

① 가: 지난 번 참석했던 회사 연수회가 어땠어요?

나: ______________________.

(여러 사람이 함께 생활하다 / 매우 어려운 일이다)

② 가: 혼자 배낭여행 갔다 온 적이 있어? 방학에 가려고 하는데 어떨까?

나: 응, ______________________.

(처음에는 즐겁다 / 갈수록 매우 힘들다)

③ 가: 그 사고 소식을 뉴스에서 봤지요?

나: 네, ______________________.

(너무 갑작스러운 일이다 / 매우 놀랍다)

④ 가: 다음 달에 이민을 간다고요?

나: 네, 그래서 ______________________.

(요즘 이것저것 준비하다 / 너무 바쁘다)

⑤ 가: 오늘은 폭설이 내린다는데 차를 두고 가는 게 좋겠지요?

나: 그럼요. ______________________.

(눈길에 운전하다 / 너무 위험하다)

듣기

1. 다음을 듣고 빈칸에 알맞은 단어를 쓰십시오.

안녕하세요? 저는 인천에 사는 김종선이라고 합니다. 박수현의 사랑은 라디오를 타고를 즐겨 듣는 애청자입니다. 저는 앞으로 한 달 뒤에 결혼을 앞두고 있는 ______ ______ 입니다. 매번 다른 사람의 사연만 듣다가 오늘은 라디오로 특별한 ______ 을 하고 싶어서 이렇게 ______ 을 보냅니다.

저와 제 여자 친구는 만난 지 1년이 조금 넘었고요. 제가 은행원으로 일할 때 제 고객으로 만난 것이 인연의 시작이었습니다. ______ 재단을 다녔던 그녀는 은행거래가 익숙하지가 않아서인지 자꾸 실수를 했고 그때마다 저는 웃으며 친절하게 다시 알려 주었죠. 그렇게 첫 거래를 저와 하고 나서 ______ 인지 ______ 인지 그녀가 은행에 올 때마다 제가 담당 거래직원이 되는 것이었습니다. 그리고 짧은 거래 시간 동안 저는 그녀에게 조금씩 ______ 을 갖게 되었죠. 그렇게 3개월이 지나고 많은 고민 끝에 저는 용기를 내서 그녀의 직장을 직접 찾아갔습니다. 그리고 제 진심을 담아 사랑의 고백을 하였습니다. 저의 용기 있는 고백에 그녀도 마음이 움직였는지 ______ 제 마음을 받아 주었고, 그렇게 저희는 연애를 시작했습니다. 1년의 연애기간 동안 우리 두 사람은 서로에게 참 잘 어울리는 옷과 같다는 생각이 들 정도로 모든 게 잘 맞았고, 저는 드디어 결혼을 결심하게 되었습니다.

그런데 결혼 준비를 하나하나 하면서 아직 청혼을 못한 게 마음에 걸리더라고요. 어떻게 청혼을 할까 고민하던 중에 평소에 여자 친구가 유일하게 챙겨 듣는 이 방송을 통해 제 마음을 전한다면 여자 친구가 더 기뻐할 것 같아서 이렇게 사연을 남깁니다.

이제는 제가 그녀의 가장 가까운 곳에서 평생 ______ ______ 이 되어 주고 싶고, 앞으로 더 행복하게 해 주겠다고, 세상에서 가장 아름다운 아내이자 빛나는 여자로 만들어 주겠다고 약속하고 싶습니다. 저의 ______ 에게 박수현 씨의 ______ 목소리로 제 마음을 전해 주세요.

"사랑한다. 은수야! 나와 결혼해 주겠니?"

______ 은 이승기의 '결혼해 줄래'를 부탁드립니다.

읽고 쓰기

1. 다음은 결혼에 대한 직장인 남녀의 생각 차이를 메모한 것입니다. 다음을 읽고 글을 완성하세요.

〈결혼은 직장생활에 도움이 된다〉

1. 책임감으로 더 열심히 일 할 것 같아서 (35%)
2. 심리적 안정 (30%)
3. 내조를 받을 수 있어서 (21%)
4. 경제적 안정 (14%)

〈결혼은 직장생활의 걸림돌이다〉

1. 가사 및 육아부담 (35%)
2. 직장의 배려가 없어서 (20%)
3. 챙겨야 할 것이 많아서 (18%)
4. 경력 단절 (16%)
5. 업무 집중 방해 (11%)

결혼은 인생의 새로운 전환점이다. 각자 다른 생각을 지닌 남녀가 만나 평생의 짝이 되어 인생의 길을 함께 걸어가는 것이다. 하지만 남자와 여자는 서로 다른 별에서 왔다고 말할 정도로 많은 차이를 가지고 있다. 최근에 직장인을 대상으로 결혼에 대한 설문조사를 실시하였다. 이 조사에 따르면 남성과 여성의 결혼에 대한 입장이 서로 확연하게 다르다는 것을 알 수 있다.

직장인 여성은 결혼을 걸림돌이라고 생각한다. 이처럼 결혼에 대해 부정적인 생각을 가지고 있는 이유는 무엇보다 가사 및 육아에 대한 부담이 크기 때문이다. 현대 여성의 사회적 지위가 높아지면서 직장생활과 가사, 육아를 함께 병행하는 여성들이 늘어났다. 직장과 가정에서 모두 완벽한 역할을 수행하고 싶어 하는 여성들은 큰 고충과 스트레스를 겪고 있다.

____

____

____

반면에 직장인 남성에게 결혼은 ______________________________

____

____

____

그러나 이렇듯 남성과 여성의 결혼관이 다르더라도 서로를 존중하고 배려하는 자세와 대화를 통해 함께 고민해 나간다면 직장생활과 결혼생활의 행복지수를 함께 높일 수 있을 것이다.

7 문화차이

어휘

1. 다음 중 알맞은 것을 골라 문장을 완성하십시오.

하물며	수다	사고방식	깍듯이	연관성

① 사람마다 ________________이/가 서로 다르다.

② 처음 보는 사람과 친해지려면 먼저 ________________을/를 찾아 봐야 한다.

③ 만날 때마다 ________________을/를 떨었더니 가장 친한 친구가 되었다.

④ 집에 손님이 왔을 때는 예의를 지켜서 ________________ 인사를 해야 한다.

⑤ 동물들도 자기 새끼를 아끼는데 ________________ 사람이 그걸 모를 리가 없다.

2. 다음 중 알맞은 것을 골라 대화를 완성하십시오.

참견하다	배척하다	취급하다	강요하다	동일하다

① 가: 옛날에는 외래문화를 ________________ 받아들이지 않으려고 했대요.

나: 저도 들었어요. 아마 우리 문화가 없어질 거라고 생각했던 것 같아요.

② 가: 여기에 사는 동안은 우리 문화에 맞추어 행동해 달라고 말하려고요.

나: 서로 문화가 다른데 무조건 새로운 문화에 맞추라고 ____________ 더 싫어할지도 몰라요.

③ 가: 다 큰 어른을 학생으로 ________________ 안 되지요.

나: 어른이라고요? 어려 보여서 아직 학생인 줄 알았어요.

④ 가: 네 아들도 아닌데 엄마처럼 너무 뭐라고 하지 마.

나: 내가 ________________ 일은 아니지만 계속 신경이 쓰이잖아.

⑤ 가: 더 좋은 상품을 받으려면 어떻게 해야 해요?

나: 이번에는 차별 없이 모든 사람에게 ________________ 상품을 줄 거예요.

3. 다음 문장을 완성하십시오.

사고방식의 ________는 여러 문화 가운데 어느 것이 옳고 그른지, 우월하고 ____________를
① 서로 같지 않고 다름 ② 보통의 수준보다 낮은지

따질수 있는 문제가 아니다. 그러므로 어느 것이 옳다고 강요할 수 없다. 어느 곳에서나

(ㄱ ㅇ)________ 문화가 존재하므로 서로 다름을 ______________ 이해하는 것이 필요하다.
③ 처음부터 가지고 있는 것 ④ 확실히 그렇다고 생각하고

우리가 가진 장점을 살리면서 다른 문화의 장점을 일부 ______________ 우리의 단점을
⑤ 받아들여서

보완하는 형태의 해결책을 찾아야 한다.

문법

1. AV-느니[2] , DV-(으)니, N-(이)니

1. 다음 중 알맞은 것을 골라 문장을 완성하십시오.

어렵다	식다	보장되다	당근/양배추	돈/지위

① 냉장고에는 ________________ 채소들로 가득했다.

② ________________ 해도 건강을 잃으면 아무 소용이 없다.

③ 모든 시험을 마친 후에 문제가 ________________ 쉬우니 의견이 분분하다.

④ 이곳에 투자하면 수입이 ________________ 손해를 보느니 말들이 많다.

⑤ 밥이 딱딱하니 ________________ 불평하면서도 맛있게 먹는다.

2. 다음 대화를 완성하십시오.

① 가: 사람들은 저 배우에 대해 뭐라고 하나요?

나: 연기력에 대한 얘기보다 ________________.

(코를 높이다 / 치아를 교정하다 / 외모에 대해서만 말이 많다)

② 가: 저 두 사람은 또 싸우는 거야?

나: 그렇게 오랫동안 사귀어 왔는데 매번 ________________.

(계속 만나다 / 안 만나다 / 싸우다)

③ 가: 인천은 어떤 장소가 유명해요?

나: ________________ 하는 장소가 유명해요.

(인천대공원 / 월미도)

④ 가: 지금 무엇에 대해서 이야기하고 있어요?

나: 성형수술을 해도 ________________.

(되다 / 안 되다 / 토론 중이다)

⑤ 가: 무슨 얘기를 했길래 그렇게 통화를 길게 했어?

나: 시간이 벌써 이렇게 됐어? 어제 만난 그 사람이 ________________

________________.

(자상하다 / 매력적이다 / 얘기하다 / 시간이 가는 줄 모르다)

2. V-(으)ㄴ/는 법이다, N(이)ㄴ 법이다

1. 다음 중 알맞은 것을 골라 문장을 완성하십시오.

성공하다	승리하다	싸우다	가깝다	지겹다

① 포기하지 않고 꾸준히 노력하면 언젠가는 ____________________.

② 아무리 맛있는 음식도 계속 먹다 보면 ____________________.

③ 아무리 친한 친구 사이라도 살다가 한 번쯤은 ____________________.

④ 운동 경기에서 상대방의 전략을 알면 쉽게 ____________________.

⑤ 다른 사람보다는 가족이 ____________________ 가족들과 의논해 보세요.

2. 다음 대화를 완성하십시오.

① 가: 요즘은 안 좋은 일이 연이어 생겨요.
나: ____________________.
(부정적인 생각을 하다 / 안 좋은 일이 생기다 / 긍정적인 마음을 가지다)

② 가: 이번에는 기대를 많이 했는데 또 실패네요.
나: ____________________.
(기대를 많이 하다 / 실망도 크다)

③ 가: 평소에 그렇게 나쁜 짓을 해대더니 결국 벌을 받네요.
나: ____________________.
(나쁜 일을 하다 / 누구나 벌을 받다)

④ 가: 지성 씨가 여자 친구를 사귀더니 점점 멋있어지네요.
나: ____________________.
(원래 사랑을 하다 / 누구나 멋있어지다)

⑤ 가: 저 두 사람이 항상 싸우기만 하는 줄 알았는데 어려울 때는 서로를 챙기기도 하네요.
나: ____________________.
(오랜 시간을 함께 하다 / 정이 들다)

3. AV-고서

1. 다음 중 알맞은 것을 골라 문장을 완성하십시오.

구경하다	이사하다	결심하다	실수하다	그만두다

① 인천에서 부산으로 ______________ 몸살이 났다.

② 고민 끝에 유학을 ______________ 학교를 알아보기 시작했다.

③ 서울타워는 야경이 아름다우니 먼저 미술관을 ______________ 서울타워에 가자.

④ 오랫동안 다니던 회사를 ______________ 개인 사업을 시작하려고 한다.

⑤ 다른 사람에게 ______________ 모른 척하는 것은 예의가 아니다.

2. 다음 대화를 완성하십시오.

① 가: 그 사람이 결국 가 버린 거야?

나: ______________________________.

(잘 지내라는 말을 남기다 / 유유히 떠나가다)

② 가: 독립을 하긴 했는데 아파트 관리비는 아직 부모님이 내주세요.

나: ______________________________.

(스스로 독립한다고 하다 / 부모님께 손을 벌리다 / 독립이 아니다)

③ 가: 그 드라마 다음 내용이 뭐래요?

나: 남자 주인공은 결국 ______________________________.

(유산 상속권을 포기하다 / 사랑하는 여자를 택하다)

④ 가: 수지 씨가 좋아하는 사람이 생겼다고 하던데 들었어요?

나: 수지 씨가 ______________________________?

(나에게 비밀을 털어놓다 / 아무에게도 말하지 말라고 하다 / 어떻게 알다)

⑤ 가: 이번에 문화관을 짓는다는 소식이 사실이에요?

나: 학교에서 ______________________________.

(학생들의 의견을 수용하다 / 문화관 건물을 짓기로 결정하다)

4. V-(으)ㄹ지도 모르다, N(이)ㄹ지도 모르다

1. 다음 중 알맞은 것을 골라 문장을 완성하십시오.

뽑히다	덥다	살다	없어지다	필요하다

① 올여름은 작년보다 더 ______________________.

② 지금은 쓸모없는 물건이라도 언젠가 ______________________.

③ 추첨할 때 운 좋게 제 번호가 ______________________.

④ 달에 외계인이 ______________________.

⑤ 날씨가 더워져서 겨울이 ______________________.

2. 다음 대화를 완성하십시오.

① 가: 와, 내가 제일 좋아하는 계란빵이네. 그런데 이렇게 조금 밖에 안 샀어?

나: 응, ______________________.

(네가 싫어하다 / 조금만 사다)

② 가: 어제 전화한다고 해서 기다렸는데 왜 전화 안 했어?

나: 미안해. ______________________.

(너무 늦다 / 네가 자고 있다 / 전화를 안 하다)

③ 가: 한자에 관심이 있어요?

나: 네, ______________________.

(한자를 공부하다 / 단어를 쉽게 이해하다 / 공부하고 있다)

④ 가: 저 이번에 혼자 부산으로 여행 가려고요.

나: ______________________.

(무슨 일이 생기다 / 휴대전화와 비상금을 꼭 챙기다)

⑤ 가: 그렇게 급하게 어디에 가?

나: 부모님이 오신다고 해서 공항에 가야 하거든. 그런데 ______________________.

(일이 늦게 끝나다 / 늦다 / 서둘러 가다)

듣기

1. 다음을 듣고 빈칸에 알맞은 단어를 쓰십시오.

사회자(여자): 오늘도 어김없이 고민 상담 시간이 찾아왔습니다. 많은 분들이 사연을 보내 주셨는데요. 먼저 첫 번째 사연입니다.

"안녕하세요. 저는 한국에 온 지 7년 된 프랑스 사람입니다. 한국에서 산 지 오래되어서 이제는 아주 익숙해졌습니다. 생활 습관도 한국식으로 ______ 버렸지요. 이제 귀국할 날이 얼마 남지 않았는데 문제가 하나 생겼습니다. 보통 한국 사람들은 밥을 거의 빛의 속도로 먹잖아요. 그리고 커피숍에 가서 수다를 떨며 긴 시간을 보내고요. 사실 프랑스와 완전히 반대거든요. 프랑스에서는 대화를 나누면서 밥을 두 시간 정도 먹고 나와 길에 서서 에스프레소를 ______에 털어 넣고 헤어져요. 얼마 전 프랑스 친구와 밥을 먹는데 그 친구의 밥 먹는 속도가 너무 느려서 답답할 지경이었어요. 이제 프랑스로 돌아가야 하는데 제가 ______ 할 수 있을까요?"

라고 ______을 보내주셨어요.

패 널(남자): 아, 한국과 프랑스의 식사 습관의 ______ 때문에 고민하고 계신데요. 사소해 보이지만 이런 작은 습관이 큰 문제가 될 수도 있어요. 얼마 전에 제 지인도 부인과 치약을 짜는 ______이 달라 크게 다퉜다고 하더라고요. 부인은 가운데부터 짜서 쓰고 본인은 끝에서부터 짜서 쓰는 게 문제라고 해서 무슨 그런 사소한 일로 ______까지 하나 생각했죠. 그런데 가족이나 친구처럼 가까운 사이라도 작은 습관의 차이로 ______이 생길 수 있겠더라고요. 이분도 프랑스로 돌아가서 ______가 생기지 않게 미리 주변 사람들에게 한국에서 생긴 습관에 대해 설명하고 익숙해진 한국의 식사 습관을 천천히 바꾸어 나가야겠네요.

사회자(여자): 다음 사연입니다.

"저는 한 대학에서 한국어를 가르치고 있는 강사입니다. 학생들과의 관계에 문제가 있어서요. 큰 고민은 아니지만 어떻게 하면 좋을지 ______을 구하고 싶어서 사연을 올립니다. 한 드라마에서 '넌 학생이고 난 선생이야'라는 대사가 유행한 적이 있었지요. 한국에서는 말 그대로 학생은 학생이고 선생은 선생인데 외국 학생들은 ______가 가까워지면 선생님들을 친구처럼 생각하는 것 같아요. 처음 한국에 오면 인사하는 것부터 알려줘요. 그때는 학생들이 허리를 ______ 고개를 숙이면서 아주 깍듯이 인사를 하죠. 그런데 시간이 지나면서 활짝 웃으며 손을 흔들고 지나가는 거예요. 웃는 얼굴에 침도 못 뱉겠고 참 당황스럽더라고요. 인사법을 안 가르친 것도 아닌데 왜 그럴까요?"

아, 정말 당황스러웠겠어요.

패 널(남자): 네, 저라도 ______했을 것 같은데요. 아무래도 학생이 한국 문화를 제대로 이해하지 못해서 생긴 문제가 아닐까요? 자국에서 선생님을 친구처럼 대하는 ______가 있을 수도 있고요. 갈등을 ______ 위해서 상대방의 문화를 먼저 이해하려는 선생님의 노력도 필요하겠지만 다시 한 번 한국의 인사법과 한국 문화에 대해 설명하는 시간도 필요하겠어요. 문화를 모르고 행동했다가 오해를 받고 그것이 갈등으로 ______ 수도 있으니까요.

읽고 쓰기

1. 다음은 한중일 식사 문화 차이에 대한 소개입니다. 다음을 읽고 글을 완성하십시오.

중국	일본	한국
- 여러 사람이 함께 큰 식탁에서 식사함. - 튀기거나 기름에 구운 음식이 많음.	- 생선을 많이 먹음. - 각자의 상에 한 사람이 먹을 양만 놓인 경우가 많음.	- 좁은 밥상에 둘러 앉아 먹음. - 나물과 같은 반찬이 많음.

아시아를 여행하며 젓가락에 대해 주의를 기울여 본 적이 있는가? 젓가락을 가장 많이 사용하는 나라인 중국과 일본, 그리고 한국의 젓가락을 자세히 살펴보면 각자의 특징이 있다. 이러한 차이는 각국의 음식문화에서 비롯되었다고 할 수 있다.

중국은 일반적으로 나무로 만든 긴 젓가락을 사용한다. ______________________________

____

____

____

일본은 보통 짧고 끝이 뾰족한 젓가락을 사용한다. ______________________________

____

____

____

한국은 쇠로 만든 중간 길이의 젓가락을 사용한다. 쇠젓가락을 쓰면 음식을 집을 때 힘이 정확히 전달된다는 특징을 갖고 있다. 옛날부터 좁은 밥상에 둘러 앉아 반찬을 나누어 먹는 식사 문화의 특징으로 인해 젓가락질을 정확하게 할 필요가 있었다.

이 세 나라는 위치도 가깝고 문화도 비슷해 보이지만 확연히 다르다. 하루에도 몇 번씩 사용하는 젓가락만 봐도 차이를 알 수 있다. 이렇듯 그 나라의 특징을 알면 그 나라의 문화도 함께 이해할 수 있다.

8 진로

어휘

1. 다음 중 알맞은 것을 골라 문장을 완성하십시오.

슬슬	역량	인사	진로	응시자

① 최근 인하대학교에 입학하려는 외국인 ________________이/가 늘고 있다고 한다.

② 얼마 전부터 회사에서 분위기 전환을 위한 ________________이/가 시행되고 있어 많은 사원들이 긴장하고 있다.

③ 무슨 일을 하든지 자신의 ________________에 맞는 것을 하지 않으면 실패하기 십상이다.

④ 졸업반이 되어도 자신의 ________________을/를 결정하지 못하고 고민하는 대학생들이 있다.

⑤ 자르갈은 9시가 넘자 공항에 가려고 ________________ 움직이기 시작했다.

2. 다음 중 알맞은 것을 골라 대화를 완성하십시오.

정정하다	대처하다	막막하다	연계하다	통보받다

① 가: 오늘따라 기분이 좋아 보이시네요.

나: 제가 얼마 전에 면접을 봤는데 그곳에서 합격했다고 ____________. 그래서 날아갈 것 같아요.

② 가: 이 과제는 너무 어려운 것 같아.

나: 너도 그렇게 생각하는구나. 나도 너무 ____________ 무엇부터 해야 할지 모르겠더라고.

③ 가: 이 사진 좀 보세요. 팔순이 넘으신 우리 할아버지세요. 그래도 그렇게 안 보이죠?

나: 그러게요. 아직도 굉장히 ____________ 편이시네요.

④ 가: 요즘에는 대부분의 기업들이 대학교와 ____________ 신입사원을 뽑는 경우가 많대요.

나: 그래요? 저도 제가 원하는 기업에 대해서 자세히 알아봐야겠네요.

⑤ 가: 얼마 전에 신문에서 봤는데 요즘에는 독특한 면접이 많다고 해요.

나: 저도 봤어요. 진짜 많더라고요. 그래서 면접관에게 어떤 질문을 받더라도 당황하지 않도록 ____________ 연습도 많이 필요하겠더라고요.

3. 다음 대화를 완성하십시오.

진행자: 최근 한국 기업에 취업하고자 하는 외국인이 증가하는 ________라고 합니다.
① 어떤 현상이 일정한 방향으로 나아감

이 _______에 대하여 자세한 내용을 알아보겠습니다. 서정우 기자.
② 멀리 떨어있는 곳의 상황을 알림.

기 자: 저는 지금 한 대학교의 _______ 박람회에 나와 있는데요, 첫 날 이미 1,500 명을
③ 회사에서 필요한 사람을 선택하여 일하게 함

넘겼을 정도로 _______을 이루고 있습니다. 행사 관계자에 따르면 대기업뿐만 아니라
④ 사람이 많이 모여 활발한 분위기

(ㅅㄷㅅ)_______의 중소기업도 참여하고 있다고 합니다. __________ 많은 외국인
⑤ 꽤 많은 수 ⑥ 함께

유학생들이 국내기업에 취업하고 한국의 기업이 세계화가 되도록 ________ 말도
⑦ 힘을 사용하여 노력하겠다는

전했습니다.

문법

1. N치고(서)

1. 다음 중 알맞은 것을 골라 문장을 완성하십시오.

가수	면접	소풍	여자	도시락

① ________________ 예쁜 옷을 싫어하는 사람은 찾기가 쉽지 않다.

② 부모님이 싸 주신 ________________ 맛있지 않은 것이 없다.

③ 지금까지 ________________ 재미있지 않은 날이 없었다.

④ ________________ 긴장되지 않았던 적이 없었다.

⑤ 사람들은 ________________ 노래를 못 하는 사람은 없다고 생각한다.

2. 다음 대화를 완성하십시오.

① 가: 오위노 씨는 정말 겸손한 사람인 것 같아요.

나: 저도 그렇게 생각해요. ________________________________.
(많이 배운 사람 / 잘난 척 하지 않는 편이다)

② 가: 흐엉 씨가 기분이 좋아 보이네요.

나: 그러게요. ________________________________.
(연인과 헤어진 사람 / 굉장히 표정이 밝다)

③ 가: 요즘 감기는 너무 독해서 힘들어요.

나: 그러게요. ________________________________.
(봄 감기 / 아주 독한 편이다)

④ 가: 올해는 ________________________________.
(연말 / 거리가 매우 한산한 편이다)

나: 그렇죠? 그래서 그런지 연말이라는 느낌이 전혀 안 들어요.

⑤ 가: 이 섬 정말 예쁘네요. 그런데 왜 사람을 하나도 볼 수가 없어요?

나: 무인도거든요. 그래서 여기에는 사는 사람들이 없어요.

가: 그렇군요. 그런데 ________________________________.
(무인도 / 꽤 깔끔하게 정돈되어 있는 느낌이다)

2. V-(ㄴ/는)다면, N(이)라면

1. 다음 중 알맞은 것을 골라 문장을 완성하십시오.

꿈	않다	없다	만나다	태어나다

① 저녁에 약속이 ________________ 집에서 편히 쉴 수 있었을 텐데 그러지 못 해서 아쉽다.

② 데이트 중에 헤어진 첫사랑을 ________________ 어떤 느낌이 들지 궁금하다.

③ 지금 당장 담배를 끊지 ________________ 생명이 위험할 수도 있다.

④ 내가 다시 ________________ 새가 되어 자유롭게 하늘을 날고 싶다.

⑤ 지금 이 상황이 ________________ 좋겠다.

2. 다음 대화를 완성하십시오.

① 가: 저는 피자를 정말 좋아해서 매일 먹고 싶어요.

나: 아무리 피자가 좋아도 ________________________________.
(매일 먹다 / 질리다)

② 가: 그동안 너무 공부를 안 했나 봐. 중간시험 점수가 좋지 않아서 너무 걱정이 되네.

나: 너무 걱정하지 마.

____.
(지금이라도 열심히 공부하다 / 5급에 충분히 갈 수 있다)

③ 가: ____.
(내가 노래를 잘하다 / 오디션을 보다)

나: 지금도 넌 오디션에 합격할 정도로 충분히 노래를 잘해.

④ 가: ____?
(네가 부자 / 어떻게 살고 싶다)

나: 아무리 부자라고 해도 나는 검소한 생활을 할 거야.

⑤ 가: 나는 한국에서 한국어를 공부한 것이 제일 잘한 일이라고 생각해.

나: 왜 그렇게 생각해?

가: 내가 ____.
(한국어를 공부하지 않았다 / 한국에서 생활하기가 힘들었을 것이다)

3. V-(으)ㄴ/는/(으)ㄹ 모양이다, N인 모양이다

1. 다음 중 알맞은 것을 골라 문장을 완성하십시오.

기획자	고프다	시작되다	진학하다	통보하다

① 사람들이 강당에 모이는 것을 보니 강연이 곧 ______________________.

② 오늘 응시자의 메일 주소를 받는 것을 보니 결과는 이메일로 ______________________.

③ 이 행사의 모든 것을 다 알고 있는 것을 보니 저 사람이 이번 행사의 ______________________.

④ 아멜리 씨가 인하대학교에 대해서 알고 싶어 하는 것을 보니 인하대에 ______________________.

⑤ 밥을 주자마자 정신없이 먹는 것을 보니 엄청 배가 ______________________.

2. 다음 대화를 완성하십시오.

① 가: 취업 박람회를 하는 곳은 늘 사람들이 붐비네요.

나: 요즘에 특히 더 많아졌다고 해요. 이곳에서 ______________________.

② 가: 지금 밖에 나가야 하는데 날씨가 어때요?

나: 사람들이 모두 우산을 쓰고 있네요. ______________________.

③ 가: 저 두 사람은 매일 같이 다니네요.

나: 항상 학교에 같이 오는 걸 보니 ______________________.

④ 가: 저 사람은 제가 아픈 곳을 잘 찾아내서 참 신기해요.

나: ______________________.

⑤ 가: 파하드 씨가 왜 저렇게 뛰어가요?

나: ______________________.

4. V-거든

1. 다음 중 알맞은 것을 골라 문장을 완성하십시오.

찾다	아프다	생기다	받다	도착하다

① 자르갈 씨더러 나에게 도움이 되는 책을 ____________ 대출 좀 해달라고 부탁했다.

② 아멜리 씨에게 몸이 많이 ____________ 꼭 병원에 가라고 했다.

③ 파하드 씨에게 장학금을 ____________ 한턱내라고 이야기했다.

④ 나는 한국에 ____________ 가장 먼저 부모님께 연락드리기로 약속했다.

⑤ 그는 좋은 사람이 ____________ 바로 결혼을 하겠다고 입버릇처럼 말하곤 한다.

2. 다음 대화를 완성하십시오.

① 가: 이 신발로 살게요. 크기가 맞지 않으면 바꾸러 와도 되지요?

나: 당연하죠. ________________________________.

(신발 크기가 안 맞다 / 아무 때나 교환하러 오다)

② 가: 밖에 눈이 많이 오는 것을 보니 길이 많이 미끄럽겠죠?

나: 잘 모르겠어요. ________________________________.

(일단 나가 보고 길이 너무 미끄럽다 / 차를 가져가지 말다)

③ 가: 자르갈, 메이 봤어?

나: 아니. 무슨 일 있어? 메이는 왜 찾아?

가: 물어볼 것이 있어서. ________________________________.

(메이를 만나다 / 나에게 전화해달라고 전해주다)

④ 가: 지성아, ________________________________.

(오늘은 수업이 끝나다 / 다른 곳으로 가지 말고 집에 바로 오다)

김치를 담가야 하거든.

나: 알겠어요. 수업이 끝나자마자 바로 올게요.

⑤ 가: ________________________________?

(그렇게 그 사람이 믿음직하다 / 그 사람과 결혼하는 것이 어떻다)

나: 안 그래도 고민이야. 그 사람이 믿음직하기는 한데 내 이상형이 아니거든.

듣기

1. 다음을 듣고 빈칸에 알맞은 단어를 쓰십시오.

뉴스 진행자: 시사 뉴스입니다. 최근 ______ 이 늘어 사회적인 문제가 되고 있는데요. 인천의 한 대학교에서 기업과 ______ 취업에 도움이 될 만한 프로그램을 ______ 소식입니다. 한승우 기자의 보도입니다.

기 자: 인하대학교와 생생 마트는 1박 2일 동안 영종도에서 '잡(Job)아라 취업캠프'를 ______ 합니다. 이 두 기관은 캠퍼스를 떠나 1박 2일 집중 과정을 통해 ______ 을 강화하고 자연 친화적인 환경 속에서 학습을 겸한 힐링을 하고자 본 취업 캠프를 ______ 합니다. 총 32명의 학생들은 준비해 간 정장으로 갈아입고 모의로 ______ 과 프레젠테이션 면접을 했는데요. 학생들은 이 실습을 통해 ______ 신입사원의 ______ 를 만드는 방법과 자신들에게 부족한 점을 ______ 수 있는 경험을 쌓아 취업 면접에 대한 자신감을 ______ 합니다.
지금 저는 취업캠프가 열리고 있는 현장에 나와 있는데요. 막 캠프를 마치고 건물에서 나오고 있는 학생 몇 명과 ______ 를 해 보도록 하겠습니다. 안녕하세요? 이번 캠프에 참가하게 된 ______ 가 있나요?

학 생 1: 요즘 "청년실업이 ______ , 경제가 어려워서 취업이 어렵다." 등의 말들이 많잖아요. 저도 불안한 마음이 들어서 신청을 하게 됐습니다.

기 자: 이번 캠프의 좋은 점에 대해서 말씀해 주시겠어요?

학 생 1: 기업 인사 담당자에게 직접 ______ 지도를 받음으로써 기업이 원하는 방향의 자기소개서 ______ 에 대하여 정확히 알 수 있었던 시간이었어요. 그리고 모의 면접이라든가 프레젠테이션 면접도 실제처럼 진행되어 면접장에서의 ______ 을 체험할 수 있는 ______ 시간이었어요.

기 자: 아, 그렇군요. 옆에 있는 학생은 어떤 점이 유익했나요?

학 생 2: 예전에는 어떻게 면접을 볼까 ______ 인성 검사와 프레젠테이션 모의 면접을 통해 실질적인 취업 역량을 향상시킬 수 있었던 ______ 여서 좋았습니다.

기 자: 네, 꼭 좋은 회사에 입사하시기를 바랍니다. 지금까지 취업 캠프 현장에서 한승우 기자였습니다.

읽고 쓰기

1. 다음은 외국인이 선호하는 학과에 대한 분류입니다. 다음을 읽고 글을 완성하십시오.

경상대학	경제학과, 국제통상학과	- 국내와 국제의 경제 전문가 육성 - 경제 전문가, 금융업, 무역 관련 기업이나 통상정책 관련 기관, 금융기관 등
경영대학	경영학과, 아태물류학부, 글로벌금융학과	- 기본적 경영학과 금융기관 경영 및 물류 경영과 관련된 인재 육성 - 국내외 금융계 및 재무 기획 부분, 물류전문가 등
사회과학대학	행정학과, 정치외교학과, 언론정보학과	- 행정, 외교, 언론 전문가 육성 - 정부 기관 및 언론 기관

대학교는 몇 개의 단과대학으로 이루어져 있고 단과대학은 여러 개의 전공이 모여서 이루어진다. 인하대학교는 어떤 단과대학과 전공이 있을까? 일부 외국인들이 선호하는 단과대학과 전공에 대해 살펴보자.

첫 번째 단과대학은 경상대학이다. ______________________________

____

____

____

____

두 번째 단과대학은 경영대학이다. 경영학 이론과 금융 기관 및 물류 경영과 관련된 인재를 육성하는 데에 그 목적이 있으며 졸업 후에는 국내외 금융계 및 재무 기획 부분, 물류 전문가 등으로 활동할 수 있다. 소속된 학과는 경영학과, 글로벌금융학과, 아태물류학부이다.

세 번째 단과대학은 사회과학대학이다. ______________________________

____

____

____

____

이처럼 다양한 단과대학과 전공이 있다고 해도 전공을 선택할 때는 자신의 적성에 맞는 것을 선택하는 것이 중요하다. 자신의 적성에 맞는 전공으로 즐거운 대학 생활을 누려보자.

9 사회와 갈등

어휘

1. 다음 중 알맞은 것을 골라 문장을 완성하십시오.

악취	이익	부주의	동료애	이기적

① 사소한 ________________이/가 큰 사고를 불러일으킨다.

② 그는 항상 ________________으로/로 행동해서 다른 사람들에게 피해를 준다.

③ 자기에게 ________________이/가 되지 않는 일은 안 하는 사람이 있다.

④ 덥지만 밖에서 ________________이/가 나서 창문을 열어 놓을 수가 없다.

⑤ 힘든 상황에서 서로를 위로하며 따뜻한 ________________을/를 느꼈다.

2. 다음 중 알맞은 것을 골라 대화를 완성하십시오.

제안하다	꺼리다	원활하다	터놓다	다그치다

① 가: 부장님은 왜 아무 잘못도 없는 사람에게 책임을 지라고 ________________ 모르겠어요.

나: 우리가 모르는 이유가 있겠죠.

② 가: 요즘 우리 동네가 너무 더러워졌어요.

나: 저도 느꼈어요. 주민들에게 일주일에 한 번씩 집 앞을 청소하자고 __________ 보는 게 어떨까요?

③ 가: 갈등을 줄이고자 모임을 만들었는데 신청하는 사람이 많이 없네요.

나: 함께 하기가 귀찮은지 신청을 ________________ 사람들이 보이더라고요.

④ 가: 아멜리 씨와 메이 씨는 서로에게 비밀이 없는 것 같아요.

나: 저 두 사람은 마음을 활짝 ________________ 지내는 사이잖아요.

⑤ 가: 저와 성격이 안 맞는 사람이 있어서 이번에도 회사를 옮겨 버렸어요.

나: 인간관계를 ________________ 하기 위한 노력을 해 보세요.

3. 다음 문장을 완성하십시오.

(ㄱ ㅇ ㅎ)＿＿＿＿＿＿ 냄새가 나는 쓰레기를 모아 두는 곳이 내가 사는 집 근처에 생긴다면
① 맛, 냄새 등이 매우 안 좋은

어떻게 하겠는가? 내가 이사 갈 곳에 ＿＿＿＿＿＿ 시설이나 장례식장이 있다면? 일반적으로
② 신체나 정신에 문제가 있어 일상생활이 편하지 않은 사람

사람들은 이런 ＿＿＿＿ 시설이 자기의 생활권 안에 들어오는 것을 (ㄲ ㄹ ㄷ)＿＿＿＿＿＿. 심지어
③ 싫어하고 미워함 ④ 물건이나 일이 자신에게 문제가 될까봐 싫어한다

시위를 벌이며 반대 운동을 한다. 하지만 생각을 바꾸면 더 많은 것이 보인다. (ㅍ ㅎ)＿＿＿＿ 수 없는
⑤ 원하지 않는 일을 당하지 않도록 할

문제라면 무조건 반대만할 것이 아니라 서로가 조금씩 ＿＿＿＿＿＿ 최선의 것을 찾으려는
⑥ 나보다 다른 사람을 위하여

노력을 해야 한다.

문법

1. V-기 마련이다

1. 다음 중 알맞은 것을 골라 문장을 완성하십시오.

변하다	밝혀지다	관리하다	꺼리다	야기되다

① 아무도 모르게 사실을 숨기더라도 언젠가는 진실이 ____________________.

② 세월이 흐르면 모든 게 ____________________.

③ 힘들고 어려운 일은 누구나 ____________________.

④ 나이가 들면 누구나 건강에 대해 걱정하고 ____________________.

⑤ 서로 의견이 엇갈리면 갈등이 ____________________.

2. 다음 대화를 완성하십시오.

① 가: 많은 사람들이 그 할머니를 돕기 위해 한걸음에 달려 왔대요.

나: 할머니가 평생 남을 도우며 살았잖아요. ____________________.
(착하게 살다 / 복이 오다)

② 가: 버스가 고속도로에서 미끄러져 큰 사고로 이어졌대요.

나: 빗길에 ____________________.
(무리해서 속도를 내다 / 사고가 나다)

③ 가: 제 의견에 모든 사람이 찬성할 줄 알았는데 아쉽네요.

나: ____________________.
(찬성하는 사람이 있다 / 반대하는 사람이 있다)

④ 가: 왜 이렇게 대답을 안 해요?

나: 미안해요. 그런데 ____________________.
(다른 일에 집중하다 / 옆에서 말하는 것도 잘 못 듣다)

⑤ 가: 음식물 쓰레기를 치우는 일이 여간 귀찮지 않아요.

나: 음식물을 ____________________.
(버리지 않고 쌓아 두다 / 집에서 악취가 나다)

2. V-지, N(이)지

1. 다음 중 알맞은 것을 골라 문장을 완성하십시오.

갖추다	대등하다	낯설다	짐승	현실

① 이 문법은 처음에만 ________________ 몇 번 사용하다 보면 금방 익숙해질 것이다.

② 지금 내 앞에 펼쳐진 행복은 ________________ 드라마가 아니다.

③ 부부 관계는 ________________ 위아래가 있지 않다.

④ 어른들 앞에서나 예의를 ________________ 친구들끼리 있을 때는 편하게 지낸다.

⑤ 고래는 ________________ 물고기가 아니다.

2. 다음 대화를 완성하십시오.

① 가: 현금 좀 있으면 빌려주세요.

나: 저도 ____.

(지갑에 카드만 있다 / 현금은 없다)

② 가: 이 휴대폰 어때요? 광고도 엄청 많이 하던데…….

나: ____.

(이건 비싸기만 하다 / 품질은 별로 좋지 않다 / 많이 찾지 않는 제품이다)

③ 가: 저렇게 열심히 일을 하는 걸 보면 그 회사는 월급도 많겠죠?

나: ____.

(그 회사는 일만 많다 / 월급은 적다 / 이직을 결심하는 사람이 많다고 하다)

④ 가: 와, 이번 주에 할 일에 대해 정리를 아주 잘 해 놨네요.

나: 아니에요. 저는 ____.

(계획을 세우기만 하다 / 실천은 안 하다)

⑤ 가: 가족사진을 보니 아멜리 씨는 엄마와 아주 똑같이 생겼네요.

나: ____.

(콩 심은 데 콩이 나다 / 팥이 날 수는 없다)

3. (아무리) V-(으)ㄹ지라도, N일지라도

1. 다음 중 알맞은 것을 골라 문장을 완성하십시오.

바쁘다	신입사원	건강하다	통과하다	보충하다

① ______________________ 규칙적으로 식사를 하도록 하자.

② ______________________ 운동은 꾸준히 해야 한다.

③ ______________________ 같은 실수를 반복하면 안 된다.

④ 같은 자료를 몇 번이나 다시 보면 ______________________ 부족한 점이 눈에 띈다.

⑤ 토픽 3급을 ______________________ 한국에서 공부하려면 한국어 실력 향상을 위해 끊임없이 노력해야 한다.

2. 다음 대화를 완성하십시오.

① 가: 늦었는데 좀 더 빨리 가 주세요.

나: ____.

(늦다 / 과속을 하다 / 안 되다)

② 가: 우리 목적을 위해서 이 방법도 괜찮을 것 같아요.

나: 아니에요. ______________________________________.

(목적을 위한 일이다 / 이건 다른 사람에게 피해를 주다 / 하지 말다)

③ 가: 발음이 나빠서 말을 안 하다 보니 한국어 실력이 점점 떨어지는 것 같아요.

나: ____.

(발음이 안 좋다 / 자주 사용하다 / 한국어 실력이 유지되다)

④ 가: 이렇게 크고 좋은 집에 사는 사람들은 정말 행복하겠죠?

나: ____.

(집이 크고 좋다 / 가족과 함께 할 수 없다 / 행복할 수 없다)

⑤ 가: 너 정도 실력이면 더 좋은 회사로 이직해도 되지 않아?

나: ____.

(우리 회사가 크고 유명한 회사는 아니다 / 평생 다닐 회사라고 생각하다 / 다니다)

4. (아무리) V-(으)ㄴ들, N인들

1. 다음 중 알맞은 것을 골라 문장을 완성하십시오.

흐르다	편하다	높다	신뢰하다	훔치다

① 외국 생활이 ______________________ 고향보다 못하다.

② 하늘이 ______________________ 부모님의 사랑만큼 높을 수는 없다.

③ 시간이 ______________________ 이번 사고는 잊기 힘들 것이다.

④ 내가 당신을 ______________________ 당신이 나를 믿지 않으면 우리 관계는 지속되기 힘들다.

⑤ 내 자료를 ______________________ 내 머릿속의 기술까지 가져갈 수는 없다.

2. 다음 대화를 완성하십시오.

① 가: 이번 시험을 잘 봤다면서요?

나: ____.

(지난 시험을 못 보다 / 이번 시험을 잘 보다 / 무슨 소용이 있다)

② 가: 감기에 걸렸을 때는 이 약이 좋다고 하니까 한번 먹어 보세요.

나: ______________________________. 그냥 병원에 가는 게 낫겠어요.

(감기가 너무 심하다 / 약을 먹다 / 낫지 않다)

③ 가: 파하드 씨에게 그렇게 행동하면 안 된다고 다시 한 번 말해야겠어요.

나: ____.

(지금까지 여러 번 말을 하다 / 말을 하다 / 고치지 않다)

④ 가: 시간이 부족하니까 이런 일을 잘하는 사람을 찾아서 부탁해 봅시다.

나: ____.

(능력이 있는 사람이 그 일을 하다 / 그 시간까지 끝내기 어렵다)

⑤ 가: 돈으로 그 사람의 마음을 살 수 있다면 좋겠어요.

나: ____.

(억만장자이다 / 사람의 마음을 사다)

듣기

1. 다음을 듣고 빈칸에 알맞은 단어를 쓰십시오.

직장에서 함께 일을 하다보면 서로에게 불평과 ______이 쌓이게 된다. 이것은 결국 동료 간의 갈등을 ______. 일은 혼자서 하는 것이 아니기 때문에 상대의 성격을 파악하고 갈등을 줄이는 방법을 찾아 실천해야 한다. 다음 네 가지 유형의 사람들을 통해 ______을 찾아보자.

먼저, 모든 일을 자기의 주장대로 이끄는 사람이 있다. 이런 성격을 주도형이라고 하는데, 보통 추진력이 강하고 새로운 도전을 즐기며 활발한 사람들이다. 하지만 이들은 종종 남과 ______하지 않고 혼자서 판단하여 행동하고 앞뒤 계산 없이 일을 벌인다. 독단적인 행동에 짜증이 날 수도 있지만 여유를 갖고 그의 ______에 귀 기울이는 것으로 쉽게 ______을 해결할 수 있다. 그 후에 다양한 방안들을 생각해 보고 긴급한 것과 중요한 것을 기준으로 일의 ______를 정해도 늦지 않는다.

다음으로 원만한 관계 형성 및 ______에 능숙한 사교형이 있다. 일을 할 때 행동보다 말이 앞서기 때문에 동료들은 이들이 일은 제대로 하지 않고 말만 잘한다고 생각한다. 이런 사람들에게는 칭찬과 관심이 중요하다. 또한 말뿐만이 아니라 실제 행동으로 옮길 수 있도록 ______해야 한다.

세 번째로 변화와 도전을 싫어하는 안정형이 있다. 이들은 스스로 노력해서 무엇을 만들기보다는 남이 시키는 것만 한다. 그래서 동료들은 이들이 지나치게 수동적이라며 ______한다. 이때 일을 구분하고 확실한 방향을 정하는 것이 필요하다. 그리고 무엇이든 ______으로 할 수 있도록 옆에서 격려해야 한다.

마지막으로 신중형은 매우 세밀하며 완벽을 추구한다. 어떤 일이든지 굉장히 ______하기 때문에 함께 일할 때 주변 사람들이 피곤해한다. 이런 유형의 사람은 세밀한 것에만 집착하다가 전체를 놓치기가 쉽다. 이들에게는 나무에 ______하지 말고 숲을 보라는 조언이 필요하다.

"나 잘났다! 너 못났다!"를 계속해서 강조하면 ______는 곧 깨지고 만다. 어렵지만 하루에 한 가지씩 동료의 좋은 점을 찾아가는 노력을 해 보는 것은 어떨까?

읽고 쓰기

1. 다음은 갈등 극복을 위한 요청 사항입니다. 다음을 읽고 글을 완성하십시오.

요청 사항

1. 쓰레기 종량제 봉투 사용하기
2. 배출하는 날짜와 시간 지키기
3. 재활용품 정확히 분리하여 버리기

해가 점점 길어지며 여름이 다가오고 있다. 여름만 되면 생기는 문제 중에 하나가 주택가 쓰레기장이다. 악취는 물론이고 바람에 쓰레기가 날리거나 쓰레기를 수거하고 남은 잔재가 지저분하게 남아 있기도 한다. 게다가 골목에 쌓여 있는 쓰레기를 보고 지나가는 사람들이 쓰레기를 휙휙 던지기도 한다.

이러한 문제를 해결하기 위해서 모두가 한마음으로 지킬 건 지켰으면 좋겠다. 먼저 쓰레기를 버릴 때는 꼭 쓰레기 종량제 봉투를 사용해야 한다. 일반 쓰레기는 물론이고 음식물 쓰레기도 규칙에 맞게 꼭 종량제 봉투에 넣어서 버리자. ______________________________

____

____

____

____

____

____

____

서로가 조금만 조심하면 깨끗한 동네를 만들 수 있다. '나 혼자 노력한들 뭐가 바뀌겠어?' 하는 생각은 하지 말고 우리 동네도 내 집이라고 생각하며 함께 노력해 보자.

10 언론

어휘

1. 다음 중 알맞은 것을 골라 문장을 완성하십시오.

허위	급증	사고력	여론	견해

① 인구의 ________________으로/로 환경파괴가 심하다.

② 신문은 진실된 보도로 사회 ________________을/를 이끌어가야 한다.

③ 그의 자백은 모두 ________________으로/로 밝혀졌다.

④ 서로의 ________________이/가 다르다고 해서 인간관계까지 끊으면 안 된다.

⑤ 신문을 꾸준히 읽다가 보면 논리적인 ________________을/를 기를 수 있다.

2. 다음 중 알맞은 것을 골라 대화를 완성하십시오.

고립되다	뒤따르다	매섭다	구독하다	정독하다

① 가: 어제 본 입사 면접 어땠어요?

나: 면접관이 어찌나 날카롭고 ____________ 질문을 하던지 뭐라고 대답했는지 생각도 안나요.

② 가: 신문은 인터넷으로 읽는 것보다 인쇄된 신문으로 읽는 것이 제 맛이지.

나: 맞아. 그래서 나도 종이로 된 신문을 ________________.

③ 가: 강원도에 일주일이 넘게 폭설이 내리고 있대요.

나: 그러게요. 뉴스에서 보니까 일주일째 ________________ 학생들은 학교에도 가지 못한대요.

④ 가: 어쩌다가 그렇게 큰 사고가 난 거예요?

나: 좌회전하는데 ________________ 차량이 와서 추돌 사고가 났어요.

⑤ 가: 도서 대출 기간이 얼마 남지 않아서 책을 빨리 읽었더니 내용이 잘 기억나지 않네요.

나: 다음부터는 시간이 없다고 대충대충 읽지 말고 여유를 가지고 ________________.

3. 다음 중 알맞은 것을 골라 대화를 완성하십시오.

눈앞이 캄캄하다	친구 따라 강남 간다
가슴이 무너져 내리다	천 리 길도 한 걸음부터

① 가: 선생님, TOPIK에 합격해서 빨리 대학교에 입학했으면 좋겠어요. 무슨 좋은 방법 없을까요?
　나: 문법의 기초가 중요하니까 초급 문법부터 차근차근 공부하도록 하세요. ______________ 라는 말도 있잖아요.

② 가: 신문을 보니까 올해 취업경쟁률이 200:1이래요.
　나: 뭐라고요? 그렇게 높은 경쟁률을 뚫고 입사해야 할 생각을 하니 ____________________.

③ 가: 어제 뉴스에서 봤는데 다른 사람의 생명을 구하고 안타깝게 자기 목숨을 잃은 사람이 있더라고요.
　나: 저도 그 뉴스 봤어요. 그 사고 희생자 사연을 듣고 정말 ________________________.

④ 가: 메이, 다음 주부터 대학입학 신청 기간인데 어느 학교를 지원할 생각이야?
　나: 나야 당연히 남자친구가 다니는 학교에 지원할 생각이지.
　가: ________________________________더니 네가 딱 그런 경우구나.

4. 다음 대화를 완성하십시오.

메 이: 정부에서 산사태를 ________하기 위해 7000억 원에 가까운 예산을 투입했지만 최근 5년
① 질병이나 재해가 일어나기 전에 미리 막는 일

사이에 산사태 ________은 10배나 급증했대.
② 어떤 일이 생김

흐 엉: 그래? 그렇게 많은 ________을 썼는데도 불구하고 오히려 산사태가 늘었다니…….
③ 수입과 지출을 미리 계산하여 정한 계획

이유가 뭐래?

메 이: 산사태는 여름철 집중호우나 태풍 때문에 발생하는데 최근에는 기후변화로 인해 더 많이

발생하고 있대. __________ 관광지 조성이나 펜션을 짓는 등의 목적으로 산지를
④ 그러한 데다가

지나치게 (ㄱ ㅂ)________하는 것도 대규모의 산사태를 일으키는 원인이 되고 있대.
⑤ 토지나 천연자원을 유용하게 함

문법

1. V-(으)ㄴ/는 것이야말로, N(이)야말로

1. 다음 중 알맞은 것을 골라 문장을 완성하십시오.

막다	활용하다	신뢰하다	왕성하다	자기개혁

① 상대방을 ________________ 인간관계의 시작이다.

② 지적 호기심이 ________________ 학습의 가장 좋은 조건이다.

③ 부정부패를 ________________ 언론의 중요한 역할 중 하나이다.

④ ________________ 신문이 독자의 쓴소리로부터 벗어나는 길이다.

⑤ 신문을 ________________ 한국어 능력을 향상시키는 좋은 방법이다.

2. 다음 대화를 완성하십시오.

① 가: 한국의 전통적인 모습을 보고 싶은데 어디로 가면 좋을까요?

나: 다른 곳도 있지만 ________________________________.
(민속촌 / 한국의 전통적인 모습을 잘 보여주는 곳이다)

② 가: 심심한데 뭐하면 좋을까요?

나: ________________________________.
(컴퓨터 게임을 하고 놀다 / 시간을 때우는 데 최고이다)

③ 가: 가볍고 전력 소모량도 적은 노트북으로 좀 보여 주세요.

나: ________________________________.
(이 신제품 / 손님께서 원하는 걸 다 갖춘 것이다)

④ 가: 자녀들에게 제일 필요한 것은 무엇이라고 생각하십니까?

나: ________________________________.
(부모의 관심과 사랑 / 아이들에게 제일 필요한 것이라고 보다)

⑤ 가: 성공적인 미래를 위해서는 어떤 것을 준비해야 한다고 보십니까?

나: ________________________________.
(오늘을 열심히 살다 / 성공적인 미래를 준비하는 것이다)

2. V-더라도, N(이)더라도

1. 다음 중 알맞은 것을 골라 문장을 완성하십시오.

잊다	소식통	당하다	실패하다	투입하다

① 사고를 줄이기 위해 정부가 아무리 많은 예산을 ____________ 국민들의 관심이 없으면 안 된다.

② 로빈 씨는 사업에 ____________ 결코 기죽지 않는 사람이다.

③ 어려운 일을 ____________ 당황하지 말고 정신을 빠짝 차리기만 하면 된다.

④ 네가 귀국하고 나중에 날 ____________ 나는 널 잊지 않겠다.

⑤ 흐엉 씨가 아무리 ____________ 아마 이 사실은 몰랐을 것이다.

2. 다음 대화를 완성하십시오.

① 가: 처음 가는 길을 운전할 때는 많이 긴장되지요?

나: 네, 그래서 ________________________________.

(길을 알다 / 자꾸 지도를 보게 되다)

② 가: 선생님, 우천시에는 문화수업이 취소되는 거지요?

나: 아니요, ________________________________.

(내일 비가 오다 / 문화수업을 가기로 했다)

③ 가: 한국어 신문을 읽을 수 있을까요?

나: 그럼요. ________________________________.

(단어 뜻을 다 모르다 / 글의 내용은 이해할 수 있다)

④ 가: 그렇게 억울한 참변을 당하고 어떻게 살아갈 수 있을까 걱정이에요.

나: 그러게 말이에요. ________________________________.

(세월이 지나다 / 마음의 상처는 쉽게 지워지지 않다)

⑤ 가: 어릴 때 따로 입양된 쌍둥이 자매가 25년 만에 재회했다는 기사 봤어요?

나: 네. 봤어요. 하지만 ________________________________.

(쌍둥이 / 성격은 다르다)

3. V-(으)ㄴ/는데도 (불구하고), N인데도 (불구하고)

1. 다음 중 알맞은 것을 골라 문장을 완성하십시오.

일으키다	정독하다	매몰되다	중요하다	외국인

① 그 책을 몇 번이나 ________________ 무슨 내용인지 잘 모르겠다.

② 사회적으로 신문의 역할이 ________________ 점점 그 기능을 잃고 있다.

③ 그 사람이 사회에서 문제를 ________________ 아무도 간섭하려고 하지 않는다.

④ ________________ 한국의 역사에 대해서 깊이 이해하고 있다.

⑤ 산사태로 집이 ________________ 다행히 한 사람의 희생자도 없었다.

2. 다음 대화를 완성하십시오.

① 가: 흐엉 씨, 어제 한국 요리를 한다더니 맛있게 됐어요?

나: 아니요, ____.

(요리책에 있는 대로 하다 / 맛은 별로이다)

② 가: 지성 씨에게 내일 모임에 꼭 나오라고 연락했어요?

나: ____.

(계속 연락하다 / 전화를 안 받아서 문자만 남기다)

③ 가: 방 친구가 많이 아프다면서요? 그런데도 문화수업에 갔어요?

나: ____.

(몸살이 심하다 / 문화수업에 가다)

④ 가: 이렇게 좋은 자리에 초대해 주셔서 대단히 감사합니다.

나: ____.

(바쁘다 / 오셔서 자리를 빛내 주시니 오히려 영광이다)

⑤ 가: 자르갈, 어제 TV에서 아이를 입양한 어떤 가정을 소개해 주던데 혹시 봤어?

나: 응, ____.

(이미 두 아이의 부모이다 / 다른 아이를 입양해서 훌륭하게 키워 내다)

4. AV-고자, N이고자

1. 다음 중 알맞은 것을 골라 문장을 완성하십시오.

전수하다	예방하다	기리다	펼치다	벗어나다

① 그는 오랜 유학생활을 마치고 자신의 꿈을 ________________ 고국으로 돌아왔다.

② 매년 시민들은 안타까운 희생자들의 뜻을 ________________ 추모식을 연다.

③ 정부는 자연재해 피해를 ________________ 많은 예산을 세웠다.

④ 신문은 독자의 쓴소리로부터 ________________ 부단히 자기개혁을 하고 있다.

⑤ 이 국악원은 전통 음악을 소중하게 생각하며 보존하고 ________________ 만들어졌다.

2. 다음 대화를 완성하십시오.

① 가: 오늘 어떤 이야기를 해 주실 건가요?

나: ____.

(저의 대학 시절과 유학생 시절 / 잠깐 이야기하다)

② 가: 이번 지방 선거에 인천 시장으로 나오신 이유가 무엇입니까?

나: ____.

(인천의 부채 문제와 그동안 있었던 여러 가지 문제들을 정리하다 / 선거에 나오게 되다)

③ 가: 이번에 한국을 방문하신 목적은 무엇입니까?

나: ____.

(다음 달에 개봉하는 영화를 홍보하다 / 미리 한국을 방문하다)

④ 가: 선수 생활을 은퇴한 후에 어떤 계획이 있으십니까?

나: ____.

(앞으로 한국의 스포츠를 발전시키다 / 열심히 노력하다)

⑤ 가: 수지 씨가 이번 실습을 통해서 성취하고자 하는 목표는 무엇입니까?

나: ____.

(현장에서의 경험 / 이론으로 배운 내용을 체계화하다)

듣기

1. 다음을 듣고 빈칸에 알맞은 단어를 쓰십시오.

뉴 스 진행자: 고속도로에서 운전자가 버린 담뱃불이 차량에 불이 나는 등 크고 작은 화재가 잇달았습니다. 또 갯바위에 낚시꾼이 되는 사고도 있었습니다. 휴일 사건, 사고 소식을 김현태 기자가 정리했습니다.

기 자: 고속도로를 달리던 트럭에서 불길이 . 차에서 불이 난 것은 어젯밤 8시 반쯤 중앙고속도로 주변이었습니다. 다행히 인명 피해는 없었지만 트럭에 실려 있던 침대 등이 불에 타서 소방서 약 1300만 원의 재산 피해가 났습니다. 경찰은 담뱃불이 트럭에 옮겨붙으면서 불이 난 것으로 보고 정확한 화재 원인을 조사하고 있습니다.

주차된 차에서도 불이 났습니다. 오늘 새벽 3시쯤 부산 용호동 아파트 인근 도로에 세워 둔 승용차에서 불이 나 소방서 추산 700만 원 의 피해가 났습니다. 경찰은 주행하던 차를 잠시 세워 둔 사이 엔진 부근에서 연기가 시작됐다는 운전자의 말에 따라 엔진 등 정확한 화재 원인을 조사하고 있습니다.

오늘 오전 10시 반쯤에는 인천 용현동의 한 재활용 수집 고물상에서 원인이 밝혀지지 않은 불이 나 소방서 추산 약 100만 원의 재산 피해가 났습니다. 불은 고물상 안에서 시작되어 밖에 쌓아 놓은 재활용품에 옮겨붙은 것으로 보입니다.

또 오늘 오후 4시 반쯤에는 50대 낚시꾼 3명이 낚시 에 빠져 물이 줄도 모르고 갯바위에 갇혔다가 구조된 사고가 있었습니다. 이들은 제주시 한경면 앞 갯바위에서 낚시를 하다가 갑자기 밀물이 들어와 당황하여 구조를 요청했습니다. 해양경찰과 119구조대에 의해 긴급 구조되었습니다.

해양경찰 관계자는 갯바위 주위에서 낚시를 할 때 밀물과 썰물의 상태를 꼭 확인하고 강풍이 불거나 높은 파도가 일 때는 낚시를 해야 한다며 사건 사고 발생 시에는 119로 신고해 달라고 당부했습니다. 이상 IBS 뉴스 김현태 기자였습니다.

읽고 쓰기

1. 다음은 신문의 기능을 메모한 것입니다. 다음을 읽고 글을 완성하십시오.

첫째, 정확한 정보 제공	**둘째, 여론 조성**	**셋째, 부정부패를 막는 역할**
- 공정한 사건 보도	- 끊임없이 문제 제기 - 독자에게 문제점을 깨닫게 함	- 감시와 고발 기능 탁월 - 심층 보도가 가능 - 뉴스의 양을 늘릴 수 있음 - 다양한 시각을 담을 수 있음

현대사회에서 바람직한 신문의 기능

현대 사회는 정보화 사회로 어떤 정보를 가지고 있느냐에 따라 자신의 경쟁력이 결정된다. 신문은 정확한 정보를 전달하는 언론 매체로서 불필요한 정보가 넘쳐 나는 현대 사회에서 그 중요성이 더욱 강조되고 있다.

최근 가장 쉽게 접할 수 있는 매체인 인터넷에 제시된 정보들은 신뢰성이 떨어지는 반면 신문에서 제공하는 정보들은 대체로 믿을 만하다는 것이 사람들의 인식이다. 따라서 신문은 무분별하게 정보가 여기저기에 흩어져 있는 현대 사회에서 정확한 정보를 제공하는 매체로서 기능을 해야 할 것이다.

또한 신문은 재미를 추구하는 데에 치중하고 있는 방송 매체와는 다르게 사회 문제에 대한 여론을 조성하여서 바람직한 사회발전을 이끌어가는 기능을 담당해야 한다. ____________

마지막으로 ____________

신문이 언론 매체로서의 이러한 바람직한 기능을 잘 감당하여 사회의 변화와 발전에 길잡이 역할을 해야 할 것이다.

11 환경

어휘

1. 다음 중 알맞은 것을 골라 문장을 완성하십시오.

상징	다닥다닥	온실가스	지구온난화	이래라저래라

① 무슨 재미있는 일이 있는지 학생들이 창문에 ________________ 붙어 있다.

② 부모들이 자식들에게 ________________ 하면 자식들은 잔소리로만 듣는다.

③ ________________으로/로 인한 오존층 파괴가 심각한 수준이다.

④ ________________으로/로 인하여 북극의 얼음이 녹고 있다고 한다.

⑤ 두루미는 2013년부터 비무장지대의 ________________이/가 되었다.

2. 다음 중 알맞은 것을 골라 대화를 완성하십시오.

멸종되다	차지하다	통제되다	풀이 죽다	머뭇거리다

① 가: 왜 그렇게 ________________?
나: 이번에는 한국어 능력 시험에서 당연히 합격할 것이라고 생각했거든. 그런데 결과가 좋지 않아서.
가: 다음에는 꼭 합격할 거야. 힘내.

② 가: 대기전력이 우리가 사용하는 전기에너지의 10%를 ________________.
나: 그래서 쓰지 않는 전자제품의 플러그를 뽑으라고 하는 거구나.

③ 가: 자르갈 씨가 무슨 말을 했어요?
나: 아무 말도 안 했어요. 제 앞에서 ________________ 그냥 가던데요?

④ 가: 이곳은 일반인에게 출입이 ________________ 구역입니다. 신분증 좀 보여주시겠습니까?
나: 여기 있습니다.
가: 확인했습니다. 들어가셔도 좋습니다.

⑤ 가: 이곳에는 신기한 동물들이 많이 있네요.
나: 대부분의 동물들이 ________________ 위기에 있는 동물들이래요. 그래서 일반적으로 보기가 쉽지 않은 것들이 많을 거예요.

3. 다음 대화를 완성하십시오.

메 이: 사람들이 ______________을 하도 버려대는 바람에 환경 문제가 심각하대.
① 한 번 쓰고 버리는 제품

자르갈: 그래서 네가 마트에 갈 때마다 __________를 사용하는구나.
② 시장에 갈 때 가져가는 바구니

나는 네가 워낙 _________________ 돈을 아끼려고 그러는 줄 알았지.
③ 돈을 꼭 필요한 곳에만 사용하니까

이제부터라도 ______________에 관심을 가져야겠다.
④ 환경을 잘 가꾸고 깨끗하게 보존하는 일

메 이: 좋은 생각이야. ________________이라는 말처럼 작은 일부터 노력한다면 우리
⑤ 아무리 작은 것이라도 많이 모이면 큰 것이 될 수 있음

________은 살기 좋은 곳이 될 거야. 환경보호는 이 땅에 사는 사람으로서의
⑥ 근처

________니까 관심을 가져 보자.
⑦ 꼭 해야 하는 일

문법

1. V-(으)ㄴ/는/(으)ㄹ 듯하다, N(이)ㄴ 듯하다

1. 다음 중 알맞은 것을 골라 문장을 완성하십시오.

부자	어렵다	도착하다	물러나다	맛있어 보이다

① 요즘 다이어트 중이어서 음식이 더 ______________________________.

② 요즘 이사를 하는 사람이 많아서 내가 이사할 집을 찾는 것이 ______________.

③ 지금 출발하면 서울에 오후 5시쯤 ______________________________.

④ 현재 그 정치인은 잘못된 행동으로 인하여 자신의 자리에서 ______________.

⑤ 그 사람은 돈을 펑펑 쓰는 것을 보니 ______________________________.

2. 다음 대화를 완성하십시오.

① 가: 앞으로 우리 환경은 어떻게 될까요?
나: 지금부터 환경보호를 위해 노력한다면 ______________________________.

② 가: 우리 이제 산책 그만하고 집에 갈까요?
나: 그래요. 겨울이어서 그런지 ______________________________.

③ 가: 오위노 씨의 표정이 안 좋네요. 왜 그럴까요?
나: 아무래도 ______________________________.

④ 가: 이 빵을 먹어도 될까요?
나: 아니요, 색깔을 보니 ______________________________.

⑤ 가: 이 사람의 직업은 무엇일까요?
나: 책이 많은 것을 보니까 ______________________________.

2. AV-아/어/여 내다

1. 다음 중 알맞은 것을 골라 문장을 완성하십시오.

받다	잡다	만들다	이기다	감량하다

① 그 권투선수는 경기에 출전하기 위해 자신의 몸무게를 ____________ 데에 성공했다.

② 그 화가는 창의적인 발상을 통해 독특한 작품을 ____________ 유명한 사람이다.

③ 경찰은 도둑에게 그 사람의 지갑을 훔쳤다는 자백을 ____________.

④ 아멜리는 그동안 유학 생활의 외로움을 ____________ 자신이 원하는 기업에 입사했다.

⑤ 그 사람은 잘못된 부분을 귀신같이 ____________ 사람들은 그 사람을 신뢰하면서도 두려워한다.

2. 다음 대화를 완성하십시오.

① 가: 이 집 비빔밥은 정말 맛있네요. 고추장 양념이 조금 특이한 것 같아요.

나: 그렇지요? ____________.

(주인이 오랫동안 연구한 끝에 개발하다 / 특제 고추장이라고 하다)

② 가: 이번 의류 사업의 성공 요인은 무엇이라고 생각하십니까?

나: ____________.

(유행의 흐름을 읽다 / 옷을 제작할 때 접목시킨 것이 성공의 요인이라고 생각하다)

③ 가: 그 영화 봤어요? 처음 보는 배우가 참 연기를 잘 하던데요.

나: 아니에요. 그 배우가 인터뷰에서 ____________.

(오랫동안 무명의 설움을 견디다 / 드디어 주연이 되어 기쁘다고 하다)

④ 가: 이 지역이 곧 개발된다고 하더니 아직도 환경이 그대로 보존되어 있네요.

나: 나라에서 이 지역을 개발하려고 했는데 주민들의 강력한 반대로 이루어지지 못했대요.

____________.

(주민들이 자신의 힘으로 개발을 막다 / 자연을 보호할 수 있게 된 것이다)

⑤ 가: ____________.

(과거에 많은 위인들이 우리나라를 지키다 / 자신의 목숨을 아낌없이 바치다)

나: 그렇군요. 앞으로는 우리 선조들에게 감사하는 마음을 가지고 나라를 더욱 사랑해야겠어요.

3. V-(으)ㄴ/는/(으)ㄹ 듯이, N(이)ㄴ 듯이

1. 다음 중 알맞은 것을 골라 문장을 완성하십시오.

비 오다	밥 먹다	물 흐르다	눈 녹다	눈 내리다

① 시간이 ________________ 정말 빠르게 흘러서 이번 학기도 벌써 마지막 시간이다.

② 여름이어서 그런지 땀이 ________________ 흐른다.

③ 거짓말을 ________________ 하는 사람과는 친하게 지내기가 어렵다.

④ 아기가 아무리 잘못을 했어도 한 번 웃어주면 화난 마음은 ________________ 녹아버린다.

⑤ 봄에 인하대 교정에는 바람이 불 때마다 벚꽃이 ________________ 떨어져서 멋진 풍경이 된다.

2. 다음 대화를 완성하십시오.

① 가: 흐엉 씨에게 무슨 일이 있어요? ________________________________.
(전화를 한 후에 뛰다 / 기뻐하다)

나: 이번 방학 때 부모님이 오신다고 해요.

② 가: 우와. 밤새 눈이 내렸나 봐요.

나: 그러게요. ________________________________.
(온 세상이 밀가루를 뿌리다 / 새하얘서 정말 예쁘다)

③ 가: ________________________________?
(메이 씨가 오랫동안 여행을 떠나다 / 가방을 여러 개 들고 나오는데 무슨 일 있다)

나: 아, 한국어 공부를 마치고 고향에 돌아간다고 하더라고요.

④ 가: 아멜리 씨가 뭐라고 했어요?

나: 모르겠어요. ________________________________.
(작은 소리로 속삭이다 / 말해서 알아들을 수가 없다)

⑤ 가: 무슨 일 있어요? 밖이 왜 이렇게 시끄럽지요?

나: 위층에서 파티를 하나 봐요. ________________________________.
(집이 마치 클럽이다 / 음악을 크게 켜 놓다)

3. 다음에서 알맞은 것을 골라 ○표 하십시오.

① 가: 메이 씨가 자르갈 씨하고 싸웠나 봐요.

나: 네. 두 사람이 말다툼을 심하게 하고서 다시는 안 (본 듯이, 보는 듯이, 볼 듯이) 가 버리더라고요.

② 가: 오늘은 파하드 씨가 보이지 않네요.

나: 어제 밤새 공부하고 오늘은 (죽은 듯이, 죽는 듯이, 죽을 듯이) 잠만 잔다고 했거든요.

③ 가: 곧 비가 올 것 같아요.

나: 그러게요. 금방이라도 비가 (내린 듯이, 내리는 듯이, 내릴 듯이) 하늘에 먹구름이 가득하네요.

④ 가: 자르갈 씨, 그 책 다 읽었어요?

나: 아니요. 안 읽었어요.

가: 그래요? 저는 자르갈 씨가 그 내용을 다 (안 듯이, 아는 듯이, 알 듯이) 말하길래 읽은 줄 알았어요.

⑤ 가: 물을 왜 저렇게 (쏟아진 듯이, 쏟아지는 듯이, 쏟아질 듯이) 가득 담았어요?

나: 제가 한 일이 아니어서 잘 모르겠어요.

4. AV-(으)ㄹ락 말락 하다

1. 다음 중 알맞은 것을 골라 문장을 완성하십시오.

되다	먹다	오다	웃다	넘치다

① 저 초상화의 매력은 그림 속 여인이 ________________ 데에 있다.

② 자르갈은 처음 본 음식을 ________________ 그냥 버렸다.

③ 컵에 물을 ________________ 정도로 따라 놓았다.

④ 공부를 해야 하는데 졸음이 ________________ 세수를 했다.

⑤ 우리 할머니는 예순이 ________________ 연세로 보이지만 실제로 팔순이 넘으셨다.

2. 다음 대화를 완성하십시오.

① 가: 저 건물은 참 위험하게 서 있네요.

나: 그렇죠? 건물이 ____.

(무너지다 / 건물 주인이 저 건물을 헐고 다시 지을 생각이다)

② 가: 아까 목이 마르다더니 아직도 목이 마르다고 하네. 아까 물을 안 마셨어?

나: 못 마셨어. 물을 ____.

(마시다 / 갑자기 친구가 찾아 와서 이야기를 하다)

③ 가: 가방이 왜 책상 위에 있어요?

나: ____.

(아까 바닥에 물을 쏟아서 가방에 닿다 / 잠깐 올려놓다)

④ 가: ____.

(산 중턱까지만 올라오니까 인하대가 보이다 / 아쉽다)

나: 그럼 산 정상까지 올라가 볼까요?

⑤ 가: 제가 친구에게 책을 한 권 빌려달라고 부탁했었는데 혹시 그 친구가 교실에 왔었어요?

나: 그래요? ____.

(누가 와서 나에게 말을 걸다 / 그냥 가길래 신경을 쓰지 않다)

그럼 아까 그 사람이 메이 씨 친구였나 봐요.

듣기

1. 다음을 듣고 빈칸에 알맞은 단어를 쓰십시오.

지성: 어제 뉴스 봤어요? 어느 공장이 비가 오는 날에 　　　　　　　　 를 내보내는 바람에 근처 하천의 물고기가 다 죽었대요.

메이: 그래요? 정말 나쁜 사람들이네요. 근처 주민들도 물이 　　　　　　　　 고생을 하겠어요.

지성: 그러게요. 이렇게 한 번씩 물이 오염되면 다시 　　　　　　　　 많은 시간이 필요한데……. 왜 이런 행동을 하는지 이해가 안 되네요.

메이: 그래도 한국은 물이 　　　　　　 크게 문제가 될 것 같지는 않은데요.

지성: 그렇지 않아요. 아무리 물이 많다고 해도 보호하기 위해서 　　　　　　　　 미래에는 더 이상 지금처럼 물을 　　　　 사용하기는 어려울 거예요. 저희 부모님께서는 물을 사서 　　　　 　　　　 이해를 못 하시던 걸요.

메이: 왜요? 물을 사서 마시는 것은 당연한 일 아니에요?

지성: 몇 십 년 전만 해도 이렇게 물을 사서 마시는 날이 올 거라고 　　　　　　 못했대요. 예전에는 주변에 있는 하천의 물을 그냥 마셔도 아무 문제가 없었다고 하시더라고요.

메이: 하긴. 그때에 비하면 요즘에는 　　　　　　　　 피해가 　　　　 심해지고 있기는 하죠. 그렇다고 계속 이렇게 걱정만 하면서 살 수는 없잖아요. 우리가 할 수 있는 일은 뭐가 있을까요?

지성: 조금만 생각해 보면 그 방법들을 쉽게 찾을 수 있어요. 　　　　　　 그릇은 휴지로 닦은 후에 설거지를 하면 그만큼 물을 　　　　　　　　 있어요. 쓰다 남은 식용유는 신문지에 　　　　 쓰레기통에 버리고요.

메이: 음식물 쓰레기도 가능한 한 만들지 않도록 주의해야겠네요.

지성: 그렇죠. 음식물 쓰레기는 　　　　 의 원인이 되기도 하지만 수질오염의 원인이 되기도 하거든요.

메이: 그것 말고는 또 어떤 방법이 있을까요?

지성: 세탁을 할 때도 　　　　 의 양을 줄이거나 　　　　　　 를 사용하면 수질오염을 예방하는 데에 도움이 되지요.

메이: 저도 오늘부터 실천을 해야겠어요. 생각해 보니 수질오염에 대해서 걱정은 했지만 물을 깨끗하게 보호하기 위한 노력은 전혀 하고 있지 않았네요.

지성: ' 　　　　　　　　　　 '라는 말처럼 우리가 지금부터라도 환경보호를 위한 노력을 시작한다면 미래의 환경은 지금보다 훨씬 좋아질 거예요. 우리 함께 노력해 봐요.

읽고 쓰기

1. 다음은 환경보호 방법에 대해서 쓴 글입니다. 다음을 읽고 글을 완성하십시오.

- **개발에 대한 효과**
  - 긍정적인 효과: 더 편하고 좋은 환경에서 살 수 있게 되었다.
  - 부정적인 효과: 환경오염이 발생하여 사람에게까지 악영향이 미치고 있다.

  ⇒ 더 이상의 환경오염을 막고 환경을 보호할 필요가 있다.

환경보호 방법

____

____

____

____

____

그렇다면 환경을 보호하기 위해서 우리는 어떻게 해야 할까? 토양오염과 수질오염, 대기오염의 세 부분으로 나누어서 살펴보고자 한다. 먼저 토양오염을 막기 위해서는 농약의 사용을 줄여야 한다. 농약을 지속적으로 사용하면 오히려 농작물의 생산이 줄어들고 토양 역시 황폐해지기 때문이다. 또한 바닥에 쓰레기를 버리지 않는 것도 토양오염을 막는 방법이다.

다음으로 수질오염을 막기 위한 방법으로 가정에서는 사용하는 합성세제의 양을 줄이고 음식물 쓰레기를 줄여야 한다. 가정하수는 물을 오염시키는 주범 중에 하나이기 때문이다. 또한 공장이나 축사에서 폐수를 정화해서 내보내는 것도 방법이 될 수 있다.

마지막으로 대기오염을 막기 위해서 자가용보다는 대중교통을 이용한다. 그러면 자동차의 매연으로 인한 대기오염을 막을 수 있다. 가정이나 회사에서는 냉난방 기구를 사용할 때 에너지 효율이 높은 것을 사용하는 것도 대기를 보호할 수 있는 방법이다.

환경보호는 어려운 일이 아니다. 우리가 할 수 있는 일부터 찾아서 하나씩 실천하면 우리의 환경은 다시 깨끗해지고 사람들에게 좋은 영향을 미칠 것이다. 따라서 환경을 보호하는 길이야말로 우리도 살 수 있는 길이다.

12 말과 글

어휘

1. 다음 중 알맞은 것을 골라 문장을 완성하십시오.

방언	어감	칭찬	언성	유래

① 이 고사성어의 ________________은/는 조선 세종 때로 거슬러 올라간다.

② 말은 상황이나 ________________에 따라서 매우 다양하게 전달되기 마련이다.

③ 자녀를 키울 때는 무조건 야단을 치는 것보다 격려와 ________________이/가 필요하다.

④ 다음 주에 전국의 ________________을/를 조사하기 위해 현지로 답사를 떠날 계획이다.

⑤ 사람들은 대개 상대방이 ________________을/를 높이면 자신도 따라서 흥분하여 이야기한다.

2. 다음 중 알맞은 것을 골라 대화를 완성하십시오.

소멸되다	반포하다	분류하다	세련되다	엄격하다

① 가: 말하기 시험 점수가 생각보다 잘 안 나왔어요.

나: 아마 선생님께서 평가 기준을 ________________ 적용하셨나 보네요.

② 가: 자르갈, 오늘 개강 첫날인데 김 교수님에 대한 첫인상이 어땠어?

나: 무척 좋았어. 말씀하시는 태도도 ________________ 교양 있어 보이시던데……

③ 가: 우체국에서 주로 하는 업무가 뭐예요?

나: 지역별로 보내야 할 우편물을 ________________ 작업을 하고 있어요.

④ 가: 귀 단체에서는 무슨 일을 하십니까?

나: 우리 단체는 ________________ 가는 우리 문화유산을 보존하고 지키고자 애쓰고 있습니다.

⑤ 가: 아멜리, 한글을 누가 만들었는지 알아?

나: 그럼, 당연히 알고말고. 세종대왕이 1443년에 한글을 만들고 3년 후에 ________________.

3. 다음 대화를 완성하십시오.

고사성어(故事成語)는 옛이야기에서 유래된 말로 비유적인 내용을 담은 ___________ 글이다.
① 말이나 글이 많은 뜻을 담고 있는

이것은 ________이나 비유, 관용구 등으로 사용되어 일상 언어생활에서 표현을 ___________ 한다.
② 행동이나 생활에 지침이 될 만한 것을 가르침 ③ 넉넉하고 많게

한국과 중국에서 _________ 고사성어는 주로 네 글자로 된 것이 많기 때문에 사자성어(四字成語)
④ 어떤 일이나 사물이 생겨난

라고 한다. 이들 중에는 중국에서 넘어온 게 아니라 (ㅂ ㄹ)________ 한국 고유의 속담인데 나중에
⑤ 사실이 전하여 내려온 그 처음

한자성어로 바뀌어 사용되면서 원래의 모습에서 (ㅇ ㄸ ㅎ ㄱ)______________ 변한 속담도 있다.
⑥ 현재의 일과 전혀 관계가 없게

문법

1. V-(으)ㄹ 따름이다, N일 따름이다

1. 다음 중 알맞은 것을 골라 문장을 완성하십시오.

참다	죄송하다	창피하다	홍보하다	돕다

① 더 많은 도움을 드리지 못해서 ______________________.

② 화가 나지만 부모님을 생각하며 ______________________.

③ 어제 한 실수가 계속 떠올라서 ______________________.

④ 그 때 주위에 나 밖에 사람이 없었기 때문에 어쩔 수 없이 ______________________.

⑤ 내가 맡은 일이라서 어쩔 수 없이 ______________________.

2. 다음 대화를 완성하십시오.

① 가: 우리 반 학생들이 공부를 열심히 하나요?

나: ______________________.

(공부도 안 하고 놀기만 하다 / 걱정되다)

② 가: 한국어를 잘하는 비결이 뭐예요?

나: ______________________.

(특별한 방법은 없다 / 수업시간에 선생님 말씀에만 집중하다)

③ 가: 초대해 주셔서 정말 고맙습니다.

나: 아닙니다. ______________________.

(바쁘다 / 이렇게 참가 해주다 / 감사하다)

④ 가: 모범상을 받으신 소감 한 마디 해 주세요.

나: 제가 ______________________.

(열심히 한 것도 없다 / 상을 주시다 / 부끄럽다)

⑤ 가: 이번 시험 성적이 잘 안 나와서 실망이 컸지요?

나: 아니에요. 제가 공부한 것보다 ______________________.

(성적이 잘 나오다 / 만족스럽다)

2. N-(으)로서

1. 다음 중 알맞은 것을 골라 문장을 완성하십시오.

부모	학생	경영자	대통령	정치인

① 우리는 ______________ 공부를 열심히 해야 할 의무가 있다.

② 아무리 ______________ 공무원을 결정할 수 있는 권한을 가지고 있더라도 제대로 사용하지 않으면 국민의 질타를 받을 것이다.

③ 언니는 다방면에서 이미 두각을 나타내고 있기 때문에 회사 내부에서도 아버지의 뒤를 이어 차기 ______________ 전혀 부족함이 없다는 평가를 받고 있다.

④ 결혼을 하여 자식을 낳으면 ______________ 자식들에게 조금 더 좋은 환경을 만들어 주고자 열심히 일하게 된다.

⑤ 그는 예전에 유명한 의사였으나 현재는 ______________ 그 이름을 날리고 있다.

2. 다음 대화를 완성하십시오.

① 가: 저 사람은 항상 표정이 좋지 않네요.
나: 부모님이 돌아가신지 얼마 안 됐거든요.
게다가 맏이라는 이유로 ______________________________.
(가장 / 책임감 때문에 많이 힘들어하다)

② 가: 저 사람은 그렇게 많은 사람을 죽이고도 굉장히 당당하네요.
나: 그러게 말이에요. ______________________________?
(사람 / 어떻게 그럴 수가 있다)

③ 가: 이번 행사는 회사의 사활을 걸 정도로 중요한 것이므로 특별히 신경을 써 주시기 바랍니다.
나: 알겠습니다. ______________________________.
(책임자 / 맡은 바에 최선을 다하다)

④ 가: 이번에도 투표에 참여하실 거죠?
나: 당연하죠. ______________________________.
(국민 / 당연히 행사할 권리이다)

⑤ 가: 소개팅은 잘 했어? 상대방은 어때?
나: ______________________________.
(친구 / 아주 좋은 사람인 것 같은데 이성적인 매력은 느껴지지 않는 사람이다)

3. V기는 V-(으)ㄴ/는데, N(이)기는 N(이)ㄴ데

1. 다음 중 알맞은 것을 골라 문장을 완성하십시오.

얻다	엄격하다	안쓰럽다	막막하다	특이하다

① 그 사람의 형편이 ________________ 내 사정도 좋지 않아서 도와줄 수 없다.

② 모처럼 좋은 기회를 ________________ 원하는 만큼의 성과가 없었다.

③ 반지의 디자인이 ________________ 값이 비싸서 살 엄두가 안 난다.

④ 고등학교를 졸업한 지 10년 만에 다시 공부하려니 ______________ 한편으로 설레기도 한다.

⑤ 학교 규정이 ________________ 융통성이 전혀 없는 것은 아니다.

2. 다음 대화를 완성하십시오.

① 가: 한국에서의 유학생활이 어때요?

나: ____.

(혼자 생활해서 자유롭다 / 가끔 부모님이 보고 싶을 때도 있다)

② 가: 룸메이트와 성격이 안 맞아서 혼자 살고 싶다더니 따로 살아서 좋겠어요.

나: 네. ____.

(좋다 / 혼자 사니까 심심하기도 하다)

③ 가: 어제 영화 보러 갔었다면서요? 어땠어요?

나: ____.

(영화 배경이 환상적이다 / 내용은 너무 지루하다)

④ 가: 4급 수업이 어렵지 않아요?

나: ____.

(당연히 어렵다 / 몰랐던 문법과 표현을 많이 배워서 좋다)

⑤ 가: 아멜리, 빌리 씨에 대해서 잘 알아요?

나: ____.

(같은 반 친구이다 / 별로 이야기해 본 적이 없다)

4. V-아/어/여 봤자

1. 다음 중 알맞은 것을 골라 문장을 완성하십시오.

부리다	말리다	혼내다	도망치다	덮어두다

① 아이를 ________________ 그때뿐이지 습관이 잘 고쳐지지 않는다.

② 어차피 욕심을 ________________ 나에게 돌아오는 건 아무 것도 없다.

③ 싸울 때 아무리 ________________ 다른 사람의 말은 귀에 들리지 않는다.

④ '뛰어 봤자 부처님 손바닥'이라는 속담은 ______________ 크게 벗어날 수 없다는 말이다.

⑤ 문제를 해결하지 않고 ________________ 언젠가 또 다시 같은 문제를 겪게 될 것이다.

2. 다음 대화를 완성하십시오.

① 가: 친구에게 왜 그런 심한 말을 했는지 후회하고 있어.

나: ____.

(이미 내뱉은 말은 후회하다 / 소용없으니까 다음부터 조심하다)

② 가: 벌써 다음 주가 기말시험인데 시험공부를 못 했네. 복습지라도 좀 봐야겠어.

나: ____.

(벼락치기로 공부하다 / 소용없다)

③ 가: 나는 공포영화는 싫으니까 다른 영화를 보자.

나: ____.

(무섭다 / 지난번 영화보다 무섭지 않다)

④ 가: 눈이 여전히 충혈된 걸 보니 아직도 눈병이 낫지 않았나 봐요. 안약은 넣지 그래요?

나: ____.

(눈병이 너무 심해서 안약을 넣다 / 별다른 효과가 없을 것이다)

⑤ 가: 날씨가 너무 후덥지근한데 선풍기를 켜는 게 어때요?

나: ____.

(선풍기를 켜다 / 더운 바람만 나오니까 창문을 열다)

듣기

1. 다음을 듣고 빈칸에 알맞은 단어를 쓰십시오.

사회자: 오늘은 대학생들을 위한 제17회 정석도서관 인문학 　　　 이 있는 날입니다. 한국인들만큼 자국의 문자에 대해 　　　 을 느끼는 국민도 없을 겁니다. 한글은 세계에서 　　　 하게 만든 사람과 　　　 한 날짜, 만든 　　　 까지도 알고 있는 문자이기 때문이지요. 그러나 한글은 75억 세계 인구 중 겨우 한반도 인구 약 7500만 명만이 사용하는 문자이기도 합니다. 소수 민족의 언어 중에는 그 존재 가치를 잃고 결국 　　　 문자도 제법 있습니다. 세계 인구의 약 1/100만이 사용하는 한글이 어떻게 하면 오래도록 살아남을 수 있을까요? 오늘은 언어학 박사이신 김재원 교수님을 모시고'언어와 문자'에 대한 강연을 듣도록 하겠습니다.

교수님: 우리는 문화의 핵심을 언어라고 하는데 그 언어를 　　　 하는 것이 바로 문자입니다.

여러분, 언어와 문자에는 어떤 힘이 있을까요? 언어를 문자로 기록하는 것으로부터 문명사회가 시작됩니다. 반면에 문자가 없으면 그 언어는 점차 　　　 말지요. 역사적으로도 문자 사회와 문자가 없는 사회가 부딪혔을 때 문자 사회가 살아남아 왔습니다. 이렇듯 문자에는 권력을 모으고 역사를 　　　 힘이 있습니다. 언어만 갖고도 많은 정보를 알 수 있지만 학문이라는 체계적인 지식을 정립하기 위해서는 문자의 기록이 반드시 필요합니다.

저는 한국이 한글이라는 우수한 문자를 가지고 있어서 지금 이만큼 발전했다고 봅니다. 그러나 한편으로는 한글의 100년 후가 걱정되기도 합니다. 요즘은 초등학교 때부터 영어 교육의 열풍이 매우 대단할 뿐 아니라 대학에서는 영어로 강의하고 논문까지 영어로 내는 일이 　　　 되어 있습니다. 한글이 살아남기 위해 무엇을 해야 할지 생각해야 할 때입니다.

만약 어떤 문자로 된 글을 읽었을 때 얻을 게 별로 없으면 그 문자를 배우려고 하지 않을 것입니다. 그러므로 어떤 문자로 쓰인 글이 어느 만큼의 가치를 갖느냐가 나라의 　　　 을 결정한다고 해도 과언이 아닙니다.

저는 세계 인구 중 약 7500만 명이 사용하는 한글이 　　　 있는 문자가 되려면 한글로 좋은 글을 많이 써야 한다고 봅니다. 왜냐하면 어떤 문자로 쓰인 글이 얼마나 훌륭하고 생산적인 가치를 갖느냐에 따라 언어의 생명이 결정되기 때문입니다.

읽고 쓰기

1. 다음은 인터넷 상의 올바른 언어 사용 태도에 대한 메모입니다. 다음을 읽고 글을 완성하십시오.

첫째, 상대방과의 의견 차이 인정	둘째, 다른 사람의 사생활을 보호	셋째, 욕설, 비속어 사용하지 않기
- 의견 차이는 문화적 차이나 사고방식의 차이로 어쩔 수 없이 생김	- 최근 신상 공개로 어려움에 빠뜨리는 일이 있음 - 신상 공개가 범죄로 이어지기도 함	- 다른 사람에게 좋은 인상을 주기 위해 노력해야 함

인터넷을 사용하는 인구가 증가하면서 인터넷의 영향력도 점점 커지고 있다. 그러나 부작용도 적지 않게 나타나고 있다. 특히 인터넷상에서 함부로 사용되는 말로 인해서 많은 문제점이 생기고 있다. 과연 올바른 인터넷 사용을 위해서는 어떤 태도를 가져야 할까?

우선, 상대방과의 의견 차이를 인정해야 한다. 우리는 일상생활에서 나와 의견이 다른 사람들을 자주 만나게 된다. 의견 차이는 문화적 차이나 사고방식의 차이 등으로 인해 생기는 어쩔 수 없는 일이다. 인터넷 공간에서도 마찬가지다. 누구나 다른 의견을 가질 수 있는 것인데, 그런 이유로 다른 사람에게 함부로 말하는 것은 많은 부작용이 나타날 수 있다.

두 번째로 ______________________________

____

____

____

____

마지막으로 ______________________________

____

____

____

결국 인터넷 상의 올바른 언어 사용을 위한 태도는 ______________________________

____

____

1 유 학

어휘

1.
① 구석구석
② 공고문
③ 박람회
④ 이왕이면
⑤ 하늘의 별 따기

2.
① 고민스러워
② 의심스러워서
③ 자랑스럽게
④ 당황스러웠어
⑤ 다행스럽게(도)

3.
① 유학
② 그동안
③ 결
④ 향상되고
⑤ 안목

문법

1-1.
① 익히는 김에
② 알리는 김에
③ 방문한 김에
④ 접한 김에
⑤ 본 김에

1-2.
① 이왕 청소하는 김에 오늘 끝까지 다 합시다
② 이 동네에 놀러온 김에 인사나 하고 가려고 들렀어요
③ 저녁 식사를 준비하는 김에 내일 아침도 만들었지요
④ 자리에서 일어난 김에 창문 좀 닫아 주세요
⑤ 집안일을 하는 김에 제 옷도 빨아 주세요

2-1.
① 예매해 버렸다
② 사 버렸다
③ 포기해 버렸다
④ 숨어 버렸다
⑤ 기절해 버렸다

2-2.
① 테니스 치는 것을 포기해 버렸어요
② 잠이 들어 버렸거든요
③ 비행기 표가 매진되어 버렸어요
④ 이가 썩어 버려서요
⑤ 20분 만에 다 풀어 버렸어요

3-1.
① 다녀오고도
② 재미있고도
③ 연주하고도
④ 독특하고도
⑤ 다치고도

3-2.
① 게시판에서 확인하고도 또 물어보는 거야
② 대기업에 취업하고도 자신의 직업이 만족스럽지 않아서 다른 일을 찾고 있다고 해요
③ 넓고도 깊어서 아무리 연구를 해도 그 끝을 알 수가 없어요
④ 혼이 나고도 아직 정신을 못 차렸나 보네
⑤ 감동적이고도 아름다운 이야기는 처음이에요

4-1.
① 헤맨 끝에
② 이야기한 끝에
③ 알아본 끝에
④ 우여곡절 끝에
⑤ 도전 끝에

4-2.
① 10년 동안 연구한 끝에 드디어 신약을 개발했습니다
② 부모님을 오랜 시간 설득한 끝에 허락을 받아서 너무 기쁘네요
③ 농담 끝에 파하드 씨가 먼저 화를 냈거든요
④ 수많은 사람들과 경쟁한 끝에 챔피언이 되셨습니다
⑤ 고민 끝에 제가 그동안 모은 전 재산을 사회에 기부하기로 했어요

2 대인관계

어휘

1.
① 핑계
② 호감
③ 사교성
④ 경청
⑤ 개인주의

2.
① 눈치를 보며
② 유쾌하게
③ 맺어
④ 간섭하는
⑤ 발 벗고 나서는

3.
① 기술
② 낯
③ 함부로
④ 전달하고
⑤ 집중하고

문법

1-1.
① 포기하고 말았다
② 넘어지고 말았다
③ 싸우고 말았다
④ 잃어버리고 말았다
⑤ 타고 말겠다

1-2.
① 헤어지고 말았어요
② 사고가 나고 말았어요
③ 물리고 말았어요
④ 삭제해 버리고 말았어요
⑤ 너무 슬퍼서 울고 말았어요

2-1.
① 부탁하나 마나
② 설득하나 마나이다
③ 힘드나 마나
④ 둘러보나 마나
⑤ 세차하나 마나

2-2.
① 사랑하나 미워하나 옆에 있는 것이 든든할 텐데요
② 오나 가나 모두 그 이야기만 하더라고.
③ 좋으나 싫으나 한 학기동안 같이 공부할 거니까
④ 많으나 적으나 결혼하기 전에는 다 애라고 하니까 먼저 결혼한 우리가 이해합시다
⑤ 크나 작으나 다른 사람을 잘 배려하는 사람이면 괜찮아

3-1.
① 외로울 테니까
② 궁금할 테니까
③ 쑥스러울 테니까
④ 선호할 테니까
⑤ 정리할 테니까

3-2.
① 곧 돌아올 테니까 걱정하지 마세요
② 이 음식은 맵지 않을 테니까 맛있게 드세요
③ 뭘 입어도 멋져 보일 테니까 아무거나 입으세요
④ 그럼 제가 숙제를 도와줄 테니까 아멜리 씨가 저녁을 사세요
⑤ 여기에서 기다릴 테니까 빨리 가지고 오세요

4-1.
① 허락하시지 않는 한
② 새우지 않는 한
③ 사과하지 않는 한
④ 낮추지 않는 한
⑤ 갖추지 않는 한

4-2.
① 내 눈에 흙이 들어가지 않는 한 절대 그런 일은 있을 수 없다
② 저는 시험에 합격하지 않는 한 절대 고향에 돌아가지 않을 거예요
③ 환경 보호에 대한 관심이 지속되는 한 언젠가는 해결할 수 있을 거예요

④ 담배를 피우는 사람이 있는 한 흡연을 금지하는 것은 어려울 거야
⑤ 계속해서 눈치를 보는 한 자신감 있게 행동하기는 힘들 거야

3 봉사

어휘

1.
① 묵묵히
② 선행
③ 성금
④ 기부
⑤ 손길

2.
① 환원하는
② 빠듯한
③ 확산되면
④ 공헌하신
⑤ 허물고

3.
① 정기적
② 연예
③ 쪼개서
④ 자발적
⑤ 대중
⑥ 더불어
⑦ 밑거름

문법

1-1.
① 근무하느니
② 수리하느니
③ 밝히느니
④ 끼치느니
⑤ 기다리느니

1-2.
① 급한 일이면 전화하느니 직접 찾아가 봐
② 둘 다 하기 싫지만 아기를 보느니 차라리 집안일을 하겠어요
③ 조느니 차라리 편하게 잠을 좀 자고 아침에 해
④ 빚을 얻어서 좋은 집에서 사느니 작고 안 좋아도 내 소유의 집이 나아요
⑤ 사실을 털어놓느니 제가 혼자 희생하는 게 여러 사람에게 이로워요

2-1.
① 이용하는가 하면
② 찬성하는가 하면
③ 부여하는가 하면
④ 활발한가 하면
⑤ 실행하는가 하면

2-2.
① 인터넷을 이용하는가 하면 도서관에서 책을 찾기도 해요
② 제가 할 수 있는 재능을 기부하는가 하면 시간이 없을 때는 그냥 돈을 기부하기도 해요
③ 어떤 학생은 자취 생활을 하는가 하면 어떤 학생은 기숙사에서 살기도 해요
④ 어떤 사람은 여러 번 반복해서 쓰는가 하면 어떤 사람은 보며 읽기도 해요
⑤ 구직 사이트를 뒤지는가 하면 취업 박람회에 가기도 해요

3-1.
① 베풀기는커녕
② 넉넉하기는커녕
③ 만족하기는커녕
④ 해외여행은커녕
⑤ 봉사활동은커녕

3-2.
① 다리가 아파서 뛰기는커녕 걷지도 못하겠어요
② 시끄러워서 잘 자기는커녕 한숨도 못 잤어요
③ 하늘을 보니까 맑고 화창하기는커녕 곧 비가 내릴 것 같아요
④ 시간이 없어서 농구를 하기는커녕 친구도 못 만나요
⑤ 늦게 일어나서 아침은커녕 물도 못 마셨어요

4-1.
① 부족할 리가 없다
② 외울 리가 없다
③ 들어줄 리가 없다
④ 모를 리가 없다
⑤ 편안할 리가 없다

4-2.
① 고장이 났을 리가 없어요
② 잔액이 부족할 리가 없는데
③ 청소를 했을 리가 없어요
④ 도울 리가 없지
⑤ 아직도 초급일 리가 없어요

4 건 강

어휘

1.
① 면역력
② 스르륵
③ 증상
④ 틈틈이
⑤ 성인병

2.
① 극복하고
② 축적되어
③ 멀리하는
④ 빠삭해서
⑤ 쐬러

3.
① 위장병
② 끼니
③ 규칙적인
④ 과식
⑤ 편식
⑥ 건강

문법

1-1.
① 밟는 둥 마는 둥
② 둘러보는 둥 마는 둥
③ 듣는 둥 마는 둥
④ 눈치를 보는 둥 마는 둥
⑤ 드는 둥 마는 둥

1-2.
① 가게에 손님이 없어서 일을 하는 둥 마는 둥 하다가 일찍 문을 닫았거든요
② 귀찮아서 걷는 둥 마는 둥 하다가 근처에서 커피를 마시곤 해요
③ 자꾸 잊어버려서 안경을 끼는 둥 마는 둥 했더니 잘 안 보이는 것 같아요
④ 유학을 와서 그렇게 공부를 하는 둥 마는 둥 하다가는 아무 것도 이룰 수 없을 거예요
⑤ 너무 힘이 들어서 옷을 갈아입는 둥 마는 둥 하고는 누워 있는데 엄마에게 잔소리를 들었거든요

2-1.
① 감기에 걸리기 십상이다
② 망신당하기 십상이다
③ 무리하기 십상이다
④ 깨지기 십상이다
⑤ 잊어버리기 십상이다

2-2.
① 탈모가 더 심해지기 십상이에요
② 손을 베기 십상이지요
③ 작아지기 십상이에요
④ 부모님께서 돌아가신 뒤에 후회하기 십상이에요
⑤ 빙판에 넘어지기 십상이에요

3-1.
① 심심해하길래
② 그쳤길래
③ 담그길래
④ 하길래
⑤ 겹쳤길래

3-2.
① 길이 막히길래 차를 놓고 지하철을 타고 왔거든요
② 어려워 보이길래 한국 친구에게 도와달라고 했어
③ 눈이 오길래 학교에 안 갔어요
④ 그 물건이 대체 뭐길래 몇 시간째 계속 찾고 있어
⑤ 그러길래 내가 일찍 일어나라고 했잖아

4-1.
① 자전거나마
② 찬밥이나마
③ 고향 친구나마
④ 어머니께나마
⑤ 늦게나마

4-2.
① 사진이나마 있어서 다행이네요
② 말이나마 그렇게 해주니까 위안이 되네
③ 전화로나마 목소리를 들으니까 마음이 놓이네
④ 신분증이나마 찾아서 다행이네요
⑤ 비슷한 것이나마 사게 된 것을 감사하게 생각해

5 여 가

어휘

1.
① 제약
② 유연성
③ 동호회
④ 투자
⑤ 계발

2.
① 여유롭게
② 다지려고 / 다지기 위해
③ 돋우기
④ 차분한
⑤ 해소하기

3.
① 수강료
② 시도
③ 사정
④ 취업
⑤ 마련

문법

1-1.
① 길러준다기에
② 내성적이라기에
③ 뜬다기에
④ 저렴하다기에
⑤ 향상된다기에

1-2.
① 고등학교 동창이 결혼한다기에 참석하러 다녀오려고 해요
② 부산이 가 볼 만하다기에 친구와 같이 여행했어요
③ 인하대에서 세계 음식 축제가 열린다기에 거기에 점심을 먹으러 가요
④ 친구가 이사한다기에 도와주러 가는 길이에요
⑤ 마트에 갔는데 마침 세일이라기에 필요한 물건을 미리 샀어

2-1.
① 외롭다가도
② 울다가도
③ 연연하다가도
④ 복잡하다가도
⑤ 쓰러졌다가도

2-2.
① 점심시간에는 바쁘다가도 두세 시만 되면 한가해져요
② 원래 배우들은 웃다가도 금방 잘 울잖아요
③ 헤어져서 마음이 힘들다가도 다른 사람을 만나면 금방 잊기 마련이에요
④ 평소에는 소식을 하다가도 스트레스를 받으면 폭식하는 습관이 있어요
⑤ 어떨 때는 자신감이 넘치고 기분이 좋다가도 어떨 때는 모든 것이 귀찮고 기분도 안 좋아요

3-1.
① 일어날 법한
② 비울 법하다
③ 붐빌 법한데
④ 옮길 법한데
⑤ 그칠 법도 한데

3-2.
① 어제 그 많은 이삿짐을 혼자서 다 날랐으니 몸살이 날 법도 하지요
② 제일 친한 친구가 감정을 상하게 했으니 화를 낼 법도 하지요
③ 그동안 세 번이나 시험 봤는데 모두 떨어졌으니 실망할 법해요
④ 학생 신분으로 유흥업소에 드나들었으니 퇴학을 당할 법하지요
⑤ 우리 주위에 어느 곳에서나 볼 수 있을 법한 내용이기 때문이라고 생각합니다

4-1.
① 빠질뿐더러
② 늘뿐더러
③ 유익할뿐더러
④ 얄미울뿐더러
⑤ 외로울뿐더러

4-2.
① 필기 점수도 우수할뿐더러 면접에서도 뛰어난 기량을 보여줬어요
② 저는 그 사람을 만난 적도 없을뿐더러 잘 알지도 못해요
③ 금년에는 자연재해도 많았을뿐더러 인재도 많았던 것 같아요
④ 이 스마트폰은 지문인식 기능이 있을뿐더러 방수 기능도 있어서 아주 인기예요
⑤ 그 제도는 국민의 호응도 얻었을뿐더러 반응도 좋아요

6 연애와 결혼

어휘

1.
① 천생연분
② 청혼
③ 이상형
④ 황혼
⑤ 금상첨화

2.
① 반해서
② 사로잡으려는
③ 든든하지
④ 감미로운
⑤ 애틋한

3.
① 날을 잡아서
② 국수를 먹게
③ 눈에 콩깍지가 씌었나
④ 시치미를 떼면

4.
① 입증
② 노년기
③ 충동
④ 반란
⑤ 신혼부부
⑥ 오히려

문법

1-1.
① 잃은 탓에
② 난 탓에
③ 낀 탓에
④ 서툰 탓에
⑤ 받은 탓에

1-2.
① 날씨가 추운 탓에 꼼짝도 하기 싫어요
② 과소비를 한 탓에 이번 달은 생활비가 부족할 것 같아요
③ 경기 침체 탓에 사람들의 소비가 감소했다고 해요
④ 어젯밤에 늦게 잔 탓에 오늘 늦게 일어났어요
⑤ 부족한 탓이에요

2-1.
① 엄마더러
② 상대방더러
③ 타인더러
④ 방 친구더러
⑤ 지나가는 사람더러

2-2.
① 동생더러 우산을 가지고 오라고 했어
② 김 대리더러 오늘까지 하라고 하셔서
③ 기사 아저씨보고 좀 천천히 가 달라
④ 저보고 발음이 좋아졌다고 하셔서
⑤ 여자 친구더러 꿰매 달라고

3-1.
① 산이야
② 이제야
③ 사람이야
④ 별일이야
⑤ 돈이야

3-2.
① 저야 좋지요
② 한국어야 메이 씨가 제일 잘하지요
③ 밥이야 시간 날 때 먹으면 되죠
④ 오빠야 원래 똑똑하잖아요
⑤ 지난번이야 너무 바빠서 약속을 못 지킨 거고 이번에는 꼭 지킬게

4-1.
① 여간 감미로운 게 아니다
② 여간 끈질기지 않아서
③ 여간 든든하지 않다
④ 여간 잘 챙기지 않는다
⑤ 여간 다정다감한 게 아닌 것 같다

4-2.
① 여러 사람이 함께 생활하는 게 여간 어려운 일이 아니더라고요
② 처음에는 즐거웠는데 갈수록 여간 힘들지 않더라고
③ 너무 갑작스러운 일이라 여간 놀랍지 않았어요
④ 요즘 이것저것 준비하느라 여간 바쁘지 않네요
⑤ 눈길에 운전하는 게 여간 위험하지 않아요

7 문화차이

어휘

1.
① 사고방식
② 연관성
③ 수다
④ 깍듯이
⑤ 하물며

2.
① 배척하고
② 강요하면
③ 취급하면
④ 참견할
⑤ 동일한

3.
① 차이
② 열등한지
③ 고유
④ 인정하고
⑤ 수용하여

문법

1-1.
① 당근이니 양배추니
② 돈이니 지위니
③ 어려우니
④ 보장되느니
⑤ 식었느니

1-2.
① 코를 높였느니 치아를 교정했느니 외모에 대해서만 말이 많아요
② 계속 만나느니 안 만나느니 싸우네
③ 인천 대공원이니 월미도니
④ 되느니 안 되느니 토론 중이에요
⑤ 자상하니 매력적이니 얘기하느라 시간이 가는 줄 몰랐네

2-1.
① 성공하는 법이다
② 지겨운 법이다
③ 싸우는 법이다
④ 승리하는 법이다
⑤ 가까운 법이니까

2-2.
① 부정적인 생각을 하면 안 좋은 일이 생기는 법이니까 긍정적인 마음을 가지세요
② 기대를 많이 하면 실망도 큰 법이지요
③ 나쁜 일을 하면 누구나 벌을 받는 법이에요
④ 원래 사랑을 하면 누구나 멋있어지는 법이지요
⑤ 오랜 시간을 함께 하면 정이 드는 법이니까요

3-1.
① 이사하고서
② 결심하고서
③ 구경하고서
④ 그만두고서
⑤ 실수하고서

3-2.
① 잘 지내라는 말을 남기고서 유유히 떠나갔어
② 스스로 독립한다고 하고서 부모님께 손을 벌리는 것은 독립이 아니에요
③ 유산 상속권을 포기하고서 사랑하는 여자를 택한대요.
④ 나에게 비밀을 털어놓고서 아무에게도 말하지 말라고 했는데 어떻게 알았어요
⑤ 학생들의 의견을 수용하고서 문화관 건물을 짓기로 결정했대요

4-1.
① 더울지도 모르겠다
② 필요할지도 모릅니다
③ 뽑힐지도 모릅니다
④ 살지도 모른다
⑤ 없어질지도 모른다

4-2.
① 네가 싫어할지도 몰라서 조금만 샀어
② 시간이 너무 늦어서 네가 자고 있을지도 모르니까 전화를 안 했어
③ 한자를 공부하면 단어를 쉽게 이해할지도 모르니까 공부하고 있어요
④ 무슨 일이 생길지도 모르니까 휴대전화와 비상금을 꼭 챙기세요
⑤ 일이 늦게 끝나는 바람에 늦을지도 몰라서 서둘러 가고 있어

8 진 로

어휘

1.
① 응시자
② 인사
③ 역량
④ 진로
⑤ 슬슬

2.
① 통보받았거든요
② 막막해서
③ 정정하신
④ 연계해서
⑤ 대처하는

3.
① 추세
② 소식
③ 채용
④ 성황
⑤ 상당수

⑥ 더불어
⑦ 힘쓰겠다는

문법

1-1.
① 여자치고
② 도시락치고
③ 소풍치고
④ 면접치고
⑤ 가수치고

1-2.
① 많이 배운 사람치고 잘난 척하지 않는 편이에요
② 연인과 헤어진 사람치고 굉장히 표정이 밝네요
③ 봄 감기치고 아주 독한 편이네요
④ 연말치고 거리가 매우 한산한 편이에요
⑤ 무인도치고 꽤 깔끔하게 정돈되어 있는 느낌이에요

2-1.
① 없었다면
② 만난다면
③ 않는다면
④ 태어난다면
⑤ 꿈이라면

2-2.
① 매일 먹는다면 질릴 거예요
② 지금이라도 열심히 공부한다면 5급에 충분히 갈 수 있을 거야
③ 내가 노래를 잘한다면 오디션을 보러 갈 거야
④ 네가 부자라면 어떻게 살고 싶어
⑤ 한국어를 공부하지 않았다면 한국에서 생활하기가 힘들었을 거야

3-1.
① 시작될 모양이다
② 통보하는 모양이다
③ 기획자인 모양이다
④ 진학할 모양이다
⑤ 고픈 모양이다

3-2.
① 구직 활동을 하는 사람들이 많은 모양이에요
② 비가 오는 모양이에요
④ 정말 친한 모양이에요
⑤ 직업이 의사인 모양이에요
③ 급한 일이 있는 모양이에요

4-1.
① 찾거든
② 아프거든
③ 받거든
④ 도착하거든
⑤ 생기거든

4-2.
① 신발 크기가 안 맞거든 아무 때나 교환하러 오세요
② 일단 나가 보고 길이 너무 미끄럽거든 차를 가져가지 마세요
③ 메이를 만나거든 나에게 전화해달라고 전해줘
④ 오늘은 수업이 끝나거든 다른 곳으로 가지 말고 집에 바로 와
⑤ 그렇게 그 사람이 믿음직하거든 그 사람과 결혼하는 것이 어때

9 사회와 갈등

어휘

1.
① 부주의
② 이기적
③ 이익
④ 악취
⑤ 동료애

2.
① 다그치는지
② 제안해
③ 꺼리는
④ 터놓고
⑤ 원활하게

3.
① 고약한
② 장애인
③ 혐오
④ 꺼린다
⑤ 피할
⑥ 양보하여

문법

1-1.
① 밝혀지기 마련입니다
② 변하기 마련이다
③ 꺼리기 마련이다
④ 관리하기 마련이다
⑤ 야기되기 마련이다

1-2.
① 착하게 살면 복이 오기 마련이에요
② 무리해서 속도를 내면 사고가 나기 마련이지요
③ 찬성하는 사람이 있으면 반대하는 사람이 있기 마련이니까요
④ 다른 일에 집중할 때는 옆에서 말하는 것도 잘 못 듣기 마련이에요
⑤ 버리지 않고 쌓아 두면 집에서 악취가 나기 마련이에요

2-1.
① 낯설지
② 현실이지
③ 대등하지
④ 갖추지
⑤ 짐승이지

2-2.
① 지갑에 카드만 있지 현금은 없어요
② 이건 비싸기만 하지 품질은 별로 좋지 않아서 많이 찾지 않는 제품이에요
③ 그 회사는 일만 많지 월급은 적은 탓에 이직을 결심하는 사람이 많대요
④ 계획을 세우기만 하지 실천은 안 해요
⑤ 콩 심은 데 콩이 나지 팥이 날 수는 없잖아요

3-1.
① 아무리 바쁠지라도
② 아무리 건강할지라도
③ 아무리 신입사원일지라도
④ 보충할지라도
⑤ 통과했을지라도

3-2.
① 아무리 늦을지라도 과속을 하면 안 됩니다
② 아무리 목적을 위한 일일지라도 이건 다른 사람에게 피해를 주니까 하지 마세요
③ 발음이 안 좋을지라도 자주 사용하다 보면 한국어 실력이 향상될 거예요
④ 아무리 집이 크고 좋을지라도 가족들과 함께 할 수 없으면 행복할 수 없어요
⑤ 우리 회사가 크고 유명한 회사는 아닐지라도 평생 다닐 회사라고 생각하고 다니고 있어

4-1.
① 아무리 편한들
② 아무리 높은들
③ 아무리 흐른들
④ 신뢰한들
⑤ 훔친들

4-2.
① 지난 시험을 못 봤는데 이번 시험을 잘 본들 무슨 소용이 있겠어요
② 감기가 너무 심해서 약을 먹은들 낫지 않을 거예요
③ 지금까지 여러 번 말을 했는데 아무리 말을 한들 고치지 않네요
④ 아무리 능력이 있는 사람이 그 일은 한들 그 시간까지 끝내기 어려워요
⑤ 억만장자인들 사람의 마음을 살 수 없어요

10 언론

어휘

1.
① 급증
② 여론
③ 허위
④ 견해
⑤ 사고력

2.
① 매섭게
② 구독하려고 해
③ 고립되어
④ 뒤따르던
⑤ 정독하세요

3.
① 천 리 길도 한 걸음부터
② 눈앞이 캄캄하네요
③ 가슴이 무너져 내리는 것 같았어요
④ 친구 따라 강남 간다

4.
① 예방
② 발생
③ 예산
④ 게다가
⑤ 개발

문법

1-1.
① 신뢰하는 것이야말로
② 왕성한 것이야말로
③ 막는 것이야말로
④ 자기개혁이야말로
⑤ 활용하는 것이야말로

1-2.
① 민속촌이야말로 한국의 전통적인 모습을 잘 보여 주는 곳이에요
② 컴퓨터 게임을 하고 노는 것이야말로 시간을 때우는 데 최고지요
③ 이 신제품이야말로 손님께서 원하는 걸 다 갖춘 것입니다
④ 부모님의 관심과 사랑이야말로 아이들에게 제일 필요한 것이라고 봅니다
⑤ 오늘을 열심히 사는 것이야말로 성공적인 미래를 준비하는 것이지요

2-1.
① 투입하더라도
② 실패하더라도
③ 당하더라도
④ 잊더라도
⑤ 소식통이더라도

2-2.
① 길을 알더라도 자꾸 지도를 보게 돼요
② 내일 비가 오더라도 문화수업을 가기로 했어요
③ 단어 뜻을 모르더라도 글의 내용은 이해할 수 있을 거예요
④ 세월이 지나더라도 마음의 상처는 쉽게 지워지지 않을 거예요
⑤ 쌍둥이더라도 성격은 다르더라고요

3-1.
① 정독했는데도 (불구하고)
② 중요한데도 (불구하고)
③ 일으키는데도 (불구하고)
④ 외국인인데도 (불구하고)
⑤ 매몰됐는데도 (불구하고)

3-2.
① 요리책에 있는 대로 했는데도 맛은 별로였어요
② 계속 연락을 했는데도 전화를 안 받아서 문자만 남겼어요
③ 몸살이 심한데도 불구하고 문화수업에 갔어요
④ 바쁜데도 불구하고 오셔서 자리를 빛내 주시니 오히려 영광이에요
⑤ 이미 아이의 부모인데도 다른 아이를 입양해서 훌륭하게 키워 냈더라

4-1.
① 펼치고자
② 기리고자
③ 예방하고자
④ 벗어나고자
⑤ 전수하고자

4-2.
① 저의 대학 시절과 유학생 시절에 대해서 잠깐 이야기하고자 합니다
② 인천의 부채 문제와 그동안 여러 가지 문제들을 정리하고자 선거에 나오게 되었습니다
③ 다음 달에 개봉하는 영화를 홍보하고자 미리 한국을 방문했습니다
④ 앞으로 한국의 스포츠를 발전시키고자 열심히 노력하겠습니다
⑤ 현장에서의 경험을 통해 이론으로 배운 내용을 체계화하고자 합니다

11 환 경

어휘

1.
① 다닥다닥
② 이래라저래라
③ 온실가스
④ 지구온난화
⑤ 상징

2.
① 풀이 죽어 있어
② 차지한다고 해
③ 머뭇거리다가
④ 통제된
⑤ 멸종될

3.
① 일회용품
② 장바구니
③ 알뜰하니까
④ 환경보호
⑤ 티끌 모아 태산
⑥ 주변
⑦ 의무

문법

1-1.
① 맛있어 보이는 듯하다
② 어려운 듯하다
③ 도착할 듯하다
④ 물러날 듯하다
⑤ 부자일 듯하다

1-2.
① 앞으로 우리 환경은 더 좋아질 듯해요
② 날씨가 추운 듯하네요
③ 안 좋은 일이 있는 듯해요
④ 곰팡이가 핀 듯해요
⑤ 작가인 듯해요

2-1.
① 감량해 내는
② 만들어 내는 것으로
③ 받아 냈다
④ 이겨 내고
⑤ 잡아 내기 때문에

2-2.
① 주인이 오랫동안 연구한 끝에 개발해 낸 특제 고추장이라고 해요
② 유행의 흐름을 읽어 내서 옷을 제작할 때 접목시킨 것이 성공의 요인이라고 생각합니다
③ 오랫동안 무명의 설움을 견뎌 내고 드디어 주연이 되어 기쁘다고 했어요
④ 주민들이 자신의 힘으로 개발을 막아 내고 자연을 보호할 수 있게 된 거죠
⑤ 과거에 많은 위인들이 우리나라를 지켜 내기 위해 자신의 목숨을 아낌없이 바쳤대요

3-1.
① 물 흐르듯이
② 비 오듯이
③ 밥 먹듯이

④ 눈 녹듯이
⑤ 눈 내리듯이

3-2.
① 전화를 한 후에 뛸 듯이 기뻐하네요
② 온 세상이 밀가루를 뿌린 듯이 새하얘서 정말 예뻐요
③ 메이 씨가 오랫동안 여행을 떠날 듯이 가방을 여러 개 들고 나오는데 무슨 일 있어요
④ 작은 소리로 속삭이는 듯이 말해서 알아들을 수가 없었어요
⑤ 집이 마치 클럽인 듯이 음악을 크게 켜 놓았어요

3-3.
① 볼 듯이
② 죽은 듯이
③ 내릴 듯이
④ 아는 듯이
⑤ 쏟아질 듯이

4-1.
① 웃을락 말락 하는
② 먹을락 말락 하다가
③ 넘칠락 말락 할
④ 올락 말락 해서
⑤ 될락 말락 한

4-2.
① 무너질락 말락 해서 건물 주인이 저 건물을 헐고 다시 지을 생각이래요
② 마실락 말락 하는데 갑자기 친구가 찾아 와서 이야기를 하느라고
③ 아까 바닥에 물을 쏟아서 가방에 닿을락 말락 하는 바람에 잠깐 올려놓았거든요
④ 산 중턱까지만 올라오니까 인하대가 보일락 말락 해서 아쉽네요
⑤ 누가 와서 나에게 말을 걸락 말락 하다가 그냥 가길래 신경을 쓰지 않았거든요

12 말과 글

어휘

1.
① 유래
② 어감
③ 칭찬
④ 방언
⑤ 언성

2.
① 엄격하게
② 세련되고
③ 분류하는
④ 소멸되어
⑤ 반포했어

3.
① 함축된
② 교훈
③ 풍부하게
④ 유래된
⑤ 본래
⑥ 엉뚱하게

문법

1-1.
① 죄송할 따름입니다
② 참을 따름이다
③ 창피할 따름이다
④ 도왔을 따름이다
⑤ 홍보할 따름이다

1-2.
① 공부도 안 하고 놀기만 해서 걱정될 따름이에요
② 특별한 방법은 없고 수업시간에 선생님 말씀에만 집중할 따름이에요
③ 바쁘실 텐데 이렇게 참가해 주셔서 감사할 따름입니다

④ 열심히 한 것도 없는데 상을 주셔서 부끄러울 따름입니다
⑤ 성적이 잘 나와서 만족스러울 따름이에요

2-1.
① 학생으로서
② 대통령으로서
③ 경영자로서
④ 부모로서
⑤ 정치인으로서

2-2.
① 가장으로서 책임감 때문에 많이 힘들어해요
② 사람으로서 어떻게 그럴 수가 있어요
③ 책임자로서 맡은 바에 최선을 다하겠습니다
④ 국민으로서 당연히 행사할 권리잖아요
⑤ 친구로서 아주 좋은 사람인 것 같은데 이성적인 매력은 느껴지지 않는 사람이야

3-1.
① 안쓰럽기는 안쓰러운데
② 얻기는 얻었는데
③ 특이하기는 특이한데
④ 막막하기는 막막한데
⑤ 엄격하기는 엄격한데

3-2.
① 혼자 생활해서 자유롭기는 자유로운데 가끔 부모님이 보고 싶을 때도 있어요
② 좋기는 좋은데 혼자 사니까 심심하기도 해요
③ 영화 배경이 환상적이긴 한데 내용은 너무 지루해요
④ 당연히 어렵기는 어려운데 몰랐던 문법과 표현을 많이 배워서 좋아요
⑤ 같은 반 친구이긴 한데 별로 이야기해 본 적이 없어요

4-1.
① 혼내 봤자
② 부려 봤자
③ 말려 봤자
④ 도망쳐 봤자
⑤ 덮어둬 봤자

4-2.
① 이미 내뱉은 말은 후회해 봤자 소용없으니까 다음부터 조심해
② 벼락치기로 공부해 봤자 소용없어
③ 무서워 봤자 지난번 영화보다 무섭지 않아
④ 눈병이 너무 심해서 안약을 넣어 봤자 별다른 효과가 없을 거예요
⑤ 선풍기를 켜 봤자 더운 바람만 나오니까 창문을 엽시다

새인하한국어4

2014년 09월 10일 1쇄 발행
2023년 11월 08일 6쇄 발행
저　자 : 최권진, 유지숙, 장정숙, 이경복
발행처 : 인하대학교 출판부
주　소 : 인천광역시 남구 인하로 100
전　화 : 032) 860-8301
등　록 : 1979년 5월 23일 남구 제13호

인쇄·편집 : 진원디자인 프린텍
032) 467-4544~5

ISBN 978-89-7407-964-2 14700
978-89-7407-961-1(세트) 14700

정가 : 15,000원

New INHA KOREAN 3
Workbook

인하대학교 언어교육원
Inha University
Language Training Center

3

익힘책
새인하한국어

최권진, 유지숙, 장정숙, 이경복 지음

인하대학교 출판부
INHA UNIVERSITY PRESS

지은이

최권진
인하대학교 언어교육원 주임교수
소피아대학교 언어학 박사

유지숙
인하대학교 언어교육원 강사
인하대학교 교육대학원 한국어교육 석사

장정숙
인하대학교 언어교육원 강사
동덕여자대학교 대학원 한국어교육 석사

이경복
인하대학교 언어교육원 강사
가톨릭대학교 교육대학원 한국어교육 석사

국립중앙도서관 출판예정도서목록(CIP)

새인하한국어 : 익힘책 = New Inha Korean workbook. 3 /
저자: 최권진, 유지숙, 장정숙, 이경복. -- 인천 : 인하대학교
출판부, 2014
p. ; cm

ISBN 978-89-7407-972-7 14700 : ₩15000
ISBN 978-89-7407-961-1 (세트) 14700

한국어 학습[韓國語學習]
한국어 교재[韓國語敎材]

717.6-KDC5
495.78-DDC21 CIP2014033318

차 례

1 학교생활

어휘

1. 다음 중 알맞은 것을 골라 문장을 완성하십시오.

토론	잔디밭	반말	시설	사제

① 자르갈 씨와 노민우 선생님은 ____________________관계가 아니라 친구 사이 같다.

② 우리는 자유로운 ____________________을/를 하면서 서로 생각을 나눈다.

③ 나는 일요일마다 공원 ____________________에 앉아서 책을 읽는다.

④ 친한 친구 사이지만 아직 ____________________을/를 하지 않는다.

⑤ 학교의 교육 ____________________이/가 조금 더 좋아졌으면 좋겠다.

2. 다음 중 알맞은 것을 골라 대화를 완성하십시오.

장난치다	헷갈리다	교환하다	가입하다	흥미롭다

① 가: 친구 집에 잘 찾아갔어?

나: 아니, 한 번밖에 안 가봐서 길이 _____________. 그래서 집을 찾는 데 한 시간이나 걸렸어.

② 가: 동호회에 ____________________ 싶으면 어떻게 해야 해?

나: 가입 신청서에 이름과 연락처를 써서 내면 돼.

③ 가: 누가 계속 전화를 걸고 말을 안 해.

나: 할 일 없는 사람이 __________________.

④ 가: 무슨 신문을 그렇게 재미있게 보니?

나: 같이 볼래? 오늘 신문에는 ____________________ 기사가 많이 있어.

⑤ 가: 아무것도 몰라서 학교생활이 너무 힘들어.

나: 사람들과 정보를 ____________________ 편하게 학교생활을 할 수 있어.

3. 다음 문장을 완성하십시오.

박지성: 아멜리, 요즘 학교생활은 어때?

아멜리: 아침에 ________ 일어나려니까 너무 힘들고, 수업 내용도 어려워지는 것 같아서
① 그 시간보다 빠르게
좀 그래.

박지성: 동아리 ________을 해 보는 건 어때? 내가 회장으로 활동하고 있는 토론 동아리도
② 몸을 움직여서 행동함
있고 언어를 ______________ 동아리도 있고…….
③ 무엇을 다른 것으로 바꾸는

아멜리: 언어 교환 동아리? 그게 뭔데?

박지성: 서로 다른 나라 사람들이 만나서 자기 나라 언어를 __________에게 알려주는
④ 일이나 말할 때 짝
모임이야.

아멜리: 한국 친구도 사귈 수 있고 한국어도 쉽게 배울 수 있고 ________________네!
⑤ 두 가지 좋은 것이 한 번에 있음
오늘 당장 같이 가 보자!

문법

1. V-아/어/여, N(이)야

1. 다음 문장을 반말로 바꾸십시오.

① 다음 주면 방학이 끝나요. → ______________________________.

② 방학 동안 아르바이트를 했어요. → ______________________________.

③ 한국에 와서 더 예뻐졌어요. → ______________________________.

④ 아직도 친구들의 이름이 헷갈려요. → ______________________________.

⑤ 안녕하세요? 저는 메이입니다. → ______________________________.

2. V-냐?/니?

1. 다음 문장을 반말로 바꾸십시오.

① 지금 장난치는 거예요? → ______________________________?

② 여기에서 뭐하고 있어요? → ______________________________?

③ 요즘 생활은 어때요? → ______________________________?

④ 중국은 잘 갔다 왔어요? → ______________________________?

⑤ 방학은 잘 보냈어요? → ______________________________?

3. AV-아/어/여라

1. 다음 문장을 반말로 바꾸십시오.

① 자세하게 살펴보세요. → ______________________________.

② 텔레비전은 그만 보고 이제 주무세요. → ______________________________.

③ 저 좀 도와주세요. → ______________________________.

④ 이번 학기에도 최선을 다하세요. → ______________________________.

⑤ 걱정하지 마세요. → ______________________________.

4. AV-자

1. 다음 문장을 반말로 바꾸십시오.

① 이번 방학 때 함께 제주도에 갑시다. → ______________________________.

② 학교 행사에 잘 참여합시다. → ______________________________.

③ 이 물건을 서로 교환합시다. → ______________________________.

④ 토론 동아리에 같이 가입할까요? → ______________________________.

⑤ 오늘 저녁을 함께 먹을까요? → ______________________________.

5. N아/야

1. 다음 문장을 반말로 바꾸십시오.

① 지성 씨, 선약이 없으면 저와 함께 식사하실래요? → ______________________________?

② 수지 씨, 제가 계산할게요. → ______________________________.

③ 민우 씨, 그 사람은 누구예요? → ______________________________?

2. 다음 대화를 반말로 바꾸십시오.

①

		⇨		
아멜리:	지성 씨, 이게 뭐예요?		**아멜리:**	
박지성:	사진이요. 제주도에 가서 찍었어요.		**박지성:**	
아멜리:	멋있네요. 저는 아직 제주도에 못 가 봤어요.		**아멜리:**	
박지성:	기회가 되면 같이 가 봅시다.		**박지성:**	

②

아멜리: 수지 씨, 어디 아파요? 최수지: 감기에 걸렸나 봐요. 아멜리: 어서 병원에 가 보세요. 최수지: 괜찮을 거예요. 걱정하지 마세요.	⇨	아멜리: 최수지: 아멜리: 최수지:

6. AV-(으)려니까

1. 다음 중 알맞은 것을 골라 문장을 완성하십시오.

구입하다	가입하다	취소하다	다하다	알리다

① 동아리에 막상 ____________ 바쁜 일이 계속 생겨서 시간이 없다.

② 부모님께 사고 소식을 ____________ 걱정하실 것 같아서 망설이고 있다.

③ 인터넷으로 중고물품을 ____________ 불안하다.

④ 숙제를 한번에 ____________ 시간이 너무 오래 걸린다.

⑤ 막상 그 사람과의 저녁 약속을 ____________ 섭섭하다.

2. 다음 대화를 완성하십시오.

① 가: 뭘 그렇게 찾고 있어요?

나: ____________________________________.

(가방을 챙기다 / 물건이 안 보이다 / 찾고 있다)

② 가: 경치도 좋은데 왜 사진은 안 찍고 사진기를 들고만 있어요?

나: ____________________________________.

(사진을 찍다 / 배터리가 다되다 / 못 찍고 있다)

③ 가: 저 사람 이름이 뭐지?

나: ____________________________________.

(갑자기 생각하다 / 기억이 안 나다)

④ 가: 내일 고향으로 돌아가네요.

나: ____________________________________.

(막상 고향에 돌아가다 / 아쉽다)

⑤ 가: 늦은 나이에 공부를 시작하는 기분이 어때요?

나: ____________________________________.

(막상 공부를 시작하다 / 가슴이 떨리고 설레다)

듣기

1. 다음을 듣고 빈 칸에 알맞은 단어를 쓰십시오.

박지성: 메이 네가 한국에 온 지도 ____ 6개월이 지났네. 한국에서 생활할 때 불편한 건 없어?

메 이: 불편한 건 없는데 생활이 너무 ____ 좀 심심해.

박지성: 그래? 다른 나라에서 생활하는 것이 ____ 재미있을 것 같은데…….

메 이: 꼭 그렇지도 않아. 아침에 학교에 와서 수업을 듣고 수업이 끝나면 점심을 먹고 집에 와서 자고……. 그리고 다음날 다시 학교에 가고…….

박지성: 매일 그런 생활이 ____ 지루하겠다. 학교 안에서 할 수 있는 활동을 찾아 보는 게 어때?

메 이: 학교에서 수업 듣는 것 말고 다른 할 일이 있어?

박지성: 당연하지. 날씨가 좋을 때는 ____에 앉아서 친구들과 얘기하거나 책도 볼 수 있고 도서관에서 일주일에 한 번씩 영화도 볼 수 있어.

메 이: 정말? 도서관에서는 공부만 하는 줄 알았는데 영화도 볼 수 있구나.

박지성: 그럼. 그리고 요즘에는 회원을 ____ 동아리도 많아. 학교생활이 ____ ____ 동아리에 가입해 봐.

메 이: 그런 건 처음이라 좀 떨리는데…….

박지성: 그래도 재미있을 거야.

메 이: 그럼 한번 알아보고 ____ 봐야겠다.

읽고 쓰기

1. 다음은 학교 편의 시설에 대한 정보입니다. 다음을 읽고 글을 완성하십시오.

〈학교 편의 시설〉

1. 건물마다 정수기가 있다.
2. 각 건물 입구에 ATM이 있다.
3. 정문과 본관 사이에 주차장이 있다.
4. 인경호와 아고라 광장, 잔디밭에서도 무선 인터넷 사용이 가능하다.

우리 학교에는 학생들을 위한 편의 시설이 생각보다 많다. 그러나 잘 몰라서 사용하지 못하는 유학생들이 많이 있다. 오늘은 학교 편의 시설에 대해 소개하려고 한다.

먼저 우리 학교의 모든 건물에는 정수기가 있다. 깨끗하게 관리하기 때문에 언제나 시원하고 따뜻한 물을 마실 수 있다. 아직까지 각 층마다 정수기가 있는 것은 아니지만 앞으로 계속해서 그 수를 늘릴 계획이다.

그 다음으로 소개할 것은 ATM이다. ________________________________

____

____

또한 차를 가지고 다니는 사람들을 위한 주차장도 준비되어 있다. 주차비를 내야 하는 단점이 있지만 학교 안에 편하게 주차할 수 있어서 좋다.

마지막으로 무선 인터넷 사용에 대해서 소개하려고 한다. ____________________

____

____

____

지금까지 정보가 없어서 사용하지 못한 사람들을 위해 내가 알고 있는 정보를 소개해 보았다. 앞에서 소개한 네 가지 정보 외에도 더 많은 학교 편의 시설이 있을 것이다. 더 유용한 학교생활 정보가 있으면 학교 게시판에 글을 써서 여러 사람들과 함께 나누었으면 좋겠다.

2 모임

어휘

1. 다음 중 알맞은 것을 골라 문장을 완성하십시오.

고장	바로	공동체	동아리	재채기

① 코에 먼지가 들어가서 ____________을/를 많이 하니까 머리가 아프다.

② 갑작스러운 ____________으로/로 차가 도로 위에 서 있다.

③ 지성 씨가 자신이 가입한 ____________을/를 소개했다.

④ 여자 친구가 너무 보고 싶어서 집에 도착하자마자 ____________ 여자 친구에게 전화를 걸었다.

⑤ 한국 사람들은 자신이 가입한 모임을 통해서 ____________ 의식을 느끼고 싶어 한다.

2. 다음 중 알맞은 것을 골라 대화를 완성하십시오.

젖다	반기다	친하다	참여하다	헉헉대다

① 가: 왜 그렇게 ____________?

나: 차를 놓칠까 봐 버스정류장까지 막 뛰어서 힘들어.

② 가: 밖에 비가 많이 와요?

나: 네, 그래서 우산을 썼지만 옷이 많이 ____________.

③ 가: 고향에 잘 다녀왔어요?

나: 네, 부모님께서 ____________ 맛있는 음식도 많이 만들어주셨어요.

④ 가: 저희 동아리에 가입하기로 한 이유가 있어요?

나: 제 취미와도 잘 맞고 이 동아리 활동에 ____________ 한국에서 좋은 추억을 만들고 싶어서요.

⑤ 가: 아멜리 씨는 누구하고 제일 ____________ 지내요?

나: 저는 파하드 씨하고 가장 ____________.

3. 다음 대화를 완성하십시오.

아멜리: 지금 뭐하고 있어요?

메 이: 동아리에 ________________ 게시판을 보고 있어요.
① 단체에 들어가려고

학교에서 수업만 하니까 너무 __________ 것 같아서요.
② 같은 상태가 오래 계속되어 재미없는

아멜리: 이 동아리 어때요? 한국 사람들과 _______을 하는 모임이네요. 공부에도 도움이
③ 어떤 문제에 대하여 여러 사람이 각각 의견을 말함

될 거예요.

메 이: 제 한국어 _______에 비해 어려울 것 같아요. 다른 동아리를 찾아볼래요.
④ 실제로 가지고 있는 힘이나 능력

아멜리: ______________ 할 수 없죠. ________________________________
⑤ 서운하지만 ⑥ 아무리 좋은 일이라도 자신의 마음이 내키지 않으면 무조건 시킬 수 없음

이니까요.

문법

1. AV-는 바람에

1. 다음 중 알맞은 것을 골라 문장을 완성하십시오.

다치다	생기다	서두르다	쏟아지다	챙기다

① 급하게 ________________ 집에 지갑을 놓고 왔다.

② 컴퓨터에 이상이 ________________ 보고서를 완성하지 못했다.

③ 갑자기 비가 ________________ 우산이 없어서 옷이 홀딱 젖었다.

④ 학교에 가다가 넘어져서 ________________ 동아리 모임에 참석할 수 없었다.

⑤ 소풍 때 음식을 아주 많이 ________________ 다 먹지 못하고 다시 가져왔다.

2. 다음 대화를 완성하십시오.

① 가: 오늘 자르갈이 화가 많이 났어. 왜 그런지 알아?

나: ____.

(어제 만나기로 약속을 하다 / 내가 약속을 깜박하다 / 자르갈이 혼자 오래 기다리다)

② 가: 어제 왜 결석했어요?

나: 죄송합니다. ____.

(밤새 공부하다 / 새벽에 잠이 들다 / 아침에 일어나지 못하다)

③ 가: 어제 축구 경기 봤어요?

나: 아니요, ____.

(어머니께서 드라마를 보시다 / 축구 경기를 못 보다)

④ 가: 어쩌다가 다리에 깁스를 했어요?

나: ____.

(계단을 내려가다 / 넘어지다 / 다리가 부러지다)

⑤ 가: 어제 영화는 재미있게 봤어요?

나: 아니요, ____.

(영화를 같이 보기로 한 친구가 약속을 취소하다 / 예매한 영화를 보지 못하다)

2. AV-(으)ㄹ 뻔하다

1. 다음 중 알맞은 것을 골라 문장을 완성하십시오.

가다	내다	쏟다	망가지다	무너지다

① 급하게 가다가 지나가는 사람과 부딪혀서 커피를 ______________________.

② 여행을 갔는데 처음이어서 지도를 잘못 보고 다른 길로 ______________________.

③ 어제 발생한 지진 때문에 학교 건물이 심하게 흔들려서 ______________________.

④ 집에 가다가 넘어지는 바람에 휴대전화를 떨어뜨려서 휴대전화가 ______________________.

⑤ 책 반납 날짜를 착각해서 많은 연체료를 ______________________.

2. 다음 대화를 완성하십시오.

① 가: 오늘 메이 씨 생일인 거 알고 있지요?

나: 깜박했네요. ______________________.

② 가: 여행은 잘 다녀왔어요?

나: 네, 그런데 여행 중에 여권을 잃어버려서 ______________________.

③ 가: 교실에서 누군가 소화기를 사용했네요.

나: 네, 누가 쓰레기통에 담뱃불을 끄지 않고 버렸어요. 그래서 교실에 ______________________.

④ 가: 영화는 재미있게 봤어요?

나: 아니요, 너무 지루해서 ______________________.

⑤ 가: 왜 그렇게 화가 났어요?

나: 도서관에서 공부를 하는데 옆 사람이 자꾸 떠드는 거예요.

그래서 ______________________.

3. V-(으)ㄹ 뿐이다, N일 뿐이다

1. 다음 중 알맞은 것을 골라 문장을 완성하십시오.

하다	바꾸다	자고 싶다	사이	직장 동료

① 며칠 동안 밤을 새웠기 때문에 오늘은 하루 종일 ______________________.

② 그 사람은 단순히 ______________________.

③ 나는 로빈 씨와 인사만 하는 ______________ 사람들은 내가 로빈 씨와 친하다고 생각한다.

④ 가구만 ______________________ 새집에 이사 온 기분이 들었다.

⑤ 나는 나의 할 일을 ______________________ 친구가 나에게 고마워했다.

2. 다음 대화를 완성하십시오.

① 가: 집이 깨끗하네요. 청소를 했어요?

나: 아니요, ______________________.
(너무 더럽다 / 정리만 하다)

② 가: 아멜리 씨하고 친해요? 길에서 오랫동안 이야기하는 걸 봤어요.

나: 아니요, ______________________.
(아멜리 씨에게 책을 빌리다 / 이것저것 물어보다)

③ 가: 요즘 아르바이트를 하고 있어요?

나: 아니요, ______________________.
(친구가 바쁘다 / 며칠 도와주다)

④ 가: 걸음이 왜 그렇게 빨라요? 급한 일이 있어요?

나: 아니요, ______________________.
(약속 시간이 다 되다 / 서두르다)

⑤ 가: 이 동아리가 마음에 드나 보네요.

나: 아니요, ______________________.
(친구가 이 동아리의 회장이다 / 참여하다)

4. AV-는 대로[1]

1. 다음 중 알맞은 것을 골라 문장을 완성하십시오.

먹다	나오다	마치다	만나다	도착하다

① 친구와 ________________ 먼저 식사를 하러 갈 계획이다.

② 밥을 ________________ 영화를 보러 가기로 했다.

③ 한국어 공부를 ________________ 대학교에 입학하려고 준비 중이다.

④ 피곤하면 집에 ________________ 손만 씻고 바로 주무세요.

⑤ 결과가 ________________ 부모님께 먼저 연락할 것이다.

2. 다음 대화를 완성하십시오.

① 가: 사장님, 제 옷은 다 됐어요?

나: 아니요, ________________________________.
(세탁하다 / 가져다 드리다)

② 가: 공항에서 호텔까지는 어떻게 가야 해요?

나: ________________________________.
(공항에 도착하다 / 이 번호로 전화하면 호텔 직원이 마중을 나올 것이다)

③ 가: 이번 여행에 아멜리 씨도 같이 가요?

나: 아니요, 하지만 다시 얘기해 보려고요. ________________________________.
(설득하다 / 알려주다)

④ 가: 이 동아리는 무엇을 하는 곳일까요? 알고 싶네요.

나: 저도 궁금해요. ________________________________.
(어떤 동아리인지 알게 되다 / 가르쳐주다)

⑤ 가: 이 집으로 계약하시겠습니까?

나: 지금은 돈이 조금 부족하네요. ________________________________.
(보증금이 준비되다 / 다시 연락드리다)

듣기

1. 다음을 듣고 빈 칸에 알맞은 단어를 쓰십시오.

파하드: 여보세요?

아멜리: 파하드 전화지요?

파하드: 네, ____ 누구세요?

아멜리: 파하드, 나 아멜리야.

파하드: 아멜리구나. 오랜만이다. ________?

아멜리: 2급 때 우리 반 학생들과 선생님이 같이 모여서 밥을 먹기로 했어. 너는 ____ __ 올 수 있는 거지?

파하드: ________. 내가 우리 반 친구들을 모두 보고 싶어 한 거 알잖아. 나는 방학 때 고향에서도 한국에 오는 날짜만 확인하고 있었어. 언제야?

아멜리: 다음 주 금요일 오후 1시에 수업이 끝나고 같이 점심을 먹으려고. ____는 이번 주였는데 우리 부모님께서 고향에서 오시는 바람에 다음 주로 ________.

파하드: 부모님께서 오셨어? 정말 ______. 부모님께서도 너를 보시고 좋아하셨겠네.

아멜리: 나도 아주 기분이 좋아. 그래서 이번 주에 모이면 내가 못 가니까 선생님께서 약속을 ____ ______. 못 갈 뻔 했는데…….

파하드: 우리 선생님께서 원래 좋으신 __________. 다른 친구들도 다 오겠지?

아멜리: ____ 그럴 거야.

파하드: 지난 학기가 끝나고 다들 만날 수가 없어서 __________……. 재미있겠다.

읽고 쓰기

1. 다음은 우리 동아리 소개입니다. 다음을 읽고 글을 완성하십시오.

1. 한국 친구를 많이 사귈 수 있다.	- 동아리 회원 20명, 모두 성격이 좋다.
2. 한국어 말하기 실력을 높일 수 있다.	- 토론을 하면서 말을 많이 해야 한다. - 자연스럽게 말하는 방법을 배울 수 있다.

우리 동아리 소개

안녕하세요? 저희 동아리에 대해서 소개를 드리려고 합니다. 저희 동아리 이름은 '국제 토론'입니다. 이름에서도 알 수 있는 것처럼 세계 여러 나라의 사회적 이슈를 주제로 자신의 생각을 이야기하는 동아리입니다. 저희 동아리에 오시면 몇 가지 장점이 있습니다.

먼저 한국 친구를 많이 사귈 수 있습니다. 저희 동아리의 회원은 20명입니다. 여러분이 저희 동아리에 가입하시면 20명의 새로운 한국 친구를 만나게 됩니다. 동아리 회원들은 성격이 좋아서 여러분을 가족처럼 대해줄 것입니다.

다음으로 한국어 말하기 실력을 높일 수 있습니다. ____________________

____

____

____

토론 때문에 부담을 느끼지 않도록 동아리 회원들이 옆에서 도와 드리겠습니다. 한국 친구들과 대화하고 싶으신 분들을 모두 환영합니다. 고민하지 말고 많은 지원 부탁드립니다.

3 성격과 감정

어휘

1. 다음 중 알맞은 것을 골라 문장을 완성하십시오.

개성적	외향적	내성적	현실적	주도적

① 나는 남의 앞에 나서기를 좋아하지 않는 ____________________인 성격이다.

② 동생은 얼굴이 ____________________으로 생겨서 누구나 한번 보면 기억을 한다.

③ 내 성격이 조용한 편이라서 반대로 ____________________이고 활달한 성격의 친구가 좋다.

④ 결혼을 하면 생각하지 못한 ____________________인 문제를 경험하게 된다.

⑤ 최 과장님은 직원들과 일을 할 때 ____________________으로 일을 할 수 있도록 도와준다.

2. 다음 중 알맞은 것을 골라 대화를 완성하십시오.

꼼꼼하다	소심하다	서글프다	심란하다	화창하다

① 가: 이렇게 ____________________ 날씨에는 소풍을 가면 좋겠어요.

나: 지금 바로 소풍을 가긴 어렵고 산책이라도 할까요?

② 가: 어머니는 나를 항상 ____________________ 표정으로 바라보셔.

나: 네가 걱정돼서 그러시는 거야.

③ 가: 자르갈 씨, 표정이 안 좋은데 무슨 일이 있어요?

나: 혼자 한국에서 명절을 보내니까 ____________________ 생각이 들어서요.

④ 가: 이 일은 절대로 실수하면 안돼요.

나: 네, 제가 ____________________ 처리할게요.

⑤ 가: 제 여자 친구는 무서워서 혼자 공포 영화도 못 봐요.

나: 겁도 많고 ____________________ 성격인가 봐요.

3. 다음 대화를 완성하십시오.

로 빈: 어제 파하드가 이번 주말에 어디 가냐고 물어 봤어.

집에만 있으니까 ㄸㅂㅎㄷ__________고 주말에 ________을 가자고 하네.
① 재미가 없어 지루하다 ② 산에 올라감

메 이: 우리 주말에 만나서 같이 공부하기로 했잖아.

로 빈: 그래서 너랑 도서관에 가기로 먼저 ________을 했는데 파하드도 괜찮으면 오라고
③ 어떤 일을 하기로 미리 정함

했어.

메 이: 좀 ________했겠네. 심심해서 놀고 싶어 하는 것 같은데…….
④ 희망을 잃거나 마음이 상함

로 빈: 최근에 파하드가 여자 친구와 헤어지는 바람에 많이 ____________.
⑤ 걱정으로 마음이 답답하여 활기가 없어했다

문법

1. V-(으)며, N(이)며

1. 다음 중 알맞은 것을 골라 문장을 완성하십시오.

바라보다	강하다	피우다	평화롭다	풍부하다

① 그 마을의 분위기는 ________________ 안정적이다.

② 과일은 비타민이 ________________ 피로회복에 좋다.

③ 메이는 자기주장이 ________________ 모든 일에 적극적이다.

④ 친구는 하늘을 물끄러미 ________________ 웃음을 지었다.

⑤ 한국에서는 어른들 앞에서 담배를 ________________ 말하는 것은 예의 없는 행동이다.

2. 다음 대화를 완성하십시오.

① 가: 지금 뭐하고 있어요?

나: ____.
(음악을 듣다 / 숙제를 하다)

② 가: 교실에 학생들이 많네요.

나: 그 교실은 ____.
(넓다 / 깨끗해서 공부하기가 좋다)

③ 가: 우리 같이 토론 동아리에 가입할까요?

나: 미안해요. ____.
(일을 하다 / 공부를 해서 시간이 없다)

④ 가: 이번 학기에 많이 바빠 보이네요.

나: ____.
(대학교 입학을 준비하다 / 영어 공부를 시작하다)

⑤ 가: 저 사람은 항상 정장만 입네요. 직업이 뭐예요?

나: 저 사람은 ____.
(변호사 / 대학 교수)

2. V-(ㄴ/는)다고 하다, N(이)라고 하다

1. 다음 대화를 완성하십시오.

① 가: 지난주에 놀이공원에 갔는데 이번 주에도 또 가요?

나: ____.

(아이들 / "또 가고 싶어요.")

② 가: 언니, 오늘 저녁 메뉴는 뭐야?

나: ____.

(엄마 / "오늘 저녁에는 칼국수를 만들 거야.")

③ 가: 메이 씨와 주말에 만나기로 약속을 했어요?

나: ____.

(메이 / "바빠서 만날 시간이 없어요.")

④ 가: 자르갈 씨는 어릴 때 꿈이 뭐였다고 해요?

나: ____.

(자르갈 / "어릴 때 꿈이 과학자였어요.")

⑤ 가: 흐엉 씨의 전공이 뭐라고 했어요?

나: ____.

(흐엉 / "국제경영학이 전공이에요.")

3. V-냐고 하다, N(이)냐고 하다

1. 다음 대화를 완성하십시오.

① 가: 말하기 시험에서 선생님께서 뭘 물어봤어요?

나: ____.

(선생님 / "한국어와 모국어의 차이가 뭐예요?")

② 가: 죄송해요. 방금 뭐라고 하셨어요?

나: ____.

("어디에 살아요?")

③ 가: 누구한테 온 전화예요?

나: 방친구예요. ____.

(방친구 / "이따가 언제 집에 올 거야?")

④ 가: 아멜리 씨가 요즘 한국어 공부를 열심히 하지요?

나: 네, 그런데 요즘 기억력이 나빠진 것 같아요. ______________________.

(어제 배운 단어이다 / "무슨 뜻이에요?")

⑤ 가: 선생님의 전달사항을 못 들었는데 뭐라고 하셨어?

나: ______________________.

(선생님 / "이번 한국어능력시험을 신청할 거예요?")

4. AV-자고 하다

1. 다음 대화를 완성하십시오.

① 가: 아멜리 씨, 어디에 가요?

나: ______________________.

(메이 / "쇼핑하러 갑시다." / 주안역에 가다)

② 가: 비행기 표를 예약하려고요?

나: 네, ______________________.

(친구 / "방학을 하면 제주도로 여행을 갈까요?" / 예약하다)

③ 가: 선생님께서 수업 첫날 뭐라고 말씀하셨는지 기억나요?

나: 네, ______________________.

(선생님 / "수업시간에는 한국어로만 말합시다.")

④ 가: 오늘 저녁에 파하드 씨를 만날 거예요?

나: 아니요, ______________________.

(파하드 / "시간이 없으니까 다음에 만납시다.")

⑤ 가: 흐엉 씨, 요가 학원에 등록했어요?

나: 네, ______________________.

(아멜리 / "건강을 위해서 요가를 함께 배우자." / 이번 주부터 할 것이다)

5. AV-(으)라고 하다

1. 다음 대화를 완성하십시오.

① 가: 아직까지도 퇴근을 못하고 있네요.

나: ______________________________.

(과장님 / "오늘까지 이 서류를 번역하세요.")

② 가: 선생님께서 한국어를 잘하려면 어떻게 해야 한다고 하셨어요?

나: ______________________________.

(선생님 / "한국 친구와 말하기 연습을 많이 하세요.")

③ 가: 아멜리 씨, 여기서 뭐 해요?

나: ______________________________ 기다리고 있어요.

(지성 씨 / "여기에서 조금만 기다려 주세요.")

④ 가: 오늘 숙제가 뭔지 알아?

나: ______________________________.

(선생님 / "오늘 배운 문법으로 문장 5개를 만드세요.")

⑤ 가: 파하드, 왜 메이 씨 가방을 들고 있어요?

나: ______________________________.

(메이 / "가방이 너무 무거우니까 좀 도와주세요.")

듣기

1. 다음을 듣고 빈 칸에 알맞은 단어를 쓰십시오.

로 빈: 아멜리 씨, 왜 아까부터 창밖만 ______ 바라보고 있어요?

아멜리: 갑자기 비가 오니까 괜히 ______.

로 빈: 아까 공원에서 점심 먹을 때는 기분이 좋아서 하늘을 날아갈 것 같다고 했잖아요. 갑자기 너무 ______ 보여서 내가 뭐 실수했나 걱정했어요.

아멜리: 저는 기분이 날씨에 따라서 자주 바뀌거든요. 아까는 날이 너무 ______ 기분이 좋았어요. 봄이 되니까 더 그러네요.

로 빈: 아멜리 씨, 봄 ______ 봐요. 봄은 여자의 계절이라고 하잖아요.

아멜리: 네? 봄을 탄다고요? 그게 무슨 말이에요?

로 빈: 아, 그 말은 계절이나 날씨의 영향으로 감정의 기복이 심해지는 것을 말해요. 그래서 봄이 되면 여자의 마음에 봄바람이 불어서 ______해진다고 해요. 그리고 가을은 남자의 계절이라고 하는데, 가을에는 남자들이 ______ 감정을 자주 느낀다고 해요.

아멜리: 아, 그런 말이 있군요. 봄은 여자의 계절, 가을은 남자의 계절이라……. 그럼 올 가을에는 로빈 씨가 ______.

읽고 쓰기

1. 여러분은 어떤 성격을 가지고 있습니까? 다음을 읽고 글을 완성하십시오.

서론	내 성격의 특징 – 상황에 따라 여러 가지로 말할 수 있다.
본론	장점 – 적극적이고 명랑하다. – 친구가 많다. 단점 – 소심하고 소극적인 성격을 다른 사람에게 보이기 싫어한다. – 친구들에게 나의 고민이나 걱정을 이야기하지 않는다.
결론	고치고 싶은 부분과 그 이유 – 모든 일을 적극적으로 해야 되는 것이 힘들다. – 내 성격 그대로를 다른 사람들에게 보여줄 수 있도록 하겠다.

⇩

나의 성격을 한 마디로 이야기하는 것은 조금 어렵다. 상황에 따라 여러 가지로 말할 수 있기 때문이다. 나는 친구나 가족들하고 같이 있을 때는 적극적이고 명랑하다. 그리고 언제나 밝고 명랑한 모습으로 지내려고 노력한다. 그렇지만 이것은 나의 소심하고 소극적인 성격을 다른 사람에게 보일 자신이 없기 때문에 이렇게 노력하는 것이다.

나는 친구가 많다. 그러나 ______________________________

____

____

____

사람들 앞에 가면 언제나 재미있는 이야기를 하게 되고 모든 일을 적극적으로 해야 되는 것이 가끔은 조금 힘들다. 앞으로는 내 성격 그대로를 다른 사람들한테 보여줄 수 있도록 노력할 것이다. 나도 가끔 나의 고민이나 걱정에 대해서 친구들과 이야기도 하고 친구들의 이야기도 들어 주고 싶기 때문이다.

4 소식과 소문

어휘

1. 다음 중 알맞은 것을 골라 문장을 완성하십시오.

무더위	공지	호감	비밀	안색

① 다음 주 금요일에 체육대회가 있다는 ________________이/가 게시판에 붙었다.

② 장마가 끝나고 ________________이/가 시작된다는 소식을 들었다.

③ 그 사실은 누구도 모르는 ________________이니까/니까 다른 사람에게 말할 수 없다.

④ 안 좋은 소문 때문에 잠을 못 자서 ________________이/가 좋지 않다.

⑤ 모든 사람이 착하고 친절한 아멜리 씨에게 ________________을/를 느낀다.

2. 다음 중 알맞은 것을 골라 대화를 완성하십시오.

낯설다	몰려들다	기대다	심하다	뽑다

① 가: 어제 운동을 무리하게 해서 피곤하고 졸리다.

　나: 그럼 내 어깨에 ________________ 조금 자.

② 가: 두 사람이 서로 ________________ 사이인가 봐요?

　나: 네, 이번 학기에 처음 같은 반이 됐어요.

③ 가: 저 가게에 왜 이렇게 사람들이 ________________?

　나: 오늘 하루 할인 행사를 한대요.

④ 가: 이번에 반장이 됐다면서요?

　나: 네, 친구들이 저를 믿고 ________________ 주었어요.

⑤ 가: 감기가 ________________ 어떻게 하면 좋을까요?

　나: 몸을 따뜻하게 하고 따뜻한 물을 자주 마시는 게 좋대요.

3. 다음 문장을 완성하십시오.

파하드: 다음 주부터 대학원 __________ 입학 모집을 시작한다는 소식 들었어?
① 새로 입학한 학생

아멜리: 아니, ______________인데?
② 어떤 이야기를 지금 처음으로 들음

파하드: 학교 홈페이지에 _______가 올라왔는데 졸업 증명서랑 성적 증명서 등이 필요하대.
③ 많은 사람들에게 어떤 내용을 알림

아멜리: _______도 있겠지?
④ 직접 만나서 말과 행동을 보는 시험

파하드: 응. 면접도 있대. 그런데 면접이 굉장히 어렵다는 _______을 들었어.
⑤ 사람들 사이에서 오고 가는 말이나 소식

한국어로 하는 건 ______________ 전공에 대한 지식도 많아야 한대.
⑥ 말할 필요가 없고

아멜리: 정말 걱정이다. 지금부터 준비를 시작해야겠어.

문법

1. V-(ㄴ/는)다는 N, N_1(이)라는 N_2

1. 다음 중 알맞은 것을 골라 문장을 완성하십시오.

인정받다	꼼꼼하다	작가	만족스럽다	무료

① 과장님의 성격이 ________________ 소문을 들었다.

② 지난 번 발표할 때 교수님께 ________________ 칭찬을 듣고 기분이 좋았다.

③ 모든 사람들이 믿어준다는 것은 ________________ 말과 같다.

④ 사람들은 참가비가 ________________ 소식을 모두 믿지 못했다.

⑤ 우리 동네 주변을 돌아다니는 거지가 유명한 ________________ 소문이 있다.

2. 다음 대화를 완성하십시오.

① 가: 요즘은 결혼을 안 하는 사람들이 많다고 해요.

나: 저도 요즘 젊은 사람들이 ________________________________.
(혼자 사는 것을 선호하다 / 뉴스 / 듣다)

② 가: 한국어를 공부하는 사람들은 무엇을 더 중요하게 생각하나요?

나: ________________________________.
(시험 점수보다 말하기를 중시하다 / 조사 결과 / 있다)

③ 가: 저 사람 말하는 거 들었어요? 한국 사람 같네요.

나: 정말 대단하지요? ________________________________.
(배운 문장은 모두 줄줄 외우다 / 소문 / 듣다)

④ 가: 춤추는 것을 정말 좋아하시나 봐요.

나: 춤을 추는 것이 제 ________________________________?
(생활의 원동력이다 / 사실 / 모르다)

⑤ 가: 성격을 고치기 위해서 노력하고 있다는 소식 들었어.

나: 응, 이제 ________________________________.
(내성적이다 / 말 / 그만 듣고 싶다)

2. V-(ㄴ/는)대(요), N(이)래(요)

1. 다음 대화를 완성하십시오.

① 가: 어디 새로 회원을 모집하는 동아리 없을까요?

나: 게시판에서 봤는데 ________________________________.
(토론 동아리 / 회원을 모집하다)

② 가: 메이 씨의 바지 좀 보세요. 무릎 부분이 조금 찢어진 것 같은데 무슨 일 있었대요?

나: ________________________________.
(아침에 학교에 오다 / 넘어지다)

③ 가: 요즘 컴퓨터를 오랫동안 사용해서 그런지 눈이 계속 아파.

나: ________________________________.
(눈이 피로하다 / 찬물로 눈을 씻어 주면 좋다)

④ 가: 와, 이 옷 어때? 정말 멋져 보이는데?

나: 그렇지? ________________________________.
(뉴스 / 올해 이런 옷이 유행이다)

⑤ 가: 내일은 날씨가 좋았으면 좋겠어요.

나: ________________________________.
(아까 일기 예보를 듣다 / 내일은 화창할 것이다)

3. V-냬(요), AV-(으)래(요), AV-재(요)

1. 다음 대화를 완성하십시오.

① 가: 수지 씨가 뭐라고 물어봤어요?

나: ________________________________.
(수지 씨 / 내일은 몇 시까지 모이다)

② 가: 누구한테서 온 전화야?

나: 지성이. ________________________________.
(지성 / 다음 모임이 언제이다)

③ 가: 고향에 잘 다녀왔어요? 부모님께서 좋은 말씀 많이 해 주셨어요?

나: 아니요, 놀기만 한다고 혼났어요. ________________________________.
(놀지만 말다 / 꾸준히 한국어 실력을 기르다)

④ 가: 파하드가 뭐라고 하는 거야?

나: ____.
(위험하다 / 이쪽으로 가지 말다)

⑤ 가: 흐엉 씨랑 몇 시에 어디에서 만나기로 했어요?

나: 2시에 만나기로 했어요. ________________________________.
(흐엉 씨 / 학교 후문에서 만나다)

⑥ 가: 그 문제는 해결이 됐어?

나: 아직 해결되지 않았어. 다른 사람들이 ________________________.
(급하게 생각하지 말다 / 함께 차분히 해결하다)

2. 다음 내용을 인용 표현으로 바꾸십시오.

①

아멜리: 얘들아, 오늘 저녁 약속 잊지 않았지? 수업 끝나고 후문 앞에서 만나자. 그리고 7시까지 신촌에 도착해야 하니까 늦지 마. 정말 기대된다.	⇨	**나:** 얘들아, 아멜리가 메시지를 보냈어. ______________________ ______________________ ______________________ ______________________

②

자르갈: 이번 주 토요일에 동아리 모임이 있습니다. 참석 가능하신 분은 먼저 알려주세요. 그리고 모임 후에는 오랜만에 함께 식사합시다. 토요일에 만나요.	⇨	**나:** 얘들아, 동아리 회장이 메시지를 보냈어. ______________________ ______________________ ______________________ ______________________

4. V-(ㄴ/는)다면서(요)?, N(이)라면서(요)?

1. 다음 대화를 완성하십시오.

① 가: 수지 씨한테서 들었는데 요즘 ______________________________?

나: 네, 혼자 사니까 심심해서 기르고 있어요.

② 가: ______________________________?

나: 네, 아르바이트를 시작한 지 한 달쯤 지났어요.

③ 가: 너 성격이 ______________________________?

나: 아니에요. 신중한 것보다 잘 못 믿어서 그런 거예요.

④ 가: 아직도 ______________________________?

나: 응, 처음에는 일찍 일어나서 운동하는 게 힘들었는데 이제 습관이 됐어.

⑤ 가: ______________________________?

나: 네, 맞아요. 제가 형의 동생인 걸 어떻게 아셨어요?

듣기

1. 다음을 듣고 빈 칸에 알맞은 단어를 쓰십시오.

박지성: 로빈 씨, ____이 안 좋아 보이는데 무슨 일 있어요?

로 빈: 요즘 목이랑 어깨 ____이 심해져서 그래요.

박지성: 어제 뉴스에서 보니까 요즘 척추 질환 환자가 늘고 있대요.

로 빈: 저도 들었어요. 잘못된 자세가 ____인 경우가 많다면서요?

박지성: 맞아요. 특히 버스나 지하철에서 목을 숙여 휴대전화를 보는 ____가 안 좋다고 해요.

로 빈: 저는 휴대전화를 잘 사용하지 않는 편인데 왜 그럴까요?

박지성: 장시간 텔레비전이나 컴퓨터 앞에 앉아 있어도 그렇게 된다는 전문가의 말도 있었어요. ____ 그런 거 아니에요?

로 빈: 그런가 봐요. 저는 특히 컴퓨터 앞에서는 ____ 움직이지 않아요.

박지성: 앞으로 척추 건강을 위해서 자세를 바르게 하는 게 좋겠어요. 어제 뉴스에서 몇 가지 알려 줬는데 한번 해 보세요.

로 빈: 좋아요. 어떻게 하는 거예요?

박지성: 우선 앉을 때는 ____를 곧게 세워야 하고 한 시간에 한 번은 자리에서 일어나 스트레칭을 하래요. 그리고 ____ 규칙적인 운동을 해서 척추 주위 근육을 강화시켜 주어야 한대요.

로 빈: ____을 기르기가 힘들겠지만 한번 해 봐야겠네요.

읽고 쓰기

1. 다음은 일기예보입니다. 다음을 읽고 글을 완성하십시오.

내일까지 서울, 경기 지역 태풍, 피해 주의

1. 오늘 오후부터 내일까지 서울, 경기 지역에 80mm가 넘는 비, 폭풍
2. 서해에도 최고 200mm의 큰 비가 예상, 강풍, 파도 주의
3. 오늘 낮 기온은 서울 29도, 대구 32도, 비구름은 내일 오후부터 남쪽으로 이동

새벽에 비가 무섭게 쏟아지는 바람에 잠을 못 잔 분들도 계실 겁니다. 이 비는 잠시 그쳤지만 오늘 오후부터 내일까지 강풍과 함께 다시 시작될 것이라는 소식입니다. 날씨 상황 자세히 알아보겠습니다.

현재 비구름이 약해지면서 새벽부터 내린 비가 잠시 멈췄습니다. 하지만 오늘 오후부터 비가 다시 시작되겠습니다. 이 비는 내일까지 서울, 경기 지역에 80mm가 넘게 내리겠고 강한 폭풍도 함께 불 것으로 예상됩니다.

그리고 ____

____

____

____

낮 기온 어제와 비슷하거나 조금 낮겠습니다. ____________________

____

____

____

____

5 초대와 방문

어휘

1. 다음 중 알맞은 것을 골라 문장을 완성하십시오.

겨우	얼른	연예인	이국적	집들이

① 수업 시간이 다가와서 나는 ______________ 집을 나섰다.

② 제주도는 한국의 다른 지역과 다르게 ____________인/ㄴ 느낌이 든다.

③ 친구의 ____________에 초대를 받았는데 무엇을 사야 할지 고민이 된다.

④ 이번 시험은 너무 어려워서 우리 반 1등인 자르갈 씨도 ____________ 합격했다고 한다.

⑤ 노래를 하는 것이나 연기하는 것 등을 직업으로 가진 사람을 __________이라고/라고 한다.

2. 다음 중 알맞은 것을 골라 대화를 완성하십시오.

닮다	밤새다	설레다	초대하다	포기하다

① 가: 어제 무엇을 했는데 수업 시간에 그렇게 졸아요?

나: 축구 경기를 보느라고 __________________ 너무 피곤해요.

② 가: 얼굴이 정말 비슷하네요. 쌍둥이인가요?

나: 아니요, 형제라고 들었는데 진짜 __________________.

③ 가: 오늘 자르갈 씨가 자신의 생일잔치에 너도 __________________?

나: 응, 하지만 나는 아르바이트 때문에 시간이 없어서 선물만 주려고.

④ 가: 다이어트를 한다고 들었는데 그렇게 많이 먹어도 돼요?

나: 처음에는 다이어트를 하려고 했는데 건강에 좋지 않을 것 같아서 ________________.

⑤ 가: 애인을 정말 자주 만나네요.

나: 매일 만나도 만날 때마다 정말 __________________ 행복해요.

3. 다음 중 알맞은 것을 골라 대화를 완성하십시오.

깨가 쏟아지다	입에 맞다
상다리가 부러지다	둘이 먹다 하나가 죽어도 모르겠다

① 가: 차린 건 없지만 많이 드세요.

나: ______________________ 음식이 많은 걸요. 잘 먹겠습니다.

② 가: 제 결혼식에 와 주셔서 감사드립니다.

나: 축하드립니다. 사진을 보니 ______________ 행복해 보여서 부럽네요.

③ 가: 제가 준비한 음식은 맛있게 드셨어요?

나: 네, 음식이 정말 맛있어서 ______________________.

④ 가: 한국 음식은 어때요?

나: 처음에는 고향 음식과 달라서 힘들었는데 요즘에는 ______________.

4. 다음 대화를 완성하십시오.

박지성: 최수지 씨 __________이 돌아가셨다는데 _______ 갈 거예요?
① '아버지'의 높임말 ② 다른 사람의 죽음의 슬퍼해 줌

메 이: __________ 가야죠. 빈소가 어디라고 해요?
③ 틀림없이

박지성: 인하대학병원 ㅇㅇㅅ__________이래요.
④ 병원에서 죽은 사람이 있는 방

메 이: 가 봐야겠네요. 한국에서는 ______________에 갈 때 뭐가 필요해요?
⑤ 장례를 치르는 장소

박지성: ㅂㅇㄱ__________을 준비하면 돼요. __________ 같이 갈까요?
⑥ 죽은 사람의 가족을 위로하려고 내는 돈 ⑦ 조금 지난 뒤에

메 이: 좋아요. 같이 가요.

문법

1. AV-느라(고)

1. 다음 중 알맞은 것을 골라 문장을 완성하십시오.

참다	구하다	치우다	거절하다	숙제하다

① 자르갈 씨는 밤새 ____________ 잠을 자지 못 했다.

② 파하드 씨는 화가 난 것을 ____________ 얼굴이 빨개졌다.

③ 아멜리 씨는 친한 친구의 부탁을 ____________ 힘들었다.

④ 보고서에 필요한 자료를 ____________ 도서관에 종일 있었다.

⑤ 메이 씨는 더러워진 방을 ____________ 식사를 못 했다.

2. 다음 대화를 완성하십시오.

① 가: 어제 잠을 자지 못했다면서요?

나: 네, ____.
(친구와 이야기하다 / 잠을 못 자다)

② 가: 그 영화 무슨 내용이에요?

나: ____.
(울다 / 영화를 끝까지 못 보다 / 잘 모르다)

③ 가: 약속에 늦은 이유가 있어요?

나: ____.
(숙제를 하다 / 시간 가는 걸 모르다)

④ 가: ____.
(먼 길 오다 / 고생하다)

나: 아니에요. 여행하는 기분으로 즐겁게 왔어요.

⑤ 가: 메이 씨, 제가 부르는 소리 못 들었어요?

나: 미안해요. ____.
(음악을 듣다 / 못 듣다)

2. V-고(요), N(이)고(요)

1. 다음 중 알맞은 것을 골라 대화를 완성하십시오.

많다	받다	가고 싶다	깨끗하다	다양하다

박지성: 오늘 한국 결혼식에 다녀왔다면서요? 어땠어요?

메 이: 선생님 가족들이 많았어요. 하객들도 ①____________________.

박지성: 예식장은 좋았어요?

메 이: 네, 정말 넓더라고요. ②____________________.

박지성: 음식은 어땠어요?

메 이: 얼마나 맛있었는지 몰라요. 종류도 ③____________________.

박지성: 결혼식에서 재미있는 일은 없었어요?

메 이: 폐백을 봤어요. 어른들이 긴 천에 음식을 던지셨어요. 두 분은 그것을 ④________________.

박지성: 결혼식을 보니까 어떤 느낌이 들어요?

메 이: 저도 결혼하고 싶어요. 신혼여행도 ⑤____________________.

2. 다음 대화를 완성하십시오.

① 가: 고향에 돌아가려다가 말았다면서요?

나: 한국 사람들이 너무 좋아서요. ______________________________.
(음식도 맛있다)

② 가: 다른 나라에 가려다가 다시 한국에 왔다면서요?

나: 한국어를 더 배우고 싶어서요. ______________________________.
(문화도 배우고 싶다)

③ 가: 부모님과 같이 살려다가 그냥 혼자 살기로 했다면서요?

나: 네, 잔소리를 듣기 싫어서요. ______________________________.
(답답할 것도 같다)

④ 가: 친구들과 같이 귀국을 하려다가 지금 혼자 머물고 있다면서요?

나: 한국 사람처럼 유창하게 말하고 싶어서요. ________________________.
(한국에서 대학에도 갈 것이다)

⑤ 가: 부모님이 소개해 준 사람과 결혼하는 것을 포기하고 한국에 왔다면서요?

나: 아직 결혼할 마음이 없어서요. ________________________.
(다양한 경험도 하고 싶다)

3. AV-도록 하다

1. 다음 중 알맞은 것을 골라 문장을 완성하십시오.

짓다	세우다	그만두다	배웅하다	행동하다

① 나는 동생의 학업을 위해서 동생에게 아르바이트를 ________________________.

② 나는 오늘 너무 바빠서 친구에게 부모님을 ________________________.

③ 부모님은 나에게 동생에게 먹일 밥을 ________________________.

④ 선생님은 우리 반 학생들에게 공부 계획을 ________________________.

⑤ 부모님은 내가 언제나 예의바르게 ________________________.

2. 다음 대화를 완성하십시오.

① 가: 이 건물에서는 무엇을 조심해야 할까요?

나: 건물 안에서는 ________________________.

② 가: 공연을 보러 가면 무엇을 조심해야 할까요?

나: 공연 중에는 ________________________.

③ 가: 오늘 행사에는 어떤 옷을 입을까요?

나: 오늘은 특별한 날이니까 ________________________.

④ 가: 요즘 건강이 별로 좋지 않아서 운동을 좀 하고 싶어요. 저에게 어울리는 운동을 추천해 주세요.

나: 누구나 쉽게 할 수 있는 ________________________.

⑤ 가: 친구에게 생일 선물로 무엇을 주면 좋을까요?

나: ________________________.

4. AV-(으)려다(가)

1. 다음 중 알맞은 것을 골라 문장을 완성하십시오.

짓다	차리다	귀국하다	그만두다	전공하다

① 정부는 한 마을에 쓰레기 처리장을 ______________ 주민들의 반대로 포기했다.

② 메이 씨는 방학이 시작되는 대로 ______________ 비자 연장 때문에 바로 가지 못했다.

③ 유학 생활이 너무 힘들어서 ______________ 부모님의 설득으로 다시 마음을 잡았다.

④ 대학교에 입학 원서를 넣을 때 고향에서 공부한 것을 ______________ 한번도 공부해 보지 않은 새로운 전공을 선택했다.

⑤ 아직 저녁을 먹지 못한 파하드 씨는 집에서 밥을 ______________ 귀찮아서 그냥 굶기로 했다.

2. 다음 대화를 완성하십시오.

① 가: 음식이 정말 맛있네요. 직접 만드신 거예요?

나: 아니요, ______________________________.

(제가 만들다 / 일이 많다 / 주문하다)

② 가: 장례식장은 잘 다녀왔어요?

나: 네, ______________________________.

(밤까지 새우다 / 친구가 집에 가라고 하다 / 밤 12시에 집으로 돌아오다)

③ 가: 주말에 뭐하고 보냈어요?

나: 특별한 일이 없었어요. ______________________________.

(외출하다 / 비가 많이 오다 / 집에만 있다)

④ 가: 여기까지 버스를 타고 왔어요?

나: 아니요, ______________________________.

(버스를 타다 / 길을 헤매다 / 택시를 타다)

⑤ 가: 동아리 모임에 참석했어요?

나: 아니요, ______________________________.

(모임에 참석하다 / 친구가 오다 / 집에서 함께 놀다)

5. V-거든(요), N(이)거든(요)

1. 다음 중 알맞은 것을 골라 대화를 완성하십시오.

없다	있다	보이다	초대하다	도와달라고 하다

아멜리: 파하드, 너 이번 명절에 뭐할 거야?

파하드: 나는 이번 명절에 지성 씨 외가에 놀러가기로 했어. 부모님께서 ① ____________________. 너는?

아멜리: 나는 이번 명절에 아르바이트를 하려고 해. 인하 친구가 일을 좀 ② ____________________.
너 한국 사람 집에 놀러 가는 건 처음이지?

파하드: 아니, 처음은 아니야. 지성 씨를 처음 소개받은 후에 그 집에 놀러간 적이 ③ ____________________.

아멜리: 그렇구나. 거기에 가면 무엇을 하고 싶어?

파하드: 명절 음식을 먹어보려고 해. 선생님이 사진을 보여주실 때 엄청 맛있어 ④ ____________________.

아멜리: 재미있겠네. 또 다른 계획은 없어?

파하드: 전통놀이도 할 계획이야. 학교에서 놀이를 배운 적은 있지만 해 본 경험은 ⑤ ____________________.

아멜리: 정말 좋은 시간이 되겠네. 명절 잘 보내.

2. 다음 대화를 완성하십시오.

① 가: 이번 주 금요일에 집들이를 하는데 올 수 있어요?

나: 미안해요. 못 갈 것 같아요. ______________________________.

(중요한 세미나가 있다 / 그 날 제주도로 출장을 가다)

② 가: 오늘은 집에 일찍 가네요.

나: 네, ______________________________.

(학생들이 너무 떠들다 / 공부에 집중할 수가 없다)

③ 가: 음식을 정말 많이 만들었네요.

나: ______________________________.

(제가 친구들에게 음식을 대접하기로 하다 / 이따가 우리 반 학생들이 우리 집에 놀러 온다고 하다)

④ 가: 메이 씨, 어제 동아리 모임에 왜 안 왔어요?

나: ______________________________.

(한국에 부모님이 오시다 / 함께 서울에 다녀오다)

⑤ 가: 한국어를 배우는 이유가 뭐예요?

나: ______________________________.

(한국어 실력을 키우다 / 대학교에 입학할 것이다)

듣기

1. 다음을 듣고 빈 칸에 알맞은 단어를 쓰십시오.

자르갈: 지난 주말에 선생님 댁에 ____를 다녀왔다면서요? ____?

아멜리: 정말 재미있었어요. 두 분의 ____ ____ 이야기가 드라마 같았어요.

자르갈: 그래요? ____께서 요리를 잘 하신다고 들었는데 음식은 맛있었어요?

아멜리: 네, 요리 종류도 정말 ____. 너무 많이 먹어서 배가 ____ 뻔했어요.

자르갈: 정말 좋았겠네요. 한국에서는 ____ 집들이 선물로 ____와 ____를 사간다고 하는데 아멜리 씨는 어떤 선물을 샀어요?

아멜리: 선생님께 조금 ____ 선물을 드리고 싶어서 반 친구들과 회의를 했거든요. 그래서 ____ ____을 사 갔어요. 선생님께서 ____ 좋아하셨어요.

자르갈: 늦게까지 놀다가 왔어요?

아멜리: 네, 집 ____도 하고 이야기도 하느라고 밤 10시가 ____ 나왔어요.

자르갈: 선생님과 사모님 모습이 정말 ____.

아멜리: 네, 두 분이 ____ ____ 사시는 모습을 보니까 저도 빨리 결혼해서 행복해지고 싶었어요.

읽고 쓰기

1. 다음은 한국과 여러분 나라의 손님 맞이를 비교한 글입니다. 다음을 읽고 글을 완성하십시오.

	한국	우리나라
앉는 자리	주인은 출입구 쪽에, 손님은 주인 맞은편에 앉는다.	

나라마다 손님을 대하는 법이 다르다. 따라서 한국과 우리나라의 손님 맞이 특징을 비교해보려고 한다.

먼저 좌석 배치이다. 한국에서는 손님과 주인의 앉는 자리가 정해져 있다. 손님을 초대한 경우에 주인은 출입구 쪽에 앉고 손님은 주인 맞은편에 앉는다. 한국에서는 출입구와 먼 곳, 그리고 식탁의 중간 부분을 높은 사람이 앉는 자리라고 생각하기 때문이다. 우리나라에서는 ______________________________

____

____

____

____

한국 사람들은 손님은 왕이라고 한다. 이렇게 두 나라의 ______________________________

____

____

6 요리

어휘

1. 다음 중 알맞은 것을 골라 문장을 완성하십시오.

달콤하다	담백하다	얼큰하다	풍부하다	짭짤하다

① 그 케이크의 맛은 매우 부드럽고 ____________________.

② 이 음식은 ____________________ 밥과 같이 먹으면 정말 맛있겠다.

③ 그 고기는 기름기가 빠져서 맛이 아주 ____________________.

④ 한국의 김치에는 유산균이 ____________________ 장 건강에 아주 좋다.

⑤ 우리 아버지는 고춧가루를 넣고 ____________________ 끓인 매운탕을 좋아하신다.

2. 다음 중 알맞은 것을 골라 대화를 완성하십시오.

다듬다	볶다	담그다	씻다	익히다

① 가: 수지야, 콩나물 ____________________ 것 좀 도와줄래?

나: 네, 이렇게 하면 되죠?

② 가: 채소는 언제 넣으면 돼요?

나: 먼저 고기를 ____________________ 다음에 넣어야 해요.

③ 가: 된장찌개가 정말 맛있네요.

나: 저희 어머니가 된장을 직접 ____________________ 보내 주신 거예요.

④ 가: 소고기는 어떻게 요리해야 맛있어요?

나: 센 불 위에서 짧은 시간에 ____________________ 맛있어요.

⑤ 가: 밥을 지을 때 그냥 쌀에 물을 붓고 끓이면 돼요?

나: 먼저 쌀을 깨끗하게 ____________________ 다음에 물을 부으세요.

3. 다음 대화를 완성하십시오.

파하드: 김치 전시회를 본 다음에 ________ 코너로 갔는데 내가 먹기에는 너무 매울 것
① 음식 맛을 알아보려고 먹어봄

같아서 안 먹었어. 옛날 사람들이 집 마당에서 김장을 담그는 모습의 ________
② 여러 가지 재료로 구체적인 형태를 만든 물체

도 있었는데 그걸 보니까 정말 재미있었어.

메 이: 김치가 _______에 좋은 음식일까? 난 맵기만 하고 잘 모르겠는데.
③ 몸이나 정신이 이상이 없이 튼튼한 상태

파하드: 김치는 요구르트나 치즈와 같은 _______ 음식이래.
④ 효모에 의해 유기물이 분해되고 변화하는 작용

유산균이 _____________ 장 건강에도 좋고 ________가 잘 되도록 도와준대.
⑤ 넉넉하고 많아서 ⑥ 먹은 음식물을 뱃속에서 분해하여 영양분으로 흡수함

문법

1. V-아/어/여 가다/오다

1. 다음 중 알맞은 것을 골라 문장을 완성하십시오.

회복되다	끝나다	잇다	지키다	닮다

① 아이가 자라면서 외모와 성격이 아버지와 ____________________.

② 우리 집은 할머니 때부터 우리 집안만의 독특한 김치 만드는 법을 ____________________.

③ 시간이 정말 빠르게 지나서 이번 학기도 거의 다 ____________________.

④ 수술한 후에 꾸준히 관리를 잘 해서 몸이 ____________________ 있다.

⑤ 우리의 전통 문화를 앞으로도 계속해서 ____________________ 한다.

2. 다음 대화를 완성하십시오.

① 가: 지금 살고 있는 집에 언제부터 살았어요?

나: ____.

(10년 전부터 살다 / 내년에는 다른 집으로 이사하고 싶다)

② 가: 지성 씨, 휴대전화를 바꿨네요?

나: 네, ____ 이번에 바꿨어요.

(3년 전부터 쓰다 / 얼마 전에 고장이 나다)

③ 가: 지난주에 빌려 준 책을 다 읽었어요?

나: ____.

(거의 다 읽다 / 금방 돌려주다)

④ 가: 한국어를 아주 잘 하시는데 얼마나 배웠어요?

나: ____.

(3년 동안 배우다 / 아직 멀다)

⑤ 가: 앞으로 세계의 경제가 어떻게 될 것으로 보십니까?

나: ____.

(지금은 별로 좋지 않다 / 앞으로는 더 발전하다)

2. V-던 N

1. 다음 중 알맞은 것을 골라 문장을 완성하십시오.

보다	타다	사용하다	유행하다	좋아하다

① 어제 공원에서 자전거를 ____________ 사람은 내 동생이다.

② 이 옷은 몇 년 전에 ____________ 옷이어서 지금은 촌스럽다.

③ 예전에 ____________ 사람을 우연히 만나는 바람에 당황했다.

④ 아까 ____________ 프로그램을 다시 보고 싶은데 제목이 기억나지 않는다.

⑤ 작년까지 자주 ____________ 가방인데 너무 낡아서 버리고 새로운 가방을 사기로 결심했다.

2. 다음 대화를 완성하십시오.

① 가: 이 열쇠가 누구 건지 알아요?

나: 거기에 있었네요. 그거 ______________________________.

(조금 전까지 아멜리 씨가 찾다 / 열쇠이다)

② 가: 나 사전이 필요한데 네 것 좀 빌려도 될까?

나: 응, ______________________________.

(내가 작년까지 사용하다 / 사전이다 / 지금은 필요 없으니까 가져도 되다)

③ 가: 오늘 저녁에 뭐할 거예요?

나: ______________________________.

(어제 보다 / 책을 마저 읽을 계획이다)

④ 가: 이 노래는 제목이 뭐예요?

나: ______________________________.

(지난번에 한 번 듣다 / 노래이다 / 제목은 기억이 나지 않다)

⑤ 가: 뭐 때문에 그렇게 놀란 얼굴로 있어요?

나: ______________________________.

(고등학교 때 심하게 싸우고 절교하다 / 친구를 우연히 지하철 역에서 마주치다)

3. V-(으)ㄴ/는/(으)ㄹ 줄 알다/모르다, N인/일 줄 알다/모르다

1. 다음 중 알맞은 것을 골라 문장을 완성하십시오.

타다	받다	쏟아지다	떠나다	범인

① 우리 반 반장이 한 학기 동안 매우 성실해서 모범상을 ____________.

② 그 드라마의 인기가 너무 높아서 주인공이 올해 상을 ____________.

③ 착하게만 보이는 그 여자가 사건의 ____________.

④ 제일 친한 친구라고 생각했는데 아무 말도 없이 ____________.

⑤ 하늘이 맑아서 날씨가 좋을 거라고 생각했는데 갑자기 소나기가 ____________.

2. 다음 대화를 완성하십시오.

① 가: 파하드 씨, 왜 그렇게 옷을 많이 입었어요?

나: 너무 추워서요. 저는 ____________________.
(한국의 겨울이 이렇게 춥다)

② 가: KTX를 타니까 서울에서 부산까지 생각보다 빨리 도착하네요.

나: 그러게요. ____________________.
(이렇게 빨리 도착하다)

③ 가: 아멜리, 나는 다음 주에 있을 문화행사에 못 갈 것 같아.

나: 왜 무슨 일이 있어? ____________________.
(지난번에 가고 싶다고 하다 / 네가 당연히 참석하다)

④ 가: 공연에 생각보다 관객이 훨씬 많이 왔네요.

나: 네, ____________________.
(저도 관객이 이렇게 많이 오다)

⑤ 가: 저기 저분이 우리 학교의 총장님이라고 해요.

나: 그래요? ____________________.
(그냥 교수님이다)

4. AV-기에는

1. 다음 중 알맞은 것을 골라 문장을 완성하십시오.

차리다	그만두다	지내다	풀다	전념하다

① 스트레스를 ________________ 땀을 흘리며 운동을 하는 것이 제일 좋다.

② 친구도 없이 혼자 ________________ 유학 생활이 너무 힘들다.

③ 집들이 음식을 혼자서 ________________ 양이 너무 많다.

④ 시험에 한 번 불합격하고 ________________ 공부한 것이 너무 아깝다.

⑤ 학교 주위에 놀 곳이 많아서 공부에 ________________ 힘든 부분이 많다.

2. 다음 대화를 완성하십시오.

① 가: 한국 음식이 어때요?

나: ____.
(제가 먹다 / 무척 맵다)

② 가: 자르갈 씨, 모르는 문제가 있는데 선생님께 전화해도 될까요?

나: ____.
(지금 선생님께 전화하다 / 너무 늦은 시간이다)

③ 가: 새로 이사한 집이 어때요?

나: ____.
(혼자 살다 / 조금 크다)

④ 가: 쓰기 숙제 다 했어요?

나: ____.
(그 주제는 3급 학생이 쓰다 / 너무 어렵다)

⑤ 가: ____ 도와줄까요?
(혼자 이사하다 / 짐이 많다)

나: 괜찮아요. 고맙지만 혼자 할 수 있어요.

듣기

1. 다음을 듣고 빈 칸에 알맞은 단어를 쓰십시오.

사회자: 지금부터 각 조에서 만든 음식들을 ______ 보겠습니다. 먼저 1조 나와서 소개해 주시죠.

1 조: 저희 1조에서는 육개장을 만들어 보았습니다. 소고기에 양념을 한 다음에 고춧가루와 고추기름을 넣고 끓여 맵고 ______ 만들었습니다. 매운맛을 좋아하는 한국 사람들이 먹기에는 최고의 음식입니다.

사회자: 국물이 정말 ______. 술을 많이 마신 다음날 먹으면 정말 좋을 것 같습니다. 다음으로 2조 나와서 발표해 주시죠.

2 조: 저희 2조는 떡볶이에다가 해물을 넣은 해물떡볶이를 만들어 보았는데요. 보통의 떡볶이보다 ______이 풍부한 떡볶이입니다. 고추장과 간장, 설탕 등으로 만든 양념에 떡과 준비된 해물과 야채를 넣고 끓이면 해물떡볶이가 ______ 됩니다. 매운맛과 단맛이 ______를 이루며 해물을 넣어 국물 맛이 ______합니다. 조리법이 간단하기 때문에 친구들과 ______ 없이 맛있게 즐길 수 있는 음식입니다.

사회자: 보통의 떡볶이에 해물을 넣어 맛과 영양이 풍부한 음식을 만드셨네요. 모두들 만들어 본 적이 없는 한국 음식을 ______을 다해 만드셨군요. 여러분들이 이렇게 열심히 잘 만들 줄은 정말 몰랐습니다. 수고 많으셨습니다. 그럼 다 같이 나와서 맛을 보고 ______를 내려 주십시오.

읽고 쓰기

1. 다음은 국가별로 한식에 대한 선호도를 조사한 그래프입니다. 다음을 읽고 글을 완성하십시오.

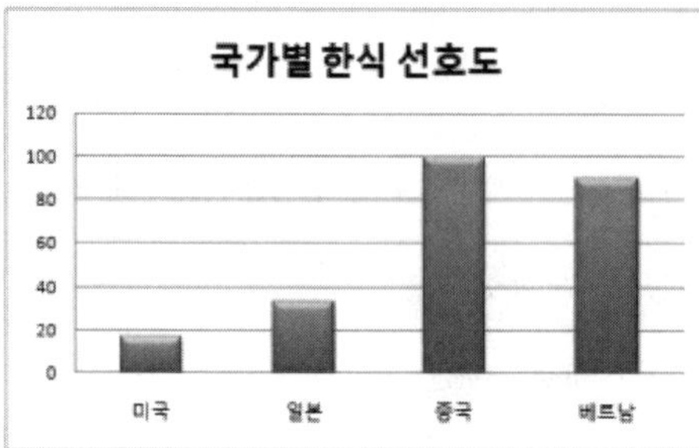

〈국가별 선호 메뉴〉

중국: 갈비찜, 너비아니, 비빔밥, 삼계탕, 떡볶이

베트남: 구절판, 비빔밥, 김치전, 불고기 전골

일본: 비빔밥, 갈비구이, 비빔밥, 해물파전

미국: 잡채, 닭고기 구이, 두부 샐러드

최근 한식의 세계화를 위해 정부와 여러 단체에서 많은 노력을 하고 있다. 한국전통음식인 한식을 꾸준히 섭취하게 되면 성인병 예방에 도움이 된다는 사실도 밝혀졌다. 한 대학 기관에서 미국, 중국, 베트남, 일본 유학생을 중심으로 국가별로 한식에 대한 선호도를 조사하여 맞춤 한식 메뉴를 소개했다.

먼저 이 한식 선호도 조사에 따르면 한식은 중국과 베트남에서 가장 선호되고 있는 것으로 조사됐다. 중국에서는 한식이 가장 인기가 많았으며 갈비찜, 너비아니, 비빔밥, 삼계탕, 떡볶이가 유망 한식 메뉴로 소개되었다. 또한 베트남에서는 중국음식에 이어 한식이 높은 인기를 보여줬다. 베트남 사람들은 구절판, 비빔밥, 김치전, 불고기 전골 등을 선호하는 한식으로 뽑았다.

반면 일본과 미국에서는 한식이 그다지 인기가 좋지 않았다. 일본에서는 한식에 비해 이탈리아 음식이 상대적으로 선호도가 높았다. 뿐만 아니라 미국에서도 멕시코 음식이 최고의 인기를 자랑했고 한식은 그보다 훨씬 못 미치는 것으로 나타났다. 이밖에도 일본 사람들은 한식 중에서도 비빔밥, 갈비구이, 비빔밥, 해물파전 등을 선호하고, 미국 사람들은 잡채, 닭고기 구이, 두부 샐러드를 선호했다.

이 조사를 통하여 ______________________________

____

____

7 운동

어휘

1. 다음 중 알맞은 것을 골라 문장을 완성하십시오.

껍질	더위	상태	체온	갈증

① 사람들은 여름에 ________________을/를 피하기 위해 산이나 바다로 여행을 간다.

② 요즘 건강 ________________이/가 나빠져서 운동을 시작했다.

③ 언제나 ________________이/가 떨어지지 않게 유지해야 한다.

④ 모든 사람이 알다시피 음식을 짜게 먹으면 ________________이/가 난다.

⑤ 사과는 ________________까지 먹는 것이 건강에 더 좋다고 한다.

2. 다음 중 알맞은 것을 골라 대화를 완성하십시오.

굽히다	모자라다	간편하다	보충하다	지속되다

① 가: 여행갈 준비는 잘 돼 가요?

나: 준비는 거의 다 했는데 돈이 좀 ________________ 걱정이에요.

② 가: 점심에 간단하게 라면을 끓여 먹을까?

나: 라면은 ________________ 만들 수 있지만 건강에는 좋지 않으니까 다른 걸 먹자.

③ 가: 시험을 준비하느라고 잠을 못 자서 너무 피곤하다.

나: 오늘은 일찍 집에 가서 잠을 좀 ________________.

④ 가: 요즘은 왜 이렇게 덥고 습한지 모르겠어.

나: 이런 날씨가 ________________ 건강한 사람도 쉽게 지치지.

⑤ 가: 거기 바닥에 떨어진 펜 좀 주워줄래?

나: 미안해. 너무 아파서 허리를 ________________ 수가 없어.

3. 다음 문장을 완성하십시오.

여름에 운동을 할 때는 ________을 느끼지 않아도 의도적으로 수분을 보충하는 것이 필요
① 목이 말라 물이 마시고 싶어지는 느낌

하다. 우리 몸은 탈수가 심해도 이를 잘 느끼지 못하는 수가 있기 때문이다. 따라서 여름철에는 운동

________는 물론 운동 중에도 ___________ 수분을 섭취하는 것이 중요하다.
② 앞과 뒤 ③ 모자라지 않고 많이

한낮에 하는 운동은 되도록 ___________ 아침이나 저녁에 운동하는 것이 바람직하다. 또한
④ 어려운 일이 일어나지 않게 하고

실내에서 할 수 있는 수영이나 _________ 운동이 좋고 아침, 저녁으로는 조깅이나 걷기 또는
⑤ 근육의 힘

자전거 타기를 하는 것도 좋다.

문법

1. AV-다시피

1. 다음 대화를 완성하십시오.

① 가: 여기까지 걸어서 여행을 할까 하는데 어떻게 생각해?

나: 글쎄, ____.

(지도에서 보다 / 거리가 너무 멀다 / 걷기에는 무리이다)

② 가: 베이징에 다녀왔다면서요? 어땠는지 이야기 좀 해 주세요.

나: 아까도 다른 사람들에게 ______________________________.

(말하다 / 출장으로 가다 / 관광은 못 하다)

③ 가: 제주도에 직접 다녀온 느낌이 어때?

나: 누구나 ____.

(알다 / 제주도는 풍경이 좋다 / 어디를 봐도 그림 같다)

④ 가: 이거 너무 작아서 입을 수가 없는데 환불 좀 해 주세요.

나: 손님, 죄송합니다만 ______________________________________.

(여기에 쓰여 있다 / 교환만 가능하다 / 환불은 어렵다)

⑤ 가: ____.

(책에도 소개되다 / 그 곳에 가다 / 한국의 전통 생활을 느낄 수 있다)

나: 책에도 소개됐다고요? 저는 그 곳이 유명한 관광지인지 정말 몰랐어요.

2. N(이)든(지), V_1-든(지) V_2-든(지)

1. 다음 대화를 완성하십시오.

① 가: 도착하면 연락할게요.

나: 그래. ______________________________ 꼭 연락해라.

(도착하다 / 문자 메시지를 보내다 / 전화를 하다)

② 가: 이번 문화 축제 때도 지난번처럼 아무것도 안 할 거예요?

나: 아니요, 이번에는 ______________________________.

(노래를 하다 / 연극을 하다 / 뭐라도 하나 꼭 하다)

③ 가: 허리가 어떻게 아픈지 설명 좀 해 보시겠어요?

나: 이상하게도 ______________________________.

(허리를 굽히다 / 펴다 / 관계없이 계속 아프다)

④ 가: 가방이 좀 무거운데 괜찮겠어요?

나: 그럼요. ______________________________.

(무겁다 / 가볍다 / 상관없다)

⑤ 가: 이게 맛이 담백하고 좋다고 하는데 이걸로 살까?

나: 건강을 위해 먹는 거라서 ______________________________.

(담백하다 / 고소하다 / 맛은 그렇게 중요하지 않다)

⑥ 가: 이따가 운동장에서 농구하자는 사람이 많아. 너 농구도 괜찮아?

나: 축구가 더 좋지만 ______________________________.

(축구 / 농구 / 상관없이 참가하다)

⑦ 가: 오늘은 생선요리를 했는데 껍질을 좀 벗겨줄까?

나: 괜찮아요. 저는 ______________________________.

(살 / 껍질 / 다 잘 먹다)

⑧ 가: 먼저 날짜를 잡아야 하는데 언제가 좋겠어요?

나: 저는 ______________________________.

(언제 / 상관없다)

3. AV-(으)ㄴ 채로

1. 다음 중 알맞은 것을 골라 문장을 완성하십시오.

가리다	신다	들다	화장하다	끼다

① 한국에서는 신발을 ____________________ 방에 들어가지 않는다.

② 어제는 너무 피곤해서 ____________________ 잠을 잤다.

③ 장갑을 ____________________ 악수하는 것은 예의가 아니다.

④ 휴대 전화를 손에 ____________________ 휴대 전화를 찾고 있었다.

⑤ 영화가 너무 무서워서 손으로 눈을 ____________________ 봤다.

2. 다음 대화를 완성하십시오.

① 가: 눈이 왜 이렇게 빨개요?

나: ____.

(너무 피곤하다 / 렌즈를 끼다 / 자다)

② 가: 숙제는 다 했어?

나: 아니, ____.

(밥도 못 먹다 / 숙제를 하다 / 아직도 다 못하다)

③ 가: 지금 막 왔는데 다시 집에 가야 된다고?

나: ____.

(급하게 나오다 / 문을 열어 놓다 / 나오다)

④ 가: 어떻게 하면 발음이 좋아질까요?

나: ____.

(펜을 입에 물다 / 큰 소리로 책을 읽다 / 발음이 좋아지다)

⑤ 가: 얼굴에 상처가 났네요.

나: ____.

(오늘 아침에 안경을 쓰다 / 세수하다 / 다치다)

4. V-기만 하다, N(이)기만 하다

1. 다음 중 알맞은 것을 골라 문장을 완성하십시오.

따라 하다	누르다	단합하다	떠들다	유지되다

① 아이들은 선생님이 안 계시면 ______________________.

② 어떻게 하면 좋을지 잘 모를 때는 다른 사람을 보고 ______________ 된다.

③ 복사할 때는 여기에 종이를 놓고 이 버튼을 ______________ 된다.

④ 체육대회에서 우승하려면 모두가 ______________ 된다.

⑤ 지금 이 습관이 ______________ 큰 문제없이 합격할 수 있다.

2. 다음 대화를 완성하십시오.

① 가: 물건을 다 골랐어요?

나: 네, 이제 ______________________.

② 가: 수지 씨가 화가 났나 봐요?

나: 그런 것 같아요. 아무 말도 안 하고 계속 ______________.

③ 가: 된장찌개 준비는 다 됐어요?

나: 네, 재료는 준비됐으니까 이제 넣고 ______________.

④ 가: 이 운동화 디자인이 좀 안 좋은데 사려고요?

나: 네, 운동화는 ______________________.

⑤ 가: 일하느라고 고생하셨어요.

나: 아니에요, 저는 그냥 옆에서 ______________.

듣기

1. 다음을 듣고 빈 칸에 알맞은 단어를 쓰십시오.

자르갈: 겨울 내내 집에서 웅크리고 있어서 그런지 ____ 몸이 무겁고 힘들어요.

아멜리: ____ 그럴 땐 스트레칭 같은 가벼운 운동이 최고죠. 제가 몇 가지 동작을 알려 줄게요.

자르갈: 그럼, 집에서도 쉽게 할 수 있는 ____ 몇 가지만 알려 주세요.

아멜리: 좋아요. 지금 한번 따라 해 보세요. ____ 허리를 세우고 다리를 약간 벌린 채로 의자에 앉아 고개를 뒤로 젖혀서 위를 바라보세요. 이 자세를 15초쯤 유지하고 3회 정도를 반복하면 돼요. 아주 ____?

자르갈: 생각보다 정말 간단하네요. ____ 아주 잠깐 움직였을 뿐인데도 굉장히 시원한데요. 쉬는 시간에 잠깐씩 해도 되겠어요. 그런데 이 동작은 무슨 효과가 있어요?

아멜리: 이 동작은 목의 근육을 풀어 주는 동작이에요. 이 동작을 ____ 하면 목의 피로가 싹 풀릴 거예요.

자르갈: 이렇게 간단할 줄 몰랐어요. 전 어깨 근육이 뭉치는 경우도 많은데 미안하지만 어깨에 좋은 동작도 하나 알려 줄 수 있어요?

아멜리: 어렵지도 않은 부탁인데 ____. 자, 이번에는 양손을 뒤쪽으로 해서 깍지를 낀 상태로 쭉 펴고 그대로 양손을 올리면서 가슴을 펴보세요. 어때요? 어깨가 쫙 펴지는 것 같지 않아요?

자르갈: 와, 진짜 시원해요. 왠지 키가 큰 것 같기도 하고요. 아멜리 씨가 알려준 걸 항상 기억하고 있다가 ____ 이 날 때마다 해 봐야겠어요.

읽고 쓰기

1. 다음은 운동의 특징입니다. 다음을 읽고 글을 완성하십시오.

유산소 운동	무산소 운동
산소를 통해 심장과 폐를 튼튼하게 한다.	숨이 차고 오래하기 힘들다.
20분에서 60분 동안 지속되어야 효과가 있다.	단시간 운동이다.
달리기, 수영, 자전거 타기, 등산 등	근육을 만들 수 있다.
	역도, 웨이트 트레이닝, 100M 달리기 등

운동은 크게 유산소 운동과 무산소 운동으로 구분된다. 일반적으로 운동을 얼마나 힘들게 하느냐와 운동 시간이 얼마나 걸리느냐의 차이로 구분한다.

먼저 유산소 운동은 몸 안에 최대한 많은 양의 산소를 주면서 하는 운동이다. 그래서 유산소 운동을 하면 심장과 폐를 튼튼하게 할 수 있다. 운동을 할 때 편안하게 숨을 쉬면서 20분에서 60분 정도 지속해야 효과가 있다. 힘들다고 해서 짧게 하고 쉬면 운동의 효과가 없다. 유산소 운동은 여러 가지가 있는데 대표적으로 달리기, 수영, 자전거 타기, 등산 등이 있다.

그 다음으로 무산소 운동은 산소가 부족한 상태에서 하는 운동이다. ______________

____

____

____

____

____

현대 사회는 편리한 생활 때문에 사람들의 신체활동이 점차 줄어들고 있다. 운동이 부족하면 병에 걸리기 쉽다. 그러므로 운동은 지속적으로 해야 한다. 유산소 운동과 무산소 운동을 규칙적으로 하면 건강을 오랫동안 유지할 수 있다.

8 일상생활

어휘

1. 다음 중 알맞은 것을 골라 문장을 완성하십시오.

식욕	칭찬	특산물	민간신앙	층간소음

① ______________은/는 과학적으로 믿을 수 없는 것이 많다.

② 날씨가 더워서 그런지 ______________이/가 자꾸 떨어져서 고민이다.

③ 지역별로 ______________을/를 알아두면 싸고 좋은 식품을 먹을 수 있어서 좋다.

④ 아멜리 씨는 수업에 적극적으로 참여해서 선생님께 자주 ______________을/를 받는다.

⑤ 요즘 ______________ 때문에 이웃끼리 싸우는 경우가 많아서 사회적 문제가 되고 있다.

2. 다음 중 알맞은 것을 골라 대화를 완성하십시오.

아직도	거르다	달아나다	망가지다	저렴하다

① 가: 그 도둑은 잡혔대요?

나: 아직 못 잡았대요. 워낙 발 빠르게 ______________ 경찰들이 놓쳤대요.

② 가: 운동을 좋아하는 편이에요?

나: 네, 저는 하루도 ______________ 않고 꾸준히 운동을 하고 있어요.

③ 가: 왜 그렇게 속상해하고 있어요?

나: 자르갈 씨에게 주려고 케이크를 샀는데 오다가 떨어뜨렸더니 모양이 ______________.

④ 가: 지성아, 지금 시간이 몇 시인데 ______________ 게임 중이야?

나: 죄송해요, 엄마. 금방 잘게요.

⑤ 가: 무슨 과일을 이렇게 많이 샀어요?

나: 오다가 시장에서 ______________ 파는 것을 보고 메이 씨와 같이 먹고 싶어서요.

3. 다음 중 알맞은 것을 골라 대화를 완성하십시오.

간이 떨어지다	땅 짚고 헤엄치기
쇠귀에 경 읽기	손 없는 날

① 가: 결혼 날짜를 언제로 정하는 게 좋을까요?

나: ______________________ 하는 것이 좋으니까 확인을 해 보고 결정해요.

② 가: 이번 숙제는 정말 쉽네요. 시간이 별로 안 걸렸어요.

나: 저도 그랬어요. 얼마나 쉽던지 ______________________이었어요/였어요.

③ 가: 어제 본 공포영화는 재미있었어요?

나: 네, 귀신이 갑자기 등장했을 때는 너무 놀라서 ______________________ 줄 알았어요.

④ 가: 자르갈 씨에게 방을 좀 깨끗이 써 달라고 부탁을 해도 듣지 않아요.

나: 정말 ______________________네요.

4. 다음 문장을 완성하십시오.

최근 ____________ 때문에 이웃 간의 ______이 늘어나고 있다. 그래서 많은 사회적
① 다른 층에서 들리는 시끄러운 소리 ② 서로 생각이 달라 부딪치는 것

문제가 발생하고 있기 때문에 ____________ 사람이 위층을 __________ 방문하는 것이
③ 마음에 들지 않아 반대하는 뜻을 주장하는 ④ 중간에 다른 것이 없이 바로

______되었다고 한다. 하지만 고통을 ____________ 사는 아래층 사람의 ㄱㅊ______도
⑤ 법으로 어떤 행동을 못 하게 함 ⑥ 어려운 일을 당하면서 ⑦ 힘든 마음이나 어려운 사정

이해해야 하지 않을까? 방문 항의를 금지하는 것도 좋지만 위층에서 사는 사람들 역시 아래층

사람들을 ____________ 마음이 필요할 것 같다.
⑧ 관심을 가지고 도와주는

문법

1. V-(으)ㄴ/는 데다(가), N인 데다(가)

1. 다음 중 알맞은 것을 골라 문장을 완성하십시오.

안정적	귀엽다	내리다	불친절하다	잃어버리다

① 지갑을 ________________ 친구와 싸워서 기분이 좋지 않다.

② 내 동생은 ________________ 성격도 좋아서 친구들에게 인기가 많다.

③ 오늘은 비가 많이 ________________ 천둥까지 쳐서 밖에 나가고 싶지 않다.

④ 우리 회사는 ________________ 월급도 많은 편이어서 사람들에게 인기가 많다.

⑤ 그 식당은 종업원이 ________________ 음식도 맛이 없어서 다시 갈 마음이 없다.

2. 다음 대화를 완성하십시오.

① 가: 교실이 왜 이렇게 더워요?

나: ____.

(에어컨이 고장이 나다 / 공사 중이어서 창문을 열 수가 없다)

② 가: 그 연예인은 왜 인기가 많아요?

나: ____.

(잘 생기다 / 자신의 팬들을 잘 챙기다)

③ 가: 인하대학교에서 한국어를 공부하는 이유가 뭐예요?

나: ____.

(선생님들이 한국어를 잘 가르친다는 소문이 있다 / 공항에서 가깝다)

④ 가: 제주도에 놀러 간다고 들었어요.

나: 네, ____.

(경치가 아름답다 / 사람들이 친절하다는 소문을 듣다)

⑤ 가: 저 사람은 다른 사람의 이야기를 참 잘 들어주네요.

나: ____.

(심리학이 전공이다 / 원래 과묵한 사람이다)

2. AV-았/었/였더니

1. 다음 중 알맞은 것을 골라 문장을 완성하십시오.

입다	맡기다	끓여주다	알아보다	출발하다

① 오랜만에 정장을 ________________ 너무 불편하다.

② 집에서 조금 늦게 ________________ 차가 이미 떠나버렸다.

③ 생일 선물로 친구에게 미역국을 ________________ 친구가 감동을 받았다.

④ 노트북이 고장 나서 수리 센터에 ________________ 5분 만에 수리가 끝났다.

⑤ 서울로 이사를 하고 싶어서 집을 ________________ 집값이 너무 비쌌다.

2. 다음 대화를 완성하십시오.

① 가: 어떻게 공부해서 시험을 잘 봤어요?

나: ____.

(수업 시간에 선생님 말씀을 잘 듣다 / 시험 결과가 좋다)

② 가: 얼굴이 굉장히 피곤해 보이네요.

나: 네, ____.

(아르바이트 때문에 숙제를 못 해서 밤늦게까지 잠을 못 자다 / 정신이 하나도 없다)

③ 가: 컴퓨터를 사용할 수 없다면서요?

나: 네, ____.

(과제 때문에 3일 내내 사용하다 / 고장이 나다)

④ 가: 머리가 많이 아파요?

나: 네, ____.

(날씨가 따뜻한 것 같아서 옷을 얇게 입다 / 감기에 걸린 것 같다)

⑤ 가: 날씨가 너무 더운데 어디 가서 음료수 좀 마시자.

나: 그래. ____.

(날도 더운데 돌아다니다 / 목이 많이 마르고 다리도 아프다)

3. V-았/었/였었-, N-(이)었었-

1. 다음 중 알맞은 것을 골라 문장을 완성하십시오.

나다	좋다	거르다	떨리다	저렴하다

① 비행기를 처음 탈 때는 긴장 때문에 온몸이 ________________.

② 겨울에는 에어컨 가격이 ________________ 여름에는 에어컨 가격이 비싸다.

③ 고향에서는 아침을 항상 ________________ 한국에서는 아침 식사를 꼭 한다.

④ 작년 여름에는 날씨가 ________________ 올해 여름에는 비가 오는 날이 많다.

⑤ 예전에는 감기에 걸리면 가장 먼저 열이 ________________ 요즘에는 목부터 붓는다.

2. 다음 대화를 완성하십시오.

① 가: 요즘에 많이 바쁘다면서요?

나: 네, ____.

(처음에는 일이 많으면 좋은 거라고 생각하다 / 요즘에는 일이 너무 많아서 피곤하다)

② 가: 근처 바닷가로 바람을 쐬고 왔다고 들었어요.

나: 네, ____.

(한동안 머리가 복잡하고 가슴이 답답하다 / 다녀오니 속이 후련하고 고민이 해결되는 느낌이다)

③ 가: 요즘에도 운동을 하고 있어요?

나: 네, ____.

(처음에는 운동을 하면 온몸이 쑤시다 / 지금은 익숙해져서 그런지 운동을 하지 않으면 몸이 아프다)

④ 가: 한국 생활이 어때요?

나: ____.

(처음에 한국에 왔을 때는 외롭다 / 지금은 친구가 많아서 즐겁다)

⑤ 가: 전공을 바꿨다면서요.

나: 네, ____.

(대학교 때는 미술이 전공이다 / 대학원에 입학할 때 한국어로 전공을 바꾸다)

4. AV-(으)려던 참이다

1. 다음 중 알맞은 것을 골라 문장을 완성하십시오.

가다	하다	끓이다	마시다	전화하다

① 오후에 쇼핑하러 백화점에 ________________ 메이에게서 쇼핑을 하자고 연락이 왔다.

② 점심을 먹고 차를 ________________ 친구에게서 커피숍에 가자는 전화가 왔다.

③ 배가 고파서 라면을 ________________ 친구가 와서 친구와 라면을 같이 먹었다.

④ 마음이 답답해서 고향에 계신 부모님께 ________________ 부모님께 먼저 연락을 받았다.

⑤ 너무 심심해서 운동을 ________________ 파하드 씨에게 운동하러 가자는 제안을 받았다.

2. 다음 대화를 완성하십시오.

① 가: 점심 식사 후에 선생님께 가려고 하는데 같이 갈래요?

나: 좋아요. 저도 부탁드릴 것이 있어서 ________________________________.

② 가: 백화점에 갔다가 아멜리 씨에게 주려고 우산을 하나 샀어요. 어때요?

나: 예쁘네요. 안 그래도 우산이 망가져서 ________________________________.

③ 가: 주말에 뭐해요? 같이 영화 보러 갈래요?

나: 좋아요. 저도 주말에 뭐할까 ________________________________.

④ 가: 요즘 시험기간인데 같이 도서관에 가서 공부할래요?

나: 좋아요. 저도 지금 ________________________________.

⑤ 가: 자르갈 씨는 담배를 많이 피우네요. 좀 줄이는 게 어때요?

나: 안 그래도 요즘 건강이 좋지 않은 것 같아서 ________________________________.

듣기

1. 다음을 듣고 빈 칸에 알맞은 단어를 쓰십시오.

아멜리: 파하드, 너 뭐하고 있어?

파하드: 요즘 문제가 ____ 있어서 인터넷으로 찾아보고 있어.

아멜리: 그래? 나한테 말해 봐. 내가 아는 것이면 도와줄게.

파하드: 부모님께 선물을 보내려고 하는데 어떻게 해야 하는지 잘 모르겠어.

아멜리: ____ 전화도 잘 안 하면서 갑자기 무슨 선물이야?

파하드: 얼마 후에 아버지 생신이셔서 한국에서 ____ 물건을 보내고 싶어. 그래서 인터넷으로 찾아보고 있는데 ____ ____ 어렵네. 추천 좀 해 줄래?

아멜리: 혹시 ____ ____이라고 들어 봤어?

파하드: 우체국 쇼핑?

아멜리: 응. 우체국에 가면 한국 ____을 소개하는 책이 있어. 거기에서 네가 보내고 싶은 물건을 골라서 우체국 직원에게 이야기하면 돼. 그리고 나서 ____를 쓰고 돈을 내면 특산물이 생산된 곳에서 네가 원하는 곳으로 ____ 거야.

파하드: 그래? 그건 뭐가 좋아?

아멜리: ____ ____이니까 믿을 수 있고 ____ 않게 포장도 해서 보내 주니까 이용하기 편리해. 인터넷에서 주문해도 되고 스마트폰으로도 주문할 수 있어서 간편하지.

파하드: 그렇구나. 항상 느끼는 건데 넌 정말 ____ 친구야. 이런 정보는 ____ 어디에서 구하는 거야?

아멜리: 이 정도는 식은 죽 먹기에 ____ ____ ____지. 한국 친구에게 물어보면 쉽게 정보를 얻을 수 있어.

파하드: 우와. 너 이제 한국 사람이라고 해도 믿겠어. 고마워. 네 덕분에 고민이 해결됐다.

읽고 쓰기

1. 다음은 특별한 경험에 대해 쓴 글입니다. 다음을 읽고 글을 완성하십시오.

경험	병원에서 치료를 받은 후 버스를 기다렸다. → 어린 아이를 만났다. → 잠깐 동안 같이 놀았다.
느낌	- 하루 동안 쌓인 피곤함이 풀리는 것 같았다. - 나도 모르게 웃음이 났다. - 그 아이를 다시 보고 싶은 생각이 들었다.

어느 날 병원에서 치료를 받고 버스를 기다리는 중이었다. 버스정류장에 있는 의자에 앉아 있는데 한 가족이 내가 있는 곳으로 오고 있었다. 세 살 정도 되어 보이는 사내아이도 한 명 있었다. 나는 아이를 좋아하기 때문에 그 아이를 보고 나도 모르게 미소가 지어졌다.

아이의 부모는 아이를 의자에 앉혔다. 그런데 의자에 앉은 아이가 내 옆으로 다가와서 나와 완전히 붙어 앉는 것이었다. 그리고 나를 보고는 해맑은 얼굴로 아주 예쁘게 웃어주었다. 그러더니 나에게 손으로 총을 쏘는 것과 같은 행동을 하고 입으로 "빵!" 하고 소리를 냈다. 나는 조카가 생각나서 아이의 장난을 받아 주었다. 아이의 부모는 미안했는지 나에게 살짝 웃더니 아이에게 하지 말라고 했다. 하지만 그 아이는 다시 내 옆으로 붙어 앉고는 다시 방금 전과 같은 행동을 하였다. 손가락은 총을 쏘는 행동을, 입으로는 "빵!"하는 소리를 낸 것이다. 그런 아이가 너무 귀여워서 나는 똑같이 그 행동을 받아 주었다.

아이와 놀다가 보니 내가 타야할 버스가 도착했다. 나는 아이에게 작별 인사를 하고 버스에 타려고 하는데 아이가 갑자기 "안녕!"하고 인사를 했다. 나도 같은 인사를 하고 다시 버스에 탔는데 뒤에서 "잘 가요!"하는 인사가 또 들렸다. 그래서 나는 창문을 열고 아이에게 손을 흔들어 주었다.

하루 종일 일하느라 피곤하고 병원에서 치료 후에 힘들었던 나는 그 아이 덕분에 ______

______

______

______

______

9 교통

어휘

1. 다음 중 알맞은 것을 골라 문장을 완성하십시오.

서서히	그다지	무조건	혹시	하필

① 부모님께서는 내가 하는 일에 __________ 찬성하신다.

② __________ 일이 생기면 바로 사무실로 연락하세요.

③ 신호가 바뀌자 차들이 __________ 움직이기 시작했다.

④ 나는 __________ 배가 고프지 않아서 점심을 좀 늦게 먹었다.

⑤ 문화수업을 가는 날인데 __________ 비가 와서 행사가 취소됐다.

2. 다음 중 알맞은 것을 골라 대화를 완성하십시오.

넉넉하다	부과되다	전망되다	차지하다	끼어들다

① 가: 안전벨트를 매면 너무 답답하지 않아?

나: 그래도 매지 않으면 범칙금이 __________.

② 가: 용돈이 부족해서 아르바이트를 하는 거예요?

나: 아니요, 용돈은 __________ 경험을 쌓기 위해 하는 거예요.

③ 가: 교통사고의 주요 원인은 무엇입니까?

나: 여러 가지가 있지만 그 중에 음주운전이 1위를 __________ 있습니다.

④ 가: 무슨 일로 아버지한테 혼났어?

나: 아버지께서 말씀하시는데 __________ 야단맞았어.

⑤ 가: 내일 날씨는 어떻게 예상하십니까?

나: 내일은 조금 흐릴 것으로 __________.

3. 다음을 완성하십시오.

인천시 교통안전에 ____________를 뜻하는 황색등이 켜졌다. 도로교통공단이 지난 한 해
① 마음에 새겨 두고 조심함

동안의 지역별 교통사고 통계를 발표했다. 이에 따르면 지난해 교통사고로 인한 __________
② 죽은 사람

는 총 5,300명에 __________. 이 중 인천시의 교통사고 사망자는 265명으로 전국 사망자의
③ 어떤 수치가 되다

5.03%를 ____________ 있다. 이것은 전년과 비교해 1.5% __________ 것이지만 여전히
④ 일정한 비율을 이루다 ⑤ 수가 줄어든

높은 숫자이다.

문법

1. V-(으)ㄹ 만하다

1. 다음 중 알맞은 것을 골라 문장을 완성하십시오.

속상하다	내다	실수하다	믿다	듣다

① 그 가수의 노래는 가사도 좋고 ____________________.

② 처음으로 해보는 일이니까 ____________________.

③ 무단횡단으로 길을 건넜으니 벌금을 ____________________.

④ 생일 선물로 받은 지갑을 잃어버렸으니 ____________________.

⑤ 김 대리는 누구보다 일을 열심히 하는 ____________________ 사람이다.

2. 다음 대화를 완성하십시오.

① 가: 한국의 음식이 어때요?

나: ____.
(조금 맵다 / 먹다)

② 가: 학교 기숙사는 어때요?

나: ____.
(새로 짓다 / 지내다)

③ 가: 김 과장님께서 더 넓은 집을 사셨다고 해요.

나: ____.
(평소에 그렇게 돈을 아끼다 / 더 넓은 집을 사다)

④ 가: 한국어를 배우기가 어렵지 않아요?

나: 아니요, ____.
(어려운 부분도 있다 / 배우다)

⑤ 가: 자르갈 씨가 지난 학기에 모범상을 받았다고 해요.

나: ____.
(성실하고 책임감이 강하다 / 상을 타다)

2. V-(으)ㄹ수록, N일수록

1. 다음 중 알맞은 것을 골라 문장을 완성하십시오.

편리해지다	증가하다	운전하다	거짓말하다	교통편

① 지금은 초보운전이지만 ____________ 실력이 좋아질 것이다.

② 어릴 때 ____________ 코가 길어진다는 피노키오의 이야기를 들었다.

③ 자동차가 ____________ 환경오염도 점점 심해진다.

④ 생활이 ____________ 사람은 게을러지기 쉽다.

⑤ 대중교통은 빠른 ____________ 비용이 비싸다.

2. 다음 대화를 완성하십시오.

① 가: 아멜리 씨, 그 소설책을 또 읽고 있어요?

나: 네, ________________________________.
(여러 번 읽다 / 더 재미있다)

② 가: 학교 근처에 집을 구하고 있는데 집값이 비싸네요.

나: ________________________________.
(학교와 가깝다 / 집값이 비싸다)

③ 가: 자르갈 씨, 한국어 공부하기가 힘들지요?

나: 힘들기는 하지만 ________________________________.
(한국에 살다 / 한국어의 재미를 알아 가고 있다)

④ 가: 그 문제에 대해서 어떻게 생각해?

나: 글쎄요. ________________________________.
(생각하다 / 더 모르다)

⑤ 가: 여름방학에 뭘 하고 보내면 좋을까?

나: ________________________________.
(방학이다 / 책을 많이 읽으면 좋다)

3. (아무리) V-(ㄴ/는)다고 해도, N(이)라고 해도

1. 다음 중 알맞은 것을 골라 문장을 완성하십시오.

새다	반대하다	똑똑하다	속상하다	급하다

① 아무리 ________________ 술을 많이 마시면 건강에 좋지 않다.

② 아무리 부모님께서 ________________ 내 뜻을 포기하지 않을 것이다.

③ 머리가 ________________ 노력하지 않으면 발전이 없다.

④ 일이 너무 많아서 밤을 ________________ 못 끝낼 것이다.

⑤ 아무리 ________________ 무단횡단을 하면 안 된다.

2. 다음 대화를 완성하십시오.

① 가: 선생님, 죄송해요. 제가 어제 힘들어서 숙제를 다 못했어요.

나: ____.

② 가: 요즘 살을 빼고 싶어서 밥을 안 먹어요.

나: 뭐라고요? ____.

③ 가: 메이 씨, 요즘 백화점에서 세일을 하고 있대요. 쇼핑하러 갈까요?

나: ____.

④ 가: 너무 화가 나서 제일 친한 친구에게 심하게 말했어요.

나: ____.

⑤ 가: 우리 사장님은 부자니까 정말 행복할 거예요. 부러워요.

나: ____.

4. V-(으)ㄹ 뿐만 아니라, N일 뿐만 아니라

1. 다음 중 알맞은 것을 골라 문장을 완성하십시오.

풍부하다	저렴하다	예민하다	부르다	구체적이다

① 그 연예인은 노래를 ____________ 영화도 찍는다.

② 교통안전을 위해서는 ____________ 실천 가능한 방법이 필요하다.

③ 이 노트북은 가격이 ____________ 성능도 좋아서 요즘 잘 팔린다.

④ 과일에는 비타민이 ____________ 피부에도 좋아요.

⑤ 내 친구는 사소한 일에 ____________ 감정의 변화도 심하다.

2. 다음 대화를 완성하십시오.

① 가: 기차표를 예매하려면 홈페이지에서 해야 해요?

나: 네, 코레일 홈페이지에 들어가면 ____________________.

(기차표를 예매할 수 있다 / 여행상품도 알 수 있다)

② 가: 왜 회사를 옮겼어요?

나: ____________________________.

(집에서도 멀다 / 업무가 많아서 늦게 끝나다)

③ 가: 여행을 왜 취소했어요?

나: ____________________________.

(갑자기 일이 생기다 / 그 나라가 요즘 위험하다)

④ 가: 자르갈 씨가 요즘 안색이 안 좋아 보여요.

나: ____________________________.

(시험에 떨어지다 / 여자 친구와 헤어졌다)

⑤ 가: 아멜리 씨, 민속촌에 가 봤어요? 어때요?

나: 네, ____________________________.

(한국의 옛날 마을의 모습을 볼 수 있다 / 전통 공연도 볼 수 있어서 좋다)

듣기

1. 다음을 듣고 빈 칸에 알맞은 단어를 쓰십시오.

뉴 스 진행자: 추석 연휴 _____ 인 오늘 전국 고속도로 상황이 조금씩 좋아지고 있습니다. 현재 차량은 서서히 움직이고 있으며 곧 상황이 더 나아질 것으로 ___ 됩니다. 취재기자 연결해 자세한 상황 들어 보겠습니다. 최원석 기자! 고속도로에 ___ ___ 차량들 이제 움직이기가 좀 쉬워졌습니까?

기 자: 네. 저녁이 넘어가면서 _____ 방향 고속도로의 차량들이 조금씩 줄어들고 있습니다. 먼저 경부고속도로입니다. 아직 막히는 곳이 남아있지만, 차량이 빠지는 속도가 조금씩 ___ 하고 있습니다. 이어서 서해안고속도로는 몇 시간 전까지 차량들이 ___ 를 물고 있었지만 지금은 _____ 서울 방향으로 움직이고 있습니다. 마지막으로 영동고속도로는 차량 숫자가 많지만 속도가 매우 빨라졌습니다. 오늘 고속도로를 통해 _____ 으로 들어오는 차량은 43만 대로 ___ 됩니다. 지금 출발하면 대전에서 서울까지 2시간 30분, 광주에서 4시간, 부산에서 5시간 정도가 걸립니다. 한국도로공사는 예상보다 일찍 고속도로 상황이 좋아질 것으로 ___ 했습니다. 아직 목적지로 출발하지 않으셨다면 한국도로공사 홈페이지에서 교통상황을 미리 확인하고 떠나시면 좋겠습니다. 이상 IBS 최원석이었습니다.

읽고 쓰기

1. 여러분 나라의 대중교통에는 어떤 것이 있습니까? 다음을 읽고 한국과 여러분 나라의 대중교통을 비교하는 글을 완성하십시오.

〈한국의 대중교통 : 사람들이 이용하는 이유〉	〈_______의 대중교통: 사람들이 이용하는 이유〉
1. 종류 - 지하철: 빠르고 편리하다 - 버스: 버스 전용 차선이 있다 2. 장점 - 환승 할인	1. 종류 - _________: - _________: 2. 장점 -

대중교통은 일반 대중이 이용할 수 있는 교통 서비스를 제공하는 모든 교통시설 및 수단을 말한다. 이와 같은 대중교통은 나라마다 그 종류가 다양하다.

한국의 대표적인 대중교통은 지하철, 버스, 택시이다. 버스나 지하철은 빠를 뿐만 아니라 편리하기 때문에 사람들이 많이 이용한다. 버스는 버스 전용 차로를 이용하기 때문에 길이 막히지 않아서 좋다. 그리고 지하철은 무엇보다 시간을 절약할 수 있어서 좋다. 대중교통을 이용하여 환승을 할 경우에 할인혜택을 받을 수 있다.

_________의 대표적인 대중교통은 ______________________________

____

____

____

만약에 어떤 나라에 여행을 간다면 그 나라의 여러 가지 대중교통을 이용해 봐야 한다. 대중교통을 이용하면 그 나라 사람들의 문화와 언어, 유행 등을 좀 더 친숙하고 가깝게 느낄 수 있을 것이다.

10 여행

어휘

1. 다음 중 알맞은 것을 골라 문장을 완성하십시오.

규모	민박	경관	여정	활동적

① 여행비가 부족하면 호텔보다 ________________을/를 하는 것이 낫다.

② 요즘 ________________이/가 큰 마트가 늘어서 주변의 작은 가게는 장사가 잘 안 된다.

③ 내일 등산을 위해 ________________인 옷을 준비했다.

④ 한라산은 아름다운 ________________으로/로 유명하다.

⑤ 여행을 떠나기 전에 먼저 지도를 보며 ________________을/를 계획했다.

2. 다음 중 알맞은 것을 골라 대화를 완성하십시오.

기록하다	대여하다	유창하다	눈부시다	등록하다

① 가: 주말에 할 일도 없고 정말 심심해요.

나: 이번 주말에는 공원에 가서 자전거를 ________________ 같이 타고 놀까요?

② 가: 대학교 신입생들은 이번 주까지 ________________ 않으면 합격이 취소된대요.

나: 정말이요? 모르고 있다가 합격이 취소될 뻔했네요.

③ 가: 뭘 그렇게 열심히 쓰고 있어요?

나: 이번 여행을 잊지 않으려고 사진과 함께 여행에 대한 느낌을 ________________.

④ 가: 말하기 대회를 한다고 하던데 한번 도전해 봐.

나: 난 읽기는 ________________ 말하기는 잘 못하잖아.

⑤ 가: 오랜만에 바다로 여행을 오니까 기분이 정말 날아갈 것처럼 좋아요.

나: 맞아요. 햇살도 ________________ 공기도 맑아서 정말 좋아요.

3. 다음 문장을 완성하십시오.

메　이: 깨끗하고 좋은 곳에서 자고 싶은데 그런 곳은 또 가격이 ____________.
① 그 일을 하기 쉽지 않네요

아멜리: 여기 한옥 ________도 있어요. 가격에 비해 시설도 좋은 데다가 전통 문화까지
② 몸으로 직접 하는 경험

체험할 수도 있고 ㅇㄱㅇㄷ____________이겠어요.
③ 한 가지 일을 해서 두 가지 좋은 것을 얻음

메　이: 와, 정말 갖출 걸 다 갖추고 있네요. ________ 전화를 걸어서 예약할까요?
④ 일이 일어난 바로 후의 시간

아멜리: 여기 인터넷 상에서 예약하기와 ㅁㅇㅎㄱ____________도 되니까 먼저 문의하는 글을
⑤ 궁금한 것을 묻기

남기는 게 어떨까요?

메　이: 좋아요. 우선 글을 쓰고 ________을 기다려 보는 게 좋겠어요.
⑥ 인터넷 질문에 대해서 대답하는 글

문법

1. N도 V-고 해서/하니까

1. 다음 중 알맞은 것을 골라 문장을 완성하십시오.

고민 / 생기다	햇살 / 좋다	기술 / 뛰어나다	집세 / 오르다	조식 / 제공되다

① ______________________ 조언을 구하려고 교수님을 찾아갔다.

② ______________________ 이번 기회에 새집을 사려고 한다.

③ ______________________ 산책을 하려고 나왔다.

④ ______________________ 여행 경비를 줄일 수 있겠다.

⑤ ______________________ 이번 일에 한번 도전해 보는 것도 좋겠다.

2. 다음 대화를 완성하십시오.

① 가: 이 사람을 뽑으면 회사에 도움이 될 것 같습니다.

나: 제 생각도 그래요. 이 사람이 ______________________________________.

(한국어 실력 / 유창하다 / 이 사람으로 선택하다)

② 가: 이 냄새 뭐지? 와, 정말 맛있겠다.

나: 냄새도 좋고 ______________________________________.

(배 / 고프다 / 어서 들어가서 먹다)

③ 가: 햇살도 뜨거운데 왜 여기까지 왔어요?

나: ______________________________________.

(전통 혼례식 / 구경할 수 있다 / 여기로 오다)

④ 가: 여기에 있었구나. 계속 찾아다녔어.

나: 미안해. 피곤한 데다가 여기 ______________________________________.

(정원 / 아름답다 / 잠시 쉬고 있다)

⑤ 가: 벌써 자려고?

나: 네, ______________________________________.

(여정 / 피곤하다 / 일찍 쉬려고 눕다)

2. V-던데, N(이)던데

1. 다음 중 알맞은 것을 골라 문장을 완성하십시오.

눈부시다	끊어지다	만만찮다	붉다	울다

① 슬픈 영화를 보고 아멜리 씨는 ______________________ 나는 아무 느낌도 없다.

② 학교 앞쪽은 햇살이 ______________________ 이쪽은 흐리다.

③ 보통 운동을 하고 나면 입술 색이 ______________________ 나는 흐리다.

④ 상대편의 실력이 ______________________ 이길 수 있을지 모르겠다.

⑤ 전화가 갑자기 ______________________ 무슨 일이 생긴 것은 아닐까 걱정된다.

2. 다음 대화를 완성하십시오.

① 가: 물건 좀 사러 같이 나갔다 올래요?

나: 좋아요. ______________________________________.

(냉장고에 아무것도 없다 / 같이 시장에 가다)

② 가: 혹시 자르갈 씨가 어디에 있는지 알아요?

나: ______________________________________?

(조금 전에 이 앞을 지나가다 / 못 보다)

③ 가: 갑자기 무슨 일로 전화를 하셨어요?

나: 창문도 안 닫고 어디에 갔어? ______________________ 전화했지.

(창문은 활짝 열려 있다 / 집에 사람은 안 보이다)

④ 가: 숙소를 어디로 정해야 할지 모르겠어.

나: ______________________________________.

(다른 곳과 비교하다 / 이곳 시설이 좋다 / 여기로 정하다)

⑤ 가: 어제부터 무슨 사진을 그렇게 많이 찍어요?

나: 눈앞에 있는 풍경 하나하나가 ______________________.

(모두 절경이다 / 놓칠 수 없다)

3. AV-(으)ㄹ 정도로

1. 다음 중 알맞은 것을 골라 문장을 완성하십시오.

쓰러지다	착각하다	날아가다	입다	외우다

① 메이 씨는 한겨울에도 ______________ 짧은 치마를 좋아한다.

② 이 책은 아주 많이 읽어서 거의 ______________.

③ 하루 종일 아무것도 못 먹어서 ______________ 배가 고프다.

④ 오늘 새벽에 집 지붕이 ______________ 바람이 심하게 불었다.

⑤ 그 사람은 한국 사람으로 ______________ 한국어를 잘한다.

2. 다음 대화를 완성하십시오.

① 가: 요즘 어머니 건강은 좀 어떠세요?

나: 혼자서도 ______________________________.
(걷다 / 많이 좋아지다)

② 가: 김 선생님이 정말 많이 변하신 것 같아.

나: 맞아. ______________________________.
(못 알아보다 / 많이 변하다)

③ 가: 미안해요. 많이 기다렸지요?

나: 네, ______________________________.
(눈이 빠지다 / 기다리다)

④ 가: 시험문제가 어려웠다고 들었어요.

나: 저도 들었어요. ______________________________.
(선생님도 못 풀다 / 어려웠다고 하다)

⑤ 가: 그 영화가 그렇게 무서워요?

나: 네, ______________________________.
(혼자 화장실에 가기도 힘들다 / 너무 무섭다)

4. V-더라고(요)

1. 다음 대화를 완성하십시오.

① 가: 아침에 지하철을 타고 오는 게 어때요?

나: 아침에는 사람이 너무 많아서 ______________________.

② 가: 한국어를 배워 보니까 어떻습니까?

나: 생각한 것보다 ______________________.

③ 가: 지성 씨 여자 친구를 본 적이 있어요?

나: 네, 지나가다가 한 번 봤는데 정말 ______________________.

④ 가: 수봉 공원에 가 봤어요?

나: 그럼요. ______________________.

⑤ 가: 늦어서 죄송합니다.

나: 저도 방금 도착했어요. 오늘은 비가 와서 그런지 ______________________.

⑥ 가: 수지 씨가 노래를 그렇게 잘한다면서요?

나: 네, 어제 함께 노래방에 갔는데 ______________________.

⑦ 가: 휴대전화를 바꾸려고 하는데 어디에서 사는 게 좋을까?

나: 글쎄, 부평으로 가봐. 휴대전화 가게도 많고 ______________________.

⑧ 가: 영화 재미있게 보고 왔어?

나: 재미있는 영화라고 해서 봤는데 ______________________.

⑨ 가: 어제 남산에 갔었다면서? 어땠어?

나: 밤에 간 건 처음이었는데 ______________________.

⑩ 가: 지성이는 방학 때 뭐한대?

나: 아르바이트를 한대. 한국 대학생들은 대부분 ______________________.

듣기

1. 다음을 듣고 빈 칸에 알맞은 단어를 쓰십시오.

직　원: 네, 정석 여행사입니다.

파하드: 안녕하세요. 홈페이지에 있는 여행 ____을 보고 전화를 드렸는데요. 비행기, 숙소, 렌터카 포함이라고 써 있는 상품을 봤어요.

직　원: 언제 어디로 가실 ____이시죠? 상품 번호를 알려 주시면 빠른 안내가 가능합니다.

파하드: 상품 번호는 잘 모르겠고요, 이번 달 말에 출발하는 2박 3일 제주도 자유여행 상품이 있던데 제주도에서는 외국인도 차를 운전할 수 있나요?

직　원: 외국인의 ____ 본국에서 발급받은 국제운전면허증이 있어야 렌터카 운전이 가능하십니다. 알아보신 것과 같은 자유여행도 좋지만 제주도가 처음이시라면 가이드와 함께 버스를 타고 ____ 단체여행은 어떠십니까? 자유여행에 비해 가격도 ____.

파하드: 그것도 좋지만 제가 스스로 찾아서 하는 여행이 더 좋더라고요. 국제운전면허증이 없어서 렌터카는 어려울 것 같은데 다른 ____은 없을까요?

직　원: 그러면 에어텔만 예약하시고 버스나 택시로 이동하시면서 여행하시는 건 어떨까요?

파하드: 에어텔이요.

직　원: 비행기와 숙소만 선택해서 ____ 상품입니다. 버스의 경우 현재 사용하고 계시는 교통카드를 사용하셔도 되고 시간표도 잘 되어 있으니까 큰 ____은 없으실 거예요.

읽고 쓰기

1. 다음은 한국의 여행지입니다. 다음을 읽고 글을 완성하십시오.

1. 보령	2. 속초
- 충청남도 - 대천 해수욕장 머드축제 - 피부에 좋은 진흙, 다양한 행사	- 강원도 - 깊고 푸른 속초 해수욕장 - 설악산 국립공원 - 다양한 볼거리, 먹거리, 놀거리

한국의 수많은 여행지 중에 두 곳 정도를 소개하려고 한다. 이곳은 누구에게나 추천할 정도로 가볼 만한 장소이다. 여름철 머드 축제로 유명한 보령, 그리고 설악산과 동해 바다를 함께 구경할 수 있는 속초이다.

먼저 충청남도에 위치하고 있는 보령이다. 여름이 되면 남녀노소 모두가 바다를 찾아 떠난다. 이곳 보령에도 대천 해수욕장이 있는데 해마다 이곳에서 머드축제가 열린다. 피부에 좋은 진흙 속에서 초등학생으로 돌아간 것처럼 신나게 놀 수 있다. 게다가 시간마다 다양한 행사로 지루할 틈이 없다. 머드축제를 즐긴 후에는 축제장 옆에 있는 모래사장에 앉아 잔잔한 파도 소리를 들으며 해수욕을 즐길 수도 있다.

다음으로 소개할 여행지는 속초이다. 속초는 ________________________________

____

____

____

____

이렇게 짧은 글로는 여행지의 아름다움을 표현하기가 어렵다. 이번 기회에 직접 가서 보고 느끼기를 바란다.

11 대중매체

어휘

1. 다음 중 알맞은 것을 골라 문장을 완성하십시오.

권선징악	귀감	낭만	무작정	호기심

① 그녀는 많은 여성들에게 ____________________이/가 되는 사람이다.

② 나는 혼자 여행을 가기로 결심하고 ____________________ 비행기 표를 예매했다.

③ 이 길은 ____________________이/가 있는 길이어서 많은 연인들이 찾아오는 곳이다.

④ 이 드라마는 처음에 ____________________ 때문에 보기 시작했는데 지금은 재미가 없다.

⑤ 한국 드라마의 대부분은 사랑 이야기와 함께 ____________________의 결말을 가지고 있다.

2. 다음 중 알맞은 것을 골라 대화를 완성하십시오.

까다롭다	소소하다	염려하다	훈훈하다	웅성거리다

① 가: 갑자기 혼자서 산다고 해서 엄마는 너무 걱정이 되는구나.

나: 너무 걱정하지 마세요. 어머니께서 ____________________ 일이 없도록 할게요.

② 가: 사람들이 왜 저렇게 ____________________?

나: 내일 이곳에서 콘서트를 한다고 하더라. 그래서 모든 사람들이 기대하는 것 같아.

③ 가: 나는 이 연예인의 사진을 보고 있으면 너무 좋아서 세상에 부러울 것이 없어요.

나: 원래 행복은 ____________________ 데에서 오더라고요.

④ 가: 제가 받을 수술이 너무 무서워서 걱정이 돼요.

나: 그렇게 ____________________ 수술은 아니니까 너무 걱정하지 마세요.

⑤ 가: 이 식당 주인은 음식을 아낌없이 주시네요.

나: 네, 저는 이 식당의 ____________________ 인심 때문에 자주 와요.

3. 다음 중 알맞은 것을 골라 대화를 완성하십시오.

목이 빠지다	입이 닳다
손이 발이 되게 빌다	돌다리도 두들겨 보고 건너라

① 가: 누구를 그렇게 ________________ 기다리세요?

나: 부모님이 처음으로 한국에 오신다고 해서요.

② 가: 아는 사람에게 차를 샀는데 수리 비용이 더 많이 나와서 속상해요.

나: 좀 자세히 알아보시죠. ________________은/는 말도 있잖아요.

③ 가: 제가 한 행동 때문에 부모님께서 화가 많이 나셨어요. 어떻게 하죠?

나: ________________. 그것 말고 다른 방법은 없는 것 같아요.

④ 가: 수지야, 내가 항상 방을 치우고 다니라고 ________________ 말하지 않았어?

나: 알겠어요. 엄마, 이것만 하고 얼른 치울게요.

4. 다음 대화를 성하십시오.

________가 우리 삶에서 지니는 의미는 꽤 크다. ________들은 드라마를 보면서
① 텔레비전에서 방송되는 극 ② 텔레비전의 방송 프로그램을 보는 사람

현실에서는 ________ 자신의 ________을 만나기를 기대한다. 대부분의 드라마 속
③ 할 수 없거나 될 수 없는 ④ 가장 완전하다고 생각하는 사람의 모습

________들은 시청자들의 이상형으로 자리 잡는다. 또한 드라마 속 세상은 힘든 현실을
⑤ 어떤 일에서 중심이 되는 사람

잊도록 하는 ________의 ________을 한다. 그래서 드라마는 누구나 ________ 쉬운
⑥ 편하게 쉴 수 있는 곳 ⑦ 맡은 일 ⑧ 앞으로 있을 일을 짐작하기

내용이지만 볼수록 빠지게 만드는 ________이 있다.
⑨ 사람의 마음을 강하게 끄는 힘

문법

1. V-더니

1. 다음 중 알맞은 것을 골라 문장을 완성하십시오.

오다	읽다	작다	맛있다	공부하다

① 파하드 씨가 2급 때는 열심히 ______________ 3급에서는 공부를 별로 많이 하지 않는다.

② 그 식당은 예전에는 음식이 아주 ________________ 요즘에는 모든 음식이 맛이 없다.

③ 지성이가 어렸을 때는 키가 ______________ 안 본 사이에 많이 커서 알아볼 수가 없다.

④ 어제부터 계속 비가 ________________ 결국 홍수가 나서 집들이 물에 잠겼다.

⑤ 어렸을 때부터 책을 많이 ________________ 작가가 되었다.

2. 다음 대화를 완성하십시오.

① 가: 병원에는 왜 가요?

나: ____.
(친구가 며칠 동안 허리가 아프다고 하다 / 결국 병원에 입원해서 문병을 가다)

② 가: 오위노 씨하고 지금도 연락을 해요?

나: 아니요, ____.
(대학원에 입학하다 / 공부할 것이 많아서 시간이 없다고 하다)

③ 가: 아기가 울고 있네요.

나: ____.
(아까 신나서 뛰어가다 / 넘어졌나 보다)

④ 가: 오늘도 기분이 안 좋아요?

나: 아니요, ____.
(이번 주 내내 기분이 우울하다 / 오늘은 괜찮아지다)

⑤ 가: 파하드 씨가 화장실로 왜 저렇게 뛰어가요?

나: ____.
(아까 김밥을 급하게 먹다 / 배탈이 났다고 하다)

2. AV-도록

1. 다음 중 알맞은 것을 골라 문장을 완성하십시오.

넘다	붓다	박히다	사용하다	적응하다

① 세종대왕은 백성들이 글자를 쉽고 편하게 ________________ 한글을 창제하셨다.

② 인하 친구는 내가 한국에 잘 ________________ 작은 일 하나까지 모두 도와주었다.

③ 그 영화가 너무 슬퍼서 눈이 퉁퉁 ________________ 울었다.

④ 아이들은 부모님이 공부를 열심히 하라고 귀에 못이 ______________ 말해도 듣지 않는다.

⑤ 오늘은 중요한 일이 많아서 세 시간이 _____________ 회의를 했지만 아직도 끝내지 못했다.

2. 다음 대화를 완성하십시오.

① 가: 밖에 눈이 많이 왔네요. 오늘은 길이 많이 미끄럽겠어요.

나: 그래서 ____.

(넘어지지 않다 / 길에 모래를 뿌리다)

② 가: 제가 왜 병원에 있어요?

나: 일 때문에 무리를 하셨는지 쓰러지셨어요. ______________________.

(다음부터는 이런 일이 생기지 않다 / 건강에 신경을 쓰다)

③ 가: 그 드라마는 결론이 어떻게 났어요?

나: ____.

(남자 주인공이 여자 주인공을 죽다 / 사랑하다 / 결국 결혼하다)

④ 가: 그 사람은 이상형이 아니라더니 왜 갑자기 관심이 생겼어요?

나: ____.

(그 사람이 얼마나 좋은 사람인지 주변 사람들이 입에 침이 마르다 / 칭찬을 하다)

⑤ 가: 아직도 파하드 씨가 안 오네요.

나: 그러게요. ____.

(여섯 시 약속인데 한 시간이 지나다 / 오지 않아서 걱정이 되다)

3. V-(으)므로, N이므로

1. 다음 중 알맞은 것을 골라 문장을 완성하십시오.

주다	아니다	부족하다	중단되다	증가하다

① 그 일은 내 일이 ________________ 나는 관심이 없다.

② 일회용품의 사용량이 ________________ 환경이 점차 오염되고 있다.

③ 현재 폭설로 인하여 지하철 운행이 ________________ 버스를 탈 수밖에 없다.

④ 인구가 증가함에 따라 집이 ________________ 더 많은 주택을 지을 필요가 있다.

⑤ 적당한 운동은 건강에 도움이 되지만 과한 운동은 몸에 무리를 ________________ 조심해야 한다.

2. 다음 대화를 완성하십시오.

① 가: 내일 날씨는 어떻습니까?

나: ____.

(오늘과 마찬가지로 내일도 황사가 심하다 / 외출 시에는 마스크를 착용하다)

② 가: 저를 부르신 이유가 무엇입니까?

나: ____.

(신호를 지키지 않다 / 벌금을 내야 하다)

③ 가: 우리가 물을 절약해야 하는 이유는 무엇입니까?

나: ____.

(가뭄이 계속되고 있다 / 물을 절약해야 하다)

④ 가: 요즘 취업이 되지 않는 이유는 무엇이라고 생각하십니까?

나: ____.

(세계적으로 불경기이다 / 기업에서도 새로운 인재를 채용하지 않는다고 생각하다)

⑤ 가: 이곳에 들어갈 수 없는 이유는 무엇입니까?

나: ____.

(개인 소유의 땅이다 / 들어갈 수 없다)

4. V-던데(요), N(이)던데(요)

1. 다음 중 알맞은 것을 골라 문장을 완성하십시오.

반기다	사귀다	부지런하다	돌다	민감하다

① 자르갈 씨는 게으르다는 사람들의 말과 다르게 아주 ____________________.

② 로빈 씨가 아멜리 씨를 보고 그 누구보다 기쁘게 ____________________.

③ 친구들 말처럼 로빈 씨와 팅팅 씨가 ____________________.

④ 자르갈 씨는 작은 소리에도 ____________________.

⑤ 배가 고플 때 음식 냄새를 맡으니까 군침이 ____________________.

2. 다음 대화를 완성하십시오.

① 가: 태권도를 배워보니까 어때요?

나: ____.
(쉬울 것 같다 / 생각보다 어렵다)

② 가: 후문 근처에 있는 식당에 가 봤어요?

나: 네, ____.
(음식도 맛있다 / 값도 싸다)

③ 가: 그 학생은 한국에 온 지 한 달밖에 안됐지요?

나: 네, ____.
(한국에 온 지 얼마 안되다 / 어려운 단어를 많이 알다)

④ 가: 방 친구가 만든 음식이 어땠어요?

나: ____.
(처음 만든 요리라고 하다 / 아주 맛있게 만들다)

⑤ 가: 파하드 씨가 3급 1반의 반장이지요?

나: 아니요, ____.
(자르갈 씨가 반장이다)

듣기

1. 다음을 듣고 빈 칸에 알맞은 단어를 쓰십시오.

뉴스 진행자: 다음 소식입니다. 오늘 오전 8시 30분 출근하는 사람들로 ______ 신도림 역에서 전동차와 ______ ____에 발이 빠져 전동차의 운행이 잠시 중단되는 사고가 발생했습니다. 송양환 기자의 보도입니다.

기 자: 오늘 오전 서울 신도림 역에서 여학생이 지하철에서 내리다가 ______와 승강장 사이에 발이 빠지는 사고가 ______. 주위 사람들은 처음에 ______ 함께 힘을 모아 지하철을 밀어서 여학생을 구했다고 하는데요. 사람들의 협동이 아니었으면 큰 사고로 ______ ____ 했던 긴급한 상황이었습니다. 사고를 당한 여학생은 병원으로 옮겨졌고 ______ 발은 크게 다치지 않은 것으로 전해졌습니다. 이상 시민들의 ______이 소중한 목숨을 구한 ____에서 전해 드렸습니다.

뉴스 진행자: 단체의 이익보다 개인의 이익이 앞서는 요즘 사회에서 사람들의 협동심을 엿볼 수 있는 ______ 소식이었습니다.

마지막 소식입니다. 한 고속버스 ______가 차 안에서 용변을 본 70대 노인을 돌본 소식이 회사 홈페이지에 올라와서 많은 사람들에게 ______ 감동을 주고 있는데요. 한승연 기자의 보도입니다.

기 자: 오늘 오후 인하 고속 홈페이지에 ____ 회사 소속 기사를 칭찬하는 글이 __ ______. 칭찬의 주인공은 인하 고속 사원인 김정현(50) 씨로 알려졌습니다. 인하 고속에 따르면 지난 달 30일 인천에서 부산에 가던 인하 고속 버스 안에서 70대 남성이 ______ ______ 김 씨는 다른 승객들에게 ____를 구한 후 근처에 있는 톨게이트로 차량을 돌렸다고 합니다. 그리고 당황하여 얼굴이 빨개져 있던 노인을 ____ 모시고 화장실에서 직접 몸을 씻긴 후 갈아입을 옷과 슬리퍼까지 구해온 것으로 전해졌습니다. 다른 사람에게 ______ 상황이 발생해도 자신에게 피해가 생기는 것만을 염려하는 사람들에게 ______ ____ 현장에서 한승연이었습니다.

읽고 쓰기

1. 다음은 대중매체의 종류에 대한 글입니다. 다음을 읽고 글을 완성하십시오.

인쇄매체	영상매체	인터넷 매체
– 이동성이 좋다.	– 소리를 즐길 수 있다.	– 정보의 양이 많다.
– 기록 보존이 가능하다.	– 감각적이고 생동감이 있다.	– 자료 검색이 쉽다.
– 수정이 어렵다.	– 신속하게 전달된다.	– 첨가나 수정이 쉽다.
– 일방적 의사소통이다.	– 일방적 의사소통이다.	– 쌍방향 의사소통이다.

대중매체는 우리가 살면서 꼭 필요한 것 중에 하나이다. 누구나 집에 가면 컴퓨터를 사용하여 인터넷을 하고 텔레비전을 보기도 한다. 그리고 도서관에 가서 책을 통해 우리가 필요한 자료를 찾는다. 이러한 대중매체는 크게 인쇄매체, 영상매체, 인터넷 매체가 있는데 각각 그 특징을 알아보려고 한다.

인쇄매체는 책이나 잡지같이 글자로 되어 있어 눈으로 볼 수 있는 매체이다. 이 매체는 이동성이 좋으며 기록된 것을 보존하는 것이 가능하다. 이미 완성되어 나온 것이므로 수정하는 것이 어렵고 글자를 읽는 것으로 끝나기 때문에 일방적 의사소통이라고 할 수 있다.

다음으로 영상매체는 움직이는 화면을 보고 들을 수 있는 매체이다. 이 매체는 움직이는 영상을 사용하기 때문에 감각적이고 생동감이 있다. 또한 정보가 신속하게 전달된다. 영상을 보는 것으로 끝나기 때문에 일방적 의사소통이라고 할 수 있다.

인터넷매체는 ______________________________

____

____

이러한 대중매체는 우리가 어떻게 사용하느냐에 따라 우리에게 도움이 될 수도 있고 반대로 독이 될 수도 있다. 따라서 대중매체의 특징에 따라 올바르게 사용하는 노력이 필요하다.

12 공연과 감상

어휘

1. 다음 중 알맞은 것을 골라 문장을 완성하십시오.

연주회	초대권	개봉	각색	교감

① 김 감독은 아무런 ________________ 없이 소설의 내용을 그대로 영화로 만들었다.

② 추석을 맞아 다양한 영화가 ________________을/를 앞두고 있다.

③ 나는 친구에게 음악회 ________________을/를 받아서 공짜로 보고 왔다.

④ 세계적인 피아니스트가 오래간만에 국내에서 피아노 ____________을/를 가졌다.

⑤ 관객들은 무대 위의 배우와 ________________을/를 나누며 함께 울고 웃었다.

2. 다음 중 알맞은 것을 골라 대화를 완성하십시오.

신선하다	왜곡하다	빠져들다	다채롭다	생생하다

① 가: 파하드, 대학로에 가서 연극을 볼까?

나: 좋아. 대학로에 가면 ________________ 연극을 볼 수 있어서 좋아.

② 가: 나는 이 뮤지컬을 보고 주인공의 매력에 푹 ________________ 되었어.

나: 맞아. 나도 재미있게 봤어.

③ 가: 김 작가의 작품이 좋은 반응을 얻는 이유가 뭘까요?

나: 다른 작가들은 쓰지 않는 ________________ 소재로 작품을 쓰기 때문인 것 같아요.

④ 가: 그 영화에서 감독이 말하려고 하는 것은 그게 아니야.

나: 그래? 내가 ________________ 생각했나 보네.

⑤ 가: 나는 그 공연의 마지막 장면이 아직도 ________________ 기억이 나.

나: 정말 멋진 장면이었던 것 같아.

3. 다음 대화를 완성하십시오.

아멜리: 거문고에 대해서 들어 본 적이 있어요? 한국의 _______ 악기인데…….
① 고유하게 만들어진 행동 양식

로 빈: 거문고요? 한국의 전통 악기에 대해서는 잘 몰라요. 왜요?

아멜리: 지난 주말에 국립국악원에서 거문고 __________를 보고 왔거든요. 거문고라는
②음악을 연주하여 청중에게 들려주는 모임

악기가 그렇게 아름다운 _______으로 들릴 줄은 몰랐어요.
③ 소리의 특색

로 빈: _______은 재미없지 않아요?
④ 한국의 전통음악

아멜리: 저도 그렇게만 생각을 했었는데 _______ 공연을 보니까 그렇지 않았어요. 거문고
⑤ 바로

연주를 듣는데 마치 하늘의 별이 ________ 떨어지는 느낌이었어요.
⑥ 물건이 한꺼번에 많이 쏟아지는 모양

문법

1. AV(으)ㄹ 겸(해서), N_1 겸 N_2

1. 다음 중 알맞은 것을 골라 문장을 완성하십시오.

빌리다	풀다	드리다	배우다	쌓다

① 어제는 선생님도 뵙고 선물도 ________________ 학교에 갔다.

② 살도 뺄 겸 스트레스도 ________________ 운동을 시작했다.

③ 한국어 연습도 하고 경험도 ________________ 아르바이트를 하고 있다.

④ 공부도 하고 책도 ________________ 도서관에 가려고 한다.

⑤ 한국 음식을 만드는 방법도 ________________ 인하 친구 집에 놀러 갔다.

2. 다음 대화를 완성하십시오.

① 가: 무슨 일로 은행에 가요?

나: ____.

(환전도 하다 / 돈도 찾다 / 은행에 가다)

② 가: 왜 해외로 나가려고 해요?

나: ____.

(언어도 배우다 / 그 나라의 문화도 경험하다 / 해외로 나가다)

③ 가: 우산도 없는데 비가 오니 어떡하지요?

나: ____.

(비도 피하다 / 커피도 마시다 / 커피숍에 들어가다)

④ 가: 학교에 갈 때 버스 대신에 자전거를 타고 다닌다면서요?

나: ____.

(운동도 하다 / 환경도 보호하다)

⑤ 가: 집에서도 작품 작업을 하시는군요.

나: 네, ____.

(여기가 바로 제 회사 / 집이다)

2. AV-다(가) 보면/보니(까)

1. 다음 중 알맞은 것을 골라 문장을 완성하십시오.

지내다	보다	모으다	달리다	놀다

① 아이들이 ________________ 서로 싸우기도 한다.

② 매일 운동장을 ________________ 건강해질 수 있을 것이다.

③ 여행갈 때마다 엽서를 ________________ 이렇게 많아졌다.

④ 한국에서 ________________ 요즘은 한국 문화에 익숙해졌다.

⑤ 한국 드라마를 ________________ 한국어 듣기 능력이 좋아졌다.

2. 다음 대화를 완성하십시오.

① 가: 휴대전화로 어떻게 이렇게 한글을 빨리 써요?

나: ____.

(매일 휴대전화로 메시지를 보내다 / 속도가 빨라지다)

② 가: 로빈 씨, 아직도 퇴근을 못 했어요?

나: 네, ____.

(바쁘게 일하다 / 시간이 가는 줄도 모르다)

③ 가: 우체국이 어디에 있어요?

나: ____.

(이 길로 계속 가다 / 식당이 나오는데 거기서 왼쪽으로 가다)

④ 가: 어떻게 해서 그렇게 큰 부자가 되었어요?

나: ____.

(평소에 돈을 꼭 필요한 곳에만 쓰다 / 나도 모르게 부자가 되다)

⑤ 가: 어릴 때부터 도시에만 살다가 시골로 이사를 오니 심심해요.

나: ____.

(계속 살다 / 도시보다 좋은 점을 알게 되다)

3. 피동

1. 다음 중 알맞은 것을 골라 문장을 완성하십시오.

보다	듣다	쫓다	밟다	담다

① 사람이 많은 버스 안에서 다른 사람에게 발이 ________________.

② 밤에 밖에서 고양이 우는 소리가 ________________.

③ 범인이 경찰에게 ________________ 결국은 잡혔다.

④ 우리 집에서 인천 앞바다가 ________________.

⑤ 식탁 위의 바구니에 과일이 많이 ________________ 있다.

2. 다음 대화를 완성하십시오.

① 가: 파하드 씨, 교실에 안 들어가고 왜 밖에 서 있어요?

나: ____.
(교실 문을 잠그다 / 들어갈 수 없다)

② 가: 아멜리 씨, 어제 전화했는데 다른 사람이 받더라고요.

나: 미안해요. ____.
(전화번호를 바꾸다 / 깜빡하고 얘기를 못하다)

③ 가: 자르갈 씨, 기분이 안 좋아 보이네요. 무슨 일 있어요?

나: ____.
(수업시간에 메시지를 보내다 / 선생님께서 핸드폰을 빼앗다)

④ 가: 모든 병은 스트레스에서 시작되는 것 같아요.

나: 맞아요. ____.
(스트레스를 쌓다 / 건강에 해롭다)

⑤ 가: 로빈 씨, 요즘 식사를 제때 못하는 것 같아요.

나: 맞아요. ____.
(일과 시간을 쫓다 / 식사도 제때 못하다)

4. N_1(이)나 N_2(이)나 (할 것 없이)

1. 다음 중 알맞은 것을 골라 문장을 완성하십시오.

밤 / 낮	남자 / 여자	옛날 / 지금	강아지 / 고양이	고속도로 / 국도

① 연예인들은 일을 할 때 ______________________ 모두 화장을 한다.

② 자르갈 씨는 친구에게 일이 생기면 ______________________ 친구를 도와 주러 간다.

③ 명절에는 고향에 가는 사람들로 인해서 ______________ 도로에는 차들이 많다.

④ 나는 ______________________________ 애완동물을 꼭 키우고 싶다.

⑤ 대부분의 나라에서는 ____________________ 그 나라의 고유문화를 지키며 살아간다.

2. 다음 대화를 완성하십시오.

① 가: 어떤 과일을 좋아해요?

나: 저는 ____.
(사과 / 바나나 / 과일은 다 좋아하다)

② 가: 오늘은 쉬는 날인데도 길이 많이 막히네요.

나: 요즘에는 차가 많아서 ______________________________.
(평일 / 휴일 / 항상 길이 막히다)

③ 가: 우리 내일은 어떤 영화를 볼까요?

나: ____.
(코미디 영화 / 액션 영화 / 다 좋다)

④ 가: 아멜리 씨는 어떤 옷을 주로 입어요?

나: ____.
(치마 / 바지 / 깔끔한 옷을 입다)

⑤ 가: 공부를 정말 열심히 하네.

나: 우리 반은 ______________________________________.
(남학생 / 여학생 / 모두 열심히 하는 편이다)

듣기

1. 다음을 듣고 빈 칸에 알맞은 단어를 쓰십시오.

뉴스 진행자: 추석 극장가에서 사극 영화 '운명'이 1위를 ____ 있습니다. 한승우 기자가 설명해 드립니다.

기 자: 조선 시대 천재 관상가의 삶을 그린 사극 영화 '운명'입니다. 지난 11일 ____ 이후 610만 명을 모았는데, 추석 연휴 사흘 동안에만 230만 명이 ____ 했습니다. 영화 '운명'을 관람한 몇몇 사람들과 인터뷰를 나눠 보도록 하겠습니다. 이런 ____ 영화의 어떤 점이 좋은가요?

여 자: ____에 나오는 옛날 풍경들이 ____하고 눈이 즐거웠어요. 그리고 지금과 다른 시대를 상상하면서 보니까 더 흥미로운 것 같아요.

남 자: 사극 영화를 보다가 보면 우리의 역사를 ____ 수 있는 관심이 생길 거예요. 사극 영화가 역사를 ____ 할 위험이 있지만 바른 역사를 찾아볼 수 있는 기회도 제공하는 것 같아서 좋아요. 이런 점은 교육적이기도 하고요.

기 자: 네, 말씀 잘 들었습니다. 영화 ____ 김유정 씨는 세상에 대해 관심이 많은 어른 세대들 덕분에 사극 영화가 인기를 얻고 있다고 하였습니다. 앞으로 우리의 역사를 되돌아볼 수 있고 후손들에게 ____ 도 심어줄 수 있는 사극 영화가 계속 발전하기를 기대해 봅니다. IBS 한승우였습니다.

읽고 쓰기

1. 여러분은 가장 좋아하는 책이나 공연은 무엇입니까?

서론	가장 좋아하는 책은 무엇인가? – 한국의 전래동화 '해님과 달님'
본론	그 책은 어떤 내용인가? – 호랑이가 떡장수 아주머니를 잡아먹고 그 아이들까지 잡아먹으려고 함. – 호랑이에게 쫓기던 남매는 오빠는 해가 되고 여동생은 달이 됨.
결론	그 책을 좋아하는 이유는 무엇인가? – 자연과 어울려 살아가는 한국인의 정신문화가 담겨 있음. – 문화를 지루하지 않고 재미있게 배울 수 있음.

⇩

나는 책 읽기를 좋아하는 편이다. 그래서 시간이 있을 때마다 항상 책을 읽곤 한다. 사람에 따라 선호하는 책이 다르겠지만 내가 좋아하는 책은 한국의 전래동화이다. 한국에 와서 읽었던 전래동화 중에서 가장 인상 깊었던 이야기를 하나 소개하라고 하면 '해님과 달님'을 꼽고 싶다.

산 속의 호랑이가 밤늦게 집으로 돌아가던 떡장수 아주머니를 잡아먹고 나서 그 남매 아이들까지도 잡아먹으려고 욕심을 내다가 결국 죽게 된다. 한편 고아가 된 데다가 호랑이에게 쫓기던 남매는 하늘의 도움으로 오빠는 해가 되고 여동생은 달이 된다.

어떤 사람은 이런 유치한 이야기가 뭐가 좋으냐고 반문할 수도 있을 것이다. 하지만 내 생각에 이 책에는 ______________________________

____

____

____

____

____

그래서 나는 한국의 전래동화를 가장 좋아한다.

마지막으로 이 이야기에 나오는 유명한 말을 하나 소개하면서 글을 마칠까 한다. 가까운 사람이 무언가 많이 갖고 있을 때 그 중 하나만 내게 달라고 농담처럼 얘기하는 경우에 사용하는 말이다.

'떡 하나 주면 안 잡아먹지!'

13 인터넷

어휘

1. 다음 중 알맞은 것을 골라 문장을 완성하십시오.

근거	매체	공간	비판	역기능

① 인터넷은 요즘 젊은 사람들에게 가장 영향력이 있는 ____________이다.

② 다른 사람을 무조건 ____________만 하지 말고 그 사람의 입장에서 생각해 볼 필요가 있다.

③ 인터넷이 발달하면서 악성 댓글과 같은 ____________이/가 사회적 문제가 되고 있다.

④ 얼굴이 보이지 않는 인터넷 ____________에서도 예절에 신경을 써야 한다.

⑤ 토론을 할 때 아무 ____________ 없이 말하면 신뢰할 수가 없다.

2. 다음 중 알맞은 것을 골라 대화를 완성하십시오.

끊임없다	무분별하다	공유하다	악용되다	의심하다

① 가: 인터넷을 통해서 자료나 사진을 ____________ 정말 편하고 좋아요.

나: 맞아요. 인터넷이 없었으면 얼마나 불편했겠어요.

② 가: 수지 씨는 벌써 취업이 됐대요.

나: 작년부터 ____________ 준비를 하더니 결국 이렇게 일찍 취업을 했군요.

③ 가: 요즘은 어떤 게 맞는지 모를 정도로 정보가 넘쳐나요.

나: 그래서 정보를 ____________ 받아들이면 나중에 큰 문제가 될 수 있어요.

④ 가: 좋은 목적으로 만든 물건인데 ____________ 것 같아서 큰일이에요.

나: 모든 사람이 착하게만 살면 좋을 텐데 조금 아쉽네요.

⑤ 가: 지금 저를 범인이라고 생각하는 거예요?

나: 범인으로 생각한다니요? 저는 한 번도 ____________ 적이 없어요.

3. 다음 문장을 완성하십시오.

인터넷은 수많은 정보 중에서 필요한 것을 골라낼 수 있다는 점에서 다른 ㅁㅊ_________보다
① 어떤 사실을 전달하는 것, 방법

편리하다. 그래서 사람들은 정보 ______________이라고 하면 인터넷 정보 검색을
② 책이나 컴퓨터에서 필요한 자료를 찾는 것

____________ 된다. 그러나 인터넷의 모든 정보가 올바르고 자신에게 맞는 것은 아니다.
③ 잘 생각나지 않던 것을 생각하게

인터넷의 많은 정보 가운데 자신이 원하는 정보와 ________ 정보를 효과적으로 찾아내어
④ 가장 새로운 것

이용할 수 있어야 한다.

문법

1. AV-(으)ㄹ 지경이다

1. 다음 중 알맞은 것을 골라 문장을 완성하십시오.

의심되다	착각하다	마비되다	자살하다	미치다

① 오랫동안 가만히 앉아있었더니 엉덩이가 ____________________.

② 저 사람이 계속 이상한 행동을 하니까 그냥 눈만 마주쳐도 ____________________.

③ 쌍둥이라 서로 닮는 게 당연하지만 너무 똑같이 생겨서 부모님도 ____________________.

④ 오랫동안 고향에 못 갔더니 고향이 그리워서 ____________________.

⑤ 그 연예인은 우울증이 심해서 ____________________에 이르렀다고 한다.

2. 다음 대화를 완성하십시오.

① 가: 생각보다 눈이 많이 왔네요.

나: 네, ____________________.
(길이 미끄럽다 / 가만히 서 있지도 못하다)

② 가: 와, 꽃이 진짜 빨개요.

나: 색이 정말 빨갛죠? ____________________.
(꽃을 따기만 하다 / 손가락이 빨갛게 물들다)

③ 가: 비가 좀 내려야 하는데 걱정이에요.

나: 맞아요. ____________________.
(날씨가 너무 건조하다 / 산불이 나다)

④ 가: 부모님께 연락은 자주 드리니?

나: 아니, ____________________.
(정말 오랫동안 전화를 안 하다 / 목소리도 잊어버리다)

⑤ 가: 요즘에 별일 없이 잘 지내고 있지?

나: 아니, ____________________.
(너무 피곤하다 / 병원에서 주사를 맞아야 하다)

2. V-(으)ㄹ 텐데, N일 텐데

1. 다음 중 알맞은 것을 골라 문장을 완성하십시오.

서운해하다	불편하다	배웅하다	궁금해하다	매진되다

① 휴가철이라 표가 빨리 ______________ 예매할 시간이 없다.

② 친구 결혼식에 못 가면 친구가 많이 ______________ 출장을 가야 한다.

③ 여러 명이 사는 집에 화장실이 하나면 ______________ 잘 살 수 있을지 모르겠다.

④ 부모님께서 대학교 합격 결과를 ______________ 어서 전화를 해야겠다.

⑤ 일을 빨리 끝냈으면 친구를 공항까지 ______________ 일이 너무 많았다.

2. 다음 대화를 완성하십시오.

① 가: 내일 야구 경기가 있는데 같이 보러 갈래요?

나: ______________________________.
(표가 없다 / 그냥 텔레비전으로 보다)

② 가: 늦더라도 꼭 오세요. 수지 씨가 올 때까지 기다릴 거예요.

나: 아니에요. 저는 ______________________________.
(과제가 아직 안 끝나다 / 늦다 / 기다리지 말다)

③ 가: 내일까지 쉬면 안 돼요?

나: ______________________ 회사에서 앞으로 계속 나오지 말고 쉬라
(하루 더 쉬면 좋다 / 내일까지 쉬다)

고 할 거야.

④ 가: 내일 오전 10시쯤에 출발할게요.

나: 휴가철이라서 ______________________________.
(길이 막히다 / 조금 더 일찍 출발하다)

⑤ 가: 수지가 왜 이렇게 전화를 안 받지?

나: ______________________________.
(지금 수업 중이다 / 당연히 전화를 받을 수가 없다)

3. V-(ㄴ/는)다니요?, N(이)라니요?, V-냐니요?, AV-(으)라니요?, AV-자니요?

1. 다음 대화를 완성하십시오.

① 가: 파하드 씨가 벌써 고향에 돌아가서 아쉬워요.

나: ______________________? 오늘 아침에도 학교에서 봤는데요?

② 가: 이번에 자르갈이 장학금을 받았다면서?

나: ______________________? 난 아멜리가 받은 줄 알았는데?

③ 가: 행동이 더디시네요.

나: ______________________? 제가 우리 고향에서는 빠른 편이에요.

④ 가: 어제 데이트 잘 했어요?

나: ______________________? 여자 친구도 없는데 무슨 소리예요?

⑤ 가: 내일 시험 잘 보세요.

나: ______________________? 내일 시험이 있어요?

⑥ 가: 지금 뭐해?

나: ______________________? 내일 시험인데 당연히 공부하고 있지.

⑦ 가: 삼계탕은 다 만들었어요?

나: ____________________? 삼계탕은 그렇게 빠르게 만들 수 있는 음식이 아니에요.

⑧ 가: 오늘까지 이 일을 다 마쳐라.

나: ______________________? 이건 일주일 이상해야 하는 일이에요.

⑨ 가: 앞에 있는 손잡이를 꼭 잡으세요.

나: ______________________? 벌써 출발하는 거예요?

⑩ 가: 오늘 만나기로 했던 약속을 다음 주로 미루자.

나: ______________________? 얼마나 힘들게 만든 시간인데…….

4. AV-다가는

1. 다음 중 알맞은 것을 골라 문장을 완성하십시오.

씻다	참다	움직이다	굶다	무리하다

① 먹을 생각도 안 하고 그렇게 ______________ 건강이 나빠진다.

② 하루에도 그렇게 몇 번씩 ______________ 피부가 안 좋아질 수도 있다.

③ 화가 나도 그냥 ______________ 병에 걸리기 쉽다.

④ 계속해서 ______________ 몸이 상할 것이다.

⑤ 아무리 귀찮아도 그렇게 안 ______________ 근육이 하나도 남지 않을 것이다.

2. 다음 대화를 완성하십시오.

① 가: 백화점에 온 기념으로 오늘은 이걸 사야겠다.

나: 재미있게 쇼핑하는 건 좋은데 너 ______________.
(그렇게 생각 없이 돈을 쓰다 / 등록금 낼 돈도 없어지다)

② 가: 엄마, 저 좀 보세요. 이렇게 높이 올라 왔어요.

나: ______________.
(나무 위에서 놀다 / 크게 다칠 수 있다)

③ 가: 저는 하루에 커피를 일곱 잔씩 마셔야 피로가 좀 풀려요.

나: ______________.
(커피를 그렇게 많이 마시다 / 불면증에 걸리다)

④ 가: 며칠 동안 비가 계속 오네.

나: ______________.
(이렇게 계속 비가 내리다 / 큰 홍수가 나다)

⑤ 가: 음악은 역시 크게 들을수록 신이 더 나는 것 같아요.

나: 그런데 ______________.
(계속 그렇게 크게 듣다 / 귀에 문제가 생길 수 있다)

듣기

1. 다음을 듣고 빈 칸에 알맞은 단어를 쓰십시오.

최근 스마트폰 사용이 ______ 소셜 네트워킹 서비스 사용자들이 늘고 있는데요. 이들은 스마트폰으로 시간과 장소에 ______ SNS를 ______ 있습니다. 무분별한 사용으로 부작용도 많다고 하지만 잘만 사용하면 ______ 소통의 도구이기도 하지요. SNS는 친구를 만들거나 사진이나 정보 공유하기, 모임 기획하기 등 다용도로 사용되고 있는데요. 친구와 친구, 교사와 학생을 잇는 ______ 뿐만 아니라 멀리 떨어져 있는 가족이나 친구들과 빠르고 편리하게 연락할 수 있도록 하고, 연예인이나 정치인과 소통할 수 있도록 하는 등 우리 생활에 큰 비중을 ______ 있습니다. 하지만 SNS는 인터넷 ______ 과 사생활 침해, 범죄에 악용되는 등의 문제점도 초래하고 있습니다. 잘만 사용하면 우리 생활에 유용한 SNS. 확인되지 않은 정보는 믿지 않고, 개인 정보는 제한적으로 사용하며, 보이지 않는 인터넷 공간에서 ______ 를 지켜 말하는 등의 작은 노력이 필요합니다.

읽고 쓰기

1. 다음은 인터넷 중독에 대한 글입니다. 다음을 읽고 글을 완성하십시오.

인터넷 중독

정의: 인터넷 사용 때문에 일상생활에 문제가 생기는 상태

원인: 인간이 항상 새로운 것을 원하기 때문

예방 방법: 특별한 목적이 없이 컴퓨터를 켜지 않기, 다른 취미활동 시간을 늘리기, 식사 시간과 자는 시간 지키기.

우리는 정보화 시대에 살고 있다. 텔레비전이나 인터넷이 없다면 사회생활을 하기 힘들어질 정도이다. 다른 사람과 대화를 하다가 보면 나만 모르고 있다는 생각에 바보가 되었다고 느낄 수도 있다. 따라서 인터넷은 적당하게 사용하면 우리에게 큰 도움이 되지만 중독이 된다면 큰 문제가 발생할 수 있다.

인터넷 중독이란 인터넷 사용 때문에 일상생활에 문제가 생기는 상태를 말한다. 인간은 항상 새로운 것을 원하기 때문에 인터넷의 바다에 빠져 끊임없이 새로운 정보들을 얻는다. 인터넷을 사용하는 시간을 스스로 막지 못하는 사람은 이미 인터넷 중독이라고 말할 수 있다. 여기 생활 속에서 인터넷 중독을 예방하기 위한 방법이 있다.

먼저 특별한 목적이 없으면 컴퓨터를 켜지 않아야 한다. 집에 오자마자 컴퓨터의 전원버튼을 누른다면 인터넷 중독이 아닌지 의심해 봐야 한다. 특별히 할 일도 없는데 인터넷을 하는 습관부터 고쳐야 한다. 또한 ______________________________

____

____

____

우리는 사람과 대화하는 시간, 책 읽는 시간이 인터넷을 하는 시간보다 더 소중하다는 것을 기억하고 생활해야 한다. 작은 습관부터 하나씩 고쳐나가면 어느 순간 모든 것이 바르게 바뀌어 가고 있음을 느끼게 될 것이다.

14 공공장소

어휘

1. 다음 중 알맞은 것을 골라 문장을 완성하십시오.

금연	냉방병	배설물	시선	질서

① 공원에서 산책할 때 애완견의 ________________을/를 함부로 버리면 안 된다.

② 공공장소에서는 주위의 ________________에 신경을 써야 한다.

③ 버스정류장이나 공원과 같은 공공장소는 ______________이므로/므로 담배를 피울 수 없다.

④ 사람들은 ________________을/를 지키며 차례차례 지하철을 탄다.

⑤ 사무실에 에어컨을 너무 세게 틀어서 직원들이 다 ________________에 걸렸다.

2. 다음 중 알맞은 것을 골라 대화를 완성하십시오.

처벌하다	어긋나다	방치하다	무시하다	지나치다

① 가: 보는 사람도 없으니까 그냥 여기에다가 버려.

나: 그래도 그건 규칙에 ________________ 행동이잖아.

② 가: 아무리 고등학생이라고 해도 ________________ 하지 않나요?

나: 큰 범죄이지만 아직 어리니까 기회를 주는 거래요.

③ 가: 우리들의 충고를 ________________ 말고 꼭 지키세요.

나: 네, 여러분들의 충고를 꼭 기억할게요.

④ 가: 어제 운동을 무리하게 해서 그런지 어깨가 너무 아파요.

나: 운동도 ________________ 하면 오히려 건강에 나쁘다고 해요.

⑤ 가: 쓰레기를 갖다 버려야 하는데 하기 싫어 죽겠어.

나: 빨리해. 그대로 ________________ 다른 사람에게도 피해가 된다고.

3. 다음 문장을 완성하십시오.

최근 정부는 공중 이용시설 금연정책을 ______________ 있다. 공중 이용시설 금연정책
① 실제로 하고

시행 한 달이 지난 지금, 포털 사이트의 토론 게시판에서는 단속을 ______________ 한다는
② 더 강하게 해야

의견과 실제로 효과가 있을지 모르겠다는 의견으로 나뉘어 토론을 ㅂㅇㄱ______________ 있다.
③ 일을 계획하여 시작하고

아직까지 양쪽 주장 모두 서로를 설득하지 못한 채 ______________ 맞서고 있다. 공중 이용시설은
④ 둘의 힘이 서로 비슷하게

모두를 위한 공간이다. 조금씩 ______________ 마음을 갖고 서로를 이해하며 타협점을
⑤ 남을 위하여 자신의 이익을 희생하는

찾아가야 할 것이다.

문법

1. N(으)로 인하다

1. 다음 중 알맞은 것을 골라 문장을 완성하십시오.

개발	폭설	흡연	공사	스트레스

① 올해 겨울에는 ________________ 교통사고가 많이 발생했다.

② 지나친 ________________ 여러 가지 문제가 발생했다.

③ 집 근처에서 하는 아파트 ________________ 소음이 심해졌다.

④ 지나친 ________________ 건강을 해치는 경우가 있다.

⑤ 업무의 ________________ 직장 우울증에 걸린 사람이 많아졌다.

2. 다음 대화를 완성하십시오.

① 가: 요즘 물가가 왜 이렇게 올랐지요?

나: ____.
(환율 상승 / 물건 값이 오르다)

② 가: 날씨가 점점 이상해지는 것 같아요.

나: ____.
(이상기후 / 매년 기온이 올라가고 있다)

③ 가: 어제 아멜리 씨가 방친구와 왜 그렇게 심하게 싸웠어요?

나: ____.
(별일도 아닌 작은 오해 / 싸우다)

④ 가: 화재가 일어난 원인이 뭐래요?

나: ____.
(아이들의 불장난 / 발생했다고 하다)

⑤ 가: 자르갈 씨, 아침 비행기로 고향에 간다더니 아직 안 갔어요?

나: ____.
(짙은 안개 / 비행기가 취소되다)

2. V-(으)ㄴ/는 척하다, N인 척하다

1. 다음 중 알맞은 것을 골라 문장을 완성하십시오.

취하다	받다	알다	친하다	바쁘다

① 수업시간에 모르면서 ____________________ 안 된다.

② 나는 잘 알지도 못하는 사람인데 ____________________ 매우 불편했다.

③ 술에 ____________________ 그 여자에게 좋아한다고 고백했다.

④ 과장님께서 일을 시키실까 봐 괜히 ____________________.

⑤ 얼른 밖으로 나가고 싶어서 전화를 ____________________.

2. 다음 대화를 완성하십시오.

① 가: 자르갈 씨가 만든 요리 먹어 봤어?

나: 응, ____.

(사실 맛이 없었다 / 맛있게 먹다)

② 가: 지성 씨, 어제 모임에 못 올 정도로 많이 아팠어요?

나: 아니요, 사실은 ____.

(안 아프다 / 나가기 귀찮다 / 아프다)

③ 가: 아멜리, 어제 소개받은 사람 어땠어?

나: ____.

(잘생기지도 않다 / 멋있다 / 마음에 들지 않다)

④ 가: 너는 언제 무시당하는 느낌이 들어?

나: ____.

(내가 여러 번 말하다 / 상대방이 못 듣다 / 무시당하는 느낌이 들다)

⑤ 가: 아까 낮에 너의 집에 전화를 했더니 언니가 전화를 받더라.

나: 미안해. 사실은 ____.

(언니와 목소리가 비슷하다 / 내가 언니이다)

3. AV-아/어/여 대다

1. 다음 중 알맞은 것을 골라 문장을 완성하십시오.

부르다	붐비다	속이다	무시하다	움직이다

① 주말에는 길이 사람들로 ________________ 밖으로 나가고 싶지 않다.

② 길에서 만난 친구가 나의 이름을 크게 ________________ 너무 창피했다.

③ 사진을 찍는데 아기가 끊임없이 ________________ 사진사가 힘들어했다.

④ 요즘 친구들이 나를 ________________ 것 같아서 어떻게 할지 모르겠다.

⑤ 그 친구는 여러 사람을 하도 ________________ 대부분의 사람들이 그의 말은 믿지 않는다.

2. 다음 대화를 완성하십시오.

① 가: 왜 목소리가 안 나와요?

나: ____.

(어제 친구들과 노래방에서 노래를 부르다 / 목이 많이 쉬다)

② 가: 아멜리 씨, 왜 그렇게 얼굴이 빨개요?

나: ____.

(친구들이 하도 놀리다 / 화를 내다)

③ 가: 자르갈 씨가 기분이 안 좋아 보여요.

나: ____.

(매일 컴퓨터만 하다 / 이번 시험 성적이 좋지 않다고 하다)

④ 가: 친구들이 로빈 씨를 별로 좋아하지 않는다면서요?

나: 네, ____.

(로빈 씨가 다른 사람의 험담을 많이 하다 / 친구들이 로빈 씨를 피한다고 하다)

⑤ 가: 배가 많이 아픈 것 같아 보여요.

나: 네, ____.

(아이스크림을 많이 먹다 / 배탈이 난 것 같다)

4. N조차

1. 다음 중 알맞은 것을 골라 문장을 완성하십시오.

눈길	애인	상의	인사말	부모님

① 믿었던 ________________ 나를 속이고 다른 사람에게 가 버렸다.

② 나는 살이 많이 쪄서 ________________ 나를 알아보지 못하셨다.

③ 파하드 씨는 1년 동안 한국어를 공부했지만 ________________ 하지 못한다.

④ 그 일은 너무 부끄러워서 주변 사람들에게 ________________ 할 수 없다.

⑤ 로빈 씨는 다른 사람에게 관심이 없어서 다른 사람에게 ______________ 보내지 않는다.

2. 다음 대화를 완성하십시오.

① 가: 요즘 많이 바쁜가 봐요.

나: 네, 너무 바빠서 ____.
(잠잘 시간 / 없다)

② 가: 목소리가 안 좋네요. 많이 아파 보여요.

나: 네, 목이 너무 부어서 ____.
(물 / 마시기 어렵다)

③ 가: 이번 시험이 많이 어려웠어요?

나: 네, 그래서 ____.
(공부만 하던 메이 씨 / 시험에 불합격하다)

④ 가: 오늘 날씨 정말 좋은 것 같아요.

나: 그러게요. 하늘은 구름 하나 없이 푸르고 ________________________.
(바람 / 없이 맑다)

⑤ 가: 운전 조심하셔야겠어요. 안개가 너무 많이 껴서 ____________________.
(내 발 / 보이지 않다)

나: 정말 위험하네요. 오늘은 대중교통을 이용해야겠어요.

듣기

1. 다음을 듣고 빈 칸에 알맞은 단어를 쓰십시오.

안　내: 비행기가 곧 이륙하겠습니다. 승객 여러분께서는 ______ 자리에 앉아 안전벨트를 매 주시고 좌석 등받이와 테이블은 원위치해 주시기 바랍니다.

승무원: 손님, 갑작스러운 난기류로 ______ 기체가 심하게 흔들릴 수 있기 때문에 불편하셔도 비행기 이착륙 시에는 안전벨트를 꼭 ______ 합니다.

탑승객: 짐을 정리하느라 깜빡했네요. 죄송합니다.

승무원: 밖이 보이게 ______ 가리개도 올려 주시기 바랍니다.

탑승객: 밖이 너무 밝아서 눈이 부신데 창문은 좀 가리고 있으면 안 될까요?

승무원: 죄송합니다만 이착륙 시에는 안전상의 이유로 창을 가리지 못하게 하고 있습니다. ______할 때까지 잠시만 기다려주시겠습니까?

탑승객: 그렇다면 어쩔 수 없죠, 뭐. 이륙할 때까지 조금 자는 게 낫겠네요.

승무원: 손님, 이륙 시에는 혹시 모를 상황에 ______ 좌석 등받이도 원위치를 해야 합니다. ______ 안전을 위해 양해 부탁드립니다.

탑승객: 삼가야 할 것들이 이렇게 많은 줄 몰랐어요. 모두의 안전을 위해서 해야 하는 일이니 지킬 건 지킬게요.

읽고 쓰기

1. 다음은 공공규칙입니다. 다음을 읽고 글을 완성하십시오.

공공장소에서 지켜야 할 규칙

1. 순서 지키기
2. 담배 피우지 않기
3. 작은 소리로 이야기하기
4. 지나친 애정 행위 삼가기
5. 애완동물은 이동가방에 넣거나 목줄로 매기

이 사회는 더불어 사는 사회이다. 혼자 사는 사회가 아니기 때문에 공공장소에서는 규칙을 지켜야 한다. 나 하나쯤이야 하는 생각은 다른 사람에게 피해를 줄 수 있다. 우리가 생활하면서 가장 많이 가는 공공장소에는 버스정류장, 공원 등이 있다. 이 두 장소에서 공통적으로 지켜야 할 규칙에 대해서 알아보려고 한다.

먼저 공공장소에서는 순서를 지켜야 한다. 버스 정류장에는 버스를 기다리고 있는 사람들이 있다. 버스가 오기 전에 줄을 서 있다가 버스가 오면 끼어들지 말고 순서대로 타야 한다.

서로가 서로를 조금씩만 배려하면 모두가 편한 사회를 만들 수 있다. 자기만 생각하지 말고 남을 먼저 생각하는 여유로운 마음을 갖고 생활하자.

15 주거생활

어휘

1. 다음 중 알맞은 것을 골라 문장을 완성하십시오.

계약	매매	보안	임대	방음

① 나는 이곳에서 일 년 동안 살기로 ______________을/를 맺었다.

② 여자 혼자 사는 곳은 ______________이/가 철저한 곳이 좋다.

③ 그는 빌딩 두 채를 가지고 ______________ 사업을 해서 큰돈을 벌었다.

④ 겨울에는 이사하는 사람이 많지 않아서 아파트의 ______________이/가 거의 이루어지지 않는다.

⑤ 우리 아파트는 도로 옆에 있지만 ______________ 시설을 잘 갖추어 놓아서 소음 피해가 없다.

2. 다음 중 알맞은 것을 골라 대화를 완성하십시오.

고급스럽다	절약하다	꾸미다	배열하다	유용하다

① 가: 이사를 가면 집을 어떻게 ______________?

나: 글쎄, 화려한 것보다 깔끔하게 하자.

② 가: 이번 달에 관리비가 평소보다 두 배나 나왔어.

나: 정말? 평소에 ______________ 습관이 안 되어 있어서 그런가 보네.

③ 가: 아멜리, 집 안을 둘러보니까 정리가 잘 되어 있네.

나: 얼마 전 대청소를 하면서 물건들을 보기 좋게 ______________.

④ 가: 학교 앞에 새로 생긴 음식점이 꽤 괜찮은가 봐.

나: 응, 분위기도 ______________ 맛도 좋아.

⑤ 가: 파하드, 어떻게 이렇게 좋은 집을 골랐어?

나: 친구가 ______________ 정보를 준 덕분에 좋은 집을 구했어.

3. 다음 대화를 완성하십시오.

메 이: 두 달 후면 집 계약이 끝나서 이사를 가야 하는데 어떻게 집을 ____________
① 필요한 것을 얻어야 할지

잘 모르겠어요.

박지성: 두 달 후에 계약이 끝난다고요? 부동산 중개사 사무소에는 가 봤어요?

메 이: 아니요. 주말에 가려고 했는데 시간이 없었어요. 시간은 없고 이사 갈 준비는 해야 하고 정말 걱정이에요.

박지성: 너무 ________ 갖지 말고 ㅊㄱㅊㄱ ____________ 이사 계획을 세워 보세요. 먼저
② 일을 맡거나 책임을 지다 ③ 말이나 행동을 순서에 따라 조리있게 하는 모양

집을 구하려면 이사갈 지역을 결정한 후 그 지역에 있는 ____________ 중개소를
④ 땅이나 건물과 같이 움직여 옮길 수 없는 재산

찾아가서 괜찮은 집이 나왔는지 확인해야 돼요. 집을 살 건지 아니면 전세나 월세로

________를 받을 건지도 잘 알아봐야 하고요.
⑤ 물건이나 건물을 다른 사람에게 빌려줌

문법

1. AV-게 하다

1. 다음 중 알맞은 것을 골라 문장을 완성하십시오.

풀다	기다리다	내다	섭취하다	만들다

① 사장님이 비서에게 회의 자료를 ______________________________.

② 친구가 약속시간을 어기고 나를 한 시간이나 ______________________________.

③ 선생님께서 나에게 한 시간 동안 시험 문제를 ______________________________.

④ 교통법규를 어겨서 경찰이 나에게 범칙금을 ______________________________.

⑤ 의사는 환자에게 건강이 안 좋다며 비타민을 ______________________________.

2. 다음 대화를 완성하십시오.

① 가: 선생님, 아멜리 씨가 아직 안 들어왔어요.

나: ______________________________.

(아멜리 씨가 아프다 / 집에 가다)

② 가: 말하기 시험을 보는데 밖에서 학생들이 너무 떠들더라고요.

나: 그렇죠? ______________________________.

(우리 반은 선생님께서 나가다 / 조용하다)

③ 가: 요즘 지성 씨가 예전과 많이 달라진 것 같은데 어떻게 된 거예요?

나: ______________________________.

(좀처럼 달라지지 않다 / 부모님의 진심이 담긴 충고가 지성 씨의 마음을 달라지다)

④ 가: 메이 씨는 야채도 잘 먹고 음식을 골고루 잘 먹네요.

나: ______________________________.

(어렸을 때는 편식이 심하다 / 어머니께서 제가 먹기 싫어하는 음식도 먹다)

⑤ 가: 의사 선생님, 우리 아이에게 뭘 조심하게 할까요?

나: ______________________________.

(약을 바르다 / 긁지 않다)

2. N(이)라도

1. 다음 중 알맞은 것을 골라 문장을 완성하십시오.

신분증	메시지	기간	휴식	중고차

① 지갑을 잃어버렸는데 ________________ 찾으면 좋겠다.

② ________________ 사서 출퇴근하기가 훨씬 편해졌다.

③ 수업에 결석하게 되면 선생님께 ________________ 보내야 한다.

④ 시험이 얼마 남지 않았지만 남은 ________________ 최선을 다해야 한다.

⑤ 바빠서 휴가조차 갈 수 없지만 잠깐의 ________________ 가질 수 있어서 다행이다.

2. 다음 대화를 완성하십시오.

① 가: 제가 만든 비빔밥인데 한번 드셔 보세요.

나: ____.
(매운 음식을 못 먹다 / 맛 / 보다)

② 가: 선생님, 지금까지 놀기만 했는데 이제 공부해도 늦지 않을까요?

나: ____.
(지금 / 늦지 않았다 / 열심히 하다)

③ 가: 아이들은 빨리 크니까 옷을 사는 게 좀 아까워요.

나: ____.
(우리 아이들이 입던 옷 / 괜찮으면 드리다)

④ 가: 점심 때까지 대전에 도착해야 하는데 일반석이 모두 매진이네요.

나: 그럼, ____.
(조금 비싸다 / 특실 / 예약하다)

⑤ 가: 입학 서류 마감일이 지났는데 받아 줄까요?

나: ____.
(오늘 / 찾아가다 / 부탁해 보다)

3. AV-(으)려야

1. 다음 중 알맞은 것을 골라 문장을 완성하십시오.

신뢰하다	구하다	삼키다	의논하다	포기하다

① 그 일에 들인 시간을 생각하면 ________________ 그럴 수가 없다.

② 요즘 대학교 입학을 앞두고 있어서 하숙방을 ________________ 구할 수가 없다.

③ 그 사람은 ________________ 도저히 그럴 수 없는 사람이다.

④ 목감기가 심해서 음식을 ________________ 삼킬 수가 없다.

⑤ 그 사람과는 말이 안 통해서 ________________ 의논이 안 된다.

2. 다음 대화를 완성하십시오.

① 가: 도서관에서 교수님께서 말씀하신 책을 찾아 봤어요?

나: 아니요, 도서관에서 찾아 봤는데 ________________________________.

② 가: 메이, 어제 친구하고 싸웠다면서? 네가 조금 참지 그랬어?

나: 나도 참으려고 했지. 그런데 더 이상 ________________________________.

③ 가: 직장에서 5년 동안 일을 했으면 그 동안 꽤 돈을 모았겠네요?

나: 말도 마세요. 집값에 관리비에 돈 쓸 데가 얼마나 많은데요. ________________.

④ 가: 아멜리 씨, 지난 번 학교 축제에 유명한 가수가 왔다던데 봤어요?

나: 공연에 가기는 갔는데 사람이 얼마나 많은지 ________________________.

⑤ 가: 흐엉 씨, 아깝게 음식을 왜 버려요?

나: 혼자 사니까 다 ____.

4. AV-곤 하다

1. 다음 중 알맞은 것을 골라 문장을 완성하십시오.

산책하다	어지르다	새우다	붐비다	속이다

① 우리는 가끔 자기 자신의 감정을 ____________________.

② 저녁 식사 후에는 자주 학교 캠퍼스를 ____________________.

③ 시험기간이면 자주 도서관에서 밤을 ____________________.

④ 방을 치워 놓으면 동생은 매번 방안을 ____________________.

⑤ 인하대 후문 근처는 밥값이 저렴한 편이라서 식사시간에는 학생들로 ____________________.

2. 다음 대화를 완성하십시오.

① 가: 자르갈 씨, 취미가 등산이라고 들었는데 얼마나 자주 등산을 가요?

나: ____.

② 가: 수지 씨, 퇴근 후에 보통 뭐 하세요?

나: ____.

③ 가: 메이 씨, 화가 날 때는 주로 어떻게 해요?

나: ____.

④ 가: 어렸을 때 친구들과 뭐 하고 놀았어요?

나: ____.

⑤ 가: 공부가 잘 안 될 때 어떻게 해요?

나: ____.

듣기

1. 다음을 듣고 빈 칸에 알맞은 단어를 쓰십시오.

호 엉: 로빈 씨는 지금 살고 있는 집이 마음에 들어요?

로 빈: 아니요. 집 밖이 바로 차가 다니는 도로라서 ______도 많고 시끄러워서 이사를 가려다가 아직 ______ 기간이 남아서 못 가고 있어요.

호 엉: 먼지가 많이 들어오고 시끄러우면 청소를 정말 자주 해야 되겠네요. 저는 지금 살고 있는 집이 ______ ______가 잘 안 돼서 불편해요. 옆집에서 청소기를 돌리는 소리나 음악 소리가 날 때면 ______이 안 나려야 안 날 수가 없거든요. 게다가 대형 마트를 이용하려면 집 주변에 대형 마트가 없어서 택시를 타고 나가곤 해요.

로 빈: 그래도 흐엉 씨 집 근처에는 큰 공원이 있어서 좋잖아요. 주거 환경이 깨끗하고 큰 공원이 있어서 산책도 자주 할 수 있고 저는 너무 ______.

호 엉: 하지만 우리 집 근처에는 쇼핑몰도 없고 교통도 불편해서 생활하기가 너무 불편해요. 로빈 씨 집은 서울로 나가는 버스도 많고 지하철이 바로 연결되어 있어서 아마 우리 집보다는 훨씬 좋은 점이 많을 걸요.

로 빈: 관리비는 어때요? 우리 집은 전기 요금과 가스 ______을 따로 내는데도 ______가 너무 비싸서 매달 나가는 돈이 엄청나요.

호 엉: 관리비까지 내요? 우리 집은 관리비가 없어서 ______랑 여러 요금만 내면 되거든요. 방이 두 개인데 월세도 싼 편이고 전기 요금이나 수도 요금도 많이 나오지 않아서 좋아요.

로 빈: 우리 집은 오피스텔이라서 관리비가 따로 있어요. 게다가 겨울에는 가스비가 너무 많이 나와서 ______ 난방을 하지 않고 두꺼운 옷을 여러 ______ 입고 지내야 해요.

호 엉: 로빈 씨 집은 ______에 있고 오피스텔이라서 부럽기만 했는데 그렇게 돈이 많이 드는 줄은 몰랐네요. ______ 기간이 끝나면 좀 더 싸고 괜찮은 곳으로 옮기세요.

읽고 쓰기

1. 여러분은 어떤 집에서 살고 싶습니까? 그 이유는 무엇입니까? 다음을 읽고 글을 완성하십시오.

첫째, 햇빛이 잘 들어오는 집	둘째, 교통이 편리한 집	셋째, 집 주변에 공공시설이 있는 집
- 집이 밝아진다. - 난방비를 절약할 수 있다.	- 시간을 절약할 수 있다. - 쉽게 지치지 않는다.	- 학교, 회사, 병원, 공원, 영화관 등 - 일을 쉽게 처리할 수 있다. - 문화생활을 편하게 즐길 수 있다.

사람이라면 누구나 자기가 살고 싶은 집을 한번쯤은 그려볼 것이다. 나는 햇빛이 잘 들어오고 교통이 편리하고 공공시설이 가까운 집에서 살고 싶다.

해는 동쪽에서 뜨고 서쪽에서 지기 때문에 남쪽 방향의 집에는 해가 집 안에 가득 들어온다. 햇빛이 들어오면 집이 밝아질 뿐만 아니라 난방비를 절약할 수 있다는 장점도 있다.

그리고 교통이 편리했으면 좋겠다. 왜냐하면 아무리 다른 조건들이 좋다고 해도 교통이 불편하면 모든 생활이 어려워지기 때문이다. 특히 학교나 회사를 다닐 때 시간이 오래 걸린다면 쉽게 지치게 된다. 교통이 편리하면 시간도 절약할 수 있을 뿐만 아니라 쉽게 지치지 않을 것이다.

마지막으로 ______________________________

____

____

____

16 법과 도덕

어휘

1. 다음 중 알맞은 것을 골라 문장을 완성하십시오.

눈치	양심	유산	나머지	애완동물

① 내가 지금 살고 있는 집은 우리 부모님께서 물려주신 ________________이다.

② 자르갈 씨는 다른 사람이 다 아는 사실을 혼자 모를 정도로 ________________이/가 없다.

③ 나는 돈을 모으기 위해서 생활비를 제외한 ________________ 돈은 모두 저금한다.

④ 자신이 편하자고 다른 사람을 불편하게 하는 행동은 ________________이/가 없는 행동이다.

⑤ 요즘 동물을 키우는 사람들은 ________________이라는/라는 말 대신 반려 동물이라는 말을 사용한다.

2. 다음 중 알맞은 것을 골라 대화를 완성하십시오.

면하다	흐르다	마땅하다	무심하다	사육하다

① 가: 파하드 씨가 자신의 책임을 ________________ 위해 거짓말을 했다가 걸렸다면서요?

나: 네, 차라리 솔직하게 말했으면 덜 혼났을 텐데 거짓말을 하는 바람에 더 크게 혼이 났대요.

② 가: 그 사람은 부모님을 잘 섬긴다고 동네사람들이 칭찬을 많이 해요.

나: 그게 왜 칭찬받을 일이에요? 자식이 부모를 섬기는 것은 ________________ 일이잖아요.

③ 가: 우리 집 앞에는 계곡이 ________________ 물이 매우 맑아서 여름에 물놀이하기 좋아요.

나: 그래요? 저도 꼭 가고 싶어요.

④ 가: 이 동네는 오리를 ________________ 곳이 많아서 오리 마을이라고 불린대요.

나: 그래서 동네 입구에도 오리가 그려진 간판이 있었나 봐요.

⑤ 가: 메이 씨는 ________________ 성격이어서 사람들에게 종종 오해를 받아요.

나: 그래요? 전 메이 씨가 굉장히 다정한 성격이라고 생각했어요.

3. 다음 대화를 완성하십시오.

어떤 사람의 생명이나 신체에 위험이 ___________ 사실을 ___________ 알게 되었을 때
① 어떤 상황이 되었다는 ② 계획하지 않고, 어쩌다가

이를 알고도 그냥 ___________ 사람을 ___________ 법이 있다. 즉 비도덕적 행위를 법을
③ 멈추지 않고 지나간 ④ 범죄를 저지른 사람에게 국가에서 벌을 주는

통하여 처벌하는 것이다. 또 응급 환자를 도와주다가 ___________ 아니게 신체에 상해를
⑤ 처음부터 변하지 않고 가지고 있는 마음

___________ 재산상의 피해를 입힌 경우에는 책임을 ___________ 한다.
⑥ 어떤 행위를 통해 영향을 주거나 ⑦ 책임이나 의무를 지지 않게 되기도

문법

1. V-(으)ㄴ/는 셈이다, N인 셈이다

1. 다음 중 알맞은 것을 골라 문장을 완성하십시오.

처음	먹다	좋다	성공하다	제공하다

① 이번 여행은 회사에서 숙박과 식사를 해결해 주니까 여행비를 회사에서 ________________.

② 그는 어린 나이에 집을 두 채나 가지고 있는 것을 보니 빨리 ________________.

③ 이번 시험에서 평균 90점을 받았는데 우리 반 평균은 85점이니까 시험 점수가 ________________.

④ 매일 아침에 음식을 만들어 먹는데 오늘은 사과 한 개만 먹었으니까 아침을 안 ________________.

⑤ 십 년 전에 스키를 타고 오늘 두 번째로 타는 거니까 ________________.

2. 다음 대화를 완성하십시오.

① 가: 커피를 항상 입에 달고 사네요. 하루에 몇 잔이나 마셔요?

나: ________________.

(하루에 열 잔 정도 마시다 / 다른 사람보다는 많이 마시다)

② 가: 휴대전화가 또 고장이 났어요?

나: 네, 싸게 샀다고 좋아했는데 ________________.

(수리비가 너무 많이 들다 / 오히려 다른 것보다 비싸다)

③ 가: 월급이 올랐는데 별로 기뻐하지 않는 것 같네요.

나: 그렇게 좋지는 않아요. ________________.

(월급이 올랐지만 물가가 더 많이 오르다 / 월급이 안 오르다)

④ 가: 케이크를 벌써 다 만들었어요?

나: 아니요, 하지만 ________________.

(90% 정도 완성하다 / 다 만들다)

⑤ 가: 집을 사느라고 은행에서 돈을 많이 빌렸다고 들었는데 다 갚았어요?

나: 아니요, 하지만 이제 ________________.

(오십만 원 밖에 안 남다 / 다 갚다)

2. AV-(으)ㄴ/는 셈 치다, N인 셈 치다

1. 다음 중 알맞은 것을 골라 문장을 완성하십시오.

속다	먹다	주다	공부하다	도와주다

① 한국어를 ________________ 자막 없이 한국 드라마를 봤다.

② 좋아 보이는 물건은 아니었지만 ________________ 구입했다.

③ 흐엉 씨가 내 가방을 마음에 들어 해서 생일 선물을 미리 ________________ 내 가방을 주었다.

④ 자르갈은 메이의 연애를 ________________ 고민을 들어 주었다.

⑤ 친구가 밥을 안 먹었다고 해서 나는 점심을 안 ________________ 친구와 같이 점심을 먹으러 갔다.

2. 다음 대화를 완성하십시오.

① 가: 제가 이번에 회사에서 후배 교육을 담당하는데 말을 안 듣는 사람이 있어서 힘드네요.

나: 그래도 ____.
(미운 놈 떡 하나 더 주다 / 잘 가르쳐 보다)

② 가: 자르갈 씨하고 싸웠다면서요. 화해했어요?

나: 아니요, 그냥 ____.
(친구 하나 없다 / 무시하기로 하다)

③ 가: 이번에는 파하드 씨가 메이 씨의 말을 이해한 것 같아요?

나: 아니요, 그냥 ____.
(처음 설명하다 / 다시 알려주려고 하다)

④ 가: 교통 법규를 위반하셨네요. 신분증 좀 보여주세요.

나: 죄송해요. 다시는 안 할 테니까 이번에는 ________________________.
(못 보다 / 눈감아 주다)

⑤ 가: 아직도 돈을 못 갚아서 미안해요. 이번 달 안으로 꼭 갚을게요.

나: 아니에요. ____.
(그 돈은 그냥 받다 / 흐엉 씨도 잊어버리다)

3. V-(으)ㄴ/는 대로^2, N대로

1. 다음 중 알맞은 것을 골라 문장을 완성하십시오.

마음	알다	배우다	계획하다	예상하다

① 이번 축제는 ____________________ 정말 재미있었다.

② 수업 시간에 ____________________ 문제를 풀었더니 점수가 잘 나왔다.

③ 시험 문제가 어려워도 ____________________ 답을 쓰는 것이 중요하다.

④ 일이 ____________________ 풀리지 않아서 어떻게 해야 할지 모르겠다.

⑤ 규칙을 지키지 않고 자신의 ____________________ 하면 다른 사람에게 피해를 주게 된다.

2. 다음 대화를 완성하십시오.

① 가: 제가 아무래도 길을 잃은 것 같아요. 어떻게 하죠?

나: 근처에 어떤 건물이 있어요? ____.
(보이다 / 이야기해 보다)

② 가: 오늘 본 영화는 어땠어요? ____.
(느끼다 / 이야기하다)

나: 재미있기는 했지만 두 번 보고 싶은 영화는 아니었어요.

③ 가: 월미도는 잘 찾아 갔어요?

나: 네, ____.
(메이 씨가 알려주다 / 가니까 금방 도착하다)

④ 가: 오늘 날씨가 어때요?

나: ____.
(일기예보에서 듣다 / 바람이 불고 비가 오다)

⑤ 가: 아침부터 기분이 안 좋아 보이네요. 무슨 일 있었어요?

나: 버스정류장에서 버스를 탔는데 사람들이 ____.
(기다리던 순서 / 타지 않아서 버스를 못 타는 줄 알다)

4. V-(으)ㄴ/는/(으)ㄹ 만큼, N만큼

1. 다음 중 알맞은 것을 골라 문장을 완성하십시오.

나이	먹다	벌다	하다	노력하다

① 생일 케이크에는 ____________ 초를 꽂는다.

② ____________ 결과가 나오는 것은 당연한 일이다.

③ 음식은 ____________ 요리해야 쓰레기를 줄일 수 있다.

④ 오랫동안 여행을 ____________ 여행 경비도 많이 들었다.

⑤ 훌륭한 부자들은 자신이 돈을 많이 ____________ 기부도 많이 한다고 한다.

2. 다음 대화를 완성하십시오.

① 가: 흐엉 씨는 항상 읽을 책을 가지고 다니네요. 독서를 좋아하나 봐요.

나: 아니에요. 하지만 ______________________.

(책을 읽다 / 지식이 쌓이니까 많이 읽으려고 노력하다)

② 가: 이번에 갔던 여행은 어땠어요? 재미있을 것 같다고 기대를 많이 하고 갔잖아요.

나: 네, 그런데 ______________________.

(기대하다 / 재미있지는 않다)

③ 가: 다음 학기에 3급을 다시 공부할까 봐 걱정이 돼요.

나: 너무 걱정하지 마세요. ______________________.

(파하드 씨가 그동안 열심히 공부하다 / 시험 점수도 좋을 것이다)

④ 가: 어떻게 해야 돈을 많이 모을 수 있을까요?

나: 돈을 쓸 때는 한 번 더 생각하고 쓰세요. 돈은 ______________________.

(아껴 쓰다/ 모을 수 있다)

⑤ 가: 자르갈 씨는 세상에서 누가 제일 좋아요?

나: 당연히 가족이죠. ______________________.

(가족 / 저를 잘 이해해주는 사람은 없다)

5. 사동

1. 다음 중 알맞은 것을 골라 쓰십시오.

감기다	먹이다	울리다	재우다	앉히다

① 

____

② 

____

③ 

____

④ 

____

⑤ 

____

2. 다음에서 알맞은 것을 골라 글을 완성하십시오.

보다	씻다	앉다	자다	마르다

여보, 오늘 당신 덕분에 외출할 수 있게 되어서 고마워요.

나가면서 부탁이 있어서 몇 가지 적어요.

1. 아이가 일어나면 얼굴 좀 __________ 주세요.

2. 밥을 먹일 때는 꼭 의자에 __________ 주세요.

3. 아이를 씻긴 후에는 머리카락을 제대로 __________ 감기에 걸리지 않아요.

4. 아이를 __________ 때는 안아주기만 하면 금방 잘 거예요.

5. 잠을 자지 않으면 그림책을 __________ 천천히 읽어 주세요

집에 올 때 맛있는 거 사올게요. 사랑해요.

듣기

1. 다음을 듣고 빈 칸에 알맞은 단어를 쓰십시오.

진행자: 이번 ____은 인천에 사는 최수지 씨의 사연입니다.

나는 매일 지하철을 타고 학교에 다닌다. 오늘 지하철을 ____ 탔을 때였다. 앉아 계시던 ____ 한 분이 일어나시는 것을 봤다. 그분이 앉아 ____ 자리는 내가 평소에 좋아하는 ____ ____였다. 나는 아주머니가 ____ 내리실 것이라고 생각하고 그 자리로 가려고 준비하고 있었다. 그런데 그 아주머니는 지하철 문 쪽을 보시면서 어떤 사람에게 ____ ____ 앉으라고 하셨다. 그쪽을 보니 어린아이를 ____ 젊은 엄마가 서 있었다. ____ 30대 ____ 되어 보였는데 양손에는 아기의 ____이 가득 들려 있었다. 젊은 엄마는 자신보다 ____ ____ 분이 자리를 양보해 주시는 것에 미안했는지 거절했지만 그 아주머니는 젊은 엄마를 ____ 한마디 하셨다.

"아무리 젊어도 애가 있으면 무조건 앉아야 돼. 안 그러면 나이 들어서 아파."

____나 몸이 불편한 사람이 서 있는 것을 봐도 ____ 대하는 사람들만 경험했던 나에게 오늘 일은 ____ 느낌이었다. 이런 사람들이 있어 아직은 세상이 살 만하다는 생각이 들었다. ____ 마음이 따뜻해지는 느낌이 들어 행복했다.

읽고 쓰기

1. 다음은 법의 필요성에 대한 글입니다. 다음을 읽고 글을 완성하십시오.

처음	법: 국가가 모든 사람의 이익을 위하여 필요한 규칙을 강제적으로 지키게 하는 것 예) 교통신호 - 빨간 신호에 멈추고 녹색 신호에 건넌다.
중간	법이 필요한 이유: – 사람들이 해도 되는 행동과 하지 말아야 하는 행동을 구분할 수 있다. – 잘못된 행동을 금지하여 질서를 유지하고 그것을 지켜보는 사람들을 안심시킨다.
끝	법은 모든 사람이 안전하고 편안하게 살기 위해 필요한 것이다.

법이란 국가가 모든 사람의 이익을 위하여 필요한 규칙을 강제적으로 지키게 하는 것이다. 예를 들면, 횡단보도에서 빨간 신호에 멈추고 녹색 신호에 건너도록 하는 것이 법의 종류 중 하나이다.

우리에게 법이 필요한 이유가 몇 가지 있다. 먼저 사람들은 법이 있어서 해도 되는 행동과 하지 말아야 하는 행동을 구분할 수 있다. 행동에는 책임이 따른다. 따라서 잘못된 행동에 책임을 져야 하는 것이다. 그래서 사람들은 본인이 해도 되는 행동과 하지 말아야 하는 행동을 구분할 수 있는 것이다.

또한 ______________________________

____

____

법은 모든 사람이 안전하고 편안하게 살기 위해서 필요한 것이다. 따라서 모든 사람들이 법을 지키기 위하여 노력해야 할 것이다.

새인하한국어3 익힘책

모범답안

1 학교생활

어휘

1.
① 사제
② 토론
③ 잔디밭
④ 반말
⑤ 시설

2.
① 헷갈렸어
② 가입하고
③ 장난친 거야
④ 흥미로운
⑤ 교환하면

3.
① 일찍
② 활동
③ 교환하는
④ 상대방
⑤ 일석이조

문법

1-1.
① 다음 주면 방학이 끝나
② 방학 동안 아르바이트를 했어
③ 한국에 와서 더 예뻐졌어
④ 아직도 친구들의 이름이 헷갈려
⑤ 안녕? 나는 메이야

2-1.
① 지금 장난치는 거냐 / 니
② 여기에서 뭐하고 있냐 / 니
③ 요즘 생활은 어떠냐 / 니
④ 중국은 잘 갔다 왔냐 / 니
⑤ 방학은 잘 보냈냐 / 니

3-1.
① 자세하게 살펴봐라
② 텔레비전은 그만 보고 이제 자라
③ 나 좀 도와줘라
④ 이번 학기에도 최선을 다해라
⑤ 걱정하지 마라

4-1.
① 이번 방학 때 함께 제주도에 가자
② 학교 행사에 잘 참여하자
③ 이 물건을 서로 교환하자
④ 토론 동아리에 같이 가입하자
⑤ 오늘 저녁을 함께 먹자

5-1.
① 지성아, 선약이 없으면 나와 함께 식사할래
② 수지야, 내가 계산할게
③ 민우야, 그 사람은 누구니

5-2.
①

아멜리: 지성아, 이게 뭐야?

박지성: 사진이야. 제주도에 가서 찍었어.

아멜리: 멋있네.
나는 아직 제주도에 못 가 봤어.

박지성: 기회가 되면 같이 가 보자.

②

아멜리: 수지야, 어디 아파?

최수지: 감기에 걸렸나 봐.

아멜리: 어서 병원에 가 봐.

최수지: 괜찮을 거야. 걱정하지 마.

6-1.
① 가입하려니까
② 알리려니까
③ 구입하려니까

④ 다하려니까
⑤ 취소하려니까

6-2.
① 가방을 챙기려니까 물건이 안 보여서 찾고 있어요.
② 사진을 찍으려니까 배터리가 다 돼서 못 찍고 있어요.
③ 갑자기 생각하려니까 기억이 안 나.
④ 막상 고향에 돌아가려니까 아쉬워요.
⑤ 막상 공부를 시작하려니까 가슴이 떨리고 설레요.

2 모 임

어휘

1.
① 재채기
② 고장
③ 동아리
④ 바로
⑤ 공동체

2.
① 헉헉대
② 젖었어요
③ 반기시고
④ 참여해서
⑤ 친하게 / 친해요

3.
① 가입하려고
② 지루한
③ 토론
④ 실력
⑤ 아쉽지만
⑥ 평양 감사도 저 싫으면 그만

문법

1-1.
① 서두르는 바람에
② 생기는 바람에
③ 쏟아지는 바람에
④ 다치는 바람에
⑤ 챙기는 바람에

1-2.
① 어제 만나기로 약속을 했는데 내가 약속을 깜박하는 바람에 자르갈이 혼자 오래 기다렸어
② 밤새 공부하다가 새벽에 잠이 드는 바람에 아침에 일어나지 못했어요
③ 어머니께서 드라마를 보시는 바람에 축구 경기를 못 봤어요
④ 계단을 내려가다가 넘어지는 바람에 다리가 부러졌어요
⑤ 영화를 같이 보기로 한 친구가 약속을 취소하는 바람에 예매한 영화를 보지 못했어요

2-1.
① 쏟을 뻔했다
② 갈 뻔했다
③ 무너질 뻔했다
④ 망가질 뻔했다
⑤ 낼 뻔했다

2-2.
① 말해 주지 않았으면 잊어버릴 뻔했어요
② 못 돌아올 뻔했어요
③ 불이 날 뻔했어요
④ 잠을 잘 뻔했어요
⑤ 옆 사람에게 화를 낼 뻔했어요

3-1.
① 자고 싶을 뿐이다
② 직장 동료일 뿐이다
③ 사이일 뿐인데
④ 바뀌었을 뿐인데
⑤ 했을 뿐인데

3-2.
① 너무 더러워서 정리만 했을 뿐이에요
② 아멜리 씨에게 책을 빌리려고 이거저것 물어봤을 뿐이에요
③ 친구가 바빠서 며칠 도와줄 뿐이에요
④ 약속 시간이 다 되어서 서두를 뿐이에요
⑤ 친구가 이 동아리의 회장이어서 참여할 뿐이에요

4-1.
① 만나는 대로
② 먹는 대로
③ 마치는 대로
④ 도착하는 대로
⑤ 나오는 대로

4-2.
① 세탁하는 대로 가져다 드릴게요
② 공항에 도착하는 대로 이 번호로 전화하면 호텔 직원이 마중을 나올 거예요
③ 설득하는 대로 알려줄게요
④ 어떤 동아리인지 알게 되는 대로 가르쳐줄게요
⑤ 보증금이 준비되는 대로 다시 연락드릴게요

3 성격과 감정

어휘

1.
① 내성적
② 개성적
③ 외향적
④ 현실적
⑤ 주도적

2.
① 화창한
② 심란한
③ 서글픈
④ 꼼꼼하게
⑤ 소심한

3.
① 따분하다
② 등산
③ 약속
④ 실망
⑤ 우울해했어

문법

1-1.
① 평화로우며
② 풍부하며
③ 강하며
④ 바라보며
⑤ 피우며

1-2.
① 음악을 들으며 숙제를 하고 있어요
② 넓으며 깨끗해서 공부하기가 좋아요
③ 일을 하며 공부를 해서 시간이 없어요
④ 대학교 입학을 준비하며 영어 공부를 시작했어요
⑤ 변호사며 대학 교수예요

2-1.
① 아이들이 또 가고 싶다고 해서요
② 엄마가 오늘 저녁에는 칼국수를 만들 거라고 하셨어
③ 메이 씨가 바빠서 만날 시간이 없다고 했어요
④ 자르갈은 어릴 때 꿈이 과학자였다고 해요
⑤ 흐엉 씨는 국제 경영학이 전공이라고 했어요

3-1.
① 선생님께서 한국어와 모국어의 차이가 뭐냐고 하셨어요
② 어디에 사냐고 했어요
③ 방친구가 이따가 언제 집에 올 거냐고 했어요
④ 어제 배운 단어인데 무슨 뜻이냐고 해요
⑤ 선생님께서 이번 한국어능력시험을 신청할 거냐고 하셨어

4-1.
① 메이가 쇼핑하러 가자고 해서 주안역에 가요
② 친구가 방학을 하면 제주도로 여행을 가자고 해서 예약하려고요
③ 선생님께서 수업시간에는 한국어로만 말하자고 하셨어요
④ 파하드가 시간이 없으니까 다음에 만나자고 했어요
⑤ 아멜리 씨가 건강을 위해서 요가를 함께 배우자고 해서 이번 주부터 할 거예요

5-1.

① 과장님께서 오늘까지 이 서류를 번역하라고 하셔서요

② 선생님께서 한국 친구와 말하기 연습을 많이 하라고 하셨어요

③ 지성 씨가 여기에서 조금만 기다려 달라고 해서

④ 선생님께서 오늘 배운 문법으로 문장 5개를 만들라고 하셨어

⑤ 메이 씨가 가방이 너무 무거우니까 좀 도와달라고 해서요

4 소식과 소문

어휘

1.

① 공지

② 무더위

③ 비밀

④ 안색

⑤ 호감

2.

① 기대서

② 낯선

③ 몰려들어요

④ 뽑아

⑤ 심할 때

3.

① 신입생

② 금시초문

③ 공지

④ 면접

⑤ 소문

⑥ 물론이고

문법

1-1.

① 꼼꼼하다는

② 만족스럽다는

③ 인정받았다는 / 인정받는다는

④ 무료라는

⑤ 작가라는

1-2.

① 혼자 사는 것을 선호한다는 뉴스를 들었어요

② 시험 점수보다 말하기를 중시한다는 조사 결과가 있어요

③ 배운 문장은 모두 줄줄 외운다는 소문을 들었어요

④ 생활의 원동력이라는 사실을 모르셨어요

⑤ 내성적이라는 말을 그만 듣고 싶어

2-1.

① 토론 동아리에서 회원을 모집한대요

② 아침에 학교에 오다가 넘어졌대요

③ 눈이 피로할 때 찬물로 눈을 씻어 주면 좋대

④ 뉴스에서 올해 이런 옷이 유행이래

⑤ 아까 일기 예보를 들었는데 내일은 화창할 거래요

3-1.

① 수지 씨가 내일은 몇 시까지 모이냬요

② 지성이가 다음 모임이 언제냬

③ 놀지만 말고 꾸준히 한국어 실력을 기르래요

④ 위험하니까 이쪽으로 가지 말래

⑤ 흐엉 씨가 학교 후문에서 만나재요

⑥ 급하게 생각하지 말고 함께 차분히 해결하재

3-2.

①

나: 오늘 저녁 약속 잊지 않았냬. 수업 끝나고 후문 앞에서 만나재. 그리고 7시까지 신촌에 도착해야 하니까 늦지 말래. 정말 기대된대.

②

> 나: 이번 주 토요일에 동아리 모임이 있대. 참석 가능한 사람은 먼저 알려 달래. 그리고 모임 후에는 오랜만에 함께 식사하재. 토요일에 만나재.

4-1.
① 고양이를 기른다면서요
② 요즘 아르바이트를 한다면서요
③ 신중하다면서
④ 새벽에 일찍 일어나서 운동한다면서
⑤ 학생이 지성이의 동생이라면서

5 초대와 방문

어휘

1.
① 얼른
② 이국적
③ 집들이
④ 겨우
⑤ 연예인

2.
① 밤새서
② 닮았어요
③ 초대했어
④ 포기했어요
⑤ 설레고

3.
① 상다리가 부러지게
② 깨가 쏟아지게
③ 둘이 먹다 하나가 죽어도 모르겠어요
④ 입에 맞아요

4.
① 아버님
② 문상
③ 당연히
④ 영안실
⑤ 장례식장
⑥ 부의금
⑦ 이따가

문법

1-1.
① 숙제하느라(고)
② 참느라(고)
③ 거절하느라(고)
④ 구하느라(고)
⑤ 치우느라(고)

1-2.
① 친구와 이야기하느라(고) 잠을 못 잤어요
② 우느라(고) 영화를 끝까지 못 봐서 잘 모르겠어요
③ 숙제를 하느라(고) 시간 가는 걸 몰랐어요
④ 먼 길 오느라(고) 고생하셨어요
⑤ 음악을 듣느라(고) 못 들었어요

2-1.
① 많았고요
② 깨끗하고요
③ 다양하고요
④ 받았고요
⑤ 가고 싶고요

2-2.
① 음식도 맛있고요
② 문화도 배우고 싶고요
③ 답답할 것도 같고요
④ 한국에서 대학에도 갈 거고요
⑤ 다양한 경험도 하고 싶고요

3-1.
① 그만두도록 했다
② 배웅하도록 했다
③ 짓도록 하셨다

④ 세우도록 하신다
⑤ 행동하도록 하신다

3-2.
① 뛰지 않도록 하세요
② 휴대전화를 끄도록 하세요
③ 정장을 입도록 하세요
④ 요가를 하도록 하세요
⑤ 케이크를 사서 주도록 하세요

4-1.
① 지으려다(가)
② 귀국하려다(가)
③ 그만두려다(가)
④ 전공하려다(가)
⑤ 차리려다(가)

4-2.
① 제가 만들려다(가) 일이 많아서 주문했어요
② 밤까지 새우려다(가) 친구가 집에 가라고 해서 밤 12시에 집으로 돌아왔어요
③ 외출하려다(가) 비가 많이 와서 집에만 있었어요
④ 버스를 타려다(가) 길을 헤매서 택시를 탔어요
⑤ 모임에 참석하려다(가) 친구가 와서 집에서 함께 놀았어요

5-1.
① 초대하셨거든
② 도와달라고 했거든
③ 있거든
④ 보였거든
⑤ 없거든

5-2.
① 중요한 세미나가 있어서 그 날 제주도로 출장을 가거든요
② 학생들이 너무 떠들어서 공부에 집중할 수가 없거든요
③ 제가 친구들에게 음식을 대접하기로 해서 이따가 우리 반 학생들이 우리 집에 놀러 온다고 했거든요
④ 한국에 부모님이 오셔서 함께 서울에 다녀왔거든요
⑤ 한국어 실력을 키워서 대학교에 입학할 거거든요

6 요리

어휘

1.
① 달콤하다
② 짭짤해서
③ 담백하다
④ 풍부해서
⑤ 얼큰하게

2.
① 다듬는
② 볶은
③ 담가서
④ 익혀야
⑤ 씻은

3.
① 시식
② 조형물
③ 건강
④ 발효
⑤ 풍부해서
⑥ 소화

문법

1-1.
① 닮아 간다
② 이어 왔다
③ 끝나 간다
④ 회복되어 가고
⑤ 지켜 가야

1-2.
① 10년 전부터 살아 왔는데 내년에는 다른 집으로 이사하고 싶어요
② 3년 전부터 써 왔는데 얼마 전에 고장이 나서
③ 거의 다 읽어 가니까 금방 돌려줄게요
④ 3년 동안 배워 왔는데 아직 멀었어요
⑤ 지금은 별로 좋지 않은데 앞으로는 더 발전해 갈 것으로 봅니다

2-1.
① 타던
② 유행하던
③ 좋아하던
④ 보던
⑤ 사용하던

2-2.
① 조금 전까지 아멜리 씨가 찾던 열쇠예요
② 내가 작년까지 사용하던 사전인데 지금은 필요 없으니까 가져도 돼
③ 어제 보던 책을 마저 읽을 계획이에요
④ 지난번에 한 번 들었던 노래인데 제목은 기억이 나지 않아요
⑤ 고등학교 때 심하게 싸우고 절교했던 친구를 우연히 지하철 역에서 마주쳤어요

3-1.
① 받을 줄 알았다 / 탈 줄 알았다
② 받을 줄 알았다 / 탈 줄 알았다
③ 범인일 줄 몰랐다
④ 떠날 줄 몰랐다
⑤ 쏟아질 줄 몰랐다

3-2.
① 한국의 겨울이 이렇게 추운 줄 몰랐어요
② 이렇게 빨리 도착할 줄 몰랐어요
③ 지난번에 가고 싶다고 해서 네가 당연히 참석할 줄 알았어
④ 저도 관객이 이렇게 많이 올 줄 몰랐어요
⑤ 그냥 교수님인 줄 알았어요

4-1.
① 풀기에는
② 지내기에는
③ 차리기에는
④ 그만두기에는
⑤ 전념하기에는

4-2.
① 제가 먹기에는 무척 매워요
② 지금 선생님께 전화하기에는 너무 늦은 시간이에요
③ 혼자 살기에는 조금 커요
④ 그 주제는 3급 학생이 쓰기에는 너무 어려워요
⑤ 혼자 이사하기에는 짐이 많은데

7 운동

어휘

1.
① 더위
② 상태
③ 체온
④ 갈증
⑤ 껍질

2.
① 모자라서
② 간편하게
③ 보충해
④ 지속되면
⑤ 굽힐

3.
① 갈증
② 전후
③ 충분히
④ 피하고
⑤ 근력

문법

1-1.
① 지도에서 보다시피 거리가 너무 멀어서 걷기에는 무리야
② 말했다시피 출장으로 가서 관광은 못 했어요
③ 알다시피 제주도는 풍경이 좋고 어디를 봐도 그림 같았어
④ 여기에 쓰여 있다시피 교환만 가능하고 환불은 어렵습니다
⑤ 책에도 소개되었다시피 그 곳에 가면 한국의 전통 생활을 느낄 수 있어요

2-1.
① 도착하면 문자 메시지를 보내든지 전화를 하든지
② 노래를 하든지 연극을 하든지 뭐라도 하나 꼭 할 거예요
③ 허리를 굽히든 펴든 관계없이 계속 아파요

④ 무겁든 가볍든 상관없어요
⑤ 담백하든 고소하든 맛은 그렇게 중요하지 않아
⑥ 축구든 농구든 상관없이 참가할래
⑦ 살이든 껍질이든 다 잘 먹어요
⑧ 언제든지 상관없어요

3-1.
① 신은 채로
② 화장한 채로
③ 낀 채로
④ 든 채로
⑤ 가린 채로

3-2.
① 너무 피곤해서 렌즈를 낀 채로 잤거든요.
② 밥도 못 먹은 채로 숙제를 했지만 아직도 다 못 했어
③ 급하게 나오는 바람에 문을 열어 놓은 채로 나왔어
④ 펜을 입에 문 채로 큰 소리로 책을 읽으면 발음이 좋아질 거예요
⑤ 오늘 아침에 안경을 쓴 채로 세수하다가 다쳤어요

4-1.
① 떠들기만 한다
② 따라 하기만 하면
③ 누르기만 하면
④ 단합하기만 하면
⑤ 유지되기만 하면

4-2.
① 계산하기만 하면 돼요
② 가만히 앉아 있기만 해요
③ 끓이기만 하면 돼요
④ 가볍기만 하면 돼요
⑤ 돕기만 했어요

8 일상생활

어휘

1.
① 민간신앙
② 식욕
③ 특산물
④ 칭찬
⑤ 층간소음

2.
① 달아나서
② 거르지
③ 망가졌어요
④ 아직도
⑤ 저렴하게

3.
① 손 없는 날
② 땅 짚고 헤엄치기
③ 간이 떨어지는
④ 쇠귀에 경 읽기

4.
① 층간소음
② 갈등
③ 항의하는
④ 직접
⑤ 금지
⑥ 겪으면서
⑦ 고충
⑧ 배려하는

문법

1-1.
① 잃어버린 데다가
② 귀여운 데다가
③ 내리는 데다가
④ 안정적인 데다가
⑤ 불친절한 데다가

1-2.

① 에어컨이 고장이 난 데다가 공사 중이어서 창문을 열 수가 없거든요
② 잘 생긴 데다가 자신의 팬들을 잘 챙기거든요
③ 선생님들이 한국어를 잘 가르친다는 소문이 있는 데다가 공항에서 가깝거든요
④ 경치가 아름다운 데다가 사람들이 친절하다는 소문을 들었거든요
⑤ 심리학이 전공인 데다가 원래 과묵한 사람이거든요

2-1.

① 입었더니
② 출발했더니
③ 끊여줬더니
④ 맡겼더니
⑤ 알아봤더니

2-2.

① 수업 시간에 선생님 말씀을 잘 들었더니 시험 결과가 좋았어요
② 아르바이트 때문에 숙제를 못 해서 밤늦게까지 잠을 못 잤더니 정신이 하나도 없어요
③ 과제 때문에 3일 내내 사용했더니 고장이 났어요
④ 날씨가 따뜻한 것 같아서 옷을 얇게 입었더니 감기에 걸린 것 같아요
⑤ 날도 더운데 돌아다녔더니 목이 많이 마르고 다리도 아파

3-1.

① 떨렸었다
② 저렴했었는데
③ 걸렀었는데
④ 좋았었는데
⑤ 났었는데

3-2.

① 처음에는 일이 많으면 좋은 거라고 생각했었는데 요즘에는 일이 너무 많아서 피곤해요
② 한동안 머리가 복잡하고 가슴이 답답했었는데 다녀오니 속이 후련하고 고민이 해결되는 느낌이에요
③ 처음에는 운동을 하면 온몸이 쑤셨었는데 지금은 익숙해져서 그런지 운동을 하지 않으면 몸이 아파요
④ 처음에 한국에 왔을 때는 외로웠었는데 지금은 친구가 많아서 즐거워요
⑤ 대학교 때는 미술이 전공이었었는데 대학원에 입학할 때 한국어로 전공을 바꿨어요

4-1.

① 가려던 참에
② 마시려던 참에
③ 끊이려던 참에
④ 전화하려던 참에
⑤ 하려던 참에

4-2.

① 선생님께 가려던 참이에요
② 하나 사려던 참이었어요
③ 계획하려던 참이었어요.
④ 도서관에 가려던 참이에요
⑤ 담배를 끊으려던 참이에요

9 교 통

어휘

1.

① 무조건
② 혹시
③ 서서히
④ 그다지
⑤ 하필

2.

① 부과되잖아
② 넉넉한데
③ 차지하고
④ 끼어들어서
⑤ 전망됩니다

3.

① 주의
② 사망자

③ 이른다
④ 차지하고
⑤ 감소한

문법

1-1.
① 들을 만하다
② 실수할 만하다
③ 낼 만하다
④ 속상할 만하다
⑤ 믿을 만한

1-2.
① 조금 맵지만 먹을 만해요
② 새로 지어서 지낼 만해요
③ 평소에 그렇게 돈을 아꼈으니까 더 넓은 집을 살 만하지요
④ 어려운 부분도 있지만 배울 만해요
⑤ 성실하고 책임감이 강해서 상을 탈 만해요

2-1.
① 운전할수록
② 거짓말할수록
③ 증가할수록
④ 편리해질수록
⑤ 교통편일수록

2-2.
① 여러 번 읽을수록 더 재미있네요
② 학교와 가까울수록 집값이 비싸요
③ 한국에 살수록 한국어의 재미를 알아 가고 있어요
④ 생각할수록 더 모르겠어요
⑤ 방학일수록 책을 많이 읽으면 좋겠어요

3-1.
① 속상하다고 해도
② 반대하신다고 해도
③ 똑똑하다고 해도
④ 샌다고 해도
⑤ 급하다고 해도

3-2.
① 아무리 힘들다고 해도 숙제는 해야지요
② 아무리 살을 빼고 싶다고 해도 밥은 먹어야 해요
③ 아무리 세일이라고 해도 백화점은 비싸잖아요
④ 아무리 화가 난다고 해도 친구에게 심하게 말하면 안돼요
⑤ 아무리 부자라고 해도 걱정은 있어요

4-1.
① 부를 뿐만 아니라
② 구체적일 뿐만 아니라
③ 저렴할 뿐만 아니라
④ 풍부할 뿐만 아니라
⑤ 예민할 뿐만 아니라

4-2.
① 기차표를 예매할 수 있을 뿐만 아니라 여행상품도 알 수 있어요
② 집에서도 멀 뿐만 아니라 업무가 많아서 늦게 끝나서요
③ 갑자기 일이 생겼을 뿐만 아니라 그 나라가 요즘 위험해서요
④ 시험에 떨어졌을 뿐만 아니라 여자 친구와 헤어졌거든요
⑤ 한국의 옛날 마을의 모습을 볼 수 있을 뿐만 아니라 전통 공연도 볼 수 있어서 좋아요

10 여 행

어휘

1.
① 민박
② 규모
③ 활동적
④ 경관
⑤ 여정

2.
① 대여해서
② 등록하지
③ 기록하고 있어요
④ 유창해도
⑤ 눈부시고

3.
① 만만찮네요
② 체험
③ 일거양득
④ 당장
⑤ 문의하기
⑥ 답글

문법

1-1.
① 고민도 생기고 해서
② 집세도 오르고 해서
③ 햇살도 좋고 해서
④ 조식도 제공되고 하니까
⑤ 기술도 뛰어나고 하니까

1-2.
① 한국어 실력도 유창하고 하니까 이 사람으로 선택합시다
② 배도 고프고 하니까 어서 들어가서 먹자
③ 전통 혼례식도 구경할 수 있고 해서 여기로 왔어요
④ 정원도 아름답고 해서 잠시 쉬고 있었어
⑤ 여정도 피곤하고 해서 일찍 쉬려고 누웠어요

2-1.
① 울던데
② 눈부시던데
③ 붉던데
④ 만만찮던데
⑤ 끊어지던데

2-2.
① 냉장고에 아무것도 없던데 같이 시장에 가요
② 조금 전에 이 앞을 지나가던데 못 봤어요
③ 창문은 활짝 열려 있던데 집에 사람은 안 보여서
④ 다른 곳과 비교해 보니까 이곳 시설이 좋던데 여기로 정하자
⑤ 모두 절경이던데 놓칠 수 없지요

3-1.
① 입을 정도로
② 외울 정도이다
③ 쓰러질 정도로
④ 날아갈 정도로
⑤ 착각할 정도로

3-2.
① 걸으실 정도로 많이 좋아지셨어요
② 못 알아볼 정도로 많이 변하셨어
③ 눈이 빠질 정도로 기다렸어요
④ 선생님도 못 풀 정도로 어려웠대요
⑤ 혼자 화장실에 가기도 힘들 정도로 너무 무서워요

4-1.
① 복잡하더라고요
② 재미있더라고요
③ 예쁘더라고요
④ 공원을 잘 꾸며 놓았더라고요
⑤ 차가 밀리더라고요
⑥ 노래를 정말 잘하더라고요
⑦ 가격도 싸더라고
⑧ 나는 재미없더라고
⑨ 야경이 정말 멋지더라고
⑩ 방학 때 아르바이트를 한다고 하더라고

11 대중매체

어휘

1.
① 귀감
② 무작정
③ 낭만
④ 호기심
⑤ 권선징악

2.
① 염려하시는
② 웅성거려
③ 소소한
④ 까다로운
⑤ 훈훈한

3.
① 목이 빠지게
② 돌다리도 두들겨 보고 건너라
③ 손이 발이 되게 비세요
④ 입이 닳도록

4.
① 드라마
② 시청자
③ 불가능한
④ 이상형
⑤ 주인공
⑥ 안식처
⑦ 역할
⑧ 예상하기
⑨ 매력

문법

1-1.
① 공부하더니
② 맛있더니
③ 작더니
④ 오더니
⑤ 읽더니

1-2.
① 친구가 며칠 동안 허리가 아프다고 하더니 결국 병원에 입원해서 문병을 가요
② 대학원에 입학하더니 공부할 것이 많아서 시간이 없다고 해요
③ 아까 신나서 뛰어가더니 넘어졌나 봐요
④ 이번 주 내내 기분이 우울하더니 오늘은 괜찮아졌어요
⑤ 아까 김밥을 급하게 먹더니 배탈이 났다고 해요

2-1.
① 사용하도록
② 적응하도록
③ 붓도록
④ 박히도록
⑤ 넘도록

2-2.
① 넘어지지 않도록 길에 모래를 뿌렸어요
② 다음부터는 이런 일이 생기지 않도록 건강에 신경을 쓰세요
③ 남자 주인공이 여자 주인공을 죽도록 사랑해서 결국 결혼했어요
④ 그 사람이 얼마나 좋은 사람인지 주변 사람들이 입에 침이 마르도록 칭찬을 해서요
⑤ 여섯 시 약속인데 한 시간이 지나도록 오지 않아서 걱정이 돼요

3-1.
① 아니므로
② 증가하므로
③ 중단되었므로
④ 부족하므로
⑤ 주므로

3-2.
① 오늘과 마찬가지로 내일도 황사가 심하므로 외출 시에는 마스크를 착용하시기 바랍니다
② 신호를 지키지 않았으므로 벌금을 내야 합니다
③ 가뭄이 계속되고 있으므로 물을 절약해야 합니다
④ 세계적으로 불경기이므로 기업에서도 새로운 인재를 채용하지 않는다고 생각합니다
⑤ 개인 소유의 땅이므로 들어갈 수 없습니다

4-1.
① 부지런하던데요
② 반기던데요
③ 사귀던데요
④ 민감하던데요
⑤ 돌던데요

4-2.
① 쉬울 것 같았는데 생각보다 어렵던데요
② 음식도 맛있고 값도 싸던데요
③ 한국에 온 지 얼마 안됐는데 어려운 단어를 많이 알던데요

④ 처음 만든 요리라고 하는데 아주 맛있게 만들었던데요
⑤ 자르갈 씨가 반장이던데요

12 공연과 감상

어휘

1.
① 각색
② 개봉
③ 초대권
④ 연주회
⑤ 교감

2.
① 다채로운
② 빠져들게
③ 신선한
④ 왜곡해서
⑤ 생생하게

3.
① 전통
② 연주회
③ 음색
④ 국악
⑤ 직접
⑥ 우수수

문법

1-1.
① 드릴 겸 (해서)
② 풀 겸 (해서)
③ 쌓을 겸 (해서)
④ 빌릴 겸 (해서)
⑤ 배울 겸 (해서)

1-2.
① 환전도 하고 돈도 찾을 겸 (해서) 은행에 가요
② 언어도 배우고 그 나라의 문화도 경험할 겸 (해서) 해외로 나가려고 해요
③ 비도 피하고 커피도 마실 겸 커피숍에 들어가요
④ 운동도 하고 환경도 보호할 겸 해서요
⑤ 여기가 바로 제 회사 겸 집이에요

2-1.
① 놀다(가) 보면
② 달리다(가) 보면
③ 모으다(가) 보니(까)
④ 지내다(가) 보니(까)
⑤ 보다(가) 보니(까)

2-2.
① 매일 휴대전화로 메시지를 보내다(가) 보니(까) 속도가 빨라졌어요
② 바쁘게 일하다(가) 보니(까) 시간이 가는 줄도 몰랐어요
③ 이 길로 계속 가다(가) 보면 식당이 나오는데 거기서 왼쪽으로 가세요
④ 평소에 돈을 꼭 필요한 곳에만 쓰다(가) 보니(까) 나도 모르게 부자가 됐어요
⑤ 계속 살다(가) 보면 도시보다 좋은 점을 알게 될 거예요

3-1.
① 밝혔다
② 들렸다
③ 쫓기다가
④ 보인다
⑤ 담겨

3-2.
① 교실 문이 잠겨서 들어갈 수 없어요
② 전화번호가 바뀌었는데 깜빡하고 얘기를 못했어요
③ 수업시간에 메시지를 보내다가 선생님께 핸드폰을 빼앗겼거든요
④ 스트레스가 쌓이면 건강에 해로워요
⑤ 일과 시간에 쫓겨서 식사도 제때 못해요

4-1.
① 남자나 여자나 (할 것 없이)
② 밤이나 낮이나 (할 것 없이)
③ 고속도로나 국도나 (할 것 없이)
④ 강아지나 고양이나 (할 것 없이)
⑤ 옛날이나 지금이나 (할 것 없이)

4-2.
① 사과나 바나나나 (할 것 없이) 과일은 다 좋아해요
② 평일이나 휴일이나 (할 것 없이) 항상 길이 막혀요
③ 코미디 영화나 액션 영화나 (할 것 없이) 다 좋아요
④ 치마나 바지나 (할 것 없이) 깔끔한 옷을 입어요
⑤ 남학생이나 여학생이나 (할 것 없이) 모두 열심히 하는 편이야

13 인터넷

어휘

1.
① 매체
② 비판
③ 역기능
④ 공간
⑤ 근거

2.
① 공유하니까
② 끊임없이
③ 무분별하게
④ 악용되는
⑤ 의심한

3.
① 매체
② 검색
③ 떠올리게
④ 최신

문법

1-1.
① 마비될 지경이다
② 의심될 지경이다
③ 착각할 지경이다
④ 미칠 지경이다
⑤ 자살할 지경

1-2.
① 길이 미끄러워서 가만히 서 있지도 못할 지경이에요
② 꽃을 따기만 했는데 손이 빨갛게 물들 지경이에요
③ 날씨가 너무 건조해서 산불이 날 지경이에요
④ 정말 오랫동안 전화를 안 해서 목소리도 잊어버릴 지경이야
⑤ 너무 피곤해서 병원에서 주사를 맞아야 할 지경이야

2-1.
① 매진될 텐데
② 서운해할 텐데
③ 불편할 텐데
④ 궁금해하실 텐데
⑤ 배웅했을 텐데

2-2.
① 표가 없을 텐데 그냥 텔레비전으로 봅시다
② 과제가 아직 안 끝나서 늦을 텐데 기다리지 마세요
③ 하루 더 쉬면 좋을 텐데 내일까지 쉬면
④ 길이 막힐 텐데 조금 더 일찍 출발합시다
⑤ 지금 수업 중일 텐데 당연히 전화를 받을 수가 없지

3-1.
① 파하드 씨가 돌아갔다니요
② 자르갈이 장학금을 받았다니
③ 행동이 더디다니요
④ 데이트라니요 / 데이트를 잘 했냐니요
⑤ 시험이라니요 / 시험을 잘 보라니요
⑥ 뭐하냐니
⑦ 다 만들었냐니요
⑧ 오늘까지 마치라니요

⑨ 손잡이를 잡으라니요
⑩ 약속을 미루자니요

4-1.
① 굶다가는
② 씻다가는
③ 참다가는
④ 무리하다가는
⑤ 움직이다가는

4-2.
① 그렇게 생각 없이 돈을 쓰다가는 등록금 낼 돈도 없어진다
② 나무 위에서 놀다가는 크게 다칠 수 있어
③ 커피를 그렇게 많이 마시다가는 불면증에 걸리겠어요
④ 이렇게 계속 비가 내리다가는 큰 홍수가 나겠어
⑤ 계속 그렇게 크게 듣다가는 귀에 문제가 생길 수 있어요

14 공공장소

어휘

1.
① 배설물
② 시선
③ 금연
④ 질서
⑤ 냉방병

2.
① 어긋나는
② 처벌해야
③ 무시하지
④ 지나치게
⑤ 방치하면

3.
① 실시하고
② 강화해야
③ 벌이고
④ 팽팽하게
⑤ 양보하는

문법

1-1.
① 폭설로 인한
② 개발로 인하여
③ 공사로 인해(서)
④ 흡연으로 인해(서)
⑤ 스트레스로 인해(서)

1-2.
① 환율 상승으로 인해(서) 물건 값이 올랐어요
② 이상기후로 인해(서) 매년 기온이 올라가고 있어요
③ 별일도 아닌 작은 오해로 인해(서) 싸웠어요
④ 아이들의 불장난으로 인해(서) 발생했다고 해요
⑤ 짙은 안개로 인해(서) 비행기가 취소됐어요

2-1.
① 아는 척하면
② 친한 척해서
③ 취한 척하고
④ 바쁜 척했다
⑤ 받는 척했다

2-2.
① 사실 맛이 없었지만 맛있게 먹는 척했어
② 안 아팠는데 나가기 귀찮아서 아픈 척했어요
③ 잘생기지도 않았는데 멋있는 척해서 마음에 들지 않았어
④ 내가 여러 번 말해도 상대방이 못 들은 척할 때 무시당하는 느낌이 들어
⑤ 언니와 목소리가 비슷해서 내가 언니인 척한 거야

3-1.
① 붐벼 대서
② 불러 대서
③ 움직여 대서
④ 무시해 대는
⑤ 속여 대서

3-2.
① 어제 친구들과 노래방에서 노래를 불러 대서 목이 많이 쉬었거든요
② 친구들이 하도 놀려 대서 화를 냈거든요
③ 매일 컴퓨터만 해 대서 이번 시험 성적이 좋지 않다고 해요
④ 로빈 씨가 다른 사람의 험담을 많이 해 대서 친구들이 로빈 씨를 피한다고 해요
⑤ 아이스크림을 많이 먹어 대서 배탈이 난 것 같아요

4-1.
① 애인조차
② 부모님조차
③ 인사말조차
④ 상의조차
⑤ 눈길조차

4-2.
① 잠잘 시간조차 없어요
② 물조차 마시기 어려워요
③ 공부만 하던 메이 씨조차 시험에 불합격했어요
④ 바람조차 없이 맑네요
⑤ 내 발조차 보이지 않아요

15 주거생활

어휘

1.
① 계약
② 보안
③ 임대
④ 매매
⑤ 방음

2.
① 꾸미고 싶어
② 절약하는
③ 배열했거든
④ 고급스럽고
⑤ 유용한

3.
① 구해야 할지
② 부담
③ 차근차근
④ 부동산
⑤ 임대

문법

1-1.
① 만들게 했다
② 기다리게 했다
③ 풀게 했다
④ 내게 했다
⑤ 섭취하게 했다

1-2.
① 아멜리 씨가 아파서 집에 가게 했어요
② 우리 반은 선생님께서 나가셔서 조용하게 하셨어요
③ 좀처럼 달라지지 않았는데 부모님의 진심이 담긴 충고가 지성 씨의 마음을 달라지게 했다고 해요
④ 어렸을 때는 편식이 심해서 어머니께서 제가 먹기 싫어하는 음식도 먹게 하셨어요
⑤ 약을 바를 때 긁지 않게 하세요

2-1.
① 신분증이라도
② 중고차라도
③ 메시지라도
④ 기간이라도
⑤ 휴식이라도

2-2.
① 매운 음식을 못 먹지만 맛이라도 볼게요
② 지금이라도 늦지 않았으니까 열심히 하세요
③ 우리 아이들이 입던 옷이라도 괜찮으면 드릴게요
④ 조금 비싸지만 특실이라도 예약하세요
⑤ 오늘이라도 찾아가서 부탁해 보세요

3-1.
① 포기하려야
② 구하려야
③ 신뢰하려야
④ 삼키려야
⑤ 의논하려야

3-2.
① 찾으려야 찾을 수가 없었어요
② 참으려야 참을 수가 없었어
③ 돈을 모으려야 모을 수가 없었어요
④ 보려야 볼 수가 없었어요
⑤ 먹으려야 먹을 수가 없네요

4-1.
① 속이곤 한다
② 산책하곤 한다
③ 새우곤 한다
④ 어지르곤 한다
⑤ 붐비곤 한다

4-2.
① 일주일에 한 번은 등산을 가곤 해요
② 보통 운동을 하곤 해요
③ 저는 화가 날 때는 음악을 크게 듣곤 해요
④ 놀이터에서 숨바꼭질을 하며 놀곤 했어요
⑤ 컴퓨터 게임을 하곤 해요

16 법과 도덕

어휘

1.
① 유산
② 눈치
③ 나머지
④ 양심
⑤ 애완동물

2.
① 면하기
② 마땅한
③ 흐르는데
④ 사육하는
⑤ 무심한

3.
① 처했다는
② 우연히
③ 지나친
④ 처벌하는
⑤ 본의
⑥ 가하거나
⑦ 면하기도

문법

1-1.
① 제공하는 셈이다
② 성공한 셈이다
③ 좋은 셈이다
④ 먹은 셈이다
⑤ 처음인 셈이다

1-2.
① 하루에 열 잔 정도 마시니까 다른 사람보다는 많이 마시는 셈이에요
② 수리비가 너무 많이 들어서 오히려 다른 것보다 비싼 셈이에요
③ 월급이 올랐지만 물가는 더 많이 올라서 월급이 안 오른 셈이거든요
④ 90% 정도 완성했으니까 다 만든 셈이지요
⑤ 오십만 원밖에 안 남았으니까 다 갚은 셈이에요

2-1.
① 공부하는 셈 치고
② 속는 셈 치고
③ 주는 셈 치고
④ 도와주는 셈 치고
⑤ 먹은 셈 치고

2-2.

① 미운 놈 떡 하나 더 주는 셈 치고 잘 가르쳐 보세요
② 친구 하나 없는 셈 치고 무시하기로 했어요
③ 처음 설명하는 셈치고 다시 알려주려고 해요
④ 못 본 셈 치고 눈감아 주세요
⑤ 그 돈은 그냥 받은 셈 칠 테니까 흐엉 씨도 잊어버리세요

3-1.

① 예상한 대로
② 배운 대로
③ 아는 대로
④ 계획한 대로
⑤ 마음대로

3-2.

① 보이는 대로 이야기해 보세요
② 느낀 대로 이야기하세요
③ 메이 씨가 알려준 대로 가니까 금방 도착했어요
④ 일기예보에서 들은 대로 바람이 불고 비가 와요
⑤ 기다리던 순서대로 타지 않아서 버스를 못 타는 줄 알았어요

4-1.

① 나이만큼
② 노력한 만큼
③ 먹을 만큼
④ 한 만큼
⑤ 버는 만큼

4-2.

① 책을 읽는 만큼 지식이 쌓이니까 많이 읽으려고 노력해요
② 기대한 만큼 재미있지는 않았어요
③ 파하드 씨가 그동안 열심히 공부한 만큼 시험 점수도 좋을 거예요
④ 아껴 쓴 만큼 모을 수 있어요
⑤ 가족만큼 저를 잘 이해해주는 사람은 없어요

5-1.

① 먹이다
② 앉히다
③ 울리다
④ 감기다
⑤ 재우다

5-2.

① 씻겨
② 앉혀
③ 말려야
④ 재울
⑤ 보여

새인하한국어3

2014년 12월 05일 1쇄 발행
2025년 09월 12일 8쇄 발행
저　자 : 최권진, 유지숙, 장정숙, 이경복
발행처 : 인하대학교 출판부
주　소 : 인천광역시 남구 인하로 100
전　화 : 032) 860-8301
등　록 : 1979년 5월 23일 남구 제13호

인쇄·편집 : 진원디자인프린텍
032) 467-4544~5

ISBN 978-89-7407-972-7 14700
978-89-7407-961-1 (세트) 14700

정가 : 15,000원

New INHA KOREAN 2
Workbook

인하대학교 언어교육원
Inha University
Language Training Center

익힘책 새인하한국어 2

최권진, 이은혜, 서상영, 정지현 지음

인하대학교 출판부
INHA UNIVERSITY PRESS

지은이

최권진
인하대학교 언어교육원 주임교수
소피아대학교 언어학 박사

이은혜
인하대학교 언어교육원 강사
이화여자대학교 대학원 한국어교육 석사

서상영
인하대학교 언어교육원 강사
고려대학교 대학원 한국어교육 석사

정지현
인하대학교 언어교육원 강사
인하대학교 대학원 다문화교육 박사

국립중앙도서관 출판예정도서목록(CIP)

새인하한국어 : 익힘책 = New Inha Korean workbook. 2 / 저자: 최권진, 이은혜, 서상영, 정지현. -- 인천 : 인하대학교 출판부, 2014
p. ; cm

ISBN 978-89-7407-970-3 14700 : ₩15000
ISBN 978-89-7407-961-1 (세트) 14700

한국어 학습[韓國語學習]
한국어 교재[韓國語教材]

717.6-KDC5
495.78-DDC21 CIP2014033316

차 례

1 자기소개

어휘 I

1. 다음 중 알맞은 단어를 골라 대화를 완성하십시오.

개월	얼마나	얼마

1) 가: 파하드 씨는 몇 ______________ 전에 한국에 왔어요?

 나: 저는 3______________ 전에 한국에 왔어요.

2) 가: 아멜리 씨는 한국어를 배운 지 ______________ 됐어요?

 나: 저는 한국어를 배운 지 3개월이/가 됐어요.

3) 가: 오위노 씨는 한국어를 정말 잘하네요.

 나: 아니에요. 한국에 온 지 ______________ 안 돼서 잘하지 못해요.

문법 I

1. N(이)라고 하다

1. 다음 표에 알맞게 쓰십시오.

	저는 N(이)라고 합니다
박지성	
로빈	
아멜리	

2. 다음 대화를 완성하십시오.

1) 가: 안녕하세요? 저는 중국에서 온 ______________________. (장춘)

 나: 네, 안녕하세요? 저는 우크라이나에서 온 ______________________. (나타샤)

2) 가: 처음 뵙겠습니다. 저는 미국에서 온 ______________________. (미셸)

 나: 만나서 반갑습니다. 저는 몽골에서 온 ______________________. (바스카)

3. 다음 중 알맞은 단어를 골라 문장을 완성하십시오.

동아리	사물놀이	선배	한옥

1) 한국의 전통 집을 ____________ 합니다.

2) 한국의 전통 악기 4개를 사용해서 연주하는 음악을 ____________ 합니다.

3) 한국의 대학생들이 모여서 취미 활동을 하는 모임을 ____________ 말합니다.

4) 한국에서는 대학교 1학년 학생들이 2, 3, 4학년 학생들을 ____________ 부릅니다.

2. DV-게

1. 다음 대화를 완성하십시오.

1) 가: 옷을 어떻게 입을까요?

나: 날씨가 추우니까 옷을 ____________ 입으세요. (따뜻하다)

2) 가: 손님, 포장을 어떻게 해 드릴까요?

나: 부모님께 선물할 거니까 ____________ 포장해 주세요. (예쁘다)

3) 가: 손님, 머리를 어떻게 해 드릴까요?

나: 요즘 날씨가 많이 더워서 ____________ 자르고 싶어요. (짧다)

2. 다음 중 알맞은 단어를 골라 문장을 완성하십시오.

크다	싱겁다	밝다	시끄럽다	자세하다

1) 사진을 찍을 거니까 ____________ 웃으세요.

2) 건강에 좋지 않으니까 음식을 ____________ 드세요.

3) 한국에 온 지 얼마 안 돼서 길을 잘 모르니까 ____________ 가르쳐 주세요.

4) 많은 사람들 앞에서 발표할 거니까 ____________ 이야기해야 해요.

5) 여러 사람들과 함께 공부하니까 ____________ 떠들지 마세요.

3. AV-(으)ㄴ 지

1. 다음 대화를 완성하십시오.

1) 가: 흐엉 씨는 한국에 언제 왔어요?

   나: 저는 한국에 온 지 8개월이 됐어요. (8개월)

2) 가: 로빈 씨는 언제 고향에 갔다 왔어요?

   나: 저는 ______________________. (한 달)

3) 가: 지성 씨는 언제 대학교에 입학했어요?

   나: 저는 ______________________. (반 년)

4) 가: 파하드 씨는 언제 부모님을 만났어요?

   나: 저는 ______________________. (3개월)

5) 가: 왕루 씨는 언제 남자친구와 헤어졌어요?

   나: 저는 ______________________. (1년)

2. 다음 대화를 완성하십시오.

1) 가: 한국에 온 지 얼마나 됐어요?

   나: 저는 ______________________.

2) 가: 한국어를 배운 지 얼마나 됐어요?

   나: 저는 ______________________.

3) 가: 부모님과 통화한 지 얼마나 됐어요?

   나: 저는 ______________________.

4) 가: 고향 음식을 먹은 지 얼마나 지났어요?

   나: 저는 ______________________.

5) 가: 고향 친구들을 만난 지 얼마나 지났어요?

   나: 저는 ______________________.

6) 가: 극장에 가 본 지 얼마나 됐어요?

   나: 저는 ______________________.

어휘 II

1. 다음 중 알맞은 단어를 골라 문장을 완성하십시오.

한국학	한국어교육학	영문학	역사학	연극영화학
경영학	무역학	기계공학	생물학	신문방송학

1) 저는 영어를 아주 좋아하고 책도 좋아합니다.

그래서 대학교에서 ______________을 배우고 싶습니다.

2) 제 꿈은 영화감독입니다. 세계에서 인정받는 영화를 만들고 싶습니다.

그래서 대학교에 가면 ______________을 배우고 싶습니다.

3) 저는 한국의 사회, 역사, 정치, 문화에 관심이 많습니다.

그래서 대학교에 가면 ______________을 전공하고 싶습니다.

4) 저는 고향에 돌아가면 회사를 만들고 싶습니다.

그래서 대학교에서 ______________을 배울 겁니다.

5) 제 꿈은 방송국 기자입니다. 뉴스에서 소식을 전하고 싶습니다.

그래서 대학교에서 ______________을 전공하고 싶습니다.

6) 저는 고향에 돌아가서 한국어를 가르치고 싶습니다.

그래서 대학교에서 ______________을 전공하고 싶습니다.

7) 저는 동물과 식물을 좋아하고 관심도 많습니다.

그래서 대학교에 가면 ______________을 배우고 싶습니다.

8) 저는 제 고향의 좋은 물건들을 여러 나라에 팔고 싶습니다.

그래서 대학교에 가면 ______________을 전공하고 싶습니다.

9) 저는 전자 회사나 자동차 회사에서 일하고 싶습니다.

그래서 대학교에 가면 ______________을 배울 겁니다.

10) 저는 지금 살고 있는 사회의 과거에 대해서 알고 싶습니다.

그래서 대학교에서 ______________을 전공하고 싶습니다.

문법 II

4. AV-(으)려고

1. 다음 표에 알맞게 쓰십시오.

AV-(으)려고			
찾다		모으다	
듣다		졸업하다	
만들다		청소하다	

2. 다음 대화를 완성하십시오.

1) 가: 왜 돈을 모아요?

나: 방학에 여행을 하려고 돈을 모아요. (방학에 여행을 하다)

2) 가: 왜 한국어를 공부해요?

나: ______________________________. (대학교에 입학하다)

3) 가: 왜 마트에 가요?

나: ______________________________. (친구들에게 고향 음식을 만들어 주다)

4) 가: 왜 편지를 썼어요?

나: ______________________________. (제 생일에 친구들을 초대하다)

3. 다음 대화를 완성하십시오.

1) 가: 어디에 가고 있어요?

나: ______________________________. (책을 사다, 서점에 가다)

2) 가: 무엇을 하고 있어요?

나: ______________________________. (이사하다, 짐을 정리하다)

3) 가: 무엇을 하고 있어요?

나: ______________________________. (영화를 보다, 표를 예매하다)

4) 가: 무엇을 했어요?

나: ______________________________. (밥을 먹다, 음식을 주문했다)

5. N에 대해(서)

1. 다음 대화를 완성하십시오.

1) 가: 무엇에 대해서 말할 거예요?

나: ________________________. (환경 문제)

2) 가: 무엇에 대해서 발표할 거예요?

나: ________________________. (세계의 날씨)

3) 가: 무엇에 대해서 이야기할 거예요?

나: ________________________. (고향의 전통 문화)

4) 가: 무엇에 대해 발표하고 싶어요?

나: ________________________. (최신 음악)

5) 가: 무엇에 대해 이야기하고 싶어요?

나: ________________________.

(한국에서의 재미있는 경험)

2. 다음 대화를 완성하십시오.

1) 가: 대학교에서 무엇을 전공하고 싶습니까?

나: 제 꿈은 회사의 CEO입니다.

그래서 저는 경영에 대한 공부를 하고 싶습니다. (경영)

2) 가: 대학교에서 무엇을 전공하고 싶습니까?

나: 제 꿈은 ____________. (과학자)

________________________. (물리)

3) 가: 대학교에서 무엇을 전공하고 싶습니까?

나: 제 꿈은 ____________. (신문기자)

________________________. (신문방송)

4) 가: 대학교에서 무엇을 전공하고 싶습니까?

나: 제 꿈은 ____________. (한국어 선생님)

________________________. (한국어교육)

문법 활용

※ 다음 문법을 사용하여 대화를 완성하십시오.

〈문법〉			
N(이)라고 하다	AV-(으)ㄴ 지	AV-(으)려고	N에 대해(서)

아멜리: 안녕하십니까? 저는 ________________ 합니다. 프랑스에서 왔습니다.

파하드: 안녕하십니까? 저는 사우디에서 온 ________________ 합니다.

아멜리: 파하드 씨는 한국에 __________(오다) 얼마나 됐어요?

파하드: 저는 한국에 __________(오다) 6개월이 됐어요. 아멜리 씨는 얼마나 됐어요?

아멜리: 저는 한국에 __________ 3개월이 됐어요. 그런데 아멜리 씨는 지금 대학생이에요?

파하드: 아니요, 저는 언어교육원 학생이에요. 저는 영화______________ 배우고 싶어요.

그래서 대학원을 졸업하면 영화감독이 __________(되다) 해요.

아멜리: 저는 패션______________ 공부를 하고 싶어요.

그래서 대학원을 졸업하면 의상 디자이너가 __________(되다) 준비하고 있어요.

파하드 씨, 만나서 반가워요.

파하드: 네, 저도 만나서 반가워요.

듣기

※ 다음을 듣고 물음에 답하십시오.

1. 두 사람은 어디에 있습니까? (　　　　)

① 무역회사

② 자동차 회사

③ 한국어 교실

④ 한국의 대학교

2. 들은 내용과 같은 것을 고르십시오. (　　　　)

① 남자는 한국에 온 지 1년쯤 됐습니다.

② 남자는 고향의 자동차 회사에서 일했습니다.

③ 여자는 일본에서 전통 의상을 전공했습니다.

④ 여자는 한국의 대학교에 입학하고 싶어 합니다.

읽기

※ 다음을 읽고 물음에 답하십시오.

저는 중국에서 온 왕루라고 합니다. 한국에 온 지 6개월이 되었습니다. 저는 중국의 대학교에서 무역학을 전공했습니다. 대학교를 졸업한 후에 회사에서 일했지만 한국과 중국의 무역을 더 공부해 보고 싶었습니다. 그래서 한국에서 한국어도 공부하고 많은 경험을 하고 싶어서 한국에 왔습니다.

저는 지금 인하대학교 언어교육원에서 한국어를 공부하고 있습니다. 한국어를 공부한 후에 대학교에 편입해서 국제무역학을 전공하려고 합니다. 한국어를 (㉠) 무역회사에서 일을 할 수 없어서 열심히 한국어를 공부하고 있습니다.

한국에서 대학교를 졸업하면 한국의 무역회사에서 일하고 싶습니다. 그곳에서 한국과 중국의 무역을 돕는 일을 하고 싶습니다. 그리고 고향에 돌아가면 한국과 중국을 연결하는 무역회사를 경영하고 싶습니다.

1. ㉠에 들어갈 알맞은 것을 고르십시오. (   )

① 공부하니까 ② 잘하지 못하면

③ 배우고 있는데 ④ 이해할 수 있어서

2. 이 글의 내용과 같은 것을 고르십시오. (   )

① 이 사람은 3개월 전에 한국에 왔습니다.

② 이 사람은 고향에서 한국어를 전공했습니다.

③ 이 사람은 한국의 대학교에 편입하려고 합니다.

④ 이 사람은 한국에서 무역회사를 경영하고 싶어 합니다.

쓰기

※ 자기소개서를 써 봅시다.

1. 개요를 써 보십시오.

〈개요〉	
처음	저는 사우디에서 온 파하드입니다. 저는 6개월 전에 한국에 왔습니다. 저는 영화에 관심이 많습니다. ______________________.
가운데	저는 지금 인하대학교 언어교육원에서 한국어를 공부하고 있습니다. 대학교에 입학해서 연극영화학을 전공하려고 합니다. ______________________.
끝	한국에서 대학교를 졸업하면 ______________________.

2. 위 개요를 바탕으로 글을 써 보십시오.

 저는 사우디에서 온 파하드라고 합니
다. 한국에 온 지 6개월이 되었습니다.
저는 영화를 아주 좋아합니다. 그런데
우연히 한국 영화를 보고 한국에 관심
이 생겼습니다. 그래서 한국 영화에 대
해 배워 보고 싶어서 한국에 왔습니다.

2 한국 생활

어휘 I

1. 다음 중 알맞은 단어를 골라 대화를 완성하십시오.

여권	비자	학생증	외국인 등록증

1) 가: 통장을 만들고 싶어요. 무엇이 필요해요?

   나: ______________이/가 필요해요.

2) 가: 대학생도 할인이 됩니까?

   나: 네, 할인이 됩니다. ______________을/를 보여주세요.

3) 가: 방학에 해외여행을 가려고 해요.

   나: 그러면 미리 ______________을/를 준비하세요.

4) 가: 유학생 ______________을/를 받았어요?

   나: 네, D-4를 받았습니다.

2. 다음 중 알맞은 단어를 골라 대화를 완성하십시오.

부족하다	충분하다	신청하다

1) 가: 수업이 시작됐어요?

   나: 시작하지 않았으니까 천천히 오세요. 시간은 ______________.

2) 가: 한국어 시험을 인터넷에서 ______________? [-(으)ㄹ 수 있다]

   나: 네, 인터넷에서 신청해도 돼요.

3) 가: 정보가 ______________ 한국 생활이 어려워요. [-아/어/여서]

   나: 정보가 필요하면 1345번에 전화하세요.

문법 I

1. AV-는 중이다, N 중이다

1. 다음 대화를 완성하십시오.

1) 가: 자르갈 씨, 지금 뭐 해요?

나: ______________________. (음악, 듣다)

2) 가: 흐엉 씨, 지금 도서관에서 뭐 해요?

나: ______________________. (역사책, 읽다)

3) 가: 오위노 씨, 지금 뭐 하고 있어요?

나: ______________________. (커피, 마시다)

4) 가: 왕루 씨, 지금 뭐 해요?

나: ______________________. (점심, 먹다)

2. 다음 대화를 완성하십시오.

1) 가: 언제 말하기 시험을 봤어요?

나: ______________________. (어제 수업 시간)

2) 가: 언제 사진을 찍었어요?

나: ______________________. (제주도 여행)

3) 가: 언제 태권도를 배울 거예요?

나: ______________________. (방학)

4) 가: 선생님께서 지금 뭐 하는 중이세요?

나: ______________________. (식사)

5) 가: 할머니께서 지금 뭐 하는 중이세요?

나: ______________________. (운동)

2. V-(으)ㄹ 때, N 때

1. 다음 대화를 완성하십시오.

1) 가: 아기가 언제 예쁩니까?

나: 웃을 때 예쁩니다. (웃다)

2) 가: 왕루는 언제 거울을 봅니까?

나: ____________________. (옷을 입다)

3) 가: 언제 이어폰을 사용합니까?

나: ____________________. (음악을 듣다)

4) 가: 언제 친구를 만났습니까?

나: ____________________. (학교에 가다)

5) 가: 언제 이 약을 먹을 겁니까?

나: ____________________. (머리가 아프다)

2. 다음 대화를 완성하십시오.

1) 가: 언제 이 문법을 배웠습니까?

나: ____________________. (1급)

2) 가: 언제 제주도에 처음 갔습니까?

나: ____________________. (지난 겨울방학)

3) 가: 언제 쇼핑을 할 겁니까?

나: ____________________. (오늘 저녁)

4) 가: 언제 한국어를 처음 배웠습니까?

나: ____________________. (고등학생)

5) 가: 언제 처음 혼자 여행을 했습니까?

나: ____________________. (20살)

어휘 II

1. 다음 중 알맞은 단어를 골라 대화를 완성하십시오.

부동산 중개사 사무소	전세	월세	보증금

1) 가: 매월 방값을 얼마 내세요?

   나: 저는 ____________________에 살아서 매월 돈을 내지 않아요.

2) 가: 어떻게 이 집을 구했어요?

   나: ____________________에서 이 집을 찾았어요.

3) 가: 미리 돈을 내지 않고 매월 돈을 내는 방이 있습니까?

   나: 그럼, ____________________을/를 찾아 드리겠습니다.

4) 가: 이 집이 마음에 들어요. 이 집은 얼마예요?

   나: 이 집은 ____________________은/는 좀 비싸지만 매월 내는 돈은 쌉니다.

2. 다음 중 알맞은 단어를 골라 대화를 완성하십시오.

집을 구하다	이사하다	계약하다

1) 가: 살고 싶은 집을 찾았어요?

   나: 네, 학교 근처에 조용한 ____________________.

2) 가: 월세는 언제 돈을 내요?

   나: ____________________고 한 달 산 후에 돈을 내요.

3) 가: 지성 씨, 이번 주말에 시간이 있어요?

   나: 아니요, 이번 주말에 ________________. 기숙사에서 나와서 다른 곳에서 살려고요.

문법 II

3. N에 비하다

1. 다음 대화를 완성하십시오.

1) 가: 어느 나라가 더 넓어요?

나: ______________________________. (한국 < 중국)

2) 가: 어디가 더 따뜻해요?

나: ______________________________. (서울 < 제주도)

3) 가: 어느 식당의 음식이 더 맛있어요?

나: ______________________________. (후문에 있는 식당 < 학생 식당)

4) 가: 어떤 음식을 더 좋아해요?

나: ______________________________. (김치찌개 < 불고기)

5) 가: 쇼핑할 때 어디가 더 편해요?

나: ______________________________. (시장 < 백화점)

2. 다음 대화를 완성하십시오.

1) 가: 할머니께서 어떠세요?

나: <u>할머니께서 연세에 비해서 건강하세요</u>. (연세, 건강하다)

2) 가: 이번 시험의 결과가 어때요?

나: ______________________________. (공부 시간, 시험 결과가 나쁘다)

3) 가: 노트북의 성능이 어때요?

나: ______________________________. (노트북의 값, 품질이 좋다)

4) 가: 교실에 사람이 많아요?

나: 네, ______________________________. (교실 크기, 사람이 많다)

5) 가: 오늘 날씨가 따뜻해요?

나: 네, ______________________________. (겨울 날씨, 따뜻하다)

4. AV-(으)ㄴ 다음에

1. 다음 대화를 완성하십시오.

1) 가: 언제 고향에 전화를 해요?

나: ______________________________. (저녁을 먹다)

2) 가: 언제 수업을 시작해요?

나: ______________________________. (선생님이 오시다)

3) 가: 언제 대학교에 입학했어요?

나: ______________________________. (한국어 공부가 끝나다)

4) 가: ______________________________ 어디에 갈 거예요? (은행에서 돈을 찾다)

나: 이태원에 옷을 사러 갈 거예요.

5) 가: ______________________________ 뭐 할 거예요? (시험이 끝나다)

나: ______________________________.

5. AV-게 되다①

1. 다음 대화를 완성하십시오.

1) 가: 언제부터 한국 음식을 먹었어요?

나: 한국 친구를 만난 후부터 한국 음식을 먹게 되었어요. (한국 음식을 먹다)

2) 가: 언제부터 한국 음악을 들었어요?

나: 생일에 음악 CD를 선물 받은 후부터 ______________________. (한국 음악을 듣다)

3) 가: 언제부터 인천에 살았어요?

나: 인하대학교에 입학한 후부터 ______________________________. (인천에 살다)

4) 가: 언제부터 그 사람을 ______________________________? (좋아하다)

나: 처음 만난 후부터 ______________________________. (좋아하다)

5) 가: 어떻게 ______________________________? (요리를 잘하다)

나: 호텔 식당에서 일한 후부터 ______________________________. (요리를 잘하다)

문법 활용

※ 다음 문법을 사용하여 대화를 완성하십시오.

〈문법〉			
AV-는 중이다	V-(으)ㄹ 때	AV-게 되다	AV-(으)ㄴ 다음에

흐 엉: 자르갈 씨는 어떻게 한국에 ____________________?
(오다)

자르갈: 제가 고등학교에 ____________________ 선생님께서 추천해 주셔서
(다니다)

한국에 ____________________.
(오다)

흐엉 씨는요?

흐 엉: 친구가 한국에서 공부하고 있어서 한국에 ____________________.
(오다)

자르갈 씨는 한국어 시험은 언제 볼 거예요?

자르갈: 2급을 ____________________ 볼 거예요.
(공부하다)

아멜리: 저는 내년에 볼 거예요. 한국어 시험을 보고 뭐 할 거예요?

자르갈: 인하대학교에 입학할 거예요. 흐엉 씨는요?

흐 엉: 저도 대학교에 입학해서 무역학을 공부하려고 해요.

자르갈 씨는 대학교를 ____________________ 무엇을 하고 싶어요?
(졸업하다)

자르갈: 고향으로 돌아가서 회사에 취직하려고 해요.

흐 엉: 저는 한국에서 공부를 더 하고 싶어요.

자르갈: 그러면 한국에 계속 있을 거예요?

흐 엉: 네, 졸업한 후에 3년 정도 한국에서 살 거예요.

듣기

※ 다음을 듣고 물음에 답하십시오.

1. 여자는 언제 백화점에 갈 겁니까? 알맞은 것을 고르십시오. (   )

① 광고를 본 다음에

② 여름이 지난 다음에

③ 수업이 끝난 다음에

④ 행사 기간이 끝난 다음에

2. 들은 내용과 같은 것을 고르십시오. (   )

① 남자는 백화점에 가서 광고를 보았습니다.

② 남자는 옷을 싸게 사는 방법을 잘 알고 있습니다.

③ 여자는 지난주에 싼 가을 옷을 몇 벌 샀습니다.

④ 여자는 여름옷과 가을 옷을 모두 가지고 왔습니다.

읽기

※ 다음을 읽고 물음에 답하십시오.

고향에 있을 때 저는 매운 음식을 못 먹었습니다. 그래서 한국 식당에서 음식을 주문하기 전에 항상 물었습니다.

"이 음식이 맵습니까?"

"아니요, 맵지 않아요."

그러면 그 음식을 주문했습니다.

지난 방학에 저는 한국 친구의 집에 갔습니다. 저녁때 친구의 어머니께서 불고기와 김치찌개를 만들어 주셨습니다. 저는 김치찌개는 먹지 않고 불고기만 먹었습니다. 식사 중에 친구의 어머니께서 물었습니다.

"김치찌개 맛이 어때요?"

저는 김치찌개를 조금 먹었습니다. 너무 매워서 이마에 땀이 났지만 맛있었습니다.

그 다음에 한국 친구의 집에 갔을 때 또 김치찌개를 먹었습니다. 이번에는 맵지 않았습니다. 그 후부터 저는 김치찌개를 잘 먹게 되었습니다.

1. 무엇에 대한 이야기입니까? 알맞은 것을 고르십시오. (　　　)

① 이 사람은 매운 음식을 싫어합니다.

② 이 사람은 불고기를 아주 좋아합니다.

③ 이 사람은 김치찌개를 먹고 싶어 합니다.

④ 이 사람은 매운 음식을 잘 먹게 되었습니다.

2. 이 글의 내용과 같은 것을 고르십시오. (　　　)

① 이 사람은 김치찌개가 맵지 않았습니다.

② 이 사람은 식당에서 매운 음식만 주문했습니다.

③ 이 사람은 처음에 친구의 집에서 불고기만 먹었습니다.

④ 이 사람은 김치찌개가 맛있어서 땀이 났습니다.

쓰기

※ 한국 생활의 경험에 대한 글을 써 봅시다.

1. 개요를 써 보십시오.

〈개요〉	
처음	저는 지난주에 이사를 했습니다.
가운데	이사를 할 때 학교 친구들과 한국 친구가 와서 도와주었습니다. 이사를 마치고 친구들과 같이 짜장면을 먹었습니다.
끝	한국의 이사 문화가 재미있고 신기했습니다.

2. 위 개요를 바탕으로 글을 써 보십시오.

저는 지난주에 이사를 했습니다. 고향에서 친구가 와서 같이 살게 되었습니다. 그래서 조금 더 넓은 방으로 이사를 하게 되었습니다.

한국의 이사 문화는 재미있고 신기했습니다. 그리고 친구들이 이사를 도와줘서 고마웠습니다.

3 경험과 계획

어휘 I

1. 다음 중 알맞은 단어를 골라 대화를 완성하십시오.

차이	문화	유행하다

1) 가: 요즘은 어떤 머리가 ________________?

   나: 요즘은 짧은 머리가 인기예요.

2) 가: 나라마다 _______가 다르니까 음식도 다양하지요?

   나: 네, 그래서 여행이 더 재미있었어요.

3) 가: 이 휴대전화와 저 휴대전화의 _____________가 뭐예요?

   나: 이 휴대전화가 기능이 더 많아요.

2. 다음 중 알맞은 단어를 골라 대화를 완성하십시오.

편	드라마	방송하다

1) 가: 어떤 __________이/가 좋아요?

   나: 저는 가족 이야기가 있는 __________이/가 좋아요.

2) 가: 어제 텔레비전에서 ____________ 영화를 봤어요?

   나: 네, 제가 정말 좋아하는 영화여서 재미있게 봤어요.

3) 가: 언제 밥을 먹을까요?

   나: 먼저 영화 한 _______을/를 본 다음에 밥을 먹읍시다.

문법 I

1. AV-(으)ㄴ 적이 있다/없다

1. 다음 대화를 완성하십시오.

1) 가: 한복을 입어 봤어요?

나: 네, 한복을 입은 적이 있어요. (한복, 입다)

2) 가: 일본 음식을 먹어 봤어요?

나: 네, ________________. (일본 음식, 먹다)

3) 가: 부산을 여행해 봤어요?

나: 네, ________________. (부산, 여행하다)

4) 가: 한국 노래를 들어 봤어요?

나: 네, ________________. (한국 노래, 듣다)

5) 가: 김밥을 만들어 봤어요?

나: 네, ________________. (김밥, 만들다)

2. 다음 대화를 완성하십시오.

1) 가: 삼계탕을 먹은 적이 있어요?

나: 아니요, ________________. 한번 먹어 보고 싶어요.

2) 가: 한국 소설책을 읽은 적이 있어요?

나: 아니요, ________________. 한번 읽어 보고 싶어요.

3) 가: 베트남어를 배운 적이 있어요?

나: 아니요, ________________. 한번 배워 보고 싶어요.

4) 가: 제주도에 간 적이 있어요?

나: 아니요, ________________. 한번 가 보고 싶어요.

5) 가: 경복궁을 구경한 적이 있어요?

나: 아니요, ________________. 한번 구경해 보고 싶어요.

2. V-(으)ㄴ/는데요, N인데요

1. 다음 대화를 완성하십시오.

1) 가: 왕루 씨는 뭐 해요?

나: ________________________________. (음악을 듣다)

2) 가: 누가 왔어요?

나: ________________________________. (자르갈이 왔다)

3) 가: 내일 누구와 점심을 먹을 거예요?

나: ________________________________. (흐엉과 같이 먹을 거다)

4) 가: 신발이 커요?

나: 네, ________________________________. (좀 크다)

5) 가: 어제 공연은 어땠어요?

나: ________________________________. (재미있었다)

6) 가: 저 사람은 누구예요?

나: ________________________________. (미국에서 온 제 친구이다)

2. 다음과 같이 이야기해 보십시오.

1) 가: ________________________________? (왜 일요일에 학교에 가다)

나: 친구와 같이 농구를 하러 학교에 가요.

2) 가: ________________________________? (어디에서 왕루 씨를 만났다)

나: 학교 앞에서 만났어요.

3) 가: ________________________________? (얼마 동안 도서관에 있을 거다)

나: 2시간쯤 있을 거예요.

4) 가: ________________________________? (무슨 영화를 보고 싶다)

나: 코미디 영화를 보고 싶어요.

5) 가: ________________________________? (어제 얼마나 더웠다)

나: 어제 기온이 35도였어요.

6) 가: ________________________________? (지금 몇 시이다)

나: 지금 3시 반이에요.

어휘 II

1. 다음 중 알맞은 단어를 골라 대화를 완성하십시오.

상담	면접

1) 가: 취직 준비를 어떻게 하고 있어요?

   나: 한국어 시험공부도 하고 ________도 준비하고 있어요.

2) 가: 선생님, 내일 시간 있으세요? 한국어 공부에 대해 ________을 하고 싶어요.

   나: 그래요? 내일 2시에 사무실로 오세요.

문법 II

3. AV-는 동안(에)

1. 다음 대화를 완성하십시오.

1) 가: 언제 책을 읽어요?

   나: 집에서 쉬는 동안 책을 읽어요. (집에서 쉬다)

2) 가: 언제 전화가 왔어요?

   나: ________________________________. (저녁을 먹다)

3) 가: 언제 커피를 마셨어요?

   나: ________________________________. (숙제를 하다)

4) 가: 언제 청소를 할 거예요?

   나: ________________________________. (아이들이 학교에 가고 없다)

2. 다음 대화를 완성하십시오.

1) 가: 언제 잡지를 봐요?

   나: ________________________________.

2) 가: 언제 즐거웠어요?

   나: ________________________________.

3) 가: 뭘 하는 동안에 인천에 살 거예요?

나: ______________________________.

4) 가: 뭐 하는 동안 힘들었어요?

나: ______________________________.

4. AV-기로 하다

1. 다음 대화를 완성하십시오.

1) 가: 교실에서 한국어만 사용하기로 할까요?

나: 좋아요. ______________________________.

2) 가: 오늘은 늦었으니까 내일 다시 이야기하기로 할까요?

나: 내일은 시간이 없으니까 ______________________________.

3) 가: 우리 시험이 끝나고 무엇을 할까요?

나: ______________________________.

4) 가: 약속 시간에 늦으면 어떻게 할까요?

나: ______________________________.

2. 다음 대화를 완성하십시오.

1) 가: 새해에 무슨 계획을 세웠어요?

나: ______________________________.

2) 가: 이번 주말에 무슨 약속이 있어요?

나: ______________________________.

3) 가: 다음 학기에는 무엇을 하기로 정했어요?

나: ______________________________.

4) 가: 10년 후에 무엇을 하기로 결심했어요?

나: ______________________________.

문법 활용

※ 다음 문법을 사용하여 대화를 완성하십시오.

〈문법〉		
AV-(으)적이 있다/없다	AV-는 동안(에)	AV-기로 하다

파하드: 왕루 씨는 한국을 ____________________?
(여행하다)

왕　루: 저는 작년에 이틀 동안 우리 반 친구들과 같이 한국을 ____________________.
(여행하다)

파하드: 어디를 여행했는데요?

왕　루: 인사동을 구경했어요.

파하드: 무슨 일이 기억나요?

왕　루: 인사동에서 한복을 입어 본 일이 기억나요.

파하드: 어떤 한복이었어요?

왕　루: 결혼식 때 입는 한복이었는데 정말 예뻤어요.

파하드: 한국에 __________ 또 어떤 곳을 여행해 보고 싶어요?
(있다)

왕　루: 내년에 친구들과 같이 부산을 ____________________.
(여행하다)

듣기

※ 다음을 듣고 물음에 답하십시오.

1. 무슨 이야기를 하고 있는지 고르십시오. (   )

① 약속과 부탁　　② 경험과 계획

③ 소개와 설명　　④ 과거와 현재

2. 들은 내용과 같은 것으로 고르십시오. (   )

① 여자는 방학 때 스키를 탈 겁니다.

② 남자는 스키를 배운 적이 없습니다.

③ 두 사람은 스키를 배울 때 어려웠습니다.

④ 두 사람은 주말에 스키를 탈 수 없습니다.

읽기

※ 다음을 읽고 물음에 답하십시오.

저는 부산국제영화제에 간 적이 있습니다. 바닷가 옆에 있는 극장에서 영화를 봤습니다. 그 영화는 인도 영화였는데 정말 재미있었습니다. 영화가 끝났을 때 그 영화감독에게 질문을 할 수 있는 시간이 있었습니다. 그러나 사람들이 너무 많아서 저는 질문을 못했습니다. 영화감독에게 질문을 못해서 아쉬웠지만 감독에게 이메일을 (㉠) 하고 돌아왔습니다.

1. ㉠에 들어갈 말을 고르십시오. (　　　)

① 보내러　　② 보내면

③ 보내려고　　④ 보내기로

2. 이 글의 내용과 같은 것을 고르십시오. (　　　)

① 이 사람은 바다에서 영화를 만들었습니다.

② 이 사람은 인도 영화를 재미있게 봤습니다.

③ 이 사람은 영화를 못 봐서 조금 아쉬웠습니다.

④ 이 사람은 영화가 끝나고 감독에게 질문을 했습니다.

쓰기

※ 취미 활동의 경험에 대해 써 봅시다.

1. 개요를 써 보십시오.

〈개요〉	
처음	저는 연극을 좋아합니다. 방학 때 연극 축제에 다녀왔습니다.
가운데	연극 축제에서 많은 나라의 연극을 봤습니다. 그리고 연극 감독과 이야기를 할 수 있어서 정말 기뻤습니다.
끝	내년에도 연극 축제에 꼭 갈 것입니다.

2. 위 개요를 바탕으로 글을 써 보십시오.

 저는 연극을 좋아합니다.

 연극 축제에서 다양한 연극을 보고
많은 감동을 받았습니다. 내년에도 연극
축제에 가기로 했습니다.

4 날씨와 생활

어휘 I

1. 다음 중 알맞은 것을 골라 대화를 완성하십시오.

황사가 있다	안개가 끼다	날씨가 개다

1) 가: 오늘 제주도에 갈 수 있어요?

   나: ____________________ 비행기를 탈 수 없어요. [-아/어/여서]

2) 가: ____________________ 외출 후에 꼭 손을 잘 씻으세요. [-(으)니까]

   나: 네, 알겠습니다.

3) 가: 언제 산책을 할까요?

   나: ____________________ 산책을 합시다. [-(으)면]

2. 다음 중 알맞은 단어를 골라 대화를 완성하십시오.

꽃샘추위	폭설	폭우

1) 가: 봄인데 겨울처럼 추워요.

   나: 네, 봄이 시작할 때 가끔 ____________이/가 와서 추워요.

2) 가: 왜 길을 막았어요?

   나: 갑자기 ___________이/가 내려서 이 길을 이용할 수 없어요.

3) 가: 강원도에는 눈이 많이 왔어요?

   나: 네, 어젯밤에 1m쯤 ___________이/가 내렸어요.

문법 I

1. V-네요, N(이)네요

1. 다음 대화를 완성하십시오.

1) 가: 음식이 너무 ________________. (맵다)

나: 네, 고추와 마늘을 많이 넣어서 매워요.

2) 가: 방이 좀 ________________. (좁다)

나: 네, 가구가 많아서 좁아요.

3) 가: 모자가 ________________. (멋있다)

나: 우리나라에서 유행하는 모자예요.

4) 가: 저 선수는 키가 190cm예요.

나: ________________________________. (키가 아주 크다)

5) 가: 사무실을 매일 청소해요.

나: ________________________________. (사무실이 참 깨끗하다)

2. 다음 대화를 완성하십시오.

1) 가: 생일 선물을 받아서 __좋았겠네요__? (좋았다)

나: 네, 좋았어요.

2) 가: 친구가 고향에 가서 ____________________? (아쉬웠다)

나: 네, 아쉬웠어요.

3) 가: 고향에 눈이 많이 와서 ____________________? (추웠다)

나: 네, 추웠어요.

3. 다음 대화를 완성하십시오.

1) 가: 날씨도 안 좋고 먼지도 많아요.

나: ________________. 손을 자주 씻으세요. (황사다)

2) 가: 열이 나고 목이 아프고 기침도 해요.

나: ________________. 약을 먹고 쉬세요. (감기다)

2. V-(으)ㄴ/는/(으)ㄹ 것 같다, N인/일 것 같다

1. 다음 대화를 완성하십시오.

1) 가: 아멜리 씨는 지금 뭐해요?

나: 피곤해서 ______________________________. (자다)

2) 가: 빗소리가 나요.

나: ______________________________. (비가 오다)

3) 가: 눈이 많이 왔네요.

나: 네, ______________________________. (어젯밤에 눈이 내렸다)

4) 가: 왜 배가 아파요?

나: ______________________________. (상한 우유를 마셨다)

5) 가: 날씨가 흐리네요.

나: 곧 ______________________________. (비가 올 것이다)

2. 다음 대화를 완성하십시오.

1) 가: ______________________________. (기분이 좋다)

나: 네, 중간시험을 잘 봤어요.

2) 가: 오위노 씨, ______________________________. (몸이 아프다)

나: 약을 먹었으니까 괜찮아요.

3) 가: 레몬과 같이 먹으면 ________________________. (맛있을 것이다)

나: 네, 이 음식은 레몬과 잘 어울려요.

4) 가: 너무 더우니까 비가 오면 좀 ________________________. (시원할 것이다)

나: 하지만 내일까지 비가 오지 않을 거예요.

3. 다음 대화를 완성하십시오.

1) 가: 벤치에서 음악을 듣고 있는 사람은 누구였어요?

나: ________________________. (왕루 씨이다)

2) 가: 이 가방은 누구의 가방일까요?

나: ________________________. (자르갈 씨의 가방일 것이다)

어휘 II

1. 다음 중 알맞은 단어를 골라 대화를 완성하십시오.

전국	쌀쌀하다	최고 기온	최저 기온

1) 가: 내일 날씨가 어때요?

   나: 내일은 ________에 비가 올 거예요.

2) 가: 오늘 낮 ________________이/가 35도예요.

   나: 너무 더워서 밖에 나가고 싶지 않아요.

3) 가: 내일은 아침 ________________이/가 10도까지 떨어질 거예요.

   나: 내일은 옷을 따뜻하게 입고 나가세요.

4) 가: 날씨가 ________________.

   나: 네, 감기를 조심해야 될 것 같아요.

2. 다음 중 그림에 맞는 단어를 골라 쓰십시오.

중부			남부		제주도
경기도	충청도	강원도	전라도	경상도	

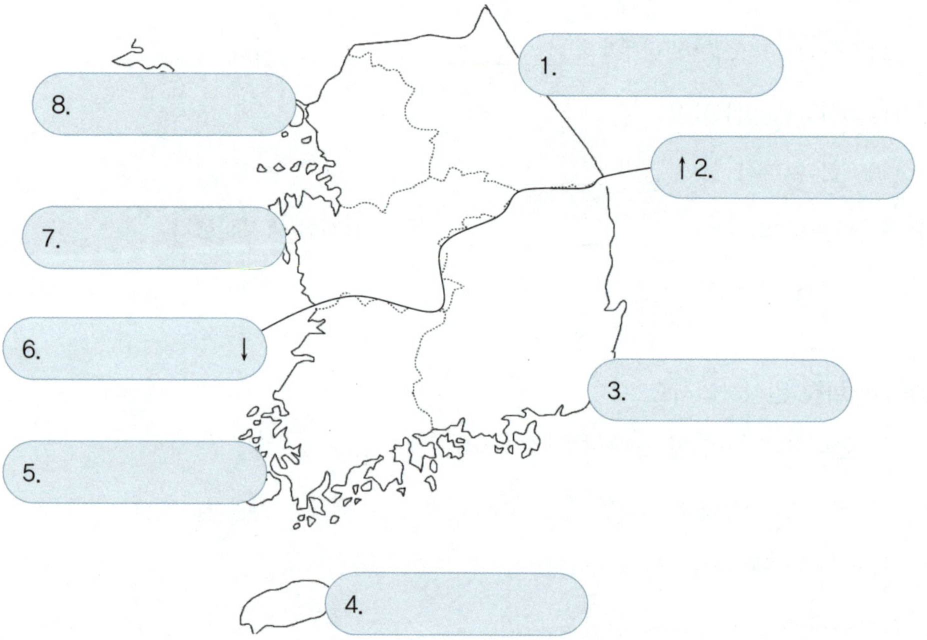

문법 II

3. DV-아/어/여지다

1. 다음 대화를 완성하십시오.

1) 가: 하늘이 점점 맑아져요. (맑다)

나: 네, 비가 안 올 것 같아요.

2) 가: 한국어 실력이 점점 ________________. (좋다) [-네요]

나: 선생님께서 잘 가르쳐 주셔서 실력이 늘었어요.

3) 가: 옛날에 비해 공기가 점점 ________________. (나쁘다) [-고 있다]

나: 도시에 자동차가 많아져서 그래요.

4) 가: 날씨가 추워서 걱정이에요.

나: 다음 주부터 ________________ 걱정하지 마세요. (따뜻하다) [-(으)니까]

2. 다음 대화를 완성하십시오.

1) 가: 방학이 끝났지요?

나: 네, 방학이 끝나서 학교에 학생들이 많아졌어요. (많다)

2) 가: 옷값이 어때요?

나: 작년보다 옷값이 너무 ________________. (비쌌다)

3) 가: 6시인데 어둡네요.

나: 겨울이라서 낮이 많이 ________________. (짧았다)

4) 가: 날씨도 많이 ________________ 소풍을 갑시다. (시원했다) [-(으)니까]

나: 좋아요. 단풍이 예쁜 산으로 갑시다.

3. 다음 대화를 완성하십시오.

1) 가: 한국어 발음이 안 좋아서 걱정이에요.

나: 걱정하지 마세요. CD를 자주 들으면 발음이 좋아질 거예요. (좋을 거다)

2) 가: 야구는 재미없는 것 같아요.

나: 아니에요. 야구하는 방법을 알면 ________________. (재미있을 거다)

3) 가: 할아버지께서 편찮으셔서 걱정이에요.

나: 할아버지께서는 운동을 많이 하셨으니까 곧 ____________________. (건강하실 거다)

4) 가: 어두워서 운전이 어려워요.

나: ____________________ 운전할 때 조심해야 해요. (어두웠다) [-(으)니까]

4. AV-기 시작하다

1. 다음 문장을 완성하십시오.

1) 눈이 내리기 시작하니까 빨리 집으로 가세요. (눈이 내리다)

2) ________________________ 빨리 가세요. (길이 막히다)

3) ________________________ 창문을 닫으세요. (바람이 불다)

4) ________________________ 열심히 공부하세요. (한국어 문법이 어려워지다)

2. 다음 대화를 완성하십시오.

1) 가: 언제부터 약을 먹기 시작했어요? (약을 먹었다)

나: 오늘 아침부터요.

2) 가: 언제부터 여자 친구를 사귀었어요?

나: 한 달 전부터 ________________________. (사귀었다)

3) 가: 언제부터 태권도를 ________________________? (배웠다)

나: 작년에 한국에 온 후부터 ________________________.

4) 가: 태풍은 언제부터 불었어요?

나: 어젯밤부터 ____________________________. (태풍이 불었다)

5) 가: 일요일은 도로가 어떨까요?

나: 일요일이라서 아침부터 ________________________. (차가 막힐 것이다)

5. N(으)로③

1. 다음 대화를 완성하십시오.

1) 가: 달러를 ______________________________. (한국 돈, 바꾸다) [-아/어/여 주다]

나: 네, 알겠습니다.

2) 가: 가을에는 나뭇잎이 ______________________________. (예쁜 색, 변하다)

나: 네, 단풍이 정말 예뻐요.

3) 가: 병아리가 ______________________________. (닭, 자랐다)

나: 정말 빨리 자랐어요.

4) 가: 눈이 내려서 산이 ______________________________. (흰색, 변했다)

나: 네, 경치가 예뻐졌어요.

5) 가: 계절이 벌써 여름에서 ______________________________. (가을, 변했다) [-네요]

나: 맞아요. 날씨도 선선해졌어요.

문법 활용

※ 다음 문법을 사용하여 대화를 완성하십시오.

〈문법〉				
V-네요	V-(으)ㄴ/는/(으)ㄹ 것 같다	DV-아/어/여지다	AV-기 시작하다	N(으)로

왕 루: 주말에 친구들과 설악산에 가기로 했어요.

자르갈: ______________(재미있겠다). 가을에는 설악산이 최고예요. 그런데 일기예보는 봤어요?

왕 루: 네, 금요일까지 ______________(비가 올 것이다). 하지만 토요일부터는 괜찮을 거예요.

자르갈: 가을 산은 날씨가 자주 변해서 갑자기 ______________(춥다 + -(으)니까) 따뜻한 옷을 준비하세요.

왕 루: 네, 알겠어요. 자르갈 씨는 등산을 많이 가 봤어요?

자르갈: 고향에 있을 때 아버지와 자주 갔어요.

계절이 가을______________(변하다 + -기 시작하다) 설악산의 경치가 멋있을 거예요.

왕 루: 약속이 없으면 같이 가요.

자르갈: 미안해요. 다른 약속이 있어서 ______________(못 갈 거다).

듣기

※ 다음을 듣고 물음에 답하십시오.

1. 무슨 이야기를 하고 있는지 고르십시오. (　　　　)

① 날씨　　② 방학

③ 공부　　④ 계절

2. 들은 내용과 같은 것으로 고르십시오. (　　　　)

① 다음 주부터 시원해질 겁니다.

② 시험이 끝나면 가을이 될 겁니다.

③ 내일은 오늘보다 덥지 않을 겁니다.

④ 모레는 열대야가 나타나고 태풍이 올 겁니다.

읽기

※ 다음을 읽고 물음에 답하십시오.

비가 오면 우산이 필요합니다. 태풍이 오면 미리 준비를 해야 합니다. 그래서 날씨를 미리 알면 생활이 편리해집니다. 1990년대부터 날씨 정보를 사고파는 회사가 늘기 시작했습니다. 날씨 정보를 사고파는 일을 '날씨 마케팅'이라고 합니다. 요즘은 슈퍼컴퓨터가 있어서 내일의 날씨만 아니라 일주일, 한 달, 10년 후의 날씨를 알 수 있게 되었습니다. 이처럼 과학은 우리의 생활을 더 편리한 생활(㉠) 바꿔 주었습니다. 그리고 미래에는 직접 날씨를 만들 수 있을 것입니다.

1. ㉠에 알맞은 것을 고르십시오. (   )

① 로 ② 에

③ 부터 ④ 에서

2. 다음 중 글의 내용과 같은 것을 고르십시오. (   )

① 날씨가 더울 때 음료수를 마셔야 합니다.

② 슈퍼컴퓨터가 10년 동안 날씨를 만들게 되었습니다.

③ 1990년대부터 날씨 정보를 파는 회사가 많아졌습니다.

④ 생활이 점점 편리해져서 날씨를 만들 수 있게 되었습니다.

쓰기

※ 날씨 마케팅에 대해 써 봅시다.

1. 개요를 써 보십시오.

〈개요〉	
처음	날씨 마케팅이란 무엇입니까?
가운데	어떤 날씨에 어떤 물건을 팔고 싶습니까?
끝	그 이유는 무엇입니까?

2. 위 개요를 바탕으로 글을 써 보십시오.

5 초대와 방문

어휘 I

1. 다음 중 알맞은 단어를 골라 대화를 완성하십시오.

깜짝	깜빡	잠깐

1) 가: 저, 배가 아파서 진료를 받으러 왔는데요.

   나: 네, ____________ 기다려 주세요.

2) 가: 자르갈 씨, 지금 어디예요? 왜 아직 안 와요?

   나: 아! 미안해요. 약속을 ____________ 잊고 있었어요.

3) 가: 우리 파하드 씨 몰래 생일 파티를 준비합시다.

   나: 파하드 씨가 오면 ____________ 놀라겠어요.

문법 I

1. AV-(으)ㄹ래요 / -(으)ㄹ래요?

1. 다음 표에 알맞게 쓰십시오.

AV-(으)ㄹ래요		AV-(으)ㄹ래요?	
먹다		받다	
보다		사귀다	
복습하다		여행하다	

2. 다음 대화를 완성하십시오.

1) 가: 무엇을 ____________? (읽다)

   나: 저는 ________________________. (신문)

2) 가: 무슨 과일을 ____________? (사다)

   나: 저는 ________________________. (바나나)

3) 가: 어디에서 ____________? (숙제하다)

   나: 저는 ________________________. (도서관)

3. 다음 대화를 완성하십시오.

1) 가: 토요일에 등산하려고 하는데 같이 ______________? (가다)

나: 네, 좋아요. 저도 같이 등산하러 갈래요.

2) 가: 다음 주말에 친구들과 함께 영화를 보러 가기로 했는데 같이 ______________? (보다)

나: 네, 좋아요. 저도 같이 ____________________________________.

3) 가: 내일부터 백화점에서 세일을 해서 옷을 사려고 하는데 같이

옷을 ______________? (사러 가다)

나: 네, 좋아요. 저도 같이 ____________________________________.

4) 가: 이번 방학에 스포츠센터에서 수영을 배우려고 하는데 같이 ______________? (배우다)

나: 아니요, 미안해요. ____________________________________.

5) 가: 오늘 오후에 한국어 스터디 모임이 있는데 같이 ______________? (공부하다)

나: 아니요, 미안해요. ____________________________________.

6) 가: 다음 달에 말하기 대회가 있어서 신청하려고 하는데 같이 ______________? (신청하다)

나: 아니요, 미안해요. ____________________________________.

2. V-기 때문에, N 때문에, N(이)기 때문에

1. 다음 대화를 완성하십시오.

1) 가: 왜 카메라를 사려고 해요?

나: 이번 방학에 친구들과 여행을 가서 사진을 많이 찍고 싶기 때문에 카메라를 사려고 해요.

2) 가: 왜 약을 먹어요?

나: 어제 이불을 덮지 않고 잠을 자서 ____________________________ 약을 먹어요.

3) 가: 왜 이렇게 열심히 공부를 해요?

나: 이번 시험을 ____________________________ 열심히 공부해요.

4) 가: 왜 약속 시간에 늦었어요?

나: 버스 때문에 늦었어요. / 버스가 늦게 왔기 때문에 늦었어요.

5) 가: 왜 기분이 안 좋아요?

나: 친구 때문에 기분이 안 좋아요. / ____________________________ 기분이 안 좋아요.

6) 가: 왜 여행이 힘들었어요?

나: 날씨 때문에 여행이 힘들었어요. / ______________________ 여행이 힘들었어요.

2. 다음 대화를 완성하십시오.

1) 가: 내일도 비가 올까요?

나: 지금은 ______________________ 아마 내일도 비가 올 거예요. (장마 기간)

2) 가: 도서관에서 책을 빌릴 수 있어요?

나: 오늘은 ______________________ 책을 빌릴 수 없어요. (일요일)

3) 가: 오늘 같이 밥을 먹을래요?

나: 미안해요. 오늘은 ______________________ 집에 일찍 들어가려고요. (어버이날)

4) 가: 학교에 학생들이 별로 없네요.

나: 네, ______________________ 학생들이 많지 않아요. (방학)

5) 가: 파하드 씨는 영화를 정말 자주 보네요.

나: 네, 제 꿈이 ______________________ 영화를 자주 봐요. (영화감독)

6) 가: 이 학교에는 남학생들이 별로 없네요.

나: 네, 여기는 ______________________ 남학생들이 별로 없어요. (여자대학교)

3. 다음 대화를 완성하십시오.

1) 가: 도서관 열람실에 빈자리가 하나도 없어요.

나: 왜냐하면 시험기간이기 때문이에요.

2) 가: 과일 값이 많이 비싸졌네요.

나: ______________________________. (요즘 비가 너무 많이 왔다)

3) 가: 많이 피곤한 것 같아요.

나: 네, ______________________________. (어제 너무 더워서 잠을 잘 못 잤다)

4) 가: 왜 기계공학을 전공하려고 해요?

나: ______________________________. (전자회사에서 일하고 싶다)

5) 가: 왜 미역국을 만들고 있어요?

나: ______________________________. (오늘이 제 친구의 생일이다)

어휘 II

1. 다음 중 알맞은 단어를 골라 문장을 완성하십시오.

빈손으로 가다	도움이 되다

1) 가: 새로 이사한 집은 마음에 들어요?

   나: 네, 방값도 싸고 조용해서 아주 마음에 들어요. 저희 집에 놀러 오세요.

   가: 와, 좋아요. 새로 이사한 집에 처음 방문하니까 ______________________.

   [-(으)ㄹ게요]

2) 가: 한국어 말하기를 더 잘하고 싶은데 어떻게 해야 하지요?

   나: 한국인 친구들을 사귀어 보는 게 어때요?

   가: 한국인 친구들을 만날 기회가 많지 않아요.

   나: 그럼 한국 드라마나 영화를 보세요. 한국어 공부에 ______________________.

   [-(으)ㄹ 거예요]

문법 II

3. V-기는 하지만, N(이)기는 하지만

1. 다음 대화를 완성하십시오.

1) 가: 비가 많이 오지요?

   나: 비가 많이 오기는 하지만 춥지 않아요.

2) 가: 요리를 자주 하지요?

   나: ______________________________________ 잘하지 못해요.

3) 가: 한국어 공부가 어려워요?

   나: ______________________________________.

4) 가: 이 티셔츠가 예뻐요?

   나: ______________________________________.

2. 다음 대화를 완성하십시오.

1) 가: 밥을 먹었지요?

나: 밥을 먹기는 했지만 많이 먹지 않아서 배고파요.

2) 가: 피아노를 배웠지요?

나: ______________________ 시간이 많이 지나서 다 잊어버렸어요.

3) 가: 고향 친구에게서 온 편지를 받았어요?

나: ____.

4) 가: 축구 경기가 재미있었어요?

나: ____.

3. 다음 대화를 완성하십시오.

1) 가: 오늘 백화점에 갈 거지요?

나: ________________________________ 구경만 할 거예요.

2) 가: 지금 학교 안에서 가수가 노래를 부르고 있어요. 지금 가면 가수를 볼 수 있겠지요?

나: ________________________________ 가까운 곳에서는 볼 수 없을 거예요.

3) 가: 대학교 공부가 어렵겠지요?

나: ________________________________ 재미있을 거예요.

4) 가: 곧 비가 올 것 같아요.

나: ________________________________ 춥지 않을 거예요.

4. 다음 대화를 완성하십시오.

1) 가: 중고차라서 가격이 좀 싸지요?

나: 아니요, 중고차이기는 하지만 아주 비싼 차예요.

2) 가: 요즘 인기 있는 영화인데 재미있었어요?

나: 아니요, ________________________________ 저는 재미없었어요.

3) 가: 어제 소개 받은 남자가 어땠어요? 마음에 들었어요?

나: 아니요, ____.

4) 가: 왕루 씨와 자르갈 씨가 친한 친구니까 자주 연락하지요?

나: 아니요, ____.

4. DV-아/어/여하다

1. 다음 대화를 완성하십시오.

1) 가: 가족들이 모두 김치를 좋아해요?

나: 저는 좋아하지만 어머니께서는 김치를 ______________. (맵다)

2) 가: 가족들이 모두 한국 드라마를 좋아해요?

나: 네, 특히 아버지께서 한국 드라마를 ______________. (재미있다)

3) 가: 저는 배운 문법으로 문장을 만들 때 너무 어려워서 잘 못하겠어요.

나: ____________________________지 마세요. 익숙해지면 재미있어질 거예요.

4) 가: 저는 처음 만난 사람과 이야기를 할 때 부끄러워서 눈을 잘 못 쳐다봐요.

나: ____________________________지 마세요. 눈을 보지 않고 이야기를 하면 친해질 수 없어요.

5. N(이)나, N밖에

1. 다음 대화를 완성하십시오.

1) 가: 경복궁에 가 봤어요?

나: 네, 경복궁이 아름다워서 ____________________________. (5번)

2) 가: 냉장고에 음료수가 많이 있어요?

나: 아니요, 냉장고에 음료수가 ____________________________. (1병)

3) 가: 일주일에 며칠 정도 도서관에서 공부해요?

나: ____.

4) 가: 한 달에 몇 권쯤 책을 읽어요?

나: ____.

5) 가: 하루에 휴대폰을 몇 시간 사용해요?

나: ____.

6) 가: 하루에 물을 몇 잔이나 마셔요?

나: ____.

문법 활용

※ 다음 문법을 사용하여 대화를 완성하십시오.

〈문법〉		
AV-(으)ㄹ래요	V-기 때문에	V-기는 하지만

아멜리: 파하드 씨, 이번 주 금요일에 시간이 있어요?

반 친구들과 동호회 모임에 가기로 했는데 파하드 씨도 같이 __________?
(가다)

파하드: 와, 저도 동호회 모임에 가 보고 싶었어요. 저도 같이 갈게요. 그런데 무슨 동호회예요?

아멜리: 기타를 연주하는 동호회 모임이에요. 거기에 가서 기타를 배우려고 해요.

파하드: 기타를 가지고 가지 않아도 돼요?

아멜리: 네, 모임에서 기타를 ____________________ 가져오지 않아도 괜찮아요.
(빌려주다)

파하드: 하지만 기타를 쳐 본 적이 없어서 좀 걱정이 돼요.

아멜리: 파하드 씨가 처음이라서 ____________________ 재미있을 거예요. 같이 갑시다.
(잘 못 치다)

파하드: 네, 좋아요. 동호회에 가기 전에 준비할 물건은 없어요?

아멜리: 음, 기타와 악보를 가지고 오세요.

파하드: 네, 그럼 이번 주 금요일 저녁 6시에 만납시다.

듣기

※ 다음을 듣고 물음에 답하십시오.

1. 여자가 마지막에 할 말로 알맞은 것을 고르십시오. (   )

① 그 선물이 가장 예뻐서요.

② 그 선물이 제일 비싸서요.

③ 그 선물의 의미가 재미있어서요.

④ 그 선물을 함께 먹을 수 있어서요.

2. 들은 내용과 같은 것을 고르십시오. (   )

① 여자는 집에 친구들을 초대했습니다.

② 여자는 집들이를 해 본 적이 있습니다.

③ 남자는 여자의 집들이에 초대받았습니다.

④ 남자는 여자에게 휴지와 세제를 선물했습니다.

읽기

※ 다음을 읽고 물음에 답하십시오.

세계 음식 축제 초대장

따뜻하고 아름다운 봄입니다. 항상 인하대학교 언어교육원에 관심을 가져 주셔서 감사드립니다.

인하대학교 언어교육원에서 올해에도 여러분들을 모시고 세계 음식 축제를 하려고 합니다. 이번 음식축제는 더 특별하고 재미있는 행사가 될 것입니다. 지난해보다 더 다양한 나라의 음식들과 학생들의 전통 공연이 준비되어 있기 때문입니다.

바쁘시겠지만 참석하셔서 자리를 빛내 주시면 감사하겠습니다.

1. 시간: 5월 25일 금요일 오후 2시
2. 장소: 인하대학교 아고라광장

인하대학교 언어교육원

1. 이 사람은 이 글을 왜 썼습니까? (　　　)

① 축제에 초대받은 것이 감사해서

② 축제에 오신 손님들에게 감사해서

③ 축제에 많은 사람들을 초대하고 싶어서

④ 축제의 시간과 장소를 물어 보고 싶어서

2. 이 글의 내용과 같은 것을 고르십시오. (　　　)

① 이번 음식 축제는 가을에 있습니다.

② 이번 축제에는 바쁜 사람들만 초대했습니다.

③ 인하대학교에서 첫 음식 축제를 하려고 합니다.

④ 이번 축제에는 작년보다 더 많은 나라의 음식이 있습니다.

쓰기

※ 한국어 말하기 대회 초대장을 써 봅시다.

1. 개요를 써 보십시오.

〈개요〉	
처음	인하대학교 언어교육원에서 한국어 말하기 대회를 하려고 합니다.
가운데	______________________________이/가 준비되어 있습니다.
끝	12월 10일 금요일 오후 2시, 인하대 본관 대강당에서 합니다.

2. 위 개요를 바탕으로 글을 써 보십시오.

한국어 말하기 대회 초대장

____

____

____

____

____

____

____

1. 시간:

2. 장소:

인하대학교 언어교육원

6 음식

어휘 I

1. 다음 중 알맞은 단어를 골라 대화를 완성하십시오.

고소하다	담백하다

1) 가: 참기름을 좋아해요?

   나: 참기름을 넣으면 맛이 ____________ 좋아해요. [-아/어/여서]

2) 가: 두부는 무슨 맛이에요?

   나: 두부의 맛은 ____________.

2. 다음 중 알맞은 단어를 골라 대화를 완성하십시오.

볶다	삶다	끓이다	썰다	비비다

1) 가: 김치볶음밥은 어떻게 만들어요?

   나: 김치볶음밥은 김치와 밥을 같이 ____________ 만듭니다. [-아/어/여서]

2) 가: 라면을 ____________ 계란은 언제 넣어야 해요? [-(으)ㄹ 때]

   나: 마지막에 넣어야 맛있어요.

3) 가: 비빔밥을 만들 때 콩나물은 어떻게 준비해요?

   나: 콩나물은 냄비에 물을 넣고 ____________.

4) 가: 비빔밥의 뜻이 뭐예요?

   나: 채소와 고기를 넣고 ____________ 먹기 때문에 비빔밥이라고 해요. [-아/어/여서]

5) 가: 당근은 어떻게 준비할까요?

   나: 당근은 작게 ____________ 준비하세요. [-아/어/여서]

문법 I

1. AV-(으)ㄹ 줄 알다/모르다①

1. 다음 대화를 완성하십시오.

1) 가: 매운 음식을 먹을 줄 알아요?

나: 네, ______________________________.

2) 가: 야구를 할 줄 알아요?

나: 아니요, ______________________________.

3) 가: 고향 음식을 만들 줄 아세요?

나: 네, ______________________________.

2. 다음 대화를 완성하십시오.

1) 가: 한국 신문을 읽을 줄 알아요?

나: 1급 때까지 읽을 줄 몰랐는데 지금은 읽을 줄 알아요. (1급 때 /지금)

2) 가: 자전거를 탈 줄 알아요?

나: ______________________________. (지난달까지 / 지금)

3) 가: 사진을 찍을 줄 알아요?

나: ______________________________. (작년까지 / 지금)

2. N(으)로④

1. 다음 대화를 완성하십시오.

1) 가: 비빔밥은 무엇으로 만들어요?

나: ______________________________. (밥과 채소 그리고 고추장)

2) 가: 이 건물은 무엇으로 만들었어요?

나: ______________________________. (유리와 돌)

3) 가: 그 의자가 편해요?

나: 아니요, ______________________________ 조금 불편해요. (나무, 만들다) [-아/어/여서]

3. N에다(가)

1. 다음 대화를 완성하십시오.

1) 가: 어제 왜 학교에 안 왔어요?

나: ______________________ 못 왔어요. (감기, 몸살)

2) 가: 주말에 산에 날씨가 어땠어요?

나: ______________________ 아주 추웠어요. (눈, 비)

3) 가: 요즘 왜 그렇게 바빠요?

나: ______________________ 바빠요. (학교 수업, 한국어 시험 준비)

4) 가: 점심에 무엇을 먹었어요?

나: ______________________. (칼국수, 비빔밥)

2. 다음 대화를 완성하십시오.

1) 가: 어디에 꽃을 꽂았어요?

나: ______________________. (꽃병, 꽂았다)

2) 가: 어디에 그림을 걸었어요?

나: ______________________. (벽, 걸었다)

3) 가: 어디에 종이를 버렸어요?

나: ______________________. (재활용 상자, 버렸다)

4) 가: 어디에 지갑을 놓았어요?

나: ______________________. (탁자 위, 놓았다)

3. 다음 대화를 완성하십시오.

1) 가: 어떻게 이불을 빨래해요?

나: ______________________. (세탁기)

2) 가: 어떻게 밥을 해요?

나: ______________________. (전기밥솥)

어휘 II

1. 다음 중 알맞은 단어를 골라 대화를 완성하십시오.

배달하다	배달되다	그릇	인분

1) 가: 지금 짜장면을 주문하면 언제 와요?

나: 네. 30분 후에 짜장면이 ________________.

2) 가: 음식을 얼마나 주문했어요?

나: 탕수육 1______과 짜장면 2______을 주문했어요.

3) 가: 무엇을 드시겠습니까?

나: 짬뽕 한 ______과 짜장면 두 ______ 주세요.

4) 가: 음식을 가지고 올 때 영수증도 가지고 오세요.

나: 네, 음식을 ________________ 같이 가지고 가겠습니다. [-(으)ㄹ 때]

2. 다음 중 알맞은 단어를 골라 대화를 완성하십시오.

넣다	놓다	담다

1) 가: 우산을 어디에 ________________? [-았/었/였어요?]

나: 교실 뒤에 있어요.

2) 가: 시험 시간에 책을 봐도 돼요?

나: 아니요, 시험 시간에는 책을 가방에 ________________. [-아/어/여야 하다]

3) 가: 김치는 어떻게 준비할까요?

나: 김치를 썰어서 그릇에 ______________. [-(으)세요]

문법 II

4. ㅅ 동사

1. 다음 표에 알맞게 쓰십시오.

	V-아/어/여요	V-(으)니까	V-(으)세요	V-고	V-(스)ㅂ니다
긋다					
젓다					
짓다					
낫다					
붓다					
잇다					
빗다					
벗다					
씻다					
웃다					

2. 다음 문장을 완성하십시오.

1) 물이 끓으면 컵라면에 물을 ______________________. [-(으)세요]

2) 저는 10년 후에 멋진 집을 ______________________. [-고 싶어요]

3) 감기에 걸렸을 때 약을 먹고 푹 쉬면 ______________________. [-(으)ㄹ 거예요]

4) 컵에 뜨거운 물과 꿀을 넣고 ______________________. [-(으)세요]

5) 중요한 부분은 책에 줄을 ______________________ 외우세요. [-고]

6) 서로 관계있는 문장을 찾아서 ______________________. [-(으)세요]

7) 시원한 물에 얼굴을 ______________________ 기분이 좋아요. [-(으)면]

8) 자르갈 씨는 크게 ______________________ 더 멋있어요. [-(으)ㄹ 때]

9) 제 동생은 머리를 ______________________ 귀여워요. [-(으)면]

10) 방에 들어가면 옷을 ______________________ 옷걸이에 거세요. [-아/어/여서]

5. AV-아/어/여 놓다/두다

1. 다음 대화를 완성하십시오.

1) 가: 제 이메일 주소를 알아요?

나: 네, 알아요. 컴퓨터에 저장해 놓았어요/두었어요. (저장하다)

2) 가: 가방을 어디에 놓았어요?

나: 가방을 책상 옆에 ________________. (걸다)

3) 가: 이 책을 저 책꽂이에 좀 ________________. (꽂다) [-(으)세요]

나: 네, 그렇게 하겠습니다.

4) 가: 오늘 택배가 오면 물건을 좀 ________________. (받다) [-(으)세요]

나: 네, 알겠습니다.

2. 다음 대화를 완성하십시오.

1) 가: 이 단어는 아주 중요합니다. 꼭 ________________. (외우다) [-(으)세요]

나: 네, 알겠습니다.

2) 가: 파티를 준비할 때 무엇을 할까요?

나: 손님이 오시기 전에 ________________. (청소를 하다) [-(으)ㅂ시다]

3) 가: 왜 창문을 안 닫았어요?

나: 날씨가 더워서 창문을 ________________. (열다)

4) 가: 컴퓨터를 ________________? (켜다) [-(으)ㄹ까요]

나: 네, 저녁을 먹고 숙제를 할 거니까 끄지 마세요.

문법 활용

※ 다음 문법을 사용하여 대화를 완성하십시오.

〈문법〉				
AV-(으)ㄹ 줄 알다/모르다	N(으)로	N에다(가)	ㅅ 동사	AV-아/어/여 놓다/두다

여러분, 김치전을 ____________(만들다)? 오늘은 김치전을 만들어 봅시다.

그럼 시작하겠습니다. 김치전은 김치와 밀가루____ 만듭니다. 그리고 파와 계란도 필요합니다.

먼저 밀가루에 계란을 넣고 물을 ____________(붓다 + 아/어/여서) 밀가루 반죽을 ____________(만들다).

그리고 김치는 작게 썰고 파는 3cm 정도 잘라서 ____________(준비하다).

다음에는 밀가루 반죽__________ 김치와 파를 넣고 같이 섞습니다.

이제 뜨거운 프라이팬__________ 기름을 조금 붓고 반죽을 넣습니다. 그리고 얇게 폅니다.

듣기

※ 다음을 듣고 물음에 답하십시오.

1. 여자가 좋아하는 음식은 무엇입니까? (   )

① 매운 음식

② 명절 음식

③ 떡으로 만든 음식

④ 간장으로 만든 음식

2. 들은 내용과 같은 것을 고르십시오. (   )

① 남자는 떡볶이를 만들 줄 압니다.

② 여자는 한국 요리를 배울 겁니다.

③ 남자는 명절에 떡을 만들었습니다.

④ 여자는 매운 음식을 먹고 싶어 합니다.

읽기

※ 다음을 읽고 물음에 답하십시오.

친구의 집에서 처음 먹어 본 간장 떡볶이는 정말 맛있었습니다. 오늘 파하드 씨에게 간장 떡볶이를 만들어 주기로 했습니다. 다음은 간장 떡볶이를 만드는 방법입니다.

◆ 재료: 떡, 소고기, 버섯, 당근, 양파

◆ 만드는 방법

1. 떡을 물에 넣고 잠깐 끓입니다.
2. 소고기와 버섯 그리고 당근, 양파를 (㉠).
5. 프라이팬에 기름을 넣고 양파를 볶은 후에 떡, 소고기, 버섯, 당근을 볶습니다.
6. 볶은 재료에다가 간장을 넣고 볶습니다.
7. 불을 끄고 깨를 조금 넣은 다음 접시에 담습니다.

1. ㉠에 들어갈 알맞은 것을 고르십시오. (   )

① 썰어 둡니다

② 썰기로 했습니다

③ 썰게 되었습니다

④ 썬 적이 있습니다

2. 이 글의 내용과 같은 것을 고르십시오. (   )

① 간장 떡볶이를 먹는 방법을 소개합니다.

② 간장 떡볶이는 떡을 간장에 넣고 끓입니다.

③ 간장 떡볶이는 간장과 재료를 같이 볶습니다.

④ 간장 떡볶이를 만들 때 양파는 나중에 볶습니다.

쓰기

※ 한국에서 자주 만들어 먹는 음식을 소개하는 글을 써 봅시다.

1. 개요를 써 보십시오.

〈개요〉	
처음	무슨 음식을 좋아합니까? ________________.
	이 음식을 만드는 방법을 어떻게 알았습니까? ________________.
가운데	이 음식에는 어떤 재료가 필요합니까? ________________.
	이 음식은 어떻게 만듭니까? ________________.
끝	이 음식을 만든 후에 맛이 어땠습니까? 기분은 어땠습니까? ________________.

2. 위 개요를 바탕으로 글을 써 보십시오.

7 물건 사기

어휘 I

1. 다음 중 알맞은 단어를 골라 문장을 완성하십시오.

비교하다	주문하다	결제하다
구매하다	배송하다	

1) 가: 쇼핑몰에서 돈을 어떻게 내야 해요?

   나: 카드로 ________________. [-(으)세요]

2) 가: 고객님, 어디로 ________________? [-(으)ㄹ까요?]

   나: 이 주소로 보내 주세요.

3) 가: 몇 개를 ________________? [-겠-]

   나: 한 개만 살 거예요.

4) 가: 어느 쇼핑몰이 제일 싸요?

   나: 글쎄요. 가격을 ________________ 싼 곳을 이용하십시오. [-아/어/여 보고]

5) 가: 무슨 음식을 ________________? [-겠-]

   나: 된장찌개 일 인분을 주세요.

문법 I

1. V-기는요, N(이)기는요

1. 다음 대화를 완성하십시오.

1) 가: 어제 빌린 책을 다 읽었어요?

나: 다 __________________. 아직 첫 페이지도 못 봤어요. (읽다)

2) 가: 수학 문제를 다 풀었어요?

나: 다 __________________. 너무 어려워서 한 문제도 못 풀었어요. (풀다)

3) 가: 영화가 끝났지요?

나: __________________. 시작도 안 했으니까 같이 봅시다. (끝나다)

4) 가: 고향에 도착했지요?

나: __________________. 날씨가 안 좋아서 비행기가 출발하지 못했어요. (도착하다)

2. 다음 대화를 완성하십시오.

1) 가: 중국 요리를 정말 잘 만드시네요.

나: __________________. 아직 잘 못 만들어요. (잘 만들다)

2) 가: 한국어를 정말 잘 하시네요.

나: __________________. 아직 많이 부족해요. (잘 하다)

3) 가: 키가 정말 크네요.

나: __________________. 형보다 작아요. (크다)

4) 가: 오늘 날씨가 정말 춥지요?

나: __________________. 우리나라 날씨에 비하면 춥지 않아요. (춥다)

3. 다음 대화를 완성하십시오.

1) 가: 동생은 대학생이지요?

나: ______________________. 벌써 졸업하고 취직했어요. (대학생이다)

2) 가: 그 사람이 축구 선수이지요?

나: ______________________. 야구 선수예요. (축구 선수다)

3) 가: 오늘이 금요일이지요?

나: ______________________. 오늘은 목요일이에요. (금요일이다)

2. AV-(으)니(까)②

1. 다음 대화를 완성하십시오.

1) 가: 언제 비가 왔어요?

나: 모르겠어요. ____________________ 비가 오고 있었어요. (아침에 일어나다)

2) 가: 왕루 씨와 같이 지하철을 탔어요?

나: 아니요. ____________________ 왕루 씨가 있었어요. (지하철을 타다)

3) 가: 지갑을 어디에서 찾았어요?

나: ____________________ 지갑이 있었어요. (가방 안을 보다)

4) 가: 아멜리 씨를 만났어요?

나: 아니요. ____________________ 아멜리 씨는 출발하고 없었어요. (터미널에 가다)

2. 다음 대화를 완성하십시오.

1) 가: 그 옷이 컸어요?

나: 아니요, ________________ 생각보다 작았어요. (입어 보다)

2) 가: 맛이 어땠어요?

나: ________________ 정말 맛있었어요. (먹어 보다)

3) 가: 이 노래를 알아요?

나: ________________ 알 것 같아요. (들어 보다)

4) 가: 저분은 누구예요?

나: 제가 ________________ 저분은 새로 오신 선생님이세요. (알아보다)

3. 다음 대화를 완성하십시오.

1) 가: 파하드 씨가 정말 그 사람들을 도와줬어요?

나: 네, ____________________ 파하드 씨는 마음이 착한 사람이었어요. (알고 보다)

2) 가: 자르갈 씨의 이야기가 너무 슬퍼요.

나: 네, 저도 자르갈 씨의 이야기를 ____________________ 슬퍼졌어요. (듣고 보다)

어휘 II

1. 다음 중 알맞은 단어를 골라 문장을 완성하십시오.

교환하다	택배로 보내다

1) 가: __________________________ 며칠이 걸릴까요? [-(으)면]

나: 이틀이면 물건이 배달돼요.

3) 가: 옷을 입어 보니까 옷이 좀 작았어요. 그래서 _________________. [-고 싶다]

나: 네, 영수증과 옷을 같이 주십시오.

2. 다음 중 알맞은 단어를 골라 문장을 완성하십시오.

쿠폰	비밀번호	로그인

1) ________________이/가 있으면 싸게 살 수 있어요.

3) 인터넷 쇼핑몰을 이용하기 전에 ____________을/를 하세요.

4) ____________은/는 잊어버리면 안 됩니다.

문법 II

3. V-아/어/여 가지고, N이어/여 가지고

1. 다음 대화를 완성하십시오.

1) 가: 경복궁에 어떻게 가요?

나: ______________________ 지하철 3호선으로 갈아타세요. (종로 3가에서 내리다)

2) 가: 누구와 같이 놀이 공원에 갈 거예요?

나: ______________________ 놀이 공원에 갈 거예요. (친구를 만나다)

3) 가: 이 음료수는 어떻게 마셔요?

나: ______________________ 드세요. (숟가락으로 잘 젓다)

2. 다음 대화를 완성하십시오.

1) 가: 왜 지각했어요?

나: ____. (늦게 일어나다)

2) 가: 왜 밥을 못 먹어요?

나: ____. (이가 아프다)

3) 가: 왜 그 친구와 인사를 안 해요?

나: ____. (며칠 전에 싸우다)

3. 다음 대화를 완성하십시오.

1) 가: 영화가 재미있어요?

나: 네, ______________________ 한 번 더 보고 싶어요. (영화가 재미있다)

2) 가: 침대가 편해요?

나: 네, ______________________ 다른 사람에게 추천하고 싶어요. (침대가 편하다)

3) 가: 방이 넓어요?

나: 아니요, ______________________ 넓은 방으로 이사하고 싶어요. (방이 좁다)

4. 다음 대화를 완성하십시오.

1) 가: 백화점에 사람이 왜 이렇게 많아요?

나: ______________________ 사람이 많아요. (세일 기간이다)

2) 가: 왜 일요일마다 등산을 가세요?

나: ______________________ 등산을 가요. (등산이 취미다)

4. AV-는 대신(에), N 대신(에)

1. 다음 대화를 완성하십시오.

1) 가: 점심에 햄버거를 먹었어요?

나: 아니요, ______________________. (햄버거를 먹다, 피자를 먹다)

2) 가: 비옷이 없는데 어떻게 학교에 왔어요?

나: ______________________. (비옷을 입고 오다, 우산을 쓰고 오다)

3) 가: 쇼핑몰에서는 어떻게 계산을 해요?

나: ______________________. (현금을 내다, 카드로 계산하다)

4) 가: 오늘은 무엇을 읽을 거예요?

나: ______________________. (시를 읽다, 소설을 읽다)

5) 가: 부산까지 기차를 탔어요?

나: 아니요, ______________________. (기차를 타다, 버스를 타다)

2. 다음 대화를 완성하십시오.

1) 가: 오위노 씨, 아멜리 씨가 교통 카드가 없어요.

나: 알겠어요. ______________ 제가 낼게요.

2) 가: 커피를 마시고 싶은데 커피가 없네요.

나: ______________ 녹차를 드세요.

3) 가: 수박을 사고 싶은데 너무 비싸요.

나: ______________ 바나나를 삽시다.

문법 활용

※ 다음 문법을 사용하여 대화를 완성하십시오.

〈문법〉		
V-기는요	AV-(으)니까	V-아/어/여 가지고

왕 루: 파하드 씨, 좋은 노트북을 알면 추천 좀 해 주세요.

파하드: 뭐 할 때 쓰려고 해요?

왕 루: 학교에서 공부를 할 때 사용할 거예요.

파하드: 그러면 인하 전자 노트북이 좋겠어요.

왕 루: 인하 전자 노트북이요?

파하드: 네, 인하 전자 노트북은 가벼워서 편해요.

왕 루: 가벼운 노트북은 비싸지 않아요?

파하드: 조금 비싸요. 제가 ______________ 싼 노트북은 ______________ 불편했어요.
(써 보다) (무겁다)

왕 루: 그래요? 그러면 인하 전자 노트북을 사야겠어요.

파하드: 학교 후문에 있는 마트에서 세일하고 있으니까 가 보세요.

왕 루: 그래요? 좋은 정보 고마워요.

파하드: ______________. 노트북을 잘 고르세요.
(고맙다)

듣기

※ 다음을 듣고 물음에 답하십시오.

1. 여자는 왜 환불하려고 합니까? (　　　)

① 옷이 비싸서

② 구매한 옷이 작아서

③ 같은 색의 옷이 있어서

④ 쿠폰으로 옷을 살 수 없어서

2. 들은 내용과 같은 것을 고르십시오. (　　　)

① 남자는 여자에게 옷을 사 주려고 합니다.

② 여자는 마음에 드는 옷을 사려고 왔습니다.

③ 여자는 영수증이 없어서 환불할 수 없습니다.

④ 남자는 여자가 물건을 교환하면 쿠폰을 줄 겁니다.

읽기

※ 다음을 읽고 물음에 답하십시오.

충동구매는 갑자기 물건을 사고 싶을 때 바로 구매하는 행동입니다. 그래서 물건을 구매한 후에 후회할 때가 많습니다. 잘 생각한 후에 물건을 구매하면 충동구매를 하지 않을 수 있습니다. 그리고 사야 하는 물건만 공책에 적은 후에 쇼핑을 하면 좋습니다. 또 구매할 때 카드 (㉠) 현금을 사용하면 좋습니다. 왜냐하면 카드는 편리하지만 쉽게 물건을 살 수 있어서 충동구매를 할 수 있기 때문입니다.

1. ㉠에 들어갈 알맞은 단어를 고르십시오. ( )

① 대신도 ② 대신에

③ 중에서 ④ 중으로

2. 이 글의 중심 생각으로 알맞은 것을 고르십시오. ( )

① 충동구매를 하고 후회하는 사람은 없습니다.

② 갑자기 물건을 사고 싶으면 바로 구매해야 합니다.

③ 물건을 살 때 카드보다 현금을 사용하면 좋습니다.

④ 잘 생각한 후에 물건을 사면 충동구매를 하지 않습니다.

쓰기

※ 충동구매를 한 경험에 대해 써 봅시다.

1. 개요를 써 보십시오.

〈개요〉	
처음	충동구매를 한 적이 있습니까? ______________________
가운데	충동구매를 한 이유는 무엇입니까? ______________________
끝	충동구매를 한 후의 기분은 어땠습니까? ______________________

2. 위 개요를 바탕으로 글을 써 보십시오.

8 여가와 취미

어휘 I

1. 다음 중 알맞은 단어를 골라 대화를 완성하십시오.

전학	편입	입학

1) 가: 한국어 시험에 합격하면 무엇을 할 거예요?

   나: 대학교에 ______________해서 전공 공부를 시작할 거예요.

2) 가: 고향에서 대학교 2학년까지 무역학을 공부했지요?

   나: 네, 한국에서 3학년에 ______________해서 계속 무역학을 공부하고 싶어요.

3) 가: 이번에 3급에 못 가면 다른 학교에 가야 해요.

   나: ______________을 안 가려고 열심히 하고 있습니다.

2. 다음 중 알맞은 단어를 골라 대화를 완성하십시오.

집중하다	기분전환이 되다

1) 가: 오후가 되면 피곤해서 공부가 잘 안 돼요.

   나: 공부가 잘 안 될 때 스트레칭을 하면 공부에 쉽게 ______________. [-(으)ㄹ 수 있다]

2) 가: 산에 오니까 기분이 어때요?

   나: 오랜만에 맑은 공기를 마시고 걸으니까 ______________ 좋아요. [-아/어/여서]

문법 I

1. V-잖아요, N(이)잖아요

1. 다음 대화를 완성하십시오.

1) 가: 왜 매일 한국 음식을 만들어요?

   나: 제가 ______________________________. (한국 음식을 잘 먹다)

2) 가: 왜 흐엉 씨가 비행기 표를 사요?

   나: 흐엉 씨가 ______________________________. (곧 고향에 가다)

3) 가: 요즘 지성 씨가 연락이 없어요. 무슨 일이 있어요?

   나: 지성 씨는 ______________________________. (여행을 갔다)

4) 가: 빨리 오세요. ______________________________. (버스, 곧 출발하다)

   나: 미안해요. 곧 도착해요.

5) 가: 저 사람은 한국말을 잘 하네요.

   나: 저 사람은 ______________________________. (한국 사람이다)

2. AV-는군요, DV-군요, N(이)군요

1. 다음 대화를 완성하십시오.

1) 가: 흐엉 씨가 한국 노래를 잘하네요.

   나: 네, <u>흐엉 씨가 한국 노래를 정말 잘하는군요</u>. (흐엉 씨가 한국 노래를 정말 잘하다)

2) 가: 파하드 씨가 한국어를 잘하네요.

   나: 네, ______________________________. (파하드 씨가 한국어를 정말 잘하다)

3) 가: 이 서점은 책이 비싸네요.

   나: 네, ______________________________. (책이 정말 비싸다)

4) 가: 다음 주부터 시험이네요.

   나: ______________________________. (그렇다)

3. V-(으)ㄹ 수도 있다, N일 수도 있다

1. 다음 대화를 완성하십시오.

1) 가: 왕루 씨가 저녁에 뭐 할까요?

나: 아까 음악 CD를 샀으니까 ______________________. (음악을 듣다)

2) 가: 오위노 씨는 지금 고향에 도착했을까요?

나: 지금 3시니까 ______________________. (지금쯤 고향에 도착했다)

3) 가: 공원에 사람들이 많을까요?

나: 아마 오늘 날씨가 좋아서 ______________________. (사람들이 많다)

4) 가: 흐엉 씨에게 이 음식이 짤까요?

나: 아마 흐엉 씨에게는 좀 ______________________. (짜다)

5) 가: 저 사람은 학생일까요?

나: 사무실에 들어가는 걸 보니까 ______________________. (선생님이다)

2. 다음 대화를 완성하십시오.

1) 가: 흐엉 씨가 오늘 우리 집에 올까요?

나: 글쎄요. 올 수도 있고 안 올 수도 있어요. (오다, 안 오다)

2) 가: 외국 사람들이 삼계탕을 먹을까요?

나: 모르겠어요. ______________________. (잘 먹다, 안 먹다)

3) 가: 오늘 시장에 수박이 비쌀까요?

나: 글쎄요. ______________________. (비싸다, 싸다)

4) 가: 이번 한국어 시험이 쉬울까요?

나: 잘 모르겠어요. ______________________. (쉽다, 어렵다)

5) 가: 주말에 이 운동장에서 하는 경기가 뭐 예요?

나: 잘 모르겠어요. ______________________. (축구 경기이다, 야구 경기이다)

어휘 II

1. 다음 중 알맞은 단어를 골라 대화를 완성하십시오.

사범님	검은 띠	도장	도복

1) 가: 태권도를 시작하기 전에 어떻게 합니까?

   나: 먼저 ____________을/를 입고 띠를 매고 서로 인사를 하고 시작합니다.

2) 가: 태권도 선생님을 어떻게 부릅니까?

   나: 태권도 선생님은 ______________(이)라고 부릅니다.

3) 가: 태권도 동아리 학생들은 모두 어디에 있습니까?

   나: 다음 주에 시합이 있어서 지금 ____________에서 연습을 하고 있습니다.

4) 가: 다음 달에는 태권도 시험에 도전해 보십시오.

   나: 네, 열심히 연습해서 _______________을/를 매겠습니다.

2. 다음 중 알맞은 단어를 골라 대화를 완성하십시오.

탈퇴하다	모집하다	가입하다

1) 가: 한국어 동아리 회원 모으고 있네요.

   나: 이번 주부터 신입 회원을 __________________. [-는군요]

2) 가: 요즘 태권도를 동아리에서 배우는데 정말 재미있어요. 흐엉 씨도 ______________?

   [-(으)ㄹ래요]

   나: 네, 저도 배워 보고 싶어요.

3) 가: 그 동아리에서 왜 나왔어요?

   나: 갑자기 고향에 가게 돼서 동아리에서 ___________________.

문법 II

4. AV-기(가) 쉽다/어렵다

1. 다음 대화를 완성하십시오.

1) 가: 이 문장을 <u>발음하기가 어려워요</u>? (발음하다, 어렵다)

나: 아니요, CD를 여러 번 듣고 따라 해서 괜찮아요.

2) 가: 어려운 단어 때문에 ________________________? (문제를 풀다, 어렵지 않다)

나: 네, 하지만 평소에 단어를 많이 외워 놓아서 괜찮아요.

3) 가: 겨울에 ________________________? (감기에 걸리다, 쉽다) [-지요?]

나: 네, 하지만 옷을 따뜻하게 입으면 괜찮을 거예요.

4) 가: 요즘은 한국도 ________________________? (취업하다, 어렵다) [-지요?]

나: 네, 저도 대학교를 졸업하기 전에 취업 준비를 해 놓으려고 해요.

5) 가: 자동차로 ________________________? (여행하다, 쉽다) [-았/었/였어요?]

나: 비가 와서 힘들었어요. 다음에 비가 올 때는 기차로 여행을 할 거예요.

2. 다음 대화를 완성하십시오.

1) 가: 음식을 보관하기가 어때요?

나: 냉장고가 커서 <u>음식을 보관하기가 편해요</u>. (음식을 보관하다, 편하다)

2) 가: 김치는 어떻게 만들어요?

나: 재료만 있으면 ________________________. (김치를 만들다, 어렵지 않다)

3) 가: 새 단어를 어떻게 기억해요?

나: 여러 번 반복해서 외우면 ________________________. (기억하다, 쉽다)

4) 가: 흐엉 씨의 집은 지하철역에서 가까워요?

나: 지하철역에서 멀고 ________________________. (찾다, 힘들다)

5. V-(으)ㄴ/는 것

1. 다음 대화를 완성하십시오.

1) 가: 지금 입는 옷은 무슨 옷이에요?

나: 지금 ___________은 옛날에 결혼할 때 입은 옷이에요. (입다)

2) 가: 무엇을 봐요?

나: 지금 ___________은 한국 드라마예요. (보다)

3) 가: 어떤 영화를 좋아하세요?

나: ___________을 좋아해요. (재미있다)

4) 가: 어떤 가방이 편해요?

나: ______________이 편해요. (가볍다)

2. 다음 대화를 완성하십시오.

1) 가: 취미가 무엇입니까?

나: 제 취미는 __________________________입니다. (소설책을 읽다)

2) 가: 무엇을 좋아합니까?

나: _________________________________을 좋아합니다. (드라마를 보다)

3) 가: 무엇이 공부에 도움이 됩니까?

나: _________________________________이 도움이 됩니다. (매일 복습을 잘하다)

4) 가: 무엇이 피부에 좋아요?

나: _________________________________이 피부에 좋아요. (과일과 채소를 먹다)

3. 다음 대화를 완성하십시오.

1) 가: 행복은 무엇입니까?

나: 행복은 ____. (서로 사랑하다)

2) 가: 결혼은 무엇입니까?

나: 결혼은 ____. (두 사람이 하나가 되다)

3) 가: 행복한 인생이 무엇입니까?

나: 행복한 인생은 ___________________________________. (하고 싶은 일을 하다)

문법 활용

※ 다음 문법을 사용하여 대화를 완성하십시오.

〈문법〉				
V-잖아요	N(이)군요	V-(으)ㄹ 수도 있다	AV-기(가) 쉽다/어렵다	V-(으)ㄴ/는 것

흐 엉: 왕루 씨, 이거 한국 요리 모임 포스터예요.

왕 루: 아, 한국 요리 모임 ______________(포스터). 흐엉 씨는 가입할 거예요?

흐 엉: 네, 제가 ______________(요리하다)을/를 ______________(좋아하다).

시간이 있을 때 한국 요리를 만들고 싶은데 요리를 할 줄 몰라서 배워 보려고요.

왕 루: 그 모임에 가입하면 요리를 ______________(배우다)?

흐 엉: 그럴 것 같아요. 우리 같이 이 요리 모임에 가입해 볼래요?

왕 루: 한국어 시험 준비 때문에 시간이 없어서 ______________(가입하다).

흐 엉: 요리를 하면 기분 전환을 할 수 있어요.

그러면 아마 공부에 도움이 ______________(도움이 되다).

왕 루: 그래요? 그럼, 저도 가입해 볼까요?

듣기

※ 다음을 듣고 물음에 답하십시오.

1. 남자는 주말에 무엇을 합니까? 알맞은 것을 고르십시오. (　　　)

① 산에 쉬러 갑니다.

② 문학산 정상에 올라갑니다.

③ 아이들과 송도역에 갑니다.

④ 문학산의 산책로를 걷습니다.

2. 들은 내용과 같은 것을 고르십시오. (　　　)

① 남자는 정상에 올라가는 것을 좋아합니다.

② 남자는 1시간 30분을 걸어서 송도역에 갑니다.

③ 남자는 산책로를 걷고 땀이 나면 기분이 좋습니다.

④ 남자는 여자와 같이 3시간 동안 산책로를 걷습니다.

읽기

※ 다음을 읽고 물음에 답하십시오.

제 취미는 축구하는 것입니다. 고향에 있을 때는 매일 수업이 끝나고 축구를 했습니다. 그리고 축구를 좋아하는 친구들과 경기도 자주 했습니다. 하지만 한국에 와서 축구를 좋아하는 친구를 만나지 못해서 시간이 있으면 혼자 공을 찹니다.

오늘도 저는 수업을 마치고 혼자 운동장에 갔습니다. 그런데 운동장에서 한 학생이 혼자 공을 차고 있었습니다. 그 학생이 저를 보고 웃었습니다. 저도 웃었습니다. 그 학생도 유학생인 것 같았습니다. 우리는 만나서 인사를 했습니다.

우리는 수업이 끝나고 학교 운동장에서 만나기로 약속을 했습니다. 같은 취미가 있는 사람은 서로 (㉠). 축구를 좋아하는 친구를 만나서 기분이 정말 좋았습니다.

1. ㉠에 들어갈 알맞은 것을 고르십시오. ( )

① 친해질 줄 모릅니다

② 친해질 수가 없었습니다

③ 친해지기가 쉬운 것 같습니다

④ 친해지기가 어려운 것 같습니다

2. 이 글의 내용과 같은 것을 고르십시오. ( )

① 이 사람은 축구를 보는 것을 좋아합니다.

② 이 사람은 한국에서 친구들과 자주 축구를 했습니다.

③ 이 사람은 내일 고향 친구를 만나기로 약속했습니다.

④ 이 사람은 취미가 같은 사람을 만나서 기분이 좋습니다.

쓰기

※ 취미 생활을 소개하는 글을 써 봅시다.

1. 개요를 써 보십시오.

〈개요〉	
처음	취미가 무엇입니까? ______________________________
가운데	언제 어디에서 합니까? ______________________________
끝	그것을 하면 무엇이 좋습니까? ______________________________

2. 위 개요를 바탕으로 글을 써 보십시오.

9 건강

어휘 Ⅰ

1. 다음 중 알맞은 단어를 골라 대화를 완성하십시오.

치과	안과	이비인후과	성형외과

1) 가: 이가 아프면 어느 병원에 가야 해요?

   나: ___________에 가야 해요.

2) 가: 감기에 걸린 것 같아요. 목과 코가 아파요.

   나: 그럼 ___________에 가서 진찰을 받아 보세요.

3) 가: 요즘 ___________에서 수술을 받는 사람들이 많은 것 같아요.

   나: 네, 좀 더 예뻐지고 싶어서 수술을 하는 것 같아요.

4) 가: 눈이 아파 보여요. 많이 아파요?

   나: 네, 눈이 많이 아파서 이따가 ___________에 가려고요.

문법 Ⅰ

1. AV-(으)려면

1. 다음 대화를 완성하십시오.

1) 가: 한국어를 잘 하고 싶으면 어떻게 해야 해요?

   나: _________________________ 매일 예습과 복습을 열심히 해야 해요. (한국어를 잘하다)

2) 가: 건강해지고 싶으면 어떻게 해야 해요?

   나: _________________________ 지금부터 꾸준히 운동을 해 보세요. (건강해지다)

3) 가: 도서관에서 책을 빌리고 싶은데 무엇이 필요해요?

   나: _________________________ 학생증이 필요해요. (도서관에서 책을 빌리다)

4) 가: 이번 방학에 제주도를 여행하려고 하는데 뭐부터 준비해야 해요?

   나: 휴가 기간이니까 _________________________ 미리 비행기 표를 예매해야 할 거예요. (제주도에 가다)

2. 다음 대화를 완성하십시오.

1) 가: 서울역에 가려면 어떻게 해야 해요?

나: 서울역에 가려면 지하철 1호선을 타야 해요. [-아/어/여야 하다]

2) 가: 시험을 잘 보려면 어떻게 해야 해요?

나: ______________________________. [-아/어/여야 하다]

3) 가: 감기에 걸리지 않으려면 어떻게 해야 해요?

나: ______________________________. [-(으)세요]

4) 가: 소포를 보내려면 어떻게 해야 해요?

나: ______________________________. [-(으)세요]

5) 가: 은행에서 통장을 만들려면 무엇이 필요해요?

나: ______________________________. [-이/가 필요하다]

6) 가: 약국에서 약을 사려면 무엇이 필요해요?

나: ______________________________. [-이/가 필요하다]

7) 가: 대학교에 입학하려면 어떻게 해야 해요?

나: ______________________________. [-는 게 좋다]

8) 가: 한국어 말하기를 잘하려면 어떻게 해야 해요?

나: ______________________________. [-는 게 좋다]

2. AV-나요?/-는가요?, DV-(으)ㄴ가요?, N인가요?

1. 다음 표에 알맞게 쓰십시오.

AV-나요?, AV-는가요?		DV-(으)ㄴ가요?		N인가요?	
읽다		많다		인터넷이다	
		크다		책이다	
쓰다		보고 싶다		학교다	
		멋있다		시계다	
읽었다		많았다		운동장이었다	
썼다		컸다		은행이었다	
읽을 것이다		재미없었다		의자였다	
쓸 것이다		가고 싶었다		강아지였다	

2. 다음 대화를 완성하십시오.

1) 가: 지금 뭐 ____________? / ____________? (하다)

나: 지금 텔레비전을 봐요.

2) 가: 파하드 씨는 ____________? / ____________? (자다)

나: 네, 파하드 씨는 자고 있어요.

3) 가: 무엇을 ____________? (입고 있다)

나: 저는 청바지를 입고 있어요.

4) 가: 언제 왕루 씨를 ____________? (만났다)

나: 어제 오후에 왕루 씨를 만났어요.

5) 가: 누가 커피를 ____________? (마실 거다)

나: 제가 커피를 마실게요.

6) 가: 언제 케이크를 ____________? (살 거다)

나: 수업이 끝나고 케이크를 살 거예요.

3. 다음 대화를 완성하십시오.

1) 가: 남산은 ____________? (높다)

나: 아니요, 남산은 높지 않아요.

2) 가: 동생도 키가 ____________? (크다)

나: 네, 동생도 키가 커요.

3) 가: 그 식당은 음식이 ____________? (맛있다)

나: 네, 그 식당은 모든 음식이 다 맛있어요.

4) 가: 어제 극장에 사람이 ____________? (많았다)

나: 네, 극장에 사람이 많아요.

5) 가: 어렸을 때 ____________? (예뻤다)

나: 네, 어렸을 때도 예뻤어요.

4. 다음 대화를 완성하십시오.

1) 가: 이것이 ____________? (무엇이다)

나: 그것은 한국어 책입니다.

2) 가: 저분이 ____________? (누구이다)

나: 저분은 한국어 선생님이십니다.

어휘 II

1. 다음 중 알맞은 단어를 골라 쓰십시오.

이마	눈썹	속눈썹
볼	입술	턱

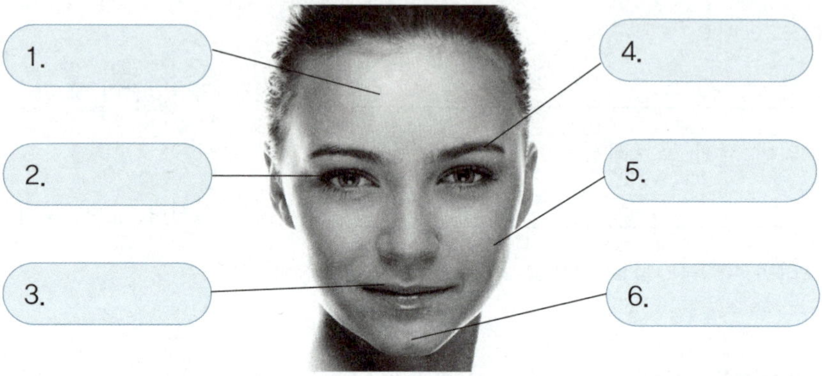

2. 다음 중 그림에 맞는 단어를 골라 연결하십시오.

1) 가슴 • • ㉠ 

2) 배 • • ㉡ 

3) 팔 • • ㉢ 

4) 다리 • • ㉣ 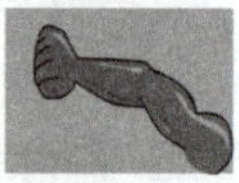

5) 등 • • ㉤ 

6) 어깨 • • ㉥ 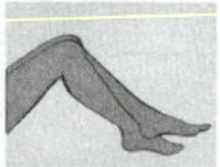

7) 손 • • ㉦ 

8) 발 • • ㉧ 

9) 머리 • • ㉨ 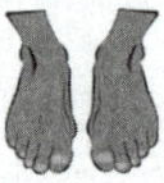

문법 II

3. V-아/어/여서 그런지, N이어/여서 그런지

1. 대화를 완성하십시오.

1) 가: ________________________. (비가 오다, 파전을 먹고 싶다) [-네요]

나: 저도 그래요.

2) 가: ________________________. (점심을 먹다, 잠이 오다)

나: 그러면 잠깐 스트레칭을 해 보세요.

3) 가: ________________________. (커피를 마시다, 잠이 오지 않다)

나: 그러면 따뜻한 물로 샤워를 해 보세요.

2. 다음 대화를 완성하십시오.

1) 가: ________________________. (신발이 작다, 발이 아프다)

나: 그러면 사이즈가 큰 신발로 바꿔서 신으세요.

2) 가: 거리에 사람들이 많아요?

나: ________________________. (날씨가 춥다, 거리에 사람이 적다)

3) 가: ____________________. (음식이 맛있다, 저 식당은 언제나 사람이 많다)

나: 네, 저도 저 식당에서 먹어 본 적이 있는데 정말 맛있었어요.

3. 다음 대화를 완성하십시오.

1) 가: 무슨 일 있어요? 힘들어 보여요.

나: ________________________. (금요일이다, 좀 피곤하다)

2) 가: ________________________. (10년 전에 지은 집이다, 좀 낡았다)

나: 그래도 깨끗하니까 불편하지 않을 거예요.

4. DV–아/어/여 보이다

1. 다음 대화를 완성하십시오.

1) 가: 이 옷이 어때요?

나: ______________________________. (예쁘다)

2) 가: 이 음식이 어때요?

나: ______________________________. (맛있다)

3) 가: 이 넥타이가 저에게 잘 어울리나요?

나: 네, 넥타이를 매니까 ______________________________. (멋있다)

4) 가: 한국어 시험에 합격했어요.

나: 축하해요. 시험에 합격해서 그런지 ______________________. (기분이 정말 좋다)

5) 가: ______________________________. 무슨 일이 있어요? (피곤하다)

나: 네, 어제 잠을 잘 못 잤어요. 그래서 피곤해요.

5. V–(으)면서, N(이)면서

1. 다음 대화를 완성하십시오.

1) 가: 지금 뭐해요?

나: ____________________________. (텔레비전을 보다, 밥을 먹다)

2) 가: 뭐 하고 있어요?

나: ____________________________. (음악을 듣다, 운동을 하다)

3) 가: 어제 오후에 뭐 했어요?

나: ____________________________. (책을 읽었다, 커피를 마셨다)

2. 다음 대화를 완성하십시오.

1) 가: 이 카메라는 어때요?

나: 이 카메라는 ____________________________. (가격이 싸다, 성능이 좋다)

2) 가: 새로 나온 노트북은 어때요?

나: 새로 나온 노트북은 ____________________________. (가볍다, 편리하다)

3) 가: 요즘 어떤 영화가 인기가 있어요?

나: ______________________ 영화가 인기가 있어요. (재미있다, 슬프다)

4) 가: 저분은 어떤 분이세요?

나: 저분은 ____________________________________. (한국어 선생님이다, 소설가다)

문법 활용

※ 다음 문법을 사용하여 대화를 완성하십시오.

〈문법〉			
AV-(으)려면	V-았/었/였나요?	V-아/어/여서 그런지	DV-아/어/여 보이다

의 사: 어디가 아프세요?

오위노: 찬 음식을 많이 ______________ 배가 아파요.
(먹다)

의 사: ______________. 언제부터 ______________?
(힘들다) (아팠다)

오위노: 어제부터 아팠는데 오늘 아침부터 심해지기 시작했어요.

의 사: 설사는 안 해요?

오위노: 오늘 아침에 설사를 했어요.

의 사: 배탈이네요. 약을 드시고 따뜻한 물을 자주 드세요.

오위노: 빨리 ______________ 어떻게 하면 좋을까요?
(낫다)

의 사: 오늘은 음식을 드시지 마시고 내일부터 죽을 드셔 보세요.

듣기

※ 다음을 듣고 물음에 답하십시오.

1. 여자의 증상이 아닌 것을 고르십시오. (   )

① 열이 납니다.

② 배가 아픕니다.

③ 기침을 합니다.

④ 머리가 어지럽습니다.

2. 들은 내용과 같은 것으로 고르십시오. (   )

① 여자는 3일 동안 아팠습니다.

② 남자는 감기 때문에 병원에 왔습니다.

③ 남자는 어지러워서 잘 걸을 수 없습니다.

④ 여자는 남자를 데리고 병원에 가기로 했습니다.

읽기

※ 다음을 읽고 물음에 답하십시오.

지난 겨울 방학 동안 저는 병원에 있었습니다. 스키를 타는 중에 다리를 다쳤기 때문입니다. 방학이 시작하는 날 친구와 같이 스키를 타러 갔습니다. 스키를 처음 (㉠) 그런지 무척 긴장됐습니다. 스키장에 도착한 후에 스키를 배웠는데 생각보다 스키가 어렵지 않았습니다. 스키가 쉬워 보여서 스키 선생님의 말을 듣지 않고 높은 곳에 올라갔습니다. 처음에는 위험해 보이지 않았지만 스키를 타고 내려오면서 점점 무서워졌습니다. 속도도 점점 빨라졌습니다. 결국 넘어져서 다리가 부러졌습니다. 그래서 저는 방학 내내 병원에 입원해야 했습니다.

1. ㉠에 들어갈 알맞은 단어를 고르십시오. (   )

① 타서　　② 타니까

③ 타면서　　④ 타지만

2. 이 글의 내용과 같은 것을 고르십시오. (   )

① 이 사람은 병원에 가야 합니다.

② 이 사람은 스키장에서 다리를 다쳤습니다.

③ 이 사람은 스키를 타는 것을 무서워합니다.

④ 이 사람은 선생님과 함께 스키를 탔습니다.

쓰기

※ 다친 경험에 대해 써 봅시다.

1. 개요를 써 보십시오.

〈개요〉	
처음	언제 다쳤습니까? ______________________________
가운데	왜 다쳤습니까? ______________________________
끝	다치지 않으려면 어떻게 해야 합니까? ____________________

2. 위 개요를 바탕으로 글을 써 보십시오.

10 외모와 복장

어휘 I

1. 다음 중 알맞은 단어를 골라 대화를 완성하십시오.

헤어스타일	생머리	파마머리	앞머리	단발머리

1) 가: 요즘 날씨가 따뜻해져서 그런지 기분 전환을 하고 싶어요.

   나: 네, 저도 ____________을/를 바꿔 보고 싶은데 미용실에 같이 갈래요?

2) 가: 좀 어려 보이고 싶은데 좋은 방법이 없을까요?

   나: ____________을/를 자르는 게 어때요?

3) 가: 머리를 자른 지 1년이 지났어요. 짧게 잘라 볼까요?

   나: 네, 수지 씨는 얼굴이 귀여운 편이니까 ____________이/가 잘 어울릴 거예요.

4) 가: 흐엉 씨의 사진을 보니까 항상 ____________이었/였네요.

   나: 네, 파마를 한 적이 없어요. 이번에 ____________(으)로 바꿔 볼까요?

2. 다음 중 알맞은 단어를 골라 대화를 완성하십시오.

갸름하다	동그랗다	코가 높다	눈이 크다	눈썹이 짙다

1) 가: 어떤 여자를 좋아해요?

   나: 저는 얼굴이 ____________고 귀엽게 생긴 여자를 좋아해요.

2) 가: 어떤 남자를 좋아해요?

   나: 저는 ____________ 남자를 좋아해요. 이런 남자가 강해 보여요.

3) 가: 달걀형 얼굴이 무슨 뜻이에요?

   나: ____________ 얼굴을 달걀형 얼굴이라고 말해요.

4) 가: 이 여배우는 한국 사람이에요? 한국 사람이 아닌 것 같아요.

   나: 네, 이 여배우는 __________고 __________아/어서 서양인과 비슷하게 생겼어요.

문법 I

1. V-(으)ㄴ/는 편이다

1. 다음 표에 알맞게 쓰십시오.

V-(으)ㄴ/는 편이다			
많이 읽다		덥다	
자주 가다		길다	
잘하다		재미있다	

2. 다음 대화를 완성하십시오.

1) 가: 고기를 잘 먹나요?

나: 네, 피곤할 때 ______________________________.

2) 가: 극장에 자주 가나요?

나: 네, 시간이 있을 때마다 ______________________________.

3) 가: 일기를 자주 쓰나요?

나: 네, 특별한 일이 있을 때 ______________________________.

4) 가: 오늘 공기가 맑은가요?

나: 네, 어제보다 ______________________________.

5) 가: 오늘 학교에 사람이 많은가요?

나: 네, 개강을 해서 그런지 방학 때보다 ______________________________.

3. 다음 대화를 완성하십시오.

1) 가: 중학생 때도 음악을 좋아했어요?

나: 음악을 좋아하기는요, 중학생 때는 운동만 ______________________________.

2) 가: 어렸을 때도 친구가 많았어요?

나: 친구가 많기는요, 부끄러워해서 친구가 ______________________________.

3) 가: 지난 방학에 바다에 갔을 때 날씨가 좋았어요?

나: 좋기는요, 바람이 불고 비도 와서 날씨가 ______________________________.

2. N처럼/같이

1. 다음 대화를 완성하십시오.

1) 가: 로빈 씨가 한국어를 잘하네요.

나: 네, 로빈 씨는 ________________ 한국어를 잘해요. (한국사람)

2) 가: 왕루 씨의 오빠가 키가 정말 크네요.

나: 네, 우리 오빠는 ________________ 키가 커요. (농구 선수)

3) 가: 흐엉 씨의 남자친구가 정말 잘생겼네요.

나: 네, 흐엉 씨의 남자친구는 ________________________________. (영화배우)

4) 가: 가을 산의 단풍이 정말 아름답네요.

나: 네, 가을 산의 단풍은 ________________________________. (그림)

5) 가: 아버지께서 무서우세요?

나: 네, 저희 아버지는 ________________________________. (호랑이)

2. 다음 대화를 완성하십시오.

1) 가: 어떤 옷을 좋아해요?

나: 저는 ______________ 편한 옷을 좋아해요. (청바지)

2) 가: 어떤 곳을 좋아해요?

나: 저는 ______________ 조용한 곳을 좋아해요. (공원)

3) 가: 방학에 어디로 여행을 갈 건가요?

나: ____________________ 공기 좋은 곳에 가려고요. (산이나 바다)

4) 가: 한국 사람들은 어린이날에 어디에 많이 가나요?

나: ____________________ 아이들이 좋아하는 장소에 많이 가요. (동물원이나 놀이공원)

5) 가: 시간이 있을 때 무엇을 하나요?

나: ____________________ 여러 사람들과 함께 하는 운동을 해요. (축구나 농구)

6) 가: 집들이에 초대를 받으면 보통 무슨 선물을 가지고 가나요?

나: ____________________ 생활용품을 사 가지고 가요. (휴지나 세제)

어휘 II

1. 다음 중 알맞은 단어를 골라 대화를 완성하십시오.

양복	와이셔츠	넥타이

1) 가: 자르갈 씨, 오늘 무슨 일이 있어요? 멋있어요!

나: 네, 선배 결혼식이 있어서 ____________을/를 입어 봤는데 잘 어울리나요?

2) 가: 회사에 갈 때 왜 ____________을/를 매고 가지 않아요?

나: 저희 회사는 여름에 ____________을/를 매지 않아도 돼요.

3) 가: 다음 주에 면접이 있어서 옷을 사려고 하는데 어떤 옷이 괜찮을까요?

나: 면접 때 하얀색 ____________을/를 입으면 얼굴이 더 밝아 보일 거예요.

2. 다음 중 알맞은 단어를 골라 대화를 완성하십시오.

줄무늬	체크무늬	물방울무늬	꽃무늬	민무늬

1) 가: 어떤 치마가 더 예뻐요?

나: 저는 무늬가 없는 ____________ 치마가 더 예쁜 것 같아요.

2) 가: 오늘 ____________ 원피스를 입어서 그런지 더 화사해 보여요.

나: 요즘 봄이라서 꽃이 있는 옷들이 유행이에요.

3) 가: 어떤 넥타이를 보여 드릴까요?

나: 젊은 남자에게 선물할 건데요. 작은 동그라미가 있는 ____________ 넥타이를 보여 주세요.

4) 가: 남자 친구에게 선물하려고 하는데 이 와이셔츠 어때요?

나: 2가지 색의 ____________이/가 있어서 단정해 보이고 좋네요.

5) 가: 어떤 티셔츠가 저에게 잘 어울려요?

나: 음, 가로 ____________은/는 좀 뚱뚱해 보이니까 세로 ____________(으)로 사세요.

문법 II

3. ㅎ 동사

1. 다음 표에 알맞게 쓰십시오.

	V-아/어/여요	V-(으)니까	V-네요
빨갛다			
파랗다			
까맣다			
노랗다			
하얗다			
그렇다			
좋다			
넣다			
낳다			
쌓다			

2. 다음 문장을 완성하십시오.

1) 한국 사람의 머리 색깔은 ______________. (까맣다) [-아/어/여요]

2) 봄이 되니까 학교에 ______________ 꽃들이 많이 피었어요. (노랗다) [-(으)ㄴ]

3) 하늘이 ______________ 기분도 좋네요. (파랗다) [-(으)니까]

4) 너무 놀라서 얼굴이 ______________. (하얗다) [아/어/여지다]

5) 많이 아파요? ______________ 오늘은 모임에 오지 말고 푹 쉬세요. (그렇다) [-(으)면]

6) 장미꽃이 정말 ______________. (빨갛다) [-네요]

7) 저는 사과보다 바나나가 더 ______________. (좋다) [-아/어/여요]

8) 한국에서 사는 동안 친구들과 많은 추억을 ______________. (쌓다) [-고 싶다]

9) 곧 시험을 시작하니까 책을 모두 가방에 ______________. (넣다) [-(으)세요]

4. N만 하다

1. 다음 대화를 완성하십시오.

1) 가: 동생의 키가 얼마만 해요?

나: 동생의 키가 저만 해요. (저)

2) 가: 휴대폰이 얼마만 해요?

나: ______________________________. (제 손바닥)

3) 가: 방이 얼마만 해요?

나: ______________________________. (우리 교실)

4) 가: 놀이공원이 얼마만 해요?

나: ______________________________. (우리 학교)

5) 가: 감자가 얼마만 해요?

나: ______________________________. (제 얼굴)

5. AV-고 있다②

1. 다음 대화를 완성하십시오.

1) 가: 무엇을 입고 있어요?

나: ______________________________. (파란색 셔츠)

2) 가: 무엇을 신고 있어요?

나: ______________________________. (등산화)

3) 가: 무엇을 쓰고 있어요?

나: ______________________________. (야구 모자)

4) 가: 무엇을 매고 있어요?

나: ______________________________. (물방울무늬 넥타이)

5) 가: 무엇을 메고 있어요?

나: ______________________________. (큰 가방)

6) 가: 무엇을 끼고 있어요?

나: ______________________________. (반지)

7) 가: 무엇을 타고 있어요?

나: ______________________________. (지하철)

문법 활용

※ 다음 문법을 사용하여 대화를 완성하십시오.

〈문법〉		
V-(으)ㄴ/는 편이다	AV-고 있다②	ㅎ 동사

왕 루: 로빈 씨는 내일 등산할 때 뭘 입고 갈 거예요?

로 빈: ______________ 등산복을 입고 가려고 해요.
(파랗다)

왕 루: 산속에서는 파란색을 ______________ 눈에 잘 안 보여요.
(입다 + -(으)면)

빨간색이 더 나을 거예요.

로 빈: 그래요? 몰랐어요.

왕 루: 그리고 요즘 비가 자주 ______________니까 비옷도 준비해서 가세요.
(오다 + -(으)니까)

로 빈: 네. 알겠어요. 등산화는 어떤 게 좋아요?

왕 루: 등산화는 가볍고 신기가 편한 것이 좋아요.

로 빈: 왕루 씨는 등산에 대해서 모르는 게 없군요. 왕루 씨도 내일 등산 같이 갈래요?

왕 루: 미안해요. 내일 한국어 시험 모임이 있어서 같이 가기가 어려울 같아요.

듣기

※ 다음을 듣고 물음에 답하십시오.

1. 두 사람이 무엇에 대해 이야기하고 있는지 고르십시오. (　　　)

① 화려한 스타일　　② 단정한 스타일

③ 인기 있는 스타일　　④ 유행하는 스타일

2. 들은 내용과 같은 것을 고르십시오. (　　　)

① 여자는 오늘 면접이 있어서 밝은 옷을 입었습니다.

② 남자는 수업 시간에 발표를 해서 셔츠를 사야 합니다.

③ 여자는 남자에게 어두운 색 셔츠를 추천하고 있습니다.

④ 남자는 셔츠를 잘 안 입는 편이라서 사지 않으려고 합니다.

읽기

※ 다음을 읽고 물음에 답하십시오.

여러분은 존경하는 사람이 있으십니까? 닮고 싶고 배우고 싶은 사람을 존경하는 사람이라고 말합니다. 사람들은 모두 존경하는 사람에 대한 생각이 다양합니다.

저는 저희 아버지를 존경합니다. 저희 아버지께서는 항상 저를 사랑하고 응원해 주십니다. 제가 초등학생 때 학교에서 처음 축구를 배우기 시작했습니다. 축구가 재미있기는 했지만 그때는 키도 작고 힘도 세지 않아서 축구를 하는 것이 너무 힘들었습니다. 제가 축구를 포기하려고 할 때마다 아버지께서는 항상 격려해 주시면서 제 장점을 칭찬해 주셨습니다. 저는 제 단점을 크게 생각했지만 장점을 알려 주시는 아버지를 보면서 다시 용기를 냈습니다. 그리고 축구를 포기하지 않고 노력해서 지금은 아주 유명한 축구 선수가 되었습니다.

저희 아버지는 항상 저를 믿고 제 단점보다 장점을 말해 주시는 분이십니다. 사람은 누구나 단점이 있습니다. 하지만 그 단점은 노력하면 바꿀 수 있습니다. 저는 아버지 덕분에 좋은 선수가 될 수 있었습니다. 그래서 저도 아버지처럼 다른 사람의 장점을 먼저 보고 용기를 주는 사람이 되고 싶습니다.

1. 무엇에 대한 이야기입니까? 알맞은 것을 고르십시오. (　　　)

① 축구 선수가 되는 방법

② 아버지를 존경하는 이유

③ 축구를 배우기 시작한 이유

④ 아버지가 아들을 사랑하는 방법

2. 이 글의 내용과 같은 것을 고르십시오. (　　　)

① 이 사람은 어렸을 때 축구를 아주 싫어했습니다.

② 이 사람은 장점보다 단점이 많은 사람이었습니다.

③ 이 사람은 키가 작았기 때문에 축구를 포기했습니다.

④ 이 사람은 자신을 믿어 주는 아버지를 닮고 싶어 합니다.

쓰기

※ 존경하는 사람에 대한 글을 써 봅시다.

1. 개요를 써 보십시오.

〈개요〉	
처음	누구를 존경합니까?
가운데	왜 존경합니까?
끝	그 사람의 무엇을 닮고 싶습니까?

2. 위 개요를 바탕으로 글을 써 보십시오.

11 교통

어휘 I

1. 다음 중 알맞은 단어를 골라 대화를 완성하십시오.

공연하다	경기하다	상영하다

1) 가: 새 영화는 언제 볼 수 있습니까?

   나: 이 영화관에서는 내일부터 새 영화를 ______________________________.

2) 가: 올림픽 경기장에서 무엇을 하고 있습니까?

   나: 한국의 유명 가수들이 일주일 동안 ______________________________.

3) 가: 문학경기장 야구장에서 어느 팀이 야구를 합니까?

   나: 오늘 5시부터 인천 팀과 서울 팀이 ______________________________.

문법 I

1. V-다가

1. 다음 대화를 완성하십시오.

1) 가: 언제 전화를 받았어요?

   나: 네, 밥을 먹다가 전화를 받았어요. (밥을 먹다)

2) 가: 파하드씨는 언제 밖으로 나갔어요?

   나: 네, ______________________________. (영화를 보다)

3) 가: 서점에서 책을 샀어요?

   나: 아니요, ______________________________. (학교에 가다, 친구에게 빌렸다)

4) 가: 요즘은 한국에서 살아요?

   나: 네, ______________________________. (외국에서 살다, 한국으로 돌아왔다)

5) 가: 집에 갈 때 지하철로 갑니까?

   나: 아니요, ______________________________. (지하철을 타고 가다, 버스로 갈아타다)

2. 다음 대화를 완성하십시오.

1) 가: 왜 다리를 다쳤어요?

나: 농구를 하다가 다리를 다쳤어요.

2) 가: 왜 부르는 소리를 못 들었어요?

나: ________________________________. (이어폰을 끼고 음악을 듣다)

3) 가: 왜 휴대폰을 잃어버렸어요?

나: ________________________________. (집에 갈 때 택시에서 급하게 내리다)

3. 다음 대화를 완성하십시오.

1) 가: 파하드 씨는 뭐 해요?

나: 파하드 씨는 지금 밥을 먹다가 텔레비전을 보다가 해요. (밥을 먹다, 텔레비전을 보다)

2) 가: 왕루 씨는 뭐 해요?

나: 왕루 씨는 지금 ________________________. (드라마를 보다, 뉴스를 보다)

3) 가: 아까 뭐 했어요?

나: 아까 ________________________. (청소를 하다, 빨래를 하다)

2. V-(으)ㄴ/는지, N인지

1. 다음 대화를 완성하십시오.

1) 가: 인사동에 어떻게 가요?

나: 저도 처음이라서 어떻게 가는지 몰라요.

2) 가: 비빔밥을 무엇으로 만들어요?

나: 비빔밥을 ________________________ 설명해 줄게요.

3) 가: 교통 카드를 언제 사용해요?

나: 교통 카드를 ________________________ 제가 알려 드릴게요.

2. 다음 대화를 완성하십시오.

1) 가: 파하드씨는 무슨 책을 읽어요?

나: 글쎄요, ____________________ 저도 궁금해요. (무슨 책을 읽다)

2) 가: 요즘 인기 있는 영화를 모두 봤어요.

나: ____________________ 저에게 말해 주세요. (무슨 영화가 재미있다)

3) 가: 로빈 씨가 어디에 갔을까요?

나: 글쎄요, 저도 ____________________ 알고 싶어요. (어디에 갔다)

3. 다음 대화를 완성하십시오.

1) 가: 흐엉이 된장찌개를 잘 먹어요.

나: 네, 흐엉이 된장찌개를 얼마나 맛있게 먹는지 몰라요. (맛있게 먹다)

2) 가: 지난주에 공원에 사람이 많았어요?

나: 네, 지난주에 공원에 사람이 얼마나 ____________________. (많았다)

3) 가: 왕루가 한국 드라마를 좋아할까요?

나: 그럼요, 왕루 씨가 한국 드라마를 얼마나 ____________________. (좋아하다)

4) 가: 컴퓨터가 성능이 좋아요?

나: 아니요, 컴퓨터 속도가 얼마나 ____________________. (느리다)

어휘 II

1. 다음 중 알맞은 단어를 골라 대화를 완성하십시오.

오거리	지하도	육교

1) 가: 차가 없는데 차도로 뛰어 갈까요?

   나: 안돼요. 차가 없어도 차도로 건너면 안 되고 ______________로 건너야 합니다.

2) 가: 여기에는 횡단보도도 없고 육교도 없네요. 어떻게 길을 건너지요?

   나: 여기에 ______________가 있어요. 아래로 내려가세요.

3) 가: 어디로 가야 합니까?

   나: ______________에는 도로가 다섯 개가 있으니까 잘 보고 가야 합니다.

2. 다음 중 알맞은 단어를 골라 대화를 완성하십시오.

끼고 돌다	쭉 가다

1) 가: 인하로 100번 길을 가고 있어요. 꽃집이 어디에 있습니까?

   나: 병원 건물을 ____________________ 꽃집이 있을 거예요. [-(으)면]

2) 가: 흐엉 씨의 기숙사는 어디로 갑니까?

   나: 유치원에서 앞으로 ____________________ 있어요. [-(으)면]

문법 II

3. AV-아/어/여 있다

1. 다음 대화를 완성하십시오.

1) 가: 왕루 씨, 지금 어디예요?

나: 약속 장소에 벌써 ________________. (오다)

2) 가: 파하드 씨의 형이 누구예요?

나: 저기 파하드 씨 옆에 ________________ 사람이 파하드 씨의 형이에요. (서다)
[-(으)ㄴ/는]

3) 가: 할머니는 어디에 계십니까?

나: ____. (침대에 눕다)

4) 가: 제가 만든 음식을 다 먹었어요?

나: 아니요, ________________________________. (식탁 위에 남다)

5) 가: 학생들의 그림이 어디에 있습니까?

나: ____. (벽에 붙다)

4. 르 동사

1. 다음 표에 알맞게 쓰십시오.

	V-아/어/여요	V-았/었/였어요	V-(으)니까	V-고	V-(스)ㅂ니다
자르다					
고르다					
다르다					
빠르다					
모르다					
누르다					
부르다					
기르다					
게으르다					

2. 다음 대화를 완성하십시오.

1) 가: 이제 한국말을 잘 하지요?

나: 아니요, 아직 한국말이 ______________________. (서투르다) [-아/어/여요]

2) 가: 주말에 시장에서 무엇을 샀어요?

나: 친구의 생일 선물을 ______________________. (고르다) [-았/었/였어요]

3) 가: 집에 강아지가 있어요?

나: 네, 집에서 강아지를 ______________________. (기르다) [-고 있다]

4) 가: 부산에 무엇을 타고 갈 거예요?

나: KTX가 ______________________ KTX를 타고 가려고요. (빠르다) [-(으)니까]

5. N만큼

1. 다음 대화를 완성하십시오.

1) 가: 친구가 한국어를 얼마나 잘해요?

나: 친구가 한국어를 한국사람만큼 잘해요. (한국사람)

2) 가: 남자 친구를 얼마나 사랑해요?

나: ______________________________. (하늘)

3) 가: 빵이 얼마나 남았어요?

나: ______________________________. (눈곱)

4) 가: 숙제가 얼마나 많아요?

나: ______________________________. (태산)

5) 가: 세상에서 어느 보석이 가장 비싸요?

나: 세상에 다이아몬드만큼 비싼 것은 없어요. (다이아몬드, 없다)

6) 가: 세상에서 무엇이 건강에 가장 좋아요?

나: ______________________________. (운동, 없다)

7) 가: 세상에서 누구를 가장 사랑해요?

나: ______________________________. (남편, 없다)

문법 활용

※ 다음 문법을 사용하여 대화를 완성하십시오.

〈문법〉				
N 만큼	르 동사	AV-아/어/여 있다	V-(으)ㄴ/는지	AV-다가

왕 루: 여보세요? 아멜리 씨.

지금 버스를 타고 서울터미널로 가는데 어디에서 ______________(내려야 하다) 모르겠어요.

아멜리: 무지개 마트를 지나서 다음 정류장에서 바로 내리세요.

거기에서 내리면 미소 병원이 있을 거예요.

왕 루: 네, 지금 내리고 있어요. 미소 병원이 보여요.

아멜리: 미소 병원 앞에 횡단보도가 있지요? 횡단보도를 건너세요.

왕 루: 네, 횡단보도를 건너고 있어요.

아멜리: 횡단보도를 건너면 백화점이 있어요.

백화점을 끼고 오른쪽으로 돌아서 쭉 __________(오다) 서울터미널을 찾으세요.

서울터미널 안쪽으로 들어오면 대전행 버스 타는 곳이 있어요.

왕 루: 아멜리 씨는 지금 어디에 있어요?

아멜리: 터미널에 들어오면 대전행 버스 앞쪽에 ______________(서다).

왕 루: 서울터미널은 인천터미널과 많이 __________(다르다).

그리고 우리나라 터미널__________ 복잡해요.

듣기

※ 다음을 듣고 물음에 답하십시오.

1. 여자는 주말에 어디에 가려고 합니까? 알맞은 것을 고르십시오. (　　　)

① 강릉　　　② 청량리

③ 제주도　　　④ 정동진

2. 들은 내용과 같은 것을 고르십시오. (　　　)

① 청량리역에서 기차를 타면 4시간쯤 걸립니다.

② 인천터미널에서 버스를 타면 바로 정동진에 도착합니다.

③ 남자는 여자에게 기차로 여행하는 방법을 추천하고 있습니다.

④ 여자는 바다를 좋아하니까 기차보다 버스를 타고 여행을 할 겁니다.

읽기

※ 다음을 읽고 물음에 답하십시오.

한국에서 자동차는 도로에서 오른쪽으로 다닙니다. 그리고 사람들도 길을 걷거나 이동할 때 오른쪽으로 다닙니다. 지하철역 안에서 계단을 이용할 때도 오른쪽으로 걷습니다. 모두 오른쪽으로 걸으면 서로 부딪치는 일이 없습니다.

지하철역에는 사람들이 아주 많습니다. 사람들은 에스컬레이터를 이용할 때 뛰거나 걷지 말아야 합니다. 에스컬레이터의 손잡이를 잡고 서 있어야 합니다. 그리고 지하철을 기다릴 때는 줄을 서서 기다려야 합니다. 지하철을 탈 때에는 지하철에 타고 있는 사람이 먼저 내린 후에 타야 합니다.

나라마다 규칙은 다르지만 질서를 지키면 더 안전하고 빨리 이동할 수 있습니다.

1. 무엇에 대한 이야기입니까? 알맞은 것을 고르십시오. (　　　)

① 예절　　　② 습관

③ 이동　　　④ 질서

2. 이 글의 내용과 같은 것을 고르십시오. (　　　)

① 한국에서는 자동차와 사람들이 오른쪽으로 다녀야 합니다.

② 에스컬레이터를 이용할 때 오른쪽으로 걸어가야 합니다.

③ 바쁜 사람들은 에스컬레이터에서 뛰거나 걸어도 됩니다.

④ 지하철에 탈 때에는 지하철 밖에 있는 사람이 먼저 타야 합니다.

쓰기

※ 자신의 나라의 교통 규칙을 소개하는 글을 써 봅시다.

1. 개요를 써 보십시오.

〈개요〉	
처음	한국과 다른 여러분 나라의 교통 규칙을 소개해 보십시오. ____________________
가운데	교통 규칙이 왜 필요합니까? ____________________
끝	그 교통 규칙은 무엇에 좋습니까? ____________________

2. 위 개요를 바탕으로 글을 써 보십시오.

	나	라	마	다		교	통	규	칙	이		다	릅	니	다	.	우	리	나
라	는																		

12 다툼과 화해

어휘 I

1. 다음 중 알맞은 단어를 골라 대화를 완성하십시오.

말다툼	불만	험담	단점

1) 가: 아멜리 씨, 기분이 안 좋아 보여요.

   나: 네, 어제 친구와 ______________을/를 했어요.

2) 가: 어떤 사람을 싫어해요?

   나: 제가 없는 곳에서 제 ______________을/를 하는 사람을 싫어해요.

3) 가: 친구가 저에게 기분 나쁜 말을 자주 해요. 농담이기는 하지만 기분이 안 좋아요.

   나: 친구에게 ______________이/가 있을 때에는 고민만 하지 말고 바로 얘기하는 게 좋아요.

4) 가: 어떤 친구가 좋은 친구일까요?

   나: 장점만 말하는 친구보다 ______________을/를 솔직하게 말하는 친구가 더 좋은 친구예요.

2. 다음 중 알맞은 단어를 골라 대화를 완성하십시오.

다투다	경솔하다	사과하다	후회하다	화해하다

1) 가: 아멜리 씨, 지난번 일은 미안해요. 제가 잘못했어요.

   나: 아니에요. 저도 잘못했는데요. 먼저 __________________ 고마워요. [-아/어/여 주다]

2) 가: 친구와 __________________?

   나: 네, 어제 친구를 만나서 이야기를 많이 했어요. 그래서 사이가 더 좋아졌어요.

3) 가: 시험을 잘 봤어요?

   나: 아니요, 시험에 떨어졌어요. 그동안 공부하지 않은 것을 ______________. [-고 있다]

4) 가: 왜 다른 사람들에게 제 험담을 했어요? 정말 실망했어요.

   나: 미안해요. 농담이었는데 기분 나빴지요? 제가 __________________.

5) 가: 그 친구와 아주 친해 보여요.

   나: 네, 고등학교 때 __________________고 나서 더 친해졌어요.

문법 I

1. AV-기 위해(서), N을/를 위해(서)

1. 다음 대화를 완성하십시오.

1) 가: 왜 열심히 공부해요?

나: ______________________ 열심히 공부해요. (장학금을 받다)

2) 가: 왜 음식을 준비해요?

나: ______________________ 음식을 준비해요. (친구들을 초대하다)

3) 가: 왜 편지를 써요?

나: ____. (친구에게 사과하다)

4) 가: 왜 매일 운동을 해요?

나: ____. (건강해지다)

5) 가: 왜 채식을 해요?

나: ____. (건강)

6) 가: 왜 과학자가 되려고 해요?

나: ____. (나라의 발전)

2. 다음 대화를 완성하십시오.

1) 가: 어떻게 쓰레기를 줄일 거예요?

나: ______________________ 음식을 남기지 않을 거예요. (쓰레기를 줄이다)

2) 가: 어떻게 여행을 갈 거예요?

나: ______________________ 돈을 모을 거예요. (여행을 가다)

3) 가: 어떻게 한국 음식을 만들 거예요?

나: ______________________ 인터넷에서 만드는 방법을 찾을 거예요.
(한국 음식을 만들다)

4) 가: 어떻게 친구에게 사과했어요?

나: ______________________ 편지를 써서 보냈어요. (친구에게 사과하다)

2. AV-고 나서

1. 다음 대화를 완성하십시오.

1) 가: 책을 읽은 다음에 뭐 해요?

나: 책을 ________________ 음악을 들어요.

2) 가: 밥을 먹은 다음에 뭐 해요?

나: 밥을 ________________ 설거지를 해요.

3) 가: 영화를 본 다음에 뭐 할 거예요?

나: 영화를 ________________________________. (커피를 마시다)

4) 가: 사진을 찍은 다음에 뭐 할 거예요?

나: 사진을 ________________________________. (친구들에게 사진을 보내다)

5) 가: 대학교에 입학한 다음에 뭐 할 거예요?

나: 대학교에 ______________________________. (음악 동아리에 가입하다)

3. AV-(으)ㄹ까 하다/보다

1. 다음 대화를 완성하십시오.

1) 가: 수업이 끝난 후에 뭐 할 거예요?

나: ____. (친구와 밥을 먹다)

2) 가: 이번 주말에 뭐 할 거예요?

나: ____. (박물관에 가다)

3) 가: 내일 뭐 할 거예요?

나: ____. (공원에서 자전거를 타다)

4) 가: 어제 비행기 표를 예매했어요?

나: 어제 비행기 표를 <u>예매할까 했는데</u> 비싼 표밖에 없어서 못 했어요.

5) 가: 어제 쇼핑을 했어요?

나: 어제 쇼핑을 ____________________________ 시간이 없어서 못 했어요.

6) 가: 그저께 휴대폰을 바꿨어요?

나: 그저께 휴대폰을 ____.

어휘 II

1. 다음 중 알맞은 단어를 골라 대화를 완성하십시오.

어색하다	조언하다	충고하다	지적하다

1) 가: 대학교에 가면 무엇을 전공할지 결정했어요?

나: 네, 어제 선생님께서 ____________ 경제학을 전공하기로 했어요. [-아/어/여 주다]

2) 가: 무슨 고민이 있어요?

나: 네, 오해가 생겨서 갑자기 사이가 ____________ 친구 때문에 고민이에요. [-아/어/여지다]

3) 가: 오위노 씨의 아버지는 어떤 분이세요?

나: 저희 아버지께서는 단점만 ____________ 않으시고 장점을 더 많이 칭찬해 주세요. 전 그런 아버지를 닮고 싶어요.

4) 가: 제 친구는 다 좋은데 약속을 잘 지키지 않아서 저는 그 친구와 자주 싸웠어요.

나: 약속을 지키는 것은 정말 중요해요. 그 친구의 미래를 위해서도 잘못을 ____________ 게 좋아요.

2. 다음 중 알맞은 단어를 골라 대화를 완성하십시오.

말을 걸다	말을 건네다	말을 전하다

1) 가: 학교에 마음에 드는 여자가 있는데 어떻게 하면 친해질 수 있을까요?

나: 먼저 ____________ 보세요.

2) 가: 제가 오늘 수지 씨의 생일 파티에 못 가는데요. 축하 인사의 ____________. [-아/어/여 주다]

나: 네, 제가 파하드 씨 대신 축하 인사를 할게요.

3) 가: 그 친구와 화해했어요?

나: 아직 못 했어요. ____________ 또 싸울 것 같아서 겁이 나요. [-(으)면]

문법 II

4. AV-(으)ㄴ 덕분에 / N 덕분에

1. 다음 대화를 완성하십시오.

1) 가: 이사를 잘 했어요?

나: 네, 친구들이 ____________________ 이사를 잘 끝냈어요. (도와주다)

2) 가: 친구와 화해했어요?

나: 네, 흐엉 씨가 ____________________ 잘 화해했어요. (조언해 주다)

3) 가: 시험을 잘 봤어요?

나: 네, 선생님께서 ____________________ 시험에 합격했어요. (잘 가르쳐 주다)

4) 가: 한국 생활에 잘 적응했어요?

나: 네, ____________________ 한국 생활에 필요한 정보를 많이 얻었어요. (친구들)

5) 가: 기분이 좋아 보여요.

나: 네, ____________________ 기분이 좋아졌어요. (부모님께서 보내 주신 선물)

2. 다음 대화를 완성하십시오.

1) 가: 한국어를 잘하시네요.

나: 이게 다 선생님께서 잘 가르쳐 주신 덕분이에요. (잘 가르쳐 주시다)

2) 가: 말하기 대회에서 1등을 했네요.

나: 이게 다 우리 반 친구들이 ________________________________. (열심히 응원해 주다)

3) 가: 한국 생활이 즐거워 보이네요.

나: 이게 다 ____.

4) 가: 감기가 다 나았네요.

나: 이게 다 ____.

5) 가: 한국어 실력이 많이 늘었네요.

나: 이게 다 ____.

5. V-았/었/였으면, N이었/였으면

1. 다음 대화를 완성하십시오.

1) 가: 책을 책장에 꽂아 둘까요?

   나: 네, ______________________ 책장에 꽂아 두세요. (책을 다 읽었다)

2) 가: 창문을 열까요?

   나: 네, ______________________ 창문을 열어 주세요. (비가 그쳤다)

3) 가: 오늘 집에서 쉬어도 돼요?

   나: 네, ______________________ 집에서 푹 쉬세요. (감기가 낫지 않았다)

4) 가: 시험 시간이 아직 남았는데 밖에 나가도 돼요?

   나: 네, ______________________ 밖에 나가도 됩니다. (시험 문제를 다 풀었다)

5) 가: 이삿짐을 정리할까요?

   나: 네, ______________________ 정리합시다. (이삿짐이 다 도착했다)

2. 다음 대화를 완성하십시오.

1) 가: 시험에 불합격했어요?

   나: 네, 열심히 공부했으면 이번 시험에 합격했을 거예요. (열심히 공부했다)

2) 가: 한국어 실력이 많이 좋아졌네요.

   나: 고마워요. ______________________ 실력이 좋아지지 않았을 거예요.
   (수지 씨가 도와주지 않았다)

3) 가: 체육대회에서 1등을 했어요?

   나: 네, 우리 반 학생들이 ______________________ 1등을 못 했을 거예요.
   (노력하지 않았다)

4) 가: 요즘 이 영화가 인기가 많네요.

   나: 네, 이 영화에 ______________________ 인기가 없었을 거예요.
   (다른 배우가 나왔다)

5) 가: 가방이 좋아 보이네요.

   나: 네, 가볍고 좋아요. ______________________ 못 샀을 거예요. (세일을 안 했다)

문법 활용

※ 다음 문법을 사용하여 대화를 완성하십시오.

〈문법〉			
AV-고 나서	AV-(으)ㄹ까 하다/보다	AV-(으)ㄴ 덕분에	V-았/었/였으면

최수지: 파하드 씨, 기분이 안 좋아 보여요. 무슨 일 있어요?

파하드: 아……. 지난주에 친구와 말다툼을 했어요.

그 친구와 지난 주말에 만나기로 했는데 약속을 지키지 않아서요.

최수지: 아, 그 친구가 약속을 잊어버렸군요.

파하드: 네. 왜 미리 말을 하지 않았는지 모르겠어요.

약속을 ______________ 지킬 수 없으면 미리 말을 하면 괜찮아요.
(하다)

하지만 저는 친구를 1시간이나 기다렸고 전화도 여러 번 했는데 받지 않아서 정말 화가 났어요.

그 친구는 집에서 휴대폰도 꺼 놓고 자고 있었어요.

이제 그 친구와 연락을 ________________.
(끊다)

최수지: 그 친구가 일부러 그렇게 한 건 아닐 거예요. 아마 그 친구의 안 좋은 습관일 수도 있어요.

파하드: 네, 그런 것 같아요.

그 친구는 제가 __________________ 약속을 잊어버린 것도 몰랐을 거예요.
(말을 안 했다)

최수지: 사람은 누구나 단점이 있어요. 그 친구에게 화가 난 이유를 __________________
(이야기하다)

화해하면 자신의 잘못을 알게 될 거예요.

파하드: 음……. 그렇게 하는 게 좋은 방법이겠군요.

최수지: 그럼요. 넓은 마음으로 먼저 화해의 말을 건네 보세요.

파하드: 수지 씨 __________ 마음이 편해졌어요. 고마워요.

듣기

※ 다음을 듣고 물음에 답하십시오.

1. 남자는 왜 여자에게 사과를 합니까? (   )

① 여자에게 화를 냈기 때문에
② 여자에게 말실수를 했기 때문에
③ 여자가 잘 웃어 줬기 때문에
④ 여자가 먼저 사과를 했기 때문에

2. 들은 내용과 같은 것을 고르십시오. (   )

① 남자는 자신의 잘못을 모르고 있습니다.
② 여자는 남자에게 사과하려고 용기를 냈습니다.
③ 남자는 평소에 재미있는 농담을 많이 했습니다.
④ 여자는 남자에게 상처를 줘서 미안해합니다.

읽기

※ 다음을 읽고 물음에 답하십시오.

바스카 씨에게

바스카 씨, 잘 지내지요? 저는 잘 지내고 있어요. 이제 한국 생활에도 많이 적응을 했고 한국어 공부도 열심히 하고 있어요.

한국에 오기 전에 바스카 씨가 제 한국 유학 준비를 많이 도와준 일이 많이 생각나요. 한국에 오기 전에 제가 한국의 대학교에서 무슨 공부를 할지, 대학교를 졸업한 후에 무슨 일을 할지 계획을 세우지 않아서 바스카 씨가 조언을 많이 해 주었지요? 그런데 저는 한국에서의 계획을 중요하게 생각하지 않았어요. 한국에 와서 공부하면 꿈도 생기고 계획을 잘 세울 수 있을 것 같았어요. 하지만 고향에서 미리 준비하지 않아서 지금도 제 꿈을 잘 모르겠어요. 다른 친구들은 꿈도 있고 미래를 위한 준비를 열심히 하고 있는데 저는 고민만 하고 있어서 속상해요. 바스카 씨가 저를 위해 조언을 많이 해 주었는데 그때 잘 듣지 않은 것을 후회했어요. 정말 미안해요.

지금은 바스카 씨 덕분에 제 미래에 대해 생각해 볼 수 있는 시간을 많이 갖게 되었어요. 바스카 씨의 조언이 없었으면 지금도 미래에 대한 고민을 하지 않았을 거예요. 이제부터는 미리 계획하고 준비하는 사람이 될 거예요.

이번 방학에 고향에 가면 연락할게요. 잘 지내요.

자르갈 씀

1. 이 사람은 이 글을 왜 썼습니까? (　　　　)

① 바스카에게 조언하기 위해서

② 바스카에게 꿈을 말하기 위해서

③ 바스카에게 사과의 말을 전하고 싶어서

④ 바스카에게 고민을 이야기 하고 싶어서

2. 이 글의 내용과 같은 것을 고르십시오. (　　　　)

① 바스카는 자르갈의 유학 준비를 도와줬습니다.

② 바스카는 한국 유학 계획을 세우고 있습니다.

③ 자르갈은 미래를 위한 준비를 열심히 하고 있습니다.

④ 자르갈은 바스카의 조언을 들은 것을 후회하고 있습니다.

쓰기

※ 친구에게 사과 편지를 써 봅시다.

1. 개요를 써 보십시오.

〈개요〉	
처음	파하드 씨가 아멜리 씨에게 사과 편지를 씁니다.
가운데	파하드 씨는 친구의 물건을 빌린 후에 돌려주는 것을 잘 잊어버립니다. 아멜리 씨의 책을 빌린 후에 돌려주지 않아서 아멜리 씨가 화가 났습니다.
끝	아멜리 씨의 충고 덕분에 좋지 않은 습관을 고칠 수 있어서 고마웠습니다.

2. 위 개요를 바탕으로 글을 써 보십시오.

아멜리 씨에게

아멜리 씨, 잘 지내지요?

지난번 일을 사과하고 싶어서 이렇게 편지를 써요.

지난번에 아멜리 씨의 책을 빌린 후에 돌려주지 않아서 기분이 안 좋았지요? 정말 미안해요. 제가 전에도 아멜리 씨의 볼펜을 빌린 후에 돌려주는 것을 잊어버린 적이 있었는데 이번에는 책을 돌려주지 않아서 아멜리 씨가 화가 많이 났을 것 같아요. ____________________

____

____

____

____

아멜리 씨의 충고 덕분에 저의 좋지 않은 습관을 알게 돼서 얼마나 고마운지 몰라요. 사실 이런 습관을 저도 잘 몰랐어요. 아멜리 씨가 말해 주지 않았으면 지금도 몰랐을 거예요. 이제부터는 친구들의 물건을 사용하는 것을 쉽게 생각하지 않을게요.

파하드 씀

13 고민과 조언

어휘 I

1. 다음 중 알맞은 단어를 골라 대화를 완성하십시오.

긴장하다	떨리다	불안하다

1) 가: 사람들 앞에서 발표해 보니까 어땠어요?

   나: 사람들 앞에서 발표하는 것이 처음이라서 목소리가 많이 ____________________.

2) 가: 12시가 넘었는데 왜 잠을 자지 않고 있어요?

   나: 동생이 들어오지 않아서 마음이 ____________________.

3) 가: 인터뷰 시험을 볼 때 어땠어요?

   나: 선생님께서 어려운 질문을 하실까 봐 ____________________.

2. 다음 중 알맞은 단어를 골라 대화를 완성하십시오.

조언하다	충고하다	격려하다

1) 가: 토픽 시험에 떨어졌을 때 친구가 어떻게 해 주었어요?

   나: 제가 앞으로 더 잘할 수 있게 ____________________. [-아/어/여 주다]

2) 가: 어떻게 이 전공을 선택하게 되었어요?

   나: 방학에 고향에 갔을 때 부모님께서 ____________________. [-아/어/여 주다]

3) 가: 오늘 선생님께서는 왜 싸운 학생들을 사무실로 부르셨어요?

   나: 선생님께서는 싸운 학생들을 불러서 ____________________. [-아/어/여 주다]

문법 Ⅰ

1. AV-고 나면

1. 다음 대화를 완성하십시오.

1) 가: 비가 온 후에 봄이 올까요?

나: 아마 비가 오고 나면 따뜻해질 거예요. (비가 오다, 따뜻해지다)

2) 가: 큰 소리로 노래를 부른 후에 기분이 좋아질까요?

나: 아마 ______________________. (노래를 부르다, 스트레스가 없어지다)

3) 가: 시험에서 1등을 하면 어떨까요?

나: ______________________. (1등을 하다, 기분이 좋아지다)

4) 가: 여자 친구와 통화를 하면 어때요?

나: ______________________. (통화를 하다, 고향에 가고 싶어지다)

2. 다음 대화를 완성하십시오.

1) 가: 소설책을 반납했어요?

나: 아니요, 소설책을 다 읽고 나면 반납할 거예요. (소설책을 다 읽다, 반납할 거다)

2) 가: 2급 공부를 마치고 고향에 갈 거예요?

나: 네, ______________________. (2급을 마치다, 고향에 갈 거다)

3) 가: 언제 우리 반 친구들과 같이 밥을 먹을 거예요?

나: ______________________. (시험을 마치다, 같이 밥을 먹을 거다)

4) 가: 여자 친구와 언제 결혼할 거예요?

나: ______________________. (대학교를 졸업하다, 결혼을 할 거다)

2. AV-아/어/여야겠다

1. 다음 대화를 완성하십시오.

1) 가: 발음이 좋지 않네요. 매일 한국어 CD를 듣고 따라 하세요.

나: 네, 알겠습니다. 매일 한국어 CD를 들어야겠습니다. (매일 한국어 CD를 듣다)

2) 가: 새벽 6시에 버스를 타야 하니까 늦으면 안 됩니다.

나: 네, ________________. (일찍 자고 일찍 일어나다)

3) 가: 지난 시험의 성적이 안 좋았어요.

나: 네, ________________. (이번에는 더 열심히 공부하다)

4) 가: 여행을 가기 전에 준비할 게 많은데 다 준비했어요?

나: 아니요, ________________. (빨리 은행에 가서 환전을 해 놓다)

5) 가: 요즘 할머니께서 편찮으신데 자주 전화를 드리세요.

나: 네, 알겠습니다. ________________. (저녁마다 전화를 드리다)

2. 다음 대화를 완성하십시오.

1) 가: 요즘 목도 아프고 기침도 자주 해요.

나: 병원에 가거나 ________________. (약을 먹다)

2) 가: 한국어 말하기대회에서 상을 받고 싶어요.

나: 그러면 ________________. (열심히 준비하다)

3) 가: 친구와 싸우고 나면 후회가 돼요.

나: 먼저 친구에게 다가가서 ________________. (사과하다)

4) 가: 저는 말하기가 가장 자신이 없어요.

나: 앞으로 ________________. (친구들과 고향 말을 사용하지 말다)

5) 가: 감기에 자주 걸려서 걱정이에요.

나: 몸을 따뜻하게 하고 ________________. (과일을 많이 먹다)

어휘 II

1. 다음 중 알맞은 단어를 골라 대화를 완성하십시오.

틀리다	실수하다	자신이 없다	자신감을 잃다

1) 가: "원숭이도 나무에서 떨어질 때가 있다." 이 말의 의미가 무엇입니까?

   나: "사람은 누구나 다 ______________________"의 의미입니다. [-(으)ㄹ 수 있다]

2) 가: 민수 씨는 요즘 왜 웃지도 않고 힘이 없어 보입니까?

   나: 시험을 못 봐서 그런지 공부에 ______________________. [-(으)ㄴ/는/(으)ㄹ 것 같다]

3) 가: 왜 목소리가 그렇게 작아요? 큰 소리로 대답해 보세요.

   나: 정답이 아닌 것 같아서 좀 ______________________. [-아/어/여요]

4) 가: 듣기 시험을 잘 봤어요?

   나: 공부를 열심히 했는데 긴장해서 많이 ____________________. [-았/었/였어요]

2. 다음 중 알맞은 단어를 골라 대화를 완성하십시오.

힘을 내다	용기가 나다	자신감이 있다

1) 가: 어떻게 불이 난 집에 들어가서 아이의 생명을 구할 수 있었습니까?

   나: 많이 힘들었지만 아이의 생명을 생각하니까 ________________________.

2) 가: 실패를 했을 때 포기하고 싶지 않았습니까?

   나: 포기하고 싶었지만 가족의 모습을 생각하고 다시 ________________________.

3) 가: 선생님, 제 동생이 한국어 공부를 잘하고 있습니까?

   나: 네, 많이 좋아졌어요. 책을 읽을 때 목소리가 크고 ________________________.

문법 II

3. V-(으)ㄹ까 봐

1. 다음 대화를 완성하십시오.

1) 가: 왜 뛰어 왔어요?

나: 약국이 문을 닫았을까 봐 뛰어 왔어요. (약국이 문을 닫았다)

2) 가: 오늘은 날씨가 따뜻한데 왜 옷을 많이 입고 나왔어요?

나: ______________________ 옷을 많이 입고 나왔어요. (감기에 걸리다)

3) 가: 아직 11시도 안 되었는데 왜 이렇게 일찍 자려고 해요?

나: 내일 아침에 약속이 있는데 ______________________ 일찍 자려고요. (늦게 일어나다)

4) 가: 시험을 보기 전에 잠을 푹 잤어요?

나: 아니요, ______________________ 잠을 못 잤어요. (시험에 떨어지다)

5) 가: 아직 영화가 시작되지 않았는데 왜 뛰어 왔어요?

나: ______________________ 뛰어 왔어요. (영화가 시작됐다)

6) 가: 언제 집에서 나왔어요?

나: ______________________ 1시간 전에 나왔어요. (약속 시간에 늦다)

7) 가: 비행기 표를 예매했어요?

나: ______________________ 미리 예매해 두었어요. (비행기 표를 못 구하다)

4. V-(으)ㄹ 수밖에 없다, N일 수밖에 없다

1. 다음 대화를 완성하십시오.

1) 가: 가게 문을 왜 일찍 닫아요?

나: 손님이 없어서 가게 문을 일찍 닫을 수밖에 없어요. (손님이 없다)

2) 가: 요즘 정말 열심히 공부하네요.

나: ______________________. (꼭 합격해야 하다)

3) 가: 퇴근 시간이 지났는데 왜 아직 일을 하세요?

나: ______________________. (오늘까지 끝내야 하다)

4) 가: 시험에 왜 떨어졌어요?

나: ______________________. (노력하지 않았다)

2. 다음 대화를 완성하십시오.

1) 가: 사랑하는 사람을 부모님이 반대하시면 어떻게 하겠습니까?

나: 부모님이 반대하시면 부모님을 설득할 수밖에 없어요.

2) 가: 친구가 준 선물이 마음에 안 들면 어떻게 하겠습니까?

나: 선물이 마음에 안 들지만 ______________________.

3) 가: 통장에 돈이 없으면 어떻게 하겠습니까?

나: 통장에 돈이 없으면 ______________________.

문법 활용

※ 다음 문법을 사용하여 대화를 완성하십시오.

〈문법〉		
AV-고 나면	V-(으)ㄹ까 봐	V-(으)ㄹ 수밖에 없다

왕 루: 자르갈 씨, 무슨 걱정이 있어요?

자르갈: 네, 대학교에서 영화학을 전공하고 싶은데 부모님께서 ____________ 걱정이에요.
(반대하시다)

왕 루: 부모님께서는 무슨 전공을 원하시는데요?

자르갈: 경영학을 추천하셨어요. 하지만 저는 영화에 관심이 많고 영화에 대해 배우고 싶어요.

왕 루: 방학에 부모님을 만나서 자르갈 씨의 생각을 솔직하게 말씀드리면 부모님께서도

아마 ______________________________(으)ㄹ 거예요.
(허락하시다)

왕 루: 부모님께서 제 생각을 __________________ 이해해 주실까요?
(듣다)

자르갈: 그럼요. 부모님도 자르갈 씨의 꿈을 위해 응원해 주실 거예요.

듣기

※ 다음을 듣고 물음에 답하십시오.

1. 여자의 고민으로 알맞은 것을 고르십시오. (　　　)

① 물건 구매　　② 아르바이트

③ 시험 성적　　④ 직업 문제

2. 들은 내용과 같은 것을 고르십시오. (　　　)

① 여자는 부모님께 돈을 받지 못해서 걱정합니다.

② 남자는 유학생이어서 가방을 사는 것이 중요합니다.

③ 여자는 성적이 안 좋아서 아르바이트를 할 수 없습니다.

④ 남자는 여자에게 돈을 절약할 수 있는 방법을 조언합니다.

읽기

※ 다음을 읽고 물음에 답하십시오.

◎ 제 고민을 상담해 주세요. ID: in14

제 꿈은 한국어를 공부한 다음에 대학교에서 컴퓨터 공학을 전공하는 것입니다. 그래서 한국에 도착한 후에 쉬지 않고 공부만 하고 있습니다. 그런데 한국 생활에 적응하기가 쉽지 않습니다.

저는 한국에 온 지 5개월이 되었지만 식당에서 한국 음식을 먹어본 적이 없습니다. 고향 음식을 먹고 싶은데 저는 요리를 할 줄 모릅니다. 가끔 고향 음식을 파는 식당에 가기는 하지만 시간이 없기 때문에 주로 빵을 사서 먹습니다. 부모님께서 걱정하실까 봐 제 생활을 말씀드리지 않았습니다.

한국 음식에 적응을 못 해서 그런지 저는 고향이 너무 그립습니다. 가족들과 통화를 하고 나면 그날 밤에는 잠을 잘 수 없습니다. 특히 어릴 때부터 저를 사랑해 주신 할머니가 보고 싶고 할머니께서 만들어 주신 음식을 정말 먹고 싶습니다.

제가 어떻게 하면 한국 생활에 잘 적응할 수 있을까요? 계속 지금처럼 적응하기가 힘들면 고향에 (㉠). 하지만 제가 고향에 돌아가면 부모님께서 많이 실망하실 것 같습니다. 저는 어떻게 하면 좋을까요? 저에게 조언을 부탁드립니다.

1. ㉠에 들어갈 알맞은 것을 고르십시오. (   )

① 돌아갈 줄 모릅니다

② 돌아갈 수가 없습니다

③ 돌아가기가 어렵습니다

④ 돌아갈 수밖에 없습니다

2. 이 글의 내용과 같은 것을 고르십시오. (   )

① 이 사람은 컴퓨터 공학 공부가 힘들어서 고민하고 있습니다.

② 이 사람은 한국 음식이 먹고 싶지만 만들 줄 몰라서 고민하고 있습니다.

③ 이 사람은 할머니께 고향 음식을 만들어 드리고 싶어서 고민하고 있습니다.

④ 이 사람은 한국 생활에 적응하는 것과 고향에 돌아가는 것을 고민하고 있습니다.

쓰기

※ 고민하는 글을 읽고 조언의 글을 써 봅시다.

1. 개요를 써 보십시오.

〈개요〉	
처음	이 사람의 고민을 읽은 느낌이 어떻습니까? ______________________
가운데	이 사람에게 어떤 조언을 할 겁니까? ______________________
끝	그 이유는 무엇입니까? ______________________

2. 위 개요를 바탕으로 글을 써 보십시오.

in 14 님의 글을 잘 읽었습니다.

14 공공장소와 규칙

어휘 I

1. 다음 중 그림에 맞는 단어를 골라 쓰십시오.

낙서 금지	출입 금지	흡연 금지
수영 금지	입산 금지	

1) 벽에 그림을 그리거나 글자를 쓰면 안 됩니다. ____________

2) 여기에서 수영을 하면 안 됩니다. ____________

3) 산에 들어가면 안 됩니다. ____________

4) 여기에 들어오면 안 됩니다. ____________

5) 담배를 피우면 안 됩니다. ____________

2. 다음 중 그림에 맞는 것을 골라 쓰십시오.

관람하다	전시하다	박물관	미술관

1) 가: 옛날 물건을 보고 싶으면 어디에 가면 좋아요?

나: ____________에 가 보세요.

2) 가: 한국 전통 문화에 관심이 많아요?

나: 네, 한국에 와서 경복궁을 ____________ 전통 문화에 관심이 많아졌어요.

[-(으)ㄴ 후에]

3) 가: 그림을 좋아하면 주말에 ____________에 같이 갈래요?

나: 좋아요. 저도 그림을 보러 갈래요.

4) 가: 아프리카의 아름다운 풍경을 찍은 사진을 ____________네요. [-고 있다]

나: 그렇군요. 저는 옛날에 저 사진들을 본 적이 있어요.

문법 I

1. V–았/었/였다(가), N이었/였다(가)

1. 다음 대화를 완성하십시오.

1) 가: 어제 뭐 했어요?

나: ________________________________. (시장에 갔다, 운동화를 샀다)

2) 가: ________________________________. (버스를 탔다, 고등학교 동창을 만나다)

나: 반가웠겠네요.

3) 가: 저 사람은________________________. (작년까지 직원이었다, 올해 사장님이 됐다)

나: 정말 대단하네요.

2. 다음 대화를 완성하십시오.

1) 가: 자르갈 씨 전화가 계속 통화 중인 것 같아요.

나: 그러면 __________ 다시 전화를 ______________. (전화를 끊었다, 걸어 보다)

2) 가: 아멜리 씨는 아직 집에 안 왔어요?

나: 아니요, 아까 __________ 친구 만나러 ______________. (집에 왔다, 나갔다)

3) 가: 왜 창문을 열어 놓았어요?

나: 시끄러워서 창문을 __________ 더워서 다시 ______________. (닫았다, 열었다)

3. 다음 대화를 완성하십시오.

1) 가: 말없이 ________________ 아버지께 꾸중을 들었어요. (혼자 여행했다)

나: 혼자 여행하면 위험할 수도 있어요.

2) 가: 왜 전화를 안 받았어요?

나: 야구를 보러 ________________ 전화를 못 받았어요. (운동장에 갔다)

4. 다음 대화를 완성하십시오.

1) 가: 왜 자꾸 ____________________ 해요? (앉았다, 일어섰다)

나: 너무 긴장이 돼서요.

2) 가: 자르갈 씨는 지금 뭐 해요?

나: 편지를 ______________________ 해요. (썼다, 지웠다)

2. N에 따라(서)

1. 다음 대화를 완성하십시오.

1) 가: ______________________ 게임을 하면 안 됩니다. (컴퓨터실 사용 규칙)

나: 네, 알겠습니다.

2) 가: 다음은 어디에 갑니까?

나: ______________________ 다음은 박물관에 갈 겁니다. (문화 수업의 일정)

3) 가: 다음은 무엇을 넣습니까?

나: ______________________ 후추를 넣어야 합니다. (요리법)

4) 가: 다음은 누가 노래를 부를 겁니까?

나: ______________________ 다음은 아멜리 씨가 노래를 부를 겁니다. (순서)

2. 다음 대화를 완성하십시오.

1) 가: 한국은 사계절이 있어서 사람들의 옷차림이 자주 달라지는 것 같아요.

나: 네, ______________ 사람들의 옷차림이 달라져요. (계절)

2) 가: 저는 조용한 성격이어서 그런지 혼자 하는 취미활동을 좋아해요.

나: 저는 친구들과 함께 하는 취미 활동을 좋아해요. ____________ 취미도 다르네요. (성격)

3) 가: 한국의 김치 종류가 정말 많네요.

나: 네, ______________ 김치를 만드는 방법이 달라서 김치도 다양해요. (지역)

어휘 II

1. 다음 중 알맞은 단어를 골라 문장을 완성하십시오.

약속하다	어기다	지키다

1) 가: 왜 교통사고가 났어요?

   나: 교통 신호를 ________________ 사고가 났어요. [-아/어/여서]

2) 가: 시험이 끝날 때까지 게임을 하지 않기로 해요.

   나: 알겠습니다. 꼭 ________________. [-(으)ㄹ게요]

3) 가: 선생님과 무엇을 ________________?

   나: 지각하지 않기로 했어요.

2. 다음 중 그림에 맞는 단어를 골라 쓰십시오.

규칙	법	정하다

1) 가: 다음 주에 갈 문화 수업 장소를 ________________? [-았/었/였어요]

   나: 네, 한옥 마을에 가기로 했어요.

2) 가: 운전 중에 휴대폰을 사용하셨기 때문에 교통______에 따라서 벌금을 내야 합니다.

   나: 네, 죄송합니다.

3) 가: 도서관에서 전화를 하면 안 돼요?

   나: 도서관 ______이기 때문에 지켜야 합니다.

문법 II

3. V-(으)나①, N(이)나

1. 다음 대화를 완성하십시오.

1) 가: 제주도에 누가 안 갑니까?

나: ______________________________. (왕루는 가다, 아멜리는 안 가다)

2) 가: 술을 마실 줄 압니까?

나: ______________________________. (맥주는 조금 마시다, 소주는 못 마시다)

3) 가: 친구를 만났습니까?

나: 친구를 만나러 아침 ______________________. (일찍 출발했다, 만날 수 없었다)

4) 가: 몸이 좋아졌습니까?

나: 아니요, ______________________________. (약을 먹었다, 병이 낫지 않았다)

2. 다음 대화를 완성하십시오.

1) 가: 오늘 날씨가 어떻습니까?

나: ______________________________. (흐리겠다, 비는 안 올 것 같다)

2) 가: 그 인형은 아이들이 좋아합니까?

나: 네, ____________________ 아이들이 좋아합니다. (예쁘지 않다, 귀엽게 생기다)
[-아/어/여서]

3) 가: 이 산은 오르기가 쉽습니까?

나: ______________________________. (쉽다, 시간이 많이 걸리다)

4) 가: 저 가게가 유명합니까?

나: 네, 음식 맛이 좋아서 ______________________________.
(비싸기는 하다, 사람들이 좋아하다)

3. 다음 대화를 완성하십시오.

1) 가: 날씨가 어떻습니까?

나: ______________________________. (여름이다, 덥지 않다)

2) 가: 그 사람은 한국어를 잘 합니까?

나: 그 사람은 ______________________. (한국 사람이다, 한국어를 잘 못하다)

3) 가: 이 카메라는 누구의 것입니까?

나: ______________________ (지난달까지 제 카메라였다, 지금은 친구의 것이다)

4. AV-ㄴ/는다, DV-다, N(이)다

1. 다음과 같이 문장을 바꿔 쓰십시오.

1) 지금 책을 읽습니다. → 지금 책을 읽는다.

2) 약속을 내일로 미뤄야겠어요. → ______________________.

3) 어제부터 모자를 쓰고 있어요. → ______________________.

4) 어디로 갈 거예요? → ______________________?

5) 책상 위에 가방을 놓아 둡니다. → ______________________.

6) 서울역에 2시 30분에 도착할 것 같아요. → ______________________.

2. 다음과 같이 문장을 바꿔 쓰십시오.

1) 아멜리 씨는 친구가 많습니다. → 아멜리는 친구가 많다.

2) 이 노래는 부르기가 어려워요. → ______________________.

3) 자르갈씨를 몰라요? → ______________________?

4) 이 버스를 타고 갈 수 밖에 없어요. → ______________________.

5) 조심하지 않으면 다칠 수 있어요. → ______________________.

6) 날씨가 점점 추워져요. → ______________________.

3. 다음과 같이 문장을 바꿔 쓰십시오.

1) 이분이 저의 아버지이십니다. → 이 분이 나의 아버지이시다.

2) 우리 어머니의 사진이에요. → ______________________.

3) 형은 키가 180cm예요. → ______________________.

4) 작년에 제가 친구에게서 빌린 책일 거예요. → ______________________.

5) 그 옷은 누구의 옷입니까? → ______________________?

6) 우리가 만든 눈사람이었어요. → ______________________.

문법 활용

※ 다음 문법을 사용하여 대화를 완성하십시오.

〈문법〉		
AV-았/었/였다가	N-에 따라서	N(이)나

왕 루: 며칠 전에 컴퓨터실에 ____________ 빈자리가 없어서 1시간이나 기다렸습니다.
(갔다)

그런데 컴퓨터로 게임을 하는 사람이 있었습니다. 컴퓨터 사용 시간을 바꾸면 좋겠습니다.

파하드: 학생은 20명_____ 컴퓨터는 10개밖에 없어서 컴퓨터를 사용할 때 불편합니다.

컴퓨터 사용 시간을 2시간으로 정합시다.

왕 루: 숙제가 많을 수도 있으니까 3시간은 어떻습니까?

파하드: 3시간도 좋지만 2시간 30분 동안 쓴 후 기다리는 사람이 없으면 한 시간 동안 더 쓰는 것은 어떻습니까?

왕 루: 좋습니다. 그렇게 합시다.

파하드: 그리고 규칙____________ 컴퓨터실에서 게임을 하지 맙시다. 음식도 먹지 맙시다.

왕 루: 네, 그렇게 하기로 합시다.

듣기

※ 다음을 듣고 물음에 답하십시오.

1. 무엇에 관한 이야기인지 알맞은 것을 고르십시오. (　　　)

① 지하철 예절　　② 휴대폰 사용

③ 교통약자　　④ 음식 예절

2. 들은 내용과 같은 것으로 고르십시오. (　　　)

① 지하철에서는 이어폰을 사용하면 안 된다.

② 휴대전화는 중요한 전화가 올 때 사용한다.

③ 교통약자를 위한 자리에 앉으면 안 된다.

④ 아이들은 부모가 지하철을 이용한 다음에 탄다.

읽기

※ 다음을 읽고 물음에 답하십시오.

'노 키즈 존, 모두를 위한 방법이 (㉠)'

최근 노 키즈 존(No Kids Zone)이 늘고 있다. 어린 아이의 출입을 금지하는 식당이나 커피숍이 많아지고 있다. 왜냐하면 아이들이 떠들어서 다른 손님에게 피해를 주는 일이 많아지고 있기 때문이다. 또 뜨거운 음식에 아이가 다치거나 바닥에서 미끄러져서 다치는 사고도 늘었기 때문이다. 하지만 아이의 출입을 금지하는 것은 차별이 될 수 있다. 이 문제를 풀기 위해서 모두의 논의가 필요하다.

최운영 기자 choi_unyeong@inhapost.co.kr

1. ㉠에 들어갈 알맞은 말을 고르십시오. (　　　)

① 맞나　　② 맞은가

③ 맞아요　　④ 맞습니다

2. 이 글의 중심 내용으로 알맞은 것을 고르십시오. (　　　)

① 노 키즈 존이 늘어나고 있어서 불편하다.

② 노 키즈 존에 대해 사람들과 논의해야 한다.

③ 아이들만을 위한 안전한 공공장소가 필요하다.

④ 모든 사람들이 출입할 수 있는 장소가 늘어나야 한다.

쓰기

※ 기사를 읽고 자신의 의견을 써 봅시다.

1. 개요를 써 보십시오.

〈개요〉	
처음	'노 키즈 존'을 찬성합니까? 아니면 반대합니까?
가운데	찬성의 이유가 무엇입니까? ____________________ 반대의 이유가 무엇입니까? ____________________
끝	이 문제를 풀기 위한 방법은 무엇입니까? ____________________

2. 위 개요를 바탕으로 글을 써 보십시오.

15 여행

어휘 I

1. 다음 중 알맞은 단어를 골라 대화를 완성하십시오.

관광지	유적지	유물	문화재

1) 가: 경주는 도시 전체가 큰 박물관 같아요.

   나: 네, 경주는 한국의 옛 수도이기 때문에 옛날 사람들이 사용한 ____________이/가 많아요.

2) 가: 서울에도 ____________이/가 있나요?

   나: 그럼요, 서울에 남대문, 동대문, 경복궁, 덕수궁, 독립문 등 많이 있어요.

3) 가: 요즘 인기 있는 ____________이/가 어디예요?

   나: 요즘은 관광도 하고 다양한 체험도 할 수 있는 곳이 인기가 많아요.

4) 가: 한국의 역사에 대해 알고 싶어요.

   나: 그럼 한국의 ____________을/를 여행해 보세요.

2. 다음 중 알맞은 단어를 골라 대화를 완성하십시오.

선택하다	문의하다	계획을 세우다

1) 가: 손님, 저희 호텔을 예약하시면 아침 식사가 무료입니다.

   한식과 양식 중에서 ____________________. [-(으)십시오]

   나: 그럼 저는 한식으로 정할게요.

2) 가: 우리 이번 방학에 경주로 여행을 가는 게 어때요?

   나: 네, 좋아요. 여행을 가기 전에 여행 ____________________. [-(으)ㅂ시다]

3) 가: 이 여행 상품의 일정을 조금 바꿀 수 있을까요?

   나: 저는 잘 모르겠어요. 여행사에 ____________________. [-아/어/여 보다]

문법 I

1. V-(으)ㄴ/는 반면(에)

1. 다음 대화를 완성하십시오.

1) 가: 무슨 신발을 자주 신어요?

나: 저는 운동화는 자주 ____________ 구두는 잘 신지 않아요.

2) 가: 무슨 영화를 자주 봐요?

나: 액션 영화는 ____________ 공포 영화는 거의 안 봐요.

3) 가: 무슨 색 옷을 자주 입어요?

나: 어두운 색 옷은 자주 ____________ 밝은 색 옷은 잘 안 입어요.

4) 가: 어디에서 쇼핑을 해요?

나: 인터넷 쇼핑은 자주 ____________ 백화점에서는 쇼핑을 잘 하지 않아요.

5) 가: 언니와 취미가 비슷해요?

나: 아니요, 언니는 운동을 ____________ 저는 독서를 좋아해요.

6) 가: 경주에 어떻게 가는 게 좋을까요?

나: 버스로 가면 4시간이 ____________ KTX로 가면 2시간밖에 안 걸려요.

2. 다음 대화를 완성하십시오.

1) 가: 여행지에 가서 가이드를 신청할까요?

나: 가이드는 쉽게 안내해 줘서 ____________ 자유 시간이 부족해서 힘들어요. (편하다)

2) 가: 구두가 정말 예쁘네요.

나: 이 구두는 디자인이 ____________ 불편해서 잘 신지 않아요. (예쁘다)

3) 가: 이 청소기가 어때요?

나: 그 청소기는 성능이 ____________ 소리가 너무 커서 별로예요. (좋다)

4) 가: 약속 장소에 무엇을 타고 갈 거예요?

나: 지하철은 ____________ 복잡해서 버스를 타고 가려고요. (편리하다)

5) 가: 스키장에 언제 갈 거예요?

나: 주말에는 사람이 ____________ 주중에는 사람이 적어서 주중에 가려고 해요. (많다)

2. AV-는 길이다

1. 다음 대화를 완성하십시오.

1) 가: 어디에 가는 길이에요?

나: 머리가 아파서 ______________________. (약국에 약을 사러 가다)

2) 가: 어디에 가는 길이에요?

나: 생일 파티가 있어서 ______________________. (선물을 사러 마트에 가다)

3) 가: 어디에서 오는 길이에요?

나: 책을 반납하려고 ______________________. (도서관에 다녀오다)

4) 가: 어디에 갔다 오는 길이에요?

나: 흐엉 씨와 약속이 있어서 ______________________. (커피숍에 갔다 오다)

2. 다음 대화를 완성하십시오.

1) 가: 언제 편지를 보냈어요?

나: 서점에 가는 길에 우체국에 들러서 편지를 보냈어요. (서점에 가다, 우체국에 들르다)

2) 가: 언제 책을 빌렸어요?

나: ______________________ 책을 빌렸어요.

(학생식당에 가다, 도서관에 들르다)

3) 가: 어디에서 꽃을 살 거예요?

나: ______________________ 꽃을 살 거예요.

(집에 가다, 꽃집에 들르다)

4) 가: 어디에서 과일을 살 거예요?

나: ______________________ 과일을 살 거예요.

(약국에 가다, 시장에 들르다)

5) 가: 왜 지각했어요?

나: ______________________ 지각했어요.

(학교에 오다, 친구를 만나다)

6) 가: 왜 우산을 샀어요?

나: ______________________ 우산을 샀어요.

(집에 오다, 비가 오다)

어휘 II

1. 다음 중 알맞은 단어를 골라 대화를 완성하십시오.

조정하다	상의하다	체험하다

1) 가: 선생님, 문화 수업 때 어디에 가나요?

   나: 민속촌으로 갑니다. 거기에서 도자기 만드는 것도 ________________.

   [-(으)ㄹ 수 있다]

2) 가: 출근 시간에 길이 많이 막혀서 너무 힘듭니다.

   나: 그래서 내년부터 출근 시간을 아침 10시로 ________________. [-기로 하다]

3) 가: 1박 2일 코스와 2박 3일 코스 중에서 무엇을 선택하시겠습니까?

   나: 우선 친구들과 ________________ 결정할게요. [-(으)ㄴ 후에]

2. 다음 중 알맞은 단어를 골라 대화를 완성하십시오.

가이드	펜션	렌터카

1) 가: 외국인들을 위한 여행 상품이 있나요?

   나: 네, 외국인들을 위해 ____________이/가 안내해 주는 여행 상품이 있습니다.

2) 가: 제주도에 여행을 갈 건데 택시로 이동해야 하나요?

   나: 택시도 좋지만 운전을 할 줄 알면 ____________을/를 이용하는 게 더 편할 거예요.

3) 가: 부산에 여행을 가려고 하는데 호텔이 좋을까요?

   나: 호텔은 너무 비싸니까 ____________이/가 더 낫지 않을까요?

문법 II

3. AV-(으)ㄹ까 말까

1. 다음 대화를 완성하십시오.

1) 가: 약을 먹었어요?

나: 아니요, 많이 아프지 않아서 약을 ________________ 생각 중이에요.

2) 가: 친구와 화해했어요?

나: 아니요, 먼저 말을 ________________ 고민 중이에요. (건네다)

3) 가: 컴퓨터를 샀어요?

나: 아니요, 너무 비싸서 ________________ 망설이고 있어요.

4) 가: 비행기 표를 예매했어요?

나: 아니요, 방학에 바빠질 것 같아서 고향에 ________________ 생각 중이에요.

2. 다음 대화를 완성하십시오.

1) 가: 자전거를 샀어요?

나: 아니요, 자전거를 ________________ 고민했지만 탈 시간이 없을 것 같아서 안 샀어요.

2) 가: 방학에 부산도 여행했어요?

나: 아니요, 부산도 ________________________ 고민했지만 경주만 여행했어요.

3) 가: 영화를 봤어요?

나: 아니요, 영화를 ________________ 고민했지만 ________________.

4) 가: 스터디 모임에 가입하기로 했어요?

나: 아니요, 모임에 ________________ 고민했지만 ________________.

3. 다음 대화를 완성하십시오.

1) 가: 왕루 씨가 헤어스타일을 바꿨을까요?

나: 아마 ________________________ 망설이고 있을 거예요.

2) 가: 오위노 씨가 말하기 대회에 나갈까요?

나: 아마 ________________________ 고민하고 있을 거예요.

4. V-(으)면 좋겠다, V-았/었/였으면 좋겠다 N(이)면 좋겠다, N이었/였으면 좋겠다

1. 다음 대화를 완성하십시오.

1) 가: 방학에 무엇을 하고 싶어요?

나: 친구와 함께 태권도를 배우면 좋겠어요. (친구와 함께 태권도를 배우다)

2) 가: 생일에 무슨 선물을 받고 싶어요?

나: ________________________. (향수를 받다)

3) 가: 오늘 저녁에 무슨 음식을 먹고 싶어요?

나: ________________________. (피자를 먹다)

4) 가: 문화 수업 때 어디로 가고 싶어요?

나: ________________________. (동물원으로 가다)

5) 가: 한국에 사는 동안 무엇을 하고 싶어요?

나: ________________________. (친구들을 많이 사귀다)

2. 다음 대화를 완성하십시오.

1) 가: 뮤지컬 공연을 본 적이 있어요?

나: 아직 본 적이 없는데 공연을 보러 갔으면 좋겠어요. (공연을 보러 가다)

2) 가: 집에서 동물을 키운 적이 있어요?

나: 아직 키워 본 적이 없는데 ________________________. (키워 보다)

3) 가: 한국에서 첫 크리스마스를 보내겠네요.

나: 고향에서는 크리스마스 때 눈을 본 적이 없었는데 ________________________.

4) 가: 내일이 시험이네요.

나: 지난 시험은 어려웠는데 이번 시험은 ________________________.

5) 가: 곧 2급 공부가 끝나고 3급 공부를 시작하겠네요.

나: 네, 3급에서도 자르갈 씨와 ________________________. (같은 반이다)

문법 활용

※ 다음 문법을 사용하여 대화를 완성하십시오.

〈문법〉		
AV-는 길에	AV-(으)ㄹ까 말까	V-(으)면 좋겠다, V-았/었/였으면 좋겠다

파하드: 로빈 씨, 우리 이번 주말에 남이섬으로 놀러 가기로 했잖아요.

남이섬까지 무엇을 타고 갈까요? 버스로 ______(가다) 기차로 ______(가다) 고민돼요.

로 빈: 버스가 어때요? 기차보다 버스가 더 편할 것 같아요.

파하드: 음, 좋아요! 남이섬은 가까우니까 아침 일찍 가서 저녁에 돌아오는 게 좋겠지요?

로 빈: 네. 저도 그게 좋을 것 같아요.

여행을 가기 전에 먼저 여행 계획을 세워 봅시다. 우선 제일 하고 싶은 게 뭐예요?

파하드: 남이섬에서 자전거를 타 보고 싶어요.

자전거를 타고 남이섬의 경치를 ______________(구경하다).

로 빈: 좋아요. 그리고 남이섬에 ________(가다) 춘천에서 닭갈비를 먹읍시다.

춘천 닭갈비는 정말 유명해요.

파하드: 아, 맞아요. 저는 춘천에서 닭갈비와 함께 막국수도 ______________(먹다).

사진으로만 봤었는데 얼마나 맛있는지 꼭 먹어 보고 싶어요.

로 빈: 좋아요. 그럼 남이섬 여행에 대한 더 자세한 정보는 인터넷으로 찾아 보기로 해요.

듣기

※ 다음을 듣고 물음에 답하십시오.

1. 두 사람이 무엇에 대해 이야기하고 있는지 고르십시오. (　　　)

① 이번 방학에 한 일　　② 방학을 잘 보내는 방법

③ 방학에 같이 여행할 사람　　④ 이번 방학에 가고 싶은 곳

2. 들은 내용과 같은 것을 고르십시오. (　　　)

① 여자는 전주에 KTX를 타고 가고 싶어 합니다.

② 남자는 전주에서 1박 2일 동안 여행하고 싶어 합니다.

③ 여자는 인터넷으로 경기전과 한옥 마을을 찾아 봤습니다.

④ 남자는 경기전에 가는 길에 한옥 마을에 들르고 싶어 합니다.

읽기

※ 다음을 읽고 물음에 답하십시오.

지난주에 나는 친구들과 함께 전주로 여행을 다녀왔다. 우리는 아침 일찍 고속버스를 타고 전주로 출발했는데 나는 한국에서의 여행이 처음이라서 마음이 설레었다. 오전 8시에 출발해서 오전 11시쯤에 전주에 도착했다.

(㉠) 처음에 간 곳은 경기전이다. 경기전은 조선의 첫 왕의 그림이 있는 곳이었다. 경기전 안에는 박물관도 있어서 한국의 전통 물건도 보고 역사 공부도 할 수 있어서 좋았다. (㉡) 한옥 마을에는 한국의 전통 집들이 많아서 한국의 옛 모습을 추측해 볼 수 있었다. 그리고 우리는 한옥 마을의 한 숙소에서 잠을 자기로 했다. 한옥 숙소가 옛날 집이라서 조금 불편하지 않을까 걱정했지만 냉장고, 에어컨, 텔레비전 등 필요한 물건들이 모두 있어서 전혀 불편하지 않았다. (㉢) 우리는 한옥 숙소에서 짐을 정리한 후에 전주비빔밥을 먹으러 갔다. 전주비빔밥을 주문하니 여러 반찬들과 함께 나왔다. 전주비빔밥을 먹어 보니 왜 유명한지 알 것 같았다. 정말 맛있었다.

이번 전주 여행은 평소 사진에서만 본 곳을 직접 볼 수 있어서 정말 좋았다. (㉣) 그리고 한국 사람들의 문화를 지키려는 노력을 느낄 수 있었다. 여행을 다녀오고 나서 한국을 더 잘 알게 된 것 같다.

1. 다음 문장이 들어갈 곳을 고르십시오. (   )

다음으로 간 곳은 경기전과 가까운 한옥 마을이다.

① ㉠ ② ㉡ ③ ㉢ ④ ㉣

2. 이 글의 내용과 다른 것을 고르십시오. (   )

① 용산역에서 전주역까지 고속버스로 3시간쯤 걸린다.

② 경기전에서는 조선을 세운 첫 왕의 그림을 볼 수 있다.

③ 한옥 마을에는 관광객이 잠을 잘 수 있는 숙소가 있다.

④ 경기전에 가는 길에 식당에 들러서 전주비빔밥을 먹었다.

쓰기

※ 기행문을 써 봅시다.

1. 개요를 써 보십시오.

〈개요〉	
처음	고향에서 언제, 어디를 여행했습니까? ______________________.
가운데	그곳에서 무엇을 했습니까? ______________________.
끝	어땠습니까? ______________________.

2. 위 개요를 바탕으로 글을 써 보십시오.

16 연락

어휘 Ⅰ

1. 다음 중 알맞은 단어를 골라 대화를 완성하십시오.

다행히	열심히	무사히

1) 가: 흐엉은 어떤 학생이에요?

   나: 흐엉은 성격도 차분하고 공부도 ____________ 하는 훌륭한 학생이에요.

2) 가: 이번 학기에 열린 음식 축제는 어땠어요?

   나: 여러 사람들이 노력한 덕분에 ____________ 잘 끝났습니다.

3) 가: 이번에 한국어 시험이 어땠어요?

   나: 제가 운이 좋은 것 같아요. ____________ 수업 시간에 배운 문제가 많이 나왔어요.

2. 다음 중 알맞은 단어를 골라 대화를 완성하십시오.

베풀어 주다	배려하다	아낌없다

1) 가: 할머니께서는 왕루 씨가 어렸을 때 어떠셨습니까?

   나: 할머니께서는 제가 어렸을 때 ____________ 사랑을 보여 주셨습니다.

2) 가: 오랜만이에요. 전화해 줘서 정말 고마워요.

   나: 한국에 있을 때 호의를 ____________ 감사 인사를 드리려고 전화했어요. [-아/어/여서]

3) 가: 왕루 씨는 항상 다른 사람을 먼저 생각하고 도와주려고 하는 것 같아요.

   나: 맞아요. 다른 사람을 먼저 ____________ 마음이 예뻐요.

문법 I

1. V-(으)ㄹ걸요, N일걸요

1. 다음 대화를 완성하십시오.

1) 가: 지금쯤 학생들은 어디에 있을까요?

나: 글쎄요, 10시니까 교실에서 공부할걸요. (10시이다, 교실에서 공부하다)

2) 가: 택시를 타고 가면 약속 시간에 도착할 수 있을까요?

나: 글쎄요, ______________________.

(10분 정도 걸리다, 도착할 수 있다)

3) 가: 자르갈이 한국 음식을 잘 먹겠지요?

나: 글쎄요, ______________________. (맵지 않다, 잘 먹다)

4) 가: 지금쯤 백화점이 문을 닫았겠지요?

나: 글쎄요, ______________________.

(저녁 8시가 지났다, 문을 닫았다)

5) 가: 이 식당에 음식이 어떨까요?

나: 글쎄요, ______________________. (손님이 많다, 맛있다)

6) 가: 요즘 오위노의 고향은 무슨 계절일까요?

나: 글쎄요, ______________________. (12월이다, 여름이다)

2. AV-고 나니(까)

1. 다음 대화를 완성하십시오.

1) 가: 2급 공부가 끝났어요?

나: 네, 그런데 ______________________.

(공부가 끝나다, 친구들과 선생님이 생각나다)

2) 가: 기말 시험을 잘 봤어요?

나: 아니요, ______________________.

(시험이 끝나다, 열심히 준비하지 못한 것이 후회되다)

3) 가: 부모님과 통화해서 기분이 좋아요?

나: 네, 그런데 ______________________.

(부모님과 통화하다, 부모님이 더 보고 싶어졌다)

4) 가: 음악을 잘 들었어요?

나: 네, ______________________________.

(음악을 듣다, 음악 CD가 사고 싶어졌다)

5) 가: 사전에서 단어의 의미를 찾았어요?

나: 네, ______________________________.

(의미를 찾다, 지난번에 배운 것이 기억났다)

6) 가: 6개월이 지났는데 한국 생활이 어때요?

나: ______________________________.

(6개월이 지나다, 한국 생활에 익숙해졌다)

3. (아무리) V-아/어/여도, (아무리) N(이)라도

1. 다음 대화를 완성하십시오.

1) 가: 저는 전공 책을 10번쯤 읽으니까 의미를 이해할 수 있었어요.

나: 그래요? 저는 ______________________________.

(여러 번 읽다, 이해할 수 없다)

2) 가: 듣기 연습을 좀 더 많이 하세요.

나: ______________________________.

(한국어 CD를 여러 번 듣다, 듣기가 좋아지지 않다)

3) 가: 오늘은 늦어서 아침을 못 먹었어요.

나: ______________________________.

(늦다, 아침은 꼭 먹어야 하다)

4) 가: 방이 깨끗하니까 오늘은 청소를 안 할 거예요.

나: ______________________________.

(깨끗하다, 청소를 매일 하는 게 좋다)

5) 가: 이건 맛이 없어서 버려야겠어요.

나: ______________________________.

(맛이 없다, 음식을 버리면 안 되다)

6) 가: 건강에 좋은 약이니까 많이 드세요.

나: ______________________________.

(몸에 좋은 약, 너무 많이 먹으면 건강에 안 좋을 수 있다)

어휘 II

1. 다음 중 알맞은 단어를 골라 대화를 완성하십시오.

입학식	졸업식	수료식

1) 가: 이제 한국어 2급 공부가 모두 끝났습니다.

   나: 내일 10시에 대강당에서 ____________을 하겠습니다.

2) 가: 잠시 후에 ____________이 끝나면 신입생 파티가 있을 겁니다.

   나: 네, 알겠습니다.

3) 가: ____________에서 제가 모든 학생들을 대표해서 인사를 하게 되었습니다.

   나: 네, 졸업을 진심으로 축하합니다.

2. 다음 중 알맞은 단어를 골라 대화를 완성하십시오.

입국하다	출국하다	체류하다

1) 가: 한국어를 배우려고 하는 학생들이 많습니까?

   나: 네, 한국어를 배우려고 ____________ 학생들이 매년 증가하고 있습니다.

   [-(으)ㄴ/는/(으)ㄹ]

2) 가: 대학교를 졸업하고 고향으로 돌아가게 되었습니다.

   나: 아쉽네요. 그런데 언제 ____________? [-(으)ㄹ 거예요]

3) 가: 동생이 어디에 살고 있습니까?

   나: 제 동생은 3년 동안 영국에서 ____________. [-고 있다]

문법 II

4. AV-나 보다/-는가 보다, DV-(으)ㄴ가 보다, N인가 보다

1. 다음 대화를 완성하십시오.

1) 가: 왕루가 지금 식당에서 뭐 할까요?

나: 아직 식당에 있는 걸 보니 밥을 먹나 봐요. / 밥을 먹는가 봐요. (식당에 있다, 밥을 먹다)

2) 가: 흐엉이 지금 방에서 뭐 할까요?

나: ______________________________. (방이 조용하다, 잠을 자다)

3) 가: 지성에게 무슨 일이 있었어요?

나: ______________________________.

(술을 마시다, 안 좋은 일이 있었다)

4) 가: 자르갈에게 무슨 일이 있어요?

나: ______________________________. (목소리가 크다, 화가 났다)

5) 가: 아멜리가 백화점에 왜 갔을까요?

나: ______________________________. (백화점에 갔다, 옷을 살 거다)

2. 다음 대화를 완성하십시오.

1) 가: 오위노 씨가 계속 웃네요.

나: 오위노 씨가 계속 웃는 걸 보니 기분이 좋은가 봐요. (기분이 좋다)

2) 가: 파하드 씨가 아침에 늦잠을 잤네요.

나: ______________________________. (피곤하다)

3) 가: 자르갈 씨가 라면을 세 그릇이나 먹었네요.

나: ______________________________. (라면이 맛있었다)

4) 가: 저 사람이 한국어 책을 읽고 있어요.

나: ______________________________. (유학생이다)

5) 가: 왕루 씨가 오늘 학교에 안 갔네요.

나: ______________________________. (공휴일이다)

5. AV-자마자

1. 다음 대화를 완성하십시오.

1) 가: 사고 싶은 옷을 샀어요?

나: 네, ______________________________. (부모님께 용돈을 받다)

2) 가: 언제 전화가 왔어요?

나: ______________________________. (저녁을 먹다)

3) 가: 벌써 숙제를 다 했어요?

나: 네, ______________________________. (집에 도착하다)

4) 가: 언제 친구에게 연락을 했어요?

나: ______________________________. (학교에 오다)

5) 가: 언제 청소를 할 거예요?

나: ______________________________. (숙제를 끝내다)

2. 다음 대화를 완성하십시오.

1) 가: 출발하면 바로 전화하세요.

나: 네, 출발하자마자 전화할게요. (출발하다, 전화하다)

2) 가: 부산에 도착하면 바로 택시를 타세요.

나: 네, 알겠습니다. ______________________________. (부산에 도착하다, 택시를 타다)

3) 가: 우유를 사면 바로 냉장고에 넣어야 해요.

나: 네, ______________________________. (우유를 사다, 냉장고에 넣다)

4) 가: 비행기를 타면 바로 전화기를 꺼야 해요.

나: 네, ______________________________. (비행기를 타다, 전화기를 끄다)

5) 가: 택배를 받으면 바로 연락하세요.

나: 네, 알겠습니다. ______________________________. (택배를 받다, 연락하다)

문법 활용

※ 다음 문법을 사용하여 대화를 완성하십시오.

〈문법〉			
AV-고 나니(까)	(아무리) V-아/어/여도	AV-나 보다/-는가 보다	AV-자마자

흐 엉: 여보세요? 지앙 씨, 안녕하세요? 저 흐엉예요.

지 앙: 아, 흐엉 씨, 반가워요. 그동안 잘 지냈어요?

흐 엉: 네, 잘 지내고 있어요. 대학원 수업은 어때요?

지 앙: 조금 어렵지만 괜찮아요. 흐엉 씨는 어때요?

흐 엉: 네, 저도 한국 생활을 잘하고 있어요.

지 앙: 한국어 실력이 많이 좋아졌네요.

______________________(요즘 공부를 열심히 하다). 그런데 무슨 일이에요?

흐 엉: 제가 이번 학기에 말하기대회에서 우수상을 받았어요.

상을 ____________(받다) 지앙 씨가 생각났어요. 감사 인사를 하려고요.

한국어 발음이 어려워서 공부를 포기하려고 할 때 저를 가르쳐 줘서 고마워요.

지 앙: 고맙기는요. 흐엉 씨도 열심히 노력했잖아요.

앞으로도 아무리 ____________(힘든 일이 있다) 최선을 다하세요.

흐 엉: 네, 지앙 씨의 얘기를 ____________(듣다) 더 힘이 나네요. 고향에 가면 연락할게요.

지 앙: 네, 흐엉 씨도 잘 지내요.

듣기

※ 다음을 듣고 물음에 답하십시오.

1. 두 사람은 무엇을 하고 있습니까? 알맞은 것을 고르십시오. (　　　)

① 초대 전화　　② 고민 전화

③ 안부 전화　　④ 문의 전화

2. 들은 내용과 같은 것을 고르십시오. (　　　)

① 남자는 장학금을 받자마자 한국에 전화를 걸었다.

② 여자는 대학교를 졸업한 후에 유학을 추천해 주었다.

③ 남자는 한국어 4급 공부를 마치면 고향으로 돌아갈 것이다.

④ 여자는 아무리 힘들어도 열심히 공부해서 대학교에 편입할 것이다.

읽기

※ 다음을 읽고 물음에 답하십시오.

지성 씨에게

안녕하세요? 지성 씨. 잘 지내고 있어요? 인터넷 뉴스에서 한국의 날씨가 많이 추워진 걸 보니까 이제 ___㉠___. 그동안 자주 연락하지 못해서 미안해요.

저는 대학교를 졸업하자마자 고향에 와서 회사에 취직을 했어요. 저는 회사에서 세계 여러 나라에서 온 사람들과 같이 일하고 있어요. 회사 생활이 처음이라서 좀 힘들지만 재미있게 일하고 있어요.

제가 한국에 있을 때 지성 씨가 저를 도와준 일을 잊을 수가 없어요. 한국어 발음을 도와주고 몸이 아플 때 병원에 데리고 가 주었잖아요. 지금 생각해 보면 지성 씨가 얼마나 고마운지 몰라요.

참, 기쁜 소식이 하나 있어요. 저는 요즘 회사에 있는 사람들에게 한국어를 가르쳐 주고 있어요. 제 발음을 듣고 모두 칭찬해 주었어요. 이게 다 지성 씨 덕분이에요. 이번 휴가 때 한국에 가려고 해요. 한국에 가면 지성 씨에게 꼭 연락할게요. 그럼 늘 건강하게 잘 지내요.

러시아에서 친구가

1. ㉠에 들어갈 알맞은 것을 고르십시오. (　　　)

① 겨울인가 봐요　　② 겨울이면 좋겠어요

③ 겨울이기 쉬워요　　④ 겨울일 수도 있어요

2. 이 글의 내용과 같은 것을 고르십시오. (　　　)

① 지성은 러시아에 있는 친구에게 편지를 보낼 것이다.

② 지성은 이번 휴가 때 러시아에 가서 친구를 만날 것이다.

③ 친구는 대학교를 졸업한 다음에 한국 회사에 취직을 했다.

④ 친구는 한국에 있을 때 지성 씨에게서 많은 도움을 받았다.

쓰기

※ 친구에게 감사 편지를 써 봅시다.

1. 개요를 써 보십시오.

〈개요〉	
처음	누구에게 보낼 겁니까? ______________________.
가운데	그 친구가 왜 고맙습니까? ______________________.
끝	그 친구에게 무엇을 해 주고 싶습니까? ______________________.

2. 위 개요를 바탕으로 글을 써 보십시오.

__________ 씨에게

안녕하세요? __________ 씨, 잘 지내고 있어요?

__________에서 친구가

듣기 지문

1과 듣기 지문

※ 다음을 듣고 물음에 답하십시오.

남자: 처음 뵙겠습니다. 저는 나라라고 합니다. 저는 캄보디아에서 왔습니다. 한국에 온 지 3개월이 됐습니다. 저는 자동차에 관심이 많아서 고향에서 기계공학을 전공했습니다. 특히 한국의 자동차를 좋아해서 한국 자동차 회사에서 일하려고 한국에 왔습니다. 한국어를 공부한 후에 한국에서 일하고 싶습니다. 앞으로 잘 부탁드립니다.

여자: 안녕하세요? 만나서 반갑습니다. 저는 일본에서 온 유키코라고 합니다. 한국에 온 지 1년쯤 됐습니다. 저는 고향에서 무역회사에서 일했습니다. 하지만 패션에 관심이 많았고 특히 한복을 좋아해서 한국 전통 의상을 공부하려고 한국에 왔습니다. 지금은 여러분과 함께 언어교육원에서 한국어를 배우고 있습니다. 한국어를 배운 후에 대학교에 입학해서 한국의 전통 의상을 공부하고 싶습니다. 앞으로 여러분과 잘 지내고 싶습니다.

2과 듣기 지문

※ 다음을 듣고 물음에 답하십시오.

남자: 이제 곧 가을이에요. 가을 옷이 많아요?

여자: 한국에 올 때 여름옷만 가지고 와서 걱정이에요.
옷을 좀 싸게 사는 방법이 없을까요?

남자: 작년 옷은 올해 옷에 비해 싸게 살 수 있어요.

여자: 그래요? 어디에서 작년 옷을 팔아요?

남자: 백화점에서 할인할 때 가 보세요.
저도 광고를 보고 알게 되어서 지난주에 싼 가을 옷을 몇 벌 샀어요.

여자: 지금도 할인 행사 중이에요?

남자: 네, 이번 주말까지예요. 한번 가 보세요.

여자: 오늘 수업이 끝난 다음에 한번 가 볼게요.

3과 듣기 지문

※ 다음을 듣고 물음에 답하십시오.

남자: 아멜리 씨는 스키를 타 본 적이 있어요?

여자: 네, 고향에 있었을 때 방학이 되면 자주 타러 갔어요.

남자: 어렵지 않았어요?

여자: 배우는 동안에 조금 어려웠어요.

남자: 저는 스키를 배운 적이 없는데 한번 배워 보고 싶어요.

여자: 그래요? 제가 가르쳐 드릴까요?

남자: 정말요? 고마워요.

여자: 그럼 언제 스키장에 갈까요?

남자: 이번 주 토요일에 가기로 해요.

여자: 좋아요. 이번 주 토요일에 가요.

4과 듣기 지문

※ 다음을 듣고 물음에 답하십시오.

일기예보: 오늘 서울 낮 기온이 35.8도까지 올라갔습니다, 경기도는 34도였고 경상도는 33도 전라도는 33.5도였습니다. 내일도 폭염과 열대야가 계속 되겠습니다. 그리고 모레부터는 태풍이 불어서 바람이 강해지고 비가 내리겠습니다. 지금까지 일기예보였습니다.

남자: 내일도 덥겠네요.

여자: 네, 내일도 엄청 더울 것 같아요. 더우니까 힘도 없고 공부도 안돼요.

남자: 빨리 계절이 가을로 변하면 좋겠어요.

여자: 이번 주만 지나면 좀 시원해지기 시작할 거예요.
남자: 그런데 우리는 방학이 언제예요?
여자: 기말 시험과 수료식이 끝나면 방학이에요.
남자: 너무 더워서 그때까지 기다릴 수 없을 것 같아요.

5과 듣기 지문

※ 다음을 듣고 물음에 답하십시오.

남자: 아멜리 씨, 집들이는 잘 했어요?
여자: 네, 우리 반 친구들과 한국 친구들을 초대해서 집들이를 했어요.
남자: 어땠어요?
여자: 집들이를 해 본 적이 없어서 조금 걱정이 되기는 했지만 친구들이 이사를 많이 축하해 줘서 기분이 아주 좋았어요.
남자: 음식 준비는 힘들지 않았어요?
여자: 아니요, 친구들이 일찍 와서 음식 만드는 것을 도와줘서 힘들지 않았어요.
프랑스 음식도 만들고 한국 음식도 만들어서 먹었는데 정말 맛있었어요.
남자: 와, 재미있었겠어요. 선물도 많이 받았어요?
여자: 네, 과일과 꽃, 케이크 등 선물을 많이 받았는데 특히 지성 씨한테서 받은 휴지와 세제가 제일 마음에 들었어요.
남자: 왜요?

6과 듣기 지문

※ 다음을 듣고 물음에 답하십시오.

남자: 아멜리 씨는 한국 음식 중에 무엇을 좋아하세요?
여자: 저는 떡으로 만든 음식을 모두 좋아해요.
남자: 떡으로 만든 음식이요? 그게 어떤 음식인데요?
여자: 떡국에다가 간장 떡볶이 등 여러 가지가 있어요. 파하드 씨는 떡으로 만든 음식을 먹어 봤어요?
남자: 전 떡볶이만 먹어 봤어요. 아멜리 씨는 그 음식을 모두 만들 줄 알아요?
여자: 떡볶이만 만들 줄 알아요. 떡국은 명절에 친구 집에서 먹어 봤어요.
남자: 그런데 간장 떡볶이는 안 매워요?
여자: 친구 어머니께서 만들어 놓은 떡볶이를 먹은 적이 있는데 안 매웠어요.
남자: 그래요? 저도 먹어 보고 싶어지네요.
여자: 다음에 제가 친구의 어머니께 요리 방법을 배워서 만들어 줄게요.

7과 듣기 지문

※ 다음을 듣고 물음에 답하십시오.

여자: 저, 이 옷을 환불하고 싶은데요.
남자: 무슨 이유 때문에 환불하려고 하십니까?
여자: 입어 보니까 좀 작아 가지고요.
남자: 환불하려면 영수증이 필요한데 가지고 오셨습니까?
여자: 네, 가지고 왔어요. 여기요.
남자: 잠시 기다려주세요. (잠시 후) 죄송합니다.
구매 후 일주일이 지나서 환불이 어려울 것 같습니다.
환불 대신에 다른 상품으로 바꾸시면 쿠폰을 드리겠습니다.
여자: 그럼 좀 작은 것으로 바꿔 주세요.
남자: 색깔은 같은 색으로 드릴까요?
여자: 네, 같은 색으로 주세요.

8과 듣기 지문

※ 다음을 듣고 물음에 답하십시오.

여자: 주말에 주로 무엇을 해요?
남자: 저는 주로 문학산에 가요.
여자: 문학산은 올라가기가 힘들지 않아요?

남자: 산 정상으로 바로 올라가면 힘들 수도 있어요. 하지만 산책로를 걷는 것은 힘들지 않아요.

여자: 산책로요?

남자: 문학산 산책로는 힘들지 않아서 아이들도 많이 걸어요.

여자: 산책로는 어디에서 출발해요?

남자: 송도역 뒤쪽에서 등산로가 시작돼요.

여자: 보통 몇 시간 정도 걸어요?

남자: 1시간 30분 정도 걸어요. 어려운 길은 아니에요. 걷는 중에 쉴 수도 있어요.
다 걸으면 땀이 나고 기분이 좋잖아요. 같이 가요.

여자: 다음 주에 저도 한번 가 볼까요?

9과 듣기 지문

※ 다음을 듣고 물음에 답하십시오.

남자: 어디가 많이 아파요? 얼굴이 안 좋아 보이네요.

여자: 배가 아파요. 사흘 전부터 아프기 시작했어요.

남자: 병원에 가 봤어요?

여자: 네, 병원에 가고 약도 먹었는데 계속 아파요.

남자: 어떻게 아픈데요?

여자: 처음에는 감기처럼 열도 나고 머리도 어지러워서 약국에서 감기약을 사서 먹었어요. 그런데 오늘은 배도 아프면서 설사를 하기 시작했어요.

남자: 오늘도 병원에 갔어요?

여자: 아니요. 아직 안 갔어요. 지금 가려고요.

남자: 제가 같이 가 드릴까요? 병원까지 가려면 힘들잖아요.

여자: 네, 배가 아파서 그런지 걸을 때 너무 힘드네요. 병원까지 같이 좀 가 주세요.

10과 듣기 지문

※ 다음을 듣고 물음에 답하십시오.

남자: 흐엉 씨, 헤어스타일을 바꿨네요? 머리를 자르고 파마를 하니까 더 귀여워 보여요.

여자: 아, 자르갈 씨, 고마워요. 파마를 처음 해 봤는데 괜찮은가요?

남자: 네, 아주 잘 어울려요. 그리고 줄무늬 블라우스와 까만색 치마를 입어서 그런지 오늘 좀 더 단정해 보이는 것 같아요.

여자: 아, 오늘 수업 시간에 발표를 해요.
많은 사람들 앞에서 이야기를 해야 해서 좀 단정하게 입어 봤어요.

남자: 저도 다음 주에 취업 면접이 있는데 어떤 옷을 입는 게 좋을까요?

여자: 제 생각에 자르갈 씨는 셔츠가 잘 어울릴 것 같아요.
그리고 취업 면접이니까 너무 화려한 색보다 좀 어두운 색 셔츠가 어때요?

남자: 셔츠는 잘 안 입는 편인데 저한테 어울릴까요?

여자: 네, 면접을 볼 때는 티셔츠보다 셔츠가 더 좋아요.
그리고 어두운 색 셔츠는 단정해 보일 것 같아요.

남자: 아, 그래요? 흐엉 씨의 말을 들으니까 스타일을 한번 바꿔 보고 싶네요. 고마워요.

11과 듣기 지문

※ 다음을 듣고 물음에 답하십시오.

여자: 주말에 강원도 정동진에 가고 싶은데 어떻게 가는 방법이 좋은지 잘 모르겠어요.

남자: 기차로 정동진에 가려면 청량리역으로 가서 무궁화호 기차를 타세요.
청량리역에서 정동진역까지 약 5시간쯤 걸릴 거예요.

여자: 그럼, 버스로 가는 방법도 알려 줄 수 있어요?

남자: 네, 버스로 정동진에 가려면 인천터미널로 가서 강릉행 고속버스를 타면 돼요.
강릉터미널에 도착해서 정동진까지 가는 좌석버스로 갈아타세요.
시간은 약 4시간 정도 걸릴 거예요.
여자: 아, 버스로 가면 더 빨리 도착할 수 있겠네요.
남자: 그렇죠, 버스가 시간은 조금 빠를 거예요.
하지만 기차를 타면 동해 바다를 구경할 수 있어서 좋아요.
동해 바다는 경치가 제주도만큼 아름다워요.

12과 듣기 지문

※ 다음을 듣고 물음에 답하십시오.

남자: 저……. 우리 얘기 좀 할 수 있을까요?
여자: 아, 그래요. 그런데 왜요?
남자: 많이 생각을 해 봤는데……. 제가 잘못한 것 같아요. 미안해요.
저는 농담으로 한 말이었지만 왕루 씨가 기분이 안 좋았을 것 같아요.
여자: 아니에요. 오위노 씨가 농담으로 재미있게 한 말인데 제가 화부터 내서 미안해요.
남자: 재미있는 농담을 하면 왕루 씨가 잘 웃어 줘서 제가 잘못한 걸 몰랐어요.
그래서 계속 농담을 했어요.
여자: 저도 화를 내고 나서 얼마나 후회했는지 몰라요. 먼저 사과할까 했는데 용기가 나지 않았어요.
남자: 그렇게 말해 줘서 고마워요.
여자: 고맙기는요, 누구나 실수를 할 수 있잖아요. 앞으로는 더 사이좋게 지내요.
남자: 네, 앞으로는 말조심해야겠어요.
다른 사람의 기분을 생각하지 않고 농담을 했는데 다른 사람에게 상처가 되는 것을 몰랐어요.
여자: 이번 일이 서로를 더 잘 이해할 수 있는 좋은 경험이 된 것 같네요.

13과 듣기 지문

※ 다음을 듣고 물음에 답하십시오.

남자: 시간이 늦었는데 컴퓨터 앞에서 뭐하고 있어요?
여자: 선배님, 제가 지금 아르바이트를 구하고 있어요.
남자: 지난 시험에 성적도 안 좋았는데 왜 일을 하려고 해요?
여자: 제가 요즘 돈이 좀 부족해서 돈을 좀 벌려고요.
남자: 부모님께서 보내 주신 돈을 벌써 다 썼어요?
여자: 네, 오래 전부터 사고 싶은 안경이 있었는데 지난주에 그 안경을 샀어요.
가방도 하나 사고 싶은데 너무 비싸니까 제가 일을 할 수밖에 없어요.
남자: 우리는 유학생이에요. 지금 그런 가방을 사는 것이 중요하지 않잖아요.
여자: 지금 안 사면 그 가방을 못 살까 봐 걱정이 되어서요.
남자: 가방을 사고 나면 또 다른 물건이 사고 싶어질 거예요.
그러니까 꼭 필요한 물건만 사고 돈을 절약하세요.

14과 듣기 지문

※ 다음을 듣고 물음에 답하십시오.

남자: 지하철을 이용할 때는 다음과 같은 점에 주의해야 한다.
첫째, 이어폰으로 음악을 들을 때 소리를 작게 해야 한다. 다른 사람들이 시끄러워할 수 있기 때문이다.
둘째, 음료수나 음식을 들고 타면 안 된다. 복잡한 지하철에서 음식을 먹으면 다른 사람에게 피해를 줄 수 있다.
셋째, 교통약자석은 언제나 비워 둬야 한다. 교통약자석은 앉았다가 양보하는 자리

가 아니라 교통약자를 위한 자리이기 때문이다.
넷째, 지하철에서 휴대전화를 사용할 때는 작은 목소리로 통화해야 한다. 나에게는 중요한 전화이나 다른 사람에게는 시끄러울 수 있기 때문이다.
다섯째, 어린이가 지하철을 이용할 때 언제나 보호자와 함께 탄다.
이러한 규칙에 따라서 지하철을 이용하면 누구나 편리하게 탈 수 있을 것이다.

15과 듣기 지문

※ 다음을 듣고 물음에 답하십시오.

남자: 아멜리 씨, 우리 이번 방학에 자르갈 씨와 함께 여행을 가기로 했잖아요.
자르갈 씨는 전주에 가고 싶어 하는데, 아멜리 씨는 어때요?

여자: 아, 저도 좋아요. 전주에 꼭 한번 가 보고 싶었어요.

남자: 그래요? 그럼 우리 전주로 가요.
버스를 타려면 인천에서 출발할 수 있는 반면에 KTX를 타려면 용산역에서 출발해야 해요.

여자: 그럼 인천에서 고속버스를 타고 가요.
전주에는 관광지와 유적지가 많이 있으니까 1박 2일이 좋겠지요?

남자: 네, 1박 2일이 좋을 것 같아요.
그럼 여행 계획을 세우기 전에 서로 가 보고 싶은 장소에 대한 정보를 찾아볼까요?

여자: 네, 인터넷으로 정보를 찾아보기로 해요.

남자: 제가 조금 알아봤는데 경기전과 한옥 마을이 유명한 것 같아요. 그리고 두 장소가 아주 가까워요.

여자: 그래요? 저도 한옥 마을에 대해서는 들어봤어요. 그런데 경기전은 잘 모르겠어요.
한옥 마을에 가는 길에 경기전에 들러서 구경할까요?

남자: 네, 그게 좋겠네요! 그럼 더 자세한 정보를 찾아본 후에 여행 계획을 세웁시다.

16과 듣기 지문

※ 다음을 듣고 물음에 답하십시오.

여자: 선생님, 안녕하세요? 잘 계셨어요? 고향은 겨울이지요?

남자: 네, 겨울이라서 조금 추워요. 왕루는 한국에서 어떻게 지내고 있어요?
목소리가 밝은 걸 보니까 기분 좋은 일이 있나 봐요.

여자: 네, 선생님. 기쁜 소식이 있어요. 저는 열심히 공부해서 이번 학기에도 장학금을 받았어요.
장학금을 받자마자 선생님이 생각났어요.

남자: 아, 그래요? 어려운 한국어 공부를 잘하고 있어서 정말 좋네요.

여자: 제가 대학교 2학년을 마치고 유학 문제를 고민할 때 선생님께서는 한국 유학을 추천해 주셨잖아요. 저는 선생님 말씀처럼 한국어 4급 공부를 마치면 대학교에 편입을 하려고 해요.

남자: 그래요. 아무리 힘든 일이 있어도 최선을 다해야 해요.

여자: 네, 선생님. 항상 선생님의 말씀을 기억할게요.

남자: 왕루의 전화를 받고 나니까 저도 기분이 좋아요.

여자: 네, 선생님. 앞으로 제가 자주 전화를 드릴게요. 그럼, 안녕히 계세요.

남자: 연락해 줘서 고마워요. 왕루도 잘 지내요.

1 자기 소개

어휘 I

1. 1) 개월, 개월
   2) 얼마나
   3) 얼마

문법 I

1. N(이)라고 하다

1.

저는 N(이)라고 합니다	
박지성	박지성이라고 합니다.
로빈	로빈이라고 합니다.
아멜리	아멜리라고 합니다.

2. 1) 장춘이라고 합니다.
   2) 나타샤라고 합니다.
   3) 미셸이라고 합니다.
   4) 바스카라고 합니다.

3. 1) 한옥이라고
   2) 사물놀이라고
   3) 동아리라고
   4) 선배라고

2. DV-게

1. 1) 따뜻하게
   2) 예쁘게
   3) 짧게

2. 1) 밝게
   2) 싱겁게
   3) 자세하게
   4) 크게
   5) 시끄럽게

3. AV-(으)ㄴ 지

1. 1) 한국에 온 지 8개월이 됐어요.
   2) 고향에 갔다 온 지 한 달이 됐어요.
   3) 대학교에 입학한 지 반 년이 됐어요.
   4) 부모님을 만난 지 3개월이 됐어요.
   5) 남자친구와 헤어진 지 1년이 됐어요.

어휘 II

1. 1) 영문학
   2) 연극영화학
   3) 한국학
   4) 경영학
   5) 신문방송학
   6) 한국어교육학
   7) 생물학
   8) 무역학
   9) 기계공학
   10) 역사학

문법 II

4. AV-(으)려고

1.

AV-(으)려고			
찾다	찾으려고	모으다	모으려고
듣다	들으려고	졸업하다	졸업하려고
만들다	만들려고	청소하다	청소하려고

2. 1) 방학에 여행하려고 돈을 모아요
   2) 대학교에 입학하려고 한국어를 공부해요
   3) 친구들에게 고향 음식을 만들어 주려고 마트에 가요
   4) 제 생일에 친구들을 초대하려고 편지를 썼어요

3. 1) 책을 사려고 서점에 가고 있어요
   2) 이사하려고 짐을 정리하고 있어요
   3) 영화를 보려고 표를 예매하고 있어요
   4) 밥을 먹으려고 음식을 주문했어요

5. N에 대해(서)

1. 1) 환경 문제에 대해서 말할 거예요
   2) 세계의 날씨에 대해서 발표할 거예요
   3) 고향의 전통 문화에 대해서 이야기할 거예요
   4) 최신 음악에 대해서 발표하고 싶어요
   5) 한국에서의 재미있는 경험에 대해서 이야기하고 싶어요

2. 1) 회사의 CEO입니다.
   그래서 저는 경여에 대한 공부를 하고 싶습니다
   2) 과학자입니다.
   그래서 저는 물리에 대한 공부를 하고 싶습니다

3) 신문기자입니다.
그래서 저는 신문방송에 대한 공부를 하고 싶습니다
4) 한국어 선생님입니다.
그래서 저는 한국어교육에 대한 공부를 하고 싶습니다

문법 활용

※ 다음 문법을 사용하여 대화를 완성하십시오.

아멜리라고, 파하드라고, 온 지, 온 지, 온 지, 에 대해, 되려고, 에 대해, 되려고

듣기

※ 다음을 듣고 물음에 답하십시오.

1. ③
2. ④

읽기

※ 다음을 읽고 물음에 답하십시오.

1. ②
2. ③

2 한국 생활

어휘 I

1. 1) 외국인 등록증
2) 학생증
3) 여권
4) 비자

2. 1) 충분해요
2) 신청할 수 있어요
3) 부족해서

문법 I

1. AV-는 중이다, N 중에

1. 1) 음악을 듣는 중이에요
2) 역사책을 읽는 중이에요
3) 커피를 마시는 중이에요
4) 점심을 먹는 중이에요

2. 1) 어제 수업 시간 중에 봤어요
2) 제주도 여행 중에 찍었어요
3) 방학 중에 배울 거예요
4) 선생님께서는 지금 식사 중이세요
5) 할머니께서는 지금 운동 중이세요

2. V-(으)ㄹ 때, N 때, N일 때

1. 1) 웃을 때 예쁩니다
2) 옷을 입을 때 거울을 봅니다
3) 음악을 들을 때 이어폰을 사용합니다
4) 학교에 갈 때 친구를 만났습니다
5) 머리가 아플 때 이 약을 먹을 겁니다
6) 미국에서 온 제 친구인데요(친군데요)

2. 1) 1학기 때 이 문법을 배웠습니다
2) 지난 겨울방학 때 제주도에 처음 갔습니다
3) 오늘 저녁 때 쇼핑을 할 겁니다
4) 고등학생 때 한국어를 처음 배웠습니다
5) 스무 살 때 처음 혼자 여행을 했습니다

어휘 II

1. 1) 전세
2) 부동산 중개사 사무소
3) 월세
4) 보증금

2. 1) 집을 구했어요
2) 계약하
3) 이사하려고 해요

문법 II

3. N에 비하다

1. 1) 한국에 비해서 중국이 더 넓어요
2) 서울에 비해서 제주도가 더 따뜻해요
3) 후문에 있는 식당에 비해서 학생 식당이 더 맛있어요
4) 김치찌개에 비해서 불고기를 더 좋아해요
5) 시장에 비해서 백화점이 더 편해요

2. 1) 할머니께서 연세에 비해서 건강하세요
2) 공부 시간에 비해서 시험 결과가 나빠요
3) 노트북의 값에 비해서 품질이 좋아요
4) 교실 크기에 비해서 사람이 많아요
5) 겨울 날씨에 비해서 따뜻해요

4. AV-(으)ㄴ 다음에

1. 1) 저녁을 먹은 다음에 고향에 전화를 해요
   2) 선생님이 오신 다음에 수업을 시작해요
   3) 한국어 공부가 끝난 다음에 대학교에 입학했어요
   4) 은행에서 돈을 찾은 다음에
   5) 시험이 끝난 다음에 / 친구와 영화관에 가서 영화를 볼 거예요

5. AV-게 되다

1. 1) 한국 음식을 먹게 되었어요
   2) 한국 음악을 듣게 되었어요
   3) 인천에 살게 되었어요
   4) 좋아하게 되었어요 / 좋아하게 되었어요
   5) 요리를 잘하게 되었어요 / 요리를 잘하게 되었어요

문법 활용

※ 다음 문법을 사용하여 대화를 완성하십시오.

오게 되었어요, 다닐 때, 오게 되었어요, 오게 되었어요, 공부하는 중에, 졸업한 다음에,

듣기

1. ③
2. ②

읽기

1. ④
2. ③

3 경험과 계획

어휘 I

1. 1) 유행해요
   2) 문화
   3) 차이

2. 1) 드라마
   2) 방송한
   3) 편

문법 I

1. AV-(으)ㄴ 적이 있다/없다

1. 1) 한복을 입은 적이 있어요
   2) 일본 음식을 먹은 적이 있어요
   3) 부산을 여행한 적이 있어요
   4) 한국 노래를 들은 적이 있어요
   5) 김밥을 만든 적이 있어요

2. 1) 삼계탕을 먹은 적이 없어요
   2) 한국 소설을 읽은 적이 없어요
   3) 베트남어를 배운 적이 없어요
   4) 제주도에 간 적이 없어요
   5) 경복궁을 구경한 적이 없어요

2. V-(으)ㄴ/는데요, N인데요

1. 1) 음악을 듣는데요
   2) 자르갈이 왔는데요
   3) 흐엉 씨와 같이 먹을 건데요
   4) 좀 큰데요
   5) 재미있었는데요
   6) 미국에서 온 제 친구인데요(친군데요)

2. 1) 왜 일요일에 학교에 가는데요?
   2) 어디에서 왕루 씨를 만났는데요?
   3) 얼마 동안 도서관에 있을 건데요?
   4) 무슨 영화를 보고 싶은데요?
   5) 어제 얼마나 더웠는데요?
   6) 지금 몇 시인데요(몇 신데요)?

어휘 II

1. 1) 면접
   2) 상담

문법 II

3. AV-는 동안(에)

1. 1) 집에서 쉬는 동안(에)
   2) 저녁을 먹는 동안(에)
   3) 숙제를 하는 동안(에)
   4) 아이들이 학교에 가고 없는 동안(에)

2. 1) 지하철을 타는 동안에 잡지를 봐요
   2) 부산을 여행하는 동안에 즐거웠어요
   3) 인하대학교에서 공부하는 동안에 인천에 살 거예요
   4) 한국어를 배우는 동안 힘들었어요

4. AV-기로 하다

1. 1) 한국어만 사용하기로 해요
   2) 모레 만나기로 해요
   3) 놀이 공원에 가기로 해요
   4) 늦게 온 사람이 커피를 사 주기로 해요

2. 1) 올해는 꼭 담배를 끊기로 했어요
   2) 친구와 영화를 보기로 했어요
   3) 일본어를 배우기로 했어요
   4) 가족과 같이 세계 여행을 하기로 했어요

문법 활용

※ 다음 문법을 사용하여 대화를 완성하십시오.

여행한 적이 있어요. 여행한 적이 있어요. 있는 동안 여행하기로 했어요

듣기

※ 다음을 듣고 물음에 답하십시오.

1. ②
2. ②

읽기

※ 다음을 읽고 물음에 답하십시오.

1. ④
2. ②

4 날씨와 생활

어휘 I

1. 1) 안개가 껴서
   2) 황사가 있으니까
   3) 날씨가 개면

2. 1) 꽃샘추위
   2) 폭우
   3) 폭설

문법 I

1. V-네요, N(이)네요

1. 1) 맵네요
   2) 좁네요
   3) 멋있네요
   4) 키가 아주 크네요
   5) 사무실이 참 깨끗하네요

2. 2) 아쉬웠겠네요
   3) 추웠겠네요

3. 1) 황사네요
   2) 감기네요

2. V-(으)ㄴ/는/(으)ㄹ 것 같다, N인/일 것 같다

1. 1) 자는 것 같아요
   2) 비가 오는 것 같아요
   3) 어젯밤에 눈이 내린 것 같아요
   4) 상한 우유를 마신 것 같아요
   5) 비가 올 것 같아요

2. 1) 기분이 좋은 것 같아요
   2) 몸이 아픈 것 같아요
   3) 맛있을 것 같아요
   4) 시원할 것 같아요

3. 1) 왕루 씨인 것 같았어요
   2) 자르갈 씨의 가방일 것 같아요

어휘 II

1. 1) 전국
   2) 최고 기온
   3) 최저 기온
   4) 쌀쌀해요

2. 1) 강원도
   2) 중부
   3) 경상도
   4) 제주도
   5) 전라도
   6) 남부
   7) 충청도
   8) 경기도

문법 II

3. DV-아/어/여지다

1. 1) 맑아져요
   2) 좋아지네요
   3) 나빠지고 있어요
   4) 따뜻해지니까

2. 1) 많아졌어요
   2) 비싸졌어요

3) 짧아졌어요
4) 시원해졌으니까

3. 1) 좋아질 거예요
2) 재미있어질 거예요
3) 건강해지실 거예요
4) 어두워졌으니까

4. AV-기 시작하다

1. 1) 눈이 내리기 시작하니까
2) 길이 막히기 시작하니까
3) 바람이 불기 시작하니까
4) 한국어 문법이 어려워지기 시작하니까

2. 1) 약을 먹기 시작했어요
2) 사귀기 시작했어요
3) 배우기 시작했어요
4) 태풍이 불기 시작했어요
5) 차가 막히기 시작할 거예요

5. N(으)로③

1. 1) 한국 돈으로 바꿔주세요
2) 예쁜 색으로 변했어요
3) 닭으로 자랐어요
4) 흰색으로 변했어요
5) 가을로 변했네요

문법 활용

※ 다음 문법을 사용하여 대화를 완성하십시오.

재미있겠네요, 비가 올 것 같아요, 추워지니까, 로 변하기 시작하니까, 못 갈 것 같아요

듣기

※ 다음을 듣고 물음에 답하십시오.

1. ①
2. ①

읽기

※ 다음을 읽고 물음에 답하십시오.

1. ①
2. ③

5 초대와 방문

어휘 I

1. 1) 잠깐
2) 깜빡
3) 깜짝

문법 I

1. AV-(으)ㄹ래요 / AV-(으)ㄹ래요?

1.

AV-(으)ㄹ래요		AV-(으)ㄹ래요?	
먹다	먹을래요	받다	받을래요?
보다	볼래요	사귀다	사귈래요?
복습하다	복습할래요	여행하다	여행할래요?

2. 1) 읽을래요, 신문을 읽을래요
2) 살래요, 바나나를 살래요
3) 숙제할래요, 도서관에서 숙제할래요

3. 1) 갈래요, 등산하러 갈래요
2) 볼래요, 친구들과 함께 영화를 볼래요
3) 사러 갈래요, 백화점에 옷을 사러 갈래요
4) 배울래요, 계획이 있어서 수영을 배우지 않을래요
5) 공부할래요, 다른 모임에 나가야 해서 안 갈래요
6) 신청할래요, 자신이 없어서 다음에 신청할래요

2. V-기 때문에, N 때문에, N(이)기 때문에

1. 1) 친구들과 여행을 가서 사진을 많이 찍고 싶기 때문에
2) 감기에 걸렸기 때문에
3) 잘 보고 싶기 때문에
4) 버스가 늦게 왔기 때문에
5) 친구가 약속을 지키지 않았기 때문에
6) 날씨가 안 좋았기 때문에

2. 1) 장마 기간이기 때문에
2) 일요일이기 때문에
3) 어버이날이기 때문에
4) 방학이기 때문에
5) 영화감독이기 때문에
6) 여자대학교이기 때문에 / 여자대학교기 때문에

3. 1) 왜냐하면 시험기간이기 때문이에요
2) 왜냐하면 요즘 비가 너무 많이 왔기 때문이에요
3) 왜냐하면 어제 너무 더워서 잠을 잘 못 잤기 때문이에요
4) 왜냐하면 전자회사에서 일하고 싶기 때문이에요
5) 왜냐하면 오늘이 제 친구의 생일이기 때문이에요

어휘 II

1. 1) 빈손으로 가지 않을게요
2) 도움이 될 거예요

문법 II

3. V-기는 하지만, N(이)기는 하지만

1. 1) 비가 많이 오기는 하지만 춥지 않아요
2) 요리를 자주 하기는 하지만
3) 한국어 공부가 어렵기는 하지만 재미있어요
4) 티셔츠가 예쁘기는 하지만 너무 비싼 것 같아요

2. 1) 밥을 먹기는 했지만
2) 피아노를 배우기는 했지만
3) 편지를 받기는 했지만 답장은 쓰지 못했어요
4) 축구 경기가 재미있기는 했지만 져서 아쉬웠어요

3. 1) 백화점에 가기는 하겠지만
2) 지금 가면 가수를 보기는 하겠지만
3) 대학교 공부가 어렵기는 하겠지만
4) 비가 오기는 하겠지만

4. 1) 중고차이기는 하지만
2) 인기 있는 영화이기는 하지만
3) 좋은 사람이기는 했지만 마음에 들지 않았어요
4) 친한 친구이기는 하지만 자주 연락하지 않아요

4. DV-아/어/여하다

1. 1) 매워하세요
2) 재미있어하세요
3) 너무 어려워하지
4) 너무 부끄러워하지

5. N이나 / N밖에

1. 1) 5번이나 가 봤어요
2) 1병밖에 없어요

문법 활용

※ 다음 문법을 사용하여 대화를 완성하십시오.

갈래요, 빌려주기 때문에, 잘 못치기는 하겠지만

듣기

※ 다음을 듣고 물음에 답하십시오.

1. ③
2. ①

읽기

※ 다음을 읽고 물음에 답하십시오.

1. ③
2. ④

6 음식

어휘 I

1. 1) 고소해서
2) 담백해요

2. 1) 볶아서
2) 끓일 때
3) 삶아요
4) 비벼서
5) 썰어서

문법 I

1. AV-(으)ㄹ 줄 알다/모르다①

1. 1) 매운 음식을 먹을 줄 알아요
2) 야구를 할 줄 몰라요
3) 고향 음식을 만들 줄 알아요

2. 1) 1급 때까지 읽을 줄 몰랐는데 지금은 읽을 줄 알아요
2) 지난달까지는 탈 줄 몰랐는데 지금은 탈 줄 알아요
3) 작년까지 찍을 줄 몰랐는데 지금은 찍을 줄 알아요

2. N(으)로④

1. 1) 비빔밥은 밥과 채소 그리고 고추장으로 만들어요
2) 이 건물은 유리와 돌로 만들었어요
3) 나무로 만들어서

3. N에다가

1. 1) 감기에다가 몸살 때문에
   2) 눈에다가 비가 와서
   3) 학교 수업에다가 한국어 시험 준비 때문에
   4) 칼국수에다가 비빔밥을 먹었어요

2. 1) 꽃병에다가 꽃을 꽂았어요
   2) 벽에다가 그림을 걸었어요
   3) 재활용 상자에다가 종이를 버렸어요
   4) 탁자 위에다가 지갑을 놓았어요

3. 1) 세탁기에다가 이불을 빨아요
   2) 전기밥솥에다가 밥을 해요

어휘 II

1. 1) 배달됩니다
   2) 인분 / 인분
   3) 그릇 / 그릇
   4) 배달할 때

2. 1) 놓았어요
   2) 넣어야 해요
   3) 담으세요

문법 II

4. ㅅ 동사

1.

	-아/어/여요	-(으)니까	-(으)세요	-고	-(스)ㅂ니다
긋다	그어요	그으니까	그으세요	긋고	긋습니다
젓다	저어요	저으니까	저으세요	젓고	젓습니다
짓다	지어요	지으니까	지으세요	짓고	짓습니다
낫다	나아요	나으니까	나으세요	낫고	낫습니다
붓다	부어요	부으니까	부으세요	붓고	붓습니다
잇다	이어요	이으니까	이으세요	잇고	잇습니다
빗다	빗어요	빗으니까	빗으세요	빗고	빗습니다
벗다	벗어요	벗으니까	벗으세요	벗고	벗습니다
씻다	씻어요	씻으니까	씻으세요	씻고	씻습니다
웃다	웃어요	웃으니까	웃으세요	웃고	웃습니다

2. 1) 부으세요
   2) 짓고 싶어요
   3) 나을 거예요
   4) 저으세요
   5) 긋고
   6) 이으세요
   7) 씻으면
   8) 웃을 때
   9) 빗으면
   10) 벗어서

5. AV-아/어/여 놓다/두다

1. 1) 저장해 놓았어요 / 두었어요
   2) 걸어 놓았어요 / 두었어요
   3) 꽂아 놓으세요 / 두세요
   4) 받아 놓으세요 / 두세요

2. 1) 외워 놓으세요 / 두세요
   2) 청소를 해 놓읍시다 / 둡시다
   3) 열어 놓았어요/두었어요
   4) 켜 놓을까요 / 둘까요

문법 활용

※ 다음 문법을 사용하여 대화를 완성하십시오.

만들 줄 아십니까, 로, 부어서, 만들어 놓으세요, 준비해 놓으세요, 에다가, 에다가

듣기

1. ③
2. ②

읽기

1. ①
2. ③

7 물건 사기

어휘 I

1. 1) 결제하세요
   2) 배송해 드릴까요
   3) 구매하시겠습니까
   4) 비교해 보고
   5) 주문하시겠습니까

문법 I

1. V-기는요, N(이)기는요

1. 1) 읽기는요
   2) 풀기는요
   3) 끝나기는요
   4) 도착하기는요

2. 1) 잘 만들기는요
   2) 잘 하기는요
   3) 크기는요
   4) 춥기는요

3. 1) 대학생이기는요
   2) 축구 선수이기는요
   3) 금요일이기는요

2. AV-(으)니(까)②

1. 1) 아침에 일어나니까
   2) 지하철을 타니까
   3) 가방 안을 보니까
   4) 터미널에 가니까

2. 1) 입어 보니까
   2) 먹어 보니까
   3) 들어 보니까
   5) 알아보니까

3. 1) 알고 보니까
   2) 듣고 보니까

어휘 II

1. 1) 택배로 보내면
   2) 교환하고 싶어요

2. 1) 쿠폰
   2) 로그인
   3) 비밀번호

문법 II

3. V-아/어/여 가지고, N이어/여 가지고

1. 1) 종로 3가에서 내려가지고
   2) 친구를 만나 가지고
   3) 숟가락으로 잘 저어 가지고

2. 1) 늦게 일어나 가지고 지각했어요
   2) 이가 아파 가지고 밥을 못 먹어요
   4) 며칠 전에 싸워 가지고요

3. 1) 영화가 재미있어 가지고
   2) 침대가 편해 가지고
   3) 방이 좁아 가지고

4. 1) 세일 기간이어 가지고 / 세일 기간이라 가지고
   2) 등산이 취미여 가지고 / 등산이 취미라 가지고

4. AV-(으)ㄴ/는 대신(에), N 대신(에)

1. 1) 햄버거를 먹는 대신(에) 피자를 먹었어요
   2) 비옷을 입고 오는 대신(에) 우산을 쓰고 왔어요
   3) 현금을 내는 대신(에) 카드로 계산해요
   4) 시를 읽는 대신(에) 소설을 읽으려고 해요
   5) 기차를 타는 대신에 버스를 탔어요

2. 1) 아멜리 씨 대신(에)
   2) 커피 대신(에)
   3) 수박 대신(에)

문법 활용

※ 다음 문법을 사용하여 대화를 완성하십시오.

써 보니까, 무거워 가지고, 고맙기는요

듣기

※ 다음을 듣고 물음에 답하십시오.

1. ②
2. ④

읽기

※ 다음을 읽고 물음에 답하십시오.

1. ②
2. ④

8 여가와 취미

어휘 I

1. 1) 입학
   2) 편입
   3) 전학

2. 1) 집중할 수 있어요
2) 기분이 전환돼서

문법 I

1. V-잖아요, N(이)잖아요

1. 1) 한국 음식을 잘 먹잖아요
2) 곧 고향에 가잖아요
3) 여행을 갔잖아요
4) 버스가 곧 출발하잖아요
6) 한국 사람이잖아요

2. V-군요, N군요

1. 1) 흐엉씨가 한국 노래를 정말 잘하는군요
2) 파하드 씨가 한국어를 정말 잘하는군요
3) 이 서점의 책은 정말 비싸군요
4) 그렇군요

3. V-(으)ㄹ 수도 있다, N일 수도 있다

1. 1) 음악을 들을 수도 있어요
2) 지금쯤 고향에 도착했을 수도 있어요
3) 사람들이 많을 수도 있어요
4) 짤 수도 있어요
5) 선생님일 수도 있어요

2. 1) 올 수도 있고 안 올 수도 있어요
2) 먹을 수도 있고 안 먹을 수도 있어요
3) 비쌀 수도 있고 쌀 수도 있어요
4) 쉬울 수도 있고 어려울 수도 있어요
5) 축기 경기일 수도 있고 야구 경기일 수도 있어요

어휘 II

1. 1) 도복
2) 사범님
3) 도장
4) 검은 띠

2. 1) 모집하는군요
2) 가입할래요
3) 탈퇴했어요

문법 II

4. AV-기(가) 쉽다/어렵다, N(이)기 쉽다/어렵다

1. 1) 발음하기가 어려워요
2) 문제를 풀기가 어렵지 않아요
3) 감기에 걸리기가 쉽지요
4) 취업하기가 어렵지요
5) 여행하기가 쉬웠어요

2. 1) 음식을 보관하기가 편해요
2) 김치를 만들기가 어렵지 않아요
3) 기억하기가 쉬워요
4) 찾기가 힘들어요

5. V-(으)ㄴ/는 것

1. 1) 입는 것
2) 보는 것
3) 재미있는 것
4) 가벼운 것

2. 1) 소설책을 읽는 것
2) 텔레비전 보는 것
3) 복습을 잘하는 것
4) 과일과 채소를 먹는 것

3. 1) 서로 사랑하는 것입니다
2) 두 사람이 하나가 되는 것입니다
3) 하고 싶은 일을 하는 것입니다

문법 활용

※ 다음 문법을 사용하여 대화를 완성하십시오.

포스터군요, 요리하는 것, 좋아하잖아요, 배우기가 쉬울까요, 가입하기가 어려울 것 같아요 도움이 될 수도 있을 거에요

듣기

1. ④
2. ③

읽기

1. ③
2. ④

9 건강

어휘 I

1. 1) 치과
   2) 이비인후과
   3) 성형외과
   4) 안과

문법 I

1. AV-(으)려면

1. 1) 한국어를 잘하려면
   2) 건강해지려면
   3) 도서관에서 책을 빌리려면
   4) 제주도에 가려면

2. 1) 서울역에 가려면 지하철 1호선을 타야 해요
   2) 시험을 잘 보려면 열심히 공부해야 해요
   3) 감기에 걸리지 않으려면 손을 자주 씻으세요
   4) 소포를 보내려면 우체국에 가세요
   5) 은행에서 통장을 만들려면 외국인 등록증이 필요해요
   6) 약국에서 약을 사려면 처방전이 필요해요
   7) 대학교에 입학하려면 한국어를 열심히 공부하는 게 좋아요
   8) 한국어 말하기를 잘하려면 수업 시간에 한국어만 사용하는 게 좋아요

2. AV-나요?/-는가요?, DV-(으)ㄴ가요?, N인가요?

1.

AV-나요?, AV-는가요?		DV-(으)ㄴ가요?		N인가요?	
읽다	읽나요?	많다	많은 가요?	인터넷이 다	인터넷인 가요?
	읽는 가요?	크다	큰가요?	책이다	책인 가요?
쓰다	쓰나요?	보고 싶다	보고싶은 가요?	학교다	학교인 가요?
	쓰는 가요?	멋있다	멋있 나요?	시계다	시계인 가요?
읽었다	읽었 나요?	많았다	많았 나요?	운동장이 었다	운동장이었 나요?
썼다	썼나요?	컸다	컸나요?	은행이 었다	은행이었나 요?
읽을 것이다	읽을 것 인가요?	재미 없었다	재미없었 나요?	의자였다	의자였나요?
쓸 것이다	쓸 것인 가요?	가고 싶었다	가고 싶었나요?	강아지 였다	강아지 였나요?

2. 1) 하나요 / 하는가요
   2) 자나요 / 자는가요
   3) 입고 있나요
   4) 만났나요
   5) 마실 건가요
   6) 살 건가요

3. 1) 높은가요
   2) 큰가요
   3) 맛있나요
   4) 많았나요
   5) 예뻤나요

4. 1) 무엇인가요
   2) 누구신가요

어휘 II

1. 1) 이마
   2) 속눈썹
   3) 입술
   4) 눈썹
   5) 볼(뺨)
   6) 턱

2. 1)-ⓛ, 2)-ⓜ, 3)-ⓡ, 4)-ⓑ, 5)-ⓢ, 6)-ⓓ, 7)-ⓞ, 8)-ⓙ, 9)-ⓖ

문법 II

3. V-아/어/여서 그런지, N이어/여서 그런지

1. 1) 비가 와서 그런지 파전이 먹고 싶네요
   2) 점심을 먹어서 그런지 잠이 와요
   3) 커피를 마셔서 그런지 잠이 오지 않아요

2. 1) 신발이 작아서 그런지 발이 아파요
   2) 날씨가 추워서 그런지 거리에 사람이 적어요
   3) 음식이 맛있어서 그런지 저 식당은 언제나 사람이 많아요
   4) 금요일이어서 / 금요일이라서 그런지 좀 피곤해요
   5) 10년 전에 지은 집이어서 / 집이라서 그런지 좀 낡았어요

4. DV-아/어/여 보이다

1. 1) 예뻐 보여요
   2) 맛있어 보여요
   3) 멋있어 보여요
   4) 기분이 정말 좋아 보여요
   5) 피곤해 보여요

5. V-(으)면서, N(이)면서

1. 1) 텔레비전을 보면서 밥을 먹어요
   2) 음악을 들으면서 운동을 하고 있어요
   3) 책을 읽으면서 커피를 마셨어요

2. 1) 가격이 싸면서 성능이 좋아요
   2) 가벼우면서 편리해요
   3) 재미있으면서 슬픈
   4) 한국어 선생님이면서 소설가세요

문법 활용

※ 다음 문법을 사용하여 대화를 완성하십시오.

먹어서 그런지, 힘들어 보여요, 아팠나요, 나으려면

듣기

※ 다음을 듣고 물음에 답하십시오.

1. ③
2. ①

읽기

※ 다음을 읽고 물음에 답하십시오.

1. ①
2. ②

10 외모와 복장

어휘 I

1. 1) 헤어스타일을
   2) 앞머리를
   3) 단발머리가
   4) 생머리였, 파마머리로

2. 1) 동그랗
   2) 눈썹이 짙은
   3) 갸름한
   4) 코가 높, 눈이 커

문법 I

1. V-(으)ㄴ/는 편이다

1.

V-(으)ㄴ/는 편이다			
많이 읽다	많이 읽는 편이에요	덥다	더운 편이에요
자주 가다	자주 가는 편이에요	길다	긴 편이에요
잘하다	잘하는 편이에요	재미있다	재미있는 편이에요

2. 1) 고기를 잘 먹는 편이에요
   2) 극장에 자주 가는 편이에요
   3) 일기를 자주 쓰는 편이에요
   4) 공기가 맑은 편이에요
   5) 학교에 사람이 많은 편이에요

3. 1) 좋아하는 편이었어요
   2) 많지 않은 편이었어요/ 적은 편이었어요
   3) 안 좋은 편이었어요 / 나쁜 편이었어요

2. N처럼/같이

1. 1) 한국 사람처럼(같이)
   2) 농구 선수처럼(같이)
   3) 영화 배우처럼(같이) 정말 잘생겼어요
   4) 그림처럼(같이) 정말 아름다워요
   5) 호랑이처럼(같이) 무서우세요

2. 1) 청바지처럼(같이)
   2) 공원처럼(같이)
   3) 산이나 바다처럼(같이)
   4) 동물원이나 놀이공원처럼(같이)
   5) 축구나 농구처럼(같이)
   6) 휴지나 세제(와) 같은

어휘 II

1. 1) 양복을
   2) 넥타이를, 넥타이를
   3) 와이셔츠를

2. 1) 민무늬
   2) 꽃무늬
   3) 물방울무늬
   4) 체크무늬가
   5) 줄무늬는, 줄무늬로

문법 II

3. ㅎ 동사

1.

	V-아/어/여요	V-(으)니까	V-네요
빨갛다	빨개요	빨가니까	빨가네요/빨갛네요
파랗다	파래요	파라니까	파라네요/파랗네요
까맣다	까매요	까마니까	까마네요/까맣네요
노랗다	노래요	노라니까	노라네요/노랗네요
하얗다	하얘요	하야니까	하야네요/하얗네요
그렇다	그래요	그러니까	그러네요/그렇네요
좋다	좋아요	좋으니까	좋네요
넣다	넣어요	넣으니까	넣네요
낳다	낳아요	낳으니까	낳네요
쌓다	쌓아요	쌓으니까	쌓네요

2. 1) 까매요
   2) 노란
   3) 파라니까
   3) 하얘졌어요
   4) 그러면
   5) 빨가네요 / 빨갛네요
   6) 좋아요
   7) 쌓고 싶어요
   8) 넣으세요

4. N만 하다

1. 1) 동생의 키가 저만 해요
   2) 휴대폰이 제 손바닥만 해요
   3) 방이 우리 교실만 해요
   4) 놀이공원이 우리 학교만 해요
   5) 감자가 제 얼굴만 해요

5. AV-고 있다②

1. 1) 파란색 셔츠를 입고 있어요
   2) 등산화를 신고 있어요
   3) 야구 모자를 쓰고 있어요
   4) 물방울무늬 넥타이를 매고 있어요
   5) 큰 가방을 메고 있어요
   6) 반지를 끼고 있어요
   7) 지하철을 타고 있어요

문법 활용

※ 다음 문법을 사용하여 대화를 완성하십시오.

파란, 입고 있으면, 오는 편이

듣기

※ 다음을 듣고 물음에 답하십시오.

1. ②
2. ③

읽기

※ 다음을 읽고 물음에 답하십시오.

1. ②
2. ④

11 교통

어휘 I

1. 1) 상영합니다
   2) 공연합니다
   3) 경기합니다

문법 I

1. V-다가

1. 1) 밥을 먹다가 전화를 받았어요
   2) 영화를 보다가 밖으로 나갔어요
   3) 학교에 가다가 친구에게 빌렸어요
   6) 외국에서 살다가 한국으로 돌아왔어요
   7) 지하철을 타고 가다가 버스로 갈아탑니다

2. 1) 농구를 하다가 다리를 다쳤어요
   2) 이어폰을 끼고 음악을 듣다가 부르는 소리를 못 들었어요
   3) 집에 갈 때 택시에서 급하게 내리다가 휴대폰을 잃어버렸어요

3. 1) 밥을 먹다가 텔레비전을 보다가 해요
   2) 드라마를 보다가 뉴스를 보다가 해요
   3) 청소를 하다가 빨래를 하다가 했어요

2. V-(으)ㄴ/는지, N인지

1. 1) 어떻게 가는지
   2) 무엇으로 만드는지
   3) 언제 사용하는지

2. 1) 무슨 책을 읽는지
   2) 무슨 영화가 재미있는지
   3) 어디에 갔는지

3. 1) 맛있게 먹는지 몰라요
   2) 많았는지 몰라요
   3) 좋아하는지 몰라요
   4) 느린지 몰라요

어휘 II

1. 1) 육교
   2) 지하도
   3) 오거리

2. 1) 끼고 돌면
   3) 쭉 가면

문법 II

3. AV-아/어/여 있다

1. 1) 와 있어요
   2) 서 있는
   3) 할머니께서는 침대에 누워 계십니다
   4) 식탁 위에 남아 있어요
   5) 학생들의 그림은 벽에 붙어 있습니다

4. 르 동사

1.

	-아/어/여요	-았/었/였어요	-(으)니까	-고	-(스)ㅂ니다
자르다	잘라요	잘랐어요	자르니까	자르고	자릅니다
고르다	골라요	골랐어요	고르니까	고르고	고릅니다
다르다	달라요	달랐어요	다르니까	다르고	다릅니다
빠르다	빨라요	빨랐어요	빠르니까	빠르고	빠릅니다
모르다	몰라요	몰랐어요	모르니까	모르고	모릅니다
누르다	눌러요	눌렀어요	누르니까	누르고	누릅니다
부르다	불러요	불렀어요	부르니까	부르고	부릅니다
기르다	길러요	길렀어요	기르니까	기르고	기릅니다
게으르다	게을러요	게을렀어요	게으르니까	게으르고	게으릅니다

2. 1) 서툴러요
   2) 골랐어요
   3) 기르고 있어요
   4) 빠르니까

5. N만큼

1. 1) 친구가 한국어를 한국 사람만큼 잘해요
   2) 남자 친구를 하늘만큼 사랑해요
   3) 빵이 눈곱만큼 남았어요
   4) 숙제가 태산만큼 많아요
   5) 세상에 다이아몬드만큼 비싼 것은 없어요
   6) 세상에 운동만큼 건강에 좋은 것은 없어요
   7) 세상에 남편만큼 사랑하는 사람은 없어요

문법 활용

※ 다음 문법을 사용하여 대화를 완성하십시오.

내려야 할지, 오다가, 서 있어요, 달라요, 만큼

듣기

1. ④
2. ③

읽기

1. ④
2. ①

12 다툼과 화해

어휘 I

1. 1) 말다툼을
   2) 험담을
   3) 불만이
   4) 단점을

2. 1) 사과해 줘서
   2) 화해했어요
   3) 후회하고 있어요
   4) 경솔했어요
   5) 다투

문법 I

1. AV-기 위해(서), N을/를 위해(서)

1. 1) 장학금을 받기 위해서
   2) 친구들을 초대하기 위해서
   3) 친구에게 사과하기 위해 편지를 써요
   4) 건강해지기 위해 매일 운동을 해요
   5) 건강을 위해 채식을 해요
   6) 나라의 발전을 위해 과학자가 되려고 해요

2. 1) 쓰레기를 줄이기 위해
   2) 여행을 가기 위해
   3) 한국 음식을 만들기 위해
   4) 친구에게 사과하기 위해

2. AV-고 나서

1. 1) 읽고 나서
   2) 먹고 나서
   3) 보고 나서 커피를 마실 거예요
   4) 사진을 찍고 나서 친구들에게 사진을 보낼 거예요
   5) 입학하고 나서 음악 동아리에 가입할 거예요

3. AV-(으)ㄹ까 하다/보다

1. 1) 친구와 밥을 먹을까 해요(봐요)
   2) 박물관에 갈까 해요(봐요)
   3) 공원에서 자전거를 탈까 해요(봐요)
   4) 예매할까 했는데
   5) 할까 했는데
   6) 바꿀까 했는데 마음에 드는 것이 없어서 바꾸지 않았어요

어휘 II

1. 1) 조언해 주셔서
   2) 어색해진
   3) 지적하지
   4) 충고하는

2. 1) 말을 걸어
   2) 말을 전해 주세요
   3) 말을 건네면

문법 II

4. AV-(으)ㄴ 덕분에 / N 덕분에

1. 1) 도와준 덕분에
   2) 조언해 준 덕분에
   3) 잘 가르쳐 주신 덕분에
   4) 친구들 덕분에
   5) 부모님께서 보내 주신 선물 덕분에

2. 1) 잘 가르쳐 주신 덕분이에요
   2) 열심히 응원해 준 덕분이에요
   3) 좋은 친구들을 만난 덕분이에요
   4) 친구가 간호해 준 덕분이에요
   5) 선생님 덕분이에요

5. V-았/었/였으면, N이었/였으면

1. 1) 책을 다 읽었으면
   2) 비가 그쳤으면
   3) 감기가 낫지 않았으면
   4) 시험 문제를 다 풀었으면
   5) 이삿짐이 다 도착했으면

2. 1) 열심히 공부했으면
   2) 한국어만 사용하지 않았으면
   3) 노력하지 않았으면
   4) 다른 배우가 나왔으면
   5) 비싼 가격이었으면

문법 활용

※ 다음 문법을 사용하여 대화를 완성하십시오.

하고 나서, 끊을까 해요(봐요), 말을 안 했으면, 이야기하고 나서, 덕분에

듣기

※ 다음을 듣고 물음에 답하십시오.

1. ②
2. ③

읽기

※ 다음을 읽고 물음에 답하십시오.

1. ③
2. ①

13 고민과 조언

어휘 I

1. 1) 떨렸어요
   2) 불안해요
   3) 긴장했어요

2. 1) 격려해 주었어요
   2) 조언해 주셨어요
   3) 충고해 주셨어요

문법 I

1. AV-고 나면

1. 1) 비가 오고 나면 따뜻해질 거예요
   2) 노래를 부르고 나면 스트레스가 없어질 거예요
   3) 1등을 하고 나면 기분이 좋아질 거예요
   4) 통화를 하고 나면 고향에 가고 싶어져요

2. 1) 소설책을 다 읽고 나면 반납할 거예요
   2) 2급 공부를 마치고 나면 고향에 갈 거예요
   3) 시험을 마치고 나면 같이 밥을 먹을 거예요
   4) 대학교를 졸업하고 나면 결혼을 할 거예요

2. AV-아/어/여야겠다

1. 1) 매일 한국어 CD를 들어야겠습니다
   2) 일찍 자고 일찍 일어나야겠습니다
   3) 이번에는 더 열심히 공부해야겠습니다
   4) 빨리 은행에 가서 환전을 해 놓아야겠습니다
   5) 저녁마다 전화를 드려야겠습니다

2. 1) 약을 먹어야겠어요
   2) 열심히 준비해야겠어요
   3) 사과해야겠어요
   4) 친구들과 고향 말을 사용하지 말아야겠어요
   5) 과일을 많이 먹어야겠어요

어휘 II

1. 1) 실수할 수 있다
   2) 자신감을 잃은 것 같아요
   3) 자신이 없어요
   4) 틀렸어요

2. 1) 용기가 났습니다
   3) 힘을 냈습니다
   4) 자신감이 있어요

문법 II

3. V-(으)ㄹ까 봐

1. 1) 약국이 문을 닫았을까 봐
   2) 감기에 걸릴까 봐
   3) 늦게 일어날까 봐
   4) 시험에 떨어질까 봐
   5) 영화가 시작됐을까 봐
   6) 약속 시간에 늦을까 봐
   7) 비행기 표를 못 구할까 봐

4. V-(으)ㄹ 수밖에 없다, N일 수밖에 없다

1. 1) 손님이 없어서 가게 문을 일찍 닫을 수밖에 없어요
   2) 꼭 합격해야 해서 열심히 공부할 수밖에 없어요
   3) 오늘까지 끝내야 해서 일을 할 수밖에 없어요
   4) 노력하지 않아서 시험에 떨어질 수밖에 없었어요

2. 1) 부모님을 설득할 수밖에 없어요
   2) 사용할 수밖에 없어요
   3) 물건을 안 살 수밖에 없어요

문법 활용

※ 다음 문법을 사용하여 대화를 완성하십시오.

반대하실까 봐, 허락하실 수 밖에 없, 듣고 나면

듣기

1. ①
2. ④

읽기

1. ④
2. ④

14 고민과 조언

어휘 I

1. 1) 낙서 금지
   2) 수영 금지
   3) 입산 금지
   4) 출입 금지
   5) 흡연 금지

2. 1) 박물관
   2) 관람한 후에
   3) 미술관
   4) 전시하고 있네요

문법 I

1. V-았/었/였다(가), N이었/였다(가)

1. 1) 시장에 갔다가 운동화를 샀어요
   2) 버스를 탔다가 고등학교 동창을 만났어요
   3) 작년까지 직원이었다가 올해 사장님이 됐어요

2. 1) 전화를 끊었다가 / 걸어 보세요
   2) 집에 왔다가 / 나갔어요
   3) 닫았다가 / 열었어요

3. 1) 혼자 여행했다가
   2) 운동장에 갔다가

4. 1) 앉았다가 일어섰다가
   2) 썼다가 지웠다가

2. N에 따라(서)

1. 1) 컴퓨터실 사용 규칙에 따라(서)
   2) 문화 수업의 일정에 따라(서)
   3) 요리법에 따라(서)
   4) 순서에 따라(서)

2. 1) 계절에 따라(서)
   2) 성격에 따라(서)
   3) 지역에 따라(서)

어휘 II

1. 1) 어겨서
   2) 지킬게요
   3) 약속을 했어요

2. 1) 정했어요
   2) 법
   3) 규칙

문법 II

3. V-(으)나①, N(이)나

1. 1) 왕루 씨는 가나 아멜리 씨는 안 갑니다
   2) 맥주는 조금 마시나 소주는 못 마십니다
   3) 일찍 출발했으나 만날 수 없었습니다
   4) 약을 먹었으나 병이 낫지 않았습니다

2. 1) 흐리겠으나 비는 안 올 것 같습니다
   2) 예쁘지 않으나 귀엽게 생겨서
   3) 오르기가 쉬우나 시간이 많이 걸립니다
   4) 비싸기는 하나 사람들이 좋아합니다

3. 1) 여름이나 덥지 않습니다
   2) 한국 사람이나 한국어를 잘 못합니다
   3) 지난달까지 제 카메라였으나 지금은 친구의 것 입니다

4. AV-ㄴ/는다, DV-다, N(이)다

1. 1) 지금 책을 읽는다
   2) 약속을 내일로 미뤄야겠다
   3) 어제부터 모자를 쓰고 있었다
   4) 어디로 갈 건가
   5) 책상 위에 가방을 놓아 둔다
   6) 서울역에 2시 30분에 도착할 것 같다

2. 1) 아멜리는 친구가 많다
   2) 이 노래는 부르기가 어렵다
   3) 자르갈을 모르나
   4) 이 버스를 타고 갈 수 밖에 없다
   5) 조심하지 않으면 다칠 수 있다
   6) 날씨가 점점 추워진다

3. 1) 이분이 나의 아버지이시다
   2) 우리 어머니의 사진이다
   3) 형은 키가 180cm이다
   4) 작년에 내가 친구에게서 빌린 책일 것이다
   5) 그 옷은 누구의 옷인가
   6) 우리가 만든 눈사람이었다

문법 활용

※ 다음 문법을 사용하여 대화를 완성하십시오.

갔다가, 이나, 에 따라서

듣기

※ 다음을 듣고 물음에 답하십시오.

1. ①
2. ③

읽기

※ 다음을 읽고 물음에 답하십시오.

1. ①
2. ②

15 여행

어휘 I

1. 1) 유물이
   2) 문화재가
   3) 관광지가
   4) 유적지를

2. 1) 선택하십시오
   2) 계획을 세웁시다
   3) 문의해 보세요

문법 I

1. V-(으)ㄴ/는 반면에

1. 1) 신는 반면에
   2) 자주 보는 반면에
   3) 입는 반면에
   4) 하는 반면에
   5) 좋아하는 반면에
   6) 걸리는 반면에

2. 1) 편한 반면에
   2) 예쁜 반면에
   3) 좋은 반면에
   4) 편리한 반면에
   5) 많은 반면에

2. AV-는 길에

1. 1) 약국에 약을 사러 가는 길이에요
   2) 선물을 사러 마트에 가는 길이에요
   3) 도서관에 다녀오는 길이에요
   4) 커피숍에 갔다 오는 길이에요

2. 1) 서점에 가는 길에 우체국에 들러서
   2) 학생식당에 가는 길에 도서관에 들러서
   3) 집에 가는 길에 꽃집에 들러서
   4) 약국에 가는 길에 시장에 들러서
   5) 학교에 오는 길에 친구를 만나서
   6) 집에 오는 길에 비가 와서

어휘 II

1. 1) 체험할 수 있어요
   2) 조정하기로 했습니다
   3) 상의한 후에

2. 1) 가이드가
   2) 렌터카를
   3) 펜션이

문법 II

3. AV-(으)ㄹ까 말까

1. 1) 먹을까 말까
   2) 건널까 말까
   3) 살까 말까
   4) 갈까 말까

2. 1) 살까 말까
   2) 여행할까 말까
   3) 볼까 말까, 보지 않았어요
   4) 가입할까 말까, 가입하지 않았어요

3. 1) 바꿀까 말까
   2) 나갈까 말까

4. V-(으)면 좋겠다 / -았/었/였으면 좋겠다
N(이)면 좋겠다 / -이었/였으면 좋겠다

1. 1) 친구와 함께 태권도를 배우면 좋겠어요 / 친구와 함께 태권도를 배웠으면 좋겠어요
   2) 향수를 받으면 좋겠어요 / 향수를 받았으면 좋겠어요
   3) 피자를 먹으면 좋겠어요 / 피자를 먹었으면 좋겠어요
   4) 동물원으로 가면 좋겠어요 / 동물원으로 갔으면 좋겠어요
   5) 친구들을 많이 사귀면 좋겠어요 / 친구들을 많이 사귀었으면 좋겠어요

2. 1) 공연을 보러 갔으면 좋겠어요
   2) 키워 봤으면 좋겠어요
   3) 눈을 봤으면 좋겠어요
   4) 쉬웠으면 좋겠어요
   5) 같은 반이었으면 좋겠어요

문법 활용

※ 다음 문법을 사용하여 대화를 완성하십시오.

갈까, 갈까, 구경하면(구경했으면) 좋겠어요, 가는 길에, 먹으면(먹었으면) 좋겠어요

듣기

※ 다음을 듣고 물음에 답하십시오.

1. ④
2. ②

읽기

※ 다음을 읽고 물음에 답하십시오.

1. ②
2. ④

16 연락

어휘 I

1. 1) 열심히
   2) 무사히
   3) 다행히

2. 1) 아낌없는
   2) 베풀어 주셔서
   3) 배려하는

문법 I

1. V-(으)ㄹ걸요, N일걸요

1. 1) 10시니까 교실에서 공부할걸요
   2) 10분 정도 걸리니까 아마 도착할 수 있을걸요
   3) 맵지 않으니까 아마 잘 먹을걸요
   4) 저녁 8시가 지났으면 아마 문을 닫았을걸요
   5) 손님이 많으면 아마 맛있을걸요
   6) 12월이면 아마 여름일걸요

2. AV-고 나니(까)

1. 1) 공부가 끝나고 나니까 친구들과 선생님이 생각나요
   2) 시험이 끝나고 나니까 열심히 준비하지 못한 것이 후회돼요
   3) 부모님과 통화하고 나니까 부모님이 더 보고 싶어졌어요
   4) 음악을 듣고 나니까 음악 CD가 사고 싶어졌다
   5) 사전에서 단어의 의미를 찾고 나니까 지난번에 배운 것이 기억났어요
   6) 6개월이 지나고 나니까 한국 생활에 익숙해졌어요

3. (아무리) V-아/어/여도, N(이)라도

1. 1) 아무리 여러 번 읽어도 이해할 수 없어요
   2) 아무리 한국어 CD를 여러 번 들어도 듣기가 좋아지지 않아요
   3) 아무리 늦어도 아침은 꼭 먹어야 해요
   4) 아무리 깨끗해도 청소를 매일 하는 게 좋아요
   5) 아무리 맛이 없어도 음식을 버리면 안 돼요
   6) 아무리 몸에 좋은 약이라도 너무 많이 먹으면 건강에 안 좋을 수 있어요

어휘 II

1. 1) 수료식
   2) 입학식
   3) 졸업식

2. 1) 입국하는
   2) 출국할 거예요
   3) 체류하고 있습니다

문법 II

4. AV-나 보다/-는가 보다, DV-(으)ㄴ가 보다, N인가 보다

1. 1) 식당에 있는 걸 보니 밥을 먹나 봐요 / 밥을 먹는가 봐요
   2) 방이 조용한 걸 보니 잠을 자나 봐요 / 잠을 자는가 봐요
   3) 술을 마시는 걸 보니 안 좋은 일이 있었나 봐요 / 있었는가 봐요
   4) 목소리가 큰 걸 보니 화가 났나 봐요 / 화가 났는가 봐요
   5) 백화점에 간 걸 보니 옷을 살 건가 봐요

2. 1) 오위노 씨가 계속 웃는 걸 보니 기분이 좋은가 봐요
   2) 파하드 씨가 아침에 늦잠을 잔 걸 보니 피곤한가 봐요
   3) 자르갈 씨가 라면을 세 그릇이나 먹은 걸 보니 라면이 맛있었나 봐요
   4) 한국어 책을 읽고 있는 걸 보니 유학생인가 봐요
   5) 학교에 안 간 걸 보니 공휴일인가 봐요

5. AV-자마자

1. 1) 부모님께 용돈을 받자마자 사고 싶은 옷을 샀어요
   2) 저녁을 먹자마자 전화가 왔어요
   3) 집에 도착하자마자 숙제를 다 했어요
   4) 학교에 오자마자 친구에게 연락을 했어요
   5) 숙제를 끝내자마자 청소를 할 거예요

2. 1) 출발하자마자 전화할게요
   2) 부산에 도착하자마자 택시를 탈게요
   3) 우유를 사자마자 냉장고에 넣을게요
   4) 비행기를 타자마자 전화기를 끌게요
   5) 택배를 받자마자 연락할게요

문법 활용

※ 다음 문법을 사용하여 대화를 완성하십시오.

요즘 공부를 열심히 하나 봐요. 받자마자. 힘든 일이 있어도. 듣고 나니까

듣기

1. ③
2. ④

읽기

1. ①
2. ④

새인하한국어2

2014년 12월 05일 초판 발행
2024년 12월 20일 8쇄 발행
저　자 : 최권진, 이은혜, 서상영, 정지현
발행처 : 인하대학교 출판부
주　소 : 인천광역시 남구 인하로 100
전　화 : 032) 860-8301
등　록 : 1979년 5월 23일 남구 제13호

인쇄 · 편집 : 진원디자인프린텍
032) 467-4544~5

ISBN 978-89-7407-970-3 14700
978-89-7407-961-1 (세트) 14700

정가: 15,000원

New INHA KOREAN 1
Workbook

인하대학교 언어교육원
Inha University
Language Training Center

1

익힘책
새인하한국어

최권진, 이은혜, 서상영, 정지현 지음

인하대학교 출판부
INHA UNIVERSITY PRESS

지은이

최권진
인하대학교 언어교육원 주임교수
소피아대학교 언어학 박사

이은혜
인하대학교 언어교육원 강사
이화여자대학교 대학원 한국어교육 석사

서상영
인하대학교 언어교육원 강사
고려대학교 대학원 한국어교육 석사

정지현
인하대학교 언어교육원 강사
인하대학교 대학원 다문화교육 박사

국립중앙도서관 출판예정도서목록(CIP)

새인하한국어 : 익힘책 = New Inha Korean workbook. 1 /
저자 : 최권진, 이은혜, 서상영, 정지현 지음. -- 인천 : 인하대학교
출판부, 2014
p. ; cm
ISBN 978-89-7407-969-7 14700 : ₩15,000
ISBN 978-89-7407-961-1 (세트) 14700
한국어 학습[韓國語學習]
한국어 교재[韓國語教材]
717.6-KDC5
495.78-DDC21 CIP2014033315

차 례

1 인사와 소개

어휘 I

1. 다음 중 알맞은 단어를 골라 대화를 완성하십시오.

이름	어디	무엇	어느 나라

1) 가: ______________이 무엇입니까?

   나: 제 이름은 자르갈입니다.

2) 가: 이름이 ______________입니까?

   나: 제 이름은 아멜리입니다.

3) 가: ______________ 사람입니까?

   나: 저는 중국 사람입니다.

4) 가: 흐엉 씨는 ______________에서 왔습니까?

   나: 저는 베트남에서 왔습니다.

2. 다음 중 알맞은 것을 골라 대화를 완성하십시오.

안녕하십니까?	감사합니다	처음 뵙겠습니다	괜찮습니다
안녕히 계십시오	고맙습니다	만나서 반갑습니다	

1) 가: 안녕하십니까? 처음 뵙겠습니다.

   나: 네, ______________________________. ______________________________.

2) 가: 만나서 반갑습니다.

   나: 네, ____.

3) 가: 안녕히 가십시오.

   나: ____.

4) 가: 미안합니다. / 죄송합니다.

   나: ____.

5) 가: 축하합니다.

   나: ______________________________. / ______________________________.

문법 I

1. N입니다 / N입니까?

1. 다음 표에 알맞게 쓰십시오.

N입니다		N입니까?	
왕루	왕루입니다.	파하드	파하드입니까?
로빈		자르갈	
흐엉		오위노	
사우디 사람		몽골 사람	

2. 다음 중 알맞은 것을 고르십시오.

1) 가: 이름이 무엇(입니까?, 입니다.)

나: 저는 오위노(입니까?, 입니다.)

2) 가: 어느 나라 사람(입니까?, 입니다.)

나: 저는 사우디 사람(입니까?, 입니다.)

3) 가: 왕루 씨는 중국 사람(입니까?, 입니다.)

나: 네, 저는 중국 사람(입니까?, 입니다.)

4) 가: 제 이름은 자르갈(입니까?, 입니다.) 몽골에서 왔습니다.

나: 저는 최수지(입니까?, 입니다.) 한국 사람(입니까?, 입니다.)

3. 다음 대화를 완성하십시오.

1) 가: 이름이 무엇_______________?

나: 저는 아멜리_______________.

2) 가: 어느 나라 사람_______________?

나: 저는 사우디 사람_______________.

3) 가: 흐엉 씨는 베트남 사람_______________?

나: 네, 저는 베트남 사람_______________.

4) 가: 제 이름은 자르갈_______________. 저는 몽골 사람_______________.

나: 저는 로빈_______________. 미국 사람_______________.

2. N이/가 3. N은/는

1. 다음 표에 알맞게 쓰십시오.

N이/가	
이름, 무엇입니까?	이름이 무엇입니까?
아멜리 씨, 어디에서 왔습니까?	
자르갈 씨, 몽골에서 왔습니까?	
흐엉 씨, 베트남 사람입니까?	
N은/는	
제 이름, 자르갈입니다	
아멜리 씨, 프랑스 사람입니다	
자르갈 씨, 몽골에서 왔습니다	
흐엉 씨, 베트남 사람입니다	

2. 다음 중 알맞은 것을 고르십시오.

1) 가: 저(은, 는) 자르갈입니다. 이름(이, 가) 무엇입니까?
   나: 제 이름(은, 는) 왕루입니다.
2) 가: 파하드 씨(이, 가) 어디에서 왔습니까?
   나: 파하드 씨(은, 는) 사우디에서 왔습니다.
3) 가: 흐엉 씨(이, 가) 베트남 사람입니까?
   나: 네, 흐엉 씨(은, 는) 베트남 사람입니다.

3. 다음 대화를 완성하십시오.

1) 가: 저______ 오위노입니다. 이름 ______ 무엇입니까?
   나: 제 이름______ 아멜리입니다.
2) 가: 로빈 씨______ 어디에서 왔습니까?
   나: 로빈 씨______ 사우디에서 왔습니다.
3) 가: 최수지 씨______ 한국 사람입니까?
   나: 네, 최수지 씨______ 한국 사람입니다.

어휘 Ⅱ

1. 다음 중 그림에 맞는 단어를 골라 연결하십시오.

1) 선생님 • • ㉠ 

2) 학 생 • • ㉡ 

3) 의 사 • • ㉢ 

4) 요리사 • • ㉣ 

5) 간호사 • • ㉤ 

2. 다음 그림을 보고 대화를 완성하십시오.

1) 가: 직업이 무엇입니까?

나: <u>경찰관입니다</u>.

2) 가: 직업이 무엇입니까?

나: ______________________________.

3) 가: 직업이 무엇입니까?

나: ______________________________.

4) 가: 직업이 무엇입니까?

나: ______________________________.

5) 가: 직업이 무엇입니까?

나: ______________________________.

문법 Ⅱ

4. N이 / 가 아니다

1. 다음 표에 알맞게 쓰십시오.

N이/가 아닙니다	
중국 사람	중국 사람이 아닙니다
선생님	
간호사	
요리사	

2. 다음 대화를 완성하십시오.

1) 가: 파하드 씨는 프랑스 사람입니까?

나: 아니요, 파하드 씨는 프랑스 사람________________. 사우디 사람________________.

2) 가: 자르갈 씨는 의사입니까?

나: 아니요, 자르갈 씨는 의사________________. 학생________________.

3) 가: 아멜리 씨는 영국 사람입니까?

나: 아니요, 저는 영국 사람________________. 프랑스 사람________________.

4) 가: 로빈 씨는 기자입니까?

나: 아니요, 저는 기자________________. 영어 선생님________________.

3. 다음 대화를 완성하십시오.

1) 가: 아멜리 씨가 의사입니까?

나: 아니요, ________________. ________________. (학생)

2) 가: 파하드 씨가 몽골 사람입니까?

나: 아니요, ________________. ________________. (사우디 사람)

3) 가: 최수지 씨가 중국 사람입니까?

나: 아니요, ________________. ________________. (한국 사람)

4) 가: 로빈 씨가 회사원입니까?

나: 아니요, ________________. ________________. (영어 선생님)

5. N도

1. 다음 대화를 완성하십시오.

1) 가: 자르갈 씨는 몽골 사람입니다.

   나: 저도 몽골 사람입니다.

2) 가: 민수 씨는 의사입니다.

   나: 저_____ 의사입니다.

3) 가: 저는 중국 사람입니다.

   나: 왕루 씨_____ 중국 사람입니다.

4) 가: 저는 학생입니다.

   나: 파하드 씨_____ 학생입니다.

5) 가: 저는 한국 사람입니다.

   나: 선생님_____ 한국 사람입니다.

2. 다음 대화를 완성하십시오.

1) 가: 저는 학생입니다. 흐엉 씨도 ______________________________?

   나: 네, ______________________________.

2) 가: 저는 사우디 사람입니다. 파하드 씨도 ______________________________?

   나: 네, ______________________________.

3) 가: 저는 선생님입니다. 로빈 씨도 ______________________________?

   나: 네, ______________________________.

4) 가: 저는 유학생입니다. 아멜리 씨도 ______________________________?

   나: 네, ______________________________.

5) 가: 저는 회사원입니다. 민수 씨도 ______________________________?

   나: 네, ______________________________.

문법 활용

※ 다음 문법을 사용하여 대화를 완성하십시오.

〈 문 법 〉				
N입니다 / N입니까?	N이/가	N은/는	N이/가 아니다	N도

자르갈: 안녕하십니까?

아멜리: 네, 안녕하세요? 제 이름____ 아멜리___________. 이름____ 무엇___________?

자르갈: 저____ 자르갈___________. 아멜리 씨____ 어느 나라 사람___________?

아멜리: 저____ 프랑스 사람___________. 자르갈 씨____ 프랑스 사람___________?

자르갈: 아니요, 저____ 프랑스 사람____ ___________. 몽골에서 왔습니다.

아멜리: 자르갈 씨____ 기자___________?

자르갈: 아니요, 저____ 기자____ ___________. 학생___________.

아멜리 씨____ 학생___________?

아멜리: 네, 저____ 학생___________. 만나서 반갑습니다.

자르갈: 만나서 반갑습니다.

듣기

※ 다음을 듣고 물음에 답하십시오.

1. 다음 대화를 듣고 알맞은 그림을 고르십시오. (   )

①

②
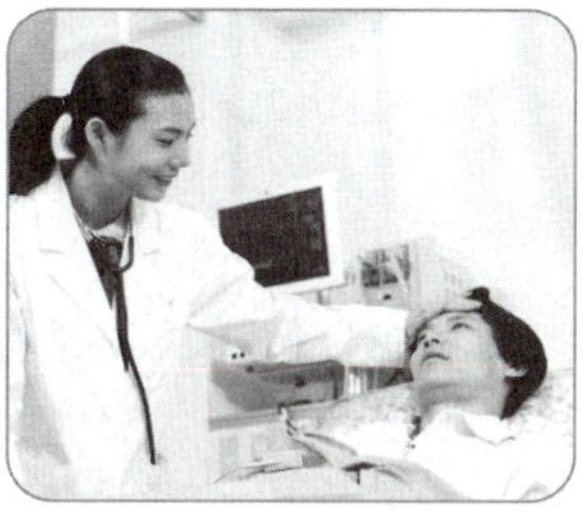

③

④

2. 들은 내용과 같은 것을 고르십시오. (   )

① 남자는 학생입니다.

② 여자는 회사원입니다.

③ 남자는 베트남 사람입니다.

④ 여자는 베트남 사람이 아닙니다.

읽기

※ 다음을 읽고 물음에 답하십시오.

> 안녕하십니까? 제 이름은 파하드입니다. 저는 사우디에서 왔습니다. 저는 학생입니다.
>
> 왕루 씨는 제 친구입니다. 오위노 씨도 제 친구입니다. 왕루 씨는 사우디 사람이 아닙니다. 중국 사람입니다. 오위노 씨는 케냐에서 왔습니다.
>
> 모두 유학생입니다. 모두 우리 반 친구입니다.

1. 무엇에 대한 이야기입니까? 알맞은 것을 고르십시오. (　　　　)

① 학교 소개

② 고향 소개

③ 친구 소개

④ 자기소개

2. 이 글의 내용과 같은 것을 고르십시오. (　　　　)

① 파하드 씨는 유학생입니다.

② 파하드 씨는 케냐 사람입니다.

③ 왕루 씨는 사우디 사람입니다.

④ 오위노 씨는 학생이 아닙니다.

쓰기

※ 친구를 소개해 봅시다.

1. 개요를 써 보십시오.

〈 개 요 〉	
처음	제 이름은 왕루입니다. 저는 중국에서 왔습니다. 저는 학생입니다.
가운데	제 친구는 흐엉 씨, 자르갈 씨, 아멜리 씨, 파하드 씨입니다. 흐엉 씨는 ____________에서 왔습니다. 흐엉 씨도 ____________입니다. 자르갈 씨는 ____________ 사람이 아닙니다. ____________ 사람입니다. 자르갈 씨도 ____________입니다. 아멜리 씨는 ____.
끝	모두 우리 반 친구입니다.

2. 위 개요를 바탕으로 글을 써 보십시오.

	안	녕	하	십	니	까	?		제		이	름	은		왕	루	입	니	다.
	저	는		중	국	에	서		왔	습	니	다	.	저	는		학	생	입
니	다	.																	
	제		친	구	는														

2 학교와 집

어휘 I

1. 다음 그림을 보고 알맞은 단어를 골라 대화를 완성하십시오.

책상	시계	가방	칠판	창문

1) 가: 무엇입니까?

   나: ______________입니다.

2) 가: 무엇입니까?

   나: __________________ .

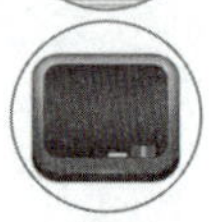

3) 가: 무엇입니까?

   나: __________________ .

4) 가: 무엇입니까?

   나: __________________ .

5) 가: 무엇입니까?

   나: __________________ .

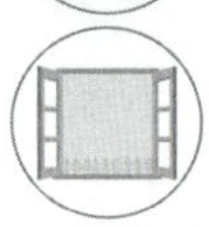

2. 다음 중 알맞은 단어를 골라 대화를 완성하십시오.

이것	그것	저것	것	여기	교실	제	우리

1) 가: 저것이 무엇입니까?

   나: ________은/는 시계입니다.

2) 가: 이것이 무엇입니까?

   나: ________은/는 가방입니다.

3) 가: 그것이 무엇입니까?

   나: ________은/는 책입니다.

4) 가: 이 책이 파하드 씨의 책입니까?

   나: 아니요, 그 책은 파하드 씨의 ________이/가 아닙니다. ________ 책입니다.

5) 가: ________이/가 교실입니까?

   나: 네, ________의 ________입니다.

문법 I

1. 이 / 그 / 저

1. 다음 그림을 보고 대화를 완성하십시오.

1) 가: ________이/가 무엇입니까?

나: ________________________________.

2) 가: ________이/가 무엇입니까?

나: ________________________________.

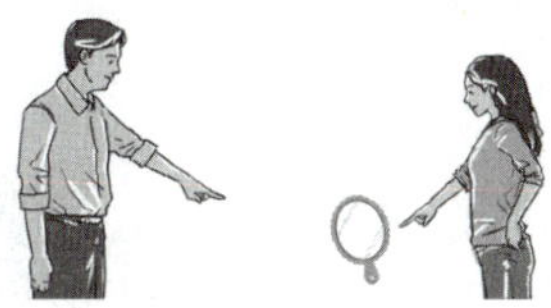

3) 가: ________이/가 무엇입니까?

나: ________________________________.

이곳, 그곳, 저곳 = 여기, 거기, 저기

2. 다음 그림을 보고 다음 대화를 완성하십시오.

1) 가: ________이/가 어디입니까?

나: ________________________________.

2) 가: ________이/가 어디입니까?

나: ________________________________.

3) 가: ________ 이/가 어디입니까?

나: ________________________________.

2. N의

1. 다음 표에 알맞게 쓰십시오.

N의 N			
저, 책	제 책	누구, 가방	
나, 친구		우리, 교실	
너, 시계		아멜리 씨, 책상	

2. 다음 대화를 완성하십시오.

1) 가: 그 안경이 누구의 안경입니까?

나: ________________________________. (저)

2) 가: 이 볼펜이 누구의 것입니까?

나: ________________________________. (파하드 씨)

3) 가: 저 필통이 누구의 필통입니까?

나: ________________________________. (최수지 씨)

4) 가: 저 사전이 흐엉 씨의 사전입니까?

나: 네, ________________________________.

5) 가: 저 휴대전화가 안드레이 씨의 것입니까?

나: 아니요, ________________________________.

________________________________. (자르갈 씨)

6) 가: 저 공책이 아멜리 씨의 것입니까?

나: 아니요, ________________________________.

________________________________. (박지성 씨)

어휘 Ⅱ

1. 다음 그림을 보고 알맞은 단어를 골라 대화를 완성하십시오.

은행	도서관	운동장	학교	우체국	식당	경찰서	소방서

1) 가: 여기가 어디입니까?

나: ____________________입니다.

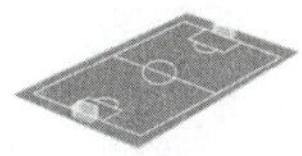

2) 가: 여기가 어디입니까?

나: ________________________________.

3) 가: 여기가 어디입니까?

나: ________________________________.

4) 가: 여기가 어디입니까?

나: ________________________________.

5) 가: 여기가 어디입니까?

나: ________________________________.

6) 가: 여기가 어디입니까?

나: ________________________________.

7) 가: 여기가 어디입니까?

나: ________________________________.

8) 가: 여기가 어디입니까?

나: ________________________________.

2. 다음 그림을 보고 알맞은 단어를 골라 대화를 완성하십시오.

옆	앞	뒤

1) 가: 도서관이 어디에 있습니까?

나: 도서관은 학교 ________에 있습니다.

2) 가: 은행이 어디에 있습니까?

나: 은행은 도서관 ________에 있습니다.

3) 가: 우체국이 어디에 있습니까?

나: 우체국은 은행 ________에 있습니다.

4) 가: 학교가 어디에 있습니까?

나: 학교는 우체국 ________에 있습니다.

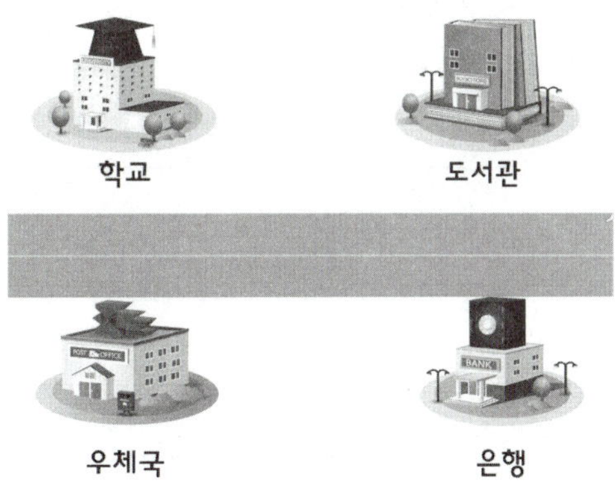

문법 Ⅱ

3. N에① 4. N이/가 있다/없다

1. 다음 표에 알맞게 쓰십시오.

N에 N이/가 있다		N에 N이/가 없다	
교실, 책상	교실에 책상이 있습니다	방, 텔레비전	
가방, 휴대전화		운동장, 사람	
책상, 책		도서관, 냉장고	

2. 다음 대화를 완성하십시오.

1) 가: 교실에 무엇이 있습니까?

나: ______________________________. (책상, 칠판, 시계)

2) 가: 방에 뭐가 있습니까?

나: ______________________________. (책상, 침대, 냉장고)

3) 가: 가방에 뭐가 있습니까?

나: ______________________________. (책, 볼펜, 지우개)

3. 다음 그림을 보고 대화를 완성하십시오.

1) 가: 방에 무엇이 있습니까?

나: ______________________________.

2) 가: 의자가 어디에 있습니까?

나: ______________________________.

3) 가: 침대가 어디에 있습니까?

나: ______________________________.

4) 가: 시계가 어디에 있습니까?

나: ______________________________.

4. 다음 그림을 보고 대화를 완성하십시오.

1) 책상 ___________에 책이 있습니다.

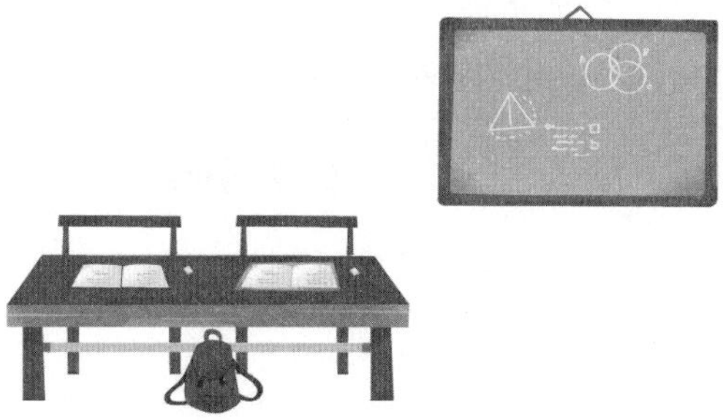

2) 책상 ___________에 가방이 있습니다.

3) 책상 ___________에 칠판이 있습니다.

4) 자르갈 씨의 ___________에 왕루 씨가 있습니다.

5) 자르갈 씨의 ___________에 아멜리 씨가 있습니다.

6) 가방 ___________에 연필이 있습니다.

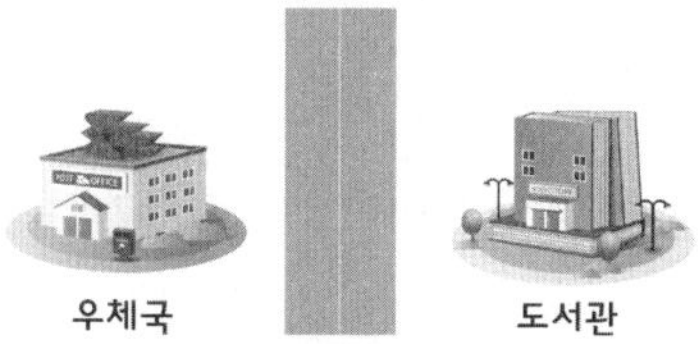

7) 우체국 ___________에 도서관이 있습니다.

8) 자르갈 씨의 ___________에 파하드 씨가 있습니다.

문법 활용

※ 다음 문법을 사용하여 대화를 완성하십시오.

〈 문 법 〉			
이 / 그 / 저	N의	N에①	N이/가 있다/없다

오위노: 흐엉 씨, 안녕하세요?

흐　엉: 오위노 씨, 안녕하세요?

오위노: 학교_____ 운동장이 있습니까?

흐　엉: 네, 운동장____________________________.

오위노: 어디_____ 있습니까?

흐　엉: 운동장은 도서관 뒤___________________ . 오위노 씨, 학교_____ 커피숍이 있습니까?

오위노: 네, 커피숍은 우체국 옆____________________________.

흐　엉: 우체국은 은행의 위에 있습니까?

오위노: 아니요, 우체국은 은행_____ 아래에 있습니다.

흐　엉: 감사합니다. 안녕히 가세요.

오위노: 네, 안녕히 가세요.

듣기

※ 다음을 듣고 물음에 답하십시오.

1. 들은 내용과 같은 것을 고르십시오. (   )

① 남자의 집은 학교 후문 근처에 있습니다.

② 학교 정문 오른쪽에 마트가 있습니다.

③ 우체국 뒤에 식당과 커피숍이 있습니다.

④ 여자의 집은 식당 건너편에 있습니다.

2. 여자의 집은 어디에 있습니까? (   )

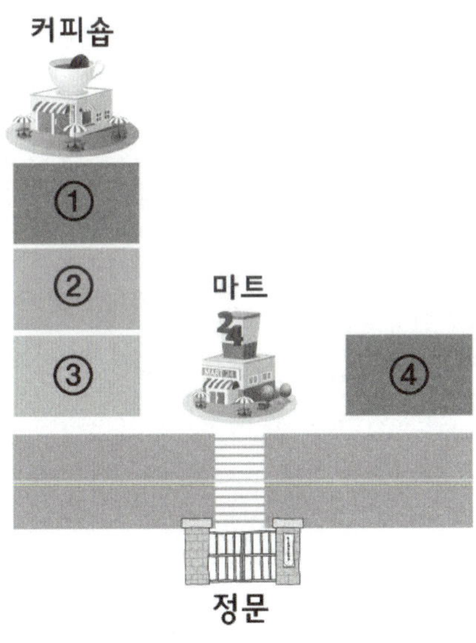

읽기

※ 다음을 읽고 물음에 답하십시오.

제 집은 인하대 후문 근처에 있습니다.

제 집에는 부엌, 화장실, 제 방이 있습니다. 부엌에 냉장고와 식탁이 있습니다. 화장실은 부엌 옆에 있습니다.

제 방에는 책상과 의자, 컴퓨터, 침대, 옷장이 있습니다. 책상 위에 컴퓨터와 시계, 책, 필통이 있습니다. 책상 앞에 의자가 있습니다. 의자 위에 제 가방이 있습니다. 침대는 책상 오른쪽에 있습니다.

침대 앞에 옷장이 있습니다. 옷장 안에 옷이 있습니다.

1. 무엇에 대한 이야기입니까? 알맞은 것을 고르십시오. (　　　　)

① 자기소개　　② 집 소개

③ 학교 위치　　④ 집 위치

2. 이 글의 내용과 같은 것을 고르십시오. (　　　　)

① 집에 부엌, 거실, 화장실이 있습니다.

② 화장실은 부엌 앞에 있습니다.

③ 가방은 책상 위에 있습니다.

④ 침대의 왼쪽에 책상이 있습니다.

쓰기

※ 한국의 집을 소개하는 글을 써 봅시다.

1. 개요를 써 보십시오.

〈 개 요 〉	
처음	집이 어디에 있습니까? ______________________________.
가운데	집에 무엇이 있습니까? ______________________________.
끝	방에 무엇이 있습니까? ______________________________.

2. 위 개요를 바탕으로 글을 써 보십시오.

	제		집	은									에		있	습	니	다	.

3 학교생활

어휘 I

1. 다음과 같이 서로 관계있는 것을 찾아 연결하십시오.

1) 찍다 •	• ㉠ 
2) 앉다 •	• ㉡ 
3) 쓰다 •	• ㉢ 
4) 입다 •	• ㉣ 
5) 보다 •	• ㉤ 
6) 켜다 •	• ㉥ 
7) 가르치다 •	• ㉦ 
8) 자다 •	• ㉧ 
9) 일어나다 •	• ㉨ 

2. 다음과 같이 서로 뜻이 반대인 것을 찾아 연결하십시오.

1) 좋다 •	• ㉠ 느리다
2) 빠르다 •	• ㉡ 춥다
3) 높다 •	• ㉢ 나쁘다
4) 덥다 •	• ㉣ 따뜻하다
5) 시원하다 •	• ㉤ 낮다
6) 싸다 •	• ㉥ 비싸다

문법 I

1. V-(스)ㅂ니다, V-(스)ㅂ니까?

1. 다음 표에 알맞게 쓰십시오.

	V-(스)ㅂ니다	V-(스)ㅂ니까?
앉다	앉습니다	앉습니까?
덮다		
자다		
켜다		
좋다		
높다		
싸다		
재미있다		
맛없다		

2. 다음 대화를 완성하십시오.

1) 가: 무엇을 합니까?

나: 사진을 ______________________. (찍다)

2) 가: 무엇을 ______________________? (켜다)

나: 컴퓨터를 ______________________.

3) 가: 건물이 어떻습니까?

나: 건물이 ______________________. (높다)

4) 가: 음식이 ______________________? (맛있다)

나: 아니요, 음식이 ______________________. (맛없다)

5) 가: 무엇을 합니까?

나: ______________________. (숙제하다)

6) 가: 한국어가 어떻습니까?

나: ______________________.

2. N을 / 를

1. 다음 표에 알맞게 쓰십시오.

N을/를	
책, 읽다	책을 읽습니다
창문, 닫다	
노래, 부르다	
컴퓨터, 하다	

2. 다음 중 알맞은 것을 고르십시오.

1) 가: 아멜리 씨, 무엇을 합니까?
   나: 신문(을, 를) 봅니다.

2) 가: 무엇을 합니까?
   나: 한국어(을, 를) 공부합니다.

3. N만

1. 다음 표에 알맞게 쓰십시오.

N만	
소설책, 읽다	소설책만 읽습니다
이 영화, 재미있다	
시계, 보다	
연필, 있다	

2. 다음 대화를 완성하십시오.

1) 가: 무엇을 먹습니까?

   나: ______________________________. (빵, 먹다)

2) 가: 무엇을 마십니까?

   나: ______________________________. (우유, 마시다)

어휘 Ⅱ

1. 다음 중 알맞은 단어를 골라 대화를 완성하십시오.

기다리다	받다	즐겁다	슬프다

1) 가: 영화가 어떻습니까?
   나: 영화가 ______________________________.
2) 가: 누구를 기다립니까?
   나: 친구를 ______________________________.
3) 가: 무엇을 합니까?
   나: 전화를 ______________________________.
4) 가: 한국어 수업이 어떻습니까?
   나: 한국어 수업이 ________________________.

2. 다음 중 그림에 맞는 단어를 골라 대화를 완성하십시오.

호	층

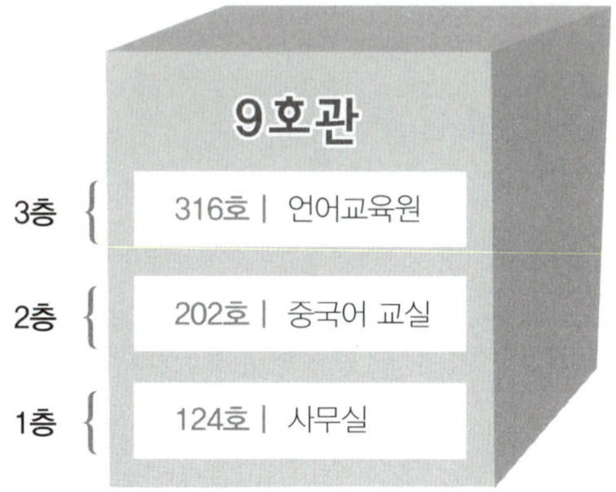

1) 가: 언어교육원은 몇 호입니까?
   나: 언어교육원은 ______________________________ 입니다.
2) 가: 중국어 교실은 몇 층입니까?
   나: 네, 중국어 교실은 ___________________________ 입니다.
3) 가: 사무실은 몇 층 몇 호입니까?
   나: 사무실은 ________________________________ 입니다.

문법 Ⅱ

4. N에 가다/오다

1. 다음 표에 알맞게 쓰십시오.

N에 가다/오다	
교실, 가다	교실에 갑니다
도서관, 오다	
운동장, 가다	
집, 오다	
학교, 가다	
기숙사, 오다	
가게, 가다	
대학교, 다니다	
회사, 다니다	

2. 다음 대화를 완성하십시오.

1) 가: 어디에 갑니까?

나: 저는 ______________________________. (서울)

2) 가: 아멜리 씨는 ______________________________? (학교, 오다)

나: 네, 아멜리 씨는 ______________________________.

3) 가: 로빈 씨는 어디에 다닙니까?

나: 저는 ______________________________. (인하대학교)

4) 가: 민정 씨는 컴퓨터 회사에 다닙니까?

나: 아니요, 민정 씨는 ______________________________. (자동차 회사)

5. 수①

1. 다음 표에 알맞게 쓰십시오.

1	일	2	
3		6	
11		84	
406		8395	
72439		56186	
509호		314번	
511번		010-321-9753	

2. 다음 대화를 완성하십시오.

1) 가: 전화번호가 몇 번입니까?

나: ______________________________번입니다. (010-234-1234)

2) 가: 커피숍은 몇 층에 있습니까?

나: 커피숍은 _______층에 있습니다. (3)

3) 가: 한국어 선생님의 사무실은 어디에 있습니까?

나: 한국어 선생님 사무실은 _______층에 있습니다. (5)

가: 몇 호입니까?

나: ____________________호입니다.(516)

4) 가: 어디에 갑니까?

나: 주안역에 갑니다.

가: 몇 번 버스를 탑니까?

나: ____________________번 버스를 탑니다. (8)

문법 활용

※ 다음 문법을 사용하여 대화를 완성하십시오.

〈 문 법 〉			
V-(스)ㅂ니다 / -(스)ㅂ니까?	N을/를	N만	N에 가다/오다

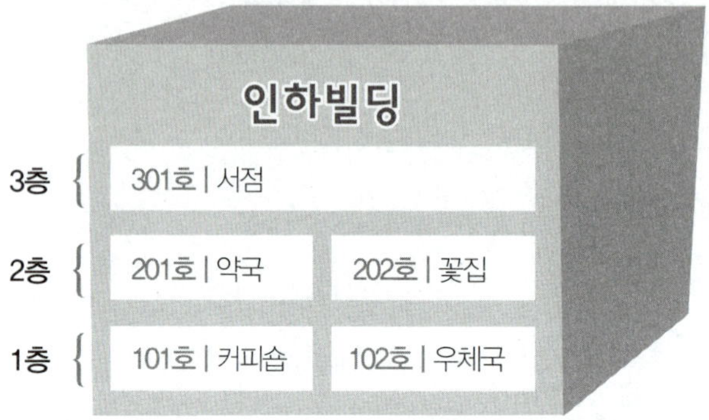

자르갈 : 우체국에 갑니다.	왕루 : 꽃집에 갑니다.

자르갈: 왕루 씨, 안녕하십니까?

왕 루: 자르갈 씨, 안녕하세요? 어디_____ ____________________? (가다)

자르갈: 저는 우체국_____ ____________________. 왕루 씨는 어디_____ ____________________? (가다) (가다)

왕 루: 저는 꽃집_____ ____________________. (가다)

자르갈: 꽃집이 몇 호입니까?

왕 루: 꽃집은 ______호입니다. 우체국이 몇 층_____ ____________________? (있다)

자르갈: 우체국은 ______층_____ ____________________. (있다)

왕 루: 1층_____ 우체국_____ ____________________? (있다)

자르갈: 아니요, 커피숍 ___ ____________________. (있다)

듣기

※ 다음을 듣고 물음에 답하십시오.

1. 여자는 어디에 갑니까? (   )

① 은행　　② 우체국

③ 언어교육원　　④ 한국어 교실

2. 선생님 사무실은 몇 호입니까? (   )

① 306호　　② 308호

③ 406호　　④ 408호

3. 들은 내용과 같은 것을 고르십시오. (   )

① 남자는 도서관에 갑니다.

② 여자는 선생님을 만납니다.

③ 여자는 한국어 교실에 갑니다.

④ 남자는 언어교육원에 있습니다.

읽기

※ 다음을 읽고 물음에 답하십시오.

저는 인하대학교 학생입니다. 저는 영어를 배웁니다. 영어 교실은 5호관 3층에 있습니다.

지성 씨와 팅팅 씨는 저의 친구입니다. 지성 씨는 부지런합니다. 팅팅 씨는 친절합니다. 우리는 열심히 영어를 배웁니다. 수업이 끝납니다. 우리는 커피숍에 갑니다. 그리고 커피숍에 한국어 교실의 학생들도 옵니다. 저는 그 학생들을 만납니다. 우리는 학교생활을 이야기합니다.

학교생활이 아주 즐겁습니다.

1. 무엇에 대한 이야기입니까? 알맞은 것을 고르십시오. (　　　　)

① 한국어　　② 인하대학교

③ 영어 교실　　④ 학교생활

2. 이 글의 내용과 같은 것을 고르십시오. (　　　　)

① 팅팅 씨는 한국어를 배웁니다.

② 영어 교실은 5층에 있습니다.

③ 지성 씨는 커피숍에 갑니다.

④ 한국어 수업은 즐겁습니다.

쓰기

※ 회사의 생활을 써 봅시다.

1. 개요를 써 보십시오.

〈 개 요 〉	
처음	저는 은행에 다닙니다.
가운데	회사에 친구가 많습니다. 마이클 씨, 미셸 씨, 민수 씨가 있습니다. ______________________________.
끝	회사 생활은 즐겁습니다.

2. 위 개요를 바탕으로 글을 써 보십시오.

저는 은행에 다닙니다.

회사 생활이 아주 즐겁습니다.

4 일상생활

어휘 I

1. 다음 중 알맞은 단어를 골라 대화를 완성하십시오.

숙제	예습	복습

1) 가: 오늘의 ____________이/가 무엇입니까?

나: 책을 읽기입니다.

2) 가: 집에서 무엇을 합니까?

나: 저는 집에서 ____________하고 ____________을/를 합니다.

2. 다음 중 그림에 맞는 단어를 골라 대화를 완성하십시오.

축구	농구	야구	배구	탁구	테니스	배드민턴	볼링	수영

1) 가: 무엇을 합니까?
나: ____.

2) 가: 무엇을 합니까?
나: ____.

3) 가: 무엇을 합니까?
나: ____.

4) 가: 무엇을 합니까?
나: ____.

5) 가: 무엇을 합니까?
나: ____.

6) 가: 무엇을 합니까?
나: ____.

7) 가: 무엇을 합니까?
나: ____.

8) 가: 무엇을 합니까?
나: ____.

9) 가: 무엇을 합니까?
나: ____.

문법 I

1. N과/와 N, N하고 N

1. 다음 표에 알맞게 쓰십시오.

N과/와 N		N하고 N	
연필, 볼펜	연필과 볼펜	책상, 컴퓨터	
우유, 빵		사과, 딸기	
신문, 잡지		시장, 백화점	
빨래, 청소		김밥, 만두	

2. 다음 대화를 완성하십시오.

1) 가: 방에 무엇이 있습니까?
나: ______________________________. (책상)

2) 가: 책상 위에 무엇이 있습니까?
나: ______________________________. (책, 필통)

3) 가: 부엌에 무엇이 있습니까?
나: ______________________________. (냉장고, 식탁)

4) 가: 교실에 무엇이 있습니까?
나: ______________________________. (책상, 칠판, 가방, 시계)

3. 다음 대화를 완성하십시오.

1) 가: 집에서 무엇을 합니까?
나: ______________________________. (예습, 복습)

2) 가: 운동장에서 무엇을 합니까?
나: ______________________________. (축구, 농구)

3) 가: 도서관에서 무엇을 공부합니까?
나: ______________________________. (한국어, 영어)

4) 가: 백화점에서 뭘 삽니까?
나: ______________________________.

5) 가: 식당에서 뭘 먹습니까?
나: ______________________________.

2. N에서

1. 다음 대화를 완성하십시오.

1) 가: 집에서 무엇을 합니까?
   나: 저는 ______________________. (숙제)
2) 가: 도서관에서 무엇을 읽습니까?
   나: 저는 ______________________. (한국어 책)
3) 가: 학교에서 무엇을 공부합니까?
   나: 저는 ______________________. (한국어)
4) 가: 영화관에서 무엇을 봅니까?
   나: 저는 ______________________. (영화)
5) 가: 시장에서 무엇을 삽니까?
   나: 저는 ______________________. (바나나)

2. 다음 대화를 완성하십시오.

1) 가: 어디에 갑니까?
   나: ______________________. (학교)
   가: 학교에서 무엇을 합니까?
   나: ______________________. (한국어, 배우다)
2) 가: 어디에 갑니까?
   나: ______________________. (우체국)
   가: 우체국에서 무엇을 합니까?
   나: ______________________. (편지, 보내다)
3) 가: 어디에 갑니까?
   나: ______________________. (운동장)
   가: 운동장에서 무엇을 합니까?
   나: ______________________. (야구, 하다)
4) 가: 어디에 갑니까?
   나: ______________________. (은행)
   가: 은행에서 무엇을 합니까?
   나: ______________________. (돈, 찾다)
5) 가: 어디에 갑니까?
   나: ______________________. (도서관)
   가: 도서관에서 무엇을 합니까?
   나: ______________________. (책, 빌리다)

어휘 Ⅱ

1. 다음 중 그림에 맞는 단어를 골라 대화를 완성하십시오.

월요일	화요일	수요일	목요일	금요일	토요일	일요일

1) 가: 언제 축구를 합니까?

나: ______________________________.

2) 가: 언제 태권도를 배웁니까?

나: ______________________________.

3) 가: 언제 친구를 만납니까?

나: ______________________________.

4) 가: 무슨 요일에 수영을 합니까?

나: ______________________________.

5) 가: 무슨 요일에 쇼핑을 합니까?

나: ______________________________.

6) 가: 무슨 요일에 자전거를 탑니까?

나: ______________________________.

7) 가: 무슨 요일에 집에서 쉽니까?

나: ______________________________.

월	수 영
화	태권도
수	쇼핑
목	친구를 만납니다
금	축구
토	자전거를 탑니다
일	집에서 쉽니다

2. 다음 대화를 완성하십시오.

1) 가: 금요일마다 무엇을 합니까?

나: ______________________________.

2) 가: 토요일마다 무엇을 합니까?

나: ______________________________.

3) 가: 누구하고 같이 점심을 먹습니까?

나: ______________________________.

4) 가: 누구와 함께 공부를 합니까?

나: ______________________________.

문법 Ⅱ

3. 수②

1. 다음 표에 알맞게 쓰십시오.

월	1월	2월	3월	4월	5월	6월	7월	8월	9월	10월	11월	12월
	월											

일	1일	2일	3일	4일	5일	6일	7일	8일	9일	10일
	11일	12일	13일	14일	15일	16일	17일	18일	19일	20일
	21일	22일	23일	24일	25일	26일	27일	28일	29일	30일

요일							
	월요일	화요일	수요일	목요일	금요일	토요일	일요일

2. 다음 대화를 완성하십시오.

1) 가: 오늘이 몇 월 며칠입니까?

나: ____.

2) 가: 생일이 몇 월 며칠입니까?

나: ____.

3) 가: 오늘이 무슨 요일입니까?

나: ____.

4) 가: 문화수업이 언제입니까?

나: ____.

5) 가: 크리스마스가 몇 월 며칠입니까?

나: ____.

4. N에②

1. 다음 대화를 완성하십시오.

1) 가: 아침에 무엇을 먹습니까?

나: 아침________________. (빵)

2) 가: 저녁에 무엇을 합니까?

나: 저녁________________. (숙제)

3) 가: 주말에 누구를 만납니까?

나: 주말________________. (고향 친구)

4) 가: 오늘 어디에 갑니까?

나: 오늘 ________________. (마트)

5) 가: 매일 어디에 다닙니까?

나: 매일 ________________. (학교)

2. 다음 대화를 완성하십시오.

1) 가: 주말에 어디에서 무엇을 합니까?

나: 주말________________. (공원, 자전거를 타다)

2) 가: 오후에 어디에서 무엇을 합니까?

나: 오후________________. (우체국, 편지를 보내다)

3) 가: 점심에 어디에서 무엇을 합니까?

나: 점심________________. (식당, 밥을 먹다)

4) 가: 일요일에 어디에서 무엇을 합니까?

나: 일요일________________. (산, 등산을 하다)

5) 가: 수요일에 어디에서 무엇을 합니까?

나: 수요일________________. (운동장, 친구들과 함께 축구하다)

문법 활용

※ 다음 문법을 사용하여 대화를 완성하십시오.

〈 문 법 〉		
N과/와 N, N하고 N	N에서	N에②

자르갈: 안녕하세요? 아멜리 씨, 어디_____ 갑니까?

아멜리: 자르갈 씨, 안녕하세요? 저는 지금 도서관_____ 갑니다.

자르갈: 도서관_____ 무엇을 합니까?

아멜리: 도서관_____ 신문_____ 책을 읽습니다.

자르갈 씨는 어디_____ 갑니까?

자르갈: 저는 운동장_____ 갑니다. 운동장_____ 농구를 합니다.

아멜리: 운동장_____ 매일 갑니까?

자르갈: 아니요, 월요일_____ 수요일에 갑니다.

듣기

※ 다음을 듣고 물음에 답하십시오.

1. 무엇에 대한 이야기입니까? 알맞은 것을 고르십시오. (   )

① 자기소개　　② 학교생활

③ 일상생활　　④ 오전과 오후

2. 들은 내용과 같은 것을 고르십시오. (   )

① 여자는 학교에서 한국어를 가르칩니다.

② 여자는 한국어 공부가 조금 어렵습니다.

③ 남자는 주중에 운동장에서 운동을 합니다.

④ 남자는 주말에 친구와 함께 쇼핑을 합니다.

읽기

※ 다음을 읽고 물음에 답하십시오.

> 저는 평일에 학교와 회사에 갑니다. 오전에 학교에서 한국어를 공부합니다. 저는 한국어를 좋아합니다. 그래서 열심히 공부합니다. 그리고 오후에는 한국 회사에서 일합니다. 회사 일이 조금 어렵습니다. 하지만 재미있습니다.
>
> 토요일에는 아내와 함께 시장에 갑니다. 시장에서 야채하고 과일을 삽니다. 집에서 아내와 같이 요리를 합니다. 저는 아내의 요리를 아주 좋아합니다. 일요일에는 집에서 쉽니다. 집에서 책과 신문을 읽습니다. 그리고 음악을 듣습니다.

1. 이 사람은 평일에 무엇을 합니까? 알맞은 것을 고르십시오. (　　　　)

① 학교에 다닙니다.

② 시장에 갑니다.

③ 요리를 합니다.

④ 음악을 듣습니다.

2. 이 글의 내용과 <u>다른</u> 것을 고르십시오. (　　　　)

① 이 사람은 평일에 학교와 회사에 다닙니다.

② 이 사람은 한국어 공부가 조금 어렵습니다.

③ 이 사람은 아내의 요리를 좋아합니다.

④ 이 사람은 주말에 집에서 책과 신문을 봅니다.

쓰기

※ 일상생활에 대한 글을 써 봅시다.

1. 개요를 보십시오.

〈 개 요 〉	
처음	평일에 회사에서 일합니다. 회사 일이 조금 어렵습니다.
가운데	주말에 친구와 함께 등산을 합니다.
끝	한국 생활이 아주 재미있습니다.

2. 위 개요를 바탕으로 글을 써 보십시오.

저는 한국에서 회사에 다닙니다. 회사에서 일합니다. 회사 일이 조금 어렵습니다. 하지만 열심히 일합니다. 월요일 저녁에는 친구와 함께 공원에서 배드민턴을 칩니다. 수요일 저녁에는 집을 청소합니다. 그리고 금요일 저녁에는 마트에서 물건을 삽니다.

주말에는

5 하루일과

어휘 I

1. 다음 중 그림에 맞는 단어를 골라 쓰십시오.

밤	낮	오전	오후

1) ________________ 

2) ________________ 

3) ________________ 

4) ________________ 

2. 다음 중 그림에 맞는 단어를 골라 문장을 쓰십시오.

사과	키위	오렌지	딸기	복숭아

1) 가: 무엇입니까?
나: ________________________________. 

2) 가: 무엇입니까?
나: ________________________________. 

3) 가: 무엇입니까?
나: ________________________________. 

4) 가: 무엇입니까?
나: ________________________________. 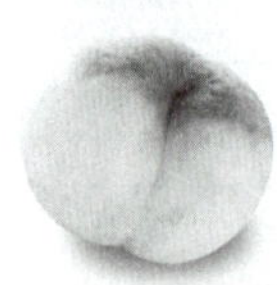

5) 가: 무엇입니까?
나: ________________________________. 

문법 I

1. V-아/어/여요①, N이에/예요

1. 다음 표에 알맞게 쓰십시오..

V-아/어/여요		N이에요/예요	
잡다	잡아요	공책	공책이에요
먹다		교실	
오다		돈	
가다		운동장	
하다		자르갈	
높다		시계	
싸다		아멜리	
넓다		의자	
재미있다		학교	

2. 다음 대화를 완성하십시오.

1) 가: 친구를 어디에서 ____________________? (만나다)

나: 친구를 커피숍에서 ____________________.

2) 가: 공책에 무엇을 ____________________? (쓰다)

나: 공책에 이름을 ____________________.

3) 가: 한국 생활이 어때요?

나: 한국 생활이 ____________________. (재미있다)

4) 가: 여기가 몇 층 ____________________? (이다)

나: 5층 ____________________.

5) 가: 저 사람은 누구 ____________________? (이다)

나: 저 사람은 제 친구 ____________________.

2. 수③

1. 다음 시간을 읽고 한국어로 쓰십시오.

1) 1:00 ____________________

2) 4:00 ____________________

3) 2:08 ____________________

4) 3:10 ____________________

5) 4:47 ____________________

6) 9:30 ____________________

2. 다음 시간을 읽고 한국어로 쓰십시오.

1) 4:57 ____________________

2) 6:55 ____________________

3) 8:50 ____________________

4) 9:45 ____________________

5) 10:30 ____________________

6) 11:30 ____________________

3. 다음 시간을 읽고 한국어로 쓰십시오.

1) am. 5:27 ____________________

2) am. 7:13 ____________________

3) am. 3:00 ____________________

4) pm. 4:53 ____________________

5) am. 12:00 ____________________

6) pm. 12:00 ____________________

어휘 Ⅱ

1. 다음 중 그림에 맞는 단어를 골라 대화를 완성하십시오.

스키	스케이트	썰매	당구	요가

1) 가: 무엇을 해요?

나: ______________________________.

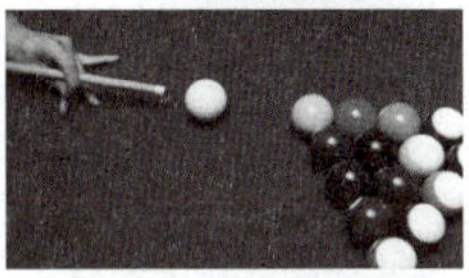

2) 가: 무엇을 해요?

나: ______________________________.

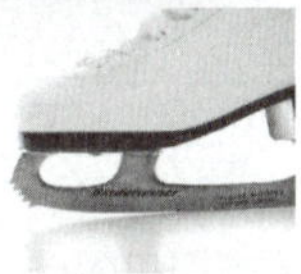

3) 가: 무엇을 해요?

나: ______________________________.

4) 가: 무엇을 해요?

나: ______________________________.

5) 가: 무엇을 해요?

나: ______________________________.

2. 다음 중 알맞은 단어를 골라 대화를 완성하십시오.

아침	점심	저녁

1) 가: 일어납니다. 그리고 무엇을 해요?

나: 세수합니다. 그리고 __________ 을/를 먹어요.

2) 가: 오후 7시에 무엇을 합니까?

나: 운동을 합니다. 그리고 __________ 을/를 먹습니다.

3) 가: 언제 __________ 을/를 먹습니까?

나: 12시 30분에 먹습니다.

3. N부터 N까지

1. 다음 대화를 완성하십시오.

1) 가: 언제부터 수업을 시작해요?

나: ______________________________. (9:00)

2) 가: 언제부터 수영해요?

나: ______________________________. (5:10)

3) 가: 언제부터 테니스를 쳐요?

나: ______________________________. (오늘 낮)

4) 가: 언제부터 게임을 해요?

나: ______________________________. (내일 저녁)

2. 다음 대화를 완성하십시오.

1) 가: 몇 시까지 학교에 가요?

나: ______________________________. (1:10)

2) 가: 언제까지 공부를 해요?

나: ______________________________. (11:50)

3) 가: 언제까지 한국어 숙제를 해요?

나: ______________________________. (저녁 7:20)

4) 가: 영화를 몇 시까지 봐요?

나 : ______________________________. (밤 1:00)

3. 다음 대화를 완성하십시오.

1) 가: 언제부터 언제까지 텔레비전을 봐요?

나: ______________________________. (6:30~8:00)

2) 가: 언제부터 언제까지 축구를 해요?

나: ______________________________. (금요일 3:00~4:45)

3) 가: 언제부터 언제까지 한국어 수업을 해요?

나: ______________________________. (월요일~금요일)

4) 가: 언제 시험을 봐요?

나: ______________________________. (목요일 오전 9:00~오후 1:00)

4. 안 V, V-지 않다

1. 다음 표에 알맞게 쓰십시오.

	안 V-(스)ㅂ니다	안 V-아/어/여요	V-지 않습니다	V-지 않아요
읽다				
주다				
축구하다				
좋다				
비싸다				
깨끗하다				

2. 다음 대화를 완성하십시오.

1) 가: 지금 사진을 찍습니까?
나: 아니요, ____.

2) 가: 인하대학교에 다닙니까?
나: 아니요, ____.

3) 가: 아멜리 씨가 공부해요?
나: 아니요, ____.

4) 가: 자르갈 씨가 청소해요?
나: 아니요, ____.

3. 다음 대화를 완성하십시오.

1) 가: 방이 넓습니까?
나: 아니요, ____.

2) 가: 이 꽃이 예쁩니까?
나: 아니요, ____.

3) 가: 한국어 교실이 6층에 있어요?
나: 아니요, ____.

4) 가: 교실이 조용해요?
나: 아니요, ____.

문법 활용

1. 다음 문법을 사용하여 대화를 완성하십시오.

〈 문 법 〉		
V-아/어/여요, N이에/예요	N부터 N까지	안 V / V-지 않다

자르갈: 아멜리 씨는 8시에 일어나요?

아멜리: 아니요, 저는 8시에 ________________(일어나다). 저는 6시 30분에 ________________(일어나다).

자르갈: 아침에 뭐 해요?

아멜리: 저는 7시에 ________________(운동하다). 그리고 아침을 ________________(먹다).

자르갈: 도서관에서 몇 시_____ 몇 시_____ ________________(한국어 공부를 하다)?

아멜리: 도서관에서 한국어 공부를 9시_____ 12시 ________________해요.

자르갈: 언제 ________________(점심을 먹다)?

아멜리: 12시 10분_____ 12시 50분_____ ________________(점심을 먹다).

자르갈: 그리고 무엇을 해요?

아멜리: 1시 10분_____ 5시 10분_____ 학교에서 ________________(한국어를 배우다).

그리고 6시_____ 7시_____ 식당에서 ________________(저녁을 먹다).

듣기

※ 다음을 듣고 물음에 답하십시오.

1. 영어 수업 시간은 언제입니까? (　　　　)

① 월요일 오전 10시부터

② 화요일 오전 11시부터

③ 월요일 오전 10시 30분부터

④ 화요일 오전 11시 30분부터

2. 들은 내용과 같은 것을 고르십시오. (　　　　)

① 여자는 지금 본관에 갑니다.

② 남자는 본관에서 중국어를 배웁니다.

③ 남자는 중국어 수업은 11시부터 합니다.

④ 여자는 언어교육원에서 영어를 가르칩니다.

읽기

※ 다음을 읽고 물음에 답하십시오.

> 저는 일요일마다 친구와 함께 등산을 해요. 일요일에 6시에 일어나요. 그리고 아침을 먹어요. 8시부터 등산을 해요. 12시 30분쯤에 우리는 점심을 먹어요. 친구는 빵을 먹어요. 저는 김밥을 먹어요. 친구는 커피를 마셔요. 하지만 저는 커피를 (㉠). 5시에 집에 와요. 6시에 저녁을 먹어요. 그리고 9시까지 텔레비전을 봐요. 조금 피곤해요. 그래서 10시에 자요.

1. 무엇에 대한 이야기입니까? 알맞은 것을 고르십시오. (　　　　)

① 휴일　　② 평일
③ 점심　　④ 텔레비전

2. ㉠에 알맞지 <u>않은</u> 것을 고르십시오. (　　　　)

① 마시지 않아요　　② 안 마셔요
③ 싫어해요　　④ 좋아해요

3. 이 글의 내용과 같은 것을 고르십시오. (　　　　)

① 이 사람과 친구는 커피를 마십니다.
② 이 사람은 일요일에 늘 산에 갑니다.
③ 이 사람은 9시부터 텔레비전을 봅니다.
④ 이 사람은 친구와 같이 저녁을 먹습니다.

쓰기

※ 여러분의 하루 일과를 써 봅시다.

1. 개요를 써 보십시오.

〈 개 요 〉	
처음	저의 하루는 아주 바쁩니다.
가운데	아침 7시부터 8시까지 운동장에서 운동을 합니다. 학교에서 한국어를 배웁니다. 점심에 친구와 같이 점심을 먹습니다. 도서관에서 공부합니다. 저녁에 한국인 친구를 만납니다. 밤에 책을 읽습니다. 음악을 듣습니다.
끝	하루가 끝납니다. 저는 조금 피곤합니다. 하지만 기분은 정말 좋습니다.

2. 위 개요를 바탕으로 글을 써 보십시오.

	저	의		하	루	는		아	주		바	쁩	니	다	.				

6 주말

어휘 I

1. 다음 중 알맞은 단어를 골라 문장을 완성하십시오.

작년	방학	그저께	어제

1) 오늘은 수요일이에요. ____________은/는 월요일이었어요.

2) 가: ____________에 어디에 갔어요?

   나: 저는 부산을 여행했어요.

3) 가: ____________ 왜 결석했어요?

   나: 몸이 많이 아팠어요. 그래서 결석했어요.

4) 가: 언제부터 한국어 공부를 시작했어요.

   나: ____________ 9월부터 한국어 공부를 시작했어요.

문법 I

1. V-았/었/였-, N이었/였-

1. 다음 표에 알맞게 쓰십시오.

V-았/었/였습니다, N이었/였습니다		V-았/었/였어요, N이었/였어요	
찾다		앉다	
먹다		읽다	
만나다		가다	
공부하다		운동하다	
좋다		많다	
재미있다		맛있다	
학생		선생님	
의사		신문기자	

2. 다음 대화를 완성하십시오.

1) 가: 어제 몇 시에 학교에 갔어요?

나: 어제 ______________________________. (8시 30분, 학교에 가다)

2) 가: 어제 어디에서 점심을 먹었어요?

나: 어제 ______________________________. (식당, 점심을 먹다)

3) 가: 어제 무엇을 했어요?

나: 어제 ______________________________. (도서관, 숙제를 하다)

4) 가: 방학에 어디를 여행했어요?

나: 방학에 ______________________________. (부산, 여행하다)

5) 가: 작년에 무엇을 했어요?

나: 작년에 회사에 다녔어요. ______________________________.(회사원이다)

3. 다음 대화를 완성하십시오.

1) 가: 어제 저녁에 무엇을 했어요?

나: 어제 저녁에 ______________________________. (책, 읽다)

2) 가: 공원에 무엇이 많았어요?

나: 공원에 ______________________________. (꽃, 많다)

3) 가: 그저께 친구를 만났어요?

나: 아니요. 그저께 ______________________________. (선생님, 만나다)

4) 가: 어제 저녁은 어디에서 먹었어요?

나: ______________________________. (학교 식당, 먹다)

5) 가: 주말에 누구하고 영화를 봤어요?

나: 주말에 ______________________________. (친구, 영화, 보다)

2. V-고①, N(이)고

1. 다음 표에 알맞게 쓰십시오.

V-고	
신문도 읽다, 커피도 마시다	신문도 읽고 커피도 마셔요
텔레비전도 보다, 전화도 하다	
청소도 했다, 음악도 들었다	
친구가 예쁘다, 친구가 착하다	
동생은 키가 컸다, 언니는 키가 작았다	
N(이)고	
프랑스 사람이다, 학생이다	
의사였다, 시인이었다	

2. 다음 대화를 완성하십시오.

1) 가: 지금 무엇을 해요?

나: 지금 ______________________. (김밥도 먹다, 떡볶이도 먹다)

2) 가: 어제 저녁에 무엇을 먹었어요?

나: 어제 저녁에 ______________________. (치킨도 먹었다, 피자도 먹었다)

3) 가: 시장에는 물건이 어때요?

나: 시장에는 ______________________. (물건이 많다, 물건이 싸다)

4) 가: 지난 주말에 축구 경기는 어땠어요?

나: 축구 경기는 ______________________. (재미있었다, 즐거웠다)

5) 가: 이 사람은 작년에 무엇을 했어요?

나: 이 사람은 ______________________. (영어 선생님이었다, 한국어 학생이었다)

6) 가: 지금 흐엉 씨와 언니는 무엇을 해요?

나: 지금 ______________________. (저는 청소를 하다, 언니는 빨래를 하다)

7) 가: 어제 아멜리 씨와 동생은 무엇을 했어요?

나: 어제 ______________________. (저는 친구를 만났다, 동생은 영화를 봤다)

어휘 II

1. 다음 중 알맞은 단어를 골라 대화를 완성하십시오.

한옥 마을	인사동	전통	한식당	한복

1) 가: 주말에 ________________에서 무엇을 했어요?

   나: 친구와 함께 한국 전통 차를 마시고 사진도 찍었어요.

2) 가: 옛날 집이 많이 있어요. 여기가 어디예요?

   나: 여기는 ________________이에요.

3) 가: 두 사람이 무엇을 입고 있어요?

   나: ________________을 입고 있어요.

4) 가: 점심은 어디에서 먹었어요?

   나: ________________에서 갈비탕을 먹었어요.

5) 가: 박물관에서 무엇을 봤어요?

   나: 한국의 ________________ 물건을 봤어요.

2. 다음 그림을 보고 빈칸에 알맞은 단어를 쓰십시오.

5월   6월   7월

일	월	화	수	목	금	토	
		1	2	3	4	5	⇐ ( )
6	7	8	⑨ 오늘	10	11	12	⇐ 이번 주
13	14	15	16	17	18	19	⇐ ( )
20	21	22	23	24	25	26	
27	28	29	30				

(   )   이번 달   (   )

문법 Ⅱ

3. AV-아/어/여 보다

1. 다음 표에 알맞게 쓰십시오.

AV-아/어/여 보다	
찾다	찾아 봤어요
읽다	
만들다	
수영하다	

2. 다음 대화를 완성하십시오.

1) 가: 은행에서 돈을 찾아 봤어요? (찾다)

나: 네, 은행에서 돈을 찾아 봤어요. (찾다)

2) 가: 제주도에 ________________? (가다)

나: 아니요, ________________. (안 가다)

3) 가: 한식당에서 한국 음식을 ________________? (먹다)

나: 네, ________________. (먹다)

4) 가: 한국 친구를 ________________? (만나다)

나: 네, ________________. (만나다)

5) 가: 한복을 ________________? (입다)

나: 아니요,________________. (안 입다)

6) 가: 한국 음식을 ________________? (만들다)

나: 네, ________________. (만들다)

7) 가: 한국 소설책을 ________________? (읽다)

나: 아니요, ________________. (안 읽다)

4. 으 동사

1. 다음 표에 알맞게 쓰십시오.

	V-아/어/여요	V-았/었/였어요	V-고
바쁘다			
아프다			
고프다			
기쁘다			
예쁘다			
쓰다			
크다			

2. 다음 중 알맞은 단어를 골라 대화를 완성하십시오.

예쁘다	슬프다	바쁘다	크다	고프다	기쁘다	쓰다

1) 가: 이 사람이 형이에요?
   나: 아니요, 제 동생이에요. 제 동생이 키가 ____________________.
2) 가: 지금 무엇을 해요?
   나: 부모님께 편지를 ____________________.
3) 가: 이 옷이 어때요?
   나: 정말 ____________________.
4) 가: 점심을 먹었어요?
   나: 아니요, 안 먹었어요. 그래서 지금 배가 ____________________.
5) 가: 어제 드라마를 봤어요? 어땠어요?
   나: 여자 주인공이 다쳤어요. 그래서 ____________________.
6) 가: 고향에서 부모님을 만났어요?
   나: 네, 부모님과 함께 여행을 했어요. 그래서 아주 ____________________.
7) 가: 주말에 쉬었어요?
   나: 아니요, 청소와 빨래를 했어요. 아주 ____________________.

문법 활용

※ 다음 문법을 사용하여 대화를 완성하십시오.

〈 문 법 〉		
V-았/었/였-, N이었/였-	V-고①, N(이)고	AV-아/어/여 보다

자르갈: 파하드 씨, 지난 방학에 뭐 ______________________?
(하다)

파하드: 저는 지난 방학에 누나하고 같이 경복궁에 ______________________.
(가다)

경복궁에서 사진도 _________ 한복도 ______________________.
(찍다) (입다)

사람들이 _________ 아주 ______________________.
(많다) (재미있다)

자르갈 씨는 지난 방학에 뭐 ______________________?
(하다)

자르갈: 저는 지난 방학에 여동생하고 같이 춘천에 ______________________.
(가다)

춘천에서 배도 _________ 닭갈비도 ______________________.
(타다) (먹다)

공기가 _________ 아주 ______________________.
(좋다) (시원하다)

듣기

※ 다음을 듣고 물음에 답하십시오.

1. 두 사람이 무슨 이야기를 하고 있는지 고르십시오. (　　　　)

① 방학 이야기　　　　② 주말 이야기

③ 고향 이야기　　　　④ 친구 이야기

2. 들은 내용과 같은 것을 고르십시오. (　　　　)

① 남자는 혼자 수원에 갔습니다.

② 남자는 수원성도 보고 영화도 봤습니다.

③ 여자는 친구와 같이 박물관에 갔습니다.

④ 여자는 서울 이태원에서 쇼핑을 했습니다.

읽기

※ 다음을 읽고 물음에 답하십시오.

3월 22일 토요일

오늘 기숙사 친구와 같이 수원성에 갔습니다. 우리는 오전 9시에 출발했습니다. 수원성은 경치가 아주 아름다웠습니다. 우리는 사진을 많이 찍었습니다. 점심에 한식당에 갔습니다. 우리는 갈비탕과 불고기를 먹었습니다. 한국 음식이 무척 맛있었습니다.

오후 1시에 박물관에 갔습니다. 박물관은 깨끗하고 전통 물건이 많았습니다. 전통 물건도 보고 한국 사람들과 이야기도 했습니다. 한국 사람들은 친절하고 재미있었습니다.

오후 6시에 기숙사에 도착했습니다. 오늘 여행은 정말 즐거웠습니다.

1. 무엇에 대한 이야기입니까? 알맞은 것을 고르십시오. (　　　　)

① 친구 이야기

② 여행 이야기

③ 박물관 이야기

④ 한식당 이야기

2. 이 글의 내용과 같은 것을 고르십시오. (　　　　)

① 이 사람은 오전에 친구와 수원성에 갔습니다.

② 이 사람은 박물관에서 전통 물건을 샀습니다.

③ 이 사람은 저녁에 한식당에서 한국 음식을 먹었습니다.

④ 이 사람은 수원성에서 한국 사람들과 이야기를 했습니다.

쓰기

※ 주말 이야기를 써 봅시다.

1. 개요를 써 보십시오.

〈 개 요 〉	
처음	지난 토요일에 동물원에 갔습니다.
가운데	동물원에서 동물들을 봤습니다. 점심도 먹고 사진도 찍었습니다. 자전거도 탔습니다.
끝	아주 피곤했습니다. 하지만 재미있고 즐거웠습니다.

2. 위 개요를 바탕으로 글을 써 보십시오.

	지	난		토	요	일	에		동	물	원	에		갔	습	니	다	.	

7 날씨와 계절

어휘 I

1. 다음 중 알맞은 단어를 골라 대화를 완성하십시오.

사계절	봄	여름	가을	겨울

1) 가: 요즘 날씨가 아주 더워요.

   나: 네, 한국의 ___________은/는 날씨가 아주 더워요.

2) 가: 언제 산에 가요?

   나: ___________에 등산을 자주 해요. 산이 아름다워요.

3) 가: 무슨 계절을 좋아해요?

   나: 저는 ___________을/를 좋아해요. 꽃이 정말 예뻐요. 그리고 따뜻해요.

4) 가: 무슨 계절을 좋아해요?

   나: 저는 ___________을/를 좋아해요. 날씨가 추워요. 하지만 눈이 예뻐요.

5) 가: 제 고향은 항상 더워요.

   나: 그래요? 한국에는 ___________이/가 있어요.

2. 다음 중 그림에 맞는 단어를 골라 문장을 완성하십시오.

날씨가 맑다	날씨가 흐리다	비가 오다
눈이 오다	바람이 불다	

1) 비가 와요. 

2) ___________________________. 

3) ___________________________. 

4) ___________________________. 

5) ___________________________. 

문법 I

1. N은/는②

1. 다음 문장을 완성하십시오.

1) ______________ 덥고 ______________ 추워요. (여름, 겨울)

2) ______________ 높고 ______________ 넓어요. (산, 바다)

3) ______________ 텔레비전을 보고 ______________ 화장을 해요. (오빠, 언니)

4) ______________ 공부를 하고 ______________ 운동을 해요. (오전, 오후)

2. ㅂ 동사

1. 다음 표에 알맞게 쓰십시오.

	V-아/어/여요	V-았/었/였어요	V-고
덥다			
춥다			
맵다			
무겁다			
뜨겁다			
돕다			
좁다			
잡다			
입다			

2. 다음 대화를 완성하십시오.

1) 가: 한국의 겨울 날씨가 어때요?

나: 한국의 겨울은 눈이 많이 오고 ______________________________. (춥다)

2) 가: 이 음식이 어때요?

나: 아주 맛있어요. 하지만 조금 ______________________________. (맵다)

3) 가: 봄꽃이 어때요?

나: 봄꽃이 ______________________________. (아름답다)

4) 가: 지금 뭐 해요?

나: 친구가 이사를 해요.

그래서 ______________________________. (돕다)

5) 가: 지금 뭐 해요?

나: ______________________________. (옷, 입다)

3. AV-아/어/여서①

1. 다음 표에 알맞게 쓰십시오.

AV-아/어/여서			
가다		쓰다	
오다		만들다	
만나다		빌리다	

2. 다음 대화를 완성하십시오.

1) 가: 도서관에 가서 뭐 해요?

나: ______________________________.(공부하다)

2) 가: 공원에 가서 뭐 했어요?

나: ______________________________.(산책하다)

3) 가: 지난 주말에 친구를 만나서 뭐 했어요?

나: ______________________________.(영화를 보다)

4) 가: 학교에서 친구를 만나서 뭐 해요?

나: ______________________________.(이야기하다)

5) 가: 선물을 사서 뭐 했어요?

나: ______________________________.(포장하다)

어휘 Ⅱ

1. 다음 중 그림에 맞는 단어를 골라 대화를 완성하십시오.

스키	스노보드	스케이트	눈썰매	눈사람	눈싸움

1) 가: 무엇을 타요?

나: ______________________________.

2) 가: 무엇을 타요?

나: ______________________________.

3) 가: 무엇을 타요?

나: ______________________________.

4) 가: 무엇을 타요?

나: ______________________________.

5) 가: 무엇을 해요?

나: ______________________________.

6) 가: 무엇을 만들어요?

나: ______________________________.

2. 다음 중 그림에 맞는 단어를 골라 대화를 완성하십시오.

수영장	해수욕장	계곡	공원	스키장

1) 가: 봄에 어디에 자주 가요?

나: 저는 ______________________________.

2) 가: 지난여름에 어디에 가 봤어요?

나: 저는 ______________________________.

3) 가: 이번 여름에 어디에 가요?

나: 저는 ______________________________.

4) 가: 주말마다 어디에 가요?

나: 저는 ______________________________.

5) 가: 지난겨울에 어디에 갔어요?

나: 저는 ______________________________.

문법 Ⅱ

4. N(으)로①

1. 다음 표에 알맞게 쓰십시오.

N(으)로			
산, 가다		교실, 오다	
바다, 가다		사무실, 가다	
왼쪽, 오다		화장실, 가다	

2. 다음 대화를 완성하십시오.

1) 가: 어디로 가요?

나: ______________________. (스키장)

2) 가: 어디로 와요?

나: ______________________. (식당)

3) 가: 어디로 여행을 가요?

나: ______________________. (제주도)

3. 다음 대화를 완성하십시오.

1) 가: 지하철역이 어디에 있어요?

나: ______________. 그러면 지하철역이 있어요. (오른쪽)

2) 가: 은행이 어디에 있어요?

나: ______________. 그러면 은행이 있어요. (앞)

3) 가: 경찰서가 어디에 있어요?

나: ______________. 그러면 경찰서가 있어요. (왼쪽)

4) 가: 우체국이 어디에 있어요?

나: ______________. 그러면 우체국이 있어요. (아래층)

5. AV-(으)러 가다/오다

4. 다음 대화를 완성하십시오.

1) 가: 어디에 가요?

나: ______________________ 바다에 가요. (수영하다)

2) 가: 어디에 가요?

나: ______________________ 공원에 가요. (꽃, 구경하다)

3) 가: 어디에 갔어요?

나: ______________________ 스키장에 갔어요. (스키, 타다)

4) 가: 이번 주말에 뭐 해요?

나: ______________________ 극장에 가요. (영화, 보다)

5) 가: 지금 뭐 해요?

나: ______________________ 식당에 왔어요. (밥, 먹다)

6) 가: 어제 뭐 했어요?

나: ______________________ 은행에 갔어요. (돈, 찾다)

7) 가: 왜 공항에 가요?

나: ______________________. (친구를 만나다, 공항에 가다)

8) 가: 왜 스포츠센터에 다녀요?

나: ______________________. (태권도를 배우다, 스포츠센터에 다니다)

9) 가: 왜 노래방에 왔어요?

나: ______________________. (노래를 부르다, 노래방에 왔다)

문법 활용

※ 다음 문법을 사용하여 대화를 완성하십시오.

〈문 법〉				
N은/는②	ㅂ 동사	AV-아/어/여서①	N(으)로①	AV-(으)러 가다/오다

오위노: 한국의 봄_____ 어때요?

흐 엉: 한국의 봄_____ 따뜻해요.

그리고 공원의 꽃이 ______________________________ .
(아름답다)

오위노: 한국 사람들은 봄에 어디에 많이 가요?

흐 엉: 한국 사람들은 봄에 공원_____ 많이 가요.

오위노: 왜 공원에 가요?

흐 엉: 공원에 꽃이 많이 있어요. 사람들이 꽃을 _____ 공원__________ 가요.
(보다)

공원에 _____ 꽃도 구경하고 사진도 찍어요.
(가다)

오위노: 한국의 가을_____ 어때요?

흐 엉: 한국의 가을_____ 시원해요.

그리고 가을 산이 ______________________________ .
(아름답다)

오위노: 한국 사람들은 가을에 어디에 자주 가요?

흐 엉: 한국 사람들은 가을에 산_____ 자주 가요.

오위노: 왜 산에 가요?

흐 엉: 산에 단풍이 많이 있어요. 사람들이 단풍을 _____ 산_____ 가요.
(보다)

산에 _____ 단풍도 구경하고 사진도 찍어요.
(가다)

듣기

※ 다음을 듣고 물음에 답하십시오.

1. 무엇에 대한 이야기를 하고 있습니까? (　　　　)

① 날씨　　　　② 여행

③ 계절　　　　④ 음식

2. 들은 내용과 같은 것을 고르십시오. (　　　　)

① 여자는 작년 봄에 여행을 했습니다.

② 여자는 춘천 닭갈비를 먹어 봤습니다.

③ 남자는 춘천 여행이 조금 힘들었습니다.

④ 남자는 춘천에서 막국수만 먹었습니다.

3. 날씨가 어떻습니까? 알맞은 것을 고르십시오. (　　　　)

①  → 

②  → 

③  → 

④  → 

읽기

※ 다음을 읽고 물음에 답하십시오.

한국의 겨울은 아주 춥고 눈도 많이 옵니다. 그래서 겨울에 사람들이 스키장에 많이 갑니다. 저도 작년 겨울에 스키장에 처음 갔습니다. 눈이 조금 왔습니다. 하지만 바람이 불지 않았습니다. 스키장에 가서 스키를 처음 배웠습니다. 스키는 조금 어려웠습니다. 하지만 정말 재미있었습니다. 그래서 지금은 스키를 아주 좋아합니다. 또 스키장에서 친구들과 함께 눈사람도 만들고 눈싸움도 했습니다. 정말 즐거웠습니다. 한국의 겨울은 무척 아름답습니다. 그래서 저는 겨울을 좋아합니다.

1. 한국의 겨울 날씨가 어떻습니까? (　　　　)

① 맑고 흐립니다.

② 춥고 눈이 많이 옵니다.

③ 비가 자주 오고 덥습니다.

④ 바람이 불지 않고 흐립니다.

2. 이 글의 내용과 같은 것을 고르십시오. (　　　　)

① 이 사람은 혼자 스키장에 갔습니다.

② 이 사람은 올해 스키장에 처음 갈 겁니다.

③ 이 사람은 지금도 스키가 조금 어렵습니다.

④ 이 사람은 스키장에서 눈사람을 만들었습니다.

쓰기

※ 좋아하는 계절에 대한 글을 써 봅시다.

1. 개요를 써 보십시오.

〈 개 요 〉	
처음	저는 봄을 좋아합니다.
가운데	봄은 날씨가 ____________________. 그리고 ____________________.
끝	작년 봄에 꽃을 구경하러 갔습니다. 정말 즐거웠습니다.

2. 위 개요를 바탕으로 글을 써 보십시오.

 저는 봄에 한국에 처음 왔습니다. 한
국이 아주 아름다웠습니다. 그래서 저는
한국의 봄을 좋아합니다.

8 계획

어휘 I

1. 다음 중 알맞은 단어를 골라 대화를 완성하십시오.

중간시험	한국어 시험	기말시험

1) 가: ___________________을 준비합니까?

   나: 네, 그래서 주중에 도서관에서 한국어를 공부합니다.

2) 가: 언제 방학을 합니까?

   나: ___________________이 끝납니다. 그리고 방학을 합니다.

3) 가: 이번 학기에 언제 문화수업이 있습니까?

   나: 다음 주 목요일에 ___________________이 끝납니다. 그리고 금요일에 문화수업이 있습니다.

2. 다음 중 알맞은 단어를 골라 연결하십시오.

1) 합격하다 •   • ㉠ 시험에 떨어지다

2) 불합격하다 •   • ㉡ 시험을 치다

3) 시험을 보다 •   • ㉢ 시험에 붙다

문법 I

1. AV-(으)ㄹ 거예요①

1. 다음 대화를 완성하십시오.

1) 오늘 밤에 책을 ____________. (읽다)

2) 내일 친구하고 저녁을 ______________________________________. (먹다)

3) 이번 주말에 영화를 ______________________________________. (보러 가다)

4) 다음 주에 고향 음식을 ______________________________________. (만들다)

5) 제 생일에 친구를 ______________________________________. (초대하다)

6) 오늘 저녁에 고향에 ______________________________________. (전화하다)

2. 다음 대화를 완성하십시오.

1) 가: 오늘 영화관에 갈 거예요?

나: 아니요, ______________________________________. (내일, 가다)

2) 가: 이번 주말에 백화점에 옷을 사러 갈 거예요?

나: 네, ______________________________________. (사러 가다)

3) 가: 내일 공원에 뭐 하러 갈 거예요?

나: ______________________________________. (사진을 찍으러 가다)

4) 가: 언제 한국어 숙제를 할 거예요?

나: ______________________________________. (오늘 밤, 한국어 숙제를 하다)

5) 가: 오늘 오후에 명동에 갈 거예요?

나: 아니요, ______________________________________. (명동, 안 가다).

______________________________________. (집, 쉬다)

6) 가: 지난 주말에 부산을 여행했어요?

나: 아니요, ______________________________________. (이번 방학, 여행하다)

2. AV-고②

1. 다음 표에 알맞게 쓰십시오.

AV-고	
샤워하다, 밥을 먹다	
밥을 먹다, 커피를 마시다	
창문을 닫다, 학교에 가다	
숙제를 하다, 텔레비전을 보다	
요리를 했다, 저녁을 먹었다	
청소를 할 거다, 빨래를 할 거다	

2. 다음 문장을 완성하십시오.

1) 가: 지난 주말에 뭐 했어요?

나: ______________________________.(숙제하다, 드라마를 보다)

2) 가: 월요일에 뭐 했어요?

나: ______________________________.(저녁을 먹다, 집에 가다)

3) 가: 오후에 뭐 할 거예요?

나: ______________________________.(수업을 듣다, 친구를 만나다)

4) 가: 저녁에 뭐 할 거예요?

나: ______________________________.(선생님을 만나다, 도서관에 가다)

5) 가: 내일 뭐 할 거예요?

나: ______________________________.(쇼핑하다, 영화를 보다)

6) 가: 방학에 뭐 할 거예요?

나: ______________________________.(여행을 하다, 2급을 예습하다)

어휘 Ⅱ

1. 다음 중 알맞은 단어를 골라 대화를 완성하십시오.

N에 여행(을) 가다	N을/를 여행하다	N에서 여행하다

1) 가: 주말에 무엇을 했어요?

나: ______________________________. (부산)

2) 가: 방학에 어디에 여행을 갔어요?

나: ______________________________. (제주도)

3) 가: 지난여름에 어디에서 여행을 했어요?

나: ______________________________. (호주)

2. 다음 중 알맞은 단어를 골라 대화를 완성하십시오.

하루	이틀	사흘	나흘	닷새	엿새	이레

1) 가: 일주일은 며칠이에요?

나: 일주일은 ______________________.

2) 가: 며칠 동안 학교에 갑니까?

나: ______________________.

3) 가: 4일 후에 시험이 있습니까?

나: 네, ______________________.

4) 가: 부산에 3일 동안 있었습니까?

나: 네, 부산에 ______________________.

5) 가: 시험은 며칠 동안 봤습니까?

나: 시험은 어제와 오늘 ______________________.

6) 가: 고향에 6일 동안 있었어요?

나: 네, 고향에 ______________________.

7) 가: 이 식당은 일요일에만 문을 닫습니까?

나: 네, ______________________ 만 문을 닫습니다.

문법 Ⅱ

3. AV-기 전에, N 전에

1. 다음 대화를 완성하십시오.

1) 가: 밥을 ____________ 무엇을 해요? (먹다)

나: 손을 씻어요.

2) 가: 어제 밤에 잠을 ____________ 무엇을 했어요? (자다)

나: 숙제를 하고 음악을 들었어요.

3) 가: 학교에 ____________ 무엇을 할 거예요? (가다)

나: 운동을 하고 커피를 마실 거예요.

4) 가: 언제 고향에 갈 거예요?

나: 저는 대학교에 ____________ 고향에 갈 거예요. (입학하다)

2. 다음 대화를 완성하십시오.

1) 가: 언제 숙제를 마쳤어요?

나: ______________________________. (조금)

2) 가: 언제 이 옷을 샀어요?

나: ______________________________. (일주일)

3) 가: 점심을 먹었어요?

나: 네, ______________________________. (1시간)

4. AV-(으)ㄴ 후에, N 후에

1. 다음 대화를 완성하십시오.

1) 가: 저녁을 ____________ 무엇을 해요? (먹다)

나: 숙제를 하고 운동을 할 거예요.

2) 가: 수업이 ____________ 무엇을 해요? (끝나다)

나: 친구를 만나고 밥을 먹을 거예요.

3) 가: 언제 태권도를 배웠어요?

나: 한국에 ____________ 태권도를 배웠어요. (오다)

4) 가: 언제 제주도를 여행할 거예요?

나: 한국어 시험에 ____________ 제주도를 여행할 거예요. (합격하다)

2. 다음 대화를 완성하십시오.

1) 가: 언제 영화가 시작될 겁니까?

나: ________________________________. (조금)

2) 가: 언제 저녁을 먹을 거예요?

나: ________________________________. (1시간)

3) 가: 언제 비행기가 출발할 거예요?

나: ________________________________. (10분)

5. N 동안

1. 다음 대화를 완성하십시오.

1) 가: 집에서 몇 시간 동안 한국어 책을 읽어요?

나: 집에서 ________________________________. (매일 30분)

2) 가: 얼마 동안 제주도를 여행했어요?

나: ________________________________. (일주일)

3) 가: 얼마 동안 고향에 있을 거예요?

나: ________________________________. (겨울 방학)

4) 가: 오늘 몇 시간 동안 수영을 할 거예요?

나: ________________________________. (2시간)

2. 다음 대화를 완성하십시오.

1) 가: ________________________________ 뭐 해요? (시험 기간)

나: ________________________________. (시험 기간, 도서관에 가다)

2) 가: ________________________________ 뭐 했어요? (지난 일주일)

나: ________________________________. (지난 일주일, 여행을 다녀오다)

3) 가: ________________________________뭐 할 거예요? (오늘 하루)

나: ________________________________. (오늘 하루, 새 어휘를 외우다)

4) 가: ________________________________ 뭐 할 거예요? (방학)

나: ________________________________. (방학, 아르바이트를 하다)

5) 가: ________________________________ 뭐 했어요? (주말)

나: ________________________________. (주말, 시험공부를 하다)

문법 활용

※ 다음 문법을 사용하여 대화를 완성하십시오.

〈 문 법 〉				
AV-(으)ㄹ 거예요①	AV-고②	AV-기 전에	AV-(으)ㄴ 후에	N 동안

파하드: 아멜리 씨, 고향에 ____________ 뭐 할 거예요?
(가다)

아멜리: 저는 고향에 ____________ 사진을 배울 거예요.
(가다)

파하드 씨는요?

파하드: 저는 고향에 ____________ 6개월 ______ ____________.
(가다) (한국어 시험을 준비하다)

그리고 고향에 ____________ 친구와 같이 여행을 할 거예요.
(가다)

아멜리 씨는 고향에 ____________ 뭐 할 거예요?
(가다)

아멜리: 저는 고향에 ____________ ____________.
(가다) (친척집을 방문하다)

그래서 친척들과 함께 ____________ 한국 생활을 ____________.
(고향 음식을 먹다) (이야기하다)

듣기

※ 다음을 듣고 물음에 답하십시오.

1. 축구 경기는 언제 합니까? (　　　　)

① 이번 주 토요일　　② 다음 주 토요일

③ 이번 주 일요일　　④ 다음 주 일요일

2. 들은 내용과 같은 것을 고르십시오. (　　　　)

① 두 사람은 오전에 축구를 하러 갑니다.

② 두 사람은 축구를 보고 저녁을 먹을 겁니다.

③ 두 사람은 마트에서 모자와 간식을 살 겁니다.

④ 두 사람은 학교에 오후 3시 반에 만날 겁니다.

읽기

※ 다음을 읽고 물음에 답하십시오.

저는 이번 주 토요일에 농구 경기를 보러 갈 겁니다. (㉠) 농구 경기를 보러 가기 전에 여러 가지 준비를 할 겁니다. 금요일에 학교 수업을 마치고 마트에 가서 음료수와 간식을 살 겁니다. (㉡) 그리고 토요일 아침에 김밥을 사러 갈 겁니다. (㉢) 농구장에서 1시간 동안 경기를 보고 친구들과 음식도 먹을 겁니다. (㉣) 농구 경기가 끝나기 전에 사진도 많이 찍을 겁니다.

1. 다음 문장이 들어갈 곳을 고르십시오. (　　　)

김밥을 산 후에 친구들을 만나서 같이 농구장에 갈 겁니다.

① ㉠　　② ㉡　　③ ㉢　　④ ㉣

2. 이 글의 내용과 같은 것을 고르십시오. (　　　)

① 이 사람은 금요일에 농구장에 갑니다.

② 이 사람은 학교에서 친구들과 농구를 합니다.

③ 이 사람은 농구를 본 후에 사진을 찍을 겁니다.

④ 이 사람은 농구 경기를 1시간 동안 볼 겁니다.

쓰기

※ 방학 계획에 대한 글을 써 봅시다.

1. 개요를 써 보십시오.

〈 개 요 〉	
처음	이번 방학에 바다에 갈 겁니다.
가운데	집 근처에 수영장이 있습니다. 수영장에서 세 달 동안 배울 겁니다. 수영은 어렵습니다. 하지만 열심히 배울 겁니다.
끝	수영을 배운 후에 바다에 가서 수영을 할 겁니다.

2. 위 개요를 바탕으로 글을 써 보십시오.

	저	는		수	영	을		배	울		겁	니	다	.	그	래	서		이
번		방	학	에		바	다	에		갈		겁	니	다	.				

9 물건 사기

어휘 I

1. 다음 중 그림에 맞는 단어를 골라 대화를 완성하십시오.

토마토	감자	고구마	양파	당근

1) 가: 이것이 무엇입니까?

   나: 그것은 ________________ 입니다.

2) 가: 이것이 무엇입니까?

   나: 그것은 ________________ 입니다.

3) 가: 이것은 무엇입니까?

   나: 그것은 ________________ 입니다.

4) 가: 이것은 무엇입니까?

   나: 그것은 ________________ 입니다.

5) 가: 이것은 무엇입니까?

   나: 그것은 ________________ 입니다.

2. 다음 중 그림에 맞는 단어를 골라 쓰십시오.

비누	샴푸	치약	칫솔	화장지

1) 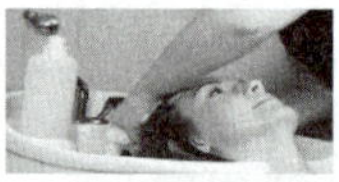 ______________________________

2)  ______________________________

3)  ______________________________

4)  ______________________________

5)  ______________________________

문법 I

1. 수④

1. 다음 그림을 보고 대화를 완성하십시오.

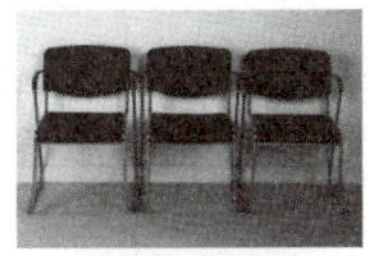

1) 가: 무엇이 있어요?

   나: <u>의자가 3개 있어요</u>.

2) 가: 무엇이 있어요?

   나: ______________________________.

3) 가: 무엇이 있어요?

   나: ______________________________.

4) 가: 무엇이 있어요?

   나: ______________________________.

5) 가: 몇 살입니까?

   나: ______________________________.

2. 다음 그림을 보고 다음 대화를 완성하십시오.

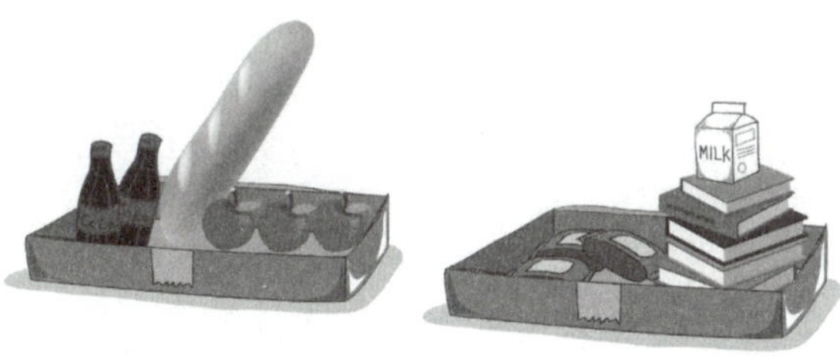

1) 가: 콜라는 몇 병이 있어요?

   나: 콜라는 ______________________________.

2) 가: 비누는 몇 개가 있어요?

   나: 비누는 ______________________________.

3) 가: 우유는 몇 개가 있어요?

   나: 우유는 ______________________________.

4) 가: 사과는 몇 개가 있어요?

   나: ______________________________.

5) 가: 책은 몇 권이 있어요?

   나: ______________________________.

2. AV-(으)세요 / -(으)십시오

1. 다음 표에 알맞게 쓰십시오.

	AV-(으)세요	AV-(으)십시오
앉다		
읽다		
사러 가다		
전화하다		
도와주다		
굽다		

2. 다음 대화를 완성하십시오.

1) 가: 우산은 어떻게 해요?

나: 우산은 문 옆에 ________________________________. (놓다)

2) 가: 자르갈 씨가 ________________________________. (생선을 굽다)

나: 네, 알겠어요.

3) 가: 시험을 보기 전에 ________________________________. (휴대 전화를 끄다)

나: 네, 알겠습니다.

4) 가: 자, 사진을 찍어요. ________________________________. (카메라를 보다)

나: 네, 알겠어요.

5) 가: 교실이 어두워요.

나: ________________________________. (불을 켜다)

어휘 II

1. 다음 중 그림에 맞는 단어를 골라 쓰십시오.

꽃다발	향수	화장품	인형	반지

1)  ______________________

2)  ______________________

3)  ______________________

4)  ______________________

5)  ______________________

2. 다음 중 알맞은 단어를 골라 대화를 완성하십시오.

어버이날	어린이날	스승의날	생일

1) 가: 5월 5일은 무슨 날이에요?

나: ______________________ 이에요. 그래서 아이들이 선물을 많이 받아요.

2) 가: 5월 8일은 무슨 날이에요?

나: ______________________ 이에요. 이날은 부모님의 카네이션을 준비하세요.

3) 가: 오늘이 제 ______________________ 이에요.

나: 그래요? 정말 축하해요.

4) 가: 한국과 멕시코는 5월 15일이 ______________________ 이에요.

나: 네, 맞아요. 그래서 학생들은 선생님에게 감사의 인사를 해요.

문법 Ⅱ

3. N(이)랑

1. 다음 대화를 완성하십시오.

1) 가: 언제 운동을 해요?

나: ______________________________. (월요일, 수요일)

2) 가: 점심에 뭘 먹었어요?

나: ______________________________. (냉면, 김밥)

3) 가: 시장에서 뭘 샀어요?

나: ______________________________. (양파, 오이)

4) 가: 방학에 어디를 여행할 거예요?

나: ______________________________. (경주, 부산)

5) 가: 일요일에 뭐 했어요?

나: ______________________________. (여자 친구, 노래방에 가다)

6) 가: 수업이 끝난 후에 뭐 할 거예요?

나: ______________________________. (친구, 산책하다)

4. AV-고 있다

1. 다음 대화를 완성하십시오.

1) 가: 지금 뭐 하고 있어요?

나: ______________________________. (점심을 먹다)

2) 가: 어제 오후 2시에 뭐 하고 있었어요?

나: ______________________________. (잠을 자다)

3) 가: 지금 어디에서 뭐 하고 있어요?

나: ______________________________. (집, 숙제를 하다)

4) 가: 파하드 씨는 뭐 하고 있어요?

나: ______________________________. (운동장, 테니스를 치다)

5) 가: 안드레이 씨는 뭐 하고 있어요?

나: ______________________________. (노래를 부르다)

6) 가: 왕루 씨는 지금 뭐 하고 있습니까?

나: ______________________________. (이메일을 쓰다)

5. N에게/한테, N에게서/한테서

1. 다음 표에 알맞게 쓰십시오.

N에게/한테	
친구, 선물을 주었다	
동생, 전화하다	
강아지, 물을 줄 거다	
N에게서/한테서	
친구, 선물을 받을 거다	
누나, 용돈을 받다	
아내, 편지를 받았다	

2. 다음 대화를 완성하십시오.

1) 가: 누구 ________ 공책을 줘요?
   나: ______________________________. (아멜리 씨)
2) 가: 누구 ________ 이야기했어요?
   나: ______________________________. (형)
3) 가: 누구 ________ 편지를 쓸 거예요?
   나: ______________________________. (고향 친구)
4) 가: 무엇 ________ 물을 줘요?
   나: ______________________________. (나무)

3. 다음 대화를 완성하십시오.

1) 가: 누구 ________ 자르갈 씨의 소식을 들었어요?
   나: ______________________________. (파하드 씨)
2) 가: 누구 ________ 선물을 받았어요?
   나: ______________________________. (왕루 씨)
3) 가: 누구 ________ 책을 빌릴 거예요?
   나: ______________________________. (오빠)

문법 활용

※ 다음 문법을 사용하여 대화를 완성하십시오.

〈 문 법 〉			
AV-(으)세요 / -(으)십시오	N(이)랑	AV-고 있다	N에게/한테, N에게서/한테서

직원: 무슨 물건을 찾으세요?

흐엉: 입학 선물을 ______________________________.
(보다)

직원: 누구________ 선물할 거예요?

흐엉: 동생________ 선물할 거예요.

직원 : 그러면 가방이 어때요? 가방을 ______________. 가방은 1______ 에 3만5천 원입니다.
(선물하다)

흐엉: 저 운동화는 얼마예요?

직원: 운동화는 1______ 에 6만 원이에요.

흐엉: 그럼 가방 1______________ 운동화 1________ 을/를 ____________________________.
(주다)

직원: 모두 9만5천 원입니다.

흐엉: 여기 있습니다.

듣기

※ 다음을 듣고 물음에 답하십시오.

1. 여기는 어디입니까? 알맞은 것을 고르십시오. (　　　　)

① 은행　　② 마트

③ 우체국　　④ 커피숍

2. 들은 내용과 같은 것을 고르십시오. (　　　　)

① 여자는 치약과 샴푸를 찾고 있습니다.

② 남자는 여자에게 4310원을 줬습니다.

③ 남자는 여자에게 비누와 치약을 팔았습니다.

④ 여자는 남자에게서 비누 세 개를 받았습니다.

읽기

※ 다음을 읽고 물음에 답하십시오.

5월은 가정의 달입니다. 그래서 기념일이 많습니다. 5월 5일은 어린이날입니다. 부모님들이 (㉠) 선물을 줍니다. 5월 8일은 어버이날입니다. 이날은 부모님에게 카네이션을 선물합니다. 그리고 감사의 카드도 씁니다. 그리고 5월 15일은 스승의날입니다. 이날도 선생님에게 카네이션을 선물하고 감사의 인사도 합니다.

1. ㉠에 들어갈 알맞은 말을 고르십시오. (　　　　)

① 친구에게　　② 가족에게

③ 아이들에게　　④ 형제들에게

2. 이 글의 내용과 같은 것을 고르십시오. (　　　　)

① 어린이날에 아이들은 부모님에게 선물을 줍니다.

② 어버이날과 스승의날에는 꽃을 선물합니다.

③ 5월에만 가족과 선생님에게 카드를 씁니다.

④ 스승의날에는 학생이 부모님에게 인사를 합니다.

쓰기

※ 유명한 시장에 대해 써 봅시다.

1. 개요를 쓰십시오.

〈 개 요 〉	
처음	그 시장은 무슨 시장입니까? 어디에 있습니까? ______________________.
가운데	그 시장에서는 무엇을 팔고 있습니까? ______________________.
끝	그 시장은 왜 유명합니까? ______________________.

2. 위 개요를 바탕으로 글을 쓰십시오.

	우	리	나	라		시	장	은		물	건	도		좋	고		가	격	도
쌉	니	다	.																

10 음식

어휘 I

1. 다음 중 그림에 맞는 단어를 골라 대화를 완성하십시오.

칼국수	냉면	삼겹살	치킨
햄버거	피자	된장찌개	김치볶음밥

1) 가: 무엇을 좋아해요?
   나: ______________________________.
2) 가: 무엇을 먹고 있습니까?
   나: ______________________________.
3) 가: 어제 무엇을 먹었습니까?
   나: ______________________________.
4) 가: 저녁에 무엇을 먹을 거예요?
   나: ______________________________.
5) 가: ____________이/가 맛있습니까?
   나: 네, 맛있습니다.
6) 가: 무엇을 먹어 봤어요?
   나: ______________________________.
7) 가: 오후에 무엇을 먹으러 갈 거예요?
   나: ______________________________.
8) 가: ____________이/가 맛있었어요?
   나: 네, 정말 맛있었어요.

2. 다음 중 그림에 맞는 것을 골라 쓰십시오.

숟가락	젓가락	그릇	접시

1)  ______________
2)  ______________
3)  ______________
4)  ______________

문법 I

1. AV-(으)ㄹ까요?①

1. 다음 표에 알맞게 쓰십시오.

AV-(으)ㄹ까요?			
닫다		앉다	
가다		던지다	
굽다		예약하다	

2. 다음 대화를 완성하십시오.

1) 가: 같이 ________________________________? (점심, 먹다)
나: 좋아요.

2) 가: 같이 ________________________________? (사진, 찍다)
나: 좋습니다.

3) 가: 여기에 ________________________________? (앉다)
나: 네, 거기에 앉으세요.

4) 가: 책을 ________________________________? (책상 위에 놓다)
나: 네, 책상 위에 놓으세요.

5) 가: 차를 ________________________________? (어디, 주차하다)
나: 저기에 주차하세요.

2. AV-(으)ㅂ시다

1. 다음 표에 알맞게 쓰십시오.

AV-(으)ㅂ시다			
앉다		읽다	
빌리러 가다		배워 보다	
청소하다		돕다	

2. 다음 대화를 완성하십시오.

1) 가: 친구가 오기 전에 빨리 ______________________. (음식, 준비하다)

나: 네, 좋아요.

2) 가: 점심에 무엇을 먹을까요?

나: ______________________. (갈비탕, 먹다)

3) 가: 산에 갈까요? 바다에 갈까요?

나: 수영을 좋아해요. ______________________. (바다, 가다)

4) 가: 우리 잠깐 쉬고 공부할까요?

나: 좋아요. ______________________. (커피, 마시다)

3. AV-(으)니까①, N(이)니까

1. 다음 표에 알맞게 쓰십시오.

V-(으)니까, N(이)니까			
먹다		왔다	
크다		추웠다	
운전할 거다		맛있었다	
유학생이다		오후였다	

2. 다음 대화를 완성하십시오.

1) 가: 오늘은 ______________________ 내일 만날까요? (바쁘다)

나: 좋아요. 내일 만납시다.

2) 가: 날씨가 정말 추워요.

나: 날씨가 ______________________ 옷을 많이 입으세요. (춥다)

3) 가: 왕루 씨의 ______________________ 왕루 씨한테 주세요. (책이다)

나: 네, 알겠어요.

4) 가: 자르갈 씨가 ______________________ 잠시만 기다립시다. (올 것이다)

나: 네, 알겠습니다.

어휘 Ⅱ

1. 다음 중 알맞은 단어를 골라 문장을 완성하십시오.

달다	시다	쓰다	맵다	짜다

1) 가: 레몬은 맛이 어때요?

나: 레몬은 ________________.

2) 가: 사탕은 맛이 어때요?

나: 사탕은 ________________.

3) 가: 약은 맛이 어때요?

나: 약은 ________________.

4) 가: 소금은 맛이 어때요?

나: 소금은 ________________.

5) 가: 고추는 맛이 어때요?

나: 고추는 ________________.

2. 다음 중 알맞은 단어를 골라 문장을 완성하십시오.

한식	중식	일식	양식

1) 가: 일본 음식을 좋아해요?

나: 네, 저는 ______________을 좋아해요.

2) 가: ______________을 좋아해요?

나: 네, 저는 비빔밥을 좋아해요.

3) 가: ______________을 좋아해요?

나: 네, 저는 스테이크와 피자를 좋아해요.

4) 가: 중국 음식은 매워요?

나: 아니요, ______________은 맵지 않아요.

문법 Ⅱ

4. AV-고 싶다

1. 다음 대화를 완성하십시오.

1) 가: 무엇을 입고 싶어요?

나: ______________________________. (치마)

2) 가: 음악을 언제 ______________________________? (듣다)

나: ______________________________. (자기 전)

3) 가: 어디에 ______________________________? (가다)

나: ______________________________. (제주도, 가다)

2. 다음 대화를 완성하십시오.

1) 가: 아멜리 씨는 무엇을 먹고 싶어 해요? (먹다)

나: 아멜리 씨는 ______________________________. (김밥과 냉면, 먹다)

2) 가: 파하드 씨는 누구를 ______________________________? (만나다)

나: 파하드 씨는 ______________________________. (여자 친구, 만나다)

3) 가: 언니는 어떤 사람이 되고 싶어 했어요?

나: ______________________________. (운동선수, 되다)

4) 가: 로빈 씨는 서울에서 무엇을 해 보고 싶어 했어요?

나: ______________________________. (남산 타워, 가 보다)

3. 다음 대화를 완성하십시오.

1) 가: 무엇이 되고 싶어요?

나: ______________________________.

2) 가: 무슨 영화를 보고 싶었습니까?

나: ______________________________.

3) 가: 한국에서 어디에 가고 싶습니까?

나: ______________________________.

4) 가: 무엇을 마시고 싶습니까?

나: ______________________________.

5. AV-겠-①

1. 다음 대화를 완성하십시오.

1) 가: 지금 뭐 할 거예요?

나: 소설책을 ______________________. (읽다)

2) 가: 누가 이 일을 할 거예요?

나: 제가 ______________________. (하다)

3) 가: 누나는 지금 집에 없어요.

나: 그럼 나중에 다시 전화를 ______________________. (하다)

4) 가: 언제까지 숙제를 다 할 겁니까?

나: ______________________. (저녁, 하다)

5) 가: 이 빵을 먹을 거예요?

나: 아니요, ______________________. (먹지 않다)

6) 가: 곧 ______________________. (기차, 출발하다)

7) 가: 오후에 ______________________. (비, 오다)

문법 활용

※ 다음 문법을 사용하여 대화를 완성하십시오.

〈문법〉			
AV-(으)ㄹ까요?①	AV-(으)ㅂ시다	V-(으)니까①	AV-고 싶다

아멜리: 자르갈 씨, 우리 뭐 먹을까요?

자르갈: 저는 김치찌개를 ____________(먹다). 아멜리 씨는요?

아멜리: 저는 김치찌개가 ____________(맵다) 된장찌개를 ____________(먹다).

자르갈: 또 무엇을 ____________(먹다)?

아멜리: 우리 냉면도 ____________(먹다)?

자르갈: 네, 좋아요. 냉면도 ____________(먹다).

아멜리: 여기요, 된장찌개 ____________하고 냉면 ____________ 주세요.

듣기

※ 다음을 듣고 물음에 답하십시오.

1. 무엇에 대해 이야기하고 있는지 고르십시오. (　　　　)

① 한식　　② 도시락

③ 점심 값　　④ 점심시간

2. 들은 내용과 같은 것을 고르십시오. (　　　　)

① 여자는 남자의 도시락을 만들었습니다.

② 여자는 내일 남자의 점심을 살 것입니다.

③ 남자는 어제 도시락을 만들고 싶어 했습니다.

④ 남자는 식당에서 여자와 같이 점심을 먹습니다.

읽기

※ 다음을 읽고 물음에 답하십시오.

지난달에 저는 요리 대회의 포스터를 봤습니다. 저는 요리 대회에 나가고 싶었습니다. 우리 언니는 요리사입니다. 그래서 저는 언니에게서 요리를 배웠습니다.

다음 주에 요리 대회가 있습니다. 저는 고향 음식을 만들 겁니다. 이 음식의 재료는 채소와 생선이 필요합니다. 고향 음식은 짜지 않고 맛있습니다. 언니에게 (㉠) 저는 고향 음식을 잘 만들 겁니다. 대회에서 꼭 1등을 하고 싶습니다.

1. ㉠에 들어갈 알맞은 말을 고르십시오. (　　　)

① 줬으니까　　② 받을 거니까

③ 배웠으니까　　④ 말할 거니까

2. 이 글의 내용과 같은 것을 고르십시오. (　　　)

① 저는 요리 대회에서 고향 음식을 만들 겁니다.

② 언니가 요리 대회의 포스터를 만들었습니다.

③ 고향 음식은 채소와 고기가 필요합니다.

④ 언니는 요리 대회에서 1등을 했습니다.

쓰기

※ 만들어 보고 싶은 음식에 대해 써 봅시다.

1. 개요를 써 보십시오.

〈 개 요 〉	
처음	작년 제 생일에 고향 음식을 만들었습니다.
가운데	그 음식의 재료는 무엇입니까? ______________________________.
끝	그 음식은 맛이 어떻습니까? ______________________________.

2. 위 개요를 바탕으로 글을 써 보십시오.

 작년 제 생일에 고향 음식을 만들었
습니다. 고향 음식을 친구들에게 소개하
고 싶었습니다.

11 전화

어휘 I

1. 다음 중 알맞은 단어를 골라 대화를 완성하십시오.

누구세요	여보세요	전데요

1) 가: ______________________? 흐엉 씨예요?

   나: 네, 흐엉입니다.

2) 가: 여보세요? 안드레이 씨예요?

   나: 네, ______________________?

3) 가: 여보세요? 자르갈 씨지요?

   나: 네, ______________________.

2. 다음 중 알맞은 단어를 골라 문장을 완성하십시오.

전화를 받다	메시지를 받다	전화를 하다
답장을 보내다	메시지를 보내다	

1) 매주 일요일에 고향에 ______________________. 그리고 부모님께 한국 생활을 이야기합니다.
2) 어제 고향 친구에게서 ______________________. 친구의 목소리를 듣고 친구가 보고 싶었습니다.
3) 고향 친구가 편지를 보냈습니다. 그래서 저는 오늘 저녁에 ______________________.
4) 한국어 문제가 어려웠습니다. 그래서 한국 친구에게 문자 ______________________.
5) 저는 오전에 부모님의 문자 ______________________. 그래서 기분이 너무 좋았습니다.

문법 I

1. V-지요?, N(이)지요?

1. 다음 대화를 완성하십시오.

1) 가: 오늘 학교에 ________________? (가다)

나: 네, 오늘 학교에 가요.

2) 가: 지난겨울에 눈이 많이 ________________? (왔다)

나: 네, 지난겨울에 눈이 많이 왔어요.

3) 가: 메시지를 받고 ________________? (답장을 할 거다)

나: 네, 메시지를 받고 답장을 할 거예요.

4) 가: 한국에는 사계절이 ________________? (있다)

나: 네, 한국에는 사계절이 있어요.

5) 가: 제주도의 경치가 ________________? (아름답다)

나: 네, 제주도의 경치가 아름다워요.

6) 가: 50년 전에도 자동차가 ________________? (많았다)

나: 아니요, 50년 전에는 자동차가 많지 않았어요.

7) 가: 여보세요? ________________? (흐엉 씨)

나: 네, 접니다.

8) 가: 여보세요? 거기가 ________________. (중국집)

나: 네, 여기는 중국집입니다.

2. V-겠-, N(이)겠-②

1. 다음 대화를 완성하십시오.

1) 가: 날씨가 흐려요.

나: 네, 곧 비가 ________________. (오다)

2) 가: 계단에서 넘어졌어요.

나: 괜찮아요? 많이 ________________. (아프다)

3) 가: 방학에 제주도를 여행했어요.

나: 와, ________________. (좋았다)

4) 가: 내일 문화수업을 갈 거예요.

나: 와, ________________. (재미있다)

3. AV-아/어/여 주다

1. 다음 표에 알맞게 쓰십시오.

AV-아/어/여 주다			
찾다		찍다	
읽다		보다	
가르치다		기다리다	
설명하다		돕다	

2. 다음 대화를 완성하십시오.

1) 가: 휴대폰을 사고 싶어요.

나: 여기 신청서에 전화번호와 이름을 ______________________. (쓰다)

2) 가: 날씨가 덥습니다. 에어컨을 ______________________. (켜다)

나: 네, 알겠습니다.

3) 가: 기사님, 명동에 ______________________. (내리다)

나: 알겠습니다.

4) 가: 방이 더럽습니다. ______________________. (청소하다)

나: 네, 제가 시험이 끝나고 청소를 하겠습니다.

5) 가: 곧 도착하니까 좀 ______________________. (기다리다)

나: 네, 알겠습니다.

6) 가: 한국어 시험에 합격했어요? 축하해요!

나: 감사합니다. 친구가 저를 많이 ______________________. (돕다)

7) 가: 이 책을 서점에서 샀어요?

나: 아니요, 제 친구가 ______________________. (빌리다)

어휘 II

1. 다음 중 알맞은 단어를 골라 대화를 완성하십시오.

전화 받으세요	좀 바꿔 주세요
전화 잘못 걸었습니다	전화 바꿨습니다

1) 가: 파하드 씨의 휴대폰입니까?

나: 아닙니다. ________________.

2) 가: 안녕하세요? 민수 씨지요?

나: 아, 저는 민수 씨의 친구인데요. 누구세요?

가: 저는 민수 씨의 학교 친구 자르갈입니다. 민수 씨 ________________.

나: 네, 잠깐만 기다려 주세요. 민수 씨, ________________.

다: 네, ________________. 제가 민수입니다.

문법 II

4. V-(으)면, N(이)면

1. 다음 표에 알맞게 쓰십시오.

V-(으)면		N(이)면	
읽다		회사원	
가다		방학	
합격하다		대학생	
좋다		여자	
예쁘다		의사	

2. 다음 대화를 완성하십시오.

1) 가: 아침을 ________________ 건강에 좋아요. (먹다)

나: 네, 아침을 꼭 먹겠어요.

2) 가: 겨울이 ________________ 눈이 올 거예요. (오다)

나: 와, 빨리 스키를 타고 싶어요.

3) 가: 고향에 ________________ 친구를 만날 거예요? (가다)

나: 네, 친구를 만나서 이야기를 많이 할 거예요.

4) 가: 회의가 끝났어요?

나: 아니요, 회의가 ________________ 전화하겠습니다. (끝나다)

5) 가: 내일 산책을 할 거예요?

나: 네, 날씨가 ________________ 산책을 할 거예요. (안 춥다)

6) 가: 박물관에 가고 싶어요. 할인이 있습니까?

나: 네, ________________ 할인이 있어요. (외국인)

3. 다음 대화를 완성하십시오.

1) 가: 내일 야구를 할 거예요?

나: 네, ________________ 야구를 할 거예요. (비가 안 오다)

하지만 ________________ 영화관에 갈 거예요. (비가 오다)

2) 가: 3월에 대학교에 입학할 거예요?

나: 네, ________________ 3월에 대학교에 입학할 거예요. (한국어 시험에 합격하다)

하지만 ________________ 다시 한국어 공부를 할 거예요. (한국어 시험에 불합격하다)

3) 가: 한국 소설책을 빌릴 거예요?

나: 네, 한국 소설책이 ________________ 빌릴 거예요. (쉽다)

하지만 ________________ 안 빌릴 거예요. (어렵다)

4) 가: 손님이 간 후에 방을 청소할 거예요?

나: 네, 손님이 간 후에 ________________ 청소할 거예요. (방이 더럽다)

하지만 ________________ 청소를 안 할 거예요. (방이 깨끗하다)

5. ㄷ 동사

1. 다음 표에 알맞게 쓰십시오.

	V-아/어/여요	V-(으)면	V-고
걷다			
듣다			
싣다			
묻다(ask)			
닫다			
믿다			
받다			
얻다			
묻다(bury)			

2. 다음 대화를 완성하십시오.

1) 가: 집에까지 버스를 탔습니까?

나: 아니요, 저는 ____________________. (걷다)

2) 가: 어려운 문제는 어떻게 했습니까?

나: 반장에게 ____________________. (묻다)

3) 가: 파하드 씨, 한국어 CD를 몇 번 ____________________? (듣다)

나: 3번 듣고 따라했습니다.

3. 다음 대화를 완성하십시오.

1) 가: 누구에게서 편지가 왔어요?

나: 여자 친구에게서 편지를 ____________________. [-았/었/였어요]

2) 가: 밖이 시끄러우니까 문을 ____________________? [-(으)ㄹ까요]

나: 네, 문을 ____________________. [-(으)세요]

3) 가: 이 차는 어떻습니까?

나: 아주 좋습니다. 제 말을 ____________________ 이 차를 사십시오. [-고]

문법 활용

※ 다음 문법을 사용하여 대화를 완성하십시오.

〈 문 법 〉		
V-겠-②	AV-아/어/여 주다	V-(으)면, N(이)면

아멜리: 여보세요?

오위노: 아멜리 씨. 저 오위노예요. 지금 뭐 해요?

아멜리: 저는 지금 마트에서 물건을 ______________________________.
(사다 + 고 있다)

오위노: 저녁에 시간이 있어요? 시간이 ______________ 한국 식당에 가서 저녁을 먹읍시다.
(있다 + -(으)면)

아멜리: 미안해요. 오늘은 친구와 같이 저녁을 먹을 거예요.

오위노: 아, 내일 친구가 고향에 가지요? 기분이 ______________________________.
(안 좋다)

아멜리: 네, 조금 슬퍼요.

오위노: 그럼 친구가 ______________________________우리 한국 식당에 갈까요?
(가다)

아멜리: 좋아요. 그럼, 내일 다시 ______________________________.
(전화하다)

오위노: 네, 내일 만나요.

듣기

※ 다음을 듣고 물음에 답하십시오.

1. 무엇에 대해 이야기하고 있는지 고르십시오. (　　　　)

① 시험　　② 고향
③ 약속　　④ 식당

2. 두 사람이 이번 주 금요일에 어디에 안 갑니까? 알맞은 것을 고르십시오. (　　　　)

① 바다　　② 월미도
③ 아랍 식당　　④ 해운대

3. 들은 내용과 같은 것을 고르십시오. (　　　　)

① 남자는 금요일에 바다에 갔습니다.
② 남자는 지난 주 금요일에 시험이 끝났습니다.
③ 여자는 학교 후문에서 남자를 만날 겁니다.
④ 여자는 남자와 함께 아랍 식당에 갈 겁니다.

읽기

※ 다음을 읽고 물음에 답하십시오.

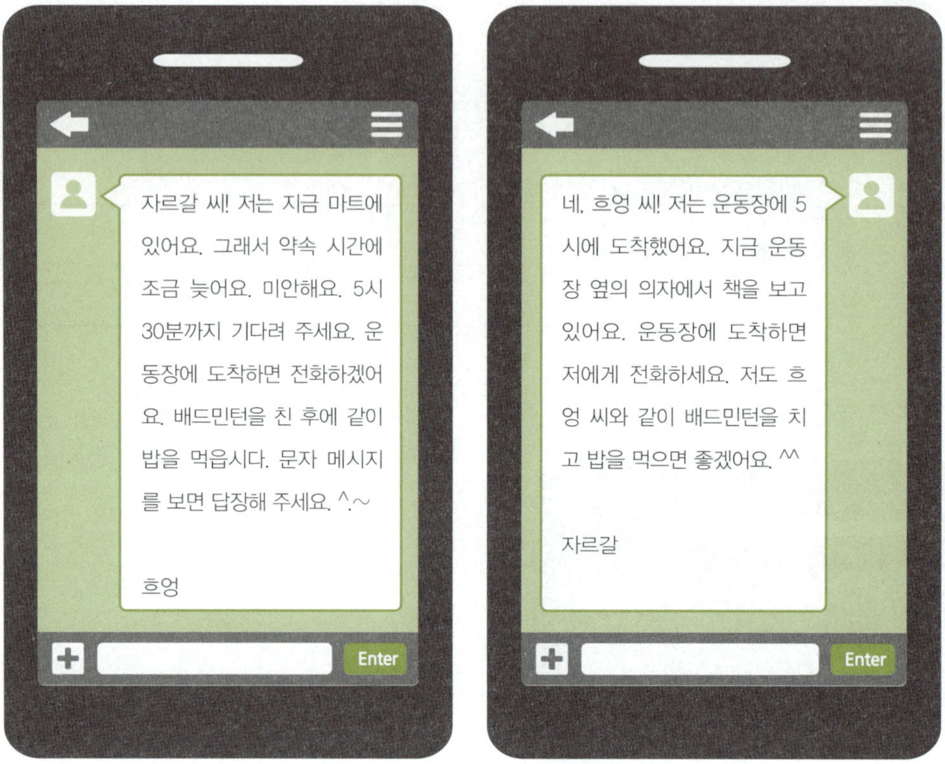

1. 왜 이 글을 썼습니까? (　　　　)

① 여자는 마트 이야기를 하고 싶어 합니다.

② 여자는 약속 시간을 이야기하고 싶어 합니다.

③ 남자는 책 이야기를 하고 싶어 합니다.

④ 남자는 운동 이야기를 하고 싶어 합니다.

2. 이 글의 내용과 같은 것을 고르십시오. (　　　　)

① 여자는 운동을 한 후에 마트에 가고 싶어 합니다.

② 남자는 지금 운동장에서 배드민턴을 치고 있습니다.

③ 남자는 운동을 하고 저녁을 먹고 싶어 합니다.

④ 여자는 문자 메시지를 읽고 답장을 보냈습니다.

쓰기

※ 문자메시지를 써 봅시다.

1. 개요를 써 보십시오.

〈 개 요 〉	
처음	누구에게 문자 메시지를 보낼 겁니까? ______________________.
가운데	왜 보낼 겁니까? ______________________.
끝	무엇을 할 겁니까? ______________________.

2. 위 개요를 바탕으로 글을 써 보십시오.

12 약속

어휘 I

1. 다음 중 알맞은 단어를 골라 대화를 완성하십시오.

문자 메시지	이메일	전화	채팅

1) 가: 비행기 표를 예매했어요?

나: 네, 예약했어요. 그리고 오늘 비행기 표를 ______________(으)로 받았어요.

2) 가: 수업이 끝난 후에 전화합시다.

나: 미안해요. 오늘은 바쁘니까 ______________을/를 보내 주세요.

3) 가: 고향 친구들과 어떻게 연락해요?

나: 저는 매일 집에서 ______________을/를 해요. 컴퓨터가 있어서 편해요.

4) 가: 오늘 고향 친구가 한국에 오지요?

나: 네, 고향 친구를 만나러 공항에 갈 거예요.

공항에 도착하기 전에 친구에게 ______________할 거예요.

2. 다음 중 알맞은 단어를 골라 대화를 완성하십시오.

음악회	연극	K-pop 콘서트	뮤지컬	영화

1) 가: 이번 주말에 시간이 있으면 극장에 가서 ________________을/를 볼까요?

나: 좋아요. 저도 보고 싶었어요.

2) 가: 저는 오늘 수업이 끝난 후에 ________________을/를 보러 갈 거예요.

나: 와, 인기 가수가 노래도 부르고 춤도 추니까 정말 재미있겠어요.

3) 가: ________________과/와 ________________은/는 무엇이 다릅니까?

나: ________________은/는 배우가 노래를 부릅니다.

하지만 ________________은/는 배우가 노래를 부르지 않습니다.

4) 가: 피아노 ________________ 표가 2장 있어요. 우리 같이 갈까요?

나: 네, 좋아요. 저도 피아노 음악을 아주 좋아해요.

문법 I

1. V-아/어/여서②, N이어/여서

1. 다음 대화를 완성하십시오.

1) 가: 왜 병원에 가요?

나: ________________________. (감기에 걸리다, 병원에 가다)

2) 가: 왜 밥을 안 먹어요?

나: ________________________. (배가 고프지 않다, 밥을 안 먹다)

3) 가: 왜 늦게 일어났어요?

나: ________________________. (피곤하다, 늦게 일어났다)

4) 가: 왜 공원에 갈 거예요?

나: ________________________. (날씨가 좋다, 공원에 갈 거다)

5) 가: 왜 선물을 사요?

나: ________________________. (친구 생일이다, 선물을 사다)

6) 가: 지난 주말에 뭐 했어요?

나: ________________________. (눈이 많이 왔다, 집에서 쉬었다)

7) 가: 지난 주말에 뭐 했어요?

나: ________________________. (친구 생일 파티가 있었다, 케이크를 만들었다)

8) 가: 지난 방학에 뭐 했어요?

나: ________________________. (고향 친구가 왔다, 같이 여행을 했다)

9) 가: 어제 뭐 했어요?

나: ________________________. (휴일이다, 등산하러 갔다)

2. 다음 문장을 완성하십시오.

1) 날씨가 덥다 + 물을 자주 마셔요 → ________________________.

2) 주말이다 + 길이 막혀요 → ________________________.

3) 시간이 없다 + 택시를 타세요 → ________________________.

4) 배가 고프다 + 식당에 갑시다 → ________________________.

5) 비가 오다 + 우산을 살까요? → ________________________?

2. AV-(으)ㄹ 수(가) 있다/없다

1. 다음 표에 알맞게 쓰십시오.

AV-(으)ㄹ 수(가) 있다		AV-(으)ㄹ 수(가) 없다	
먹다	먹을 수 있어요	찾다	
읽다		쓰다	
가다		빌리다	
오다		운전하다	

2. 다음 대화를 완성하십시오.

1) 가: 한국말을 할 수 있어요?

나: 네, ______________________.

2) 가: 기타를 칠 수 있어요?

나: 네, ______________________.

3) 가: 스케이트를 탈 수 있어요?

나: 네, ______________________.

4) 가: 주말에 같이 영화를 볼 수 있어요?

나: 네, ______________________.

5) 가: 이 책을 읽을 수 있어요?

나: 아니요, ______________________. (책이 너무 어렵다)

6) 가: 지금 약을 살 수 있어요?

나: 아니요, ______________________. (시간이 너무 늦다)

7) 가: 다음 주에 같이 음악회에 갈 수 있어요?

나: 미안해요, ______________________. (약속이 있다)

8) 가: 내일 이사를 도와줄 수 있어요?

나: 미안해요, ______________________. (일이 바쁘다)

어휘 Ⅱ

1. 다음 중 알맞은 단어를 골라 대화를 완성하십시오.

갑자기	미리	아직	일찍

1) 가: 흐엉 씨, ___________ 일이 생겨서 내일 만날 수가 없어요. 미안해요.

   나: 아, 그래요? 알겠어요. 다음에 만납시다.

2) 가: 오위노 씨, 숙제를 다 했지요?

   나: 아니요, 오늘 바빠서 ___________ 안 했어요.

3) 가: 아멜리 씨, 오늘 왜 지각을 했어요?

   나: 선생님, 죄송합니다. 어제 늦게 잠을 잤어요. 내일부터 ___________ 학교에 올게요.

4) 가: 방학에 고향에 갈 거예요? 비행기 표는 예매했어요?

   나: 네, 비행기 표를 ___________ 샀어요.

2. 다음 중 알맞은 단어를 골라 대화를 완성하십시오.

약속 시간을 정하다	약속 시간을 바꾸다	약속을 취소하다	약속을 거절하다

1) 가: 우리 언제 만날까요? ________________________________. [-(으)ㅂ시다]

   나: 다음 주 토요일이 어때요?

2) 가: 흐엉 씨, 무슨 일 있어요?

   나: 네, 친구를 만나고 싶었어요. 하지만 친구가 ________________________________.

3) 가: 왕루 씨, ________________________________? [-(으)ㄹ 수 있다]

   나: 네, 괜찮아요. 그럼 다음 주말에 만날까요?

4) 가: 자르갈 씨, 제가 감기에 걸려서 오늘 만날 수가 없어요. ________________________________. [-고 싶다]

   나: 아, 그래요? 많이 아파요? 저는 괜찮으니까 집에서 푹 쉬세요.

문법 II

3. V-(으)ㄹ까요?②, N일까요?　**4. V-(으)ㄹ 거예요②, N일 거예요**

1. 다음 대화를 완성하십시오.

1) 가: 생일 파티에 오위노 씨가 ______________________? (오다)

나: 네, 아마 오위노 씨도 ______________________. (오다)

2) 가: 왕루 씨가 무슨 선물을 ______________________? (받고 싶어 하다)

나: 왕루 씨는 아마 ______________________. (책을 좋아하다)

3) 가: 이번 주말의 날씨 ______________________? (좋다)

나: 뉴스를 봤어요. 아마 ______________________. (덥다)

4) 가: 이번 시험이 ______________________? (어렵다)

나: 아마 ______________________. (어렵지 않다)

5) 가: 저 사람이 아멜리 씨의 ______________________? (언니이다)

나: 아니요, 아마 ______________________. (여동생이다)

2. 다음 대화를 완성하십시오.

1) 가: 자르갈 씨가 시험을 잘 봤을까요? (시험을 잘 봤다)

나: 열심히 공부했으니까 시험을 잘 봤을 거예요. (열심히 공부했다, 시험을 잘 봤다)

2) 가: 극장에 ______________________? (사람이 많다)

나: ______________________. (주말이다, 사람이 많다)

3) 가: 이 음식이 ______________________? (맵다)

나: ______________________. (고추장을 넣지 않았다, 맵지 않다)

4) 가: 내일 날씨가 ______________________? (춥다)

나: ______________________. (오늘 비가 왔다, 내일 날씨가 춥다)

5) 가: 이 모자는 누구의 ______________________? (모자이다)

나: ______________________. (자르갈 씨의 책상 위에 있다, 자르갈 씨의 모자이다)

5. AV-(으)ㄹ게요

1. 다음 표에 알맞게 쓰십시오.

AV-(으)ㄹ게요			
가다		받다	
보내다		찾다	
쓰다		돕다	
빌리다		전화하다	

2. 다음 대화를 완성하십시오.

1) 가: 누가 책을 읽을 거예요?

나: 제가 ______________________________.

2) 가: 누가 아멜리 씨에게 길을 가르쳐 줄 거예요?

나: 제가 ______________________________.

3) 가: 누가 교실을 청소할 거예요?

나: 제가 ______________________________.

4) 가: 이번 주말에 콘서트를 보러 갈까요? 제가 표를____________________. (예매하다)

나: 네, 좋아요. 그럼 저는 ______________________________. (밥을 사다)

5) 가: 다음 주에 등산을 할까요? 제가 간식을 ____________________. (만들다)

나: 네, 좋아요. 그럼 저는 ______________________________. (음료수를 준비하다)

6) 가: 오늘 저녁에 같이 고향 음식을 만들까요? 제가 채소를 ____________________. (미리 사다)

나: 네, 좋아요. 그럼 저는 ______________________________. (고기를 사다)

7) 가: 내일부터 학교에 일찍 오세요.

나: 네, ______________________________. (내일부터 지각하지 않다)

8) 가: 길을 모르면 전화하세요.

나: 네, ______________________________. (연락하다)

문법 활용

※ 다음 문법을 사용하여 대화를 완성하십시오.

〈 문 법 〉				
V-아/어/여서②	AV-(으)ㄹ 수(가) 있다/없다	V-(으)ㄹ까요?②	V-(으)ㄹ거예요②	AV-(으)ㄹ게요

최수지: 여보세요?

오위노: 오위노 씨, 저 최수지예요.

최수지: 네, 최수지 씨, 무슨 일이에요?

오위노: 약속 시간을 ______________________? (바꾸다)

내일 숙제가 너무 ______________ 만날 수가 없어요. 미안해요. (많다)

최수지: 아, 그래요? 괜찮아요. 그럼 모레는 어때요?

오위노: 좋아요. 최수지 씨, 정말 고마워요.

최수지: 아니에요. 괜찮아요. 그런데 명동에 ______________________? (사람이 많다)

오위노: 네, 아마 명동에 ______________________. (사람이 많다)

제가 명동역 앞에서 ______________________. (기다리다)

최수지: 아, 정말요? 고마워요. 그럼 제가 ______________________. (도착하면 전화하다)

듣기

※ 다음을 듣고 물음에 답하십시오.

1. 남자는 왜 여자에게 전화를 걸었습니까? (　　　　)

① 약속을 거절하고 싶어서

② 약속을 취소하고 싶어서

③ 약속 장소를 정하고 싶어서

④ 약속 시간을 바꾸고 싶어서

2. 여자의 기분이 어떻습니까? (　　　　)

① 미안합니다.　　　② 부끄럽습니다.

③ 고맙습니다.　　　④ 기분이 나쁩니다.

3. 들은 내용과 같은 것을 고르십시오. (　　　　)

① 남자는 내일 6시에 여자와 만날 겁니다.

② 남자는 일이 생겨서 여자를 만날 수 없습니다.

③ 여자는 다음 주말에 남자와 공연을 볼 겁니다.

④ 여자는 다음 주말에 공연 표를 예매할 겁니다.

읽기

※ 다음을 읽고 물음에 답하십시오.

보낸 사람: 자르갈 〈jargal@inha.ac.kr〉

받는 사람: 로빈 〈robin@inha.ac.kr〉

제　　목: 로빈 씨, 잘 지내요?

로빈 씨, 잘 지내고 있어요?

저는 잘 지내요. 요즘 수업이 끝난 후에 한국어 스터디 모임에 다니고 있어요. 그래서 많이 바빠서 연락을 할 수 없었어요. 로빈 씨는 요즘 한국어 공부가 어때요? 어렵지 않아요?

한국어 스터디 모임은 매주 수요일과 금요일 저녁 7시에 있어요. 친구들과 함께 한국어 공부도 하고 한국 생활 이야기도 많이 해서 아주 재미있어요. 저는 로빈 씨와 같이 스터디 모임에서 한국어를 공부하고 싶어요. 로빈 씨, 시간이 있어요?

로빈 씨가 (㉠) 제가 미리 한국어 책을 준비할게요. 그럼 답장 기다릴게요.

1. 자르갈 씨는 왜 이 글을 썼습니까? (　　　　)

① 로빈 씨를 만나고 싶어서

② 로빈 씨를 모임에 초대하고 싶어서

③ 로빈 씨의 한국 생활을 알고 싶어서

④ 로빈 씨에게 한국어 책을 주고 싶어서

2. ㉠에 들어갈 알맞은 말을 고르십시오. (　　　　)

① 공부를 해서　　② 바쁘지 않고

③ 올 수 있으면　　④ 초대해 주니까

3. 이 글의 내용과 같은 것을 고르십시오. (　　　　)

① 로빈 씨는 스터디 모임이 재미있습니다.

② 로빈 씨는 한국어를 공부하고 있습니다.

③ 자르갈 씨는 스터디 모임에 다닐 겁니다.

④ 자르갈 씨는 로빈 씨에게 답장을 쓸 겁니다.

쓰기

※ 답장을 써 봅시다.

1. 개요를 써 보십시오.

〈 개 요 〉	
처음	오랜만이에요. 연락해 줘서 고마워요.
가운데	영어도 가르치고 한국어 공부도 하고 있어요. 한국어 공부가 어려워요. 수요일과 금요일에 일이 6시에 끝나요.
끝	스터디 모임이 시작하기 전에 만나서 같이 밥을 먹고 싶어요.

2. 위 개요를 바탕으로 글을 써 보십시오.

보낸 사람: 로빈 〈robin@inha.ac.kr〉
받는 사람: 자르갈 〈jargal@inha.ac.kr〉
제　　목: 자르갈 씨, 오랜만이에요.
자르갈 씨, 정말 오랜만이에요. 먼저 연락해 줘서 정말 고마워요.
저도 잘 지내고 있어요.
그럼 스터디 모임이 시작되기 전에 일찍 만나서 밥을 먹을까요? 오랜만에 자르갈 씨와 이야기를 하고
싶어요. 시간이 있어요? 그럼 연락 기다릴게요.

13 교통

어휘 I

1. 다음 중 알맞은 단어를 골라 대화를 완성하십시오.

걸어서 가다	(으)로 갈아타다	을/를 타고 가다	쯤/정도 걸리다	이/가 걸리다

1) 가: 박물관에 어떻게 가요?

나: 여기에서 버스________________________.

2) 가: 신촌역에서 지하철 2호선을 탈까요?

나: 네, 그리고 신도림역에서 지하철 1호선____________________.

3) 가: 집에서 공원까지 멀어요?

나: 아니요, 멀지 않아요. 집에서 공원까지 약 10분__________________.

4) 가: 버스를 타고 학교에 갑니까?

나: 아니요, 집에서 학교까지 가까워요. 그래서 __________________.

5) 가: 서울에서 부산까지 KTX로 얼마쯤 걸려요?

나: 서울에서 부산까지 KTX로 2시간 30분____________________.

2. 다음 중 알맞은 단어를 골라 대화를 완성하십시오.

기차역	버스 정류장	버스 터미널	여객 터미널

1) 가: 대전에 빨리 가고 싶어요.

나: 그럼, ________________에 가서 KTX를 타세요.

2) 가: 시외버스는 어디에서 탑니까?

나: 시외버스는 ________________에서 탈 수 있어요.

3) 가: 방학에는 비행기 표가 아주 비쌀 거예요.

나: 그럼, ________________에 가서 배를 탑시다.

4) 가: 지하철 1호선을 타고 싶어요. 어디에서 버스를 타요?

나: 학교 후문 ________________에서 511번 버스를 타면 지하철역에 갈 수 있어요.

문법 I

1. AV-아/어/여요②

1. 다음 대화를 완성하십시오.

1) 가: 여러분, 이 문장을 세 번 ______________________. (읽다)

나: 네, 알겠습니다.

2) 가: 이 약은 언제 먹어요?

나: 이 약은 식전에 꼭 ______________________. (먹다)

3) 가: 명동까지 버스를 탈까요?

나: 아니요, 지금은 출근시간이니까 지하철을 ______________________. (타다)

4) 가: 선생님, 내일 문화수업은 몇 시에 출발해요?

나: 버스가 9시에 출발하니까 9시까지 꼭 ______________________. (오다)

5) 가: 흐엉 씨, 수업이 끝나고 교실에서 ______________________. (기다리다)

나: 네, 교실에서 기다리겠습니다.

6) 가: 다음 주에 시험이 있으니까 주말에 열심히 ______________________. (공부하다)

나: 네, 알겠습니다.

2. 다음 대화를 완성하십시오.

1) 가: 언제 케이크를 먹어요?

나: 친구들이 오면 케이크를 먹어요. (친구들이 오다, 케이크를 먹다)

2) 가: 밖에 비가 조금 와요.

나: ____. (비가 많이 오다, 창문을 닫다)

3) 가: 머리가 너무 아파요.

나: ____. (머리가 많이 아프다, 약을 먹다)

4) 가: 방학에는 비행기 표가 비싸서 걱정이에요.

나: ____. (비행기 표가 비싸다, 배를 타다)

5) 가: 이 문제가 너무 어려워요. 질문이 있어요.

나: ____. (질문이 있다, 문자 메시지를 보내다)

2. N(으)로②

1. 다음 대화를 완성하십시오.

1) 가: 기숙사에서 우체국까지 멀어요?

나: 아니요, ______________________ 10분쯤 걸려요. (버스)

2) 가: 어떻게 이사를 했어요?

나: ______________________ 짐을 옮겼어요. (트럭)

3) 가: 늦잠을 자서 약속 시간에 늦겠어요. 어떻게 해요?

나: 지금 빨리 ______________________ 오세요. (택시)

4) 가: 경복궁에 어떻게 가요?

나: 종로3가역에서 ______________________ 갈아타세요. (지하철 3호선)

5) 가: 회사까지 몇 시간 걸려요?

나: ______________________ 30분 정도 걸려요. (지하철)

2. 다음 대화를 완성하십시오.

1) 가: 이 음식은 어떻게 먹어요?

나: 이 음식은 ______________________. (젓가락이나 포크, 먹다)

2) 가: 이 모자를 만들었어요?

나: 네, 제가 직접 ______________________. (손, 만들었다)

3) 가: 부산에 어떻게 가요?

나: 부산에 ______________________. (버스나 KTX, 가다)

4) 가: 이 글씨는 어떻게 썼어요?

나: ______________________. (볼펜, 쓰다)

5) 가: 고향 친구에게 어떻게 연락해요?

나: ______________________. (이메일, 연락하다)

3. ㄹ 동사

1. 다음 표에 알맞게 쓰십시오.

	V-아/어/여요	V-(으)면	V-(으)니까	AV-(으)ㄴ 후에
살다				
알다				
만들다				
놀다				
멀다				·
길다				·

2. 다음 대화를 완성하십시오.

1) 가: 저 분의 이름을 ____________________? (알다) [-(으)세요]

나: 네, 저 분은 노우민 선생님입니다.

2) 가: 지금 밖에 날씨가 어떻습니까?

나: 구름이 많고 바람이 ____________________. (불다) [-(스)ㅂ니다]

3) 가: 여기서 인하대학교까지 가깝습니까?

나: 아니요, 인하대학교가 ____________________ 버스를 타고 가세요. (멀다) [-(으)니까]

4) 가: 문을 ____________________ 에어컨을 켜지 마세요. (열다) [-(으)ㄴ 후에]

나: 네, 문을 닫고 에어컨을 켜겠습니다.

3. 다음 대화를 완성하십시오.

1) 가: 요즘은 어디에서 ____________________? (살다) [-아/어/여요]

나: 요즘 저는 인천에 있습니다.

2) 가: 저 학생의 이름을 ____________________? (알다) [-지요]

나: 네, 저 학생은 흐엉 씨예요.

3) 가: 이 빵은 어디에서 샀습니까?

나: 사지 않고 제가 ____________________. (만들다) [-았/었/였습니다]

4) 가: 아기가 자요?

나: 아니요, 우유를 먹고 ____________________. (놀다) [-고 있다]

5) 가: 머리가 ____________________어디에 가요? (길다) [-(으)면]

나: 미용실에 가요.

어휘 Ⅱ

1. 다음 중 그림에 맞는 문장을 골라 연결하십시오.

1) 쭉 가세요. •   • ㉠ 

2) 왼쪽으로 가세요. •   • ㉡ 

3) 오른쪽으로 가세요 •   • ㉢ 

4) 돌아가세요. •   • ㉣ 

5) 건너가세요. •   • ㉤ 

2. 다음 중 알맞은 단어를 골라 대화를 완성하십시오.

차도	교통약자석	우측통행	자전거 전용도로

1) 가: 도로에서 자전거를 탈 수 있어요?

나: 도로에서 자전거를 타면 위험하니까 ____________________을/를 이용합시다.

2) 가: 저기 빈자리에 앉고 싶어요.

나: 저 빈자리는 ____________________입니다. 그래서 할아버지, 할머니와 임산부가 앉습니다.

3) 가: 여기에서 공놀이를 할 수 있어요?

나: 여기는 ____________________입니다. 차가 많이 다니니까 공놀이는 운동장에서 하세요.

4) 가: 계단 왼쪽으로 갈 수 없어요?

나: 네, 한국에서는 차와 사람은 모두 ____________________을/를 합니다.

문법 Ⅱ

4. N(이)나 / V-거나

1. 다음 대화를 완성하십시오.

1) 가: 밤에 주로 무슨 음악을 들어요?

나: ______________________________. (클래식 음악, 재즈 음악)

2) 가: 아침에 일어나면 주로 무슨 책을 읽어요?

나: ______________________________. (한국어 책, 시집)

3) 가: 주말에 보통 무슨 운동을 해요?

나: ______________________________. (축구, 야구)

4) 가: 도서관에서 보통 무슨 공부를 해요?

나: ______________________________. (어휘, 문법)

5) 가: 커피숍에서 주로 무엇을 마셔요?

나: ______________________________. (커피, 녹차)

2. 다음 대화를 완성하십시오.

1) 가: 숙제를 한 후에 주로 무엇을 해요?

나: ______________________________. (음악을 듣다, 텔레비전을 보다)

2) 가: 아침을 먹기 전에 주로 무엇을 해요?

나: ______________________________. (신문을 읽다, 요가를 하다)

3) 가: 수업이 끝나면 보통 무엇을 해요?

나: ______________________________. (밥을 먹다, 숙제를 하다)

4) 가: 친구를 만나면 주로 무엇을 해요?

나: ______________________________. (당구를 치다, 커피숍에 가다)

5) 가: 방학에 주로 무엇을 해요?

나: ______________________________. (전공 공부를 하다, 외국어를 배우다)

5. 못 AV / AV-지 못하다

1. 다음 표에 알맞게 쓰십시오.

못 AV		AV-지 못하다	
먹다		읽다	
앉다		찾다	
가다		만나다	
마시다		기다리다	
헤어지다		쉬다	
공부하다		여행하다	
운동하다		요리하다	

2. 다음 대화를 완성하십시오.

1) 가: 왜 밥을 안 먹어요?

나: 배가 아파서 밥을 못 먹어요. / 배가 아파서 밥을 먹지 못해요. (배가 아프다)

2) 가: 파하드 씨가 생일 파티에 와요?

나: 아니요, ______________________________. (일이 많다)

3) 가: 흐엉 씨, 백화점에서 모자를 샀어요?

나: 아니요, ______________________________. (모자가 비싸다)

4) 가: 중간시험을 잘 봤어요?

나: 아니요, ______________________________. (문제가 어렵다)

5) 가: 오늘 운동했어요?

나: 아니요, ______________________________. (다리를 다치다)

6) 가: 주말에 영화를 볼까요?

나: 미안해요, ______________________________. (약속이 있다)

문법 활용

※ 다음 문법을 사용하여 대화를 완성하십시오.

〈 문 법 〉			
AV-아/어/여요②	N(으)로②	N(이)나	못 AV / AV-지 못하다

아멜리: 자르갈 씨, 다음 달에 부산에 같이 ______________________________.
(가다)

자르갈: 좋아요. 같이 갑시다. 부산에 어떻게 가요?

아멜리: 부산에 버스 __________ KTX를 ______________________________.
(타고 가다)

자르갈: 시간이 얼마나 걸릴까요?

아멜리: 버스________ 가면 5시간쯤 걸려요. 그리고 KTX________ 가면 3시간쯤 걸릴 거예요.

자르갈: 그럼, 비행기로 갈까요?

아멜리: 비행기는 비싸서 ______________________________.
(타다)

KTX가 편하니까 KTX를 ______________________________.
(타다)

자르갈: 알겠어요. 그럼 KTX를 ______________________________.
(타고 가다)

듣기

※ 다음을 듣고 물음에 답하십시오.

1. 여자의 집은 어디입니까? 알맞은 것을 고르십시오. (　　　　)

① 여자의 집은 걸어서 10분 걸립니다.

② 여자의 집은 4층 집의 205호입니다.

③ 여자의 집은 유치원 근처에 있습니다.

④ 여자의 집은 버스로 20분쯤 걸립니다.

2. 들은 내용과 같은 것을 고르십시오. (　　　　)

① 남자는 반 친구들을 초대합니다.

② 여자는 베트남 음식을 만들 겁니다.

③ 여자는 학교 후문에서 버스를 탈 겁니다.

④ 남자는 유치원에서 친구들을 만날 겁니다.

읽기

※ 다음을 읽고 물음에 답하십시오.

제 생일 파티에 친구들을 초대합니다.

안녕하세요? 우리 집에서 생일 파티를 합니다.
꼭 오세요. 시간과 장소는 아래에 있습니다.

▶ 시간 : 7월 14일 저녁 6시

▶ 장소 : 우리 집

▶ 전화 번호 : 010-1234-5678

▶ 오는 방법 : 학교 정문→ 버스 112번→ 문학역 방향 10분
→ 문학역 정류장 하차

– 흐엉 드림 –

제 생일에 친구들을 우리 집에 초대합니다. 우리 집은 문학역 근처에 있습니다. 학교 정문에서 버스 112번을 타세요. 그러면 문학역 정류장이 있습니다. 문학역 정류장에 내리기 전에 저에게 미리 전화하세요. 제가 전화를 받으면 정류장으로 가겠습니다. 날짜는 7월 14일이고 시간은 저녁 6시입니다. 제 생일 파티에 꼭 오세요.

1. 무슨 글입니까? 알맞은 것을 고르십시오. (　　　　)

① 편지　　② 광고

③ 문자 메시지　　④ 초대장

2. 이 글의 내용과 같은 것을 고르십시오. (　　　　)

① 이 사람은 집에서 생일 파티를 할 겁니다.

② 이 사람의 집은 학교 정문 근처에 있습니다.

③ 이 사람의 생일 파티는 저녁 6시에 끝납니다.

④ 이 사람의 친구들은 버스에서 내려서 전화를 할 겁니다.

쓰기

※ 목적지를 찾아 가는 방법을 써 봅시다.

1. 개요를 써 보십시오.

〈 개 요 〉	
처음	우리 집에 여러분을 초대합니다.
가운데	우리 집은 ____________________.
끝	우리 집에 꼭 오세요.

2. 위 개요를 바탕으로 글을 써 보십시오.

여러분을 초대합니다.

안녕하세요? 우리 집에서 생일 파티를 합니다.
꼭 오세요. 시간과 장소는 아래에 있습니다.

▶ 시간 :

▶ 장소 :

▶ 전화 번호 :

▶ 오는 방법 :

– 드림 –

M.E.M.O.

14 공공장소

어휘 I

1. 다음 중 알맞은 단어를 골라 대화를 완성하십시오.

통장	여권	외국인등록증	현금카드	신용카드

1) 가: 해외로 여행을 가려고 해요. 무엇이 필요하지요?

   나: 비행기 표와 그 나라의 돈이 필요해요. 참! ______________도 꼭 준비하세요.

2) 가: ______________과/와 ______________은/는 무엇이 달라요?

   나: ____________은/는 은행에서 돈을 찾을 수 있고 ____________은/는 물건을 살 수 있어요.

3) 가: 지성 씨, ______________을/를 잃어버렸어요. 어떡하지요?

   나: 아, 출입국관리사무소에 가서 다시 신청하세요.

4) 가: 오위노 씨, 어디에 가요?

   나: 아, 은행에 가고 있어요. ______________을/를 만들려고요.

2. 다음을 보고 관계있는 것끼리 연결하십시오.

1) 입금하다 • 　　　　• ㉠ 은행에서 돈을 찾다

2) 출금하다 • 　　　　• ㉡ 다른 사람에게 돈을 보내다

3) 송금하다 • 　　　　• ㉢ 다른 나라 돈으로 바꾸다

4) 환전하다 • 　　　　• ㉣ 은행에 돈을 넣다

문법 I

1. AV-(으)려고 하다 / -(으)려고요

1. 다음 대화를 완성하십시오.

1) 가: 주말에 뭐 할 거예요?
   나: ____________________. (도서관에서 책을 읽다)
2) 가: 내일 어디에 갈 거예요?
   나: ____________________. (친구들과 함께 명동에 가다)
3) 가: 토요일에 누구를 만날 거예요?
   나: ____________________. (공원에서 고향 친구들을 만나다)
4) 가: 무슨 운동을 배우려고 해요? (배우다)
   나: ____________________. (태권도를 배우다)
5) 가: 무슨 선물을 ____________________? (사다)
   나: ____________________. (화장품을 사다)
6) 가: 무슨 과일을 ____________________? (먹다)
   나: ____________________. (포도와 딸기를 먹다)

2. N께서, 께서는

1. 다음 대화를 완성하십시오.

1) 가: 선생님________ 어디에 ____________________? (있다)
   나: 선생님________ 사무실에 ____________________. (있다)
2) 가: 아버지________ 무엇을 ____________________? (하다)
   나: 아버지________ 비빔밥을 ____________________. (먹고 있다)
3) 가: 할머니________ 어디가 ____________________? (아프다)
   나: 할머니________ 다리가 ____________________. (아프다)
4) 가: 할아버지________ 무엇을 ____________________? (하다)
   나: 할아버지________ 방에서 ____________________. (자고 있다)

3. V-(으)시-, N(이)시-

1. 다음 표에 알맞게 쓰십시오.

높임말			
생일		밥	
나이		집	
있다		말하다	
먹다		몸이 아프다	
마시다		머리가 아프다	
자다		죽다	

2. 다음 대화를 완성하십시오.

1) 가: 아버지께서 무엇을 하십니까?
   나: 아버지 ________________________. (신문을 읽다)
2) 가: 어머니께서 무엇을 하십니까?
   나: 어머니 ________________________. (요리를 하다)
3) 가: 할아버지께서 무엇을 보십니까?
   나: 할아버지 ________________________. (영화를 보다)
4) 가: 할머니께서 무엇을 좋아하십니까?
   나: 할머니 ________________________. (산책을 좋아하다)

3. 다음 문장을 완성하십시오.

1) 언니가 밥을 먹습니다. → (부모님) ________________________.
2) 형의 나이는 25살입니다. → (아버지) ________________________.
3) 오늘은 제 생일입니다. → (할머니) ________________________.
4) 오빠가 집에서 잡니다. → (할아버지) ________________________.
5) 친구가 말합니다. → (어머니) ________________________.

어휘 II

1. 다음 중 알맞은 단어를 골라 대화를 완성하십시오.

소포	상자	봉투	부치다

1) 가: 아멜리 씨, 오랜만이에요. 편지를 보내러 우체국에 왔어요?

나: 네, 그런데 이 편지를 어디에 넣어야 해요?

나: 여기 이 ______________에 넣어서 보내세요.

2) 가: 어떻게 오셨습니까?

나: 고향에 선물을 보내려고요.

가: 그럼 이 ______________에 선물을 넣고 주소와 전화번호, 이름을 쓰세요.

3) 가: 손님, 이 ______________을/를 어느 나라로 보내실 거예요?

나: 사우디로 ______________________________________. [-(으)려고 하다]

2. 다음 중 알맞은 단어를 골라 대화를 완성하십시오.

박물관	미술관	수족관	공연장	경기장

1) 가: 이번 주말에 어디에 갈까요?

나: 음, 저는 그림을 좋아해요. ________________이/가 어때요?

2) 가: 어제 ________________에 갔어요. 거기에서 물고기를 많이 봤어요.

나: 와, 정말 재미있었겠어요.

3) 가: 내일 야구를 보러 갈 거예요. 오위노 씨도 시간이 있으면 같이 갈까요?

나: 네, 좋아요. 어디에서 해요?

가: 인천 문학 ________________에서 해요.

4) 가: 한국의 전통 문화와 역사를 배우고 싶어요.

나: 그러면 ________________에 가 보세요. 거기에 전통 물건이 많이 있어요.

5) 가: 저는 한국 음악을 아주 좋아해요. 그리고 한국 가수들도 좋아해요.

나: 저도요. 우리 다음 주에 ________________에 갑시다. 인기 가수들이 노래를 부를 거예요.

문법 II

4. V-아/어/여야 되다/하다

1. 다음 표에 알맞게 쓰십시오.

V-아/어/여야 되다		V-아/어/여야 하다	
앉다		편하다	
오다		재미있다	
준비하다		조용하다	
지각하지 않다		어렵지 않다	

2. 다음 대화를 완성하십시오.

1) 가: 내일 수영장에 갈 거예요. 무엇을 ______________________? (준비하다)
   나: ______________________________. (수영복을 준비하다)
2) 가: 통장을 만들려고 해요. 무엇을 ______________________? (가지고 가다)
   나: ______________________________. (학생증이나 외국인등록증을 가지고 가다)
3) 가: 저도 주말에 등산을 할 거예요. 언제 ______________________? (도착하다)
   나: ______________________________. (아침 9시까지 오다)

3. 다음 대화를 완성하십시오.

1) 가: 감기에 걸렸어요. 어떻게 해야 해요?
   나: <u>감기에 걸렸으니까 약을 먹어야 돼요.</u> (감기에 걸렸다, 약을 먹다)
2) 가: 약속 시간에 늦었어요. 어떻게 해야 해요?
   나: ______________________________. (친구가 기다리다, 미리 전화하다)
3) 가: 다음 주에 시험을 봐요. 어떻게 해야 해요?
   나: ______________________________. (시험이 어렵다, 열심히 공부하다)
4) 가: 한국어 쓰기 시험이 너무 어려워서 걱정이에요.
   나: ______________________________. (쓰기가 어렵다, 한국어 책을 자주 읽다)
5) 가: 요즘 잠을 너무 많이 자서 걱정이에요.
   나: ______________________________. (건강에 안 좋다, 일찍 자고 일찍 일어나다)

5. AV-지 말다

1. 다음 대화를 완성하십시오.

1) 가: 수업 시간에 전화를 할 수 있어요?

나: 아니요, 수업 시간에 ______________________________.

2) 가: 공연장 안에서 음식을 먹을 수 있어요?

나: 아니요, 공연장 안에서 ______________________________.

3) 가: 버스 안에서 노래를 부를 수 있어요?

나: 아니요, 버스 안에서 ______________________________.

4) 가: 공원에서 음식을 만들어서 먹을 수 있어요?

나: 아니요, 공원에서 ______________________________.

2. 다음 대화를 완성하십시오.

1) 가: 출발할까요?

나: 아니요, 친구가 도착하지 않았으니까 출발하지 말고 기다려 주세요. (도착하지 않았다, 기다리다)

2) 가: 창문을 닫을까요?

나: 아니요, 날씨가 ______________________________. (덥다, 열다)

3) 가: 컴퓨터를 끌까요?

나: 아니요, 저도 ______________________________. (사용할 거다, 켜다)

4) 가: 피아노를 칠까요?

나: 아니요, 지금은 ______________________________. (밤이다, 조용히 하다)

3. 다음 대화를 완성하십시오.

1) 가: 도서관에서 음료수를 마시고 싶어요. 괜찮아요?

나: 아니요, 도서관에서는 음료수를 마시지 말아야 해요.

2) 가: 수업 시간에 휴대폰 게임을 하고 싶어요. 괜찮아요?

나: 아니요, 수업시간에는 ______________________________.

3) 가: 화장실에서 담배를 피우고 싶어요. 괜찮아요?

나: 아니요, 화장실에서 ______________________________.

문법 활용

※ 다음 문법을 사용하여 대화를 완성하십시오.

〈 문 법 〉			
AV-(으)려고 하다	N께서, 께서는	V-(으)시-	V-아/어/여야 되다/하다

직 원: 안녕하십니까?

파하드: 네, 안녕하세요?

직 원: 어떻게 오셨습니까?

파하드: 음성 안내기를 ______________(빌리다). 어떻게 ______________(하다)?

직 원: 아, 음성 안내기를 ______________(빌리다) 겁니까?

고객님________ 외국인등록증을 __________(주다) 면 바로 __________(빌리다) 수 있습니다.

파하드: 아, 여기 있습니다.

직 원: 고객님, 영상 안내기도 ______________(사용하다 + -겠-)?

파하드: 네, 영상 안내기도 ______________(빌리다) 주세요.

직 원: 네, 알겠습니다.

듣기

※ 다음을 듣고 물음에 답하십시오.

1. 어떤 이야기를 하고 있는지 고르십시오. (　　　　)

① 초대　　② 인사

③ 감사　　④ 안내

2. 들은 내용과 같은 것을 고르십시오. (　　　　)

① 주말에 미술관을 이용할 수 없습니다.

② 미술관 입장료는 모두 5000원입니다.

③ 미술관 안에서 떠들지 말아야 합니다.

④ 미술관 안에서 음료수를 마실 수 있습니다.

읽기

※ 다음을 읽고 물음에 답하십시오.

〈 주말 문화 수업 안내 〉

시간	토요일	일요일
10:00 ~ 11:00	한국 요리	태권도
13:00 ~ 15:00	수영	한국 노래
17:00 ~ 19:00	컴퓨터	피아노

※ 한국인, 외국인 모두 이용할 수 있습니다.

※ 수업 시간에 늦지 마십시오.

※ 수업 시간에 휴대전화를 사용하지 말고 끄십시오.

1. 이 글은 무슨 글입니까? (　　　　)

① 일기　　　　② 안내문

③ 편지　　　　④ 자기소개

2. 이 글의 내용과 <u>다른</u> 것을 고르십시오. (　　　　)

① 태권도 수업은 주말 오전에만 있습니다.

② 컴퓨터는 주말 오후에 배울 수 있습니다.

③ 한국인은 주말 문화 수업에 갈 수 없습니다.

④ 문화 수업 시간에는 전화를 하지 말아야 합니다.

쓰기

※ 박물관 관람 안내문을 써 봅시다.

1. 개요를 써 보십시오.

〈 개 요 〉	
처음	박물관은 주중에는 오전 ________부터 오후 ________까지 이용할 수 있습니다. 주말에는 오전 ________부터 오후 ________까지 이용할 수 있습니다.
가운데	입장료는 어른은 20살부터 ________원, 아이는 ________살부터 ________살까지 원입니다. 하지만 대학생은 ________원 할인을 받을 수 있습니다.
끝	박물관에서는 ____지 마십시오.

2. 위 개요를 바탕으로 글을 써 보십시오.

〈 박물관 관람 안내 〉

1. 이용 시간

주중:

주말:

2. 입장료

어른:

아이:

3. 박물관 유의사항

1)

2)

3)

4)

15 건강

어휘 I

1. 다음 중 알맞은 단어를 골라 쓰십시오.

배탈	두통	열	콧물

1) 가: 머리가 아파요.

   나: ________________이에요.

2) 가: 어떻게 오셨어요?

   나: ________________도 나고 기침도 해요.

3) 가: 어제부터 배가 아파요.

   나: ________________이에요.

4) 가: ________________이 나요. 38도예요.

   나: ________________이 높으니까 병원에 가 보세요.

2. 다음 중 알맞은 단어를 골라 쓰십시오.

처방전	진찰을 받다	약국

1) 가: 어제부터 머리하고 눈이 아파요.

   나: 병원에 가서 ________________________. [-(으)세요]

2) 가: 약은 어디에서 사요?

   나: ________________________에서 사세요.

3) 가: 약을 사고 싶어요.

   나: 병원에서 ________________________을 받아 오세요.

문법 I

1. N보다

1. 다음 대화를 완성하십시오.

1) 가: 누가 키가 더 커요?

나: ________________________________. (형–183cm / 동생–170cm)

2) 가: 어느 가방이 더 비싸요?

나: ________________________________. (이 가방–24,500원 / 저 가방–18,900원)

3) 가: 어떤 영화를 더 좋아합니까?

나: ________________________________. (코미디 영화 / 멜로 영화)

2. V–지만, N(이)지만

1. 다음 대화를 완성하십시오.

1) 가: 학교에 가서 왕루 씨를 만나요?

나: 학교에 ________________________________ 왕루 씨는 안 만나요. (가다)

2) 가: 아멜리 씨와 자르갈 씨는 모두 그 영화를 봐요?

나: 아멜리 씨는 ________________________________ 자르갈 씨는 안 봐요. (보다)

3) 가: 흐엉 씨와 친해요?

나: 아니요, ________________________________ 얼굴은 알아요. (친하지 않다)

4) 가: 로빈 씨는 고향이 어디예요?

나: 영국에서 ________________________________ 계속 미국에서 살았어요. (태어났다)

5) 가: 누구의 책이에요?

나: 언니의 ________________________________ 지금은 제 책이에요. (책이었다)

6) 가: 사과를 좋아해요? 배를 좋아해요?

나: ________________________________. (사과는 좋아하다, 배는 안 좋아하다)

3. DV-(으)ㄴ N

1. 다음 표에 알맞게 쓰십시오.

DV-(으)ㄴ N			
높다, 건물		낮다, 집	
빠르다, 토끼		느리다, 거북이	
무겁다, 가방		가볍다, 운동화	
맛있다, 파인애플		맛없다, 당근	

2. 다음 대화를 완성하십시오.

1) 가: 어떤 고양이가 귀여워요?

나: ______________________________. (작다, 고양이)

2) 가: 할머니는 어떤 분이세요?

나: ______________________________. (친절하다, 분)

3) 가: 어떤 음식을 먹었어요?

나: ______________________________. (달다, 음식)

4) 가: 이 책은 어떤 책이에요?

나: ______________________________. (재미있다, 책)

5) 가: 어떤 음악을 들어요?

나: ______________________________. (조용하다, 음악)

어휘 Ⅱ

1. 다음 중 그림에 맞는 단어를 골라 쓰십시오.

물약	알약	소화제	진통제

1) 가: 이 ____________은/는 몇 개를 먹어요?

   나: 물하고 같이 2개를 드세요.

2) 가: 밥을 너무 많이 먹었어요. 그래서 배가 아파요.

   나: ____________을/를 드릴까요?

3) 가: 이 약은 언제 먹어요?

   나: 그 ____________은/는 자기 전에 10cc 드세요.

4) 가: 머리가 아파요. ____________이/가 있어요?

   나: 네, 잠시만 기다려 주세요.

2. 다음 중 그림에 맞는 단어를 골라 쓰십시오.

내과	치과	외과	산부인과

1) 가: 아기가 태어날 거예요. 어느 병원에 가야 해요?

   나: ____________에 가 보세요.

2) 가: 배가 아파요. 어느 병원에 가야 해요?

   나: ____________에 가 보세요.

3) 가: 이가 아파요. 어느 병원에 가야 해요?

   나: ____________에 가 보세요.

4) 가: 계단에서 넘어졌어요. 다리가 아파요. 어느 병원에 가야 해요?

   나: ____________에 가 보세요.

문법 II

4. AV-아/어/여도 되다(좋다, 괜찮다)

1. 다음 대화를 완성하십시오.

1) 가: 다리가 아파요. ____________________? (앉다)

나: 네, 여기 앉으세요.

2) 가: 잠시 ____________________? (들어가다)

나: 네, 들어오세요.

3) 가: 이 책을 제가 ____________________? (빌려가다)

나: 네, ____________________. 하지만 저도 필요하니까 빨리 돌려주세요.

4) 가: 더운데 에어컨 좀 ____________________? (켜다)

나: 네, ____________________. (켜다)

5. AV-(으)면 안 되다

1. 다음 대화를 완성하십시오.

1) 가: 감기예요. 술을 ____________________. (마시다)

나: 네, 알겠습니다.

2) 가: 한국에서는 집에서 신발을 ____________________. (신다)

나: 네, 알겠어요.

3) 가: 여기서 담배를 피워도 됩니까?

나: 여기는 금연이에요. 담배를 ____________________. (피우다)

4) 가: 약을 먹고 싶지 않아요.

나: ____________________. (약을 안 먹다)

문법 활용

※ 다음 문법을 사용하여 대화를 완성하십시오.

〈문 법〉				
N보다	V-지만, N(이)지만	DV-(으)ㄴ N	AV-아/어/여도 되다	AV-(으)면 안 되다

의 사: 어디가 아파요?

자르갈: 배도 ____________(아프다 + -고) 머리도 ____________(아프다).

의 사: 언제부터 아팠어요?

자르갈: 어젯밤부터 ____________(아프다). 그런데 어젯밤______ 지금이 더 ____________(아프다).

의 사: 열은 안 ________(나다)?

자르갈: 열은 안 ________(나다) 설사를 해요.

의 사: 배탈이에요. 약을 드시고 쉬세요.

자르갈: 네, 알겠습니다. 그런데 ____________(맵다) 음식을 ____________(먹다)?

의 사: 아니요, ____________(맵다) 음식을 ____________(먹다). 죽을 드세요.

처방전을 써 주겠습니다. 약국에서 약을 사서 드세요.

듣기

※ 다음을 듣고 물음에 답하십시오.

1. 여기는 어디입니까? 알맞은 것을 고르십시오. (   )

① 내과　　② 외과

③ 치과　　④ 산부인과

2. 들은 내용과 같은 것으로 고르십시오. (   )

① 남자는 여자의 이를 뽑습니다.

② 여자는 병원에 다시 와야 합니다.

③ 남자는 치료 후에 음식을 먹으면 안 됩니다.

④ 여자는 차가운 음식을 먹어서 이가 아픕니다.

읽기

※ 다음을 읽고 물음에 답하십시오.

물은 아주 중요합니다. 사람의 몸은 70%가 물입니다. 그래서 깨끗한 물보다 더 좋은 약은 없습니다. 사람은 하루에 물을 1.5리터쯤 마셔야 합니다. 물을 자주 마시면 몸의 나쁜 물질이 몸 밖으로 나갑니다. 그러면 스트레스도 잘 풀립니다. 운동을 한 후에 이온 음료를 마셔도 (㉠) 물을 마시면 더 좋습니다. 그러나 손과 발이 차가운 사람은 물을 많이 마시면 안 됩니다.

물질: material, 物质, 物質

이온 음료: sports drink, 离子饮料, スポーツドリンク

1. ㉠에 들어갈 수 없는 말을 고르십시오. (　　　)

① 좋지만　　② 쉽지만

③ 되지만　　④ 괜찮지만

2. 이 글의 중심 내용으로 알맞은 것을 고르십시오. (　　　)

① 70%의 깨끗한 물을 마셔야 합니다.

② 깨끗한 물과 약을 같이 먹어야 합니다.

③ 깨끗한 물을 자주 마시면 건강에 좋습니다.

④ 발이 차가운 사람은 이온 음료를 마셔야 합니다.

쓰기

※ 건강에 좋은 음식에 대해 써 봅시다.

1. 개요를 써 보십시오.

〈 개 요 〉	
처음	그 음식은 무엇입니까? ______________________________.
가운데	그 음식은 왜 좋습니까? ______________________________.
끝	그 음식을 어떻게 먹으면 안 됩니까?______________________________.

2. 위 개요를 바탕으로 글을 써 보십시오.

M.E.M.O.

16 가족

어휘 I

1. 다음 중 알맞은 단어를 골라 대화를 완성하십시오.

그립다	기대하다	다녀오다

1) 가: 파하드 씨는 한국에 언제 왔어요?

   나: 저는 3개월 전에 한국에 왔어요.

   가: 가족들이 많이 ______________________________. [-겠-]

2) 가: 사무실에 갔다 올게요.

   나: 네, 잘 ______________________________. [-(으)세요]

3) 가: 이번 방학에 부모님께서 한국에 오세요. 그래서 부모님과 함께 여행을 하려고요.

   나: 와, 부럽네요.

   가: 네, 저도 무척 ______________________________. [-고 있다]

2. 다음을 보고 관계있는 것끼리 연결하십시오.

1) 마음에 들다 •   • ㉠ 좋아하다

2) 마음이 넓다 •   • ㉡ 두 사람의 생각이 비슷하다

3) 마음이 따뜻하다 •   • ㉢ 착하다

4) 마음이 맞다 •   • ㉣ 감사 인사를 하다

5) 마음을 전하다 •   • ㉤ 잘 이해해 주다

문법 I

1. AV-(으)ㄴ/는/(으)ㄹ N, N인 N

1. 다음 표에 알맞게 쓰십시오.

	AV-(으)ㄴ N	AV-는 N	AV-(으)ㄹ N
받다, 편지			
읽다, 신문			
보다, 책			
사다, 바지			
유행하다, 옷			
가지 않다, 곳			

2. 다음 대화를 완성하십시오.

1) 가: 지금 ________________이/가 어때요? (공부하다 + 책)

나: 지금 ________________이/가 ________________________. (공부하다 + 책, 재미있다)

2) 가: 요즘 ________________이/가 어때요? (만나다 + 친구)

나: 요즘 ________________이/가 ____________________. (만나다 + 친구, 좋은 친구이다)

3) 가: 어제 ________________이/가 어땠어요? (받았다 + 선물)

나: 어제 ________________이/가 ______________________. (받았다 + 선물, 정말 좋았다)

4) 가: 지난 방학에 ________________이/가 어땠어요? (갔다 + 공원)

나: 지난 방학에 ________________이/가 ___________________. (갔다 + 공원, 아름다웠다)

5) 가: 내일 ________________이/가 어때요? (먹을 거다 + 빵)

나: 내일 ________________이/가 _____________________. (먹을 거다 + 빵, 크고 맛있을 거다)

6) 가: 다음 주에 ________________이/가 어때요? (볼 거다 + 시험)

나: 다음 주에 ________________이/가 __________________. (볼 거다 + 시험, 어려울 거다)

7) 가: 오위노 씨의 고향이 어때요?

나: 제 ______________________________은/는 아주 아름다운 곳이에요. (고향이다 + 케냐)

2. V-(으)ㄴ/는데, N인데

1. 다음 표에 알맞게 쓰십시오.

V-(으)ㄴ/는데, N인데			
먹다		좋다	
찾다		춥다	
막히다		예쁘다	
연습하다		깨끗하다	
갔다		조용했다	
빌릴 거다		휴일이다	

2. 다음 대화를 완성하십시오.

1) 가: 왜 우산을 샀어요?
   나: 집에 ________________ 비가 와서 우산을 샀어요. (가다)
2) 가: 언제 전화를 받았어요?
   나: 밥을 ________________ 전화가 와서 받았어요. (먹고 있다)
3) 가: 왜 집에 일찍 들어왔어요?
   나: 도서관에서 ________________ 너무 피곤해서 일찍 들어왔어요. (공부하다)

3. 다음 문장을 완성하십시오.

1) 날씨가 춥다 + 커피숍에 들어갈까요 → ________________________________?
2) 과일을 사러 시장에 갈 거다 + 같이 갑시다 → ________________________________.
3) 곧 시험이다 + 열심히 공부하세요 → ________________________________.

4. 다음 문장을 완성하십시오.

1) 어제는 맑았다 + 오늘은 비가 오다 → ________________________________.
2) 그 여자는 많이 먹다 + 살이 찌지 않다 → ________________________________.
3) 외국인이다 + 한국말을 아주 잘하다 → ________________________________.

어휘 Ⅱ

1. 다음 중 알맞은 단어를 골라 대화를 완성하십시오.

저희	여쭈다/여쭙다	모시다	드리다	뵙다/뵈다
감사드리다	축하드리다	인사드리다	말씀드리다	부탁드리다

1) 저는 결혼 후에 부모님을 ________________ 살고 싶습니다. [-고]

2) ________________ 할머니께서는 운동을 많이 하셔서 아주 건강하십니다.

3) 안녕하십니까? 지금부터 박물관 유의사항을 ________________. [-겠-]

4) 할머니, 생신 ________________. 오래 오래 사세요.

5) 가: 손님, 어떤 색 티셔츠로 ________________? [-(으)ㄹ까요?]

   나: 흰색 티셔츠로 주세요.

6) 가: 안녕하세요? 처음 ________________. [-겠-] 저는 파하드입니다.

   나: 네, 안녕하세요. 만나서 반갑습니다.

7) 가: 자르갈 씨, 제가 이사를 하는데 도와줄 수 있어요? 좀 ________________. [-(으)ㄹ게요]

   나: 아, 네. 제가 도와줄게요. 걱정하지 마세요.

8) 가: 왕루 씨, 외국인등록증을 잃어버렸는데 어떻게 해야 해요?

   나: 저는 잘 모르겠는데요. 선생님께 한번 ________________. [-아/어 보다]

9) 가: 오위노 씨, 방학 잘 보내세요.

   나: 선생님, 한국어를 잘 가르쳐 주셔서 정말 ________________. 안녕히 계십시오.

10) 가: 왕루 씨, 어디에 가요?

   나: 선생님께서 많이 도와 주셨어요. 그래서 선생님께 감사 ______________ 가고 있어요. [-(으)러]

문법 Ⅱ

3. N께

1. 다음 대화를 완성하십시오.

1) 가: 누구에게 전화를 해요?
   나: ______________________. (부모님)
2) 가: 누구에게 소포를 보냈어요?
   나: ______________________. (할머니)
3) 가: 누구에게 편지를 쓸 거예요?
   나: ______________________. (선생님)

2. 다음 대화를 완성하십시오.

1) 가: 누구에게 신문을 줄 거예요?
   나: ______________________. (아버지)
2) 가: 누구에게 책을 줄 거예요?
   나: ______________________. (어머니)
3) 가: 누구에게서 가방을 받았어요?
   나: ______________________. (할아버지)

3. 다음 대화를 완성하십시오.

1) 가: 누가 누구에게 꽃을 줘요?
   나: ______________________. (아버지 → 어머니)
2) 가: 누가 누구에게 우유를 줘요?
   나: ______________________. (할아버지 → 어머니)
3) 가: 누가 누구에게서 빵을 받아요?
   나: ______________________. (아버지 ← 할머니)
4) 가: 누가 누구에게서 안경을 받았어요?
   나: ______________________. (아버지 ← 할아버지)

4. AV-아/어/여 드리다/주시다

1. 다음 표에 알맞게 쓰십시오.

AV-아/어/여 드리다		AV-아/어/여 주시다	
닫다		닦다	
보이다		가르치다	
정리하다		청소하다	

2. 다음 대화를 완성하십시오.

1) 가: 아버지께 무엇을 해 드리고 싶어요?
   나: 저는 아버지께 ______________________. (편지를 쓰다)
2) 가: 부모님께 무엇을 해 드릴 거예요?
   나: 저는 부모님께 ______________________. (선물을 사다)
3) 가: 할머니께 무엇을 해 드렸어요?
   나: 저는 할머니의 방을 ______________________. (청소하다)
4) 가: 어머니께서 무엇을 해 주세요?
   나: 어머니께서 저에게 ______________________. (음식을 만들다)
5) 가: 선생님께서 무엇을 해 주셨어요?
   나: 선생님께서 모르는 어휘를 ______________________. (설명하다)

3. 다음 대화를 완성하십시오.

1) 가: 누가 누구에게 무엇을 해 줘요?
   나: ______________________. (아버지 → 어머니, 요리하다)
2) 가: 누가 누구에게 무엇을 해 줘요?
   나: ______________________. (어머니 → 할머니, 길을 가르치다)
3) 가: 누가 누구에게 무엇을 해 줘요?
   나: ______________________. (선생님 → 저, 사진을 보이다)
4) 가: 누가 누구에게 무엇을 해 줘요?
   나: ______________________. (아버지 → 할아버지, 사진을 찍다)

문법 활용

※ 다음 문법을 사용하여 대화를 완성하십시오.

〈 문 법 〉		
V-(으)ㄴ/는데	N께	AV-아/어/여 드리다/주시다

아멜리: 왕루 씨, 이게 누구 사진이에요?

왕 루: 제 가족사진이에요.

아멜리: 왕루 씨는 가족이 모두 4명이에요?

왕 루: 네, 아버지, 어머니, 오빠 그리고 저예요.

아멜리: 가족들은 모두 중국에 있어요?

왕 루: 아니요, 부모님께서는 중국에 ______________ 오빠는 미국에 ______________.
(계시다) (있다)

아멜리: 가족들이 많이 그립겠어요.

왕 루: 네, 그래서 방학에 고향에 다녀오려고 해요.

그런데 부모님 ______________ 무슨 선물을 드리면 ______________________ 까요?
(좋아하다 + -(으)시-)

아멜리: 음, 부모님께 감사의 마음을 편지에 ______________ 세요.
(쓰다)

부모님께서도 편지를 ________________면 ________________ 거예요.
(받다 + -(으)시-) (기뻐하다 + -(으)시-)

왕 루: 와, 정말 좋은 생각이에요. 아멜리 씨, 고마워요.

듣기

※ 다음을 듣고 물음에 답하십시오.

1. 두 사람이 무엇에 대해 이야기하고 있는지 고르십시오. (   )

① 고향 소개　　② 고향의 전통 문화

③ 고향에서 한 일　　④ 고향에 가는 방법

2. 들은 내용과 같은 것을 고르십시오. (   )

① 여자는 남자에게 가족사진을 보여 주었습니다.

② 남자는 베트남의 관광 명소를 소개하고 있습니다.

③ 여자는 베트남에 가 보지 못해서 가고 싶어 합니다.

④ 남자는 어머니께서 만들어 주시는 국수를 좋아합니다.

읽기

※ 다음을 읽고 물음에 답하십시오.

우리 가족은 모두 4명입니다. 아버지, 어머니, 저 그리고 여동생이 있습니다. 부모님께서는 모두 몽골에 계십니다. (㉠) 하지만 아버지와 어머니의 취미가 비슷하고 마음이 잘 맞아서 사이가 좋으십니다.

(㉡) 그래서 주말마다 운동도 같이 하시고 요리도 같이 하십니다.

여동생은 저와 함께 한국에서 한국어를 공부하고 있습니다. (㉢) 여동생과 같은 학교에서 공부하고 있지 않지만 자주 연락하고 주말마다 만납니다. 혼자 한국에서 생활하면 힘들었겠지만 여동생과 함께 있어서 외롭지 않고 좋습니다. 그리고 한국어 공부도 같이 해서 재미있습니다.

이번 방학에는 여동생과 함께 몽골에 갈 겁니다. (㉣) 몽골에 가서 부모님께 한국 음식을 만들어 드리고 싶습니다. 처음 해 보는 요리라서 잘 못하겠지만 부모님께서 아주 기뻐하실 겁니다.

1. 다음 문장이 들어갈 곳을 고르십시오. (　　　)

아버지께서는 말이 없으신데 어머니께서는 성격이 밝으십니다.

① ㉠　　② ㉡　　③ ㉢　　④ ㉣

2. 이 글의 내용과 같은 것을 고르십시오. (　　　)

① 이 사람은 부모님과 함께 삽니다.
② 이 사람은 부모님과 취미가 비슷합니다.
③ 이 사람은 여동생과 같은 학교에 다닙니다.
④ 이 사람은 고향에서 한국 음식을 만들 겁니다.

쓰기

※ 가족을 소개하는 글을 써 봅시다.

1. 개요를 써 보십시오.

〈 개 요 〉	
처음	가족이 몇 명입니까? 어디에서 삽니까? ____________________.
가운데	가족의 성격이 어떻습니까? 무엇을 좋아합니까? ____________________.
끝	부모님께 무엇을 해 드리고 싶습니까? ____________________.

2. 위 개요를 바탕으로 글을 써 보십시오.

듣기지문

1과 듣기지문

※ 다음을 듣고 물음에 답하십시오.

여자: 안녕하십니까? 처음 뵙겠습니다. 저는 흐엉입니다.
남자: 네, 안녕하세요? 저는 오위노입니다. 처음 뵙겠습니다. 흐엉 씨는 어느 나라 사람입니까?
여자: 저는 베트남 사람입니다. 오위노 씨도 베트남 사람입니까?
남자: 아니요, 저는 베트남 사람이 아닙니다. 케냐 사람입니다.
여자: 오위노 씨는 회사원입니까?
남자: 아니요, 저는 회사원이 아닙니다. 학생입니다.
여자: 저도 학생입니다. 만나서 반갑습니다.
남자: 만나서 반갑습니다.

2과 듣기지문

※ 다음을 듣고 물음에 답하십시오.

여자: 자르갈 씨, 안녕하세요?
남자: 네, 왕루 씨, 안녕하세요?
여자: 자르갈 씨의 집은 어디에 있습니까?
남자: 저의 집은 학교 정문 근처에 있습니다.
정문 맞은편에 마트가 있습니다.
그 마트 오른쪽에 저의 집이 있습니다.
여자: 제 집도 학교 정문 근처에 있습니다.
마트 왼쪽에 우체국이 있습니다.
그 우체국 뒤에 식당과 커피숍이 있습니다.
제 집은 식당과 커피숍 사이에 있습니다.

3과 듣기지문

※ 다음을 듣고 물음에 답하십시오.

남자: 왕루 씨, 안녕하세요?
여자: 아, 파하드 씨, 안녕하세요?
남자: 왕루 씨, 어디에 갑니까?
여자: 언어교육원에 갑니다. 선생님을 만납니다. 파하드 씨는 어디에 갑니까?
남자: 저는 우체국에 갑니다. 언어교육원은 어디에 있습니까?
여자: 언어교육원은 도서관 옆에 있습니다.
남자: 한국어 선생님의 사무실은 몇 호입니까?
여자: 한국어 선생님의 사무실은 308호입니다.
남자: 한국어 수업은 재미있습니까?
여자: 네, 한국어 수업은 정말 재미있습니다.

4과 듣기지문

※ 다음을 듣고 물음에 답하십시오.

남자: 왕루 씨는 주중에 무엇을 합니까?
여자: 저는 오전에 학교에서 한국어를 공부합니다. 그리고 오후에 도서관에서 공부합니다.
남자: 한국어 공부가 어렵습니까?
여자: 아니요, 아주 재미있습니다. 파하드 씨는 주중에 무엇을 합니까?
남자: 저도 오전에 한국어를 배웁니다. 그리고 월요일과 화요일 오후에는 한국 친구를 만납니다.
수요일과 목요일 오후에는 운동장에서 축구와 농구를 합니다.
여자: 주말에는 무엇을 합니까?
남자: 주말에는 집에서 쉽니다. 왕루 씨는 주말에 뭐 합니까?
여자: 저는 주말에 친구와 같이 쇼핑을 합니다. 그리고 공원에서 자전거를 탑니다.

5과 듣기지문

※ 다음을 듣고 물음에 답하십시오.

여자: 파하드 씨, 영어 수업은 언제부터 시작해요?
남자: 화요일 아침 11시 반부터 시작해요.
여자: 어디에서 해요?
남자: 언어교육원에서 해요. 왕루 씨는 영어 수업에 가요?
여자: 네. 영어 수업에 가요. 파하드 씨는요?
남자: 저는 영어 수업에 안 가요. 저는 중국어 수업에 가요.
여자: 중국어 수업은 언제 해요?
남자: 중국어 수업은 월요일 오전 10시부터 해요.
여자: 중국어 수업도 언어교육원에서 해요?
남자: 아니요, 언어교육원에서 하지 않아요. 본관에서 해요.

6과 듣기지문

※ 다음을 듣고 물음에 답하십시오.

여자: 파하드 씨는 한국에서 어디에 가 봤어요?
남자: 저는 지난 토요일에 서울 이태원에 가 봤어요.
여자: 이태원에서 무엇을 했어요?
남자: 영화도 보고 쇼핑도 했어요.
아멜리 씨는 한국에서 여행을 해 봤어요?
여자: 네, 저는 지난 토요일에 수원을 여행했어요.
남자: 수원에 누구와 같이 갔어요?
여자: 저는 기숙사 친구와 함께 갔어요.
수원성도 구경하고 박물관도 가 봤어요.
파하드 씨도 친구와 같이 갔어요?

남자: 아니요, 저는 혼자 갔어요.
서울 이태원은 외국 사람도 많고 외국 식당도 많았어요.

7과 듣기지문

※ 다음을 듣고 물음에 답하십시오.

여자: 자르갈 씨는 한국에서 여행을 해 봤어요?
남자: 네, 저는 작년 봄에 친구들과 함께 춘천으로 여행을 갔어요.
여자: 춘천이요? 춘전 여행이 어땠어요?
남자: 오전에 날씨가 아주 맑고 따뜻했어요. 그리고 바람이 조금 불었어요.
그래서 친구들과 자전거를 탔어요. 아주 재미있었어요.
여자: 자전거만 탔어요?
남자: 아니요, 오후에는 비가 왔어요. 그래서 닭갈비를 먹으러 갔어요.
여자: 아, 춘천 닭갈비는 아주 유명해요. 저도 먹어 봤어요.
남자: 네, 식당에 사람들이 무척 많았어요. 닭갈비를 먹고 막국수도 먹었어요.
정말 맛있었어요.

8과 듣기지문

※ 다음을 듣고 물음에 답하십시오.

남자: 흐엉 씨, 이번 주 일요일에 축구 경기를 보러 갑시다.
여자: 좋아요. 누구와 같이 갈 거예요?
남자: 선생님과 우리 반 친구들이 모두 갈 거예요.
경기를 본 후에 저녁도 먹을 거예요.
여자: 경기는 몇 시간 동안 해요?
남자: 한 시간 반 동안 경기를 해요.
여자: 경기를 보러 가기 전에 뭘 준비해요?
남자: 모자를 준비하세요. 물과 간식은 마트에서 살 거예요.
여자: 네, 좋아요. 어디에서 만나요?
남자: 이번 주 일요일 2시 30분에 학교 정문에서 만나요.

9과 듣기지문

※ 다음을 듣고 물음에 답하십시오.

남자: 어서 오세요.
여자: 오늘도 비누랑 치약을 세일해요?
남자: 네, 세일하고 있습니다. 싸고 좋습니다.
여자: 치약은 한 통에 얼마예요?
남자: 950원입니다.
여자: 비누는 얼마예요?
남자: 한 개에 730원입니다.
여자: 치약 3개랑 비누 2개를 주세요.
남자: 모두 4310원입니다.
여자: 여기 있습니다.

10과 듣기지문

※ 다음을 듣고 물음에 답하십시오.

여자: 자르갈 씨, 점심에 우리 뭐 먹을까요? 오늘은 제가 사고 싶어요.
남자: 괜찮아요. 내일 사세요. 오늘은 도시락이 있어요.
여자: 무슨 도시락이에요?
남자: 오늘 아침에 제가 도시락을 만들었어요. 밥이랑 반찬이 많으니까 같이 먹읍시다.
여자: 알겠어요. 그럼 내일 점심은 제가 사겠습니다.
남자: 알겠습니다. 자, 여기 숟가락하고 젓가락이요.
여자: 고마워요. 반찬이 정말 맛있어요.
남자: 많이 드세요.

11과 듣기지문

※ 다음을 듣고 물음에 답하십시오.

여자: 여보세요? 파하드 씨지요?
남자: 네, 아멜리 씨, 잘 지냈어요?
여자: 파하드 씨, 이번 주 금요일에 시험이 끝나지요?
남자: 네, 금요일에 무슨 일 있어요?
여자: 저는 파하드 씨에게 월미도를 보여 주고 싶어요.
남자: 아, 그래요? 저도 시험이 끝나면 월미도에 가고 싶었어요.
여자: 우리 월미도에서 바다를 보고 아랍 식당에서 저녁도 먹읍시다. 어때요?
남자: 네, 좋아요. 정말 재미있겠어요.
여자: 그럼, 학교 정문에서 오후 2시에 만날까요?
남자: 좋아요. 그럼, 금요일에 만나요.

12과 듣기지문

※ 다음을 듣고 물음에 답하십시오.

여자: 여보세요?
남자: 왕루 씨, 저 파하드예요. 우리 내일 만나지요?
여자: 네, 제가 공연 표를 미리 예매했어요. 8시 공연이니까 6시에 만날까요?
남자: 아, 그런데 왕루 씨, 미안해서 어떡하지요?
여자: 네? 무슨 일이 있어요?
남자: 네, 갑자기 일이 생겨서 내일 만날 수가 없어요. 정말 미안해요.

여자: 아, 그래요?
남자: 네, 내일 만날 수 없으니까 우리 다음 주말에 만날까요?
여자: 음, 그런데 왜 미리 말하지 않았어요? 우리 약속은 내일이에요. 공연 표도 취소할 수가 없어요.
남자: 아, 진짜 미안해요. 잠시 잊고 있었어요. 다음 주말에는 제가 표도 예매하고 밥도 살게요.
여자: 글쎄요. 나중에 제가 다시 연락할게요.
남자: 아, 왕루 씨…….
여자: 먼저 전화 끊을게요.

13과 듣기지문

※ 다음을 듣고 물음에 답하십시오.

여자: 지성 씨, 내일 바빠요?
남자: 아니요. 무슨 일 있어요?
여자: 내일 우리 집에서 베트남 음식을 만들 거예요. 친구들과 같이 우리 집에 와요.
남자: 아, 그래요? 알겠어요. 그런데 흐엉 씨의 집이 어디예요?
여자: 학교 후문에서 걸어서 오거나 버스를 타세요.
남자: 걸어서 가면 몇 분쯤 걸려요?
여자: 걸어서 오면 20분 쯤 걸려요.
후문에서 오른쪽으로 20분쯤 오면 유치원이 있을 거예요.
그 유치원 뒤에 5층 집이 있어요. 그 집의 205호가 우리 집이에요.
남자: 그럼, 학교 후문에서 우리 반 친구들을 만나서 같이 갈게요.
여자: 네, 알겠어요. 집을 찾지 못하면 유치원 근처에서 전화해요.

14과 듣기지문

※ 다음을 듣고 물음에 답하십시오.

남자: 안녕하십니까? 저희 미술관에 오셔서 감사합니다.
미술관 이용 시간을 말씀드리겠습니다.
주중은 오전 10시부터 오후 7시까지이고 주말은 오전 10시부터 오후 8시까지입니다.
입장료는 20살부터는 5000원이고 중학생과 고등학생은 2000원입니다.
하지만 초등학생은 무료로 이용할 수 있습니다.
다음은 미술관 유의사항을 말씀드리겠습니다. 미술관의 모든 곳에서 담배를 피우지 마십시오.
그리고 떠들지 말고 조용히 해야 합니다.
미술관 안에서는 음식과 음료수를 드시지 마시고 2층 식당에서 드실 수 있습니다.
유의사항을 잘 지켜 주십시오. 감사합니다.

15과 듣기지문

※ 다음을 듣고 물음에 답하십시오.

남자: 어떻게 오셨어요?
여자: 이가 너무 아파서 왔어요.
남자: 여기에 앉으시고 '아' 해 보세요.
여자: 아.
남자: 이가 많이 안 좋아요.
여자: 이를 뽑아야 해요?
남자: 뽑지 않아도 되지만 3일 동안 병원에 오셔서 치료를 받아야 해요.
여자: 네, 알겠습니다.
남자: 그리고 차가운 음식을 드시면 안 되고 죽을 드셔야 해요.

16과 듣기지문

※ 다음을 듣고 물음에 답하십시오.

남자: 흐엉 씨, 이게 누구 사진이에요?
여자: 제 가족사진이에요.
남자: 어디에서 찍은 사진이에요? 경치가 정말 아름다워요.
여자: 제 고향인 하노이에서 찍은 사진이에요. 파하드 씨는 베트남에 가 봤어요?
남자: 아니요, 아직 가 보지 못했는데 한번 가 보고 싶어요.
한국과 베트남은 가깝지요?
여자: 네, 한국에서 베트남까지 비행기로 5시간 정도 걸려요. 멀지 않으니까 한번 가 보세요.
하노이에는 베트남의 전통 문화를 볼 수 있는 관광명소가 많아서 좋아요.
그리고 음식도 정말 맛있어요.
남자: 베트남은 무슨 음식이 유명해요?
여자: 베트남은 국수가 유명해요. 그리고 날씨가 더워서 맛있는 과일이 많이 있어요.
남자: 저도 나중에 꼭 가 보고 싶어요.

모범답안

1 인사와 소개

어휘 I

1. 1) 이름
   2) 무엇
   3) 어느 나라
   4) 어디

2. 1) 안녕하십니까, 처음 뵙겠습니다
   2) 만나서 반갑습니다
   3) 안녕히 계십시오
   4) 괜찮습니다
   5) 감사합니다, 고맙습니다

문법 I

1. N입니다 / N입니까?

1.

N입니다		N입니까?	
왕루	왕루입니다	파하드	파하드입니까?
로빈	로빈입니다	자르갈	자르갈입니까?
흐엉	흐엉입니다	오위노	오위노입니까?
사우디 사람	사우디 사람입니다	몽골 사람	몽골 사람입니까?

2. 1) 입니까?, 입니다.
   2) 입니까?, 입니다.
   3) 입니까?, 입니다.
   4) 입니까?, 입니다. 입니다.

3. 1) 입니까, 입니다
   2) 입니까, 입니다
   3) 입니까, 입니다
   4) 입니다, 입니다, 입니다, 입니다

2. N이/가

3. N은/는

1.

N이/가	
이름, 무엇입니까?	이름이 무엇입니까?
아멜리 씨, 어디에서 왔습니까?	아멜리 씨가 어디에서 왔습니까?
자르갈 씨, 몽골에서 왔습니까?	자르갈 씨가 몽골에서 왔습니까?
흐엉 씨, 베트남 사람입니까?	흐엉 씨가 베트남 사람입니까?
N은/는	
제 이름, 자르갈입니다	제 이름은 자르갈입니다
아멜리 씨, 프랑스 사람입니다	아멜리 씨는 프랑스사람입니다
자르갈 씨, 몽골에서 왔습니다	자르갈 씨는 몽골에서 왔습니다
흐엉 씨, 베트남 사람입니다	흐엉 씨는 베트남 사람입니다

2. 1) 는, 이, 은 2) 가, 는 3) 가, 는

3. 1) 는, 이, 은 2) 가, 는 3) 가, 는

어휘 II

1. 1)-ⓒ 2)-ⓜ 3)-ⓖ 4)-ⓛ 5)-ⓡ

2. 1) 경찰관입니다
   2) 소방관입니다
   3) 우체부입니다
   4) 운전 기사입니다
   5) 회사원입니다

문법 II

4. N이/가 아니다

1.

N이/가 아닙니다	
중국 사람	중국 사람이 아닙니다
선생님	선생님이 아닙니다
간호사	간호사가 아닙니다
요리사	요리사가 아닙니다

2. 1) 이 아닙니다, 입니다
   2) 가 아닙니다, 입니다
   3) 이 아닙니다, 입니다
   4) 가 아닙니다, 입니다

3. 1) 의사가 아닙니다, 학생입니다
   2) 몽골 사람이 아닙니다, 사우디 사람입니다
   3) 중국 사람이 아닙니다, 한국 사람입니다
   4) 회사원이 아닙니다, 영어 선생님입니다

5. N도

1. 1) 도 2) 도 3) 도 4) 도 5) 도

2. 1) 학생입니까, 저도 학생입니다
   2) 사우디 사람입니까, 저도 사우디 사람입니다
   3) 선생님입니까, 저도 선생님입니다
   4) 유학생입니까, 저도 유학생입니다
   5) 회사원입니까, 저도 회사원입니다

문법 활용

※ 다음 문법을 사용하여 대화를 완성하십시오.

> 은, 입니다, 이, 입니까,
> 는, 입니다, 는, 입니까,
> 는, 입니다, 도, 입니까,
> 는, 이, 아닙니다,
> 는, 입니까,
> 는, 가, 아닙니다, 입니다,
> 도, 입니까?
> 도, 입니다.

듣기

※ 다음을 듣고 물음에 답하십시오.

①
①

읽기

※ 다음을 읽고 물음에 답하십시오.

1. ③
2. ①

2 학교와 집

어휘 I

1. 1) 시계
   2) 칠판입니다
   3) 책상입니다
   4) 가방입니다
   5) 창문입니다

2. 1) 저것 2) 그것 3) 이것 4) 것, 제
   5) 여기, 우리, 교실

문법 I

1. 이/그/저

1. 1) 이것, 이것은 책상입니다
   2) 그것, 이것은 거울입니다
   3) 저것, 저것은 의자입니다

2. 1) 여기, 여기는 교실입니다
   2) 거기, 여기는 미국입니다
   3) 저기, 저기는 학교입니다

2. N의

1.

N의 N			
저, 책	제 책	누구, 가방	누구의 가방
나, 친구	내 친구	우리, 교실	우리의 교실
너, 시계	네 시계	아멜리 씨, 책상	아멜리 씨의 책상

2. 1) 이 안경은 제 안경(것)입니다
   2) 이(그) 볼펜은 파하드 씨의 볼펜(것)입니다
   3) 저 필통은 최수지 씨의 필통(것)입니다
   4) 저 사전은 흐엉 씨의 사전(것)입니다
   5) 저 휴대전화는 안드레이 씨의 것이 아닙니다
      자르갈 씨의 것입니다
   6) 저 공책은 아멜리 씨의 것이 아닙니다
      박지성 씨의 것입니다

어휘 II

1. 1) 운동장
   2) 우체국입니다
   3) 은행입니다
   4) 경찰서입니다
   5) 식당입니다
   6) 학교입니다
   7) 소방서입니다
   8) 도서관입니다

2. 1) 옆 2) 앞 3) 옆 4) 뒤

문법 II

3. N에①

4. N이/가 있다/없다

1.

N에 N이/가 있다		N에 N이/가 없다	
교실, 책상	교실에 책상이 있습니다	방, 텔레비전	방에 텔레비전이 없습니다
가방, 휴대전화	가방에 휴대전화가 있습니다	운동장, 사람	운동장에 사람이 없습니다
책상, 책	책상에 책이 있습니다	도서관, 냉장고	도서관에 냉장고가 없습니다

2. 1) 교실에 책상, 칠판, 시계가 있습니다
   2) 방에 책상, 침대, 냉장고가 있습니다
   3) 가방에 책, 볼펜, 지우개가 있습니다

3. 1) 방에 책상, 시계, 침대, 냉장고, 옷장이 있습니다
   2) 의자가 책상 앞에 있습니다
   3) 침대가 시계 옆(오른쪽)에 있습니다
      / 침대가 옷장 뒤에 있습니다
   4) 시계가 책상 옆(오른쪽)에 있습니다
      / 시계가 침대 옆(왼쪽)에 있습니다
      / 시계가 책상과 침대 사이(가운데)에 있습니다

4. 1) 위
   2) 아래
   3) 옆
   4) 왼쪽
   5) 오른쪽
   6) 안
   7) 건너편(맞은편)
   8) 뒤

문법 활용

※ 다음 문법을 사용하여 대화를 완성하십시오.

에
이 있습니다
에
에 있습니다, 에
에 있습니다
의

듣기

※ 다음을 듣고 물음에 답하십시오.

1. ③
2. ①

읽기

※ 다음을 읽고 물음에 답하십시오.

②
④

3 학교생활

어휘 I

1. 1)-ㅅ 2)-ㅇ 3)-ㅈ 4)-ㅂ 5)-ㅁ,
   6)-ㄹ 7)-ㄱ 8)-ㄴ 9)-ㄷ

2. 1)-ㄷ 2)-ㄱ 3)-ㅁ 4)-ㄴ 5)-ㄹ 6)-ㅂ

문법 I

1. V-(스)ㅂ니다, V-(스)ㅂ니까?

1.

	V-(스)ㅂ니다	V-(스)ㅂ니까?
앉다	앉습니다	앉습니까?
덮다	덮습니다	덮습니까?
자다	잡니다	잡니까?
켜다	켭니다	켭니까?
좋다	좋습니다	좋습니까?
높다	높습니다	높습니까?
싸다	쌉니다	쌉니까?
재미있다	재미있습니다	재미있습니까?
맛없다	맛없습니다	맛없습니까?

2. 1) 찍습니다
   2) 켭니까? / 켭니다
   3) 높습니다.
   4) 맛있습니까? / 맛없습니다
   5) 숙제를 합니다

2. N을/를

1.

N을/를	
책, 읽다	책을 읽습니다
창문, 닫다	창문을 닫습니다
노래, 부르다	노래를 부릅니다
컴퓨터, 하다	컴퓨터를 합니다

2. 1) 을 2) 를

3. N만

1.

N만	
소설책, 읽다	소설책만 읽습니다
이 영화, 재미있다	이 영화만 재미있습니다
시계, 보다	시계만 봅니다
연필, 있다	연필만 있습니다

2. 1) 무엇을 먹습니까 / 빵만 먹습니다
   2) 무엇을 마십니까 / 우유만 마십니다

어휘 II

1. 1) 슬픕니다. 2) 기다립니다.
   3) 받습니다. 4) 즐겁습니다.

2. 1) 316호 2) 2층 3) 1층 124호

문법 II

4. N에 가다/오다

1.

N에 가다/오다	
교실, 가다	교실에 갑니다
도서관, 오다	도서관에 옵니다
운동장, 가다	운동장에 갑니다
집, 오다	집에 옵니다
학교, 가다	학교에 갑니다
기숙사, 오다	기숙사에 옵니다
가게, 가다	가게에 갑니다
대학교, 다니다	대학교에 다닙니다
회사, 다니다	회사에 다닙니다

2. 1) 서울에 갑니다.
   2) 학교에 옵니까? / 학교에 옵니다.
   3) 인하대학교에 다닙니다.
   4) 자동차 회사에 다닙니다.

5. 수①

1.

1	일	2	이
3	삼	6	육
11	십일	84	팔십사
406	사백육	8395	팔천삼백구십오
72439	칠만 이천사백삼십구	56186	오만 육천백팔십육
509호	오백구 호	314번	삼백십사 번
511번	오백십일 번	010–321–9753	공일공(의) 삼이일(의) 구칠오삼

2. 1) 공일공(의) 이삼사(의) 일이삼사
   2) 삼
   3) 오 / 오백십육
   4) 팔

문법 활용

※ 다음 문법을 사용하여 대화를 완성하십시오.

에, 갑니까
에, 갑니다, 에, 갑니까
에, 갑니다
이백이, 에, 있습니까
일, 에, 있습니다
에, 만, 있습니까
도, 있습니다

듣기

※ 다음을 듣고 물음에 답하십시오.

1. ③ 2. ② 3. ②

읽기

※ 다음을 읽고 물음에 답하십시오.

1. ④ 2. ③

4 일상생활

어휘 I

1. 1) 숙제
   2) 예습, 복습

2. 1) 농구를 합니다
2) 배구를 합니다
3) 볼링을 합니다
4) 테니스를 합니다
5) 탁구를 합니다
6) 축구를 합니다
7) 야구를 합니다
8) 수영을 합니다
9) 배드민턴을 합니다

문법 I

1. N과/와 N, N하고 N

1.

N과/와 N		N하고 N	
연필, 볼펜	연필과 볼펜	책상, 컴퓨터	책상하고 컴퓨터
우유, 빵	우유와 빵	사과, 딸기	사과하고 딸기
신문, 잡지	신문과 잡지	시장, 백화점	시장하고 백화점
빨래, 청소	빨래와 청소	김밥, 만두	김밥하고 만두

2. 1) 방에 책상이 있습니다
2) 책상 위에 책과(하고) 필통이 있습니다
3) 부엌에 냉장고와(하고) 식탁이 있습니다
4) 교실에 책상과(하고) 칠판과(하고) 가방과(하고) 시계가 있습니다

3. 1) 집에서 예습과(하고) 복습을 합니다
2) 운동장에서 축구와(하고) 농구를 합니다
3) 도서관에서 한국어와(하고) 영어를 공부합니다

2. N에서

1. 1) 집에서 숙제를 합니다
2) 도서관에서 한국어 책을 읽습니다
3) 학교에서 한국어를 공부합니다
4) 영화관에서 영화를 봅니다
5) 시장에서 바나나를 삽니다

2. 1) 학교에 갑니다, 학교에서 한국어를 배웁니다
2) 우체국에 갑니다, 우체국에서 편지를 보냅니다
3) 운동장에 갑니다, 운동장에서 야구를 합니다
4) 은행에 갑니다, 은행에서 돈을 찾습니다
5) 도서관에 갑니다, 도서관에서 책을 빌립니다

어휘 II

1. 1) 금요일에 축구를 합니다
2) 화요일에 태권도를 배웁니다
3) 목요일에 친구를 만납니다
4) 월요일에 수영을 합니다
5) 수요일에 쇼핑을 합니다
6) 토요일에 자전거를 탑니다
7) 일요일에 집에서 쉽니다

문법 II

3. 수②

1.

월	1월	2월	3월	4월	5월	6월	7월	8월	9월	10월	11월	12월
	일월	이월	삼월	사월	오월	유월	칠월	팔월	구월	시월	십일월	십이월

일										
	1일	2일	3일	4일	5일	6일	7일	8일	9일	10일
	일일	이일	삼일	사일	오일	육일	칠일	팔일	구일	십일
	11일	12일	13일	14일	15일	16일	17일	18일	19일	20일
	십일일	십이일	십삼일	십사일	십오일	십육일	십칠일	십팔일	십구일	이십일
	21일	22일	23일	24일	25일	26일	27일	28일	29일	30일
	이십일일	이십이일	이십삼일	이십사일	이십오일	이십육일	이십칠일	이십팔일	이십구일	삼십일

요일	평일					주말	
	월요일	화요일	수요일	목요일	금요일	토요일	일요일

4. N에②

1. 1) 에 빵을 먹습니다
2) 에 숙제를 합니다
3) 에 고향 친구를 만납니다
4) 마트에 갑니다
5) 학교에 다닙니다

2. 1) 에 공원에서 자전거를 탑니다
2) 에 우체국에서 편지를 보냅니다
3) 에 식당에서 밥을 먹습니다
4) 에 산에서 등산을 합니다
5) 에 운동장에서 친구들과 함께 축구합니다

문법 활용

※ 다음 문법을 사용하여 대화를 완성하십시오.

에
에
에서
에서, 과(하고)
에
에/에서
에
과, 하고

듣기

※ 다음을 듣고 물음에 답하십시오.

1. ③
2. ③

읽기

※ 다음을 읽고 물음에 답하십시오.

1. ①
2. ②

5 하루일과

어휘 I

1. 1) 오전
   2) 낮
   3) 오후
   4) 밤

2. 1) 오렌지입니다
   2) 사과입니다
   3) 딸기입니다
   4) 복숭아입니다
   5) 키위입니다

문법 I

1. V-아/어/여요, N이에/예요

1.

V-아/어/여요		N이에요/예요	
잡다	잡아요	공책	공책이에요
먹다	먹어요	교실	교실이에요
오다	와요	돈	돈이에요
가다	가요	운동장	운동장이에요
하다	해요	자르갈	자르갈이에요
높다	높아요	시계	시계예요
싸다	싸요	아멜리	아멜리예요
넓다	넓어요	의자	의자예요
재미있다	재미있어요	학교	학교예요

2. 1) 만나요, 만나요
   2) 써요, 써요
   3) 재미있어요
   4) 이에요, 이에요
   5) 예요, 예요

2. 수③

1. 1) (정각) 한 시
   2) (정각) 네 시
   3) 두 시 팔 분
   4) 세 시 십 분
   5) 네 시 사십칠 분
   6) 아홉 시 삼십 분 / 아홉 시 반

2. 1) 네 시 오십칠 분 / 다섯 시 삼 분 전
   2) 여섯 시 오십오 분 / 일곱 시 오 분 전
   3) 여덟 시 오십 분 / 아홉 시 십 분 전
   4) 아홉 시 사십오 분 / 열 시 십오 분 전
   5) 열 시 삼십 분 / 열 시 반
   6) 열한 시 삼십 분 / 열한 시 반

3. 1) 오전 다섯 시 이십칠 분
   2) 오전 일곱 시 십삼 분
   3) 오전 세 시
   4) 오후 네 시 오십삼 분 / 오후 다섯 시 칠 분 전
   5) 자정 / 밤 열두 시
   6) 정오 / 낮 열두 시

어휘 II

1. 1) 썰매를 타요
   2) 당구를 쳐요
   3) 스케이트를 타요
   4) 요가를 해요
   5) 스키를 타요

2. 1) 아침
   2) 저녁
   3) 점심

문법 II

3. N부터 N까지

1. 1) 아홉 시부터 수업을 시작해요.
   2) 다섯 시 십 분부터 수영해요
   3) 오늘 낮부터 테니스를 쳐요
   4) 내일 저녁부터 게임을 해요

2. 1) 한 시 십 분까지 학교에 가요
   2) 열한 시 오십 분까지 공부를 해요
   3) 저녁 일곱 시 이십 분까지 숙제를 해요
   4) 밤 한 시까지 영화를 봐요

3. 1) 여섯 시 삼십 분 / 반부터 여덟 시까지 텔레비전을 봐요
   2) 금요일 세 시부터 네 시 사십오 분까지 축구를 해요
   3) 월요일부터 금요일까지 한국어 수업을 해요
   4) 목요일 오전 아홉 시부터 오후 한 시까지 시험을 봐요

4. 안 V, V-지 않다

1.

	안 V-(스)ㅂ니다	안 V-아/어/여요	V-지 않습니다	V-지 않아요
읽다	안 읽습니다	안 읽어요	읽지 않습니다	읽지 않아요
주다	안 줍니다	안 줘요	주지 않습니다	주지 않아요
축구하다	축구 안 합니다	축구 안 해요	축구하지 않습니다	축구하지 않아요
좋다	안 좋습니다	안 좋아요	좋지 않습니다	좋지 않아요
비싸다	안 비쌉니다	안 비싸요	비싸지 않습니다	비싸지 않아요
깨끗하다	안 깨끗합니다	안 깨끗해요	깨끗하지 않습니다	깨끗하지 않아요

2. 1) 안 찍습니다 / 찍지 않습니다
   2) 인하대학교에 안 다닙니다 / 인하대학교에 다니지 않습니다
   3) 공부 안 해요 / 공부하지 않아요
   4) 청소 안 해요 / 청소하지 않아요

3. 1) 안 넓습니다 / 넓지 않습니다
   2) 안 예쁩니다 / 예쁘지 않습니다
   3) 6층에 없어요 / 6층에 있지 않습니다
   4) 안 조용해요 / 조용하지 않아요

문법 활용

※ 다음 문법을 사용하여 대화를 완성하십시오.

일어나지 않아요, 일어나요
운동해요, 먹어요
부터, 까지, 한국어 공부를 해요
부터, 까지
점심을 먹어요
부터, 까지, 점심을 먹어요
부터, 까지, 한국어를 배워요
부터, 까지, 저녁을 먹어요

듣기

※ 다음을 듣고 물음에 답하십시오.

1. ④
2. ②

읽기

※ 다음을 읽고 물음에 답하십시오.

1. ①
2. ④
3. ②

6 주말

어휘 I

1. 1) 그저께
   2) 방학
   3) 어제
   4) 작년

문법 I

1. V-았/었/였-, N이었/였-

1.

V-았/었/였습니다, N이었/였습니다		V-았/었/였어요, N이었/였어요	
찾다	찾았습니다	앉다	앉았어요
먹다	먹었습니다	읽다	읽었어요
만나다	만났습니다	가다	갔어요
공부하다	공부했습니다	운동하다	운동했어요
좋다	좋았습니다	많다	많았어요
재미있다	재미있었습니다	맛있다	맛있었어요
학생	학생이었습니다	선생님	선생님이었어요
의사	의사였습니다	신문기자	신문기자였어요

2. 1) 8시 30분에 학교에 갔어요
   2) 식당에서 점심을 먹었어요
   3) 도서관에서 숙제를 했어요
   4) 부산을 여행했어요
   5) 회사원이었어요

3. 1) 한국어 책을 읽었어요
   2) 꽃이 많았어요
   3) 선생님을 만났어요
   4) 학교 식당에서 먹었어요
   5) 친구하고 영화를 봤어요

2. V-고①, N(이)고

1.

V-고	
신문도 읽다. 커피도 마시다.	신문도 읽고 커피도 마셔요
텔레비전도 보다. 전화도 하다	텔레비전도 보고 전화도 해요
청소를 했다. 음악을 들었다	청소도 하고(했고) 음악도 들었어요
친구가 예쁘다. 친구가 착하다	친구가 예쁘고 착해요
동생은 키가 컸다. 언니는 키가 작았다	동생이 키가 크고(컸고) 언니는 키가 작았어요
N(이)고	
프랑스 사람이다. 학생이다	프랑스 사람이고 학생이에요
의사였다. 시인이었다	의사였고 시인이었어요

2. 1) 김밥도 먹고 떡볶이도 먹어요.
   2) 치킨도 먹고 피자도 먹었어요
   3) 물건이 많고 싸요
   4) 재미있고(재미있었고) 즐거웠어요
   5) 영어 선생님이고 한국어 학생이었어요
   6) 저는 청소를 하고 언니는 빨래를 해요
   7) 저는 친구를 만나고(만났고) 동생은 영화를 봤어요

어휘 II

1. 1) 인사동
   2) 한옥 마을
   3) 한복
   4) 한식당
   5) 전통

2. 지난주, 다음 주, 지난달, 다음 달

문법 II

3. AV-아/어/여 보다

1.

AV-아/어/여 보다	
찾다	찾아 봤어요
읽다	읽어 봤어요
만들다	만들어 봤어요
수영하다	수영해 봤어요

2. 1) 찾아 봤어요, 은행에서 돈을 찾아 봤어요
   2) 가 봤어요, 제주도에 안 가 봤어요
   3) 먹어 봤어요, 한식당에서 한국 음식을 먹어 봤어요
   4) 만나 봤어요, 한국 친구를 만나 봤어요
   5) 입어 봤어요, 한복을 안 입어 봤어요
   6) 만들어 봤어요, 한국 음식을 만들어 봤어요
   7) 읽어 봤어요, 한국 소설책을 안 읽어 봤어요

4. ㅡ 동사

1.

	V-아/어/여요	V-았/었/였어요	V-고
바쁘다	바빠요	바빴어요	바쁘고
아프다	아파요	아팠어요	아프고
고프다	고파요	고팠어요	고프고
기쁘다	기뻐요	기뻤어요	기쁘고
예쁘다	예뻐요	예뻤어요	예쁘고
쓰다	써요	썼어요	쓰고
크다	커요	컸어요	크고

2. 1) 커요
2) 써요
3) 예뻐요
4) 고파요
5) 슬펐어요
6) 기뻤어요
7) 바빴어요

문법 활용

※ 다음 문법을 사용하여 대화를 완성하십시오.

했어요
갔어요
찍고, 입어 봤어요
많고(많았고), 재미있었어요
했어요
갔어요
타고(탔고), 먹어 봤어요
좋고(좋았고), 시원했어요

듣기

※ 다음을 듣고 물음에 답하십시오.
1. ②
2. ③

읽기

※ 다음을 읽고 물음에 답하십시오.
1. ②
2. ①

7 날씨와 계절

어휘 I

1. 1) 여름
2) 가을
3) 봄
4) 겨울
5) 사계절

2. 1) 비가 와요
2) 바람이 불어요
3) 날씨가 맑아요
4) 눈이 와요
5) 날씨가 흐려요

문법 I

1. N은/는②

1. 1) 여름은, 겨울은
2) 산은, 바다는
3) 오빠는, 언니는
4) 오전에는, 오후에는

2. ㅂ 동사

1.

	-아/어/여요	-았/었/였어요	-고
덥다	더워요	더웠어요	덥고
춥다	추워요	추웠어요	춥고
맵다	매워요	매웠어요	맵고
무겁다	무거워요	무거웠어요	무겁고
뜨겁다	뜨거워요	뜨거워요	뜨겁고
돕다	도와요	도왔어요	돕고
좁다	좁아요	좁았어요	좁고
잡다	잡아요	잡았어요	잡고
입다	입어요	입었어요	입고

2. 1) 추워요
2) 매워요
3) 아름다워요
4) 이사를 도왔어요
5) 옷을 입어요

3. AV-아/어/여서①

1.

AV-아/어/여서			
가다	가서	쓰다	써서
오다	와서	만들다	만들어서
만나다	만나서	빌리다	빌려서

2. 1) 도서관에 가서 공부해요
2) 공원에 가서 산책했어요
3) 친구를 만나서 영화를 봤어요
4) 친구를 만나서 이야기해요
5) 선물을 사서 포장했어요

어휘 II

1. 1) 스키를 타요
   2) 눈썰매를 타요
   3) 스케이트를 타요
   4) 스노보드를 타요
   5) 눈싸움을 해요
   6) 눈사람을 만들어요
2. 1) 봄에 공원에 자주 가요
   2) 지난여름에 해수욕장에 가 봤어요
   3) 이번 여름에 계곡에 가요
   4) 주말마다 수영장에 가요
   5) 지난겨울에 스키장에 갔어요

문법 II

4. N(으)로①

1.

N(으)로			
산, 가다	산으로 가요	교실, 오다	교실로 와요
바다, 가다	바다로 가요	사무실, 가다	사무실로 가요
왼쪽, 오다	왼쪽으로 와요	화장실, 가다	화장실로 가요

2. 1) 스키장으로 가요
   2) 식당으로 와요
   3) 제주도로 여행을 가요

3. 1) 오른쪽으로 가요
   2) 앞으로 가요
   3) 왼쪽으로 가요
   4) 아래층으로 가요

5. AV-(으)러 가다/오다

1. 1) 수영하러
   2) 꽃을 구경하러
   3) 스키를 타러
   4) 영화를 보러
   5) 밥을 먹으러
   6) 돈을 찾으러
   7) 친구를 만나러 공항에 가요
   8) 태권도를 배우러 스포츠센터에 다녀요
   9) 노래를 부르러 노래방에 왔어요

문법 활용

※ 다음 문법을 사용하여 대화를 완성하십시오.

은, 은, 아름다워요
으로
보러, 으로, 가서
은, 은, 아름다워요
으로
보러, 으로, 가서

듣기

※ 다음을 듣고 물음에 답하십시오.

1. ②
2. ②
3. ③

읽기

※ 다음을 읽고 물음에 답하십시오.

1. ②
2. ④

8 계획

어휘 I

1. 1) 한국어 시험
   2) 기말시험
   3) 중간시험

2. 1)-㉢ 2)-㉠ 3)-㉡

문법 I

1. AV-(으)ㄹ 거예요①

1. 1) 읽을 거예요
   2) 먹을 거예요
   3) 보러 갈 거예요
   4) 만들 거예요
   5) 초대할 거예요
   6) 전화할 거예요

2. 1) 내일 영화관에 갈 거예요
   2) 이번 주말에 백화점에 옷을 사러 갈 거예요
   3) 내일 공원에 사진을 찍으러 갈 거예요
   4) 오늘 밤에 한국어 숙제를 할 거예요
   5) 오늘 오후에 명동에 안 갈 거예요, 집에서 쉴 거예요
   6) 이번 방학에 부산을 여행할 거예요.

2. AV-고②

1.

AV-고	
샤워하다, 밥을 먹다	샤워하고 밥을 먹어요
밥을 먹다, 커피를 마시다	밥을 먹고 커피를 마셔요
창문을 닫다, 학교에 가다	창문을 닫고 학교에 가요
숙제를 하다, 텔레비전을 보다	숙제를 하고 텔레비전을 봐요
요리를 했다, 저녁을 먹었다	요리를 하고 저녁을 먹었어요
청소를 할 거다, 빨래를 할 거다	청소를 하고 빨래를 할 거예요

2. 1) 숙제하고 드라마를 봤어요
   2) 저녁을 먹고 집에 갔어요
   3) 수업을 듣고 친구를 만날 거예요
   4) 선생님을 만나고 도서관에 갈 거예요
   5) 쇼핑을 하고 영화를 볼 거예요
   6) 여행을 하고 2급을 예습할 거예요

어휘II

1. 1) 주말에 부산을 여행했어요
   2) 방학에 제주도에 여행을 갔어요
   3) 지난여름에 호주에서 여행을 했어요

2. 1) 이레입니다
   2) 닷새 동안 학교에 갑니다
   3) 나흘 후에 시험이 있습니다
   4) 사흘 동안 있었습니다
   5) 이틀 동안 봤습니다
   6) 엿새 동안 있었어요
   7) 하루

문법II

3. AV-기 전에, N 전에

1. 1) 먹기 전에
   2) 자기 전에
   3) 가기 전에
   4) 입학하기 전에

2. 1) 조금 전에 숙제를 마쳤어요
   2) 일주일 전에 이 옷을 샀어요
   3) 1시간 전에 점심을 먹었어요

4. AV-(으)ㄴ 후에, N 후에

1. 1) 먹은 후에
   2) 끝난 후에
   3) 온 후에
   4) 합격한 후에

2. 1) 조금 후에 영화가 시작될 겁니다
   2) 1시간 후에 저녁을 먹을 거예요
   3) 10분 후에 비행기가 출발할 거예요

5. N 동안

1. 1) 매일 30분 동안 한국어 책을 읽어요
   2) 일주일 동안 제주도를 여행했어요
   3) 겨울 방학 동안 고향에 있을 거예요
   4) 2시간 동안 수영을 할 거예요

2. 1) 시험 기간 동안, 시험 기간 동안 도서관에 가요
   2) 지난 일주일 동안, 지난 일주일 동안 여행을 다녀왔어요
   3) 오늘 하루 동안, 오늘 하루 동안 새 어휘를 외울 거예요
   4) 방학 동안, 방학 동안 아르바이트를 할 거예요
   5) 주말 동안, 주말 동안 시험공부를 했어요

문법 활용

※ 다음 문법을 사용하여 대화를 완성하십시오.

가기 전에
가기 전에
가기 전에, 동안, 한국어 시험을 준비할 거예요
간 후에
간 후에
간 후에, 친척집을 방문할 거예요
고향 음식을 먹고, 이야기할 거예요

듣기

※ 다음을 듣고 물음에 답하십시오.

1. ③
2. ②

읽기

※ 다음을 읽고 물음에 답하십시오.

1. ③
2. ④

9 물건 사기

어휘 I

1. 1) 토마토
   2) 당근
   3) 감자
   4) 양파
   5) 고구마

2. 1) 샴푸
   2) 치약
   3) 화장지
   4) 칫솔
   5) 비누

문법 I

1. 수④

1. 1) 의자가 세 개 있어요
   2) 수박이 두 통 있어요
   3) 강아지가 한 마리 있어요
   4) 운동화가 세 켤레 있어요

2. 1) 두 병이 있어요
   2) 세 개가 있어요
   3) 한 개(통)이 있어요
   4) 사과는 세 개가 있어요
   5) 책은 다섯 권이 있어요

2. AV-(으)세요 / -(으)십시오

1.

	AV-(으)세요	AV-(으)십시오
앉다	앉으세요	앉으십시오
읽다	읽으세요	읽으십시오
사러 가다	사러 가세요	사러 가십시오
전화하다	전화하세요	전화하십시오
도와주다	도와주세요	도와주십시오
굽다	구우세요	구우십시오

2. 1) 놓으세요
   2) 생선을 구우세요
   3) 휴대 전화를 끄십시오
   4) 카메라를 보세요
   5) 불을 켜세요

어휘 II

1. 1) 꽃다발 2) 인형 3) 화장품 4) 향수 5) 반지

2. 1) 어린이날
   2) 어버이날
   3) 생일
   4) 스승의날

문법 II

3. N(이)랑

1. 1) 월요일이랑 수요일에 운동을 해요
   2) 냉면이랑 김밥을 먹었어요
   3) 양파랑 오이를 샀어요
   4) 경주랑 부산을 여행할 거예요
   5) 여자 친구랑 노래방에 갔어요
   6) 친구랑 산책할 거예요

4. AV-고 있다

1. 1) 점심을 먹고 있어요
   2) 잠을 자고 있었어요
   3) 집에서 숙제를 하고 있어요
   4) 운동장에서 테니스를 치고 있어요
   5) 노래를 부르고 있어요
   6) 이메일을 쓰고 있습니다

5. N에게/한테, N에게서/한테서

1.

N에게/한테	
친구, 선물을 주었다	친구에게/한테 선물을 주었어요
동생, 전화하다	동생에게/한테 전화해요
강아지, 물을 줄 것이다	강아지에게/한테 물을 줄 거예요
N에게서/한테서	
친구, 선물을 받을 것이다	친구에게서/한테서 선물을 받을 거예요
누나, 용돈을 받다	누나에게서/한테서 용돈을 받아요
아내, 편지를 받았다	아내에게서/한테서 편지를 받았어요

2. 1) 에게, 아멜리 씨에게 공책를 줘요
   2) 한테, 형한테 이야기했어요
   3) 에게, 고향 친구한테 편지를 쓸 거예요.
   4) 에, 나무에 물을 줘요

3. 1) 에게서 / 파하드 씨에게서 자르갈 씨의 소식을 들었어요
 2) 한테서 / 왕루 씨한테서 선물을 받았어요
 3) 에게서 / 오빠한테서 책을 빌릴 거예요

문법 활용

※ 다음 문법을 사용하여 대화를 완성하십시오.

보고 있어요
에게(한테)
에게(한테)
선물하세요, 개
켤레
개, 켤레, 주세요

듣기

※ 다음을 듣고 물음에 답하십시오.

1. ②
2. ③

읽기

※ 다음을 읽고 물음에 답하십시오.

1. ③
2. ②

10 음식

어휘 I

1. 1) 피자를 좋아해요
 2) 삼겹살을 먹고 있습니다
 3) 칼국수를 먹었습니다
 4) 된장찌개를 먹을 거예요
 5) 냉면
 6) 치킨을 먹어 봤어요
 7) 김치볶음밥을 먹으러 갈 거예요
 8) 햄버거

2. 1) 접시
 2) 숟가락
 3) 그릇
 4) 젓가락

문법 I

1. AV-(으)ㄹ까요?①

1.

AV-(으)ㄹ까요?			
닫다	닫을까요?	앉다	앉을까요?
가다	갈까요?	던지다	던질까요?
굽다	구울까요?	예약하다	예약할까요?

2. 1) 점심을 먹을까요
 2) 사진을 찍을까요
 3) 앉을까요
 4) 책상 위에 놓을까요
 5) 어디에 주차할까요

2. AV-(으)ㅂ시다

1.

AV-(으)ㅂ시다			
앉다	앉읍시다	읽다	읽읍시다
빌리러 가다	빌리러 갑시다	배워 보다	배워 봅시다
청소하다	청소합시다	돕다	도웁시다

2. 1) 음식을 준비합시다
 2) 갈비탕을 먹읍시다
 3) 바다로 갑시다
 4) 커피를 마십시다

3. V-(으)니까①, N(이)니까

1.

V-(으)니까, N(이)니까			
먹다	먹으니까	왔다	왔으니까
크다	크니까	추웠다	추웠으니까
운전할 거다	운전할 것이니까	맛있었다	맛있었으니까
유학생이다	유학생이니까	오후였다	오후였으니까

2. 1) 바쁘니까
 2) 추우니까
 3) 책이니까
 4) 올 거니까

어휘 II

1. 1) 셔요 2) 달아요 3) 써요
 4) 짜요 5) 매워요

2. 1) 일식 2) 한식 3) 양식 4) 중식

문법 II

4. AV-고 싶다

1. 1) 치마를 입고 싶어요
   2) 자기 전에 듣고 싶어요
   3) 가고 싶어요 / 제주도에 가고 싶어요

2. 1) 먹고 싶어 해요 / 김밥과 냉면을 먹고 싶어 해요
   2) 만나고 싶어 해요 / 여자 친구를 만나고 싶어 해요
   3) 언니는 운동선수가 되고 싶어 했어요
   4) 로빈 씨는 남산 타워에 가 보고 싶어 했어요

5. AV-겠-①

1. 1) 읽겠어요
   2) 하겠어요 / 하겠습니다
   3) 하겠어요 / 하겠습니다
   4) 저녁까지 다 하겠습니다
   5) 먹지 않겠어요 / 먹지 않겠습니다
   6) 기차가 출발하겠습니다
   7) 비가 오겠습니다

문법 활용

※ 다음 문법을 사용하여 대화를 완성하십시오.

먹고 싶어요
매우니까, 먹고 싶어요
먹고 싶어요
먹을까요
먹읍시다
1인분, 1인분

듣기

※ 다음을 듣고 물음에 답하십시오.

1. ②
2. ②

읽기

※ 다음을 읽고 물음에 답하십시오.

1. ③
2. ①

11 전화

어휘 I

1. 1) 여보세요
   2) 누구세요
   3) 전데요

2. 1) 전화를 합니다
   2) 전화를 받았습니다
   3) 답장을 보낼 겁니다
   4) 메시지를 보냈습니다
   5) 메시지를 받았습니다

문법 I

1. V-지요?, N(이)지요?

1. 1) 가지요
   2) 왔지요
   3) 답장을 할 거지요
   4) 있지요
   5) 아름답지요
   6) 많았지요
   7) 흐엉 씨지요
   8) 중국집이지요

2. V-겠-②

1. 1) 오겠어요
   2) 아프겠어요
   3) 좋았겠어요
   4) 재미있겠어요

3. AV-아/어/여 주다

1.

AV-아/어/여 주다			
찾다	찾아 주다	찍다	찍어 주다
읽다	읽어 주다	보다	봐 주다
가르치다	가르쳐 주다	기다리다	기다려 주다
설명하다	설명해 주다	돕다	도와주다

2. 1) 써 주세요
2) 켜 주세요
3) 내려 주세요
4) 청소해 주세요
5) 기다려 주세요
6) 도와 주었어요
7) 빌려 줬어요

어휘 II

1. 1) 전화 잘못 걸었습니다
2) 좀 바꿔 주세요
전화 받으세요
전화 바꿨습니다

문법 II

4. V-(으)면, N(이)면

1.

V-(으)면		N(이)면	
읽다	읽으면	회사원	회사원이면
가다	가면	방학	방학이면
합격하다	합격하면	대학생	대학생이면
좋다	좋으면	여자	여자면
예쁘다	예쁘면	의사	의사면

2. 1) 먹으면
2) 오면
3) 가면
4) 끝나면
5) 안 추우면
6) 외국인이면

3. 1) 비가 안 오면, 비가 오면
2) 한국어 시험에 합격하면, 한국어 시험에 불합격하면
3) 쉬우면, 어려우면
4) 방이 더러우면, 방이 깨끗하면

5. ㄷ 동사

1.

	V-아/어/여요	V-(으)면	V-고
걷다	걸어요	걸으면	걷고
듣다	들어요	들으면	듣고
싣다	실어요	실으면	싣고
묻다(ask)	물어요	물으면	묻고
닫다	닫아요	닫으면	닫고
믿다	믿어요	믿으면	믿고
받다	받아요	받으면	받고
얻다	얻어요	얻으면	얻고
묻다(bury)	묻어요	묻으면	묻고

2. 1) 걸었습니다
2) 물었습니다
3) 들었습니까

3. 1) 받았어요
2) 닫을까요, 닫으세요
3) 믿고

문법 활용

※ 다음 문법을 사용하여 대화를 완성하십시오.

사고 있어요
있으면
안 좋겠어요
가면
전화해 주세요

듣기

※ 다음을 듣고 물음에 답하십시오.

1. ③
2. ④
3. ④

읽기

※ 다음을 읽고 물음에 답하십시오.

1. ②
2. ③

12 약속

어휘 I

1. 1) 이메일
   2) 문자 메시지
   3) 채팅
   4) 전화

2. 1) 영화
   2) K-pop 콘서트
   3) 뮤지컬, 연극, 뮤지컬, 연극
   4) 음악회

문법 I

1. V-아/어/여서②, N이어/여서

1. 1) 감기에 걸려서 병원에 가요
   2) 배가 고프지 않아서 밥을 안 먹어요
   3) 피곤해서 늦게 일어났어요
   4) 날씨가 좋아서 공원에 갈 거예요
   5) 친구 생일이이서 선물을 사요
   6) 눈이 많이 와서 집에서 쉬었어요
   7) 친구 생일 파티가 있어서 케이크를 만들었어요
   8) 고향 친구가 와서 같이 여행을 했어요
   9) 휴일이어서(이라서) 등산하러 갔어요

2. 1) 날씨가 더워서 물을 자주 마셔요
   2) 주말이어서(이라서) 길이 막혀요
   3) 시간이 없으니까 택시를 타세요
   4) 배가 고프니까 식당에 갑시다
   5) 비가 오니까 우산을 살까요

2. AV-(으)ㄹ 수(가) 있다/없다

1.

AV-(으)ㄹ 수(가) 있다		AV-(으)ㄹ 수(가) 없다	
먹다	먹을 수 있어요	찾다	찾을 수 없어요
읽다	읽을 수 있어요	쓰다	쓸 수 없어요
가다	갈 수 있어요	빌리다	빌릴 수 없어요
오다	올 수 있어요	운전하다	운전할 수 없어요

2. 1) 한국말을 할 수 있어요
   2) 기타를 칠 수 있어요
   3) 스케이트를 탈 수 있어요
   4) 주말에 같이 영화를 볼 수 있어요
   5) 책이 너무 어려워서 읽을 수 없어요
   6) 시간이 너무 늦어서 지금 약을 살 수 없어요
   7) 약속이 있어서 음악회에 갈 수 없어요
   8) 일이 바빠서 이사를 도와줄 수 없어요

어휘 II

1. 1) 갑자기　2) 아직　3) 일찍　4) 미리

2. 1) 약속 시간을 정합시다
   2) 약속을 거절했어요
   3) 약속 시간을 바꿀 수 있어요
   3) 약속을 취소하고 싶어요

문법 II

3. V-(으)ㄹ까요?②, N일까요?

4. V-(으)ㄹ 거예요②, N일 거예요

1. 1) 올까요, 올 거예요
   2) 받고 싶어 할까요, 책을 좋아할 거예요
   3) 좋을까요, 더울 거예요
   4) 어려울까요, 어렵지 않을 거예요
   5) 언니일까요, 여동생일 거예요

2. 1) 시험을 잘 봤을까요,
      열심히 공부했으니까 시험을 잘 봤을 거예요
   2) 사람이 많을까요,
      주말이니까 사람이 많을 거예요
   3) 매울까요
      고추장을 넣지 않았으니까 맵지 않을 거예요
   4) 추울까요
      오늘 비가 왔으니까 내일 날씨가 추울 거예요
   5) 모자일까요
      자르갈 씨의 책상 위에 있으니까 자르갈 씨의 모자일 거예요

5. AV-(으)ㄹ게요

1.

AV-(으)ㄹ게요			
가다	갈게요	받다	받을게요
보내다	보낼게요	찾다	찾을게요
쓰다	쓸게요	돕다	도울게요
빌리다	빌릴게요	전화하다	전화할게요

2. 1) 책을 읽을게요
   2) 아멜리 씨에게 길을 가르쳐 줄게요
   3) 교실을 청소할게요
   4) 예매할게요, 밥을 살게요
   5) 만들게요, 음료수를 준비할게요
   6) 미리 살게요, 고기를 살게요
   7) 내일부터 지각하지 않을게요
   8) 길을 모르면 연락할게요

문법 활용

※ 다음 문법을 사용하여 대화를 완성하십시오.

비꿀 수 있어요
많아서
사람이 많을까요
사람이 많을 거예요
기다릴게요
도착하면 전화할게요

듣기

※ 다음을 듣고 물음에 답하십시오.

④
④
②

읽기

※ 다음을 읽고 물음에 답하십시오.

1. ②
2. ③
3. ②

13 교통

어휘 I

1. 1) 를 타고 가세요
   2) 으로 갈아타세요
   3) 쯤/정도 걸려요
   4) 걸어서 가요
   5) 이 걸려요.

2. 1) 기차역
   2) 버스 터미널
   3) 여객 터미널
   4) 버스 정류장

문법 I

1. AV-아/어/여요②

1. 1) 읽어요
   2) 먹어요
   3) 타요
   4) 와요
   5) 기다려요
   6) 공부해요

2. 1) 친구들이 오면 케이크를 먹어요
   2) 비가 많이 오면 창문을 닫아요
   3) 머리가 많이 아프면 약을 먹어요
   4) 비행기 표가 비싸면 배를 타요
   5) 질문이 있으면 문자 메시지를 보내요

2. N(으)로②

1. 1) 버스로
   2) 트럭으로
   3) 택시로
   4) 지하철 3호선으로
   5) 지하철로

2. 1) 젓가락이나 포크로 먹어요
   2) 손으로 만들었어요
   3) 버스나 KTX로 가요
   4) 볼펜으로 썼어요
   5) 이메일로 연락해요

3. ㄹ 동사

1.

	V-아/어/여요	V-(으)면	V-(으)니까	V-(으)ㄴ 후에
살다	살아요	살면	사니까	산 후에
알다	알아요	알면	아니까	안 후에
만들다	만들어요	만들면	만드니까	만든 후에
놀다	놀아요	놀면	노니까	논 후에
멀다	멀어요	멀면	머니까	
길다	길어요	길면	기니까	

2. 1) 아세요
   2) 붑니다
   3) 머니까
   4) 연 후에

3. 1) 살아요
   2) 알지요
   3) 만들었습니다
   4) 놀고 있어요
   5) 길면

어휘 II

1. 1)-㉠ 2)-㉤ 3)-㉣ 4)-㉡ 5)-㉢

2. 1) 자전거 전용도로
   2) 교통약자석
   3) 차도
   4) 우측 통행

문법 II

4. N(이)나 / V-거나

1. 1) 클래식 음악이나 재즈 음악을 들어요
   2) 한국어 책이나 시집을 읽어요
   3) 축구나 야구를 해요
   4) 어휘나 문법 공부를 해요
   5) 커피나 녹차를 마셔요

2. 1) 음악을 듣거나 텔레비전을 봐요
   2) 신문을 읽거나 요가를 해요
   3) 밥을 먹거나 숙제를 해요
   4) 당구를 치거나 커피숍에 가요
   5) 전공 공부를 하거나 외국어를 배워요

5. 못 AV / AV-지 못하다

1.

못 AV		AV-지 못하다	
먹다	못 먹어요	읽다	읽지 못해요
앉다	못 앉아요	찾다	찾지 못해요
가다	못 가요	만나다	만나지 못해요
마시다	못 마셔요	기다리다	기다리지 못해요
헤어지다	못 헤어져요	쉬다	쉬지 못해요
공부하다	공부 못 해요	여행하다	여행하지 못해요
운동하다	운동 못 해요	요리하다	요리하지 못해요

2. 1) 배가 아파서 밥을 못 먹어요 / 먹지 못해요
   2) 일이 많아서 생일 파티에 못 와요 / 오지 못해요
   3) 모자가 비싸서 백화점에서 모자를 못 샀어요
      / 사지 못했어요
   4) 문제가 어려워서 중간시험을 잘 못 봤어요
      / 잘 보지 못했어요
   5) 다리를 다쳐서 운동을 못 했어요. / 운동하지 못했어요
   6) 약속이 있어서 영화를 못 봐요. / 보지 못 해요.

문법 활용

※ 다음 문법을 사용하여 대화를 완성하십시오.

가요
나, 타고 가요
로, 로
못 타요
타요
타요
타고 가요

듣기

※ 다음을 듣고 물음에 답하십시오.

1. ③
2. ②

읽기

※ 다음을 읽고 물음에 답하십시오.

1. ④
2. ①

14 공공장소

어휘 I

1. 1) 여권
   2) 현금카드, 신용카드, 현금카드, 신용카드
   3) 외국인등록증
   4) 통장

2. 1)-㉣ 2)-㉠ 3)-㉡ 4)-㉢

문법 I

1. AV-(으)려고 하다 / -(으)려고요

1. 1) 도서관에서 책을 읽으려고 해요 / 읽으려고요
   2) 친구들과 함께 명동에 가려고 해요 / 가려고요
   3) 공원에서 고향 친구들을 만나려고 해요 / 만나려고요
   4) 배우려고 해요 / 태권도를 배우려고요
   5) 사려고 해요
   화장품을 사려고요
   6) 먹으려고 해요
   포도와 딸기를 먹으려고요

2. N께서, 께서는

1. 1) 께서, 계세요, 께서는, 계세요
   2) 께서, 하세요, 께서는, 드시고 계세요
   3) 께서, 편찮으세요, 께서는, 아프세요
   4) 께서, 하세요, 께서는 주무시고 계세요

3. V-(으)시-, N(이)시-

1.

높임말			
생일	생신	밥	진지
나이	연세	집	댁
있다	계시다	말하다	말씀하시다
먹다	드시다	몸이 아프다	몸이 편찮으시다
마시다	드시다	머리가 아프다	머리가 아프시다
자다	주무시다	죽다	돌아가시다

2. 1) 신문을 읽으십니다
   2) 요리를 하십니다
   3) 영화를 보십니다
   4) 산책을 좋아하십니다

3. 1) 부모님께서 진지를 드십니다
   2) 아버지의 연세는 60세이십니다
   3) 오늘은 할머니의 생신입니다
   4) 할아버지께서 댁에서 주무십니다
   5) 어머니께서 말씀하십니다

어휘 II

1. 1) 봉투
   2) 상자
   3) 소포, 부치려고 해요

2. 1) 미술관
   2) 수족관
   3) 경기장
   4) 박물관
   5) 공연장

문법 II

4. V-아/어/여야 되다/하다

1.

V-아/어/여야 되다		V-아/어/여야 하다	
앉다	앉아야 돼요	편하다	편해야 해요
오다	와야 돼요	재미있다	재미있어야 해요
준비하다	준비해야 돼요	조용하다	조용해야 해요
지각하지 않다	지각하지 않아야 돼요	어렵지 않다	어렵지 않아야 해요

2. 1) 준비해야 돼요(해요), 수영복을 준비해야 돼요(해요)
   2) 가지고 가야 돼요(해요),
   학생증이나 외국인등록증을 가지고 가야 돼요(해요)
   3) 도착해야 돼요(해요), 아침 9시까지 와야 돼요(해요)

3. 1) 감기에 걸렸으니까 약을 먹어야 돼요
   2) 친구가 기다리니까 미리 전화해야 돼요
   3) 시험이 어려우니까 열심히 공부해야 돼요
   4) 쓰기가 어려우니까 한국어 책을 자주 읽어야 돼요
   5) 건강에 안 좋으니까 일찍 자고 일찍 일어나야 돼요

5. AV-지 말다

1. 1) 전화를 하지 마세요
   2) 음식을 먹지 마세요
   3) 노래를 부르지 마세요
   4) 음식을 만들지 마세요

2. 1) 도착하지 않았으니까 출발하지 말고 기다려 주세요
   2) 더우니까 열어 주세요
   3) 사용할 거니까 켜 주세요
   4) 밤이니까 조용히 해주세요

3. 1) 음료수를 마시지 말아야 해요
   2) 휴대폰 게임을 하지 말아야 해요
   3) 담배를 피우지 말아야 해요

문법 활용

※ 다음 문법을 사용하여 대화를 완성하십시오.

빌리려고 해요, 해야 해요
빌리실
께서, 주시, 빌리실
사용하시겠습니까
빌려

듣기

※ 다음을 듣고 물음에 답하십시오.

④
③

읽기

※ 다음을 읽고 물음에 답하십시오.

1. ②
2. ③

15 건강

어휘 I

1. 1) 두통
   2) 콧물
   3) 배탈
   4) 열

2. 1) 진찰을 받으세요
   2) 약국
   3) 처방전

문법 I

1. N보다

1. 1) 형이 동생보다 키가 더 커요
   2) 이 가방이 저 가방보다 더 비싸요
   3) 코미디 영화보다 멜로 영화를 더 좋아합니다

2. V-지만, N(이)지만

1. 1) 가지만
   2) 보지만
   3) 친하지 않지만
   4) 태어났지만
   5) 책이었지만
   6) 사과는 좋아하지만 배는 안 좋아해요

3. DV-(으)ㄴ N

1.

DV-(으)ㄴ N			
높다, 건물	높은 건물	낮다, 집	낮은 집
빠르다, 토끼	빠른 토끼	느리다, 거북이	느린 거북이
무겁다, 가방	무거운 가방	가볍다, 운동화	가벼운 운동화
맛있다, 파인애플	맛있는 파인애플	맛없다, 당근	맛없는 당근

2. 1) 작은 고양이가 귀여워요
   2) 친절한 분이세요
   3) 단 음식을 먹었어요
   4) 그 책은 재미있는 책이에요
   5) 조용한 음악을 들어요

어휘 II

1. 1) 알약
   2) 소화제
   3) 물약
   4) 진통제

2. 1) 산부인과
   2) 내과
   3) 치과
   4) 외과

문법 II

4. AV-아/어/여도 되다(좋다, 괜찮다)

1. 1) 앉아도 돼요
   2) 들어가도 돼요
   3) 빌려가도 돼요, 빌려가도 돼요
   4) 켜도 됩니까 / 켜도 좋습니다

5. AV-(으)면 안 되다

1. 1) 마시면 안 됩니다
   2) 신으면 안 돼요
   3) 피우면 안 돼요
   4) 안 먹으면 안 돼요

문법 활용

※ 다음 문법을 사용하여 대화를 완성하십시오.

아프고, 아파요
아팠어요, 보다, 아파요
나요
나지만
매운, 먹어도 돼요
매운, 먹으면 안 돼요

듣기

※ 다음을 듣고 물음에 답하십시오.
③
②

읽기

※ 다음을 읽고 물음에 답하십시오.
1. ②
2. ③

16 가족

어휘 I

1. 1) 그립겠어요
   2) 다녀오세요
   3) 기대하고 있어요

2. 1)-㉠ 2)-㉤ 3)-㉢ 4)-㉡ 5)-㉣

문법 I

1. AV-(으)ㄴ/는/(으)ㄹ N, N인 N

1.

	AV-(으)ㄴ N	AV-는 N	AV-(으)ㄹ N
받다, 편지	받은 편지	받는 편지	받을 편지
읽다, 신문	읽은 신문	읽는 신문	읽을 신문
보다, 책	본 책	보는 책	볼 책
사다, 바지	산 바지	사는 바지	살 바지
유행하다, 옷	유행한 옷	유행하는 옷	유행할 옷
가지 않다, 곳	가지 않은 곳	가지 않는 곳	가지 않을 곳

2. 1) 공부하는 책, 공부하는 책, 재미있어요
   2) 만나는 친구, 만나는 친구, 좋은 친구예요
   3) 받은 선물, 받은 선물, 정말 좋았어요
   4) 간 공원, 간 공원, 아름다웠어요
   5) 먹을 빵, 먹을 빵, 크고 맛있을 거예요.
   6) 볼 시험, 볼 시험, 어려울 거예요
   7) 고향인 케냐

2. V-(으)ㄴ/는데, N인데

1.

V-(으)ㄴ/는데, N인데			
먹다	먹는데	좋다	좋은데
찾다	찾는데	춥다	추운데
막히다	막히는데	예쁘다	예쁜데
연습하다	연습하는데	깨끗하다	깨끗한데
갔다	갔는데	조용했다	조용했는데
빌릴 거다	빌릴 건데	휴일이다	휴일인데

2. 1) 가는데
   2) 먹고 있는데
   3) 공부하는데

3. 1) 날씨가 추운데 커피숍에 들어갈까요
   2) 과일을 사러 시장에 갈 건데 같이 갑시다
   3) 곧 시험인데 열심히 공부하세요

4. 1) 어제는 맑았는데 오늘은 비가 와요
   2) 그 여자는 많이 먹는데 살이 찌지 않아요
   3) 외국인인데 한국말을 아주 잘해요

어휘 II

1. 1) 모시고
   2) 저희
   3) 말씀드리겠습니다
   4) 축하드려요
   5) 드릴까요
   6) 뵙겠습니다
   7) 부탁드릴게요
   8) 여쭤 보세요
   9) 감사드립니다
   10) 말씀드리러

문법 II

3. N께

1. 1) 부모님께 전화를 해요
   2) 할머니께 소포를 보냈어요
   3) 선생님께 편지를 쓸 거예요

2. 1) 아버지께 신문을 드릴 거예요
   2) 어머니께 책을 드릴 거예요
   3) 할아버지께 가방을 받았어요

3. 1) 아버지께서 어머니께 꽃을 주세요
   2) 할아버지께서 어머니께 우유를 주세요
   3) 아버지께서 할머니께 빵을 받으세요
   4) 아버지께서 할아버지께 안경을 받으셨어요

4. AV-아/어/여 드리다/주시다

1.

AV-아/어/여 드리다		AV-아/어/여 주시다	
닫다	닫아 드려요	닦다	닦아 주세요
보이다	보여 드려요	가르치다	가르쳐 주세요
정리하다	정리해 드려요	청소하다	청소해 주세요

2. 1) 편지를 써 드리고 싶어요
   2) 선물을 사 드릴 거예요
   3) 청소해 드렸어요
   4) 음식을 만들어 주세요
   5) 설명해 주셨어요

3. 1) 아버지께서 어머니께 요리해 주세요
   2) 어머니께서 할머니께 길을 가르쳐 드려요
   3) 선생님께서 저에게 사진을 보여 주세요
   4) 아버지께서 할아버지께 사진을 찍어 드려요

문법 활용

※ 다음 문법을 사용하여 대화를 완성하십시오.

계시는데, 있어요
께, 좋아하실
써 드리
받으시, 기뻐하실

듣기

※ 다음을 듣고 물음에 답하십시오.

1. ①
2. ①

읽기

※ 다음을 읽고 물음에 답하십시오.

1. ①
2. ④

새인하한국어1

2014년 12월 05일 1쇄 발행
2025년 01월 20일 8쇄 발행
저　자 : 최권진, 이은혜, 서상영, 정지현
발행처 : 인하대학교 출판부
주　소 : 인천광역시 미추홀구 인하로 100
전　화 : 032) 860-8301
등　록 : 1979년 5월 23일 남구 제13호

인쇄·편집 : 진원디자인프린텍
032) 467-4544~5

ISBN 978-89-7407-969-7 14700
978-89-7407-961-1 (세트) 14700

정가: 15,000원